U0071200

高等教育人事管理

葉至誠　著

封面設計：實踐大學教務處出版組

出 版 心 語

　　近年來，全球數位出版蓄勢待發，美國從事數位出版的業者超過百家，亞洲數位出版的新勢力也正在起飛，諸如日本、中國大陸都方興未艾，而台灣卻被視為數位出版的處女地，有極大的開發拓展空間。植基於此，本組自民國 93 年 9 月起，即醞釀規劃以數位出版模式，協助本校專任教師致力於學術出版，以激勵本校研究風氣，提昇教學品質及學術水準。

　　在規劃初期，調查得知秀威資訊科技股份有限公司是採行數位印刷模式並做數位少量隨需出版〔POD＝Print on Demand〕（含編印銷售發行）的科技公司，亦為中華民國政府出版品正式授權的 POD 數位處理中心，尤其該公司可提供「免費學術出版」形式，相當符合本組推展數位出版的立意。隨即與秀威公司密集接洽，出版部李協理坤城數度親至本組開會討論，雙方就數位出版服務要點、數位出版申請作業流程、出版發行合約書以及出版合作備忘錄等相關事宜逐一審慎研擬，歷時 9 個月，至民國 94 年 6 月始告順利簽核公布。

　　這段期間，承蒙本校謝前校長孟雄、謝副校長宗興、王教務長又鵬、藍教授秀璋以及秀威公司宋總經理政坤等多位長官給予本組全力的支持與指導，本校多位教師亦不時從旁鼓勵與祝福，在此一併致上最誠摯的謝意。本校新任校長張博士光正甫上任（民國 94 年 8 月），獲知本組推出全國大專院校首創的數位出版服務，深表肯定與期許。諸般溫馨滿溢，將是挹注本組持續推展數位出版的最大動力。

　　本出版團隊由葉立誠組長、王雯珊老師、賴怡勳老師三人為組合，以極其有限的人力，充分發揮高效能的團隊精神，合作無間，各司統籌策劃、協商研擬、視覺設計等職掌，在精益求精的前提下，至望弘揚本校實踐大學的校譽，具體落實出版機能。

實踐大學教務處出版組　謹識

中華民國 95 年 9 月

序言

「天地繫於人」

民國 94 年 12 月 6 日參加位於新竹中華大學的「人力資源研討會」頗有感觸，一方面每屆大學校院人事同好共聚一堂，總有許多的親切，這是源於大家皆面臨相仿的嚴峻挑戰和身處雷同的角色，另一方面則是因參加的先進中因為新成員的加入又有若干新的面孔。無疑的，經過學年甚或學期的更迭，在這個領域就有些許人事同仁異動，其異動有來自個人主動請辭，有來自學校以「階段任務告一段落」的更迭。此種現象正反映著人事人員在大學校院尤其是私立學校的任命，除了專業性的考量之外，更有係因為關係的考量，角色的界定並非全然基於專業角色的期望；如此一來，可以想見在學校重要決策的參與上，這些人事同仁能扮演的角色和發揮的功能，恐怕是極為有限的。是以長期以來人事人員能參贊組織重大決策，悉心為首長獻智或為組織永續發展提供才華者，或如鳳毛麟角般的依稀。

為能提供與會者宏觀的視野，主辦單位特別於當日研討會中邀請著名企業台積電人事副總經理蒞會，論述這家在國內外享譽卓著的知名公司於經營管理上人事人員所發揮的功能和角色，以裨益學校同仁於競爭環境下的借鑑。姑自其「頭銜」即便可知，既不是人事處長，亦不是人事主任，而是人事副總經理，不難於角色上即可有所窺探參贊決策的特質，其內容於介紹整體公司發展時人事工作發揮的職司，正是落實管理學大師彼得・杜拉克（P. Drucker）：「組織發展中最重要的是人才」，如何「選、育、考、留、用」人才成為人事人員納入組織發展中重要的角色。與會人事人員一致認知到：台積電的成功因素多樣，但人事人員的專業能適時、適格的發揮絕對是其中的因素。然而反觀這些人事專業在高等學府中的我們是否也如同台積電人事副總經理般，能充分發揮其於組織中的決策角色，悉心聆聽後多數人總有些許面面相覷之嘆！

有人說，高等教育沒有人力資源管理，只有人事管理。此話不無道理。目前學校人力資源大都圍繞著人員招募、聘任管理、差勤考核、績效評估、薪酬退撫和教育訓練等與組織內部員工有關事項打轉轉，卻忽略了與決策的聯繫，沒有關注社會的需求和環境的變化。這種消極式的人力資源管理，使人事管理僅僅作為一個內部管理單位，缺乏對整個組織參贊的洞察力。因此，人事管理所採用的方式也只能是事後的一些殘補措施，而人力資源規劃也就成為一種想像，根本無法有效地實行。這種滯後於實踐的管理模式，注定了人力資源部門無法成為一個組織的軸心部門，從而難免庸碌無為，泯然眾人。由此可見，人力資源管理並沒有因為「人事室」的名稱轉換變成「人力資源部」而改變。

　　著名的跨國企業奇異公司執行長威爾許（J. Wallersh）曾提及：「人力資源部門要有好的成員才會有好的表現，如果人資部門全是一些作風官僚的人，或淪為『爛好人』的冷凍庫，當然發揮不了作用，只能變成替員工填表格、印業務通訊和舉辦年度聚餐等瑣事。實際上，人資部門的功用不止於此，它可以協助主管尋找並評估人才。企業和運動比賽一樣，只有陣容最堅強的隊伍才能獲勝，如果你經營英格蘭曼徹斯特聯隊或波士頓紅襪隊，你會讓會計人員或人事主管閒著沒事幹嗎？多數企業執行長把財務長視為唯一的左右手，無異是見樹不見林，人資部門也是執行長得力的助手，該部門應該積極參與人才的招募、培訓、績效評比、人事升遷與淘汰。不過，人資部門要發揮應有功能，得先有優秀的成員，這些成員可能來自人力資源領域，但也有許多是向外網羅，工廠主管或產品部門領導人，都是很合適的人資部門主管。基本上，你需要的是深入了解人性與所處產業，且性格果斷的人。當試著問一群經理人：『你們有多少人自認是擅長人事管理工作？』99%的人都認為自己行，他們不覺得需要人資部門協助，但除非他們本身具有『牧師──家長』的特質，不然根本做不來。如果人資部門能擁有優秀成員，並且獲得足夠的奧援，企業的表現將會更上層樓。總之，人資部門可協助企業找到並培養最好的人才，使企業能夠出奇致勝，還有什麼比這點更重要？」

　　在高等教育日益競爭的環境下，許多高校負責人多認為，獲致競爭優勢的關鍵，不僅在於擁有優質的教學、卓越的研究、或效率的服務，更是在於是否已建構了有效的機制，以獲致、活化與管理組織的人力資產。最近的發展趨勢，包括：日新月異的發展、日漸加劇的競爭等，使得各項人力資源管理議題愈來愈受到重視。

　　就實務工作的參與，人事專業的建立無法一步到位，組織的發展亦無由一蹴可幾，需循序漸進累積而成，人事的專業規劃可經由「法制-效率-卓越」等目標逐步建置。同時平衡環境和管理可先自「人事管理」逐次朝向「人力資源」的方向，以人事人員參與高等教育的努力，前者強調的是人事服務，重視海茲伯格（F. Herzberg）對「保健因子」的達成，後者著眼的是人力發展，適用海茲柏格對「激勵因子」的達成，促進人事服務及發展活絡性，並積極建立起與組織願景的契合甚至係導引的作用。爰於人事人員角色勢需隨著組織發展階段的更異，人事工作的參與者依賴專業能力的提升，尤以視野的增進，所謂「態度注定高度，高度影響氣度」，能朝向開闊的宏觀思維，自能把握人事工作於高等教育追求卓越過程中的前瞻角色。

　　爰於期盼能建立高等教育人事服務的專業發展，筆者虛心坦誠地將二十年參與人事工作的體驗，依據職掌屬性加以彙總，除就教於方家先進之外，也期盼能秉「拋磚引玉」的心情，作為關注此項專業發展的同好相互援引借鑑。而如能藉此有助於高等教育提升服務品質，強化競爭力，以嘉惠師生則更屬冀期。本書在探討高等教育人事管理上，包含兩大主題：一、如何系統性及策略性地思考，有關組織管理人力資源的各種觀點；二、為了實施這些政策以獲得競爭優勢，有哪些工作必須要落實完成。因此本書不僅著重人事管理的技術細節的探討，例如：工作考核法的詳情、進行面試的種種技巧、或人事法規在技術的細節。同時企圖從專業人員的角度切入，探討高等教育人力資源管理各項議題的策略觀點。是以，著重於分析與管理，強調觀

念的形成與策略的發展，目的在於使人事人員能增進政策制定與實務作業的成效，並增擴組織的人力價值。希望能成功地增進人力資源管理的成效。可以讓人力資源管理實務得以發揮作用。由於論述著眼於兼容宏觀與微觀並蓄，以期有建樹建林的視野。是以論及探討策略的實施，並強調結合策略與管理實務的重要性，以使二者於執行面上方向一致，從而發展出使策略得以成功的種種實務作法。經由探討人力資源管理的關鍵機制，以使專業人事人員得以發展出有效的管理系統，包括：培訓與留用、訓練和發展、參與和投入、評量與激勵、以及資訊與策略等單元。

　　筆者自民國 75 年 5 月 5 日因高普考試錄取分派台灣大學人事室服務以來，雖期間因服務學校有別或個人職務有異，但於高等教育擔任人事服務工作始終如一，檢視服務歷程深感人事服務工作的魅力在於將知識轉化為一項實踐「公門好修行的信念」的具體作為，此正如同從事社會工作係一項助人的專業一般，並以智慧之語所勉：「積善之家必有餘慶，積善之人福雖未至禍已遠離。」戮力以進。有感於古人常言：「徒善不足以為法，徒法不足以自行。」無論係基於職場運作的典範或為個人專業的發抒，一項思維的展現誠賴具體實踐方足以凸顯其意涵，而這份學理與實務的堆陳，希能為重視人事服務的補拾，用為回應社會專業服務的增長，並為高等教育追求卓越的註腳；倘使因此能促成人事專業的滋長，裨益高等教育行政效能的追求，則實是幸也，也是一位讀書人參與專業服務的中肯期待。

葉至誠 謹序

目次

第 *1* 篇

概 說

第一章

人力資源管理體系的建立與實施

壹、前言

　　檢視高等教育逐步走向市場化，使得大學的競爭日益激烈，作為大學運作機制的人事工作同樣面臨著挑戰。根據 2004 年 2 月美國新聞週刊的報導，美國的高等教育，學費年年上調。過去十年，社區學院增加了 53%，是通貨膨脹的兩倍，而四年制大學更上漲了 85%。然而政府資助卻背道而馳，逐年減少。再說低收入者薪資的調整遠遠不及學費的飛漲，據統計顯示，學費幾占其全年所得的七成，大學之路對他們是愈來愈遙不可及了。其實，這種現象的造成，政府是始作俑者、責無可卸。在布希政府減稅的大旗下，不僅聯邦的教育補助減少，各州政府也多蕭規曹隨，不願加稅。目前有 27 州減少公立大學補助，6 州沿舊例、算上通貨膨脹實際是變相削減，雖有 17 州加稅資教，但杯水車薪難敷實需。大學為能因應，早已焦頭爛額，裁員、擴大班級人數、減少開課、限制入學、甚至削減主修科目……等種種對策，都免不了最後之惡，轉嫁學生，提高學費。另一項令人矚目的趨勢是學校招生策略的改變。越來越多的大學寧收付全費的外州學生、或是獎學金補助成績優良者，多棄本州最需要高等教育的窮人子弟如敝屣。在種種夾擊雪上加霜的情況下，中低收入學生的對策實在有限。中等家庭學子由大學轉讀二年制社區學院，而家境更差者連入社區學院也困難重重，就算勉強入讀者，其教育使命以職訓為主，在今天的知識經濟時代，很難達到雇主所要求的技能。高教的難以負擔，對欲藉此晉身者，似是永難實現的夢。專家對經濟掛帥種種短視的作為深以為憂。他們表示美國大學生 80% 入讀公立高教系統，各級政府競相採取高教私有化的措施，實在是逃避責任，以出身經濟環境而區分社會階級更是不道德。這無疑是侵蝕高教的本質及使命，新貧階級正因此形成，不僅分裂社會，更斲傷國家生機。這樣言簡意賅的警告，這新一輪的危機，嚴重性遠高以往，必須馬上著手大力的改善，否則國家前途堪憂。

　　美國作為世界教育的先進，因此教育的發展趨勢足以作為各國的借鑑，此種因教育經費縮減，強調高教市場比，重視辦學成效等趨勢，也必然衝擊高等教育的人事工作。

貳、人力資源管理體系的建立

　　人力資源這個概念有逐漸取代人事管理與人事服務的情勢。把「人事」這個詞變成「人力資源」是一項理念的轉變：不再把人力的消耗僅視為成本，「人」原本就是一種資源，既然是資源，則意味著人的價值可以經由培訓、教育，使其富有經驗和價值等方法手段得到揚升，而這

種提升會給組織創造明顯的回報和效益。因此人力資源管理其本身就有著積極性的意義。一般而言：人事工作包括人員的招聘、進用、支薪、差勤、休假、管理、考核、調職、升職、保險、退休、資遣、撫卹、福利等。如果將「人事」的概念提升到「人力資源」的標的，則以上的人事工作只是人力資源管理的基礎性工作，而完整的人力資源工作還應該包含更多的內容，包括構建合理的組織架構，建立完善的職位體系、培訓開發體系、職業生涯規劃，績效管理體系、薪酬管理體系，建設並完善組織文化，並隨著組織規模的變化和人力資源管理工作的規範，引入人力資源管理資訊化系統，實現現代化的人力資源管理。

如何建立起一套完善的人力資源管理體系，是實現人力資源管理的根本。人力資源管理體系建置過程可以看成是一個金字塔的建造過程，因為要建造一個金字塔首先就要有堅固的塔基，人力資源管理金字塔的塔基就是建構優質人力資源管理的行政基礎。人力資源管理的行政基礎包括以下兩個方面的內容：

第一、人事管理制度

1. 考勤及休假管理制度：包括工作時間的定義、考勤的辦法、遲到早退及曠缺的處理、假別定義、請假程序及審核許可權等。
2. 勞動關係管理制度：包括員工試用期設定、試用期考核、聘約的簽訂、人事法規、檔案管理及保險辦理等事項的規定。

第二、招募遴選制度

1. 招聘制度：包括招聘考核項目設定、招聘流程、職務說明書建立以及針對每一職位所需求的人員制定的衡量標準。
2. 內部選拔及晉升管理制度：組織針對既有成員的培訓和選拔人才，以提高員工的學習與工作積極性，並且培養熟悉組織、對組織富有認同的忠誠力量。因此，建立和完善一套內部選拔及晉升管理制度相當重要。

由於人力資源管理引入人事工作的時間較短。但是，如果組織已有一定規模，人力資源管理者則必須考慮將其工作深入到另外幾個層次中。因為有了堅固的塔基，我們才能進一步建造塔身，塔身又可以分為上、下兩個部分，即基層和上層。人力資源管理金字塔的基層規劃工作包括：

1. 組織結構的構建：包括組織結構、組織架構、部門功能定位及職責劃分、分層負責表等。這一部分的工作必須有首長參與並最終裁定。部門的設立要符合組織的實際需要，所有工作必須完整地分解到各部門，並且各部門的職責不可混淆，以避免工作中出現權責不分現象。
2. 職位體系的建立：包括職務分析、職務評估、工作說明書的編寫。職位分析產生兩個成果：職務描述和職位資格要求，合稱為工作說明書。工作說明書在人力資源管理中的作

用非常寬廣：它不僅清楚地表述一個職位的要求，而且是招募、培訓工作的依據和考核的基礎，所以說工作說明書的編寫是人力資源管理工作的基礎。一個完整的職位說明書主要包括如下幾項：職務定義，主要權責，上下層級關係，資格要求（包括學歷、技能、經驗等等）。

人力資源管理金字塔的上層的規劃工作包括：

1. 培訓開發體系：一個好的人力資源管理，應該做到識別人才，達到「因材施教，有針對性地培養」這個層次，培養中堅員工，為組織的持續發展提供足夠的人才。這一體系包括培訓管理流程、培訓制度（這部分內容可以做得非常詳盡，依據員工到校順序，可以制定新進員工教育訓練、禮儀培訓、工作技能培訓、職務輪調培訓等）；管理人員培養制度、員工專業發展計畫等。此處需要強調的是：我們需要培養的、可以培養的，並不只是員工的工作技能，還包括員工的優質品格。優質素養是一個人無論在任何場合都能依據最高要求的行為標準做正確事情的內在動機。優質品格是深植於個人的內心深處，優質品格完全有可能在培訓中實現。優秀的人力資源培訓計畫，應當將培育員工的誠實、盡責、主動、耐心、毅力、創意、熱情等納入其中，並在獎懲中進行正面的強化。

2. 績效管理體系：績效管理應該說是人力資源管理中最困難的一項工作。難在考核指標的指標與量化，難在其實施涉及面之廣，難在直接牽涉利益問題太過敏感。但績效管理又是優秀的組織必須做的一項工作，因為組織需要明確地「獎優懲惡」，不鼓勵努力工作的員工或是不懲罰偷惰的員工，都會滋長組織中的不良風氣。績效管理體系主要包括：績效管理制度、績效管理流程、評核指標量度、部門及個人績效考核實施管理辦法幾項內容。

3. 薪酬激勵體系：包括薪酬及福利管理制度、獎金評定制度、績效考核與薪酬激勵銜接方案、績優人才激勵辦法、非物質激勵方案、工作建議激勵方案（合理化建議制度）等。非經濟激勵方案也可以與組織的福利方案結合起來。比如建立年資休假制度、建置員工休閒中心、豐富員工工作環境、提供員工一定金額購書款等。至於工作建議激勵方案是根植於組織的大問題都是由小問題構成的，而組織的細節問題，每個員工都會在工作過程中最先發現，並且往往他們也能設計出最好的解決方案。所以，工作建議激勵方案非常重要，它不僅可以使組織工作流程趨於完美，還可以提高員工的責任感和工作熱情，並加強了縱向溝通，減少抱怨和不滿意。

4. 引入或開發人力資源管理資訊系統：基於行政資訊化可以提升行政效能與專業品質，現代組織人力資源資訊管理系統包括：招募管理、聘任管理、檔案管理、薪資管理、培訓管理、任用管理、績效考核、職業規劃、評鑑考核等模組。它不僅可以提高人力資源管理部門的工作效率，還可以協助規範人力資源管理部門的業務流程，並為組織和員工提供附加服務。我們可以根據組織發展願景進行人力資源規劃、透過合理的招募技術與評核技術為組織選擇合適的人才、經由工作分析技術及相應的績效考評體系來提升組織與

個人績效、讓組織首長快速及時地瞭解員工的各種狀況等。這些都是人力資源管理資訊系統能為我們做的工作。藉助現代化的分析和評核方式為人力資源管理服務，這也是現代人力資源管理的必然趨勢。

有了塔基和塔身，我們就可以來構建金字塔的塔尖了。塔尖可以說是金字塔構建過程中最難的一部分，因此，人力資源管理金字塔的塔尖也就非組織文化莫屬了。組織文化指組織的經營理念、價值觀念、哲學思想、文化傳統和工作作風。它表現為組織全體成員的整體精神、道德準則、價值標準及管理方式的規範。例如：著名的日本企業豐田汽車的組織文化是「匯集人才，善用能人，重視職工素質的培養，樹立良好的公司內部形象。」曾有一名豐田退休的老員工，行路時發現一輛停在路邊的豐田車的刷雨器壞了，便義務幫助車主修好。企業文化做到這個部分，就是成功了。因為它能讓員工時時都意識到自己是企業的一份子，要維護企業的聲譽和形象。組織文化建設工作應該是自上而下貫通的，人力資源人員是組織文化的設計者、建設者、傳播者和捍衛者，組織的領導層是組織文化的力行者和變革者。為什麼人力資源人員在組織文化建構中承擔如此重的責任呢？因為人是文化的承載者，人力資源人員對人事的工作負責，也就對組織文化的建設與傳播工作負責。組織文化建構分為表層、中層與深層。表層的建構包括組織識別設計、工作環境美化、禮儀培訓等等。中層的建構主要是組織制度的制定與實施。深層的組織文化是組織中每位員工心中共同的信念，包括：組織價值觀、經營哲學、組織精神、道德規範、文化傳統等等。

組織精神是一種個別化非常強的文化特徵。每個成功組織都有自己獨特的文化精神。比如，著名的 SONY 公司的「不斷開拓精神」、IBM 公司的「IBM 就是服務」精神追求、惠普公司的「尊重個人價值」的精神，鴻海集團的「團隊紀律」等等。大凡成功的企業都有相似的企業精神。這些精神大致包括以下一些內容：創新精神、競爭精神、服務精神、團結精神、民主精神。而成功的企業價值觀也存在著很多的共同性，如：爭取最好、尊重每個員工、鼓勵每個員工為企業籌謀策劃、尊重每個員工的勞動成果、支援創新、允許失敗，動員全體員工、認識利潤的重要性、樹立品質和服務意識、堅持不懈等等。

以上所述為建立一套完整規範的人力資源管理體系的過程。建立的過程中，我們便可以逐步實施。如何實施才能使其行之有效呢？我們必須認識到：人力資源管理與策略管理、營銷管理等一樣，都是一項管理技術，應該把人力資源管理技術和其他技術一樣慎重地看待。人力資源因其面對人的多樣性和複雜性，更需要一個完善的、適合的實施系統。比如在績效評估這一系統實施時，有著必須的種種環節和步驟，如果哪一步做不到或做不好，則可能影響下一步工作的質量或根本無法進行下去。在實施這一系統中的每一制度時，可以按以下步驟制定詳盡的實施計畫。

1. 制度的願景建構。願景建構過程應讓相關部門和人員參與其中，在制度編制完成以後，應徵求多方面意見，尤其是與制度密切相關的部門和人員的意見，進行調整，使其盡量合理化和較為完善。

2. 制度的培訓階段。現在大部分的組織並非是「無法可依」，多數是「有法可依」而「有法不依」，而「不依」的主要原因有兩個：一是制度宣傳不足，員工不知「法」，如何「依法」？二是管理者執行積極性不夠，「依法」無獎，「違法」不罰，造成制度自然作廢。所以制度的宣傳相當重要。人力資源管理部門應將與制度有關的人員組織起來，詳細講解，並說明執行負責人、獎懲規定等，促進「執法」作為。

3. 制度的試行階段。可以用一段時間對制度進行試行，在實際的運作過程中，發現其不足並加以改善。但這一階段需注意的是：並不是試行就代表可以不遵守，即使是制度存在問題，但在試行階段，如果違反相關條例，依然應予以處罰。否則在制度正式執行階段，可能難以開展工作。

4. 制度的正式實施。制度的編寫需要隨時體察環境和特質為必要的因應和修正，以產生適格的作為。

參、人力資源管理作為的迷思

　　無論是什麼行業，或什麼職位，似乎每個管理人員都能對人力資源管理談出一大堆理論和新概念來。可真正談到如何將人力資源管理運用到現實組織中，恐怕還是會有人難以達成週延的參與，即使是一些人力資源工作人員本身的運作，往往也會出現霧裏看花的效果。事實上，每一種新管理理念都是一種建立在目前缺陷和不足基礎上的超現實的美好願望，它需要學習者不斷透過認知和對現有情況進行比較後，調整原有思維方式和操作技巧，以逐漸向著理想境界靠得更近一些。有效的將人事工作提升到人力資源管理。在過去的人事管理到今天的人力資源管理，他們從管理的本質上已經發生了顯著的變化。在 90 年代以前，傳統的人事工作只是把精力放在員工的考勤、薪資、聘約管理等事務性工作上，人事部門被定位為消極性管理工作。而 90 年代後，隨著組織基礎管理模式的深刻變革，在管理中，人作為一項資源，而且是一項重要的發展資源得到了越來越多的認同。以人力評估、績效評估和薪資激勵制度為核心的人力資源管理模式得以確立，並逐漸顯現了它的重要作用。到了二十一世紀，人力資源管理的作用已被提升到組織發展策略的位置，而人力資源管理者更多的工作是人力資源政策的制定、執行，幫助主管的甄選，員工的教育、培訓、生涯規劃和為業務發展開發等，具有相當的前瞻性。總體而言，人力資源管理最終的目的，是為組織建立一種穩固的、積極向上的、穩定可靠的勞動關係和組織運轉的能量基礎。

　　那麼對於高等教育來說，如何才能在校園裏成功實施人力資源管理呢？

　　首先，應當確定合格的人力資源管理人員。

1. 明確人力資源管理人員所必需的個人素質：第一是熱情（Passion），對繁瑣工作事務的熱情；第二是專業（Professional），就是良好的人力資源管理專業知識；第三是耐心（Patient），

對繁瑣乏味的工作的耐心。第四是道德，就是我們常說的職業道德，公平、公正的職業情操。

2. 分析本組織人事部門的人力資源，可以找出基本符合上述條件的人選，讓他們去接受專業的人力資源管理知識培訓。這種做法的好處是：(1)人員對本組織的情況有深層次的瞭解，對組織當前的人力資源管理瓶頸有較深的瞭解，在培訓中容易帶著問題去學習；(2)學員的對組織忠誠度高，流失的可能性較低；(3)培訓的本身就對其他員工樹立起組織關心員工的生涯規劃的作為。

3. 積極引進一個組織外部的人力資源管理人員。優點：(1)人力資源管理經驗豐富；(2)成本小，培訓風險低；(3)新進人員不容易受人情的影響。缺點：(1)對組織缺乏深度的瞭解，個人主觀意識可能會比較強；(2)工作關係的穩定性差，如遇薪酬、環境、人事等情況的影響，易流失。(3)外聘的人員薪酬可能會高於本組織，對本組織其他管理人員容易造成情緒上的不滿；(4)容易打擊有上進心的人員。

在組織進行人力資源管理時，是先分析既有的人事管理情況。分析的內容有：1.瞭解現有組織在人力資源管理制度上的規定；2.瞭解組織的人力資源，各種專業或各層次的管理人員的具體情況；3.瞭解組織各職位工作情況；4.瞭解組織現有的人力資源選任情況；5.瞭解組織原有的培訓方式和方法；6.瞭解組織現有的激勵措施或手段；7.瞭解現有的薪酬管理情況。接下來就可以進行職務的工作分析了，分析目前現存各工作職責、工作內容、工作許可權以及職務能力需求等，並要求充分計算各職位的工作量是否飽和，職位合併的可能性。再重新制定職務說明書，並調整個別的工作職位。除此之外尚需制定績效管理方案，再根據績效管理的初步結果制定培訓管理辦法，並同時建制薪酬管理制度，並制定出招聘和選拔管理辦法，和其他的管理制度。這樣組織的人力資源管理體系就算初步建立起來了。要注意的是，組織在實施人力資源管理時，應避免以下的六個迷思：

一、人力資源管理僅僅是人力資源部門個別的職能和工作；談到人力資源管理方面的工作，很多人員自然就想到這是人事部門個別的事。但實際上，人力資源管理的工作和每位員工的日常工作是分不開。人力資源管理存在於一個組織的任何一個角落，各個部門的每位主管都首先應該是一位人力資源主管，而人力資源部主管的角色只不過是整個管理過程中的主要協調者和推動者而已。

二、培訓很容易，單位出筆經費就可以了；對員工進行培訓目前已經相當普遍。求職者在找工作時，也往往把有沒有培訓列入參加該組織的因素之一，因此雖然很多組織對培訓投入的並不少，但效果卻往往不好。很多人認為只要出錢就可以把培訓做好了，這是狹隘地看待培訓，沒有把培訓和發展放在一起考慮，也沒有對員工進行分析，也沒有培訓的長期計畫；有的組織把培訓看成是員工福利的一部分，大家輪流上課，培訓後也沒有進行任何評估，沒有計畫如何使員工學到新的技能。

三、只要給高薪，不愁招不來人才：事實上，組織現在能吸引人才的地方恰恰是薪酬之外的其他因素，如：是不是有施展自己才能的舞台、組織是不是對自己的工作有正確的評價、生涯是不是有發展的空間等等。

四、員工的學歷越高越好：現在社會過分強調員工的學歷標準，往往以計算員工的學歷平均有多高為自豪。在用人的時候，往往強調「研究生多多益善，大學生研究研究，專科生不予考慮」。實際上，他們忽視了各種學歷者都有其相應的職位，並不是學歷越高越能體現員工素質水準。

五、人力資源管理系統是萬能的：許多人力資源管理者過分重視在人力資源服務資訊系統上大量投資，認為建制了人力資源管理系統就可以完成人事管理與服務的工作。而實際上，只有規模較大及人力資源功能較為完善的組織，資訊系統的運用才能有助於組織價值的提升，那些規模較小的組織在功能上反而影響不大。

六、外來的和尚會念經：很多組織重視外部招聘而忽視內部人才的培養，往往把希望寄託在從外面招來的人才身上，希望這個高人能有出奇制勝的方法把組織帶出困境，轉虧為盈。而忽略了人事服務工作實與既有組織息息相關。

　　組織應竭力避免以上問題的發生，所以在組織實施人力資源管理的初期，對各個部門主管的人力資源管理意識和實施技巧進行培訓是非常必要的。既然組織真正重視人力資源的實施，就應該把它當成一個專案去經營，設立組織機構，制定行動計畫並參評進度和效果。當然，別忘了適當的宣導，以改變組織各部門對人力資源部內職能的從新認識並提升其職能地位。

肆、提升人力資源管理的品質

　　人力資源是組織成長的重要資源之一。而當人力資源在不斷發揮作用的過程中能夠持續地創造出更大的新價值時，人力資源才具有了組織正向資源的屬性。人力資源管理是透過對人的開發性管理來發掘人的潛力，從而使人發揮更大的作用。因此，人力資源管理是建立在資源利用最大化的目標和基礎上的。人力資本管理則是經由對人的投資，來使人的價值達到最大化。因此，人力資本管理是建立在人員和組織價值共同最大化的目標和基礎上的。人力資本管理與人力資源管理相比，其重點在於人力資本管理更偏重關注人的可持續發展，重視經由培訓和激勵並重等多種手段來提高人的價值。因此，一個組織能否將其人力資源轉化為人力資本是關係到組織能否提高經濟效益和競爭力的一個關鍵。

　　在組織成長實踐中，將實現人力資源朝向作為組織經濟效益持續增長的機制，達成下列的目標：

一、堅持以人為本，實行人本管理：人不僅僅是組織人，而且還在追求自我價值的實現。以人為本，即是以增強人的能力為重點，以開發人的潛能為核心，使人力資源充分地轉化為組織和個人發展的資本，促進人的全面發展。只有為人才創造成長的環境，才能真正留住人

才，使人的潛能得到充分發揮，使人力資源最大限度地轉化為人力資本。爰此，用人理念為：第一是透過實行職務調整等制度，逐步紓解人員結構老化、工作效率較低的問題，增進員工的年輕化、知識化、專業化和技能化。第二是實施再提升工程，促進用人管理由固定用人向彈性用人、由身分管理向職務管理的轉變。第三是打破任職終身制，實行人員考核制，達成人員的效率化及優質化目標。

二、強化組織強化與職能分工：對於一個組織來說，要提高人力投資的收益，還應解決人力資源的有效整合問題，使人才的使用形成整合力量。如果人力不能形成向心力甚至出現互斥，那麼就會浪費人力資本。

三、強化人力的知識能力與風險管理：人力投資的收益率要明顯高於物質資本的收益率，而根據風險收益均衡理論，高收益往往伴隨著高風險。因此，作為一個組織，應根據實際情況，逐步形成相應的人力投資風險防範體系。

強化以內部培訓作為強化人力資本風險管理的有效途徑，促使管理層人人能夠主動服務，履行責任，加強合作，注重細節，實現高效，創造績效，不斷更新知識，培養責任心。同時，把危機管理作為一個重要的培訓課題，增強各級管理者和員工的危機意識。根據組織經營和發展需要，確立了以下三個標準明確培訓方向：針對高層管理人員，注重人本化管理和創新管理；針對中級管理人員，注重制度化和流程化管理；針對一般管理人員和基層員工，注重標準化和一體化管理，從心態上解決責任心和敬業精神問題。

伍、人力資源管理挑戰與突破

人力資源管理在專業發展的需求上日益受到重視，單是正規的人力資源管理專業（職業資格）認證考試，目前就有國際認證的規範。如美國認證協會（ACI）的「人力資源專家（PHR）」和「高級人力資源專家（SPHR）」，美國國際人力資源管理研究院（IHRI）的「國際人力資源管理職業資格證書」。ACI（美國認證協會）的 12 個國際職業資格認證證書和 C&G（英國倫敦城市行業協會）的 45 種中英文國際職業資格認證證書。但是也要看到，人力資源管理者在邁向職業化和專業化的道路上，還面臨著許多困難和挑戰。主要有如下的挑戰：

第一大挑戰：前瞻性觀念的挑戰

傳統的管理理論，主要介紹管理的職能或流程，即計畫，組織（人事），領導（指揮、協調），控制等。人力資源管理在高等教育的校園中，許多人的觀念尚停留在傳統的勞動人事管理範疇之內。人力資源管理究竟與勞動人事管理有何不同呢？主要有三個區別：首先從管理目標看，傳統勞動人事管理主要是「管人」，而人力資源管理則不僅要「管人」，更主要的是要發現人，培養人，開發人。其次從管理功能看，傳統勞動人事管理主要是執行功能，一般局限於微觀的勞動人事行政業務，而人力資源管理則要求從事許多決策型管理工作，參與組織策略管理。第

三從管理範圍看，傳統勞動人事管理比較狹窄，如簡單的招募聘任、考勤考核、薪資管理、檔案管理、辦理升降調動等等。人力資源管理除了這些業務之外，更重要的是制定人力資源策略，進行人力資源規劃管理，從事人力資源開發，調適內部員工關係，參與塑造組織文化等等。總之，傳統勞動人事管理著重於「管理」二字，而人力資源管理則著重於「資源」二字。這是兩者之間的根本區別，也是人力資源管理者必須從觀念上進行前瞻性創新的主要方向。

第二大挑戰：系統性知識的挑戰

人力資源管理需要系統性知識，但是究竟應當具備哪些知識呢？比如美國人力資源管理協會（IPMA）提出的有關人力資源管理者的勝任特徵模型，就將優秀的人力資源管理者的主要職責以四種角色類型來表示：一是人事管理專家角色，其職能是熟悉機構或組織的人事管理程式，瞭解有關法規政策。該角色對應一種勝任特徵要求。二是業務夥伴角色，其職能是熟悉業務，參與制定業務計畫、處理問題，並保證業務計畫得到有效執行。三是領導者角色，其職能是發揮影響力，協調平衡組織、部門對員工職責和貢獻的要求與員工對薪酬福利的需求之間的關係。四是變革推動者角色，其職能是協助組織、部門管理層有效地計畫和應對變革，並在人員培訓和專業配備上為變革提供有力的協助。根據上述高等教育人事服務人員的勝任特徵要求主要包括如下一些要素：閱讀理解與學習、專業應用、自我控制、分析性思維等能力；溝通、協調、輔導、專業服務、人際洞察、發展關係等能力；計畫、調查、統計、判斷、決策等能力；獨立性、成就動機、應變、關心他人、可靠性、團隊合作、主動性、影響他人、創新、正直誠信、策略性思維等職業特徵要求。其中關鍵指標包括正直誠信、判斷和決策、計畫、專業知識、發展關係、影響他人、創新、策略性思維等八項要素。值得注意的是，不同層級人力資源管理職位的要求是不同的，深層次的勝任特徵指標也不可能完全適合用書面測驗的形式測試出來。此外，對於具體的學科知識的要求，也因人而異，基礎性的要求也許可以包括大學人力資源管理專業所開設的所有必修課程，如管理學原理、人事管理、人力資源管理、勞動經濟學、組織行為學、工作分析和工作評價、國際人力資源管理、組織文化與變革、統計和調查、研究方法、電腦、寫作、外語，以及人力資源規劃、任免與配置、績效考核與管理、薪酬與福利管理、員工培訓、職業生涯發展、勞動法規與勞動關係、工作安全與健康管理等等。但是所有這些理論知識與操作技能，都必須與培育前述人力資源管理者的勝任特徵模型相聯繫。

第三大挑戰：策略性思維的挑戰

人們一般把人力資源管理的發展劃分為勞動人事管理、人力資源管理、策略性人力資源管理等幾個階段。策略性人力資源管理是組織策略不可或缺的有機組成部分，包括了組織透過人來達到組織目標的各個方面。由於人力資本是獲取競爭優勢的主要來源，策略也需要人來執行。策略性人力資源管理的目的是經由確保組織獲取具有特殊技能和良好激勵的員工，從而形成組織的持續的競爭優勢；換句話說，策略性人力資源管理的目的是依靠核心人力資源以建立競爭

優勢，從而實現組織的策略目標。所以，在強調策略管理的今天，現代人力資源管理十分注重策略性人力資源規劃管理。比如全球化的發展所帶來的國際競爭的日益加劇和相互依存程度提高是關乎組織與員工的生存與發展的重要課題，必須具備策略性思維才能應對。國際管理學家們普遍認為，現在的管理和人力資源管理，已經進入了全球化和知識化的管理新階段。在這個階段，持續成長成為管理的目標，知識管理成為管理的主題，人力資源成為管理的核心，國際化視野和本土化思維必須相結合，策略性思維能力正迅速成為最重要的管理技能。

第四大挑戰：操作性能力的挑戰

人力資源管理是一門最具操作性的學問。但是現實是隨著經濟全球化的發展，管理國際化已經成為許多學者和組織領導人的主張。甚且認為只要引進了國際管理模式（包括制度、程式、方法、技術等等）就是國際化了。以世界知名大學為藍本，全面學習並引進國際先進管理模式；忙於高薪聘請外國管理諮詢公司做診斷，今天進行流程再造，明天進行全面品質管制，以為這樣一來組織的管理就是國際化的。熱衷於推銷他國的管理學著作和案例，生吞活剝跨國企業管理的經驗和做法，快速地引進美國式的 MBA 制度和方法，以致出現了美國式管理理論與本土式管理實踐相互援引又相互摩擦和排斥的現象。上述種種觀點和做法都有其道理，但也都有片面性。比如說管理模式，並未存在一種國際標準模式；相反，國際上流行的管理模式數不勝數，採用了一個先進國家或企業的某種管理模式，只是一種手段，完全擺脫了對先進管理模式和制度的借鑑，容易走向另一個極端，就是回到了一種過於偏狹的境地。其實，管理模式的引進和消化，或是一種文化的開放和融合，毋寧說是一個有關管理的不斷整合提升與動態的進化過程。這對人力資源管理而言就是如何將各種理論、模式與既有的管理實踐結合起來。

隨著知識經濟、網路經濟的到來，人力資源作為組織最重要的資本，越來越受到人們的關注和重視。人力資源管理在組織管理實踐中獲得了很大的發展，其管理模式也出現了新的發展變化：

一、資訊技術的全面引進，改變了人力資源管理的方式：資訊時代的到來，人力資源管理突破了空間和時間的限制，具有更多的靈活性。如：網路招募、線上培訓、網上溝通、利用網路進行人力資源管理等，都將成為人力資源管理的現代化手段，從而能夠大大提高事務性人力管理工作的效率，使人力資源管理者的精力聚焦在更重要的管理工作方面。同時也可將一些行政工作交由專業化的公司來運作，比如透過專業的「人力銀行」公司來進行招募、經由管理諮詢公司設計薪酬。由此，組織結構也由複雜向簡單過渡，由金字塔型向扁平化發展，員工的工作時間更具有彈性，工作內容有更多的選擇性。工作的流程越來越簡單，工作標準化將逐漸被體現員工個性和創造性所代替。

二、人力資源價值鏈的管理成為人力資源管理的核心：知識經濟時代，人力資源價值鏈的管理成為人力資源管理的核心。如何來實現人力資本價值增值，在理念上要肯定知識創新者在組織價值創造中的主導作用。人力資源管理的重心要遵循 2：8 規律，即要關注那些能夠為

組織創造巨大價值的人，雖然這些人數量僅占 20%，他們卻創造了組織 80%的價值。這些人形成了組織的核心層。透過價值評價體系及評價機制，真正優秀的、為組織所需的人才就會脫穎而出，人才的貢獻因此而得到承認。從而使組織形成憑能力和業績選拔任用人才的人力資源管理機制，達到有效地激勵員工的目的。

三、人力資源目標轉向注重經濟目標與社會目標的整合：二十世紀 80 年代以來，已經有越來越多的人力資源學者反思組織和社會的關係，不斷調整自己的價值觀念、行為準則，從而調整自己的目標取向。以優秀的企業家為例，由於其目標定位超越了經濟範疇，進入了倫理世界，更多的意識到了社會的責任，把自己當作社會的一員，認為自己存在的價值就是對社會有所貢獻。一批批優秀的組織經營者因此脫穎而出。IBM 公司把企業目標設定為：「為員工利益，為顧客利益，為股東利益」三原則，在這些基礎上，人們形成一種共識，未來的管理目標是追求：「顧客滿意、員工滿意、股東滿意、社會滿意」的「全方位」目標。這一種目標體系，是經濟利益與社會責任相統一，是經濟目標與社會利益目標結合，是知識經濟時代令人肯定的追求境界。

四、組織的核心競爭力是能力取向：傳統的泰勒（Taylor）管理模式中最顯著的特點是「物本管理」，即把組織看作是一個大機器，而組織的員工則是這一機器中的具體零部件，把人當物來管理。能力取向是一種以能力為本的管理，是人本管理發展的新階段。它是透過採取有效的方法，最大限度地發揮人的能力，從而實現能力價值的最大化，把能力這種最重要的人力資源作為組織發展的推動力量。「能本管理」認為組織不再單純是一種經濟組織，人不單純僅僅是創造財富的工具，人更是組織最大的資本、資源和財富。「能本管理」的核心是以人的知識、智力、技能和實踐創新能力為內容。「能本管理」的理念是以能力為本。認識「能本管理」的新思想，對於組織提升知識經濟時代的市場競爭力具有極其重大的現實與深遠意義。

五、走上人力資源的人本管理：人本管理，是一種以人為中心的人性化管理。它是在研究人的心理和行為規律的基礎上，採用非強制性方式，在人的心目中產生一種潛在說服力，從而把組織意志變為個人的自覺行動。人本管理的最大特點，在於它不僅依靠組織權力的影響力，而更多依賴於從每個員工內心深處激發的主動性、內在潛力和創造精神，因此具有明顯的內在認同感和驅動性，並在實際工作中表現出積極的創造性。在實際管理中，人本管理首先體現在管理決策的人性化和獎勵機制的人性化等方面。管理決策的人性化首先表現在決策目標選擇的人文精神方面，以滿意準則代替傳統的最優化準則，決策者可根據自己掌握的資訊做出滿意的選擇，而不必苛求惟一，因而具有更大的彈性和適應性。其次是體現在決策程式上，參與者能獨立自主地自由發表意見和建議，在此基礎上進行綜合分析，擇善而從。第三是體現在為員工創造更廣闊的舞台上。做到讓員工自覺、自願地將自己的知識、智慧奉獻給組織，實現知識共用。

後現代組織人事人員的使命，是能充分考量在後現代社會和經濟條件下，出現了一種產權模式、組織結構、經營模式、組織管理或組織文化等與現代組織完全不同的類型。在這個時代中，組織領袖模式已經發生了徹底的轉變。後現代領袖在人們心目中已經不具備超凡的色彩，已經不再是具有絕對權威的獨裁者。儘管在他的領導過程之中，仍然需要個人魅力，甚至需要更超群的個人魅力，但是他已經完全顛覆了傳統的領袖形象——他祛除了罩在傳統領袖頭頂上的光環，不再扮演先知、至大者的角色，他的號召力不是來自於權力，而是來自於知識、策略規劃力以及人格魅力。他的人格魅力不是源自冷酷的威嚴和對控制式權力的迷戀，而是源自溫柔和善於授權、善於讚美的管理藝術。面對與現代傳統完全不同的內外部環境，後現代領袖的任務也發生了變化，他必須能夠帶領組織由平庸走向卓越。是以，必須建立以下特色：

特色一：建立經濟——文化型的人文願景

後現代領袖必須承擔起物質財富與精神財富創造的雙重勞動。因此身兼管理者和文化學者的雙重角色。建立後現代經濟——文化型願景是一項系統工程。它包括組織策略系統、組織倫理和價值系統、組織願景目標系統和形象識別系統。其中，除組織策略系統屬物質層面之外，其他均為精神層面。需要特別闡明的是，後現代的精神工程，雖然表面看來與通常意義上的組織文化建設沒有什麼不同，實際上卻存在著本質的區別。後現代組織的願景構築是反傳統的。它建立在真實、樸素、深刻、尊重人性、尊重社會與自然、追尋終極意義的基礎之上。

特色二：建立學習——超越型的成長組織

學習型組織浪潮席捲全球的後現代時期，意在強調學習型組織的建立是組織的核心要務，學習型組織的「學習」，用「創新」一詞來表示可能更準確，而創新就意味著超越。歷史上一直存在著創新，只不過沒有任何時代，像今天這樣更迫切地需要創新。今天，任何人、任何組織都要以最快的速度不斷超越自我，因為今天知識連同經驗，都處於高速被淘汰的過程之中。沒有任何知識和經驗是值得信賴的，只有未來可以信任，但未來卻深不可測。

創新雖然不能使我們對未來有絕對的把握，但可以使我們不至於被歷史遺棄。創新是非常實際的活動。學習型組織的建立，不是一項孤立的任務，它與組織願景體系的構築及其他後現代領袖的任務是相互依存的。如果一個組織沒有構築成功的願景體系，它的員工培訓計畫的導入就不會有正確的方向，從而導致最終的失敗。

特色三：建立數位——人性化的管理模式

後現代組織的數位化革命，首先也是一種觀念的轉變，而不是簡單的組織上網和實行電子商務等數位化舉措。技術層面的組織數位化是相對簡單的，而觀念和管理層面的數位化則更為複雜。數位化的根本目標是實現組織效益最大化，為此要打破傳統的經營管理模式。數位化管理理應是充滿人性的。為了把一群知識工作者凝聚成一個強力的團隊，數位化管理必須同時還

是一種智慧式管理。作為後現代組織領袖，要吸引而並統領一個數位化團隊，自己也必須具備年輕的心態，並能夠創造讓這個團隊自由翱翔的廣闊空間。

傳統的領袖總是在擔心優秀的員工跳槽，因而無時無刻不在進行防禦式管理。這種消極的管理模式，在領導者與被領導者之間，造成了一種強大的心理張力，造成了一種互不信任的局面和極為壓抑的組織場。一個重視內部溝通的領袖或管理者，知道怎樣規避這一切：新成員經由考核後，就對其採用積極的開放式管理。他有博大的胸懷，使任何一名成員即使在選擇離開組織之際，也能得到友好的對待，甚至是無私的幫助。這樣，就算某人離開了公司，也仍然能夠以各種方式成為組織的合作者或利益推動者。領袖拘泥於傳統的價值觀，缺少發自內心的對員工的尊重。這是傳統的菁英文化導致的偏見，而消除這一偏見並非易事。這需要後現代的價值觀，需要一種廣大無邊的愛，需要放棄菁英意識，代之以敬畏生命的平民意識。他應該放棄使用「員工」這一傳統的帶有強烈統治意識的詞，而使用「夥伴」、「朋友」這樣溫情的話語。這將會令他的組織擁有無可比擬的凝聚力和競爭力。

特色四：建立分權──參與式的管理體系

在建立後現代組織分權體系的同時，也要把目標管理體系發揚光大。作為參與式管理的目標管理，是在後現代組織中推行民主模式的最佳選擇。分權模式與目標管理模式是水乳交融的，在分權模式中存在著目標管理，在目標管理模式中也存在著分權。作為後現代組織領袖，其任務是把這兩種模式有機地融合起來。推行目標管理，既能夠促使權力下放，也能夠保持有效的控制。同時，目標管理的內涵在後現代企業中必須進行新的拓展，即組織設定的目標應該既包括經營目標，也包括文化目標。後者是後現代組織對管理提出的新任務，其重要性甚至超過了前者。文化目標管理的實施將是對後現代組織領袖的最大考驗。它徹底改變了傳統經濟型為單一強調的作為，使後現代組織必須成為經濟──文化型體系。

特色五：塑造誠信──核心式的價值體系

後現代組織的傳播，它不允許組織以虛假的包裝愚弄公眾。誠信的意義在後現代超過了以往的任何時代，這是保證社會道德與秩序的必須手段。成為公眾可以信賴的對象。後現代組織應該挺身維護社會的公正，透過自己的產品、自己回饋社會的行為，樹立良好的組織形象。因為，誠信關係著後現代社會的持續發展，後現代組織首先應成為社會的意見領袖。它應該是新思想、新理論的創造者，它推廣產品就是推廣一種新的生活方式。後現代管理的理論或思想，不是憑空捏造出來的，而是建立在對社會的深入分析和準確把握未來走勢的基礎上。後現代強調──誠信成功體系的建立，再一次印證了它對經濟與文化的雙重推動作用。使優秀的後現代組織成為真正的文化創造者。

陸、結語

在大學發展日益競爭之際，組織的卓越效能和永續的經營，離不開人事人員的參與，而建構組織的人事政策係有階段性及層級性，其中高階層管理者係在人事幕僚的建議與協助之下，統籌制定一項政策。故而政策本身實含有標準的意義，制定人事政策的責任係在高階管理者，人事單位只是從事有關事項的協調與建議，盡可能的達致政策的完整性與可行性。至於中階層及基層管理人員，則著重於政策的溝通與應用，應負責將政策溝通於基層監督人員，其中包括政策的解釋、澄清及訓練基層監督人員應用政策。而基層的監督人員就是在其職責範圍內，負責將人事政策施用於實際工作的員工。環環相扣以發揮高等教育人事管理的角色和功能。

第二章
高等教育與人事工作

「大學之道；在明明德；在親民；在止於至善。」（大學・章句）

壹、前言

　　現代大學的直接源頭是歐洲中古世紀的大學，當時的大學受教會統治，教育目標是為宗教而學習，為神而研究；文藝復興時代則以廣義哲學為中心；教育目標強調培育具有博雅基礎的文化人，不重視實用的趨向；十九世紀學者紐曼（Jonh H. Cardinal Newman）認為大學是一個提供博雅教育（liberal education），培育紳士的地方，大學目的在「傳授」學問，而不在「發展」知識，注重在對古典文化傳統之保持。隨著工業革命、啟蒙運動及科學之發達，大學也開始重視職業人才及專門人才之培養。而隨著時空的變遷，教育理念的更迭，是以自從第二次世界大戰結束以來，全球的高等教育歷經了史無前例的快速擴充。根據聯合國科教文組織（UNESCO）的估計，1960 年全世界高等教育學生的人數是 1300 萬，到了 1990 年已經增加到 6500 萬，預計公元 2020 年全球可能有 1 億 5000 萬學生接受高等教育。高等教育在人數方面的快速擴充，使得高等教育的特質在下列五個方面有了根本的改變：包括：第一、教育普及化：高等教育在許多國家已經由就學率的菁英型（15%以下），走向大眾型（15%-50%），甚至普及型（50%以上）教育（Trow, 1974）。第二、職業技能化：高等教育的功能已經不止於社會菁英的培育，而涵蓋民眾在職業的準備。第三、性質多元化：傳統菁英式大學已無法完全符合社會多元化的需求，高等教育必須採取多樣性的發展，在學生類別、學習年限、課程內容、教學方法、經費來源、研究取向及機構規模等方面必須重新定位因應不同的需求。第四、財務自籌化：高等教育的擴充造成沉重的財務負擔，政府資助高等教育的能力普遍降低，高等教育機構自籌財源的比例逐年上升。第五、經營效率化：為了提升教育資源的分配及使用效率，高等教育的內部效率（例如：學生單位成本，及外部效率；例如：研究成果及畢業學生之類別及品質，能否配合社會及經濟的需求），逐漸成為社會關注的焦點。

　　隨著高等教育的大眾化及環境的劇烈變遷，顯然高等教育已經走上迥異於過去的發展路徑。在充滿競爭性的全球局面下，各個國家的大學管理也必然會在整個教育中居於重要的功能。人事管理既屬一種專業，則人事部門就應以專家的身分，不時地提供其專業知識與技能，協助學校制定政策，並為組織中各級人員提供人事專業方面的服務。但是人事管理人員在提供服務時，不能置身於自築的象牙塔中，而應該經常地和組織中的各級人員保持聯繫，瞭解機構的業

務，並和其他部門建立和諧的工作關係。達成首長執行管理工作，妥慎發揮職能上的權威（functional authority），落實其支援辦學的功能。

由於大學的發展是國力的一個指標，因為大學不只是高質素「勞動力」的來源，也是產生知識最主要的地方。人類對國計民生產生重大影響的科技成果，有 70% 是在一流大學產生的。在全球化的趨勢中，大學是任何社會中最前沿的組織體之一，如胡笙（T. Husen）所說：「學術的社會思潮（ethos）意含著普世主義。」現在大學的領域中，隨著政府角色的轉換、經費的緊縮及市場的壓力，帶給各國高等教育機構空前的挑戰。大學經營的企業化及知識、課程與學位的商品化，固定提升了經濟效益，卻也使高等教育的目標與功能面臨必須重新界定。究此也影響人事服務的機能。

貳、台灣高等教育的發展

回顧過去五十年台灣地區大學教育發展的歷程，大體上呈現幾個主要的轉變趨勢：

一、教育目標：菁英教育轉為普及教育

1950 年國內四所大專校院在學學生人數僅 5,379 人，占當時人口總數的 0.71‰。到 2005 年大專校院的數量已遽增為一百六十五所，在學學生人數超過 131 萬人，占人口總數的 59.5‰。大學教育已不再是社會上少數菁英所獨享，大學聯招的錄取率已超過 85%，大學新生招生額也已超過高中應屆畢業學生人數，幾乎絕大多數的高中畢業生都有進入大學的機會，因應普及化的趨勢，大學教育的本質已經有所轉變。

二、教育規劃：經建主導轉為建立特色

台灣地區由於缺乏天然資源，政府遷台初期，除了必須將大部分的資源投入國防建設，以確保台海的安全外，更必須將有限的資源用於積極發展經濟。教育的發展也完全配合經濟建設的人力需求，作計畫性的培育。教育本身只是經濟發展的工具，而非以教育本身為目的。固然這種規劃可以將有限的資源做最有效的運用，避免教育投資的浪費，但相對的也限縮了大學教育的功能，大學教育的功利性色彩變得相當濃厚。政府在教育資源的配置上，也形成重科技而輕人文的現象。其後隨著大學自主意識的提升，政府逐漸放鬆管制，包括各大學的系所增設、調整，乃至招生名額之規劃，均給予各大學更大的彈性調整空間。大學不再只是配合經濟發展的工具，大學教育也能兼顧本身的自主性，以教育的理念規劃各項教育的措施。

三、人才培育：就業取向轉為博雅教育

教育機會的公平是促成社會階層流動最重要的機制。大學教育一向具有很強的功利性色彩，一般人接受大學教育的目的即在於獲取更好的就業機會。政府在規劃大學系所增設及招生

名額時，一向也以就業市場的人力供需作為依據。因此當大學教育快速擴增時，社會上也不時有高學歷高失業率之質疑。很顯然的是，民間經濟日趨富裕，今日大學教育的功能已經不純然是，也不應只是，為了就業的目的。教育應與個人的生活更緊密結合，期藉由教育提升生活的品質，充實個人的內涵。

四、規範主體：政府規範轉為學校自主

為了減輕政府的財政負擔，並維持高等教育品質以追求社會的持續發展，各國高等教育的發展方向有了顯著的轉變。首先，各國逐漸調整以往由政府主導高等教育的方式，解除對公私立大學的各項管制，賦予高等教育機構更大的自主空間。換言之，政府和高等教育之間的互動已經由國家控制模式，轉向國家監督模式。其次，政府將市場邏輯引入高等教育，讓競爭與價格機制引導高等教育機構回應市場的需求，以增加彈性，提升效率。最後，政府積極建立有關高等教育機構教學與研究的評鑑制度，一方面提供高等教育消費者更充分的資訊，另一方面也形成高等教育必須注意品質及績效責任的壓力。早期大學教育幾乎完全由政府主導，系所之設置、招生名額固然由政府決定，即使課程、學生學籍、學位之授與、教師資格之認定，乃至學校的組織、員額編制及行政運作，也完全由政府規範。而政府所主導之各項規範，適用於各大學。由政府主導一體之規範可利於管理及基本教育品質的維繫，但也阻礙各校發展各自的特色，同時造成教育無法配合社會快速變遷之需求。1987 年政府宣布解除戒嚴，政府對民間的管制大幅放寬，民間的活力逐漸獲得釋放。在教育的部分，大學教育首當其衝。大學教育改革促進會在大學法修正過程中高度關切，也相當程度主導修法的方向。1994 年大學法公布實施，強調學術自由、大學自主及教授治校的精神，大學教育逐漸轉化強調自由市場的競爭。

五、學習特色：一元特質轉為多元發展

由於早期大學教育以菁英教育為主，同時由政府主導規劃，因而重視形式的公平性及單一的價值標準。入學考試以智育成績作為取捨、教師的聘任及升等均以學位及學術研究成果作為唯一衡量的依據、課程規劃也強調全國一致性的標準。教育附和主流社會的價值，缺乏足夠之包容性，將無法成為凝聚多元社會的主要動力。隨著社會的開放，對於多元價值的尊重，也影響到大學教育。更由於大學教育機會的擴增，也使得各大學必須在開放競爭的市場中，尋求各自不同的發展定位，兼顧多元的需求。

六、學習功能：一次受用轉為終身教育

早期的社會，環境的變遷相當緩慢，一技在身終身受用。個人只要學得一技之長，即可成為終身的職業。教育的規劃也只重視一次性的教育，人生的規劃把教育視為職前的準備階段，當完成學校教育投入社會，即不再有接受教育的需要。隨著社會的快速變遷、資訊的暴增，個人對於教育的需求已經不僅限於人生的某一階段，而是終其一生都必須不斷接受新的資訊、學

習新的技能，以適應快速變遷的社會。在教育的體系上也必須配合終身學習的需要加以調整。大學必須提供回流教育的機會，讓人生中每一階段需要學習的個人，都有機會進入大學學習所需的知識。教育制度的設計也將變得更為彈性，除了學校的學習外，非屬正規學校之校外學習型組織與學校教育，也將形成更緊密的結合，建構成一個終身學習的社會。

七、教育素養：學生品質亟待全面提升

倫敦大學教育系教授 Alison Wolf 的新作《論教育與經濟成長關聯的迷思》(*Does Education Matter? : Myths about Education and Economic Growth*)便強調教育的目的並不只是為了促進經濟的成長。我們的先人曾生活在極度貧困的情況中，卻仍然堅持培養文化、道德、及智能等的教育目標，忽視這些目標將使人類的發展陷入困境。教育部於 94 年進行了七十六所大學校院的整體評鑑。從結果中可看出，台灣的國際學術競爭力出現因教學品質不易引發學生學習動機；學生過度熱衷上網聊天、蹺課嚴重；晚上晚睡、熬夜，早上起不來上八到十點的課；考試作弊；作業抄襲；流行不當的共同筆記；缺乏研究方法訓練、國際觀等。惡性循環的結果，學生閱讀與學術研究能力低落；對英文有恐懼症、其他外語能力也差，自處生活能力不足，對生涯發展毫無頭緒。到頭來，出國深造之留學生人數銳減、大學學術風氣日益衰退、品德教養欠佳，加上整體社會風氣因倫理道德信念的逐漸薄弱而漸趨惡質化之影響，導致高等教育品質與國際化學術發展成效，有明顯逐漸下滑之趨勢。

參、世界高教的發展趨勢

近些年來，面對全球性的競爭，世界各國紛紛把目光投向教育，希望寄託在高等教育的改革和未來人才培養上。英國首相布萊爾宣稱他的三大執政焦點是「教育、教育、教育」後，更顯其重要性與影響力。高等教育的改革正呈現出如下幾個方面的態勢。

一、高等教育結構的多元化

高等教育朝著多樣化方向發展，從單一結構向多種結構演化，這是當今先進國家高等教育改革的重要方向之一。現代經濟發展對高等教育改革提出了新的要求，各國對人才的需求與日俱增，高等教育必須建立適應現代經濟發展需要的合理的人才結構，除擴充原有的大學外，大力發展學制不同的制度，以使培養目標互異和教學方法靈活多樣。從世界上很多國家高等教育的結構層次來看，其中的短期大學和技職教育尤為受到重視，並獲得了很大發展。如目前美國的初級學院或社區學院已發展到一千五百多所，學生註冊人數達 650 萬，約占全美大學學生總數的 50%以上。德國的技職教育發展也很快，已經成為高等教育體系的重要組成部分。據統計，目前德國共有八百五十所初級技術大學，占其高等學校總數的一半左右。日本的短期大學從 1980 年的二百七十所、在校生 30 萬人，增加到目前的六百二十五所、在校生 190 萬人。由於各國短

期大學和初級學院都以培養目標明確、學制短、收費低、區域性強、就業容易而見長，因而頗受各企業生產部門和人才勞務市場的歡迎，促進了其自身的規模和數量的迅速發展。

二、高等教育課程的整合化

現代科技與生產的發展，是以整合化為基本特徵的，反映到高等教育中就是課程的整合化。所謂課程的整合化，就是使基礎教育和專業教育、應用研究和開發研究相互統合，目的在於培養學生適應社會發展的需要和具有解決複雜課題的能力。1991 年，美國政府頒布了「關於發展高等教育和提高專門人才方案」。強調：加強專門人才的能力，是當前高等教育探討發展的基本方針。為此，要求在課程改革上，打破原有的課程界限及框架，實行跨學科的整合探討，創設新型的綜合課程。比如，在工程教育方面，注重工程對社會的服務，利用工程理論解決現代都市管理和建設問題，保護環境，發展經濟，從而使工程教育和社會科學、自然科學建立起以往從未有過的密切聯繫，導致許多整合性課程的產生。這類課程突破了傳統專業領域的局限而朝向多學科整合性的方向發展。

三、高等教育成果的一體化

研究、教學、生產一體化，是當今世界高等教育的主軸和教育發展的模式。由於大學人才薈萃，智力密集，最能產生新知識、開發新技術，與企業合作就可以把大學的潛在生產力轉化為現實生產力，對新興產業的建立、新技術的開發，都能產生積極的推動作用。當今，許多國家都積極致力於這方面的努力，把大學作為產業的育成中心，建立以大學軸心的教學、研究和生產聯合體。美國在波士頓地區和加州地區，就是兩個成功的例子。在波士頓地區，由於哈佛大學、麻省理工學院、耶魯大學的參與，從一個以傳統工業為主的地區一躍成為「科學工業綜合體」地區；另一個是加州地區，在史丹福大學、加州理工學院、加州大學的幫助下，由 100 多年前的荒蕪之地，一躍而成為聞名全球的「矽谷」電子工業基地。韓國自 80 年代中後期以來，也採取此種方式形成了「大田科技工業園區」。其他國家，如日本的「產學合作制」、瑞典的「工學交流中心」、英國的「科學公園」等，都係以同樣的發展方式。

四、高等教育領域的國際化

為了加強國家在經濟、科技、文化和教育諸方面的競爭力，許多國家高等教育積極朝向國際開放，以促進學術、文化和教育的交流。這主要體現在交流辦學經驗、交換資訊資料、參與國際學術活動和合作研究與開發專案、交換學者和互派留學生等方面。例如：日本為加強高等教育的國際化，以培養「國際觀的日本人」，採取了一系列舉措，用來改革現行的高等教育體制。一方面實施公費留學生派遣制度；另一方面擴大自費留學生的數量。此外，積極參與國際機構組織的研究合作活動。美國素來重視利用自己在高等教育方面的優勢，吸引外籍教師和學生。不同國籍的教授匯聚在美國大學中執教和從事研究工作，世界各國的許多青年到美國留學，帶

來了各民族最優秀的文化以及他們的聰明才智，創造出許多優秀的成果，也成為社會進步的主要動力。

五、高等教育宗旨的終身化

迅速多變的現代科技和生產，使社會成員要具備合理的和不斷更新的知識結構。為此，很多國家均把終身教育理論作為高等教育改革的宗旨。傳統學習的環境，係以學校教育為中心；終身學習的環境，則係以回流教育為基礎。回流教育的觀念，主張教育機會應當分布在人生的各個階段。學校教育應當向全民開放，以提升專業知能。睽諸先進國家的經驗，學校教育已逐漸向全民開放；入學管道日趨多元，且銜接暢通；學習場所不再局限於校園，校外教學及遠距教學受到重視；課程設計及選擇愈來愈有彈性；教學策略及方法應用愈來愈多樣；非正規教育資源逐漸為學校教育所運用。學校教育的改革，已逐漸呈現出終身化、開放化、科技化、多元化及個人化的特徵，成為學習社會中極為重要的一環。

肆、人事工作與高教發展

為了因應高等教育環境的變動，以提升公共資源的有效利用，先進國家逐漸調整以往由政府主導高等教育的方式，解除對大學的各項管制，賦予高等教育機構更大的自主空間。政府在高等教育所扮演的角色逐漸由控制轉向監督，同時政府也將市場機制引入高等教育，讓競爭引導高等教育機構積極回應市場的需求，以增強彈性、提升效率。

面對高等教育大眾化所帶來的挑戰，世界主要先進國家高等教育的發展策略，政府的對應措施包括：解除對高等教育體系的管制，賦予大學校院更大的自主權，刺激競爭、獎勵效率，同時發展保證教學與研究品質的新機制。為求因應，這使得人事工作面臨著新的挑戰，積極自以下的策略以期開創未來的發展。

一、自集中管理邁向市場機制

顯然，在 1980 年代中期之前，西歐各國政府對於高等教育都採取理性計畫與控制策略。到了 1980 年代中期以降，才改為自我管制策略。政府不再作細部的掌控，以增加大學的自主。例如荷蘭的高等教育向來都是由政府作詳細規劃與嚴密控制，但是在教育與科學部於 1985 年發表的〈高等教育：自主與品質〉（Higher Education：Autonomy and Quality）報告書中，就表明政府希望大幅提升高等教育機構的自主及自我負責的態度以強化其彈性及調適的能力，從而改善高等教育的品質。就高等教育而言，解除管制一方面是減少政府對公立大學的財務、人事、課程等方面的控制，將決策權下放給學校，由其自行訂定收費標準、發展人事分類系統、規劃課程、協商各類合作契約等。另一方面則在放鬆或取消那些禁止私立大學校院和公立大學競爭的規定，例如收費標準、招生人數等。以促使公立和私立大學校院能在一個更平等的基礎上，競爭

政府的研究經費和政府補助的學生費用。簡言之，解除管制就是以市場力量取代政府干預，賦予高等機構更大的管理彈性，讓它們在面對變遷及競爭時能夠更積極地即時回應。例如：日本在 1991 年所頒布的「解除大學管制法」的主要目標，就在以市場邏輯引導大學的發展，以自由、彈性、個別化及績效責任等取代干預及管制。影響所及，亦使得人事工作於教師的延聘、續聘等事項，回歸到大學自主的範疇。

二、自封閉傳承邁向強化競爭

自 1980 年代以降的發展來觀察，各國政府在刺激高等教育的競爭方面，首先，就強化新進者的競爭力。除了解除管制，鼓勵私人興學之外，也藉由多元化方式，促使新設大學，雖然較難和舊有大學在研究方面競爭，但是在非研究取向的課程方面，新大學未必居於弱勢。舉例來說，美國有幾所新設立的私立大學，在短時間之內，已經發展出相當具有競爭力的非研究導向的專業課程，特別是在 MBA 以及法律等方面的課程有傑出表現。這些新型的高等教育供應者雖然目前在數量上偏低，但它們若持續發展下去，很可能對傳統大學在某些專業課程的費用和品質方面，形成巨大壓力。

就替代產品或服務的競爭來看，雖然大學所提供的學位和研究在目前看起來還不至於受到其他行業嚴重的挑戰，但是一些傳統上和大學並無直接競爭的機構，逐漸有提供品質更好或價格更低之替代性產品的可能性。近年以來，法國、英國及荷蘭等國政府在大學評鑑的標準中增加一些前所未見，又足以改變傳統學術排名的價值和標準。舉例來說，空中大學所開設的 MBA 課程因為容納學生最多，費用最低，因而超越劍橋大學，獲得最高排名。由此可見，政府所界定的學術品質不但可能使一些新興的教育科技及作法獲得合法地位，同時已動搖了傳統上以研究為導向的同儕評鑑之權威性。因此，政府對評鑑的介入不但會刺激競爭，也可能改變高等教育的理念與價值，並導致學術管理革新的風潮。另一個替代性產品的競爭來自資訊工業的快速發展，網際網路所提供的即時又廉價的資訊，讓那些因為擁有龐大的圖書收藏，而在學術研究及教學方面享有比較優勢的傳統大學，受到巨大衝擊。資源較不足的小型或新興大學，只要擁有適當的資訊科技，還是有機會和歷史悠久的大學在某些領域上競爭。此外，資訊科技的發展也加速了遠距教學的可行性，其不受時空限制及個別化的優點，是傳統課堂講授所不及的。為此，使得學校分別建立起辦學特色，例如：以研究型、教學型或社區型、綜合型等定位，以期於高教競爭上有所區隔。

三、自積極保障邁向績效責任

各國高等教育機構因為競爭市場對生產效率的強調，使得其運作方式和傳統上以教授為主體的學院模式已有了顯著不同。例如：英國在 1998 年發表的 Jarrant 報告書就建議大學的管理要更企業化，大學校長應同時肩負行政及學術領導之責，最好能接受企管方面的訓練；大學委員會最好以董事會的形式在大學的經營上扮演更重要的角色；大學應建立表現指標並引進評鑑及

績效責任作法。而為了推動大學改革，德國的「大學校長會議」在 1994 年與「伯特斯曼基金會」（Bertelsmann-Stiftung）合作設立「高等教育發展中心」。該中心的宗旨在改進大學效能、提高德國高等教育的競爭力。其主要任務包括：評鑑的設計與執行、強化大學與工業界的合作、促進國內外校際合作及其他改革計畫。

為期提升學術生產力及刺激學術人力市場競爭，高等教育機構的人事政策也有了重大變革。舉例來說，為了追求更高的人事效率，英國大學內部的學術人力配置受到嚴格的考核。在 1986 年之間，由「大學撥款委員會」（UGC）支付的大學教師人事費用下降 8.4%。1988 年的「教育改革法案」更規定所有新聘及未升等的教師都不能獲得長聘，以強化高等教育機構「聘用與解聘」的彈性。

提升效率的目標也促使許多政府改變高等教育的經費政策。有的政府大幅刪改高等教育經費，不足的部分需要以募款、推廣教育、建教合作等方式提供。舉例來說，越來越多日本大學，包括以往財源充裕的國立大學必須尋求和私人企業合作的管道。英國政府自 1989 年開始運用價格機制，以加速高等教育機構降低學生的單位成本。根據估計，在價格機制的運作之下，學生的單位成本在五年內已經下降 28%，高等教育機構的經費則因學生人數的增加而弭平甚至增加。委員會認為經費分配方式的改變除了可以刺激競爭及多樣化之外，還可將提升效率訊息傳遞給大學所有的成員。為強調績效責任，是以大學強調運用評鑑機制以檢視辦學成效。

四、自自主運作邁向品質確保

高等教育品質的提升成為許多國家在面臨新世紀挑戰時，高等教育政策的重點之一。曾任英國教育部長的 Sir Keith Joseph 在 1984 年就宣稱高等教育的主要目標在於「品質和物超所值」。法國也在同年設立「全國評鑑委員會」。荷蘭政府則在 1985 年的報告書〈高等教育；自主與品質〉中強調高等教育品質的重要性。此外，丹麥、瑞典、西班牙等國亦紛紛發展高等教育品質控制的機制。德國大學也採取評鑑與品質保證措施，加強大學教師的教學能力，「教育人員工會」甚至設計了一百六十餘種教學法訓練課程，提供大學教授選修，以提高教學品質。先進國家強調高等教育品質保證的主要原因有三：（一）高等教育體系的擴張導致學生人數的暴增、系所及新大學的快速設立，引發有關公共支出用於高等教育的額度及其經濟效益的相關問題；（二）許多國家公共支出的擴張已達上限，經費的緊縮自然引發有關高等教育品質的探討；（三）經濟的發展日益以科技為基礎，更加重高等教育的發展方向及品質的重要性。由此可見，近年來驅使政府注意高等教育品質控制的主要是經費、經濟發展等外部壓力。這種強調高等教育的績效責任，亦即高等教育應該對包括政府、學生、家長、研究的購買者負責的發展趨勢，也就是社會大眾不再認為大學校院的所有活動是自我滿足的，而社會對高等教育的期望越高，這種「檢視」的需求也就越大。為了朝向品質確保，部分國內大學積極籌設如「教學卓越中心」，以主動協助教學品質的全面提升。

五、自教學研究邁向產學合作

　　高等教育機構之所以積極尋求和工業界合作的主要原因和各國政府在 1980 年代刪減高等教育經費有關。第二次世界大戰之後的嬰兒潮所帶來的高等教育擴張壓力，到了 1970 年代已經得到了相當的紓解。各國政府預估高等教育學生數到了 1980 年代將顯著減少，因此紛紛採取縮減高等教育經費的政策。為了彌補公共經費的不足，高等教育機構必須認真思考增加經費的各種管道。除了募款之外，高等教育最常考慮的就是將其研發的知識商品化，可採取的方式包括：提供短期的專業課程、各種類型的繼續教育、技術諮詢、契約研究、設立新公司、發展科學園區等。除了高等教育機構主動尋求和工業界合作之外，工業界本身也因為必須依賴先進科技，才能在競爭激烈的國際市場獲得立足之地，因此也樂於與高等教育機構合作，以獲得新的專業知識和技術，並降低耗時費力的前瞻性研究所帶來的風險。在互蒙其利的吸引之下，產學合作在 1980 年代之後蓬勃發展。以美國為例所作的調查發現約有 50% 的研究型大學從事和工業界合作的研究計畫案，此一比例在 1990 年進行的另一項研究中已經上升到 82%。在歐洲也有類似的發展，越來越多政府視大學為技術發展、創新及轉移的重鎮，鼓勵大學從事應用性高的研究，一方面配合經濟發展，另一方面也可擴展非政府經費的來源。

　　各國產學合作的模式不盡相同，不過大致可分為下列五種方式進行：（一）技術諮詢：學術界對理論的深入瞭解，可以協助產業界解決特定的研發和管理問題，是產業界和學術界之間最常見的互動方式。（二）契約研究：大學接受企業委託，對特定問題進行研究。（三）合作研究：企業提供資金讓高等教育機構進行前瞻性的研究。藉此獲取先導性的專業知識，並吸收參與研究的優秀畢業生。（四）育成中心：輔導新創之中小企業。（五）在職訓練：高等教育機構可依照企業的需要開設在職專班課程，以提升人力素質。爰此，部分學校建制延聘優秀業界師資及運用專業技術人員擔任教學以落實實用知識的培育。

六、自本土觀點邁向國際視野

　　隨著全球化趨勢的發展，各國高等教育機構逐漸面臨新一波國際化的壓力。此一國際化包括兩個面向：其一是師資的國際化；其二是學生的國際流動。

　　（一）師資的國際化：未來的高等教育機構將不能只專注於專業知識的傳授，而必須培養學生對其他國家的興趣與瞭解，並體認世界各國其實是禍福與共的夥伴，是牽一髮動全身的全球村成員。除了共創世界未來的理想之外，促使高等教育機構提升學生國際視野及能力的另一個主要動力是經濟的全球化趨勢，例如跨國公司的大量設立、全球經濟分工、資金的全球性操作等。在這種情況之下，學生所需要的除了專業知識與能力之外，還需要所謂的「全球性能力」，包括使用外國語言的能力、外國文化的知識、國際關係及事務的認識、專業領域的國際性議題。因此引進優秀國外師資成為人事工作的一項必要作為。

（二）學生跨國流動：隨著全球化腳步和交通的便捷，學生的國際流動顯著的增加，二次大戰以來至今全球的留學生已經超過 100 萬人。（教育部，1999）造成這種現象的主要原因有四：1.全球知識的生產集中在工業先進國家，為了加速現代化過程，邊陲國家必須繼續派遣留學生以獲取先進知識。2.第二次世界大戰之後，各國對高等教育的需求日殷。但是某些國家高等教育擴張的速度遠落後於社會需求，因此允許學生至外國求學不失為可行之道。3.學術交流被認為具有擴大國家在國際間之影響力的功能，因此有些國家制定優惠辦法以吸引外國學生。4.留學生帶來的實質利益，包括學費收入、提供廉價助教、研究助理等使高等教育成為一項重要工業，不但促使大學積極招收外國學生，也改變美、英、澳洲等主要留學地主國家的外國學生政策，解除外國學生市場的管制，允許各校直接招收外國學生。

七、自傳統思維邁向創新作為

在面臨社會情境的急速變化，大學無法一成不變，體制外的創新可以近年興起的營利大學和虛擬大學為代表。顧名思義，營利大學是將大學當成營利事業來經營，課程和學位是其主要產品，目的在創新企業利潤。可視為高等教育商品化最極端的例子。美國近年興起的菲力克斯大學（Flex University）即標榜以營利為目的、以效率為宗旨。菲大只開設大學部課程，以兼任教師為主要師資，以成年人為主要招生對象，以低學費為誘因。雖然菲大被視為「文憑工廠」，其所提供的服務被視為「麥當勞式教育」。但是不可否認的，就其創立目標而言，菲大已獲得相當成功，在十幾個州和波多黎各設有六十餘個分校。菲大所標榜的低成本高效率，除了完成機構營利的目標之外，也給其他正統大學的經營帶來壓力。（戴曉霞，1998）

由美國「西部州長協會」的十七位州長在 1996 年發起設立「西部州長大學」，是高等教育體制外革新的另一個例子。這所新型態的大學原稱為虛擬大學，本身並不開設課程，也沒有專任教師，主要在整合其他高等教育機構所提供的課程，協助學生透過網際網路學習。西部州長設立這所虛擬大學主要是因為高等教育對各州的經濟發展十分重要，州民對高等教育的需求也不斷上升，但是傳統高等教育成本太高，且在學分數、開課的時間及地點、評量方法等方面較無彈性，不能滿足成年學生，特別是在職學生的需求。為了克服資源不足及傳統大學缺乏彈性的困難，「西部州長協會」決定利用先進的科技，特別是電腦網路進行教與學，一方面降低成本，另一方面也提供學生不受時地限制的學習機會。因此「西部州長大學」的特色有二：第一、承認學生利用非正式教育管道包括在家及工作場所，藉由高科技學習獲得的知識和技能；第二、以學生實際的知識與能力，而非學分數和上課時數，作為評量及頒授學位的基礎。

與我們現有的大學大為不同，它們是沒有校園的大學，是沒有「學人社會」的大學。無論是否喜歡這樣的大學，但它們會有生存發展的巨大空間。它們會是「另類」的大學，不會是二十一世紀大學的主流。無論如何，二十一世紀的大學系統將比二十世紀更為多元化，大學的功能將更為區隔化，大學的素質將更為層級化，而大學之理念與角色也將會在新的社會條件上有新的思考。

伍、高教人事人員的素養

　　人事管理（Personnel Management）就是研究如何為組織有效地進行羅致、發展、運用並維護其人力資源的科學。高等教育的人力資源管理，實際上就是指對於大學校院組織中的所有員工的服務工作，他們不僅是組織的專業人員，而且他們在工作的績效，也將影響大學發展的成敗。現代的大學，源自歐洲中古世紀，有其深厚傳統與獨特精神。惟自工業革命以來，社會變遷加速，尤其近十年來，科技進步神速，經濟成長繁榮，政治自由民主，社會價值多元，因而衍生許多問題，形成一股洶湧澎湃的浪潮，衝擊著大學的門牆，迫使大學走出學術的「象牙塔」，面對社會的挑戰；於是大學教育的功能擴張，必須重建大學的體制，才能適應時代的脈動和社會的需要。

　　1994 年大學法揭示，大學的任務為：研究學術、培育人才、提升文化、服務社會、促進國家發展。在上述多重目標引領下，大學教育成為政治、經濟、社會和文化等交織互動的機構。因此，當外在的政治、經濟、社會和文化價值有所變化時，大學教育即受到相當程度的衝擊。儘管如此，大學教育的若干基本理念仍有其一脈相承的不變性。

　　二次大戰以後，大學教育在世界各地蓬勃發展，尤其是美國大學更以驚人的快速成長，顯現其對高等教育之重視以及國力之發展。美國先進大學一方面有德國大學重視研究之精神，另方面也承接了英國大學注重教學之傳統。近年來各國大學均積極地求新，適應社會之變遷。由於知識爆炸，社會各行業之發展均依賴專業知識之進步，大學也變成了「知識工業」之重地。今日大學功能不只是「傳道、授業、解惑」而已，它更肩負「發展知識」、「創造技術」的功能，甚而把新創的知識傳播、運用到社會及企業。

　　早在 1965 年管理大師彼得·杜拉克就已經提出，知識將取代機器、土地、資金、原料或勞力，成為最重要的生產要素。而社會學家貝爾（D. Bell）在 1973 年發表《後工業社會來臨》乙書中，亦提及知識將成為後工業社會發展的軸心。這些前瞻的見解，協助人們明瞭世界經濟主流已朝「知識經濟」的方向而走。美國麻省理工學院經濟學家梭羅（Trow）在其新作《新國富論》中預示了「知識經濟」時代的來臨。人力資源將是經濟發展與國家競爭力的重要條件。英國政府在 1998 年 12 月出版的《十年國家競爭力白皮書》，就是以「建構一個知識為原動力的經濟社會」為標的。在未來數年中英國政府將增加預算以提升大學、研究機構學生及研究人員的創業精神，並提供創業幫助。英國教育就業部亦撥款協助學校加強與企業往來，讓學生充實企業知識。可預見的，在知識經濟世紀中，大學與社會的關係將更形緊密。面對社會的日益競爭，大學在建構發展願景時，需秉持著變與不變的原則，強調大學肩負了培育人才、創新知識、傳遞知識的功能。這些願景與目標同為人事人員的職志，為此需朝向下列目標努力：

一、提升專業，關懷社群

　　大學是研究學問的場域，必須崇尚學術，致力於真理的探索。是故，大學向以「學術真誠」作為學者的典範。藉由發明新學說，創造新文化，實現新理想，達成對社群關懷的職志。傳統上人事管理是靠實務經驗的累積建立的，但是現今社會科學的研究以供管理人員更豐富的知識，使其在做人事決定的時候，具有更堅實合理的基礎。由於組織發展最重要的資產是人，而不是設備、廠房。管理者必須懂得如何激勵人和管理人，如何使其發揮最大效應。因此於處理人的問題不僅是一種學科，也是一種藝術，無疑地，多年來成功的經營者在處理人事問題時，仍然要依賴人事專業的判斷、直覺和嘗試，人事工作在做決定時所需應用的科學知識也較前更廣更多。身為人事服務人員當思甌本職工作的作用在於使組織或團隊如何達成更加具有效能（effectiveness）、效率（efficiency）外，最重要的是組織能發揮集體能量邁向卓越（excellence）的境界。

二、尊重專業，學術自主

　　隨著大學校園自主意識不斷高漲，人事服務工作正面臨諸多角色的挑戰期待突破，包括：（一）是職能雙重性，即學術單位與行政單位職能的協調；（二）是地位隸屬性，即實際上受各項委員會或首長行政領導和制約；（三）是權力有限性，即受管轄範圍的限制和受法律的限制；（四）是角色規範性，即人事人員係開創者或是法規的執行成員；（五）是職能社會性，即人事人員的主要任務是管理和服務社群。（Lessen, 1992; Mintzberg, 1980）然而面對經濟全球化的趨勢，隨著市場經濟的進一步推進，在國際化與全球化的衝擊下，人事人員承擔著既要促進學校整體發展，又要符合執行既有規則要求的雙重壓力，因此人事工作者面臨著組織變革的挑戰與績效表現的高度期待。學術研究必須有尊重專業的態度，才能持續發展，產生高品質且有創意的成果。學術自由的理想，大學在教學與研究上，有權自做決定，免於外力干預，這是現代大學的努力目標。大學既是社會公器，且由學術社群組成，自應予以尊重，使大學朝向民主與效率，提升大學自主。在尊重學術自由與大學自主之餘，尤應加強學術工作的責任，嚴守學術道德規範，增加研究與教學工作的自我評量，才能提高大學的績效。此外，品質的維護乃是大學的重要工作，除教學、研究與推廣服務外，尚包括學生素質的提升與學術環境的維護與改善。這些皆屬人事服務工作應努力的方向。

三、提升品質，建立特色

　　近年來行政領導不斷日新月異的改變，最主要的原因在「知識」汰舊換新的速度太快，舊的知識不能因應新局勢的變化。今日的大學生，是明日社會的骨幹，大學教育中要有崇高理想的色彩，不但在知識上追求「創造性的學問」，也要培育完美的人格，亦即培養一種擁有人文素養、有品德、有品味、有品質的人，能享受生命，過有意義的生活。尤其是，二十一世紀乃是

知識經濟與數位化的時代，追求高等教育的卓越化，更是知識經濟時代必須掌握的先機。在面對國際競爭壓力下，大學能依本身所具備的條件，選擇重點發展方向，營造各校特色，不斷追求進步。隨著大學校園生態的變化，人事服務工作其核心價值也來自於：願景建立、人文關懷、文化薰陶三個方面。就如同組織文化，建立自學校建立伊始。就像人一出生就有思維一樣。有人說，小型組織靠人治運作，中等組織靠制度管理，大型組織靠文化管理。還有人說，手工業經濟時代靠經驗管理，工業經濟時代靠制度管理，知識經濟時代靠文化管理。不諱言優良的組織文化對學校發展的推動作用和積極意義。

四、尋求共識，永續發展

為迎接知識經濟時代的來臨，強化人力素質與提升國家競爭力乃是現代社會的對應之道。面對這樣的經濟時代，每一個人都必須是終身學習者，才能擷取新知識，充實新能力，以配合新社會的脈動，不至於被快速的社會變遷所淘汰。因此大學教育應提供成人再學習的機會，以獲得大量新知識，並激勵民眾不斷成長，進而全面提升人民的生活、社會的生存和國家的發展。大學教育乃促使社會變遷的要素，誘發社會進步的動力，地位至為重要。近年來，大學教育在民主化、全球化的衝擊下，過去傳統式的菁英教育已無法滿足社會多元的需求，因此須推展終身教育觀念與規劃全人教育體系。大學教育的結構與型態，在回應社會變遷與終身學習的需求方面，逐漸朝向普及、開放、回流與多元轉變的趨勢發展。學校能整合師生的意志需要有目的的去培養自己良好的校園文化，透過文化力塑造師生的價值觀和思維方式，實現大學發展最高境界的「文化治校」。當我們想藉助校園文化推動學校更好發展的時候，首先要謀求共識與願景。第一步是淬煉，就是把根植於全體師生心中理想的願景萃取出來。這些需要堅持的東西，一定要與我們的志業特徵有關，與我們的追求理想和願景息息相關，與從業人員的基本特點有關。校園文化的核心理念、精神提煉出來後，第二步就是分享、推廣和貫徹。願景不僅僅是理念和口號，它已經深深地滲入到了日常的管理和行為當中，並且有一整套措施來推廣和落實。校園唯有將願景、價值觀、使命感結合起來，才能真正構成高教發展的核心競爭力。

五、宏觀視野，卓越導向

大學的進步，除了自發性的努力外，還要靠外來的刺激，才會更加精進。國際間的交流與合作是大學進步不可缺少的動力之一。國際化非但延長了大學的命脈，也有助於大學的永續發展。科技的進步與昌盛，縮短了國家與地區的有形距離，甚而使國界消弭於無形。大家都體認，這是一個既競爭又合作的時代，大學競爭力經常被拿來衡量一個國家的實力，而國際化也被認為是一個國家競爭力的重要指標之一。大學的國際化無疑的是一個國家國際化中重要的一環。在大學邁向國際化，與外國大學交流的過程中，則必須要有堅強的學術實力做後盾，才會吸引他人前來觀摩留學。因此，推動國際化必須長期投入，並搭配具體的計畫才會見效。為了能夠有效的回應經濟需求的責任及國際化的壓力等因素，都將促使高等教育更積極、更入世、更勇

於創新。人力資源的最高境界是人的使命感，讓員工有理想、有抱負、有追求，願意為理想而奮鬥，作為終身奉獻的志業。讓每個人都成為學校優秀的人才是人事人員對組織的承諾，也是學校追求的目標。

陸、結語

隨著社會的變動及產業發展，大學有了巨大的改變。原十九世紀時德國的柏林大學在洪保德（von Humboldt）等人的革新下，擺脫中古學術傳統，標舉大學新理念，以大學強調「研究中心」的功能，教師的首要任務是從事於「創造性的學問」，大學注重「發展知識」，而非傳授知識，賦予大學「研究」的任務，奠定大學在探索真理、創造學問的社會使命。此種理念獲得美國大學的先驅者佛蘭斯納（A. Flexner）的闡揚，他特別強調「現代大學」，以別於早期紐曼所建構以博雅教育為主的「大學」。他肯定研究對大學之重要，肯定發展知識是大學重大功能之一，但他也給「教學」以同樣重要的地位，大學不止在創發知識，也在培育人才。但培育人才並非是在訓練實務人才，他反對大學開設職業訓練之課程，成為社會的「服務社群」，強調大學應嚴肅地批判並把持一些長遠的價值意識。（金耀基，1983）然而隨著社會的發展，大學逐漸走向民主化、世俗化，二次大戰後，大學教育在世界各地蓬勃發展，在美國尤其快速地成長。「後工業社會」，隨著新科技的進一步發展，新的時代、新形態的社會即將來臨，大學、研究機構及「知識階級」在新社會的「生產與管理機器」中占有重要的位置，在知識社會裏，大學將成為生產知識的工廠，其重要性有如今日的工廠或企業。在這種社會，研究與發展工作將愈形重要，同時龐大的國家資源將會投資到知識的開發、生產及傳播等方面，知識已取代資金而為經濟發展的動力，改變了人們的生活方式與價值觀，知識的菁英將成為新社會的領導核心，同時高等教育將變得愈重要。

大學教育理念的更迭，不但反映出歐美社會變遷過程中大學教育目標的轉變，而且也凸顯大學教育功能多元化的事實。大學自古就是一個學術的社會（academic community），以創造知識與傳遞文化為其最重要的使命，並享有充分的學術研究自由，大學的使命與性質隨著時代的腳步而有所更迭，其功能也逐漸擴大。

人事管理已被視為一種專業性的工作，其目標不僅是使人與事配合，事得其人，人盡其才；而且，更重要的還要使人與人的關係和諧協調，人性潛能得以發展，以增進合作提高效率。我們已跨進二十一世紀的門檻，必然會加劇全球化的趨勢。耶魯大學的肯尼迪（Paul Kennedy）認為為了準備二十一世紀全球社會的來臨需有三要素，而第一個要素就是教育。我們可以相當肯定地說，在本世紀，大學在整個教育中必然是重要的，且可能是最重要的一環。爰此，高等教育的人事服務工作的專業發展實不容輕忽。

第三章

高等教育人事工作的突破

> 「能快速學習並運用所學的組織，才具有最大的競爭優勢。」
>
> —J. Welch—

壹、前言

根據 2005 年 7 月 7 日美國高等教育紀事報報導：加州公立 Compton 社區學院遭取消認證，加州主要的高等教育認證機構「西部學校協會（Western Association of Schools and Colleges, WASC）」7 月 1 日宣布將位於洛杉磯東南的坎普頓社區學院（Compton Community College）從認可名單上除名，如果該校申覆未獲通過，就將成為第一所未獲認證的加州公立學校。該校的 6000 名學生將不得再申請加州政府各項獎助學金，申請轉學公立大學，而該校也將失去加州政府的經費補助而面臨關閉命運。

坎普頓社區學院雖在 1966 年通過 WASC 認證，但自 1994 年起即被列為警示名單，2004 年 5 月因嚴重的收支不平衡，被負責管理 109 所加州社區學院的總校長辦公室派員接管。WASC 也因此派出特別認證小組前往進行訪視。在訪視報告中認為該校校務有嚴重問題，例如董事會成員長期未改選，5 位董事都有特別助理及配車，用人惟私且冗員充斥，行政效率低落，連正式課表都欠缺，也從未能申請通過任何研究計畫。該校經費嚴重赤字但董事會成員仍重新裝潢辦公室或用學校信用卡購買私人物品等。

加州社區學院的總校長 Mark Drummond，將會重新選派有經驗的專家擔任獨立董事來整頓這所學校，並協助該校向 WASC 申覆。如果在期限前學校未能通過申覆被迫關閉的話，他也將設法讓該校與鄰近社區學院合併或委託其他學術機構提供教學服務，以保障學生的權益。

在當今這個競爭激烈的市場上，學校必須制定並實施策略規劃來謀求生存並進一步爭取繁榮和發展，有效實施方案離不開人力資源管理。部分高校的人力資源管理工作目前尚存傳統人事管理，未形成追求卓越核心價值觀，管理資訊系統應用不足，職能發揮欠缺等發展瓶頸。改善之道是將高校自身特點與現代人力資源管理相結合，加強高校人力資源管理部門的內涵建設，提升核心價值觀，充分利用並開發人力資源管理資訊系統，調整、改革人力資源管理部門工作職責，提高人力資源管理者的工作能力和專業素質成為高校發展的根本之道。

貳、人力資源管理與學校發展

隨著人力資源專業的發展與成熟，人力資源工作的使命不斷得到了提升，人力資源不再是傳統意義上的單純的人事管理，已逐步上升到了與組織的生存發展密切相關。人力規劃（Human Resource Planning）近年來已日益受到管理者的重視。人力資源和其他自然資源在本質上有著極大的不同，自然資源可以儲存；然而人力卻與時俱逝，故而對人力資源的運用是迫切的問題。人力專業的培育發展不是短期可成，故而對人力資源的發展又必須做較長期的計畫。現代組織因分工細密專精，對人力資源的開發，如事前未予以合理的規劃，則於需要時即易發生人才不敷的脫節現象，或人浮於事的浪費現象，人力規劃乃是確保一個組織能夠適時適地獲得適量適用人員的程序，經由此程序可使人力獲致最經濟有效之運用。縱觀全球，在未來的發展中，「競爭的全球化挑戰、滿足利益相關群體的需要以及高績效工作系統的挑戰」這三大方面的競爭挑戰將會提高人力資源管理的適切性，人力資源職能應朝向卓越績效中心方向逐步轉化，由此對人力資源工作者有更高的要求。是以，在環境的變革過程中，人力資源專家開始參與組織目標的制定與實施，人力資源職能與規劃職能不再是單純的行政聯繫，而是逐步由行政管理目標管理演繹。更確切的說，人力資源職能在策略的形成與執行兩方面必須都得落實和體現。

在策略的形成階段，需要確定組織的方向和目標，透過分析組織外部環境的機會和威脅以及內部的優劣勢決定發展的策略，使高層管理者們去考慮組織應當怎樣以及以何種代價去獲取或者開發成功地實現願景所必需的人力資源。執行成功與否主要取決於六個重要的變數：組織結構、工作設計、人員甄選、教育訓練、薪酬系統、資訊系統等類型。可以看出，變數中工作任務設計、人員甄選、培訓與開發、薪酬系統都是人力資源的重要職能。另一方面還要建立起「控制系統」，確保這些員工所採取的方案有利於推動組織規劃中所確定目標的實現。是以，人力規劃之目的在於達成：

一、計畫人力發展

人力發展包括人力預測、人力供應及人員訓練，人力規劃是一方面對現有能力現況予以分析，以瞭解人事狀況；另方面對未來人力需求作一預估，以便對組織人力之增減補充進行周密的設計。

二、合理分配人力

人力規劃可改善人力分配的不平衡狀況，進而謀求合理化，以使人力資源能獲得最妥當的運用。

三、適應業務發展

人力規劃就是針對組織的發展需要，對所需的各類人力預為規劃培植。

四、減低用人成本

人力規劃可對現有的人力結構作一分析檢討，並找出影響人力有效運用的瓶頸，使人力效能充分發揮，減低人力於成本中所占的比率。

五、滿足員工發展

在人力規劃中容納員工生涯規劃，以便可以結合個人與組織的發展。讓員工充分瞭解組織對人力資源運用之計畫，他就會根據未來職位空缺，訂定目標，並按所需條件充實自己、發展自己。

研究組織行為的學者，曾特別就機構中直接人員和間接人員的數量作一研究，曾導致一項帕金森定律（Parkinson's Law），該定律認為機構人員數之增加可能和組織工作量增加、減少甚至削減無關。就是在組織工作發展過程中，間接人員的人數往往會有不合理的膨脹，此不僅影響用人成本，而且過多的冗員也會構成管理上複雜的問題。作為人力資源工作人員，要想成為組織真正的夥伴，必須做到以下幾點：一是具備瞭解組織經營，知道組織財務能力，能夠計算每一種人力資源決策成本和收益及其可能產生的貨幣影響的經營能力；二是具備人力資源管理實踐的專業和技術能力，如績效管理、薪酬管理、人員培訓等；三是具備診斷問題，實施組織變革以及進行結果評判等方面的「變革過程管理」；更重要的是具備能綜合利用上述三方面的能力以增加組織價值。

參、人力資源管理的具體作為

我們面對的是一個全球一體化、高度整合、激烈競爭的時代，人才和科技是競爭的重點。人力資源是所有資源中最寶貴的資源，人又是生產力諸因素中最積極、最活躍的資源因素。人力資源管理的重要性已經被大多數的組織管理者認可，那麼人力資源部門究竟是做什麼的呢？在過去，人事管理與人力資源管理混為一談，其實，二者的範圍、功能、目標都有所不同。人事管理比較傳統、保守、被動，而人力資源管理則是積極主動的，具有策略性、前瞻性；傳統人事管理的功能多為行政性的業務，如聘任、薪資、管理等，人力資源管理則參與制定策略、進行人力資源規劃、塑造組織環境等。人力資源單位實際上是一個決策型的服務部門。人力資源的職責是為組織發掘優秀員工，不僅要發現人才，更重要的是培養人才，使每個人才都工作在最適合的職位上，同時，為組織創造積極向上、團結敬業的工作環境，提高工作效率。基於以上原因，部分組織已朝向將原「人事室」更名為「人力資源室」。

人力資源管理的工作很容易被理解為「誰都能做人力資源管理」，因而在任命人力資源部門的人員時，或者是隨便安排一位非技術人員，或者是將不適合某一職位的人暫且調任到人力資源室。組織的負責人大多數也沒有學會如何使用這個部門，其實，人力資源管理也需要很強

的專業素質和專業知識,人力資源管理者所學的專業雖可以是學習社會科學出身,也可以是學習自然科學的,但重要的是具備與人交流的能力,一名稱職的人力資源管理者首先應該是人際關係良好、善於與人溝通、知人善任,並且對組織的專業知識有一定的瞭解,對所從事的工作非常熱愛。若想將人力資源管理的工作做得更稱職、更出色,則必須具備人力資源專業知識。

人力資源管理的核心是職務分析,為每一位員工明確規定他們的工作性質、職責範圍以及相應的獎懲制度,為各項人力資源管理作業提供基本依據。主要有以下幾個方面內容:

1. 規劃:指根據職務分析的要求以及組織需求,進行人力資源管理的規劃,開展招募、考核、選拔與錄用。

2. 開發:指根據績效考評結果中員工與組織要求的差距,透過各種培訓來開發組織員工的知識技能,以提高組織的績效。

3. 激勵:指透過薪資薪酬、福利措施提供員工為組織做出的貢獻給與報酬,並激勵其工作積極性的過程。

4. 整合:調解及各種協調人際關係的措施,使員工之間和睦相處,協調共事,最大限度地發揮團隊合作的力量。

5. 調控:指科學、合理地進行員工的績效考評,根據考評結果對員工實行動態管理,如晉升、調動、獎勵、懲罰等。

成功的組織在人力資源管理方面必然也是成功的,他們的管理方式中有很多值得借鑑的經驗。有成效組織的人力資源管理方面有以下的共同點:1.管理人員認真對待服務同仁,並且期望所有的人都這樣做;2.成功吸引人才,而人才又能維持成功;3.知道他們尋找什麼樣的人。絕對不是只看履歷,他們會讓申請人經受嚴格的心理測試;4.把職業培訓視為一種投資,而不是可有可無的事;5.重視對員工的績效考核。考核結果明確;從考核內容看,突出了員工的進取精神;考核的具體方法簡便但具有指導意義;6.只要有可能,都從內部提拔人才;7.獎勵工作有成績的人,重視長期而不是短期的工作表現;8.儘量使員工滿意,經常進行各種類型的內部調查,確實關注員工在想些什麼;9.鼓勵員工參與,發揮人的潛能。

人力資源管理並不是一個固定的模式,在不同性質的組織、不同的時代環境,方式不是一成不變的,需要人力資源管理者充分發揮主觀能動性,成為組織發展的得力助手,使組織得以快速、穩定的發展。但人力資源管理是整個管理中的核心。而組織在其每一個發展階段(如:創建期、成長期、成熟期、轉型期)對人力資源管理的要求是不同的。這就要求人力資源管理者必須把握組織運行的軌跡和脈絡,站在整體管理的視野,方可把人力資源管理工作真正做好。應從以下幾個方面著手:

一、人力資源管理者,必須熟知自己所在的組織。

首先,要瞭解組織的基本情況,如組織的創始、發展歷程、性質、特點、服務對象;其次,要瞭解所在組織經營運作方式,在環境、行業中的位置;其三,要瞭解所在組織人員的構成、

職位分工、職責範圍，以及相互關係等；其四，要瞭解在其發展過程中已形成的組織文化；其五，要瞭解整個組織在人、財、物、產、供、銷各個環節中存在的優勢與不足。只有瞭解這些，才能談人力資源管理，才能做人力資源的規劃、聘任、勞動契約、考勤考核、薪金制度、調動、培訓等一系列的人力資源管理工作，才有可能推動組織向健康的方向發展。

二、在發展的不同階段，人力資源管理工作有不同的重點。

一個組織在它的創業階段，由於什麼都是從頭開始，條件較為艱苦，在人員聘任上，必須尋找那些能吃苦耐勞、有一定經營管理經驗、獨立工作能力強的人員。此時的人力資源工作重點，應放在聘任規劃上，同時要考慮到人員編制、工作職位說明書的編寫以及用人機制、用人環境的營造上。當組織發展到成長階段，規模擴大，經濟效益大幅度增長，此時的人員需求必須十分突出，大量引進和儲備人才，是人力資源管理工作的當務之急。此階段的工作重點，是引進適合的人才，建立健全薪資福利制度，以及適用的培訓體系。 組織步入成熟期，經營的成果已向峰頂靠近，再想上升突破，空間不大。組織向前發展，必須開發新思維和新專案，同時，向提高效益和服務品質——即向管理具效益。此時的人力資源管理工作的重點，是把握工作效率，透過培訓、考核，讓職工的知識結構，對發展組織有所增進，使效益觀念得到加強，員工素質得到提高。

三、將人力資源管理的理念置於組織經營管理理想之中。

在過去，用人部門要什麼人，人事部門就去找什麼人；用人部門說某人表現好，要提升他，或者某人表現不好，要辭退他，人事部門都沒有第一手資料去作評判，只好同意。這是什麼原因呢？這是因為人力資源管理者沒有深入到各個環節中去，沒有深入到員工的工作中去。因此，人力資源管理者必須從後台走向前台，進入組織各個部門、各個環節，進行觀察，研究環境需求什麼？社會需求什麼？瞭解了這些來龍去脈，我們才能有周延的意見，才能變被動工作為主動工作。

四、將人力資源管理工作納入各個部門、各級管理者們的工作環節中。

要做好人力資源管理工作，只依靠人事一個部門是遠遠不夠的，必須發揮各個部門、各級管理者的積極性、主動性和創造性。俗話說，眾志成城，要做到這一點，首先要將人力資源管理工作列入各個部門管理者的工作環節中，並作為考核的主要內容之一；其次，用作業流程和制度去規範部門。人力資源管理透過編制用人計畫、聘任、考核、提升、調動等一系列具體事項，與各部門達成共識，相互配合，共同促進組織人力資源管理工作的發展；其三，用人力資源管理部門的影響力，以及人力資源管理者個人的專業知識、能力，去影響各個部門，透過溝通、培訓把部門主管形成服務管理的網絡。

五、人力資源管理工作更應具有前瞻的視野以促進組織發展。

　　在市場競爭激烈、資訊高速發展、科技知識日新月異的今天，特別是高等教育呈現供過於求之際，人才的競爭首當其衝。這是人力資源管理者新的挑戰。人力資源管理者，應該想到的是：怎樣吸納優秀的人才，怎樣留住人才，怎樣為組織人才營造施展能力與智慧的舞台和空間，怎樣建立健全用人機制，促進組織持續、健康的發展。綜上所述，當組織在發展初期階段，人力資源管理工作就要為組織發展做準備；當組織處在提升階段，人力資源管理工作將影響人員成長；當組織還沒有步入轉型期，人力資源管理工作開始著手精簡機構與人員的優質化。使人力資源工作能開拓組織發展需求進行前瞻的作為。

六、提高人力資源管理者的自身素質，促進組織的發展。

　　人力資源管理既有它的專業性，又有它的綜合性。說專業性是因為它是一門獨立的學科；說綜合性，是因它包括有行為科學、管理學、心理學、教育學、社會學、經濟學……等多種學科內容。因此，人力資源管理工作不是誰都能做得了、做得好的工作。要提高人力資源管理者的素質，首先要瞭解本組織的業務知識、本行業的專業知識，還要學習財務知識、法律知識以及國家的政策法規等；其次要學習國內外先進的人力資源管理經驗和管理模式；其三要學習先進的管理藝術與方法，提高溝通協調和應變能力。總之，只有透過各種方法，將自身素質提高了，人力資源管理才能做到有聲有色、忙而不亂，才能為組織發展提供軸心作用，並真正實現「以人為本」。

　　綜上所述，認識到人力資源管理的重要性及對組織發展的作用，努力提高人力資源管理者的自身素質，透過培訓職能積極提高全體員工的素質，充分發揮其積極性和創造性，將會使組織在激烈的市場競爭中達成組織的願景。

肆、私立高校人力資源的瓶頸

　　人力資源管理工作在高等學府整個運行系統中是一項極其重要的專業工作。隨著高等教育事業的蓬勃發展，尤其是私立高等教育的風起雲湧，高校人力資源管理工作面臨的挑戰越來越大，傳統意義上的人事管理已逐漸暴露出不足之處。為了適應並促進高等教育的正常和良性發展，私立高校人力資源管理工作應該採取一系列的精進措施，有針對性地突破其職能發揮的瓶頸，把現代人力資源管理的先進理念和私立高校的實際情況相結合，落實私立高校的人力資源管理實踐。

1. 瓶頸一：傳統人事管理已不能滿足私立高校發展的客觀需要

與西方國家的私立高校相比，我國私立高校發展歷史普遍較短；另一方面，我國的現代人力資源管理工作，起步也比較晚。所以我國私立高校，人事部門的職責也僅限於薪資、差勤管理等，這些遠不能滿足現代人力資源管理的要求，也不適應私立高校人力資源管理工作的期望。現代人力資源管理內容極其豐富，除包含傳統人事管理內容外，更加突出人力資源的開發和管理，更加注重「以人為本」。無論是企業還是學校，人力資源管理工作的地位和作用與傳統人事管理相比顯得更加重要和突出；現代人力資源管理已突破原來對簡單的人與事的管理，逐漸向目標決策、制度規劃、文化塑造等方面延伸；需要現代科學技術尤其是電腦管理資訊系統的參與，如高校人力資源管理資訊系統等。另外從運行體制、經費來源與使用、管理模式等多方面來看，私立高校與企業和公辦校院也都不同，所以不能依據作為，照搬照抄。傳統的人事管理理念在私立高校運用時顯得捉襟見肘，不能跟上現代高等教育的發展需求。

2. 瓶頸二：私立高校人力資源管理未形成自身核心價值

「組織文化」是影響組織生存與發展的核心因素；獨具特色的大學文化也是一所大學得以生存和發展的關鍵。國內外高等教育發展的實踐告訴我們：一所大學有無自己的「特色、優勢和獨立品格」決定了這所大學發展願景。在高等教育競爭日益激烈的今天，人力資源管理部門在高校形成核心文化價值觀的過程中應當發揮首當其衝的作用。但是，我國很多私立高校在這方面缺乏深刻認識，沒有自己的辦學特色和學校核心價值觀，而人力資源管理部門也沒有發揮自己這方面應有的作用，更沒有形成自己的核心價值。

3. 瓶頸三：私立高校人力資源管理資訊系統的應用不足

現代人力資源管理資訊系統是基於電腦網路、資訊及軟體技術的發展被開發利用的。高校人力資源管理資訊系統包括教職工管理系統、薪酬管理系統、培訓管理系統、檔案管理系統等子系統。雖然一些高校使用了人力資源管理資訊系統軟體，但不能有效使用，只停留在原有軟體系統的基礎上，未曾結合實際情況進行進一步的開發利用。如很多使用了人力資源管理資訊系統的高校，只是將一些資料進行了系統輸入，平時只供查詢方便或者進行簡單的資料統計分析，很少在原有系統基礎上進行開發和完善。

4. 瓶頸四：私立高校人力資源管理欠缺具體職能的發揮

與傳統的人事管理相比，私立高校現代人力資源管理要求更高，職責更具多樣性。現代大學的發展趨勢客觀上要求人力資源管理部門不僅要成為具體人事工作的職能部門，還要成為高校發展方向、目標及制度決策的協同部門。實際上，由於私立高校的特殊性，人力成本的控制意識比較強，大多數私立高校的人力資源管理部門自身人員配置就比較緊，部門及個人的職權

設置不清晰等因素導致了私立高校人事管理部門 80%的時間和人力都被日常繁瑣的雜務束縛，進行現代意義上的人力資源開發和管理因時間、人力、物力及資金的投入不足只能是紙上談兵，力不從心。如教職工的聘用，眾所周知，「制約高校發展的最重要因素並不是金錢，也不是硬體設備，而是優秀的人才。」可是大多數私立高校的教職工（尤其是優秀教師）離職率過高，這嚴重影響了私立高校的教學和研究工作的正常進行，不利於高校的長遠發展。如何做好高校優秀人才的「選、用、育、留」，保持優秀教師的穩定性是私立高校人力資源管理工作者面對的挑戰。

5.瓶頸五：缺乏科學系統的人力資源策略

隨著知識經濟的進一步發展，以及專業管理的不斷提升，越來越多的組織認識到人力資源管理對發展具有著重要的意義，但由於意識與實際操作過程中存在落差，導致組織規劃與人力資源並不協調。雖然以人為中心理念已被大多數組織管理層所接受，但在實際實施過程中卻更多的是將「人情」與「人性」混淆。不能真正將人力資源投入作為組織基礎性和長遠性看待。相應的，這些組織在制定目標規劃、作為策略，也未能制定相應的人力資源方案和策略。

6.瓶頸六：用人機制有待進一步健全和規範

私立高校在管理方面突出的問題便是家族式管理。私立學校因為歷史的因素目前仍有濃厚的家族色彩，導致所有權與管理權緊密結合，決策權和管理權高度集中在少數家族手中；家庭成員在學校中居要位，並認為，要穩定發展就必須「由我本人或我的家人來經營管理」。但當組織發展到一定階段後，弊端就很明顯地暴露出來，組織發展的歷史習慣使得他們在用人方面常表現為對外人不放心、任人唯親、過分集權、論資排輩等。對組織的局限性可表述為：(1)組織並沒有足夠信得過的親人可用，如果靠熟人介紹來擴大網絡，使得關係趨於複雜。(2)人才的壓力不斷增大。現代組織受技術專業化和管理專業化挑戰，策略僅僅依靠原來的家庭成員已難保證組織的持續成長。(3)近親繁殖獲取有效的訊息量小，思路狹窄。(4)由於家族成員在組織裏掌控較多的資源，在組織裏無意間容易形成排擠外來人才的行為，特別是一些引進的管理成員在組織的存活率往往較低，外來人員對組織缺乏認同感，很難真正融入團隊。

7.瓶頸七：人力資源管理機構設置與人員配備專業化程度偏低

雖然意識到了人力資源管理的重要性，但由於管理基礎薄弱，人力資源部門功能定位不清，導致人力資源管理部門先天不足。雖然策略不能像大型組織一樣有一整套人力資源管理系統，但其職能卻是類似的，必須有貫穿組織管理全過程的人力資源規劃、招聘、差勤、培訓、激勵、考核、薪酬、保障與勞資關係等一系列職能。人力資源管理職能界定不清，尤其是對核心員工激勵不足，將會影響士氣進而影響工作績效，就人員配備而言，不僅專職人力資源人員配備很少，分工也不明確，即使有也大多未受過專業訓練，是典型的以「事」為中心的「靜態」人事

管理。因此，要改善策略組織人力資源管理現狀，重要的一點是，人力資源管理人員必須是受過專業訓練的、瞭解組織現狀的較高層次的人才。

8.瓶頸八：漠視人力資本的投入

由於知識技術的爆炸性增長與迅速更新，職業半衰期越來越短，組織要謀得在競爭中創新發展，就必須對職工進行終身教育和培養，以保證發展所需人才技能的更新。然而，大多數組織在人才培養上或多或少都存在著一些短期行為，沒有形成與發展策略相匹配的系統性、持續性的培訓機制，只使用不培養已成為普遍的現象。由於培訓經費不足，培訓場所和培訓時間亦難保證，培訓方式也多限於師徒之間，培訓內容以組織的應急需求為主，僅有的培訓也成為一種短期行為。許多組織盲目追求短期效益的迅速增長，認為人才培養的成本高於直接招聘的成本；認為人才培養的技術越高，人才流失的越快。所以他們不重視也不願意進行人才培養，造成了人力資源的貶值。另外，有些組織雖然較重視人才培養，但只重視對新人的培養，而忽視了對舊人的培養。多數組織寧肯從市場上招募相關專業人才也不願花錢自行培養。殊不知，外招與內部培訓之間，除了有培訓成本之外，還存在人員任用風險問題。從組織長遠發展和安全及培養員工忠誠度考慮，內部培訓是符合成本核算原則的明智之舉。

隨著高等教育的競爭變得更為激烈，僅僅依靠機制靈活而獲取市場機會的時代不復存在。這使得私立高校宜有更為積極的作為加以因應。

伍、私立高校人力資源的突破

人力資源是組織競爭優勢的核心要素，「人」是組織最具價值的資產，也是組織營運與創造價值的核心。長期人力規劃是希望能對未來的人力供需，獲得良好配合，長期人力規劃之進行包括以下各項：

一、預測組織未來變化：長期人力規劃的第一步，是要預測未來的組織變化，都將對人力的需求發生重大的影響，而需變動整個組織的人力結構以配合因應。

二、制定人力供需計畫：人力供需規劃首需對現有人力進行清查，調查在計畫期間內因退休、辭職及其他原因離職可能減少的各類員工人數。

三、研擬人力處理方案：面對的是短缺問題，其處理方式長期方面可採對外徵僱、人員訓練、調進人員等措施補救，短期方面則可採加班、提高生產力、發給不休假獎金、調職、僱用臨時人員、轉包委外、指派臨時工作等方法。

四、擬訂人力發展計畫：人力發展可包括：1.養成訓練 2.素質訓練 3.專長訓練 4.轉職訓練 5.在職訓練。隨著知識社會、網路經濟的到來，人力資本作為組織最重要的資本，越來越受到人們的關注和重視。

五、以人本管理為軸心：人本管理，是一種以人為中心的人性化管理。它是在研究人的心理和行為規律的基礎上，採用非強制性方式，在人的心目中產生一種潛在說服力，從而把組織意志變為個人的自覺行動。人本管理的最大特點，在於它不僅依靠組織權力的影響力，而更多依賴於從每個員工內心深處激發的主動性、內在潛力和創造精神，因此具有明顯的內在認同感和驅動性，並在實際工作中表現出積極的創造性。在實際管理中，人本管理首先體現在管理決策的人性化和獎勵機制的人性化等方面。以滿意準則代替傳統的最優化準則，決策者可根據自己掌握的資訊做出滿意的選擇，因而具有更大的彈性和適應性。其次是體現在決策程式上，參與者能獨立自主地自由發表意見和建議，在此基礎上進行綜合分析，擇善而從。第三是體現在為員工創造更廣闊的舞台上。做到讓員工自覺、自願地將自己的知識、智慧奉獻給組織，實現知識共用。

　　為私立高校人力資源的突破，可以參採企業人力資源管理突破新模式；

　1. 突破一：將私立高校自身特點與現代人力資源管理相結合

　　學校不同於企業，私立高校不同於國立校院，每個私立高校又都有自己的特殊性，這就要求每一個私立高校的人力資源管理部門應形成自身的特點。由於「人才是第一資源」，決定高校辦學素養是「人」。所以應該將「人才」工作放在第一位，充分發揮人力資源管理部門的作用。制定人力資源管理規劃，引進最適合學校發展的人才，制定並實施對內公平，對外具有競爭力的薪酬策略，完善培訓進修制度，理順工作條件，進行合理有效的人力資源開發和管理。

　2. 突破二：加強私立高校人力資源管理部門的內涵素養，提升核心價值觀

　　私立高校要想更具競爭力，就要充分發揮人力資源管理部門的重要作用；而這種作用的發揮有賴於人力資源管理部門加強內涵，提升核心價值觀。這也是私立高校擺脫傳統人事管理瓶頸束縛，適應現代高等教育發展的有效途徑之一。首先，人力資源管理部門要做學校「核心文化價值觀」的促進者、支持者和實踐者，要配合學校確立辦學理念、管理制度、發展規劃及具體的教育教學活動，促進學校形成自己的特色，提高競爭能力；其次，人力資源管理部門要加強自身的內涵，包括人力資源管理具體工作中的制度創新、思維創新、方法創新等，因為只有不斷創新才能永遠保持競爭優勢；再者，就是要提升核心價值觀，人力資源管理部門不僅要組織本部門的員工加強各種形式的學習活動，還要組織全校教職工的學習，創建「學習型組織」，以利於學校總體文化價值觀的普及與推廣。

　3. 突破三：充分利用並開發私立高校人力資源管理資訊系統

　　人力資源管理資訊系統中的每一個子系統都是相對獨立又和其他子系統密切聯繫的系統工程。要做好人力資源管理工作的日常工作並有所突破，就必須充分開發和利用每一個子系統。因為人力資源管理部門的所有工作都是在學校總體目標的指引下，圍繞著人力資源管理資訊系

統而展開的，所以高校人力資源管理部門應該把利用、開發和完善人力資源管理資訊系統作為一項重要工作。充分發揮其作用，提高其效率；只有這樣，人力資源管理工作才能更加科學化、系統化、效率化。

陸、變革時代的人力資源管理

E 化時代是在資訊技術（Information Technology）發展的大背景下，它以其鮮明的特徵席捲全球的巨大變革。這場由技術引發的變革中，因數位化、網路化、國際化的大趨勢，將人力資源管理推向了一個新的視野。在 E 化時代的變革中人力資源管理成為變革的關鍵，員工是技術的最重要載體，所以也有人說 E 時代是一個知識經濟時代。網路技術改變了傳統管理中的時空限制，一個無地理邊界的管理平台讓組織間的競爭規則發生了本質的改變，層次分明的金字塔形管理結構轉化成高度靈活的網路化、數位化管理平台。在 1994 年美國人力資源管理協會會議中，理事會主席 Gale Parker 指出：「組織再造、結構重組、規模精簡的變革都要求人力資源管理者成為首席執行官的策略夥伴，幫助計畫、實施組織變革。人力資源主管越來越多地參與組織策略、組織業務活動，領導組織變革，建立競爭優勢，傳播職能技術並擔當起員工宣傳者和倡議者的角色，並對員工績效和生產效能負責等。」

要解決各種變革對員工的衝突和壓力，使員工快速採取有效措施去適應變革，我們必須掌握員工應對變革時必須走過的階段，以解決矛盾，改變行為。這就需要識別出變革所處階段，需要確定從哪裡開始這一過程。因此，明白處於每個階段的特徵，以及那個階段的人需要什麼，就顯得格外重要。能夠適時地在員工需要時予以相應的引導，因而能使員工更舒適、更高效地度過變革期。在調適過程中，本文援引「變革模型」的概念，變革模型是由心理學「成功的自我轉變」的過程而發展起來的。到現在，這個五階段模型已在一些國家被用在數以千計的變革者身上。當變革者在有人幫助下，確認自己準備就緒，並被給予需要的支援時，他們便會積極主動地變革，而且即便時間流逝，他們也可以維持這種變革。這個模型可以用在組織中，幫助員工更心平氣和的對待面臨的變革。運用這個模型，管理人員能夠提供必不可少的支持來幫助每個人發現變革的動機。五個階段是「牴觸、沉思、決定、行動、回饋」。組織應依據每個變化階段採取不同策略。因此，我們需要辨別其各階段，並且知道在特定的階段做什麼才是適當的。積極傾聽、如何解決問題以及進行有效的交談等措施將可以有效加快進程。

在牴觸階段，員工甚至還不知道或否定了變革的必要性。為了使員工看到變革必要性，必須要有資訊。充分的資訊可以產生要我改變轉變為我要改變的效果。當員工處於牴觸階段，對於一個有此種防衛意識的人，要透過增強信任再有理有據地提出變革的必要性，讓員工知道他們還有路可走也是非常重要的。

在沉思階段，員工對變革的資訊重視起來時，他們會覺得需要去改變，此時員工就到了沉思階段。在這一階段，他們需要有人傾聽其左右為難的心情，需要有人強化他們的動機。如果

管理層意識到員工的矛盾心情和擔心的時候，正是傾聽和強化改變動機的時機。只要其主動的成分超過不主動的成分，都要給他們一個加以實踐的機會。

在決定階段，員工開始不斷地思考將來。變革後如何？給自己帶來什麼機會和風險？處於決定階段的員工需要被傾聽和支援。在現實中我們都是告訴員工怎樣做、做什麼。而更有效的是讓員工自己制定計畫、自己做出決定。另外就是幫助員工辨別前進道路上的絆腳石，讓員工在問題顯現之前就努力去解決問題、清除困難；審視正在改變的自己，並用肯定的態度來支持他們。

在行動階段，對員工就不要存在太多的干預了，只是圍繞行動結果如何進行檢查，對還需要繼續改進的地方進行討論就行了。在本階段，考量的是改變行為需要很長的一段時間，讓員工養成新的行為習慣決不是一蹴而就的。維持最好是以幫助員工重視現在的變化和面對新變化。員工將從專業培訓中提高各方面的訓練、解決問題的能力和受益。

最後，回饋有時可能會發生。遇到這種情況千萬不要絕望，復發意味著運作方面存在失誤。變革過程與其說是回應，不如說是螺旋狀更為確切。當反覆的情形發生時，應該檢查一下自己的行為，看看問題出在哪裏？堅持不懈、認真體會，真正的、長久的變革終會發生。變革模型作為解決員工應對變革的有效方法，應視一個組織的各個組成部分在各個不同階段，採取靈活的對策，這又取決於不同組織的實際經驗、適應性，以及員工基本情況。

在勢在必行的變革中，人力資源管理也必定要發揮越來越大的作用，促使人才流動與人才配置組織發展的需求。組織發展到今天不再是簡單地擁有人才，而是如何整合人才，以求人才所用。尤其對一些特殊的人才。組織要真正把人力資源作為競爭能力很重要的一個要素，要建立基於能力的人力資源規劃系統，為此，需要建立基於職位加能力的人力資源系統。過去人力資源的系統主要是職位，現在的人力資源的基礎之一除了職位之外還有對人的深刻認識，這產生兩方面的問題：對人的認識和對職位的認識。比如，過去我們重點在職位上，現在更多的在職位管理上下功夫。一個組織隨著其目標的轉型和組織的不斷變化，組織流程和職位也在變化，所有的職位是動態的。同時，建立全面績效管理的概念，績效不是考核出來而是管理出來的。需要在開始選人時就進行績效管理，如果人才進來透過專業化的方式讓他正確地做事，就涉及到職業標準的問題，這時整個績效管理體系不僅僅是人事部門的事情，人才的選拔到人才團隊的組構再到人才結構的優質化，一直到個體的專業化行為，再到團隊的協同以及如何將文化和組織整合在一起，再把個人績效、團隊績效、組織績效進行系統的整合，這時整個績效管理進入一種全面的績效。因此，管理概念階段不是簡單的考核過程，這時人力資源部就需要融入整個的經營績效體系中去，管理者也承擔人力資源管理的責任，就像考核指標一樣。

柒、結語

　　人力資源管理者是人力資源管理工作職能的具體承擔者。因而提高人力資源管理者的工作能力和業務素質是做好高校人力資源管理工作的先決條件。當然，高等教育的健康發展取決於自身整個系統內各個子系統的相互配合並良性運行，但是作為角色越來越重要的人力資源管理部門的作用是無法替代的，學校的決策者和管理者都應該在相關支援和制度保障方面給予人力資源管理部門必要支持；人力資源管理部門和人力資源管理者也要適應社會和市場的需要，適時調整自身，突破發展瓶頸，充分發揮現代人力資源管理的重要作用，為高等教育的發展貢獻力量。法國哲學家 Proust 曾說：「真正的發現之旅不在尋找新大陸，而在獲得新的視野。」（Wycoff & Richardson, 1997）處於知識經濟時代，面對社會變遷與公共行政的轉型發展，必須加強變革領導的創意經營。（Pierce, & Newstrom, 2003; Yukl, 2002）尤其是教育組織和以往不同，必須著重民意導向與績效表現的挑戰。這也是新一代人事服務人員，不可忽視的新興領域和課題，其具體的策略行動為：

一、迎接挑戰（Challenge）：人事人員應勇於面對新社會生態轉變的挑戰，與組織成員充分合作，不因困難而退縮，尋求創意解決發展所衍生的挑戰，帶領組織走向富有創意的學習園地。

二、不斷創新（Renew）：人事人員應持續吸收新知，更新思維窠臼，更新服務理念，帶動創意思考風氣，鼓勵同仁以創新經營取代保守僵化，以創見營造組織新風貌，避免功能固著的思維阻礙組織的發展。

三、管理情緒（Emotional）：人事人員應具有良好的情緒控制能力，能瞭解並控制自身的情緒，良好的壓力管理，以保持身心靈妥適的平衡，並以樂觀積極的態度回應組織成員的需求。

四、積極引導（Attract）：人事人員應重視和推動創意服務策略，建立各類具有磁吸員工作用的創意活動，引導正向和積極振奮人心，也吸引成員工作投入和支持組織的意向。

五、培訓才能（Talent）：人事人員者應重視組織成員不同的才能，瞭解成員個人特質與潛力，善用資源積極培訓人才，建構適才之工作項目和工作環境，提供成員發揮潛能的寬廣空間。

六、維護公平（Impartiality）：人事人員應以公平的態度處理成員的紛爭、升遷，無私的考量成員的各類創意，重視團隊氣氛與創意合作，對於成員表現給以妥適的期望，避免非理性的對立和不尊重人性、不切實際的要求。

七、前瞻視野（Vision）：人事人員者應具有前瞻的思維視野，不斷的學習。參與經營組織須以未來社會的發展和所需為努力的方向，引領成員有能力面對未來社會生存的挑戰。

八、追求卓越（Excellence）：人事人員者應以積極態度取代安逸、守舊，展現卓越領導，積極追求人事服務最佳品質和績效，並能建立合作型態的工作團隊，建構成員共同願景，規劃可行的創意行動策略，使組織湧出活力的源泉，以升華服務的成效，激發成員奮勉的動力，提升組織競爭力。

　　果能如此，則不僅個人得以在組織發展的過程中發揮所長，也可以促發組織在激烈競爭下脫穎而出。

第 2 篇

計 畫

第一章
高等教育人事工作的內涵

「人民是創造歷史的主人，人事是追求卓越的靈魂。」

壹、前言

　　人事管理工作所面對的主要對象是「人」和「事」，而人為萬物之靈，其思想行為及心理需求差異甚大，不易捉摸；至於事的種類與變化，其錯綜複雜的情形，也不下於人的心理狀態。故而預期人事管理工作執行成功，除應具有豐富的知識外，尚應對人事管理所應用的對象與環境有敏銳的感應不可。在盱衡我國教育改革的作為，除了教育目標、課程內涵及教學方法更新外，亦宜經由「學校組織再造」以提升學校效能，學校組織再造強調學校行政組織運作的彈性化，授權學校依需要調整與發展適切的運作模式，以活化學校組織、改善校園氣氛、增進學校推展教育工作效能。此與人事工作具有息息相關的關係。

貳、人事工作的理論分析

　　人事服務工作的主要目標是能提升工作成員的滿意度。就學理而言，可以援引學者海茲伯格（Frederick Herzberg）提出的二因子理論（two-factor theory），亦稱為激勵－保健理論（motivation-hygiene theory）為基礎加以探討，該理論基於認為員工與工作間的關係，及員工的工作態度可以決定個人成敗的想法下，海茲伯格一直思索著「人們到底想從工作中得到什麼？」因此他要求受試者詳細描述他們覺得工作中特別好或特別差的情境，並將這些結果歸納製表。海茲伯格在整理受試者的回答後發現，當受試者覺得工作很滿意時的回應，全然不同於非常不滿意時的答案。某些因似乎與工作滿足有關，而其他因素則與工作不滿足有關。內在因素如成就感、他人的認同、工作本身、職責、進步及個人成長等，都與工作滿足有關，然而當受試者對工作很滿意時，大都認為主要是上述這些因素的功勞；相對的，若其不滿意工作時，多半回答如公司政策、督導方式、薪資制度、人際關係或工作環境等外在因素。海茲伯格的研究結果發現：「工作滿足」與「工作不滿足」兩者在本質上是有差異的，而影響工作滿足與工作不滿足的因素彼此各不相同。他認為傳統的理論將工作滿足與不滿足，視為同一連續體上的兩個極端，這種觀點是不正確的。根據海茲伯格的看法，工作滿足低並非就是不滿足。影響工作滿足的因素包括成就感、受人認同與賞識、從事挑戰性工作、晉升機會、擔負重要責任等，他稱呼這類

因素為「激勵因素」。這類因素主要是屬於可以滿足個人高層次需求的內在工作特質。激勵因素是指和工作內容緊密聯繫在一起的因素。這類因素的改善，或者說這類需要的滿足，往往能給職工以很大程度上的激勵，產生工作的滿意感，有利於充分、持久地激勵職工的積極性；即使不具備這些因素和條件，也不會引起職工太大的不滿意。海茲伯格的調查中發現，屬於激勵的因素主要有六個：1.工作上的成就感；2.工作成績得到承認；3.工作本身富有挑戰性；4.工作職位上的責任感；5.個人得到發展；6.職位升遷。良好的激勵因素可導致員工的工作滿足。然而此類因素欠佳時，只會使員工無法獲得滿足的愉快經驗而已，並不會導致不滿足。另一類因素則會影響工作不滿足，它們包括薪酬、工作條件、工作地位與安全、公司的政策與管理、人際關係等，這類因素為「保健因素」。此類因素主要是與工作環境有關的工作外在因素。當保健因素不良時，員工會感到不滿足；而一旦這些因素獲得相當改善時，則只能消除不滿，並不會導致滿足。

　　海茲伯格指出，相對於「滿足」並非就是傳統認定的「不滿足」，因為就算把工作中「不滿足」的因素完全排除掉，個體不見得就會滿足，「滿足」（satisfaction）的相對是「無滿足」（no satisfaction），而「不滿足」（dissatisfaction）則是相對於「無不滿足」（no dissatisfaction）。根據海茲伯格的說法，導致工作滿足的因素是截然不同於導致工作不滿足的因素。人事人員若僅致力於去除那些導致工作不滿足的因素，只能平息員工的牢騷，但不見得可以激勵員工，因此海茲伯格把公司政策、行政管理、督導方式、人際關係、工作環境、薪資及工作保障等工作週遭的因素視為保健因子（hygiene factor）。當人事人員把這些因素處理好後，員工雖不會不滿足，但仍無法達到滿足的階段。所以若想激勵員工努力工作，海茲伯格建議我們應把重點放在與工作有關、或工作可能帶來的結果上，如升遷機會、個人成長的機會、認同、職責及成就感等身上，唯有這些因素才能讓員工的內心有充實感。

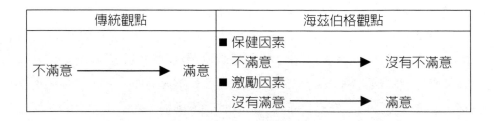

　　海茲伯格認為：以上兩個因素都會影響人的行為動機，但其作用和效果卻不一樣。如果保健因素得不到滿足，人們往往產生不滿甚至產生消極怠工或罷工行為。但是這種因素的滿足，只能消除職工的不滿，不能使職工變得非常滿意，不能真正激發職工的積極性。所以這種因素的滿足，對於提高士氣，激發人的行為動機並沒有更積極的作用。而激勵因素的改善對於人們的行為動機有著積極的作用，它是人的真正的行為動機之源。如工作上能得到主管的重視、工作成績能及時得到承認等，能夠直接激勵人的積極性。

參、人事服務工作的內容

　　人事服務工作的品質良窳與員工的工作態度有密切關係，藉由雙因素管理方式，其基礎是雙因素理論。考量該理論把影響人的行為因素劃分為保健因素（維持因素）與激勵因素（滿意因素）兩類，它們都與人的工作行為有關，但它們對人的工作行為卻產生不同的作用。保健因素是指工作的環境因素，即屬於工作自身因素之外的工作環境條件，包括作業條件、薪資水準、社會地位、同事關係、監督方式、公司的政策和管理等。這些條件必須維持在一個可以接受的水準上，否則，就會引起職工的不滿。但是，這些因素不會對職工產生激勵作用，不會激起職工的工作主動性和創造性，因而不會引起生產效率的提高，而只能防止因職工不滿而出現的怠工現象。因此，這類因素的作用如同對人體的保健一樣，它只是消除環境中有害於人體健康的東西，達到預防疾病，維持人體健康的作用。激勵因素是指與工作本身的性質有關的因素。例如，工作能否發展個人的興趣與特長？工作是否具有挑戰性？能否得到他人的承認和提升？能否取得成就等。這類因素得到滿足，對職工會達到強烈的激勵作用，激發職工的主動性和創造性，從而促進工作效率的提高。值得注意的是，薪資本身只是一種保健因素，薪資收入的增加所引起的激勵作用，並不在於薪資本身，而是因為薪資收入的增加意味著成就獲得承認，工作責任有所增強。根據對激勵因素的認識，海茲伯格提出了「工作豐富化」的構想，主張使工作內容更加豐富多樣，更富於挑戰性，即加重工作的責任，提高其難度，以滿足職工的成就感、榮譽感，從而激勵職工更大的積極性。在上述兩類因素中，保健因素是基礎，只有使保健因素維持在職工能接受的水準，保證基礎牢固，激勵因素才能夠充分發揮作用。總之，必須把兩類因素結合起來，發揮各自應有的效力，才能把職工的積極性、主動性和創造性激勵起來，提高工作效率。

　　建立一個令人愉快的工作氛圍是人事服務工作一個很重要的目標，快樂而尊重的氣氛對提高員工工作積極性產生不可忽視的作用。如果在工作的每一天都要身處毫無生氣、氣氛壓抑的工作環境之中，那麼員工怎麼可能會積極地投入到工作中呢？人事人員如果能夠掌握創造良好工作氛圍的技巧，並將之運用於學校，那麼所有成員將會能從而高效率地獲得有創造性的工作成果。這是人事人員所宜努力作為。什麼樣的工作氛圍才算是令人愉快的，並能夠促使員工積極工作呢？良好的工作氛圍是自由、真誠和平等的工作氛圍，就是在員工對自身工作滿意的基礎上，與同事、上司之間關係相處融洽，互相認可，有集體認同感、充分發揮團隊合作，共同達成工作目標、在工作中共同實現人生價值的氛圍。在這種氛圍裏，每個員工在得到他人承認的同時，都能積極地貢獻自己的力量，並且全身心地朝著組織的方向努力。如何才能創造一個良好的、令人愉快的工作氛圍呢？工作氛圍是一個看不見、摸不到的東西，但我們可以確定的是，工作氛圍是在員工之間的不斷交流和互動中逐漸形成的。這其中的內涵正是妥為運用海茲伯格所建立的雙因素理論，重視員工保健和激勵因素的需求，以引導人事服務品質的提升。

　　本節將高等教育人事工作的內涵依據海茲柏格理論建構如下：

	保　　健		激　　勵
組織	1. 彙整各單位業務並詳列職掌表 2. 校內各委員會委員甄選及發聘事宜 3. 組織規程之訂定、研修	獎懲	1. 員工獎勵作業 2. 教學特優獎勵作業 3. 員工晉升作業
員額	1. 各單位員額編制編訂 2. 人事異動造冊並報核作業	晉升	1. 教師升等作業 2. 員工升遷作業
任免	1. 教師遴選聘任 2. 行政人員核派 3. 約僱人員選任 4. 人員到、離職 5. 人事資料建檔 6. 殘障人士進用 7. 員工借調作業 8. 教師資格審查	教育訓練	1. 新進人員講習 2. 專業講習 3. 晉級晉階人員講習 4. 主管講習 5. 校外研習 6. 在職訓練 7. 校外參訪
薪資	1. 薪資標準訂定 2. 員工敘薪作業 3. 員工調薪作業 4. 年終獎金發放	人才培育	1. 教師出國進修作業 2. 國科會科學技術人員國外短期研究業務
管理	1. 員工服務證明 2. 人事查核事宜 3. 人事統計作業 4. 職工獎懲作業 5. 成績考核作業 6. 工作管理規則 7. 工作分析表建立 8. 員工離職證明 9. 員工爭議處理 10. 申訴案件處理 11. 人事行政電子化系統 12. 人事網站建置	研究獎勵	1. 教育部學術獎、國家講座申請 2. 教師傑出研究獎勵 3. 國科會補助延聘博士後研究人才、科技人才等各項獎勵業務 4. 承辦中央研究院國內學人短期來院訪問研究及各項獎勵業務 5. 教師出席國際會議費用業務
差勤	1. 員工每日到班事宜 2. 辦理員工請假事項 3. 員工假日值班事項 4. 年資休假作業 5. 彈性上班處理	專案研究	1. 人事工作規劃 2. 辦理人事研討會作業

| 保險 | 1.員工公教保險申報事項
2.員工勞工保險申報事項
3.員工暨眷屬全民健康保險作業
4.公教人員保險現金給付事項
5.勞保現金給付事項
6.保險費扣繳名冊
7.保險薪給調整事項
8.員工繳納保險費證明 | 福利服務 | 1.員工生日禮物
2.員工自強活動
3.員工歲末聯歡會
4.資深員工表揚活動
5.員工團體保險事項
6.員工貸款
7.員工健康檢查
8.員工育嬰假申辦
9.員工子女教育補助
10.員工急難救助 |
| 退撫 | 1.員工退休申報事項
2.員工撫卹申報事項
3.員工資遣申報事項 | | |

肆、結語

　　身處一個變革時期，伴隨著資源的重新配置或縮減以及生員的減少、競爭的激化、對教育價值及結果的尖銳質疑、教育獲公眾支持率的下降等等問題的出現，而提升員工的效能將成為對應環境的重要任務。高效能的組織生產力，依賴於具有創造性、革新性的人力資源開發。當然，這些方案必須恰當地與員工的專業性結合起來，因為這正是人事服務所追求的目標。管理學者泰勒（F. W. Taylor）指出，「人的行為的多樣性及其表現，可以作為發掘更好的工作方法的依據。」學校經營管理者可以實踐這一論斷，面對整體的提升，人事人員宜結合專業以提供可行的興革方案。

　　為了應對現今教育所面臨的挑戰，人事人員應關注品質提升，效能增進的作為，以便在轉型時期協助教育領導者有效履行社會職責。

第二章
人力資源管理計畫

「泰勒以合理化增加生產，梅約以人性化提高生產。」

—K. Davis—

壹、前言

　　根據 2003 年 3 月 16 日美國教育週刊的報導：哥倫比亞大學教師學院院長 Auther E. Levine 提出教育諍言，其中對教育行政人力資源管理應有若干著墨，其認為大學學校行政主管培育，不符社會需求，更與時代脫節，整體系統亟需檢討改進。包括：人員素質、學校政策、行政作業、人事制度等。至於如何鼓舞行政人員低落的士氣，更是毫無作為。Levine 呼籲教育行政人員培育方式須全面更新，對現在許多校長都有博士學位的現象並不認可，學校行政不是學術研究，不一定需有博士學位；未來的校長主管們應結合教育及管理之技能。另外他特別推崇終生制的在職服務，認為是培育教育行政專業最有效的方式；並薦舉英國在 2000 年推出的 National College for School Leadership 計畫為典範。該計畫以教育行政領導為主體，設有訓練中心但不授予任何學位，除將其研究發展供學校行政人員參考，並擔任排憂解難的諮詢服務，這種方式可以深化人力資源培育的參考。

貳、人力資源計畫的意涵

　　人力資源計畫是指根據學校的發展規劃，透過學校未來的人力資源的需求和供給狀況的分析及估計、對職務編制、人員配置、教育培訓、人力資源管理政策、招募聘任和選擇等內容進行的人力資源部門的職能性計畫。換言之，人力資源計畫是為了說明人力資源部門未來要做的工作內容和工作步驟。就計畫根據時間的長短不同，可分為長期計畫、中期計畫、年度計畫和短期計畫四種。長期計畫適合於大型組織，往往是 5 年至 10 年的規劃；中期計畫適合於大型、中型組織，一般的期限是 2 年至 5 年；年度計畫適合於所有的組織，它每年進行一次，是屬於整體的年度發展計畫的一部分。短期計畫適用於短期內學校人力資源變動的情況。需注意的是，人力資源計畫與組織發展計畫密切相關，它是達成組織發展目標的一個重要部分。人事制度的建立在於力求達到選才、用才、育才及留才的人力資源管理與發展的整體功能。然而人事制度若不能面對環境變化，配合社會整體發展需求，隨時調整而活化，在行政體系運作的專業人員

如無法有效培訓開發，則即使一流人才進入組織，仍然無法面對快速變遷的嚴厲挑戰。目前之專業人力具有下列諸項特性：

一、人員學歷高、年輕化，素質顯著提高，人員之教育程度，隨著教育之普及，人力素質已顯著提高。

二、進用管道缺乏彈性，組織僵化，不利於人力資源的知識管理與創意活動，現行人事制度進用法制化及制度化，人員經由簡拔錄取進入學校部門服務後，依循相關人事法規之規定任用、升遷、考績、敘薪、退休及撫卹，其身分受到相當之保障。導致人員追求久任、重視工作保障、偏好變革極小化、年資重於能力與績效、職務權威高於知識討論分析、高度依法令和規定辦事、分工辦事不重視溝通協調、封閉性高、學習無用論普遍等等，不利培養宏觀與開放創新的領導管理能力，也不利於人力資源的知識管理與創意活動。

三、面對知識經濟時代及全球化的競爭，顯露回應能力遲緩，且遭致缺乏效率之批評。其主要原因歸結為：缺乏市場的競爭，學校不必像企業界一樣為生存而不斷的尋求突破，學校的績效不像企業那麼明顯，可以用獲利來衡量。因為績效衡量不明顯，就不容易看出好壞。機關內部人員工作勞逸不均，激勵有限，在這種情況下，組織的整體效率要提高，是非常的困難。

四、重視程序遠超過於解決實際問題，受限於法規對於行政程序上的規範，造成科層官僚的積習，使得一般行政人員的行為是以保護自己為重，也讓積極協助解決問題的熱忱蒙受陰影。

五、人才運用成長的僵硬，任何組織的競爭力與人才成長有高度的相關。由於人力進用的僵化，優秀的專業人才無法加入服務團隊，而原有體系內的教育人員成長有限。因此，面對社會環境快速變化，回應能力自然就遲緩。

參、人力資源計畫的原則

在制定人力資源計畫時，要注意以下三點原則：

第一、充分考慮內部、外部環境的變化：人力資源計畫只有充分的考慮了內外環境的變化，才能適應環境的需要，真正的做到為學校發展目標服務。內部變化主要是指學生素質的變化，或者學校發展策略的變化，還有員工流動的變化等等；外部變化指教育環境的變化、政府有關教育政策的變化、人才的供需矛盾的變化等等。為了能夠更好的適應這些變化，在人力資源計畫中應該對可能出現的情況做出預測和風險分析，最好能有面對風險的策略。

第二、確保學校的人力資源保障：學校的人力資源保障問題是人力資源計畫中應解決的核心問題。它包括人員的進用、離職、退休流動預測、社會人力資源供給狀況分析、人員流動的損益分析等。只有有效的保證對學校的人力資源供給，才可能更深層次的人力資源管理與開發。

第三、使學校和員工都得到長期的利益：人力資源計畫不僅是面向學校的計畫，也是面向員工的計畫。學校的發展和員工的發展是互相依託、互相促進的關係。如果只考慮了學校的發

展需要，而忽視了員工的發展，則會有損學校發展目標的達成。優秀的人力資源計畫，一定是能夠使學校和員工得到長期利益的計畫，一定是能夠使學校和員工共同發展的計畫。

　　從內容的性質上講，學校的人力資源規劃可以分為策略計畫和實施計畫。策略計畫闡述了人力資源管理的原則和目標；實施計畫則重點強調了每項工作具體的實施計畫和操作步驟。一個完整的人力資源計畫應該包括以下幾個方面：1.總計畫：人力資源總計畫闡述了人力資源計畫的總原則、總方針和總目標。2.職務編制計畫：職務編制計畫闡述了學校的組織結構、職務設置、職務描述和職務資格要求等內容。3.人員配置計畫：人員配置計畫闡述了學校每個職務的人員數量、人員的職務變動、職務人員空缺數量等。4.人員需求計畫：透過總計畫、職務編制計畫、人員配置計畫可以得出人員需求計畫。需求計畫中應闡明需求的職務名稱、人員數量、希望到職時間等。5.人員供給計畫：人員供給計畫是人員需求計畫的對策性計畫。主要闡述了人員供給的方式（外部招聘、內部招聘等）、人員內部流動政策、人員外部流動政策、人員獲取途徑和獲取實施計畫等。6.教育培訓計畫：包括了教育培訓需求、培訓內容、培訓形式、培訓考核等內容。7.人力資源管理政策調整計畫：計畫中明確計畫期內的人力資源政策的調整原因、調整步驟和調整範圍等。8.投入預算：上述各項計畫的費用預算。

　　進行人力資源計畫的目的之一就是為了促進人力資源成本的有效作為。人力資源成本是指透過計算的方法來反映人力資源管理和員工的行為所引起的經濟價值。人力資源計畫分析可以更加精確的標明人力資源的各項工作和員工的各項工作行為對組織所造成的影響，有利於對人力資源管理的實際狀況和人力資源政策的影響力進行評估。

　　隨著知識經濟的來臨，人力資源在學校扮演的角色愈形重要，從行政效能來看，人力資源絕對是組織獲利與永續發展的重要基石，如何投資人力資本（Human Capital）激勵人力競爭優勢，藉以獲得最大的投資報酬，應是人事部門刻不容緩首要思考的基本要務。

一、績效乃人力產能與產出的考量重點

　　傳統人事的選、育、用、留四大功能，完全是從人事部門的作業觀點推演出來，強調人事部門應如何做好這四大功能，以凸顯人事部門的績效。這種觀點最大的盲點正如彼得‧杜拉克（Peter F. Drucker）在他《管理的實踐》（The Practice of Management）一書中所提到的「第二個石匠」，這個石匠以擁有專精的石材切割技巧而自豪，故每當有人問他從事什麼工作時，他總是一邊敲著錘子一邊得意的說：「我正在做全國最好的石材切割工作。」事實上，故事中這個石匠他所切割的石材是要用來建造一座宏偉的大教堂，但他太致力於自己的專業技術，而忘了真正重要的是蓋一座教堂。像這種過度強調專業功能的本位主義，往往導致員工的願景和努力偏離學校的目標，致使功能性工作成為工作本身的目的，誠如書中所說的：「在許多的例子中，功能性的管理者不再以對學校的貢獻衡量他的績效，而僅憑自己的專業技術衡量自己的績效。」所以我們應嘗試引進其他的觀點，將人力資源的管理與學校目標結合起來，否則將會陷入「第二個石匠」的迷思，自得其樂但卻毫無貢獻。

根據《人力資源最佳實務》（Human Resource Champion）一書作者戴夫‧尤瑞奇（Dave Ulrich）的觀點，學校是否能達成目標績效，完全依據學校是否具備優勢的人力產能。他指出，「一個學校如果缺乏組織能力（Organization Capability），談其績效是沒有意義的。」這與史蒂芬‧柯維（Stephen R. Covey）對效能的定義「效能乃產出與產能之間的平衡」有異曲同工之妙。故學校在探討經營績效之前，應先檢討自己學校的人力產能（Organization Capability）究竟有多少？人力資源要對學校有所貢獻，應先檢討學校所擁有的人力產能，是否足以勝任高績效目標的挑戰？否則一切再偉大的願景與目標，都只是空談而已。

二、人力產能三大要素：知識、技能、動機

那麼人力產能究竟是什麼東西？如何衡量？怎麼管理？說穿了人力產能就是知識、技能、動機。知識的功用在指引方向，教我們做對的事情；技能則教我們把事情做對，追求事半功倍；動機則用來激發人的衝勁，全力以赴邁向目標，三者缺一不可。將「人」細分為「知識、技能、動機」等三個要素，在管理上有明顯的好處。例如員工績效不佳，推究原因不外知識不足、技能不熟、或意願不高，如果是知識不足，加強的方法是教育；如果是技能不熟，應該接受更多的訓練；如果是意願不高，可能是績效考核或獎勵升遷辦法不公平，無法彰顯優秀員工；也可能是組織老化，員工行動趨向保守，多事不如少事，少事不如無事；也有可能是整個組織無明確目標，大家一味應付了事，過一天算一天，將組織資源耗於無形，人事同仁有義務找出根本原因，營造一種全新制度或文化，誘發員工「目標導向，自我管理」的激勵因素。

如何衡量這三種人力要素？換句話說，若將整個學校的人力資源視為一個整體，這個整體的知識、技能、動機代表什麼？其所代表的東西，必須能用來衡量組織的能力，同時也能用來評估自己在同業中的競爭實力，故這三要素一定要符合簡單、量化、有效的原則。

最後就是動機，動機則以平均年齡及平均在職年資當做評量指針。平均年齡代表組織員工的世代價值觀，不同世代的員工，其價值觀不一樣，工作的動機也不一樣，中年人的工作動機傾向穩定、保守，年輕人傾向先享受後付費；至於平均在職年資可以顯示員工對公司的認同傾向，以成立十年的 A 科技公司為例，其員工平均在職年資為四點四年，另一家同業 B 成立近十年，但其員工的平均在職年資僅為二點三年，我們可以推論 A 公司員工對公司的認同度比 B 公司高，故其動機會比較一致。有了以上的概念，我們就可以評量學校的人力產能，不僅可以瞭解自己的能力，也可以藉此衡量同業的能力，比較誰的產能高？高多少？

三、五大人力成本：取得、維護、發展、激勵、損耗成本

一旦學校的人力產能可以衡量，接著就要問：我是用多少的成本取得這樣的產能？假設某 IC 設計公司的平均員工學歷為十九年（介於碩士博士間），平均專業年資為二年，平均月薪為54,000 元，故 54,000 元月薪即是取得學歷十九年、年資二年的代價。但員工薪資只是人力成本結構的一部分，學校還必須提供這些員工額外的維護費用，例如法定的勞健保費、退休金提撥、

團保費等，屬於保健因素的激勵成本，這種成本有個特性，如果不給，員工會非常不滿意，導致績效衰退；但給多了，不會因而創造更多的績效。這就是所謂的維護成本，常說的員工福利就屬這部分。一般而言，這塊成本約占取得成本的 20%至 25%，影響成本結構甚巨，值得注意。

根據上述的取得成本及維護成本，其真正的目的應該是將這些產能用出來，創造業績達成經營目標。但這還不能確保目標一定能夠達成，在追求目標的過程中，面對競爭激烈的產業環境，挑戰愈來愈嚴苛，員工必須學習更多的知識與技能，才能面對多變的環境。以電腦的作業系統作比喻，DOS 如果不換成 Windows，再好的應用軟體（例如 DOS 版的 Lotus 123）也無法在 Windows 上發揮效果。故員工的知識與技能必須不斷的更新、灌輸與加強，這就是所謂的人力發展成本，包含常見的教育訓練。在知識與科技掛帥的年代，學校為了領先人力優勢，這項成本只會與日俱增，如何發揮人力發展的投資效能，將是人事工作的一大挑戰。

學校一旦取得了人力，給予必要的維護，並持續發展最適人力，從純資源的角度來看，應該是夠了。但人畢竟是人，有情緒、有需求，不能以無生命的學校資源來看待，所以組織在取得、維護、發展、以及使用這些人力的過程中，員工本身也會評估這樣的交易對他是否公平？如果他覺得自己的付出對公司的貢獻大於公司給他的報酬，他會懷疑公司占他便宜，於是產生兩種情形，一是繼續留在學校，但保留實力只做出他認為該做的事；不然就是提出辭呈，投效願意提供更高報酬的競爭環境。這兩種情形對組織而言都是傷害，故當員工努力貢獻他的能力，達成學校的經營目標時，將達成目標的成果，回饋給績優的員工，才能激發員工更多的貢獻，這就是所謂的激勵成本。激勵成本的特性不同於維護成本，增加激勵成本可以增加預期的成本效益，但增加福利成本，對經濟效益的投資報酬不大。

最後一項成本，常被學校忽略，這部分成本占總成本的比率，與取得成本（月薪）、維護成本、試用期長短、及離職率息息相關。可以將它視為組織運作過程中的必然損耗。如何降低人力損耗，絕對是人事工作的責任。

肆、人事工作計畫的盲點

隨著人力資源越來越受到學校的重視，人力資源管理成為學校發展中重要的分枝，越來越受到關注，學校人力資源「選、育、用、留」的作為，我們的專業品質、專業能力和行為規範是否真正達到促進學校進步、專業能力要求了呢？作為學校的首長，避免人事工作上的盲點實屬主要，這些盲點包括：

第一、人力資源管理者不需要系統性知識，只要累積經驗的識人術即已足夠。人力資源管理作為一門集科學與藝術於一體的學問，有其深厚的理論基礎（涉及到管理學、心理學、社會學、經濟學及法律學、社會文化等）和各種現實應用的實踐方法與技巧。這就要求人事專業宜具備專業的基礎知識，掌握基本的技能和方法，比如應該熟悉人力資源規劃、招聘流程和面試技巧、培訓計畫的制定和組織實施、績效管理的實務操作、勞動法律法規的相關規定等。反觀

現實，我們會發現通常的情形是學校管理者認為只要「經歷豐富、經驗老到、閱人無數」或懂得觀人、識人的獨門功夫就可以。這實在是對人力資源的一種誤解，更是對學校的一種極不當的做法。

第二、對學校內部各部門、職位和工作流程、管理狀況等基本資訊缺乏深刻的瞭解。人事部門作為學校專門的員工管理單位，應當對所在的行業、產業、學校的發展歷史和未來規劃、高層管理團隊、組織內各個部門和職能、主要的工作（業務）流程及特點、人員結構及狀態等有全面、深刻的認識和瞭解。因為人事工作係就人力資源規劃、招聘、培訓、績效和薪酬福利管理、員工關係管理等，都需要我們對學校的以上特徵及規律瞭若指掌。比如：我們不瞭解學校職位及任職資格，我們怎麼進行招聘，招聘的依據、標準在哪裏？不瞭解各職位的流程和特點，則績效考核的標準從何而來？不瞭解學校的歷史、發展規劃和管理團隊、管理狀態，怎麼進行員工的職務培訓？由此，我們可以想像一個對學校情況瞭解，或者只是一知半解的人在服務專業上所存在的差異。

伍、結語

從二十世紀的 90 年代開始，一方面由於「知識社會」及「績效責任」等觀念的革新所催生；另一方面因應全球化及電子科技、網際網路、資訊傳播科技（Information Communication Technology, ICT）等日新月異的飛躍進步有以致之。辦公室自動化，電腦的進步與資訊應用技術的突飛猛進一日千里，而網路科技的應用更使電腦如虎添翼，讓資訊的傳輸速度更為方便，儲存利用也很便捷，成為人際溝通及資訊交換的新一代媒介，並為辦公室環境創造「數位空間」（cyberspace）與虛擬環境（virtual environment）的境界。

詹斯・沃克（J. Walk）曾經在《人力資源計畫：90 年代的模式》一文中，對人力資源計畫的發展趨勢進行科學的分析。沃克認為，人力資源計畫正朝著靈活、高效、實用、短期等方向發展。具體的趨勢為：第一、為了保證學校人力資源計畫的實用性和有效性，人力資源計畫將更加注重對關鍵環節的闡述；第二、對人力資源計畫中的長期計畫而言，也傾向於將計畫中的關鍵環節明確化、細緻化，並將它們轉化成具體的可執行的計畫，最好明確計畫的責任和要求，並且有相應的評估策略。第三、由於人力資源市場和學校發展的變化週期增快，學校更傾向致力於編寫年度人力資源計畫和短期計畫；第四、學校的人力資源計畫將會更加注重關鍵環境的資料分析和量化評估，並且將明確的限定人力資源計畫的範圍，這些都將成為人力資源計畫的主要標竿。

陸、人事工作計畫範例：「世新大學人事室 94-96 學年度計畫」

一、人事服務工作規劃背景

　　教學、輔導、研究及推廣服務乃一所大學的基本要務，亦為校務發展成敗之關鍵，而要落實這四大要務，必須有高效率的行政作後盾，方能克盡其功。鑑於此，本校之行政運作，從制度、規章、組織、人員等各方面齊頭並進，透過全方位的經營發揮行政單位的支援角色。未來在原有之基礎上，更將在控管行政流程、提升人力資源、重視職工福利及厚植資訊基礎等方面，做進一步的努力，以提升服務品質，成為學校教學、輔導、研究及推廣服務有力的後盾。

　　學校的行政單位猶如部隊的後勤單位，部隊有了後勤支援可以提振士氣與戰力，而學校有高效率的行政運作，可以提升學術成就及整體辦學績效。本校行政工作之推動，即秉持「行政服務學術」、「行政支援學術」的理念，透過制訂完備的規章制度和組織，讓全校教職員生共同參與，爭取最高的行政效能。其具體措施包括：

（一）設置相關委員會，健全校務發展

　　為健全校務發展，本校設有「校務會議」、「校務發展委員會」、「教師評審委員會」、「教師申訴評議委員會」、「學生獎懲委員會」、「學生申訴評議委員會」……等共計 17 個，教職員及學生均參與各相關委員會之運作，對於凝聚同仁共識及建構周延措施，均有良好成效。各委員會主要運作情形如下：

1. 校務會議

   就校務會議執行除提供校內行政主管、各系所教師與學生代表等一溝通場域，亦藉此傳達並說明本校未來將積極落實之目標，以凝聚全校師生之向心力。運作情形方面，本校校務會議之召開與出席人員乃根據「世新大學校務會議設置辦法」而定，校長為主席，且須有過半數委員出席方得開會，原則上每學期召開一次，得應出席人員五分之一以上請求召開臨時會議；主要審議事項包括校務發展計畫及預算、組織章程及重要章則、各院系所及附設單位之設立及變更、教學評鑑辦法研議等校內重要事項。

2. 校教師評審委員會

   本校依大學法及本校「教師評審委員會設置辦法」，分別成立有系、院及校「教師評審委員會」，評審有關教師之聘任、聘期、升等、不續聘、解聘、停聘、資遣原因認定、延長服務及學術研究事項。各級教評會委員之產生皆符合辦法規定年資，及經民主程序推選專任教師擔任，任期一年，連選得連任。

3. 申訴評議委員會

   本校為確保教師權益，維護校園安寧，依大學法、本校組織規程等規定，訂定「教師申訴評議委員會設置辦法」，由專任教師互選評議委員，其中未兼行政教師達全體委員之三分之二，以期能超然評議教師申訴事宜。

4. 經費稽核委員會

本校為針對預算中所編列相關資本門、經常門各項支出之執行情形是否按照相關作業原則之規定執行，設有「經費稽核委員會」，由各學院及共同課程委員會各推教師代表一名為委員，其餘委員由非一級主管之行政人員擔任，計教師 5 位、行政人員 4 位，共 9 位委員。主要議題為關於各項經費支用、預算執行情形之查核且協助各單位同仁對經費控管觀念之建立以達管理之目的。

（二）建制完備規章，落實行政運作

依據「大學法」賦予大學自主之精神，秉持學校自主之辦學原則，由各相關單位積極辦理制（修）訂各項校內重要規章辦法，建立完備的制度，俾利行政推行。

本校所制（修）訂之各項規章，除秉持學校自主之辦學理念及原則，更以「大學法」之立法精神為據，由相關單位負責研修辦理，並經校內院系所各級會議初步審核、行政會議或校務會議通過後由校長核定。因能秉於依法行政作為，是以是項工作對提升行政效能、加強服務品質裨益良多。

（三）提升行政人力素質，裨益服務效能增進

本校對於提高人事行政效能方面，秉著以追求卓越，建立服務、效率、品質，達成和諧團結之校園文化特色外，並致力於建構講求績效與強調激勵功能的人事體制，以提升服務品質，在充足行政支援人力上，除建立職務代理制度，並輔以下列措施：

1. 強化行政團隊的領導與執行能力。

本校向皆強調行政團隊落實學校發展之各項措施，除藉由定期召開之行政會議相互溝通核對各有關作業外，為能凝聚共識，每月皆由校長召開乙次含括系所主管與會的擴大行政會議，每學年度於校外異地舉行一次擴大行政會議，就該學年度工作與發展重點結合同仁的智慧和共識。另有主要議題則由校長召集相關同仁集思廣益。對於各相關議題之執行皆請有關單位列入追蹤考核，以落實執行。

2. 因應校務發展之需，適時增補必要之行政人力。

本校 92 學年度之專任行政人力為 152 人，相較於 90 學年度 140 人、91 學年度 148 人，考量系所成長及業務增加即有小幅成長。另配合工作需要置行政助理計 40 名及全時工讀生、兼時工讀生多人，以利各項行政作業遂行。行政人員穩定性高，亦顯示出行政人力之補充有助益於行政工作之遂行。新進職員一律經人事甄審小組針對其專業學能、品德學識加以評比，以拔擢優秀人才到校服務。各系所約聘行政助理聘期一年，約聘期滿經成績考核評比及格（乙等以上），得予續聘，續聘最多以兩次為限，以塑造優質人力資源。凡有編制內行政人員離退，皆以公開方式甄補行政助理遴遞，以傳承工作經驗。

3. 為使行政人力得以充分發揮，對於專業性業務，皆由主辦單位協調各相關業務單位，調撥人力、成立專案工作小組，以機動方式調整人力需求，以因應工作之需。

4. 本校為能客觀評量職工年度工作表現，以激勵同仁工作士氣，經參採公校建立職工成績考核制度，訂定「世新大學教職員工成績考核辦法」，報請教育部核備，並具體落實，凡編制內專任職員工服務滿一年給予成績考核，考列甲等者，依本校成績考核辦法之規定，除晉本薪一級外，另發給本薪一個月之獎金，對同仁士氣之激勵頗有助益。

（四）積極辦理教育訓練以充實本職學能

為應工作內涵需要，除辦理各項在職教育訓練活動，並向辦學績效優良之大學校院進行參訪，或邀請相關業務同仁來校交換經驗，邀請或前往之學校，計有政治大學、逢甲大學、中原大學、元智大學、慈濟大學等，獲益良多。本校將行政同仁教育訓練視為效能提升之重要事項。

為促使本校各單位藉由教育訓練活動用以提升行政效能及服務品質，提供教職員工周全之服務，研擬「世新大學補助行政同仁辦理教育訓練活動作業要點」乙種，以鼓勵各單位積極教育訓練事宜。

應工作內涵隨時間與法規變異而有所調整，鼓勵同仁參與各項校內、外所舉辦之在職教育訓練講習活動，以增進業務熟稔度，以及專業知識的提升，校內舉辦之各項講習活動計有「新進人員講習」、「行政品質提升講習」、「公文文書作業講習」、「業務流程作業講習」、「院系所秘書講習」等多項。

另外為提升教職員人文素養，塑造優質校園文化，持續鼓勵同仁開辦讀書會，每組教職員讀書會發給壹萬元購書費用，對塑造優質校園文化及同仁本身獲益良多。

本校為使參贊各項行政工作之同仁，能藉由管理知識的汲取，用為提升服務品質，爰經由專業師資啟沃及專書導讀相互討論，以達成整體組織效能的提振。92 學年度本校共舉辦「專業效能增進與行政效能提升」及「文書作業講習」二個系列共十梯次研討會，以追求卓越、提升大學競爭力為努力的方向與目標，謀求行政品質的全面提升。

（五）重視職工福利，辦理各項員工活動

定期舉辦員工福利相關事項，如慶生、旅遊、聚會等，以促進團隊工作情誼，提升向心力，主要辦理項目如下：致贈職工生日禮物、辦理教職員工團體保險、定期辦理教職員工健康檢查、鼓勵職工子女就讀本校相關系所、提供全額學雜費、規劃教職員工退撫新制以增加職工退撫給與。

（六）推動校園 E 化，以提升品質與效能

　　本校自 82 年開始推行校務行政電腦化，經歷年來不斷地加強、擴增，迄已發展出功能成熟之電腦系統，對校務行政之推動有莫大助益，本校校務行政電腦化為既定政策，未來仍將持續增強各項功能。

1. 校務行政資訊系統設備

　　校務行政電腦化系統：此系統目前已是功能整合成熟之電腦化系統，包含：教務管理系統、學務管理系統、人事管理系統、會計管理系統、財產管理系統、程式權限管理系統與校友管理系統七大系統。

　　(1) 網際網路行政資訊系統：以身分別、群組、職務為基礎，為全校師生量身訂製各項方便快捷的資訊化服務，全面以單一帳號和密碼做為系統開發標準。已開發上線的系統舉其重要者：線上最新消息發布系統、學期開課課程查詢、學生線上及時加退選系統、教師網路成績登錄、學生線上請假系統、教師網路點名、網路就學貸款申請、網路招生系統、教學意見問卷表；另有虛擬實境校園導覽系統等。

　　(2) 語音與傳真及 WAP 行動通訊服務：可提供全校師生多樣化之服務管道，系統包含：招生事項、教務事項、學務事項、繳費事項、傳真回覆、WAP 行動上網等。

　　(3) 視訊頻道播放系統：可以隨時提供各項資訊與及時選課人數等。

2. 系統功能

　　本校資訊化系統提供全校教師教學研究、學生資料查詢與行政單位行政電腦化等服務，其功能分述如下：

　　(1) 針對教師的服務

　　　　a. 成績登錄系統：大幅簡化教務單位成績核對與郵寄往返時間。

　　　　b. 點名系統：隨時掌握學生出缺勤狀況，方便導師追蹤輔導。

　　　　c. 教學大綱系統：方便告知學生各項學科的上課進度、參考書籍、課程要求與成績評比等。

　　　　d. 教學問卷系統：可使教師與學校能及時瞭解學生的反應和學習狀況。

　　(2) 針對學生的服務

　　　　a. 學生網路選課系統：透過網路學生可於學期末前，即可知曉下學期應修課程，開學後已確定完成所需修習課程，免除同學需到校排隊選課之情形。

　　　　b. 學生請假系統：方便學生課前預先請假或課後請假。

　　　　c. 學生就學貸款申請系統：大幅簡化學生與承辦就學貸款銀行對保資料往返與重複填寫的困擾。

　　　　d. 教學問卷系統：學生可以針對授課的教師，充分反映自己在課堂上所吸收的程度，及對教師的教學意見調整建議或鼓勵。

　　　e. 選課視訊頻道：學生可以在校內及時掌握最新選課人數統計與學校各項活動訊息。

　　　f. 各項查詢服務

　　　　(a) 教務管理系統：中文歷年成績單成績、未公布原因查詢、學生修課紀錄統計表、學期開課課程一覽表、課程選修人數查詢、學生課表查詢、課程學生名單查詢、教師座班查詢、教師點名次數查詢、考場座次查詢、教室未使用查詢等。

　　　　(b) 學務管理系統：學生網路請假登錄、學生網路就貸登錄、學生缺勤紀錄表、扣考科目及缺課時數查詢、舍我獎學金得獎名單查詢、學生住宿查詢等。

　(3) 針對行政人員的服務

　　為提升行政效能，本校積極推動行政電腦化作業，現已建置完成與新上線的資訊系統計有：工讀生媒合系統、請假電子表單、請購電子表單、請修電子表單、財產管理系統、預算流用流出作業、預算變更單、動支經費單、統辦單（計有：工讀金、助學金、獎學金等）。

（七）重視資訊公開，促進師生溝通

1. 本校為能落實資訊公開係藉由網頁、簡訊、電子郵件、視訊系統方式及時提供訊息以利周知之外，並請各單位業務同仁隨時就最新資訊置於網頁。相關會議紀錄於核定後皆能於三日內傳送與會人員全體知悉，另預決算資料亦能依法提陳於網頁。對於學生所關心的獎助學金、安全維護及考生有關考試資訊亦均及時公告於網頁上，供同學、師生查詢，社會大眾如詢及相關事宜亦由有關單位快速處理回應。為使各相關資訊能及時傳遞，以利教職員工生知悉，現有作業為：

　(1) 網頁：除各單位自行維護各承辦業務之相關資訊外，另電算中心則專責辦理學校性事宜之網頁更新與即時資訊公布，如研討會、活動通知等。使全體教職員工生可即時於網頁上瞭解學校相關訊息。

　(2) 簡訊：同學健檢通知、考生考場通知、錄取通知現已透過手機簡訊即時轉知。

　(3) e-mail：各單位同仁如有相關資訊提供皆即時以電子郵件方式傳送教職員工生知悉。

　(4) 視訊系統：為傳遞資訊，學校特建置「校園視訊系統」分置於各公共場域，以利即時傳達相關訊息。

2. 本校向重視教職員生溝通，以利共識建立並增進校園和諧氣息，除建置有「世新午間新聞」、「校園視訊系統」等溝通網絡之外，另辦理有如後機制：

　(1) 設有教職員、學生與校長有約時間，可即時反映各種意見。

　(2) 固定於辦理校外行政會議後，進行問卷調查，針對行政人員之服務態度與品質，與會人員均表示肯定。

　(3) 加強資深教師的經驗傳承，辦理新聘資深教師餐敘與資深教師感恩茶會。

(4) 訂定「學生申訴辦法」，設立申訴專線電話及電子信箱，受理學生各項申訴，依本辦法，組成「學生申訴評議委員會」，委員由各系推薦教師及學生代表組成，處理學生申訴事宜。另為加強申訴管道91學年度起增設申訴專線電話及電子信箱，由專人負責受理。

(5) 班級及社團幹部座談，加強溝通管道：每學期召開班級及社團幹部座談各一場次，由學務長主持，學校各行政單位主管及相關業務承辦人列席，以面對面回答學生所提問題與建議，暢通溝通管道。

(6) 主動鼓勵學生並聽取意見，校長不定期會與學生社團負責人代表、姐妹校交換學生、體育校隊、表現傑出學生舉行座談。

（八）凝聚辦學理念，增進服務效能

為凝聚校內各院系所及行政單位對本校辦學理念與目標之向心力及一致性，並有效傳達擬訂推動之每項辦學政策及瞭解各單位之執行狀況與成效，本校除定期召開行政與校務會議、舉辦各項業務說明會，並積極透過以下三方面落實有效溝通聯繫目標：

1. 建立全校文書流程管理制度

   公文是推動校內公務、溝通意見的重要工具，公文本身能否發揮功能，與行政效能有極密切關係。透過對各單位公文處理流程、時效與品質，訂定相關稽核項目及基準，以隨件督考或定期檢查之方式，適時檢討改進，以作為各單位考核、獎懲之依據；並於階段性目標達成時，公開獎勵校內執行管考績效優異之單位。同時，善用公文管理考核制度，亦可建立學校各單位分層負責、分層溝通的交流平台，強化學校整體內部管理。

2. 建置「單位業務聯絡人」聯繫機制

   為建立本校完善之聯繫機制，善用人力資源使行政效率優質化，自90學年度起建置「各單位業務聯絡人」機制，以點開始，由各單位推派一人為該單位之對外聯繫窗口，發展至線以暢通聯絡管道及加強單位間之聯繫機制，進而擴展至面，建立全校性高品質、高效率的現代化行政作業。運用業務聯絡人之管理機制，不僅縮短各項作業辦理時程，落實人力資源提升，亦使學校與各單位間之溝通速度更具時效性。

3. 營造校內優質溝通場域

   (1) 規劃「翠谷教職員俱樂部」，以凝聚同仁對本校的共識及向心力，並提供一個優質的用餐環境，自92學年度開幕起，廣泛得到大家踴躍支持及使用；並由大學每年提供每位教職員工壹仟元之餐券，以鼓勵同仁使用。

   (2) 舉辦「Happy Hour」，利用每個月一次的固定聚會，讓教師們在歡樂的氣氛中，放鬆心情或交換意見。

   (3) 辦理新卸任主管經驗交流餐會，加強經驗的傳承。

二、人事服務工作未來三年之規劃

規劃具前瞻性之行政制度，乃是追求卓越，建立服務、效率、品質的行政運作特色，本校未來行政制度將因應學校本身發展及整體大學教育趨勢所需，續朝前瞻性之方向妥善規劃，主要策略包括如下：

目　標	策　略	方　案
提升教學品質	●師資優質化	教師教學能力的增進
		1. 行政人員專業課程進修
塑造優質校園	●行政及服務效率化	2. 人事系統電子表單開發
		3. 教職員工團體績效考評
		1. 教職員工退撫新制
	●提升教職員工福利	2. 教職員工健康管理
		3. 教職員工子女夏（冬）令營
厚植研究能量	●支援學術研究	建構完善教學研究制度

（一）提升服務品質

師資精緻優質化

本校一本嚴謹之聘任教師程序，由各系所先行確認欲聘教師專長後，刊登於國內外各大媒體，由應徵之教師中評選出符合系上課程需求者數位，經由試教、公開演講及各級教評會決議遴選出優秀師資，經遴選之優秀師資，本校定期舉辦教學研究經驗分享，以協助教師熟悉教學環境、教學資源等，得以儘速發揮專才，擬訂之方案為：

「教師教學能力的增進」遴選優秀資深教師、教學特優教師或專精於某項領域之教師等，透過成果發表、學術討論等，由點而線而面的延伸普及全校，以增進教師專業知能，並建構教師專業生涯進階制度，促成教師專業成長，以建立教學創新機制。

（二）塑造優質校園

隨著知識經濟時代的來臨，人力是決定企業或機構競爭力的重要關鍵。而高等教育辦學面臨激烈的競爭，人力的教育與訓練必須隨著新經濟時代對人力需求的快速變化而迅速調整，並且加強職能訓練，以符合經濟社會對技術進步的要求，因此規劃以下方案：

1. 行政 e 化的落實
   (1) 人事系統電子表單開發

      為強化行政電腦化，本校校務行政資訊系統之設計與開發，以資訊服務個人化、系統建制整合化、帳號使用單一化、資訊布達即時化作為規劃系統的精神所在，並將科技運用於服務師生、支援行政與提升效率上，目前已分階段進行開發電子請假表單系統、研討會線上報名系統、人員基本資料表單、新進人員報到申請、離職人員申請系統等表單，未來三年將以倍數成長持續開發新系統，期望能全面提升本校的行政服務效率與競爭力。

   (2) 公文檔案數位化作業

      為使本校歸檔流程系統化及檔案管理作業流程順暢，暨考量檔案管理係大學行政工作遂行之重要環節，擬將現行檔案及回溯檔案掃描儲成數位化之影像檔，除節省本校建校以來所累計之現有檔案計十萬餘件之檔案儲存空間，並可提供所有業務承辦人線上調卷之功能。

   (3) 設置校友通訊電子報

      為提升校友服務效率與品質，告知校友母校服務與進修等即時資訊，並進一步節省紙張與郵寄成本。擬以主動發送電子報的模式發送各校友，以建立本校與校友間積極且永續之互動性。

2. 人文素養的增進

   隨著高等教育辦學競爭力之提升，本校除加強教職員工之職能訓練，以符合經濟社會對技術進步的要求，同時亦積極落實各項有關人力的教育與訓練，以增進全員人文素養，並營造校園人文環境，因此規劃方案如下：

   (1) 培訓行政菁英

      為培養同仁自主管理和負責的精神，並鼓勵和協助同仁學習與創新，以創造與提高同仁的價值，擬藉由提供行政同仁進修語言與專業等相關課程，不定期邀請學界或業界知名人士蒞校演講，以及針對職員技能專長舉辦工作坊等，強化行政同仁之既有能力及專業，並開拓與激發其潛能，以真正落實行政效能與服務品質之提升。

   (2) 行政人員專業課程進修

      為鼓勵在職員工進修，擬製發「終身學習護照」，無論是參加政府機構舉辦的免費講習、民間組織的收費訓練，還是校內自行辦理的內訓，或是學校出資的培訓、自費進修等，都將完整的記錄於護照內。「終身學習護照」將完整記錄學習過程，評量學員的學習程度、學習能力、學習分布、學習興趣及學習成果。作為評估員工能力與努力的依據，並作為考績與升遷之參考資料。

3. 服務品質的提升

為凝聚校內各院系所及行政單位對本校辦學理念與目標之向心力及一致性，本校極重視各項行政作業服務品質，除透過加強行政同仁之技能教育與培育人文素養，以提升對師生之服務態度及品質，並藉由內部稽核制度之建立與文書管理制度之推動，以達提升學校人事服務及行政作業服務之雙重目標。

(1) 執行內部稽核制度

為提高行政作業之嚴謹作為，並培養創造性思維以因應不同問題、提升效能，擬透過訂定相關稽核規章，逐一檢視學校稽核現況及細節，以強化學校整體會計系統之嚴謹性及健全性。

(2) 行政作業效能品質提升

為謀求行政品質的全面提升，並強化學校整體之內部作業管理，擬就各項行政作業，全面研訂流程管理原則及標準作業流程等相關規定，以隨件督考或定期檢查之方式，適時檢討改進，並藉以提升每一個人、每一個單位處理公務之時效及品質。

(3) 精進業務聯絡人計畫

為建立本校完善之聯繫機制，善用人力資源使行政效率優質化，並建立全校性高品質、高效率的現代化行政作業，擬藉由定期召開業務人會議，增進各單位業務聯絡人本職學能，以增進專業素質；運用業務聯絡人之管理機制，不僅縮短各項作業辦理時程，亦使學校與各單位間之溝通速度更具時效性。

4. 增進教職員工福利

本校對職工福利向極重視，辦理有各項員工活動，如慶生、休閒旅遊、餐會、健康檢查及職工子女就讀本校補助學雜費等，受到職工的好評，未來在既有的基礎上，繼續規劃有利方案，以吸納優秀人才，發揮職工潛力，主要方案如下：

(1) 教職員工退撫新制

長期以來因教育政策的偏執，公立學校教職員退撫照應遠優於私立學校，造成優秀的教師紛紛轉向公立學校服務；有鑑於此，世新大學本著對創造員工福祉之精神，著力於私立學校退撫制度的改革，私校同仁生活得到保障無後顧之憂，自然得以不再汲汲於往公立學校推移，藉由安定教學將裨益私校的教學環境及品質提升，以培育優秀青年學子。

(2) 教職員工健康管理

多一分注意，少一些顧慮，為使本校教職員工對自己的健康更加瞭解，本校擬與慈濟新店分院合作，定期於校內舉辦各科門診，並建立個人的健康檔案，擬製發「健康護照」，善加利用本校定期辦理之教職員工健康檢查，協助同仁進行預防保健服務及生活習慣的檢視及改善，使疾病得以早期發現早期治療。

(3) 教職員工子女夏（冬）令營

擬與本校師資培育中心、語言中心及學校相關社團合作，舉辦各類夏（冬）令營活動，活動規劃以體驗大自然、認識環保、傳統節慶、DIY……等為主，藉由完善的子女照應計畫，除了建立起同儕子女互助互信的友誼關係，提升教職員工工作效能，並促使本校師培中心學生於校外實習前，擁有更多實際教學經驗。

（三）厚植研究能量

1. 創新服務的開拓

為提供學校教職員工更多元、更完善之服務品質，除維持既有各項提升人力素養及行政作業效能之政策，仍秉持繼續開拓創新服務之理念，以達整體教職員生服務品質之提升。本校在激勵教師提升研究水準上，制定多項鼓勵措施，如提供專任教師設施完備之研究環境，以利其研究；定期出版學報或刊物，提供教師發表論文園地；設置專責單位（研究發展處建教合作組），提供各項研究服務，並制定多項獎勵辦法，獎助教師研究及升等，獲致良好成效，教師之學術研究無論在質或量上都有大幅的成長，在既有的研究基礎之上，擬訂之方案為：

(1) 建構完善教學研究制度

教學特優教師之產生，由學生、校友或同仁向系、所、中心推薦，再由所屬學院或委員會推薦。獎勵名額依各教學單位教師人數比例計算，金額每名拾萬元，並致頒獎牌一座。獎勵金額得視預算調整之。另教師研究獎勵之甄選，由舍我薪傳獎助金評審委員會依申請參加甄選案中，評選出【傑出研究獎】、【優等研究獎】及【甲等研究獎】三種。推薦具傑出教學成果及熱心輔導學生學業，致力提高學生讀書風氣之教師，獲選教師於獲獎後，舉辦公開教學觀摩活動，並由數位影音暨網路教學中心協助製作教學光碟，送圖書館公開陳列，擴大教學成果，以提升教學品質。

(2) 校友輔導領航計畫

為引導校友與在校生雙向交流，建立學校、校友與在校生之間良好的互動關係，爭取校友與在校生對學校之支持與向心力，追求更佳的發展契機，擬透過校友領導在校學弟妹之模式至業界實地參訪，並請校友擔任就業輔導顧問並分享職場經驗，以提供在校生即時且正確之就業資訊，並確立正確目標。

(3) 辦理團體績效考評

改變以往以個人為單位的考評方式，改由同類型單位間的團體績效評核，訂定各項績效目標、評核指標及評分標準，以評估各單位之投入、落實及成效，以建立一套公正、公平、合理而有績效的評估制度，以激勵行政人員高度的工作意願與潛能。

第三章
高等教育委外服務之探討

> 「龐大的組織就像一隻笨重的大象，自由獨立的個人工作者則是靈活的跳蚤。
> 而二十一世紀將是跳蚤的天下。」
>
> 　　　　　　　　　－查爾斯・韓第（Charles Handy）《大象與跳蚤》－

壹、前言

　　人力派遣制度的產生是組織為了降低人事成本的支出，減少長期員工的僱用，將傳統的人力資源管理制度轉而至具有較高彈性運用的一種人力委外制度，這樣的結果造成人力派遣方式已漸漸地成為就業市場上的新寵兒。就企業的這種人力運用模式適足以提供高等教育的參考，因為隨著高等教育的快速擴充及人口數的下降，高等教育面臨供過於求的現象已是指日可待，由於人力及經費不足將是國內各大學校院之主要運作困境之一，而人事成本的沉重負荷，也是影響其經營效能的重要因素。是以近來，台灣高等教育環境變遷快速，校園自主、經費自籌、人員精簡等為學校思考的方向。各大學校院在校園軟硬體設備不斷擴充，系所、師生人數不斷增加的情況下，如何在既有的人力資源下，改善其經營效率與效能，提升教學品質，實為大學人事人員，所應積極思考並努力著手改進的。在控制人事成本以及專精本業以提高生產力的雙重前提之下，週邊業務的適時委外服務，不失為一項可供選擇的重要方法。

　　由於產業結構的改變，科技的發達，企業為求競爭力的提升，無不設法增加企業的組織彈性，其中，有效的人力資源運用已成為企業永續中極重要的一環，而傳統的人力資源管理模式已無法有效的掌握時代的脈動，企業的人力資源體系正遭受著巨大的變革。委外服務主要是藉由外部資源的輔助，來加強業務的進行或是彌補組織本身不足之處。

　　由於現代企業的人力需求常大起大落，經濟好的時候需要很多人，經濟不佳時，又希望人可以少一點。例如，美國企業傾向在景氣差時裁員，所以人力需求常大幅起落，但這對士氣有一定損傷。因此現在有所多企業透過委外服務以彈性調整人力。為了能因應景氣調節人事，目前還有另一種的委外形式，是用人單位將現有正職或契約人員，轉入派遣公司。員工在要被企業轉任為派遣身分時，最大質疑是：「既有的薪資福利與保障是否會因此減少了？」所以在轉為派遣前，派遣公司會舉辦說明會，讓派遣員工瞭解新的公司政策，包含薪資、津貼和福利等。公司若欲轉任資深員工，通常年資會先結清，再轉成派遣公司的員工。一般來說，在將原有人員轉為派遣時，薪資福利並不會改變，有些企業的福利規劃甚至會比原有的要好一些。在從企

業正職或契約工身分轉成派遣身分,也會有一段時間讓人員考慮。因此,過渡時期的溝通,是企業與派遣公司在進行轉任派遣時最重視的過程。

　　1995 年日本經營者團體連盟(日經連)發表《新時代的日本經營》文件中指出,將來的日本的僱用制度將有三分之一是終身僱用(管理階層),三分之一是長期僱用(技術人員),最後三分之一是彈性人力(委外人員)。企業要把派遣勞動者作為景氣的調整閥門,現在的人力運用正朝這個方向變化。此種人力適用的發展趨勢,似乎可以成為大家的參採。因為 1990 年,美國高等教育經費緊縮,如何減少支出,創造利潤,因此受到重視。(Goldstein, Philip J., et al., 1993)在美國大學校園中最常見的委外業務為:書店及餐廳,其主要考慮因素為:節省成本,私人企業可提供較低廉的服務成本,並創造利潤,學校則可分享委外廠商的營業利潤。

　　本文依據人力派遣的觀念探討委外服務的意義及原因,及其在大學行政業務上的運用,並闡明採用委外服務之決策考慮以及相關的管理技術,冀能使大學人事人員對於委外服務有更深層的認識,進而思考其在所屬業務範圍的應用,以作為其在進行委外服務之決策及執行時參考。

貳、委外服務的意涵

　　傳統勞動關係中,勞工在同一時空下大體上僅受僱於單一雇主,勞資雙方當事人之間,不僅具有契約關係,亦有實質上的指揮監督命令關係存在。勞資雙方所發生之爭議,大致上比較容易由雙方約定之契約內容或法條規範加以處理,但隨著經濟社會環境發展多元化,就業型態日趨複雜,勞僱關係也隨之受到影響,傳統勞僱關係已不再是勞工或雇主之唯一選擇。考其原因,有在於不少具有專業技能之勞工,願意選擇在不同企業間歷練;亦有在於雇主基於成本上節約、特殊人力需求、業務考量等目的下,非典型之勞僱關係遂成為近代就業市場上另一種新興之勞動關係領域。此種非典型之勞動關係現象,種類繁多,舉凡 SOHO 族之承攬、部分工時勞動、勞動派遣等皆屬之。其中委外服務是組織人力運用多元化的主要方式之一,是指「將組織系統的部分業務或功能,交由組織以外的服務提供者去完成」。各國政府在新公共管理思維下,已漸漸改變傳統的觀念,學者 Peters(1994)提出公共選擇理論,認為「政府業務委外乃政府進行改造的方式之一」。由於組織的資源有限,通常管理者會將其作適當的配置,以求能以最少資源產出最大效益,而委外服務是將組織的資源和技術作適當的配置的一種方式。

　　根據倫敦金融時報 2004 年 8 月 4 日報導,全球第二大汽車集團福特汽車已展開轉型「改革」,決定把該公司的最後組裝作業以委外方式來進行,也就是所謂的「人力派遣計畫」。福特集團的巴西車廠順利執行委外計畫,影響到其他福特車廠也會採納委外的方式。由於製造車輛在福特業務中的重要性將日益減低,未來福特將著重在設計、品牌、行銷業務及提供服務,而服務部門所帶來的利潤與成長潛力將超過傳統的汽車組裝。這則關於福特汽車集團的消息再一次清楚地告訴我們:連福特汽車廠都不再實行「福特主義」了。福特汽車廠的創立者在二十世紀初所宣稱的大量生產、大量消費、薪資優渥、福利周延、工作穩定……等等被稱為「福特主義」

的種種好處與特徵，曾經被某些人讚頌為「混合型經濟」、資本主義與社會主義之外的中庸之道；如今那些美好的外殼已經逐漸崩解，赤裸裸的資本、利潤正在追求一種叫做「勞動委外化」或者「彈性勞動」的新措施。追溯人力委外的作為是早在 1960 年以前，就有人將外包運用在工程業、製造業、財務和作業資源上。由於運用派遣勞工可為企業省下至少兩成的人事成本，因此，包括台積電、明基、台灣應材等大型企業皆有招募派遣勞工的計畫，以因應短期、臨時性的人力需求，並降低固定人力配置比率，達到彈性運用人力的目的，可知國內派遣市場仍有極大發展空間，參酌以日本為例，預估未來 2006 年至 2010 年五年內，企業全職長僱型勞工比率將從以往的 84% 降至 72%，派遣勞工等彈性僱用比率將從過去的 10% 提高至 16%。（勞委會，2004）

　　關於「委外服務」的相關名詞為數不少，英文如：Outsourcing、Contracting Out、Facilities Management、Dispatched Work、Temporary Work、Leased Work 等；中文則有外包服務、委外服務、派遣勞動、臨時勞動、租賃勞動等名詞，雖然用語有所不同，但其主要內涵則是一致的。簡單說來，委外服務就是「將組織運作需要部分（非關鍵功能）以合約方式交由外面服務者負責，派遣公司的員工到用人單位，接受其指揮管理運用，完成工作任務，這是一種人員出租、人力租賃的概念。」(Labbs, 1993) 因應時代環境之變革，有學者將委外服務的定義擴大為：「假若有一份工作，外面的組織能做得比組織本身更有效率而且便宜，則此份工作應由外面的組織來做，假如組織本身能將此工作做得較好，則此工作應該保持自理。」(Minoli, 1995)。總之，委外服務是指將組織系統的部分業務或功能，交由組織以外的服務提供者去完成。勞動派遣與一般傳統僱用之契約關係，最大不同點在於：勞動派遣關係下之勞工，受僱於派遣公司，雙方成立勞動契約關係；但派遣勞工卻在該勞動契約當事人以外之第三人要派公司處提供勞務，接受該第三人之指揮監督與管理，形成「僱用」與「使用」分離之現象。

參、委外服務的產生

　　人力派遣或委外服務等非典型之勞動大體上植基於定期勞動契約關係上發展，原本國家勞動政策上為了穩定勞僱關係、保障勞工持續工作之權益，多數國家會直接規範勞動契約之締結，但由於非典型勞動亦有提升就業率之效果，因此，晚近許多國家亦開始正面承認甚至採取鼓勵非典型僱用之政策。事實上，人力派遣在國外早已行之多年，推行成效佳，是企業彈性運用人力的一項重要工具。根據相關的文獻報導，非典型僱用的未來發展，至少有五項有力因素：1.縮短法定工時與實施週休二日後，企業對非典型僱用的需求增加。2.勞動法令鬆綁，雇主使用非典型勞動的意願提高。3.產業結構的改變以及高科技及服務業的興起，將使非典型僱用市場需求增加。4.新世代勞工較偏好非典型僱用的形態。5.政府與民間企業將部分工作委外的情況，能達到滿意的成果。組織業務為何需要委外服務？有哪些考量因素呢？茲依據國內實務作為，歸納各項委外原因，以下一一說明：

一、增進效能：勞動彈性化已是世界潮流，企業經由招募派遣勞工，一方面可避免企業組織無限制膨脹，以致加重固定人事負擔；一方面將非核心的業務改由派遣勞工擔任，企業可將資源集中在核心業務或是正式編制的員工身上，致力發展核心業務，提升競爭力。如果要跟得上季節性的接單變化，人力就必須維持高峰，但透過派遣，可以降低正職員工數，人力需求的彈性部分就可由派遣人員來替代，以委外廠商之專業性和高效率，可提供較好的服務品質。

二、降低成本：傳統組織為降低人事開支，相繼精簡生產線正式員工，改由派遣勞工填補，將能有效降低人事成本。儘管景氣翻轉，但企業意識到組織精簡的重要性，因而將勞務性、低技術性質的工作，如作業員、倉儲管理、廠站搬運員等工作，改由派遣勞工接手。而因為委外廠商具有規模經濟，亦可減少成本。因為將傳統甚少估計的業務成本支出，經由長期委外契約的定義，變為可以估計的成本定數，也就是將原來固定成本的投資轉為變動成本。

三、福利效益：使用派遣勞工不僅可為企業降低僱用成本，也可有效降低失業率，以德國為例，強調勞工權益保障的德國，對這類非典型的僱用關係原本抱持疑慮態度，並不鼓勵勞工從事派遣工作。但在國內失業率居高不下的情況下，德國政府嘗試積極發揮派遣機構的功能，鼓勵企業進用派遣勞工，使得失業人口從 400 萬人降至 200 萬人，1979 年時，全德國僅有 0.18%勞工從事派遣，直到 1995 年成長至 0.63%、1998 年成長至 1.08%。如果僱用正式員工，不論年終獎金、分紅配股、或是按年資調薪、乃至資遣費，對企業都是一筆負擔，而採取委外方式將使福利支出的負擔減輕，企業可以更快轉型，更加快組織的改造以符合世界潮流的趨勢。

四、裨益管理：透過將設備和專業人員的外包，使企業能將資源專注於主要業務，將獲得更多競爭優勢。與一般傳統僱用勞工不同的是，派遣勞工受僱於人力派遣公司，當企業有臨時性、短期需求，可與派遣公司簽約，並支付簽約金，由派遣勞工赴要派企業工作；派遣勞工的薪資由派遣公司支付，勞健保投保事宜也是派遣公司負責處理。

五、風險管理：有些業務之承辦組織可能要付出失敗的代價，如開發系統，委由具經驗的人士開發或管理，可減少其失敗的風險。而當派遣勞工與企業工作期滿即離職，企業無需支付資遣費，光是每年退休準備金、招募成本、資遣費等至少可為企業省下兩成的人事成本（黃榕江，1992），對組織財務的支應可以進行更為適當的規劃和運用。

六、資源運用：組織重視資源管理，將資源投資於附加價值較高的產品，委外方式可以提供組織和外包商將彼此的資源互相利用，而提高其服務品質的方式。（Takac, 1994）非傳統的聘僱關係是企業與勞動者之間彼此皆擁有最大的彈性與自由、企業與勞動者之間只維持一段短時間的關係、勞動者所依賴的是個人專業技能而非企業、勞動者個人進行人力資本投資。新世代的工作價值觀，正傾向於非傳統的聘僱關係，有愈來愈多的新新人類，愈來愈能接受派遣的觀念，更樂於成為派遣員工，從企業的角度來分析，適當地運用人力派遣，不僅

可以增加企業彈性人力的運用能力，更可以有效地降低成本，並將固定僱用成本及訓練成本轉嫁於員工身上，而專業人力派遣公司，不僅可以幫助企業作整體的彈性人力規劃以及精算服務，更可以幫助企業尋找優秀人才。

七、彈性調整：派遣勞工屬於企業彈性運用人力的一環，許多知名的企業，在高度競爭的環境下採用人力派遣方案，包括遠傳電信、中國信託、花旗銀行等知名企業皆有使用派遣勞工，因應臨時、短期的接單需求，並降低固定人力配置比率，達到彈性運用人力的目的。有些業務有其高峰期，需要大量短期人員協助，可藉委外服務，暫以紓困。

八、專注本業：為因應勞工退休新制，93 年 7 月起企業必須強制提撥 6%個人帳戶退休準備金壓力，國內多數企業已悄悄縮減正式聘僱員工，轉而使用委外公司人力。由於派遣勞工可因應企業臨時、短期人力需求或從事一般行政業務，可大幅提高企業用人彈性，降低人事成本，近年使用派遣勞工的企業逐漸增多。減低過多內部服務業務的監督，管理者可專心於核心事務的經營。

九、解決困擾：有些棘手業務，動輒得咎，交由外包廠商解決，省力又省事。是以，一般派遣員工的薪資雖與正職員工相當，但相較於編制內的正式員工，企業使用派遣勞工不需提撥退休準備金，也不需負責人力招募，假使企業認為派遣勞工工作表現不佳，可要求派遣公司換人遞補，減輕企業人力招募負擔。勞基法中規定臨時性、短期性、季節性及特定性工作得為定期契約，即雇主與勞工簽訂契約（有效期不得超過一年），約滿即解除勞雇關係，沒有資遣費與退休金的問題。

十、獲得新知：希望從外包廠商處，得到新研究的技術，亦即組織內部人員可利用外包經驗，培養特殊的技術和能力。人力派遣，在日本或歐美並非一個新名詞，反而是一家企業在聘僱短期人力或進用新人時的一種常態性的招募機制之一。所以在國外有非常多供應「短期人力派遣」的仲介公司為各大企業服務。舉例，微軟（microsoft）公司即委託跨國性「短期人力派遣」的仲介公司為其招聘「短期人力」。

日本的派遣勞工本來也是職業安定法禁止的行為，但因產業界急需這類彈性的勞動力節省人事開銷，進而要求開放，日本因此在 1985 年制訂公布派遣勞動法，隔年正式實施。目前全日本派遣勞工人數達 180 萬人，近五年來，人力派遣市場營業額從 1 兆 3,335 億日圓成長至 1 兆 9,462 億日圓，每年平均以 9%速度成長。企業應用契約人力，還有一個更大的原因──減少未來龐大退休金的支出。根據統計，如果要準備足夠一位員工退休時的退休金，企業每個月至少該提撥該員工薪水的 10%到 15%。參採日本企業進用委外人力，檢視我國尤其以學校自 88 年 1 月 1 日起依據政府頒布規定將技工工友納入勞動基準法的適用範圍，勞基法第五十六條雖規定「雇主應按月提撥勞工退休準備金，專戶儲存」，但由於提撥方式開放給企業自行訂定（可以選擇 2%至 15%的提撥），大部分企業都選擇提撥 2%，也就是說提撥額度都是不足的。根據民國 84 年起實行的財務會計準則公報第十八號「退休金會計處理準則」，企業必須按照精算結果認列退休金費用，並揭露「退休金負債」，企業雖然可以不足額提撥，但卻不能忽視未提撥的

退休金成本，這也是國外法人相當重視的一項投資參考。若以台塑集團去年財報來看，稅後淨利為 98 億 9 千 8 百多萬元，應計退休金負債則為 37 億 1 千 9 百多萬元（按：企業應於每年依法提列員工退休準備金，並於當期認列費用），兩者相減，只剩下 61 億 7 千 9 百多萬元，獲利頓減 38%。至於已經成立超過四十年的中華航空，93 年賺的還不夠退休金準備，稅後淨利為 31 億 1 千 9 百多萬元，應計退休金負債則高達 42 億 4 千 3 百多萬元，甚至還倒虧 11 億 2 千 4 百萬元。而且，根據勞委會統計，到 93 年 6 月底在實施勞工退休新制前為止，有提撥勞工退休金的企業比率，一百家裡面只有八‧八家。足見一般企業面對勞工退休金提列準備金的壓力，而現行的勞退新制實施無異雪上加霜，企業就在深陷因應龐大的支出時，必須考量運用人力派遣方式紓解財務的壓力。而大學法於 94 年 12 月 28 日修正正式將行政人力契僱化納入公立大學的人事進用規範，皆足以看出人力運用的彈性措施，已逐步為發展的方向。

肆、委外的考量因素

為能評選出最有效率，且生產成本最低的人力委外機構，學者提出以下四點考慮：1.確定可選出最低生產成本的機構。2.確定委外的簽約機構能達成組織賦予的任務。3.設法選定風險趨避機構。4.建立稽核系統，以確定簽約服務的生產作為。另外，對「選擇外包機構」決策考量因素的看法，其中主要的因素，包括：機構內部管理狀況、機構整體形象、技術與經驗、服務品質、以及專業的推薦等因素。（李淑芳，1996）至於，提出影響委外滿意度的因素包括：交易成本、社會關係、契約模式、商譽及服務品質等。（戴基峰，1996）美國高等教育管理學會（CHEMA），則提出財務、人力資源、任務達成及文化背景、管理控制及效率、服務品質及法律、專業上的考量等六項決策考慮要素。綜上所述，人力委外的思考方向，在決策過程包含以下幾項步驟（Goldstein, P. J., 1993）：

一、確認原則（Identify Key Participants）。由於現代企業的人力需求常需因應產能的需要，經濟好的時候需要很多人，經濟不佳時，又希望人可以少一點。例如，企業傾向在景氣差時裁員，所以人力需求常大幅起落，但這對士氣有一定損傷。因此現在有所多企業透過派遣以彈性調整人力，而就決策面應先思考評估整體組織環境是否需要，以及哪些工作適宜人力派遣。

二、分析架構（Develop Analytical Framework）。派遣並不是只應用在某些特定的職務上，也不是大家所認為的非核心工作，在派遣觀念達到成熟時，企業將在彈性運用人力、降低人事成本的政策下，釋放出部分職務以派遣方式作為。同時，在既有工作架構上宜有明確區隔出單位專任人員與委外人員在業務屬性上的區劃，方不致於干擾到既有工作的分派。

三、評估現況（Assess the Current Environment）。企業在創業期間需要許多高階的專業經理人，但在公司上軌道之後，這些專業經理人也大功告成。或是在研發單位，在產品研發階段，

需要較多的專業人才，此時多以派遣人力來完成階段性任務，將成為最符經濟考量的舉措。以能使委派人力真正符合組織發展的需求，而不致於有扞格的情事。

四、確認需求（Identify Customer Requirements）。台灣大多數要派企業的派遣職位屬性，大多是替代性高的非核心人力，但在歐美國家，有許多的專業經理人也是以派遣方式任用。在工研院人員編制多是配合專案研究計畫，每個計畫的時間長短不同。在不同的計畫裏，所需專業人才不同，這也吸引了許多想在短期內快速學習與累積工作經驗的人才，加入派遣行列。由於組織的文化與分工，並非所有職務皆適合設列為委外服務。因此，組織的人事部門宜有詳密周延的規劃，以確認需求。

五、法律規範（Review Legal Ethical, and Community Considerations）。雖然人力派遣在日本及歐美國家早已相當流行，但由於人力派遣涉及到派遣公司、委派企業和派遣人員三方面，這種新「三角關係」不可避免地產生一些新的管理模式與法律規範。第一次接觸派遣工作的人，首先會遇到的問題往往是：「我究竟是隸屬派遣公司，還是要派企業？我的雇主是誰？」；「當我有工作上的問題時，該找誰幫助我？」；「我能有什麼保障？」派遣公司分別與委派企業和派遣人員同時簽訂服務契約、勞動契約，以規範三方面在派遣期間的權利和義務。派遣人員的雇主為派遣公司，故其薪資及人事行政作業皆在派遣公司。所以若人員有任何勞健保或薪資等人事行政上的問題，是直接找派遣公司，而非要派企業。但派遣人員在工作上必須遵守委派企業的指揮監督，也就是人員的管理指揮權，是在委派企業。

六、方案比較（Compare and Contrast Proposed Alternatives）。何謂「好」的派遣公司？有以下幾點可供求職者參考。第一、挑選具口碑並有一定規模的派遣公司：可以上網查詢派遣公司的往來客戶、經營方式和相關績效。由於派遣員工的雇主為派遣公司，故薪資先由派遣公司發放，派遣公司再向委派企業請款，所以具規模的派遣公司財務能力比較穩定，不會發生拖欠薪資等情事。第二、要能保障派遣員工的權利：派遣公司是否有提供勞基法的保障（勞保、健保、團保）；若是長期派遣，是否有提供其他福利（三節禮金、年終獎金……等）。第三、面談時是否清楚說明派遣工作性質及權利義務：一個好的派遣公司，一定會在面談時先說明派遣的工作特性、派遣時間、派遣工作地點及權利義務等。

七、選擇方案（Select Preferred Alternative）。目前國內的派遣法尚未通過立法，並無法有效規範派遣公司的資格條件，在法令未明之前，的確有些非正派經營的派遣公司會鑽法令漏洞，而導致求職者與委派單位權益受損。故進行委外事宜之前，首先要注意的是要選擇一家有體制的派遣公司。選擇一家好的派遣公司，才能保障派遣員工和委派單位的權益。

八、評估改善（Establish Continuous Assessment/Improvement Process）。當人力派遣建置時同時組織也應該隨即產生新的管理運作的方式以求適應新的環境與理念。台灣的派遣，大多為臨時性、短期性和非固定性的工作，所以求職者多覺得較沒有安定感和保障。但如果有著正確的工作價值觀，建立自己的核心職能才是最重要的，派遣工作和一般工作的空間和舞台，其實是沒什麼兩樣的。

目前在人力派遣業中，派遣單位與委派單位簽訂「承攬契約」，由派遣公司派遣員工至委派單位工作，派遣公司依據薪資、人數，及委託標準向受派公司收取服務費。而派遣勞工與派遣公司有勞雇關係，這又分為兩種：有的派遣公司會和勞工訂定「不定期契約」，有的派遣公司則和勞工訂定「定期契約」。不定期契約是正式的雇傭關係，對於勞工較具保障。理想的情況是，派遣員工應視為派遣公司的正式員工，不能被當作臨時性、短期性、季節性、特定性的勞工看待，因為人力派遣是派遣公司的常態業務（勞基法第九條與施行細則第六條）。舉個簡單的例子來說，保全業中保全人員（派遣勞工）受僱於保全公司（派遣公司），一旦客戶（公司或社區）和派遣公司解除契約，保全人員並不應該因此而解除和保全公司的雇傭關係，而應繼續受派到其他地方。契約的類型多數屬於承攬契約，亦即以工作完成作為標的，通常是外包時訂定的契約。定期契約條約，勞基法中規定的：臨時性、短期性、季節性及特定性工作為準據，即雇主與勞工簽訂契約（有效期不得超過一年），約滿即解除勞雇關係，沒有資遣費與退休金的問題。

一般而言，委外勞動是未來發展的主要趨勢，依據學者對於傳統與非傳統的聘雇關係模式的分析，傳統的聘雇關係是勞雇雙方之間有一定承諾及責任、勞工長期待在同一家企業、勞工的未來發展與企業相結合、雇主願意對勞工進行人力資本投資。非傳統的聘雇關係是企業與勞動者之間彼此皆擁有最大的彈性與自由、企業與勞動者之間只維持一段短時間的關係、勞動者所依賴的是個人專業技能而非企業、勞動者個人進行人力資本投資。

由於社會價值觀的轉變，以及個人化主義的抬頭，愈來愈多人希望在工作上能有自主權，也能符合自己興趣，因此在前幾年很多上班族投入 SOHO 族行列。甚至，也造就出一群主動尋求派遣工作的專業高階派遣人才。現代人愈來愈重視工作之外的學習和休閒，工作已不再是生活的全部。所以很多人在職涯規劃中，希望更能彈性的調整自己的工作時間，例如在工作兩年後，期待能有較從容時間進行，或是每工作一段時間後，能放下一切去旅行。透過人才派遣，個人可以合宜建立多元勞動關係，在不影響原有工作前提下，尋求更多發揮自己才能的機會和空間，建立第二、三專長的機會。可以將自己培養成一個多元專業且才能複合型人才。同時於成為派遣人才，可以接觸到不同的企業文化、學習不同職務的工作特性、領略不同的領導方式及處世風格，建立良好的人際關係。而且有助於自身工作經驗的累積，以及求職技巧的提高，對於求職市場的動向可以隨時掌握，具有更大的靈活性及可變性。有未來學家預言，未來二十年人類生活的一個重要變化是就業模式——你不再屬於任何一個機構，你將是自己的「老闆」。

伍、學校執行的需求

檢視當前國內的政策方向，可以發現民營化的觀念及發展，已在政府部門間逐漸擴散。民營化帶給政府角色之轉換，主要在透過與民間合作及關係的調整，以改善其服務品質及提升作業績效，而政府仍要承擔政策說服、規劃、目標設定、監督標準擬定以及執行、評估及修訂導正等功能。這正啟發著高等教育的辦學成效，誠如「相對於其他製造業而言，高等教育是一個

比較沒有效率的單位。一群看起來無所事事的大學生、沒有效率的教學方式、冷漠的人際關係，凡此種種都是高等教育經常為人所詬病的地方。大學似乎也沒有足夠的動機或懲罰的機制可以處理這些事情，除非學校主體的教師與學生，對於教育都有相當的承諾與採取適切的行動，否則無法改變這種看起來散漫與無效率的狀況。」（Chickering and Gamson, 1991）

　　人力派遣是對應「人力資源配置市場化」這一經濟規律的發展型態。企業的用人理念在由「為我所有」轉向「為我所用」。組織愈來愈無形，邊界愈來愈不明顯。委外服務是民營化的主要方式之一，是指將組織系統的部分業務或功能，交由組織以外的服務提供者去完成。在目前各大學校院普遍存在人力有限、經費不足的經營環境下，引進民間資源，委外服務不失為一項可供選擇的解決途徑，另外一方面，各國大學都面臨相同的問題，那就是政府對於高等教育的補助金額越來越少。面對這個問題，因應之道有二：第一、大學要努力尋找資金的來源，提高學費、募集校友捐款、設立各種建教合作班、提供更多進修的管道（EMBA 課程）、與企業結合等。Vedder（2004）提出的方法是加強新型式的競爭，例如：營利性的大學、網路教學（online schooling）、更多使用社區大學（community colleges）等方式。第二、在資源有限之下，提升高等教育的生產力。提高學費會引起反彈，校友捐款、與企業合作有其限度，而 Vedder（2004）的主張即使在美國也不見得很普遍，對於其他的國家則更有實施的困難之處。因此，比較好而且長遠之道應該是提升高等教育生產力。

　　由於人事成本，已日益成為各大學校院的沉重負擔，加上科技的進步，對於無法跟隨進步的不適任資深員工，經常有不知如何安排的困難，在控制人事成本以及專精本業以提高生產力的雙重前提之下，週邊業務的委外，已經成為組織提升競爭力的重要方法。根據美國甘迺迪資訊中心的統計，美國目前有超過兩百三十家人力派遣公司，專門做高階管理及專業技術職位的人力派遣，這個數字是 1990 年初的五倍。美國最大的人力派遣公司萬寶華（Manpower）曾統計，美國及歐盟平均一天有兩百多萬派遣人口，歐盟更預計在 2010 年時達到兩百六十萬人，總勞動人口當中，約 15%到 18%屬於定期契約工作者，其中又以荷蘭的 50%為最高。而根據日本厚生勞動大臣官房統計情報部公布，到 2004 年 5 月為止，日本總勞動人口是八千五百九十萬五千人，其中有九百四十七萬四千人是兼職工作者，約占 11%。而且，未來五年內，日本企業的約聘員工僱用比率將提高至一成六。政大勞工研究所的成之約教授分析，當產業結構改變，服務產業人事成本高達總營運成本的六、七成，就導致企業不得不引進定期契約人員，或是開始將某些業務外包。另外，由於勞動保護法令標準越訂越高，企業在提撥勞工退休金、訓練成本時不堪負荷，也開始把這些成本轉嫁給人力派遣公司。勞動派遣與一般傳統僱用之契約關係，最大不同點在於：勞動派遣關係下之勞工，受僱於派遣公司，雙方成立勞動契約關係；但派遣勞工卻在該勞動契約當事人以外之第三人要派公司處提供勞務，接受該第三人之指揮監督與管理，形成「僱用」與「使用」分離之現象。組織經營，除了核心業務外，也充滿了「內部服務」的工作。目前被歸類於「內部服務」性質的工作，除了總務、人事、會計、運送、保全、清潔、司機……等工作外，舉凡非本業的週邊機能，都被涵蓋在內。

　　目前國內人力派遣市場有兩大特性，一為替代性高的「非競爭核心人員」，例如總機、行政助理；另一項特性為「高流動性人員」，例如 24 小時客服人員、資料輸入人員、收銀員等流動性較高的行業。至於在高等教育上亦是以引委外服務，例如在學生住宿、交通、法律服務、影印服務、資訊系統等，都有實際的案例探討，有關委外服務在教育事務上之規劃、決策以及管理，也有若干文獻探討。至於有關委外服務的理論分析、以及其在資訊系統及其他領域的應用文獻，則更是豐富。

　　英國管理思想家查爾斯‧韓第（Charles Handy）就鼓吹一種新形態的企業組織──「酢漿草組織」（Shamrock Organization），就像三葉瓣構成的酢漿草一樣，企業的三葉瓣分別代表核心工作團隊、約聘人員以及委外職工。韓第認為，這是公司保持必要彈性的一種方式。教育行政的管理對象是教育事務，而教育事務的具體內容，專家學者對此有不同的分類，綜合專家學者的意見，大抵說來，教育事務應包含：教務、訓導（或稱學務）、總務、人事及公共關係等。換言之，有關校園行政電腦化、校園環境清潔、宿舍管理、法律諮詢、醫療服務、校園安全、社區人士的義務服務以及工讀生的聘用等等，均可視為委外服務的內涵。委外服務在美國大學校園，已行諸有年，近年因經費緊縮，一些公立學校也考慮採行此項措施。教育行政的民營化，不僅促使大學行政人員從節省成本及提升效率等方面進行創意思考，同時在校園內營造企業環境，誘發競爭氣氛，雖然引起稍許不安，但確是一項良性而有益的措施。（Mercer, Joye, 1995）

　　以下分別敘述幾項可採委外服務的高等教育業務內涵：

一、行政電腦化：為能改善校園行政效率，作業電腦化是目前各校積極推動的重要目標之一。然而，由於各校資訊專業人員普遍不足，若欲全面資訊化，則可能困難重重。在台員工人數約兩千五百人的花旗銀行，透過定期契約的派遣人員約占全數員工的 15%到 20%。花旗銀行在人力委外的主要考量是企業內部需要的功能與職務千方百種，不可能每一種都自己培育專家，不觸及核心業務的工作，通常會考慮引進約聘人員。如果科技更進步、防火牆運用更精細，加上銀行金流量越來越少，金融機構未來還可以更大幅的運用派遣工作者。根據 1994 年出版的政府業務電腦化報告中強調「各機關推動業務電腦化，為有效應用政府人力及技術資源，加速系統發展，應以委外服務為原則；而各機關於研議資訊計畫時，如須增加人力，應將委外服務納入人力資源替代方案中。」同年，中華民國資訊軟體協會向行政院提議設立「委外服務諮詢中心」，並委由資策會籌劃中心執行方法，其主要功能定位為提供政府單位專業知識及技術支援；而行政院科技顧問組也委託軟體協助編撰資訊作業委外服務手冊，以作為各單位辦理委外時的參考依據。

二、環境清潔：由於校園館舍、師生人數的不斷擴充，技、工友們的工作負荷日益沉重，加上人事管理不易，使得校園環境清潔維護，受到重大考驗，如何在既有人力下，維持校園環境及各館舍之清潔工作，受到重視。除了可以僱用校內工讀生進行一些簡易的清潔工作外，委託清潔公司，也是一項值得考慮的方案。環境清潔委外服務，除了可經由合約簽訂，確保環境衛生品質外，並可減少人事管理成本。

三、校園保全：近來社會環境變遷快速，環境的複雜度增加，校園安全也受到更多的關注，維護校園安寧確保師生安全，成為學校責無旁貸的課題。由於警衛人力有限，採取委外服務，透過保全公司，是一項可供考慮的選擇措施。

四、圖書館務：圖書館是支援教學、研究的資訊服務中心，其經營良窳與整體教學品質密切關切。而圖書館的人力資源，於面對資訊的導入與作業重心的更迭，顯得辛勤和壓力，加上圖書採購編目、書刊上架整理、影印服務及資訊服務系統之開發等等業務，皆可考慮透過委外服務來進行，以減少館員勞力及例行性業務的負荷，使其致力於資訊檢索及參考諮詢服務，以落實其支援教學、協助研究的角色扮演。

五、餐飲服務：提供師生健康、衛生、營養的餐點是大學校園的一項基本工作，尤其以學生在校園的作息使各大學校院皆設有學校餐廳，為了能夠提供優質的餐飲，有些學校採取自行承攬校園餐廳的責任，自行僱用餐廳置備人員。然而考量學校的作息，尤其寒暑假期達近四個月，為了考量人力的充分運用，以發揮更佳的效益，學校餐廳採取委外經營方式，學校居於監督立場，當更能產生良好效果。

六、健康檢查：依據學校衛生法規定，學生於入學及在校期間皆要接受健康檢查，這項工作有學校亦擴及於教職員工，並視為是一項體貼及重視師生健康維護的措施，這項健康檢查因為事涉專門，為能取得更加的成效亦可以採取委外方式辦理。

七、交通駕駛：由於交通的考量即被視為是一項福利措施，因此部分學校提供教職員專車服務，或是學生專車等；乃至於首長專屬座車或學校運輸車輛，因為涉及駕駛、車輛、安全、保養、維護、機動調度等事宜。這項服務亦可採委外方式辦理，以確保服務品質。

八、校園書店：由於大學校園未必設立於交通便捷或都市繁榮位置，而師生常有購置書籍、文具需求，因此可考量設置校園書店，並且以委外經營方式，提供高品質服務網絡。

九、便利商店：提供師生於校園中的購物需求，以方便照應校園成員，學校於生活必需品的購置上，可考量擇定信譽良好服務品質受到肯定的店家，以委外經營方式提供購物的便捷服務。

十、影印服務：考量大學成員常需要撰述論文及影印相關資料的需求，可於校園內設置專屬影印服務，以委外方式經營，提供必要服務。

　　上述是一些可供參考的委外服務作業項目，各校可視其人力資源、整體條件之不同，而有不同的應用及衡量。一般派遣員工的薪資雖與正職員工相當，但相較於編制內的正式員工，企業使用派遣勞工不需提撥退休準備金，也不需負責人力招募，假使企業認為派遣勞工工作表現不佳，可要求派遣公司換人遞補，減輕企業人力招募負擔。然而，亦有反對外包者，其原因，約有以下數端：第一、缺乏向心力：因外包員工非直屬於機構本身。第二、外包廠商經營不善，組織因而受害。第三、外包成本不斷增加：由於事前未作預估及規劃，外包商不斷要求增加經費，組織為了能達到預期的服務，則答應其要求，久而久之，外包成本不斷上升。第四、無法對外包商作適當的管理和約束。第五、外包品質問題難以衡量。然而盱衡「大部分大學都是非營利性的，因此無法瞭解經營的情形。但是對於營利性組織，當價格上漲時，企業家會增加產

量，導致供給的增加與價格的降低，大學顯然並非如此。」（Habbard, 1993）勞動彈性化已是世界潮流，企業經由招募派遣勞工，一方面可避免企業組織無限制膨脹，加重固定人事負擔；一方面將非核心的業務改由派遣勞工擔任，企業可將資源集中在核心業務或是正式編制的員工身上，致力發展核心業務，提升競爭力。

陸、委外服務的管理

　　人力派遣，在日本或歐美並非一個新名詞，反而是一家企業在聘僱短期人力或進用新人時的一種常態性的招募機制之一。所以在國外有非常多供應「短期人力派遣」的仲介公司為各大企業服務。人力派遣在台灣市場尚屬「草創期」。企業界能接受的偏屬外商公司或大型企業；然而，受到景氣影響的因素，一些中大型企業慢慢開始接受「人力派遣」。委外服務可以解決教育行政機構在經營管理上的一些問題，在目前預算緊縮、人事精簡的環境下，相信也會給委外服務帶來一股推動的力量。如何以最經濟的成本取得高品質服務，是教育行政的終極目標。人力派遣雖然在台灣屬於新興開發市場，不過在日本及歐美國家使用派遣勞工相當普遍。與一般傳統僱用勞工不同的是，派遣勞工受僱於人力派遣公司，當企業有臨時性、短期需求，可與派遣公司簽約，並支付簽約金，由派遣勞工赴要派企業工作；派遣勞工的薪資由派遣公司支付，勞健保投保單位也是派遣公司。由於派遣勞工可因應企業臨時、短期人力需求或從事一般行政業務，可大幅提高企業用人彈性，降低人事成本，近年使用派遣勞工的企業逐漸增多。但是，自相關執行作業中，亦發現有若干外包失敗的個案，委外並未能帶來事半功倍的成果，因此，如何進行委外服務之決策，有效建置人力派遣的機制和有效的管理是值得重視。

　　組織在決定委外業務時，應從組織內、外部因素來考量（陳能等，1997）：

一、組織內部因素

1. 評估成本效益：成本分析應含因實施委外而附帶衍生的有關費用，如驗收檢查費用及其他有關管理的成本。
2. 考量組織需求：聽取包括進用、考核、調派單位的意見及參考資料。
3. 考慮未來發展：應與軟體組織發展和人力規劃為適切的安排，以避免無法產生預期效益情事。
4. 確實反映機制：建立一套可以將服務對象的問題直接反映給委外組織的機制，而非完全透過外包公司單方面克服問題。
5. 採取漸進方式：在決定將某項業務外包時，應從影響層面最小之部分逐漸進展著手，以利原單位所屬人員之移轉或適應。

二、組織外部因素

1. 遴選適當機構：確認採用何種價格結構，如按件、按時間或空間計酬。
2. 精準成本核算：外包公司的花費成本，應有周延準確的核算，以創造委辦的效益。
3. 周延委外控管：應建立完整的有關外包業務的安全與控管策略。

此外，組織及委外單位雙方無論是在經費之決定、品質之要求以及日後在管理上所遭遇之困難，均應秉持「互惠互利」之觀念，並且雙方之管理階層亦應彼此互相瞭解，確保委外落實成為優良有效的機制，而非行政運作的掣肘作為。在制定委外服務政策後，必須經由妥善的管理，才能彰顯效益。茲歸納以下數項：

一、建立審慎的委外決策評估制度：透過專業的人力派遣公司，學校可以就下列議題進行評估：1.派遣人員的人力素質是否符合工作的需求；2.招募臨時性員工是否能依據組織的特定業務需要而作為；3.委派單位是否能夠藉此撙節管理及訓練臨時員工的時間與心力。在評估委外決策時，除了上述各構面之因素考量外，必須針對組織的特性調整其考量內涵。

二、避免因短期利益而犧牲長期利益：組織真正看重的是節省各項成本，像是行政管理、教育訓練等人事成本，以及管理大師彼得・杜拉克所言——雇主的責任成本。在彈性人力運用方面，人力派遣有「用不滿意，立即更換」的彈性，加上有些高科技製造業，常面臨人力季節性的變化，為了配合旺季的出貨量，編制上就必須維持高峰的量，但是透過派遣，可以降低正職員工數，季節性的人力波動需求，就可用彈性的派遣人員來彌補。

三、建立委派單位、派遣單位和派遣人力的合作共識：委外前應做好整體性的評估，並經周全的考量，以減少日後合作的問題。組織與委外單位之間必須藉由建立良好的、正常的（formal）夥伴關係，降低伴隨雙方互動而來的運作風險，委派時，派遣單位與委派單位一定要充分溝通勞動條件，說清楚對派遣人力在工作上的期望與要求，使彼此對權利和義務上有充分的瞭解和一致的共識。

四、制定周延的委外契約：為了能充分運用人力，於契約上宜包括：派遣員工的新進訓練，介紹工作環境、組織文化、上班時間、休息管制、懲處與獎勵規定、薪給的算法，以及哪些物品能使用、不能使用等等。除了付款方式、專案時程的規定，應加入雙方的運作方式與行為標準等的規範。

五、整合派遣人員成為組織團隊的一員，千萬不要刻意區隔派遣員工，讓他們在組織中有「次等成員」的感受。例如，公司的慶生、下班後的社交活動，有時也不妨邀請派遣員工參加。並尊重派遣人力的自主管理，由於委外包商有自己管理自己的一套品質保證的制度，包含：表單、訊息傳遞方式及獎勵、懲罰等要項。

六、建立周延的作業規範：一般而言，為確保人力委派的工作成效，可藉由檢查機制來達成，其中檢查的表單可分三類：1.自主檢查表：以工作項目的檢查為主，由現場工作人員完成工作時填具。2.管理表單：由管理人員會同外包單位及消費者填具。3.改善計畫表：當管理者

抽檢外包業務時，如發現缺失則記錄在管理表單上，外包商應提出改善計畫，而改善計畫表則須含缺失原因分析、改善計畫及預定改善目標或成果等部分。訊息傳遞方式分為：抽檢及問卷兩種方式，抽檢方式，可在剛開始進行全檢，如果品質良好就放寬抽檢頻率，在品質穩定的情況下再逐步放寬，一旦發生缺失，則立刻恢復全檢，並檢討制度。而問卷則是針對消費者進行訪察，以瞭解消費者的滿意程度。獎勵、懲罰則應制定考核評分表，再依據評分表制定獎懲辦法，作為處罰、獎勵以及是否續約的參考。另外，亦可結合目標管理及提案制度，使委外管理更為落實。就委任單位宜注意派遣公司與派遣員工是否完成的事項，則包括：簽訂派遣契約；人事薪資處理；雇傭責任關係；協助溝通與問題處理；派遣公司與要派單位之權利義務；簽訂派遣合作契約；人選面談篩選；要派單位與派遣員工的權利義務；派遣員工的指揮監督權；派遣員工的績效考核評估權；派遣員工工作從屬權等事項。

七、整合全面的人力，以達成組織品質管控的要求：Vedder（2004）指出美國現在每 100 位學生當中，有 6 位與教學無關的職員，而 30 年前此一數字為 3 位。除非教學與研究的品質與數量都有所提升，否則職員與學生之比上升就意味生產力的降低。就一個高度競爭的團隊而言，是採取分工的原則，其中核心團隊掌握組織發展目標、致勝策略、品牌及行銷定位；至於規劃及執行則交給專業的工作者，而例行性較無涉決策的部分則委請人力派遣團隊。這種做法，不僅可以降低固定人力的成本，能夠達成組織發展的目標。全面品質管理工作是由高階領導者開始，經由全員參與、跨部門協調合作、注重過程、與委外單位建立合作關係，再由顧客的反應回饋，整個循環來回互動，持續不斷改善的管理過程。全面品質理念，促使組織加強與委外單位的溝通互動以及協調合作，進一步要求委外單位之內部組織結構，也能運用全面品質管理制度，達到全面品質提升之「雙贏結果」。

柒、結語

管理思想家韓第在《大象與跳蚤》這本書中，提出組合式的工作理論，他認為在大象般龐大組職的上班族將逐漸減少，反而像跳蚤般的個人化工作者將逐漸增加。他曾預言，公元 2000 年底，傳統的全職就業人數，將不到就業人口總數的一半，其他人不是自僱、兼職、打零工，就是從事不領薪水的工作。結果公元 2000 年，英國的全職人口，果然下滑到 40%，證實韓第的預言：大象愈來愈少，而專業的跳蚤成為職場主流。隨著勞動型態多樣化，未來國內從事派遣的勞工數將可達到 30 萬人，以目前國內約有 5 萬名派遣勞工推估，派遣市場潛力無窮。目前政府刻正加速推動提升國家競爭力，以完成國家現代化目標。政府再造工程實居革新之主軸地位，負責培養國家高等人才之大學校院，自應率先響應，以建立低成本、高效率之組織體系為目標。各大學校院在人力短缺、經費不足等窘境下，可將組織業務適時委外，以收精簡組織、提升效

率及降低成本之效。在控制人事成本以及專精本業以提高生產力的雙重前提之下，週邊業務的適時委外服務，不失為一項可供選擇的重要方法。

由於產業結構的改變，科技的發達，為求競爭力的提升，無不設法增加組織彈性，其中，有效的人力資源運用已成為永續中極重要的一環，而傳統的人力資源管理模式已無法有效的掌握時代的脈動，人力資源體系正遭受著巨大的變革。雖然台灣的人力派遣業是在近兩、三年才開始嶄露頭角，但事實上「人力派遣」早已成為世界的主要潮流。委外服務主要是藉由外部資源的輔助，來加強業務的進行或是彌補組織本身不足之處。誠然，委外服務有其優缺點，是否實施成功，則視個案而定。因機構本身條件及需求之不同以及外包業務功能屬性不同，而有不同的經營成效。因此，各機構必須配合其組織策略、目標任務以及文化背景，來決定外包的程度與方式，如此才能得到最大效益。善用外部資源的概念，例如人力派遣或業務外包等方式，在近兩年的企業經營中變得十分熱絡，經營者會有這樣的思考，主要還是著眼於節省經費與人力，以將企業的資源投注於核心競爭力，這種運用外部資源的經營概念，在先進國家風行的時間比台灣提早 20 年以上，如今台灣正加足馬力追上潮流，派遣或外包是運用外部資源，將企業內非核心的工作，以「人力派遣」、「勞務承攬」或「業務外包」的方式處理，以減輕企業的負擔。究此而論，一個提升高等教育成本效率（cost-efficiency）的具體方法是，有些服務可以委外化。許多大學的業務除了提供教育之外，其他的業務包括提供食物、學生與教師的住宿、清潔與環境維護、紀錄管理等。這些服務都是有助於學生的學習，但是也可委外辦理，目前台灣有些大學的游泳池、停車場、學生宿舍等都有委外經營的情形。

二十一世紀的員工將會呈現出兩種不同類型，一種是具備多功能的員工，單位必須支付較高的金額，卻可請員工從事各種不同的工作內容，充分運用他的工作才能。另一種是專精某一項技術或專業的人才，單位不僅沒有能力僱用以從事全職工作，人才也不願長期棲身在組織內，而選擇自由開業或自行設立個人工作室，向不同的公司，提供不同的專業服務。如果不願被潮流所淹沒，只有努力培養自己的專業能力，讓自己成為多能工作者或專業人才，這樣我們才能自在地活在新世紀中。此正如同趨勢專家大前研一觀察，知識藍領（工作內容是完成例行事務）和知識白領（工作內容是創造新方法做事）兩者差距愈來愈大。同時管理大師彼得‧杜拉克指出，具有市場所需能力的知識工作者，未來將非常的昂貴。這也指出了，在現今職場中唯一的保障，是在於個人所能創造的價值，而非年資或學歷。此正足以作為人事服務人員於建立自我於大學服務角色時的深沉思考。

第四章

職業變遷與人事管理

「在現今職場中唯一的保障，是在於個人所能創造的價值，而非年資或學歷。」

—彼得‧杜拉克—

壹、前言

隨著社會快速而急遽的變遷，目前公部門及私部門的機關組織所面臨的變遷挑戰至少來自以下數方面：全球性的競爭、組織更新的需求、策略優勢的尋求、新員工關係的管理、多樣化員工的趨勢、及遵循倫理與社會責任的高標準。機關組織若要因應此些挑戰，力求存活、更新、茁壯，就必須從事組織變革（organizational change），這就是為什麼最近幾十年來私人企業機構及政府機關，不斷進行改造或改革工作的原因。根據美國高等教育紀事報 2003 年 2 月 21 日報導「日本正掀起大學合併風的組織變革」。由於日本出生率已降至世界最低之一，學生人數日減。1985 年尚有五百多萬的高中生，2002 年已不足四百萬，鑒於此，再加上長期經濟不振，日本文部省已著手進行公立大學的合併。計畫三年內九十九所國立大學至少要合併其中的三十五所。由於事前未集思廣益、事後官方資訊又不足，專家學者、學校教職員及學生等都無從置喙，各界對這樣一路由上而下的政策頗為不滿，教授尤為反感。但有的學校已著手尋求可能合併之友校；有的則思考其他可能合作方式，以求避免完全合併而期保有學校特性。大學的合併只是高等教育革新的一部分。其他尚有：促使大學財政自立自足、擴大授權校務處理提高其自主性等。文部省的動機與理由看似冠冕堂皇，但瞭解內情者一針見血的指出就是經濟的考量，高等教育行政主管並不否認，不諱言的指出合併的真正目的是淘汰冗員、增加效率。

併校後可能的改變包括：行政單位如入學許可、對外公關等辦公室都將統而為一，減少冗員是必然的結果。日本大學以研究為重的現況也將改觀，人文科系教授更是首當其衝。教授不但授課時數增加，還必須奔波於不同的校區。另外科系規模縮小，原來的終身教職將大量由合約制師資取代，無怪乎有人憂慮教授的影響力將日減。同時，併校如變相揚棄「一行政區一校」的政策，對偏遠地區影響尤其深遠。享有國際盛譽的東京大學是唯一例外，該校已宣告將不做任何的變革。至於現存的私立大學命運如何？私校多為以女性為主的二年制大學，近年由於經濟的困頓，學生都搶著入四年制大學以厚植就業實力，註冊二年制者大為減少，財務困窘而關校者很多；倖存者也致力招收以中國大陸為主的外籍學生充數以求殘喘。稍有規模者紛採取擴大招生、推廣研究等措施以求自保。雖然官方目前對私校尚無任何計畫，私校雖由不同的個人、

團體所設，但多少都領有政府補助，其合併只是遲早的事，再說照目前情勢的演變，恐怕不等併校就多已自亡。因此，私校的問題恐怕不是如何整頓合併，而是真正的存亡掙扎。工業國家除美國外都面臨人口負成長及社會老化的嚴重問題，日本此舉將為其他國家之殷鑑。由於人事工作負責組織的整體人力調度，日本所呈現的情況，是以作為高等教育人事同仁的殷鑑。

貳、現代社會應有的職業態度

「社會變遷」是一個相當複雜且涵蓋構面極為廣泛的一種社會現象。此種現象除了表現都市化、工業化、大眾的政治參與、人口的快速變遷、較高國民所得、活絡的社會流動，以及普遍接受教育等方面外，同時也牽引著個人在行為、價值、規範、態度等的改變。隨著社會正面臨急遽的改變，這些改變對工作信念、工作態度皆有相當深遠和廣泛的影響。面對社會發展的多元化、國際化，個人的生涯規劃亦需有所調適，以期能在「人與社會」最適當的基礎上發展個人生涯。

隨著組織及其組織環境的發展變化，組織需要不斷地進行改革。引起組織變革的因素是多種多樣的。其中，最主要的因素有以下幾點：

1. 學校經營環境的變化。學校經營環境的改變必然刺激整體調整發展策略，改革組織結構。足以引起組織結構改革的環境因素主要包括：宏觀經濟發展速度的變化，產業結構的調整，政府主要經濟政策的改變，科學技術發展創新的產品或工藝的更新，市場需求的變化和競爭加劇，環境保護要求的提高等等。

2. 組織自身成長的需要。在激烈的市場競爭中，組織總是不進則退，沒有相對強大的實力，就可能陷入失敗的境地。隨著組織的成長和發展，學校組織結構也將不斷的發展和變革。

3. 組織內部條件的變化。內部條件的改變，也會導致組織的改革和發展包括：(1)技術條件的變化。(2)人員條件的變化。如：組織成員的工作態度、工作風氣、工作期望和價值觀念等發生變化，從而影響到組織目標、組織結構、權力結構獎懲制度的修正。(3)管理條件的變化。例如，推行各種現代化管理方法，運用電腦輔助管理，轉化經營機制等等，都會要求組織機構作出相應的改革，以適應管理條件的變化。

台灣多年來經濟發展，所依賴的充沛與低廉勞動力已逐漸喪失，勞力密集生產方式必將提升為資本、技術智慧密集的生產方式。此一種轉換過程將導致職業結構的變動和人才需求的變化。根據已開發國家的經驗，我國未來的就業人口中參與服務業的比例勢將超過到 55%以上。職業結構的差異，必然影響到生涯的選擇與規劃。在可預見的未來，婦女勞動力和銀髮族勞動力的比例將提高。由於生育率的下降，家電產品的普及和工作觀念的改變，婦女進入勞動市場的比率將會再提高。此外，隨著國人平均壽命的延長，老年勞動力比重亦會逐漸增加。於是，兩性更彈性的角色扮演將成為未來社會的特徵。回應上述的變化，引用社會學家殷格斯（Inkeles）

的觀點，除了說明將影響到教育所培育的人力供需外，教育內涵應著重建立現代社會工作者的職業態度：

1. 建立工作者的效率意識：組織的有效運作，自動化的機器設備，電腦的開發運用是生產效率的最佳示範。例如：藉著機器的操作、工作程序，可以將自然資源予以轉換成新的成品。另外，工作場所中的專業人員、技術人員解決問題的方法，對事務的規劃，對產品的設計，將構想及想法付諸實現的過程也成為良好的模式。事業途徑勢將相關的工作或工作教育經驗予以連接，其目的在讓員工可以對其有意義的工作預作準備。通常在設計事業發展途徑時，要先確定未來的工作及其職責；再依據工作人員目前的能力與組織及未來工作的需要，列出該項工作必要的教育與經驗，鼓勵工作人員擴大自己的能力，逐漸進步，以達成工作及教育計畫。此種自工作場所養成的效率意識，可以普遍化到其他生活領域，而使人們改變或放棄被動的宿命態度。

2. 勇於接受挑戰，接受創新，接受變遷的習慣：由於社會急速的變化，使得「突破現狀，追求進步」成為必要的生存發展之道。個人的才能、興趣、價值應與將來的發展機會相配合，如果未來機會狹窄，則發展機會就如逆水行舟，事倍功半，故員工在樹立真實目標之前，需要得到相關事業前程選擇與機會的資料，此包括可能的工作方向，晉升之可能途徑及職位空缺之資料。因此工作場所必須在機器設備、技術操作、管理方法、工作步驟……等方面，不斷地接受創新與改變。工作者置身其間亦必須要隨時調整其態度和行為方式。在工作場合中由於接受著不同的方法之外，工作者往往需要接觸一些與其想法、作為、習慣都極不相同的人群。因此，容易產生較為開放和容忍的態度。

3. 講求計畫與重視時間觀念：為了達到最高生產效能的目標，必得強調。組織設施的安排、工作流程的設計、各單位的配合等，都必須以最理性及最有效率的方式進行。同樣的，為了配合組織的其他成員運作，以發揮組織所設定的目標，各類人員與各種物件必須作適時與適地的安排。組織的計畫與對於時間的設計在生產過程中顯得重要而迫切。每個工作步驟都照先前的安排完成。工作者必得將這些事先的計畫與精確的安排加以內化，方能完成自己的工作，並密切地配合他人的工作。

4. 強調正式規範與程序的運作方式：現代的工作體系，往往是組織成員龐雜，每個次體系與次體系之間關係密切，因此需賴科層制度的介入，才能發揮其預期的功能，這使得一般工作成員需謹守規章法度之外；同時，也使得上級人員尊重下屬的人格以及他們所應享有的權利。

由於未來的工作職場將更具有挑戰性與競爭性。因此，個體必須維持一個彈性和動態的性格，以便適應快速變遷的時代脈動；此外，欲在新世代中發揮個人和環境的「最適」適應，「均衡生活」的人生觀和社會適應技巧也將是成功生涯的關鍵。目前，眾多組織存在著招募難、用人難、留人難的現象，這現象的背面往往是忽略了對內部員工的穩定，以及對內部人力資源的開發和運用。為保證人力資源長期有效地促進組織發展，就必須在發展的同時，要使員工各方

面也獲得發展，員工成長將是組織發展的基礎。組織和員工雙贏，這是人力資源管理的目標，也是組織文化經營的價值所在。組織如何做到員工與單位共同發展，謀求雙贏呢？關鍵在於透過組織文化、制度體系等輔助性措施，從外部加以指導。組織恰當地規劃員工職業生涯，可以使單位及時掌握員工的個性發展動向，瞭解員工的需要、能力及自我目標、特長。組織要強化培訓功能，充分挖掘員工潛力，使員工真正安心於組織工作並發揮最大潛能，創造出組織與員工持續發展的良好互動氛圍。

　　首先，要瞭解員工自我發展的意願，尋找其與組織理念、目標的最佳切入點，以此作為組織指導員工發展的起點。當員工加入到組織時，對其灌輸組織經營理念、核心價值觀、行為觀等組織規範，使其儘量按照組織指引的職業方向、路徑向前發展，融入團隊，這便成為員工實施職業發展管理的開始。其次，要有步驟、有計畫、分階段地以培訓進修、輪調培育、工作陶養等方式幫助員工進行自我能力的提高。同時予以及時評價，使員工認識自我、修正自我，進而產生與組織共同命運、共進發展的內在動力和創新能力。員工的發展很大程度上依賴於組織合理的職業管理，實現組織與員工的共同成長，關鍵在於培育「以人為本」的組織文化。在組織中創造出進取、和諧、平等的組織精神和氛圍，形成強大的精神動力，在理念層次上達到組織內部的和諧一致。組織要為員工創造一個能夠施展才華、實現自我價值的舞台。同時善於引導，讓員工在組織中能找到一條發展的道路，把全部身心融入到組織的發展中，奉獻全部智慧。員工謀求職業發展是一個不斷提升自我的過程，以組織為主導的培訓應成為輔助員工職業發展的有力工具。重視透過有效培訓提升員工的職業安全感和工作能力，以便利用員工能力開發員工潛力，這是人才資源管理的方向。如西門子公司實施的「員工綜合發展」計畫，以員工業績和所具潛力為基礎，系統地使用技術和管理培訓、工作轉換、國際派遣、職務提升等具體的發展手段，每年為員工定短期和長期的職業發展計畫，使員工跟上時代與組織發展的需求，潛能得到更大的發揮。同時做好與員工的雙向溝通，及時發展員工的新思路、新想法，瞭解其對組織管理的反應和要求。對員工來說，與管理者的交流也可以使他們更清楚地認識自我，認識自身的長處和不足。再者，要完善管理制度和管理體系，為員工提供工作機會和發展階梯。組織運行機制的核心是人的激勵與約束，如人力資源中「斜坡理論」所提到的止動力和拉動力那樣，如果沒有有效的激勵機制和約束機制與發展機制，員工的積極性、創造性就得不到發展。管理者首先應明確員工的職位升遷不是組織對員工的賞賜或酬謝，而是雙方共同的目標。員工的自我實現通過橫向的（薪酬）和縱向的（職位）發展來體現，組織須提供相應的、可證明其自我實現的內部條件（職位、權責、待遇、福利），本著「以人為本」的思路，從尊重員工發展的需要，幫助員工發展角度出發，制定個性化與理性化相結合的職業提升方案，讓其持續擁有向前發展的希望，從而保持人力資源管理的主動。在成功的組織中，在設置管理職位的同時，會留有充裕的、平行的非管理職位，以避免員工職業通道的堵塞，使每個員工都有實現自我價值而努力工作的動力。

　　組織的成功很大程度上取決於能否吸引有用的人才，並為他們提供良好的職業發展道路，讓員工與組織一起成長，是管理人本主義的體現，也是知識經濟時代組織發展的必然要求。組織只有適應知識經濟新趨勢，贏得人力資源，才能在未來的競爭中保持強勁的人力資源優勢。管理學的無數案例表明，一個組織的成功經營不僅僅取決於它所擁有的資源多寡，在很大程度上是與其員工的工作積極性（士氣）密不可分的。這不單單是表現在一個組織成功運作的時候需要員工高昂的工作積極性，還表現在當一個組織面臨嚴峻挑戰的時候，員工的團結一致和努力工作往往可以使組織於消極上轉危為安，積極上提高組織與個人的效能。

參、後工業社會的勞動與就業

　　所謂「組織變革」根據 Gareth R. Jones 說法：「組織變革是組織從他們現在的狀態轉變到期望的未來狀態，以增進其效能的過程。」（楊仁壽，2003:472）組織變革界定為機關組織因遭受內外在環境衝擊，而採取行動調整內部組織結構及運作方法，以維持本身的均衡，進而達成機關組織生存、更新與發展目的的努力過程。丹尼·貝爾（D. Bell）於 1973 年《後工業社會的到來》（The Coming of Post-Industrial Society）一書，便論述組織變革帶來的社會種種衝擊，尤其是對後工業社會觀念有詳盡的論述，同時，也揭開了人們對於後工業社會社會變遷的關注。貝爾以為後工業社會的概念根本上是處理社會結構變遷的問題，也就是經濟如何的轉變、職業系統如何的調整；以及處理「經驗主義」（Empiricalism）和理論（尤其是科學和技術方面）之間的新關係。而後工業社會這個概念，至少涵蓋了下列五個重要「面向」（Dimensions）：

1. 經濟部分：從財貨生產的經濟轉變到服務業經濟。
2. 職業分配：專業與技術層級的優越性。
3. 軸心原則：理論性知識的開拓，是社會創新與政策構成的泉源。
4. 未來取向：對技術與技術評估的控制。
5. 決策構定：一個新智識技術（Intellectual Technology）的產生。

　　從二十世紀裏科學工業的日趨重要，或是電腦作業應用於許多決策領域上看出來。事實上，理論性知識已成為後工業社會的策略性資源，而它的管理者，如科學家、數學家、經濟學家和電腦工程師，則變成為關鍵性的社會集團，取代了工業社會的工業家與實業家。而大學、研究組織、實驗所等機構成了新社會的軸心結構，取代了工業社會的生產部門。簡言之，貝爾的後工業社會有下列三個主要特徵：(1)大部分的勞力不在工業部門而在服務部門，(2)在人力上，專業和技術階級漸成為最大的新興階段，(3)最基本的，社會未來的創新來源將愈依賴理論性知識。亦即，貝爾的主張是這樣的：工業社會演進階段已進入新的局面，即所謂的「後工業社會」。

　　除了貝爾（D. Bell）對於後工業社會現象的清楚描述外，卡斯特斯（Manuel Castells）於《網路社會之崛起》一書中，也說明了後工業社會的勞動和職業結構。其以為後工業社會的勞動過程（process of work）顯然受到資訊化範型（informational paradigm）與全球化的影響。其特性

從財貨轉向服務、管理性與專業性職業的誕生、農業與製造業工作縮減、以及在多數先進經濟系統中工作的資訊內涵漸增。這些說法中都隱含著一種經濟與社會的自然法則，認為應遵循西方社會所引領之現代化軌跡的單一道路。後工業狀態所結合的觀點與預測：

1. 生產力與成長的根源在於知識的生產，並延伸到所有經由資訊處理的經濟活動領域中。

2. 經濟活動將由財貨生產移轉至服務遞送。繼農業就業縮減之後，將出現無可逆轉的製造業工作衰頹，而受惠的則是服務業工作；服務業將構成絕大比例的就業機會。經濟體系愈先進，其就業與生產便將愈強調服務業。

3. 新經濟體系將提升具高度資訊與知識內涵類型之職業活動的重要性。管理性、專業性與技術性職業將超越其他職業快速成長，並將構成新的社會結構核心。

4. 教育比例的增加，這既非表示社會整體的技能、教育或所得地位得以提升，亦非表示其階層系統獲得提升。

後工業狀態是人們不但從事不同的活動，並且也在職業結構中占據新的位置。一般而言，預期我們進入所謂的資訊化社會，可觀察到管理性、專業性、技術性位置的重要性提升，在工藝和操作性位置的勞工比例減少，以及事務員和銷售員的數量明顯成長。無論如何，如果學校僱有大批技術人員或專業人員，則應注意為這些人員安排至中高階層管理人員相當的職位，對他們提供更多的薪酬與名望、地位與責任，使他們能安於專家的職務，而不用去爭取並不適合的管理職位。

分析先進工業國分化的演變，清楚地展現出它們的就業與職業結構中的某些變異。我們可以提出二種不同的資訊化社會模型：

第一、「服務業經濟模型」，以美國、英國和加拿大為代表。其特性為加速朝向資訊化狀態前進時，製造業就業卻自 1970 年起迅速凋零。幾乎已全數刪除農業就業，此模型強調一全新的就業結構，其中各種服務業活動的分化，則成為分析社會結構的關鍵。此模型重視資本管理服務，更甚於生產者服務，並且因為保健工作的增加，及教育就業和緩地增加，而持續擴張社會服務部門。服務業經濟模型的特性，還包括管理性範疇的擴張，其中包含相當數量的中階經理人。

第二、「資訊化生產模型」，以日本、德國為主要代表。雖然其製造業就業所占比重也降低，但仍維持在一相當高的水準上（約為總勞動力之四分之一），而在漸進移動進入新的社會－技術範型時，讓製造業活動有重構的空間。事實上，此模型雖然減少製造業工作，但同時又強化製造業活動。此進展方向部分反映在生產者服務比金融服務更為重要，而且它們更直接地扣連在製造商之中。然而，雖然兩國之金融服務確實重要，且所占比重都增加；但服務業的大量成長是在對公司的服務業以及社會服務。不過，日本社會服務就業水準，明顯地遠低於其它的資訊化社會。對就業結構多樣貌的文化和制度分析，似乎是理解資訊化社會歧異性所必需的。

在另一方面，員工生涯途徑也可表示出組織可能的工作方向和升遷途徑，此可分為兩類：

一、傳統的事業生涯：這種途徑是根據員工過去的實際調升職務方式設計，升遷大多限於某職能範圍或某組織單位之內進行。這方面任職時間是主要因素，如辦事員工作五年的可升為組員，而主管經十年可升至分區經理職位。通常此種途徑都是根據組織過去對人力資源的需求而設計，事實上過去的需求不一定就能符合目前及未來的目標，人力資源的需求，常因技術進步或法律要求而改變，故而現代的組織應該發展出更具彈性的事業發展途徑。

二、行為的事業途徑：這種途徑的設計是根據對工作活動和需求相似的分析，工作只要有相似性就可以組合為一工作群。故而不論工作名稱如何，所有工作只要所包含的工作活動或所需技術與能力水準相似，就可構成一工作群。工作群確認後，就可以在其中畫出合理的生涯路線，所以事業途徑可能成為工作之間非常複雜的網絡圖，不限於相同的工作，只要在同一階層不論職能及組織單位皆可跨越，嚴格來說，這種途徑可給予員工更多嘗試新的職務歷練和獲得成長之機會，也使組織在運用人力資源方面更富彈性。

肆、職業變遷與員工生涯規劃

任何一項組織變革方案，不論其型態如何，以及其所使用的技術為何，都必須要有專人來負責總其成，也就是說機關組織必須要找一位或一位以上的推動者來負責，這些推動者一般稱為變革推動者或稱為變革觸媒（change catalyst）。根據 Donald F. Harvcy & Donald R. Brown 兩人的看法：變革推動者是一位發起、激發與推動組織改變或創新者。另外，Charles R. Milton 則指出，變革推動者就是一位發動、鼓舞與推動一項變革計畫者，他可能是一位首長，或是組織的一員，也可能是外面的顧問。組織變革推動者就是一個機關組織進行變革時，實際負責變革問題診斷、變革方案規劃、執行及評估等工作的專業人員或顧問學者，包括組織內部的專業人員，及來自組織外面之學術機構的學者，與顧問公司的顧問。他們是組織產生變革的觸媒，他們不但是組織各項方案成敗的關鍵所繫，也是組織能否適應瞬息萬變環境、解決困境的寄託。由此可知，一位成功的變革推動者，必須要對組織的環境，及組織在個人、團體及組織整體所面臨的問題具有深入瞭解與解決的能力，因此他們應當具備相當的條件及修養，始能勝任此項工作。

員工訂定了自己的事業目標，就要設法去完成，也就是說個人需配合計畫不斷努力，以達成其設定之目標。固然個人可以照自己的條件和方式來進行他的計畫，但組織是否能給予充分的支持與協助，對員工計畫達成至為重要，也就是說高層主管必須鼓勵各級主管協助其屬員發展他們的事業前程，一個主管幫助屬員達成計畫的活動有：

1. 指派員工參加各種有關的專業計畫，以磨練其特殊工作經驗。

2. 短期工作輪調，增加員工不同的工作經驗。

3. 主管請假時，指派員工代理，以磨練其主管經驗。

4. 指派員工參加各種訓練計畫。

5. 指定自修課程或補助學費，鼓勵員工進修。

　　至於影響員工工作積極性的因素很多，也很複雜，但從系統論的角度來看對其起影響的因素不外兩個方面：外部環境和內部環境。內部環境就是員工自身因素，自我對工作積極性的態度，這些自身因素包括員工的成就動機、自我效能、自我激勵等；外部環境是工作氛圍，包括上司、同事、工作激勵、工作本身。下面我們分別對這幾種影響因素做進一步的闡述。

1. 成就動機：所謂成就動機，是指驅動一個人在社會活動的特定領域力求獲得成功或取得成就的內部力量。強烈的成就動機使人具有很高的工作積極性，渴望將事情做得更為完美，提高工作效率，獲得更大的成功。成就動機是影響員工工作積極性的一個基本的內部因素，在宏觀層次上它受到員工所處的經濟、文化、社會的發展程度的制約；在微觀層次上，讓每一個員工都有機會得到各種成功體驗，培養和提高自我願望等成就動機，將有助於改變他們對工作的消極態度，提高自我的工作積極性。

2. 自我效能：自我效能感被定義為人們對自己產生特定水準的，能夠影響自己生活事件的行為能力的信念。自我效能的信念決定了人們如何感受、如何思考、如何自我激勵以及如何行為。自我效能決定了員工對自己工作能力的判斷，積極、適當的自我效能感使員工認為自己有能力勝任所承擔的工作，由此將持有積極的、進取的工作態度；而當員工的自我效能比較低，認為無法勝任工作，那麼他對工作將會有消極迴避的想法，工作積極性將大打折扣。

3. 自我激勵：工作中難免會遇到各種各樣的挫折和失敗，降低員工的成就動機並對自己的能力產生懷疑，所以必須要不斷地進行自我激勵，以維持強烈的成就動機和高水準的自我效能。

4. 主管態度：上司是員工工作指令的來源，也是員工工作業績的主要評價者，上司與員工之間的互動對員工的工作態度產生非常重要的影響。什麼樣的領導方式能有效的提高員工的工作積極性呢？應該恩威並重，公平、公正地對待下屬。同時心理學的研究認為，領導者敏銳地覺察追隨者的情緒狀態，瞭解並適當地滿足追隨者的需求，是有效地提高追隨者積極性的重要因素。

5. 組織氣氛：國人做事，一向講究「天時、地利、人和」，其中「人和」是最重要的因素。文化傳統的影響使員工很看重工作中的人際關係，希望能夠被人接納，並能融入其中。同事之間良好的人際互動和工作氛圍，將有效的提高員工的歸屬感，進而提升員工的工作積極性。

6. 工作激勵：毫無疑問，恰當的激勵對於提高員工的工作積極性有著不可忽視的作用。激勵從不同的向度可以分為獎勵和懲罰、物質激勵與精神激勵。值得注意的是，激勵的前提假設是把員工看作是「經濟人」還是假定為「社會人」，由於前提假設的不同，就會產生激勵方式和手段的差異。把員工看作是「經濟人」則激勵會側重於物質方面；如果把員工假定為「社會人」，則在物質激勵的同時，還會對員工進行適當的精神激勵。

7. 工作價值：同一件工作對於不同成就動機、自我效能的員工來說，意義是不同的，員工
　　對此工作的積極性也是存在差異的，哪怕他們實際上都能把這份工作完成得很出色。這
　　就要求管理者有能力分辨出員工的工作取向，分配恰當的工作，如此可以有效地提高員
　　工的工作積極性。

　　總而言之，實施員工生涯規劃方案，對個人與組織均有其利益，但是也有若干管理者擔心
實施這種方案可能帶來負面的效果，有些人擔心員工生涯規劃會帶來額外的工作負擔；有些人
認為會增加人事制度方面的壓力；還有些人則恐懼因方案的執行會提高員工的期望，如不能實
現反會加深其失望。其實員工生涯規劃是否有效，其重點實在於是否可發展出較「真實」的期
望，這方面組織應能指導員工趨向合理可行的途徑，過去一般人對事業前程的看法往往是「晉
升或離職」，現在則是可代之以其他的選擇，如專業工作的發展、工作擴大化、甚至年資的累積
等，員工不需要改變工作也可以參與事業的進展，故而員工事業規劃的重點在於協助個人於現
有工作中獲得發展與滿足，而不僅在升遷一途，塑造較為真實的事業希望，並減少可能之不滿。
最後，參與員工生涯規劃方案應是絕對自由的，完全依照員工的意願，如果採強迫方式勉強從
事，對於整個方案的品質會有不良的後果。

　　由於社會快速的變遷，帶動著產業結構的變革，加以價值態度的異動等因素；均使得人們
必須針對未來社會的職業特性有所因應。組織宜能提供員工整套的、有系統的制度，指導他們
如何循序漸進或得到更理想的工作。職業變遷是今日社會廣泛發生於生活周遭的一種社會現
象，依據社會學研究發現；由於職業結構的變遷，將使個人需建構嶄新的生涯路徑，以為因應。
設計員工事業途徑對員工工作績效也具有激勵的作用，現代管理所倡導的路徑目標（path-goal）
理論，即重視建立員工的工作目標，並協助訂出達成目標的途徑。由於事業途徑結合了個人目
標與組織需求，使員工瞭解此項途徑乃是最有可能為自己達成之目標，故而具有高度的激勵作
用。根據學者王麗容教授的分析，生涯路徑的區分計有下列三種型態：

1. 「傳統式生涯」：是指一個人從一個工作轉換到另一個工作，呈垂直向上的生涯發展管
　　道。其假定是：按部就班的工作經驗是後續高階工作之所需。其優點是生涯路徑直截了
　　當、清楚可見，但缺點是管道不通則實現困難、局限一種能力的發展而缺乏其他經驗。
　　換句話說，傳統式生涯路徑的安排，固然有利於工作經驗的累積以發揮該類長才，但缺
　　點則是缺乏多元發展的機會。

2. 「網絡式生涯」：是由一些垂直式工作機會和一些水平式工作機會所構成的生涯安排管
　　道。在訂有人力計畫的組織，對未來人力需求與現有人力資源工作經過評估分析，擬有
　　職位空缺與人才培育方案，則員工可根據未來職位空缺，訂定目標，並按所需條件發展
　　自己，來完成事業前程計畫。一般情形下，組織人事部門應隨時利用公司內部刊物、公
　　告、口語等方式，將公司升職、調職、異動等種種原因，或組織變革所產生出來的職位
　　空缺告知員工，使員工對自己的事業前程多幾分把握，也可以使員工瞭解未來組織可能
　　變動的方向。雖然並不能保證每個人未來的成功，但管理階層可以使各員工瞭解升遷的

展望、可能的職位空缺以及擴充或緊縮的政策，這些都將影響他們的事業前程。因此，生涯路徑中有往上晉升的發展，但也有水平調動之工作設計，垂直式和水平式路徑交錯成網絡狀生涯發展路線。其優點是提供經驗的擴充學習，同時減少同專長者阻礙升遷的現象，而有利於多專長的發展。

3. 「雙元式生涯」：是結合「技術性」及「管理性」兩種生涯發展管道。前者是不斷在技術專長上追求發展的機會，後者是往管理階層發展的生涯路徑，以尋求管理統合的成長經驗。這種雙元式生涯路徑的設計是愈來愈受歡迎的一種前程規劃方式，主要原因是可提供個人及組織多元發展的機會。透過員工生涯發展途徑（career path）的設計，可以讓員工瞭解並鼓勵其進修興趣，引導其進修方向。

　　由於科技、經濟、政治、價值、意念、文化的快速變化，使我們社會正呈現著一種新的景象。這些現象帶來人們新的期待、互動，也同時造成人們的挫折、疑惑。無論是正向的、積極的，抑或是負面的、消極的。社會學家皆期待能以理性的態度抽絲剝繭進行客觀而科學的剖析，以期瞭解造成社會快速變異的原委，期能導進社會的發展，引領人們走向一個有序、進步、可發展的璀璨明日。

伍、結語

　　由於傳統農業經濟或現代工業經濟時代的人事管理，所面對的是屬於靜態、封閉、單一、線性的社會環境，因此，強調專業分工、法理權威、支薪用人、不講人情、層層節制與繁文縟節的科層管理典範，乃成為當時的主流管理典範。然則，緊隨社會客觀環境的變遷，價值的多元分化、自由思潮的迅速蔓延及社會大眾民主意識的抬頭，再加上全球化、數位化、知識化與創新化的發展趨勢，昔日強調線性思維工具理性的模式，業已產生適應上之危機，無法因應充滿不確定、混沌的時代需求，同時領導者所面對的壓力，亦較過去更為鉅大。職是之故，全球化知識經濟時代的人事專業工作者，必須跳脫傳統農業或現代工業社會的思維模式，以資訊科技社會或後現代社會的非線性思維格局，面對經緯萬端、錯綜複雜、競爭激烈的客觀環境，引導組織成員成為服務型目標的落實而努力。而這些組織的變革，除了衝擊著人事管理的思維，也重新界定人力資源在組織發展中的價值。

第五章
職務分析

壹、前言

對各項職務作有系統的科學分析,還是自泰勒(F. W. Taylor)倡行科學管理運動以後的事,職務分析實為現代化管理的一項重要工具。由於職務分析所形成的人力資源檔案,如職務說明書,對某類工作的性質、特徵、以及擔任此類工作應具備的資格、條件,都做了詳盡的說明和規定,這就使人力資源管理人員明確了選聘條件和標準,在組織人員考評時,能正確地選擇考核科目和考核內容,避免了盲目性,保證了「為事擇人、任人唯賢、專業選才、事擇其人」。職務分析就是對某項工作,就其有關內容與責任的資料,予以研究與搜集的程式。職務設計是指組織為了提高工作效率,而採取的修改職務描述和職務資格要求的行為。常見的職務設計的形式有以下四種:工作輪換、工作豐富化、工作擴大化、以員工為中心的工作再設計。為使職務分析在人力資源管理實踐中得到有效執行,還進一步指出了需要特別注意和把握好的五個方面:一、充分認識職務分析的重要性;二、明確工作分析的目的;三、把握工作分析的內容;四、理順職務分析的程式;五、工作方法的選擇要得當。職務分析的方法有觀察法、問卷調查法、面談法等。職務分析的五個階段是計畫階段、設計階段、資訊搜集階段、資訊分析階段、結果表達階段。

在人力資源管理的各個環節中,職務分析應該說是一個比較有難度的工作。首先,它對職務分析的實施者(人力資源部門)有一定的專業素質要求。如果缺乏必要的專業常識和專業經驗,很可能需要多次的反覆。其次,職務分析不是一項立竿見影的工作。雖然它對人力資源管理的後續職務影響是巨大的,但它很難為組織產生直接和立即的效應。職務分析工作不是人力資源部門單獨可以完成的,它需要組織每個部門,甚至是每位員工的協助。職務分析是一個連續地工作,當組織任何一個職位發生變化時,就要對這個職位重新進行職務分析,調整該職位的職務描述和職務資格要求。否則,職務描述和職務資格要求就會成為一紙空文,發揮不了任何作用。總之,只有認真、紮實、連續的做好職務分析工作,才能真正的發揮職務分析的作用。

貳、職務分析的意義

職務分析又稱工作分析,是指全面瞭解、獲取與工作相關的詳細資訊的過程,具體來說,是對組織中某個特定職務的工作內容和職務規範(任職資格)的描述和研究過程,即制定職位說明書和職務規範的系統過程。職務分析是一項細緻性技術性很高的工作,任何環節做不好,

都可能會導致工作說明書反映的內容失實和不科學，對其他工作也就不能發揮應有的指導作用。簡單地講，職務分析就是經由一系列系統的方法，把職位的工作內容和職位對員工的素質要求清楚定位。職務分析是指透過觀察和研究，確定關於某種特定的性質的確切資訊的過程。辦理職務分析的成果是完成工作說明書和工作規範，這種分析的資料，在人事管理上有以下的用途：1.人員羅致與任用 2.教育訓練 3.工作評價 4.考績獎懲 5.升遷調職 6.組織發展 7.專業指導 8.職業諮詢 9.勞資關係 10.工作簡化。

自人力資源管理的角度提出了 6W2H 作為職務分析的公式，從八個方面對職務進行分析：

* WHO：誰從事此項工作，對人員的學歷及基本程度、專業知識與技能、經驗以及職業等資格要求。
* WHAT：做什麼，即本職工作或工作內容是什麼，負什麼責任。
* WHOM：為誰做，即顧客是誰。這裏的顧客不僅指外部顧客，也指內部顧客，包括與從事該職務的人有直接關係的人：直接上級、下級、同事，客戶。
* WHY：為什麼做，即職務對其從事者的意義所在。
* WHEN：工作的時間要求。
* WHERE：工作的地點、環境等。
* HOW：如何從事此項工作，即工作的程式、規範以及為從事該職務所需的權力。
* HOW MUCH：為此項職務所需支付的費用、報酬。

職務分析是人力資源管理工作中其他所有工作的基礎。它的主要目的有兩個：第一，弄清楚組織中每個職位都在做些什麼工作；第二，明確這些職位對員工有什麼具體的從業要求。說得專業一些，就是要透過職務分析，產生出職務描述和職務資格要求。職務描述和職務資格要求將成為進行人力資源管理工作的重要依據。如果一個組織連這些問題都搞不清楚，其他的人力資源管理活動只能是空中樓閣。

職務分析是人力資源開發與管理最基本的作業，是人力資源開發與管理的基礎。做好工作分析至關重要，特別是要把握以下六大要點：

一、明確目的

不同的組織，或者同一組織的不同階段，職務分析的目的有所不同。有的組織的工作分析是為了對現有的工作內容與要求更加明確或合理化，以便制定切合實際的獎勵制度，激勵員工的積極性；而有的是對新工作的工作規範作出規定；還有的是因為遭遇了某種危機，而設法改善工作環境，提高組織的安全性和化解危機的能力。

二、認清作用

目前，在許多人力資源管理實務中，都強調「以職務為核心的人力資源管理整體解決方案」。實際上，就是指人力資源管理的一切職能，都要以職務分析為基礎。的確，職務分析是現代人

力資源所有職能，即人力資源獲取、整合、保持激勵、控制調整和開發等職能工作的基礎和前提，只有做好了職務分析與設計工作，才能據此完成人力資源規劃、績效評估、職業生涯設計、薪酬設計管理、招募、甄選、錄用工作人員等等工作。有的人力資源管理者忽視或低估職務分析的作用，導致在績效評估時無現成依據、確定報酬時有失公平、目標管理責任制沒有完全落實等等，挫傷員工工作積極性和影響組織效益的現象時有發生。

三、把握內容

　　職務分析一般包括兩個方面的內容：確定工作的具體特徵；找出工作對任職人員的各種要求。前者稱為工作描述，後者稱為任職說明。在對職務分析的內容進行把握時要特別注意工作描述書（工作說明書）與職務說明書的區別與聯繫。規範的工作描述書包括工作名稱、工作活動、工作程式、物理環境、社會環境、聘用條件等五個方面，它主要是要解決工作內容與特徵、工作責任與權力、工作目的與結果、工作標準與要求、工作時間與地點、工作與條件、工作流程與規範等問題。而任職說明書，旨在說明擔任某項職務的人員必須具備的生理要求和心理要求，主要包括一般要求：年齡、性別、學歷、工作經驗；生理要求：健康狀況、力量與體力、運動的靈活性、感覺器官的靈敏度；心理要求：觀察能力、學習能力、解決問題的能力、語言表達能力、人際交往能力、性格、氣質、興趣愛好等等。雖然工作說明書和職務說明書都是工作的相關結果，而且也是工作分析的主要內容，但有的人力資源管理者對此似乎並沒有足夠、正確的認識，甚至將兩者混為一談，這是一個不能不重視的問題。此外，有的在工作的描述方面很不全面，在一份工作描述書中，缺乏工作關係、工作目標等方面的描述；而且，憑經驗描述工作職責或職務職責的現象普遍存在，抑制了工作分析、評價在整體人力資源管理方案中的核心功能。

四、理順程式

　　職務分析是對工作一個全面的評價過程，這個過程可以分為六個階段，各個階段的主要工作如下：1.準備階段：成立工作小組；確定樣本（選擇具有代表性的工作）；分解工作為工作元素和環節，確定工作的基本難度、制定工作分析規範。2.設計階段：選擇資訊來源；選擇工作分析人員；選擇搜集資訊的方法和系統。3.調查階段：編制各種調查問卷和提綱；廣泛搜集各種資源（6W2H）：工作內容（What）；責任者（Who）；工作職位（Where）；工作時間（When）；怎樣操作（How）；為什麼要做（Why）；為誰而服務（For Whom）；需要的資源（How Much）。4.分析階段：審核已搜集的各種資訊；創造性地分析，發現有關工作或工作人員的關鍵成分；歸納、整理出職務分析的必需資料和要素。具體如何進行分析呢？可從四個方面進行：(1)職務名稱分析：職務名稱標準化，以期透過名稱就能瞭解職務的性質和內容。(2)工作規範分析：工作任務分析；工作關係分析；工作責任分析；勞動投入分析。(3)工作環境分析：工作的物理環境分析；工作的安全環境分析；社會環境。(4)工作執行人員必備條件分析：必備知識分析；必備經驗分析；必備操作能力分析；必備心理素質分析。(5)運用階段：促進工作分析結果的使用。

(6)反饋調整階段：組織的經營活動不斷變化，會直接或間接地引起組織分工協作體制的相應調整，由此，可能產生新的任務、部分原有職務的消逝。

五、方法得當

職務分析的方法多種多樣，但在進行具體的工作分析時要根據工作分析的目的、不同工作分析方法的利弊，針對不同人員的工作分析選擇不同的方法。一般來說職務分析主要有資料分析法、問卷調查法、面談法、現場觀察法、關鍵事件法等等。

六、力求創新

創新是人力資源管理的靈魂，理所當然在工作分析中必須堅持創新的原則。工作分析離不開工作環境的分析，一旦工作的環境發生了變化，工作分析就必須進行相應的調整，但畢竟工作分析的結果——工作描述書總是落後於環境的變化的。因而，這就要求人力資源管理者在工作分析中要超前規劃，具有前瞻性、創造性地開展工作，把可預見的環境變化因素即早考慮到工作描述書中去。職務分析的創新性還表現在工作分析過程、分析方法的創新上。工作分析的過程、方法並不是千篇一律和按部就班的，人力資源管理者可根據工作分析的要件、目的等進行相應的變革和創新，以提高組織的環境適應性和組織競爭力。當前，隨著知識經濟的興起，知識型組織的人力資源管理更需要人力資源管理者進行創新，比如，IT 產業、諮詢業中通常以專案團隊的形式開展工作，因而在進行工作分析時，既要充分考慮其工作難以細化和分割的特點，又要體現工作分析明確職責、劃清責任的目的。

透過職務分析程序所獲得的資料，可予記載撰成職務說明書（Job description）通常包括以下各項：（一）工作名稱，（二）工作地點，（三）工作概述，（四）任務職責，（五）所用的機具及設備，（六）所予或所受監督，（七）工作條件，或其他各種有關分析項目。至於如何撰寫工作說明書才能符合組織的要求，以下各項值得注意：1.說明書須能依使用目的，反映所需的工作內容。2.所需項目應包羅無遺。3.文字措辭在格調上應與其他說明書保持一致。4.文字敘述簡切清晰。5.工作職稱可表現出應有的意義及責任高低，如需使用形容辭，不論其用法如何，應保持一致。6.說明書中應無不相符之處，如工作項目內的敘述，即不應與其他項目內的敘述牴觸。7.工作應予適當的區分，可迅速地判明其所在位置。8.標明說明書的撰寫日期。9.應包括核准人及核准日期。10.說明書可充分顯示工作的真正差異。

參、職務分析的內涵

實際上任何工作之分析，基本上僅包括三部分：1.工作必須予以完整與正確之鑑定。2.工作中所包含的事項，必須予以指出。3.工作人員勝任該項工作所需之資格條件，必須予以明訂。職務分析是一個比較專業的人力資源管理工作，所以也有一比較專業的術語，它們是：

1. 工作要素：是指職務中不能夠再繼續分解的最小動作單位。比如說，打開電腦、簽字、打電話、發傳真等等。
2. 任務：是一系列為了達成一個目的的職務要素的集合，即完成一項具體的職務。如分析資料、列印文件、參加會議等等。
3. 職位：是多個任務的集合。在一定時間和空間裏，一個員工需要完成的一些任務的集合就是一個職位。
4. 職務：是一組任務相同或相近的職位的集合。在職務分析中也稱職務。如開發工程師就是一種職務，秘書也是一種職務。一種職務可以有一個職位，也可以有多個職位。如法律顧問這種職務，就可能只有一個職位；開發工程師這種職務，可能就有多個職位。
5. 職責：是指一個個體擔負的一項或多項任務組成的活動，即由一個個體操作的任務的總和。比如人事管理員的職責可能就是編制的人力資源規劃、組織招聘、指定並執行各項人力資源政策等等。
6. 職務族群：是一組相關職務的統稱。有時也叫職務團隊。

以學校教務長職務為例，則其職務分析可以陳述如下：
・職務名稱：教務長
・直屬主管：校長
・直接指揮：註冊、課務、出版、招生等組組長及各組所屬員工
・職掌及角色：
1. 校內有關教務事項之規劃者及執行督導。
2. 未置副校長之學校，為校長之第一職務代理人。
3. 對各學系、所教師聘任、教學規劃提供相當之建議。
4. 部屬之指導者、培育者、激勵者。
5. 分派及督導教務處所屬各組之工作及任務。
6. 規劃校內學術水準提升之事宜。
7. 與教學有關文件及計畫書之審核或批示者。
8. 其他依學校首長或相關法令規定賦予之工作。
・職責程度：
1. 在法令規定及校長之託付下，就全校之教務事項負其全責。
2. 主持教務會議及參與校內外各項相關會議。
3. 與校內外有關人員接觸及溝通協調，推行教務重要事項，爭取各方面之支持合作或獲取共同結論。
4. 對教務或其他相關決策事項及重要計畫，在職務範圍內所作之決定或建議，對學校校務之運作或發展，具規範或影響力。

5. 須適時向校長及相關會議報告教務計畫或其他之交辦事項之進度及相關狀況。

· 應具備之能力條件：

1. 對於教務業務及其相關法令具相當之熟悉度。

2. 具良好之溝通能力及規劃能力。

3. 在學術上有相當的見解或能力。

4. 具有相當之國際觀，足以擔負學校與國外學校交流之任務。

5. 具有相當之行政能力或行政素養。

6. 對服務學校之組織生態及組織文化有相當之認識。

· 其他規範：

1. 基於本職務所為之事項，適用學校組織規劃。

2. 職務代理人：

　　(1)處內庶務之代理：秘書或各組組長。

　　(2)教務事項代理：其他相當等級主管或資深之院長。

　　自上述的引述，可和職務分析必須獲得與提出的資料有四類，就是：（一）工作人員做何事；（二）如何做；（三）為何做；（四）所需技術如何。其中前三類乃是說明各項工作之性質與範圍，也是工作說明書所欲表達的內容。至於第四類「所需技術如何」乃是說明各種工作之困難程度及正確確定所需技術之性質，此也是訂定工作規範的主體。職務分析的最終成果是產生兩個資料：職務描述和職務資格要求。我們可以把它們合稱為「職務說明書」。職務描述規定了對「事」的要求，如任務、責任、職責等等；職務資格要求規定了對「人」的要求，如知識、技術、能力、職業素質等等。人力資源部門應透過職務說明和職務資格要求來指導人力資源管理職務。

一、職務描述的具體內容，包括：

1. 基本資訊：包括職務名稱、職務編號、所屬部門、職務等級、制定日期等；

2. 工作活動和工作程式：包括工作摘要、工作範圍、職責範圍、工作設備及工具、工作流程、人際交往、管理狀態等；

3. 工作環境：工作場所、工作環境的危險、職業病、工作時間、工作環境的舒適程度等。

4. 任職資格：年齡要求、學歷要求、工作經驗要求、性格要求等。

二、職務資格要求的具體內容

1. 基本素質：最低學歷、專長領域、工作經驗、接受的培訓教育、特殊才能等。

2. 生理素質：體能要求、健康狀況、感覺器官的靈敏性等。

3. 綜合素質：語言表達能力、合作能力、進取心態度、職業道德素質、人際交往能力、團隊合作能力、性格、氣質、興趣等。

　　有些工作說明書還包括一部分有關工作績效標準的內容。這部分內容說明雇主期望雇員在執行工作說明書中的每一項任務時所達到的標準是什麼樣的。確定績效標準的一個最為直接的方法是只要把下面的話補充完整就可以了：「如果你……，我會對你的工作完全滿意。」如果對於工作說明書中的每一職責和任務都能按照這句話敘述完整，那麼就形成了一套完整的績效標準。

肆、職務分析的功能

　　職務分析是人力資源管理的最基本的工具。具體的講，職務分析有如下幾個方面的意義：

一、職務描述書

　　職務描述又叫職務說明，它常與職務規範編寫在一起，統稱職務說明書。職務說明書的編寫是在職務資訊的搜集、比較、分類的基礎上進行的，是職務分析的最後一個環節。職務描述書是職務性質類型、工作環境、資格能力、責任許可權及工作標準的綜合描述，用以表達職務在單位內部的地位及對工作人員的要求。它體現了以「事」為中心的職務管理，是考核、培訓、錄用及指導員工的基本文件，也是職務評價的重要依據。事實上，表達準確的職務規範一旦編寫出來，該職務的應有作為就客觀地固定下來了。包括：

1. 人員招募：為應聘者提供了真實的、可靠的需求職位的工作職責、工作內容、工作要求和人員的資格要求；
2. 成員遴選：為選拔應聘者提供了客觀的選擇依據，提高了選擇的信度和效度，降低了人力資源選擇成本；
3. 績效考評：為績效考評標準的建立和考評的實施提供了依據，使員工明確了組織對其工作的要求目標，從而減少了因考評引起的員工衝突；
4. 薪酬管理：明確了工作的價值，為薪資的給與提供了可參考的標準，保證了薪酬的內部公平，減少了員工間的不公平感；
5. 管理關係：明確了上級與下級的隸屬關係，明晰了工作流程，為提高職務效率提供了保障；
6. 員工發展：使員工清楚了工作的發展方向，便於員工制定自己的職業發展計畫。

二、職位設置

　　職位的設置科學與否，將直接影響一個組織的人力資源管理的效率和科學性。在一個組織中設置什麼職位，多少職位，每個職位上安排多少人，什麼素質的人員，都將直接依賴工作分析的科學結果。一般來說，工作職位的設置主要考慮以下幾點：

1. 因事設職位：設置職位既要著重於組織目標，又要著眼於組織發展。按照組織各部門職責範圍劃定職位，而不應因人設職，職位和人應是設置和配置的關係，而不能顛倒。

2. 規範原則：職位名稱及職責範圍均應規範。對組織中規劃的職位規範不宜過細，應強調創新。

3. 整合原則：在組織整體規劃下應實現職位的明確分工，又在分工基礎上有效地綜合，使各職位職責既明確又能上下左右之間同步協調，以發揮最大的效能。

4. 最大效益：既考慮到最大限度的節約人力成本，又盡可能地縮短職位之間資訊傳遞時間，減少閒置效應，提高組織的競爭力。

5. 適才適所：根據職位對人的素質要求，選聘相應的工作人員，並安置到合適的工作職位上。

職務分析一方面從組織結構層面上規劃組織的結構框架。職務分析正像建築業的概算師（預算師），概算出一座建築需要多少石、磚、水泥、沙、木，需要多少人工，以及它們之間的結構比例及品質的規定等。職務分析根據組織的性質及狀況主動策劃組織機構層次，分析組織是適應金字塔式的多層次組織機構，還是適合扁平式的組織機構，每一層面主管及成員的結構。另一方面是從人員結構上規劃組織所需各級、各類人員的比重、數量、技能要求。亨利·福特一世（H. Foud）不僅是一位家族老闆，而且是職務分析的始祖。他在傳記《我的生活和工作》中詳細地描述了 T 型轎車 8000 多項工作程序對工人的要求：這說明福特一世對企業的工作流程瞭若指掌，連用什麼樣的殘疾人可以勝任工作都分析出來了，這對降低成本、管理企業、避免人力資源浪費無疑有巨大的意義與作用。

三、透過職位評價確定職位等級

經由職務分析，完成評價工作職位的要素指標，形成職位評價的工具，透過職位評價確定工作的價值。根據工作職位的價值，便可以明確求職者的任職實力。根據職位價值或任職實力發放薪酬、確定培訓需求等。職務分析是組織對某一特定的工作作出明確規定，並確定完成這一工作需要有什麼樣的行為過程。職務分析要規範組織中各項工作的性質、內容、任務、權利和責任，以及所需員工的學識、經驗等條件。職務分析離不開職務規範。職務規範透過職務說明書明確職務（工作）的責任範圍、工作範圍及資格條件，使每一職務的員工都明確自己的職責所在，既不敢有所怠慢，也不敢妄自非為。如果沒有規範化的工作分析，隨意性使員工既無領受專業的尊重，又無個人責任感。發揮工作分析的作用與功能，不可忽視工作分析的規範。

四、工作再設計

利用職務分析提供的資訊，若對一個新建組織，要設計工作流程、工作方法、工作環境條件等，而對一個已經在運行的組織而言，則可以根據組織發展需要，重新設計組織結構，重新界定工作，改進工作方法，提高員工的參與程度，從而提高員工的積極性和責任感、滿意度。前者是工作設計，後者則是工作再設計，改進已有工作是工作再設計的目的之一。工作再設計不僅要根據組織需要，並且要兼顧個人需要，重新認識並規定某項工作的任務、責任、權力及

在組織中與其他工作的關係，並認定工作規範。職務分析是事前分析，具有高透明度，達成公開、公正、公平的原則。職務分析是基礎性分析，對職務、工作任務、工作範圍、工作職責進行客觀描述，對適應工作職位的員工提出一般要求、生理要求、心理要求，並對聘用（任用）條件包括工作時數、薪資結構、支付薪資的方法、福利待遇、該工作在組織中的地位、晉升機會、培訓機會等都作了明確要求，既便於員工「按圖索驥」，又便於組織對員工的業績、績效進行考評。以職務分析這一基礎性工作建立起來的規範對員工的業績進行評價就比較合理、比較公平、比較客觀。建立在職務分析基礎上的評價多為可預見性的評價。有些單位的年終評比因為沒有建立在職務分析的基礎上，故使評比失去了「量」的依據。職務分析既是組織招聘員工的前提，也是人力資源開發與管理的基礎性工作，同時也是員工自我評價、自我選擇的依據，組織也可以在職務分析的基礎上瞭解員工工作的各種資訊，以便從開發、培訓、薪資、獎金、福利等全面而有效激勵員工，使員工的積極性得以發揮，使組織評價得到公眾的認同。

五、員額定編

根據職務分析，確定工作任務、人員要求、工作規範等，這只是職務分析第一層次的工作目標。在此基礎上，如何根據工作任務、人員素質、技術水平、勞動力市場狀況等，協調有效地將人員配置到相關的工作職位上，則需要合理的定編員額並為以下工作提供科學依據：1.編制組織人力資源計畫和調配人力資源；2.充分挖掘人力資源潛力，節約使用人力資源；3.不斷改善勞動組織提高勞動生產效率。為此，定編員額必須做到：1.以實現組織的生產經營目標和提高員工的工作士氣、職業滿意為中心；2.以精簡、效率、協調為目標；3.興新的勞動分工和協作關係相適應；4.合理安排各類人員的比例關係。

六、員工培訓

分析的結果或直接形成職務說明書，它把所分析的職責、許可權、工作內容、工作程式、方法、執行標準、任職資格等資訊以文字形式記錄下來，以便管理。職務分析是人力資源管理的基礎知識，只有在準確的工作分析基礎上才能進一步建立招募、培訓、考核及薪酬體系。組織裏有關結構已確定，並具有相對穩定性；在組織結構基礎上，工作流程及部門責任已確定；每個部門應有的工作職位也已明確。有些組織在對人力資源系統進行變革時，沒有與其他組織系統聯繫起來，在上述條件不具備的情況下，單獨對人力資源體系進行規範，這樣的結果對工作分析，以及其後的工作評價、績效考核與薪酬體系的效果將會大打折扣。所以在進行工作分析前，首先要進行組織機構調整及部門責任和部門職位的確定。

伍、職務分析的時機

如果招募者不知道勝任某項工作所必需的資格條件，那麼員工的招聘和選擇就將是漫無目的的。如果缺少適時的工作說明和工作規範，就會在沒有一個清楚的指導性原則的情況下進行招聘、選擇員工，而這樣做的結果將是事倍功半的。例如。即使在訂購一台影印機時，採購部門通常也會提出精確的說明。當然，在尋求最有價值的資產（人力資源）時，也應採用同樣的邏輯。職務分析既屬人事工作重要環節，則應於何種時機下進行職務分析？一般而言，大致上有：

一、新成立的組織

對於新成立的組織要進行職務分析，這樣可以為後續的人力資源管理工作建制基礎。組織新成立時，職務分析最迫切的用途是在人員招聘方面。由於很多職位還是空缺，所以職務分析應該經由組織的組織結構、經營發展計畫等資訊來進行，制定一個粗略的職務分析。職務分析的結果僅僅滿足能夠提供招聘人員的「職位職責」和「任職資格」即可。更為詳細的職務分析可以在組織穩定運作一段時間之後進行。工作規範中的資訊在確定人力資源開發需求方面常常是很有用的。如果工作規範指出某項工作需要特殊的知識、技能或能力，而在該職位上的人又不具備所要求的條件，那麼培訓和開發可能就是不必要的了。這種培訓應該旨在幫助人員履行現有工作說明所規定的職責，並且幫助他們為升遷到更高的工作職位做好準備。至於績效評估，應根據員工完成工作說明中所規定的職責評斷進行。

二、職位有變動

當職位的工作內容等因素有所變動時，應該對該職位的變動部分重新進行職務分析。職位變動一般包括職責變更、職位資訊的輸入或輸出變更、對職位人員任職資格要求變更等等。在職位變更時，要及時進行職務分析，以保證職務分析成果資訊的有效性和準確性。要注意的是，在職位變動時，往往並不是一個職位發生改變，而是與之相關聯的其他職位也會發生相應的變化。在進行職務分析時，一定要注意上述問題，不能漏掉任何一個職位，否則很可能會使職務分析出現矛盾的結果。作為一名主管人員或人事管理專業人員，通常需要透過進行職務分析來搜集以下的資訊：1.工作活動。2.工作中人的行為。3.工作中所使用的機器、工具、設備以及其他輔助工作用具。4.工作的績效標準。5.工作背景。6.工作對人的要求。

三、組織沒有進行過職務分析

有些組織已經存在了很長時間，但由於組織一直沒有人力資源部，或者人力資源部人員工作繁忙，所以一直沒有進行職務分析。這些組織應該及時進行職務分析。特別是對於新上任的人事主管，有時會發現組織的人事工作一團糟，根本無法理出頭緒，這時就應該考慮從職務分析來切入工作。職務分析是確定完成各項工作所需技能、責任和知識的系統過程。它是一種重

要而普通的人力資源管理技術。工作分析的目的是為了解決以下 6 個重要的問題：1.成員完成工作需要的能力？2.工作將在什麼時候完成？3.工作將在哪裡完成？4.人員如何完成此項工作？5.為什麼要完成此項工作？6.完成工作需要哪些條件？以下三種情況才需要職務分析。第一、當新組織建立，職務分析首次被正式引進；第二、當新的工作產生時；第三、當工作由於新技術、新方法、新工藝、新系統的產生而發生重要變化時。當工作性質發生變化時，最需要進行職務分析。職務分析可幫助組織察覺環境正發生變化這一事實。職務說明書是一份提供有關任務、職責資訊的內容。至於職務規範包含了一個人完成某項工作所必備的基本素質和條件。

大多數情況下，在完成了職務分析之後都要編寫職務說明書和職務規範。職務說明書就是對有關工作職責、工作活動、工作條件以及工作對人身安全危害程度等工作特性方面的資訊所進行的書面描述。工作規範則是全面反映工作對從人員的品質、特點、技能以及工作背景或經歷等方面要求的書面資料。搜集工作分析資訊的工作通常由實際承擔工作的人員、上級主管，以及人力資源管理專家來共同進行。通常的做法是：首先由人力資源管理專家觀察和分析正在被進行中的工作，然後編寫出職務說明書和職務規範。

總之，職務分析是人力資源管理中起核心作用的要素，是人力資源管理工作的基礎，只有做了職務分析與工作設計，方可以開展和完成人力資源開發與管理的其他各項工作。忽視了職務分析，將使人力資源管理的過程失去了依循。因此，人力資源管理必須從職務分析開始。

陸、職務分析的方法

職務分析是一項複雜的系統工程，應該是管理者與人事部門共同的責任。進行職務分析必須統籌規劃，分階段、按步驟地進行。而其進行的方法有：

一、觀察法

觀察法是指職務分析人員透過對員工正常工作的狀態進行觀察，獲取工作資訊，並對資訊進行比較、分析、彙總等方式，得出職務分析成果的方法。觀察法適用於對工作者觀察的工作週期和工作突發性所有不同。所以觀察法具體可分為直接觀察法、階段觀察法和工作表演法。

1. 直接觀察法
   職務分析人員直接對員工工作的全過程進行觀察。直接觀察適用於工作週期很短的職務。如清潔員，他的工作基本上是以一天為一個週期，職務分析人員可以一整天跟隨著清潔員進行直接工作觀察。

2. 階段觀察法
   有些員工的工作具有較長的週期性，為了能完整地觀察到員工的所有工作，必須分階段進行觀察。比如行政人員，他需要在每年年終時籌備資深員工表揚大會。職務分析人員

就必須在年終時再對該職務進行觀察。有時由於時間階段跨越太長，職務分析工作無法拖延很長時間，這時採用「工作表演法」更為合適。

3. 工作表演法

對於工作週期很長和突發性事件較多的工作比較適合。如保全工作，除了有正常的工作程式以外，還有很多突發事件需要處理，如盤問可疑人員等，職務分析人員可以讓保安人員表演盤問的過程，來進行該項工作的觀察。

在使用觀察法時，職務分析人員應事先準備好觀察表格，以便隨時進行記錄。甚至可以使用攝影機等設備，將員工的工作內容記錄下來，以便進行分析。另外要注意的是，有些觀察的工作行為要有代表性，並且儘量不要引起被觀察者的注意，更不能干擾被觀察者的工作。

二、問卷調查法

職務分析人員首先要擬訂一套切實可行、內容豐富的問卷，然後由員工進行填寫。問卷法適用於腦力工作者、管理工作者或工作不確定因素很大的員工，比如軟體設計人員、行政主管等。問卷法比觀察法更便於統計和分析。要注意的是，調查問卷的設計直接關係著問卷調查的成敗，所以問卷一定要設計得完整、科學、合理。組織行為專家和人力資源管理專家研究出了多種科學性的問卷調查方法。其中比較著名的有：

1. 職務分析調查問卷（PAQ）

職務分析調查問卷是美國普渡大學（Purdue University）研究出一套數量化的工作說明法。雖然它的格式已定，但仍可用之分析許多不同類型的職務。PQA 有 194 個問題，計分為六個部分：資料投入、用腦過程、工作產出、人際關係、工作範圍、其他工作特徵。

2. 閾值特質分析方法（TTA）

勞普茲（Lopez）等人在 1981 年設計了「閾值特質分析」（TTA）問卷。特質取向的研究角度是試圖確定那些能夠預測個體工作成績出色的個性特點。TTA 方法的依據是：具有某種人格特性的個體，如果職務績效優於不具有該種特質者，並且特質的差異能夠透過標準化的心理測驗反映出來，那麼就可以確定該特質為完成這一工作所需的個體特質之一。

3. 職業分析問卷（OAQ）

美國專業研究機構在 1985 年設計了職業分析問卷，職務進行定量的描述。OAQ 是一個包括各種職業的任務、責任、知識技能、能力以及其他個性特點的多項選擇問卷。例如，在 OAQ 中，軟體職務被規劃分為 19 種責任、310 個任務和 105 個個性特點。我們可以根據組織的實際情況，來自製職務分析問卷，這樣效果可能會更好些。

三、面談法

　　也稱採訪法，它是經由職務分析人員與員工面對面的談話來搜集職務資訊資料的方法。在面談之前，職務分析人員應該準備好面談問題提綱，一般在面談時能夠按照預定的計畫進行。面談法對職務分析人員的語言表達能力和邏輯思維能力有較高的要求。職務分析人員要能夠控制住談話的局面，既要防止談話跑題，又要使談話物件能夠無所顧忌的侃侃而談。職務分析人員要及時準確的做好談話紀錄，並且避免使受訪者對紀錄產生顧忌。面談法適合於勞心職務者，如開發人員、設計人員、高層管理人員等。

　　面談法的一些標準，它們是：

1. 所提問題要和職務分析的目的有關；
2. 職務分析人員語言表達要清楚、含義準確；
3. 所提問題必須清晰、明確，不能太含蓄；
4. 所提問題和談話內容不能超出被談話人的知識和資訊範圍；
5. 所提問題和談話內容不能引起被談話人的不滿，或涉及被談話人的隱私。

四、參與法

　　也稱職務實踐法。顧名思義，就是職務分析人員直接參與到員工的工作中去，扮演員工的工作角色，體會其中的工作資訊。參與法適用於專業性不是很強的職務。參與法與觀察法、問卷法相比較，獲得的資訊更加準確。要注意的是，職務分析人員需要真正地參與到工作中去，去體會工作，而不是僅僅模仿一些工作行為。

五、典型事件法

　　如果員工太多，或者職位工作內容過於繁雜，應該挑具有代表性的員工和典型的時間進行觀察，從而提高職務分析的效率。

六、工作日誌法

　　是由員工本人自行進行的一種職務分析方法。事先應該由職務分析人員設計好詳細的工作日誌單，讓員工按照要求及時地填寫職務內容，從而搜集工作資訊。需注意的是，工作日誌應該隨時填寫，比如以 10 分鐘、15 分鐘為一個週期，而不應該在下班前一次性填寫，這樣是為了保證填寫內容的真實性和有效性。工作日誌法最大的問題可能是內容的真實性問題。

七、資料分析法

　　如果職務分析人員係由大量的職務分析資料，比如類似的組織已經做過相應的職務分析，比較適合採用本辦法。這種辦法最適合於新創辦的組織。

八、專家討論法

專家討論法是指請一些相關領域的專家或者經驗豐富的員工進行討論，來進行職務分析的一種方法。這種方法適合於發展變化較快，或職位職責還未定型的組織。由於組織沒有現成的觀察樣本，所以只能借助專家的經驗來規劃未來希望看到的職務狀態。

上述這些職務分析方法既可單獨使用，也可結合使用。由於每個方法都有自身的優點和缺點，所以每個組織應該根據本身的具體情況進行選擇。如美國普渡大學職業研究中心開發的「職位分析調查問卷（PAQ）」就主要用於量化分析，以便獲取更為具體、詳細、數量化的職務資訊。採用問卷法進行職務分析時，首先是以質性分析，找到有效搜集各種職務資訊的分析要素、指標；其次，是用語言恰當描述這些要素、指標；再次，給每一要素指標語句賦予適當的評定等級數位，便可形成一初步職務分析調查問卷；最後，是使用這一初步問卷進行規範的抽樣式調查，並進行信度、效度檢驗，就可得到一較為科學的正式職務分析調查問卷。使用這一職務分析問卷，就可以達到較為科學的職務分析資訊，以符合日後的人力資源管理各項工作了。

這幾種工作分析方法各有利弊，如觀察法要求觀察者需要足夠的實際操作經驗，雖可瞭解廣泛、客觀的資訊，但它不適於工作週期很長的、勞心的工作，偶然、突發性工作也不易觀察，且不能獲得有關任職者要求的資訊。面談法易於控制，可獲得更多的職務資訊，適用於對文字理解有困難的人，但分析者的觀點影響工作資訊正確的判斷；面談者易從自身利益考慮而導致工作資訊失真；職務分析者問些含糊不清的問題，影響資訊搜集；且不能單獨使用，要與其他方法連用。問卷法費用低、速度快；節省時間、不影響工作；調查範圍廣，可用於多種目的的職務分析；缺點是需經說明，否則會理解不同，產生資訊誤差。採用工作日誌法分析者直接親自體驗，獲得資訊真實；只適應於短期內可掌握的工作，不適於需進行大量的訓練或有危險性工作的分析。典型事件法直接描述工作中的具體活動，可提示工作的動態性；所研究的工作可觀察、衡量，故所需資料適應於大部分工作，但歸納事例需耗大量時間；易遺漏一些不顯著的工作行為，難以把握整個工作實體。人力資源管理者除要根據工作分析方法本身的優缺點來選取外，還要根據工作分析的條件來選擇方法。

柒、職務分析的步驟

對於一個運行穩定的組織來講，最常用的職務分析方法是問卷調查法和面談法。下面我們就結合這兩種方法具體描述計畫階段、設計階段、資訊搜集階段、資訊分析階段和結果表達階段。

一、計畫階段

計畫階段是職務分析的第一階段。在計畫階段中；應該明確職務分析的目的和意義、方法和步驟；確定職務分析的方法；限定職務分析的範圍，並選擇具有代表性的職務作為樣本；明

確職務分析的步驟，制定詳細的職務分析實施時間表；編寫「職務分析計畫」，並對有關人員進行職務分析方面的宣傳，另外可組建職務分析小組，進入職務分析的設計階段。在做職務分析時，應當按照以下六個步驟來進行。

1. 確定工作分析資訊的用途。

2. 搜集與工作有關的背景資訊。組織圖不僅確定了每一職位的名稱，而且用相互聯結的直線明確表明了誰應當向誰負責，以及工作的承擔者將向誰進行資訊交流等等。工作流程圖則提供了與工作有關的更為詳細的資訊。

3. 選擇有代表性的工作進行分析。

4. 搜集工作分析的資訊。

5. 與承擔工作的人共同審查所搜集到的資訊。

6. 編寫工作說明書和工作規範。

另建立工作小組，並制定工作分析計畫。如果組織內部沒有工作分析方面的專家，最好從外部聘請有關專業人士作為工作小組顧問。工作分析涉及組織內所有部門，只有得到各部門充分重視和支持才能順利完成任務。所以最好建立能具體操作的工作小組。工作小組由人力資源的部分成員及各主要部門人員組成。

職務分析計畫是為了提高人力資源管理工作的有效性和可靠性，為了有效實施招募計畫，同時為了能夠圓滿完成工作目標、激勵政策和培訓政策的調整工作，使人力資源管理職務適應組織的發展趨勢。

二、設計階段

在設計階段要具體規劃出具體的職務分析實施內容。

1. 問卷法

問卷調查法的設計階段需要編寫一份比較詳細的「職務分析調查表」。該表能夠比較全面地反映出該職務的工作內容、工作職責、職務任職資格等內容。一定要讓受調查者明確調查目的（並非用於對個人業績評估），讓他們放心地反映真實情況；避免對受調查者施加壓力。在填寫問卷前要與受調查者建立良好合作關係，以獲得他們的支持。職位分析問卷法的優點在於，它將工作按照基本領域進行並提供了一種量化的分數順序或順序輪廓。例如：是否負有決策／溝通／社會方面的責任，因而，問卷的真正優勢在於它對工作進行了等級劃分，換言之，問卷法對於每一項工作分配一個量化的分數。以確定比如說哪一種工作更富有挑戰性，然後你可以依據這一資訊來確定每一種工作或薪資等級。同時，問卷法也可以採取功能性工作分析法。此種方法不僅僅是依據資訊、人、物三個方面工作進行分類，它對工作的分類還考慮以下四個因素：在執行工作時需要得到多大程度的指導；執行工作時需要運用的推理和判斷能力應達到什麼程度；完成工作所要求具備的能力有多高；執行工作時所要求的口頭及評議表達能力如何。功能性工作分析還

確定工作的績效標準以及工作對任職者的培訓要求。因此，運用功能性工作分析法來對工作進行分析，使你可以回答下面的問題：「為了完成這項任務並達到新的績效標準，需要對雇員進行何種培訓？」目前採納最多的是：將問卷調查法和訪談法結合起來使用。這主要是因為這兩種方法實施方式較簡單，並可在短期內得到所需資訊。

2. 訪談法

其中分為三類：(1)對每個員工進行個人訪談；(2)對做同種工作的員工群體進行訪談；(3)對完全瞭解被分析工作的主管人員進行訪談。面談法的設計工作需要形成一個有效和完整的「面談提綱」，面談提綱的內容和「職務分析調查表」的內容基本相同。下面列舉了一些職務分析面談時的關鍵問題，職務分析人員可以根據具體情況，有選擇地使用：

(1) 請問你的姓名、職務名稱、職務編號是什麼？

(2) 請問你在哪個部門工作？請問你的部門主管是誰？

(3) 請問你主要做哪些職務？可以舉一些實例。

(4) 請你詳細地描述你昨天一天的工作內容。

(5) 請問你對哪些事情有決策權？哪些事情沒有決策權？

(6) 請說明你在工作中需要接觸到哪些人？

(7) 請問你需要哪些設備和工具來開展你的職務？其中哪些是常用的?哪些只是偶爾使用？你對目前的設備狀況滿意嗎？

(8) 請問你在人事核定權和財務核定權方面有哪些職責？可以舉些實例。

(9) 請問你做好這項職務需要什麼樣的文化素養？需要哪些知識？需要什麼樣的心理修養？

(10) 如果對一個大專學歷層次的新員工進行培訓，你認為需要培訓多長時間才能勝任工作？

(11) 你覺得目前的工作環境如何？是否還需要更好的環境？你希望哪些方面得到改善？

(12) 你覺得該工作的價值和意義有多大？

(13) 你認為怎麼樣才能更好的完成工作？

(14) 你還有什麼要補充的？

(15) 你確保你回答的內容都是真實的嗎？

訪談法可能是最廣泛運用以確定工作任務和責任為目的的職務分析方法，它的廣泛應用程度正是其優點的最好表現之一。更為重要的是，透過與工作承擔者進行面談，還可以發現一些在情況下不可能瞭解到的工作活動和行為。訪談法的最主要問題之一是：搜集到的資訊有可能是被扭曲的。這種資訊的扭曲可能是由於被訪談者在無意中造成的，也可能是因為被訪談者有意製造的。這是進行中宜注意的。

三、資訊搜集階段

1. 問卷法步驟

(1) 事先需徵得員工主管的同意，儘量獲取首長的支持；

(2) 為作業提供安靜的場所和充裕的時間；

(3) 向員工講解職務分析的意義，並說明填寫問卷調查表的注意事項；

(4) 鼓勵員工真實客觀地填寫問卷調查表，不要對表中填寫的任何內容產生顧慮；

(5) 職務分析人員隨時解答員工填寫問卷時提出的問題；

(6) 員工填寫完畢後，職務分析人員要認真地進行檢查，查看是否有漏填、誤填的現象；

(7) 如果對問卷填寫有疑問，職務分析人員應該立即向員工進行提問；

(8) 問卷填寫準確無誤後，完成資訊搜集職務，向員工致謝。

2. 訪談法步驟

(1) 事先需徵得員工主管的同意，儘量獲取首長的支持；

(2) 在無人打擾的環境中進行面談；

(3) 向員工講解職務分析的意義，並介紹面談的大體內容；

(4) 為了消除員工的緊張情緒，職務分析人員可以以輕鬆的話題開始；

(5) 鼓勵員工真實、客觀的回答問題，不必對面談的內容產生顧忌；

(6) 職務分析人員按照面談提綱的順序，由淺至深地進行提問；

(7) 營造輕鬆的氣氛，使員工暢所欲言；

(8) 注意把握面談的內容，防止員工跑題；

(9) 在不影響員工談話的前提下，進行談話記錄；

(10) 在面談結束時，應該讓員工查看並認可談話紀錄；

(11) 面談紀錄確認無誤後，完成資訊搜集職務，向員工致謝。

在資訊搜集完成之後，要形成訪查報告。

四、資訊分析階段

資訊分析階段是將各種搜集資訊方法所搜集到的資訊進行統計、分析、研究、歸類的一個過程。在資訊分析階段最好參照組織以前的職務分析資料和同行業同職位其他組織的相關職務分析的資料，以提高資訊分析的可靠性。

在資訊分析過程中，還可以請求管理者提供幫助，確保沒有什麼疑點。

資訊分析階段，需要分析以下幾方面的內容：

1. 基本資訊如職務名稱、職務編號、所屬部門、職務等級等；

2. 工作活動和工作程式，如工作摘要、工作範圍、職責範圍、工作設備及工具、工作流程、人際交往、管理狀態等；

3. 工作環境如工作場所、工作環境的危險、職業病、工作時間、工作環境的舒適程度等；

4. 任職資格如年齡要求、學歷要求、工作經驗要求、性格要求等；基本素質如學歷要求、專長領域、職務經驗、接受的培訓教育、特殊才能等；

5. 生理素質如體能要求、健康狀況、感覺器官的靈敏性等；綜合素質如語言表達能力、合作能力、進取心、職業道德素養、人際交往能力、團隊合作能力、性格、氣質、興趣等。

五、結果表達階段

結果表達階段的主要任務是編寫職務描述和職務資格要求。具體的職務如下：

1. 職務分析人員編寫職務描述和職務資格要求初稿；

2. 與員工、單位主管、管理人員等討論職務描述和職務資格要求的具體內容；

3. 確定試行稿；

4. 試行期使用無誤後，確定為正式資料。

捌、職務分析的實施

在許多組織中，你都可以查閱到厚厚的一本職務責任手冊，在手冊中有每個部門的部門職能和每個職位的職務職責，書寫得非常細緻和系統。職務責任制的實施對組織來說應該是管理上的一個提高，但就現實情況而言，在多數裏，職務責任手冊只是一套形式上的資料，並沒有得到認真的落實。沒有人根據組織職責的內容來規範自己的工作，更沒有將它作為真正的依據進行績效考評。

一、問題的根源

組織出現這類問題的原因各不相同。歸納起來，可以總結出以下幾個根源：

1. 沒有職務分析：一些組織從來沒有進行過職務分析，職務責任手冊中的內容都是原模原樣地照搬其他組織的同業職務職責內容，有些可能會進行一些修改，但這種修改大多是基於管理者的主觀意願進行的調整。這樣草率的做法，將不會作出符合實際情況的職務職責。

2. 職務分析沒有更新：有些組織也曾經做過職務分析，但並沒有根據組織的變化來重新進行職務分析，修訂職務職責的內容，造成職責的內容與實際工作不相符合。職位職責當然不會產生它的作用了。

3. 缺乏認真的工作態度：一些組織在進行職務分析時，起初可能充滿了熱情，但由於工作繁瑣，職務量大，漸漸對職務分析失去了認真的態度。這樣就使職務分析變得形式化了，並沒有真實地反映出職務內容的資訊，訂出了不符合實際的職務描述和職務資格要求。

4. 缺乏一定的技術和經驗：職務分析並不是一件簡單的事務性職務，它要求職務分析人員有一定的專業素質和專業背景。這樣工作並不是光靠工作熱情就能做好。多數組織在職位職責描述的質量都不是很精確，比如有些職務責任中只有工作內容，而沒有工作責任。

5. 缺乏對職務資格要求的使用：職務職責只包含了職務描述中的內容。職務分析中的另一個重要內容職務資格要求並沒有得到體現，更別說進行利用了。如果職位中的人員並不具備職位的任職資格，可想而知，再精確的職務職責、再好的管理制度也沒有什麼意義。缺乏對職務資格要求的有效使用；是一個很普遍的問題。

二、具體的對策

1. 認真進行職務分析：沒有進行職務分析的組織，應該認真、細緻地進行職務分析，得到真正對組織有用的資訊和成果。職務分析的方法選擇和步驟一定要根據組織的實際情況進行選擇。職務分析人員也要對職務分析進行更加深刻的理解，使職務分析的成果真正對組織有用。

2. 及時地修改：當組織涉及到職務相關資訊發生變化時，要進行相關的職務分析，對發生變化的內容進行重新地修改。使職位職責能夠隨時適應組織的人力資源管理的需求，並使職務責任制能夠認真地貫徹下去。最好能建立一個組織職責審核制度，每一個年度，對所有的正在使用的職務職責進行一次梳理，及時發現問題，處理問題。

3. 將職、權、責、利統一：多數組織的職位職責中一個普遍的問題是沒有把職務的職、權、責、利有效的統一起來，職就是工作內容，權就是為完成工作而應享有的權力，責就是職務中應該承擔的責任，利是完成工作應該得到的收益。職、權、責、利的統一，就是將職務的工作內容與職務的權利、責任和員工的收益統一起來。有工作就有相應的權力和責任，工作的好壞和獎懲相互銜接。

4. 進行人力資源盤點：人力資源盤點是指對組織所有的人員進行徹底調查，清楚地瞭解員工的各項素質和能力。根據人力資源盤點的結果，參照職務資格要求，將不符合工作資格要求的員工進行轉換，或者進行職務培訓。最終使組織每位員工能夠勝任自己的職務。

三、周延進行職務設計

　　職務設計是指組織為了提高工作效率，而採取的修改職務描述和職務資格要求的行為。在組織剛成立時，管理者對組織職務設置、職務職責、管理流程的思考就可以理解為一個職務設計的過程。當然，描述這裏講的「職務設計」是指組織已經存在了一段時間後的對職務設置、職務職責等重新思考和設計。職務設計的目的是提升人力資源配置，為員工創造更加能夠發揮自身能力，提高工作效率，提供有效的管理環境保障。

（一）職務設計的時機

在以下幾種情況出現時，人事人員應警覺到職務設計出現了問題：

1. 職務設置不合理：職務設置並不是很合理，有些職務工作量大，經常無法按時完成工作；有些職務工作量小，上班有很多空餘時間。提高了人力資源成本，同時破壞了員工之間的公平和和諧，有些員工可能會產生牴觸情緒，影響工作進展。
2. 組織計畫進行管理改革：由於組織的發展，或市場的變化，組織計畫對現有的經營模式和管理模式進行改革時，人力資源部門應該配合組織的改革進行相應的職務設計，使職務能夠適應新形勢的需要。
3. 員工職務效率下降：員工工作效率下降的原因很多。如果是由於員工已經對現有職務沒有興趣或新鮮感而產生的效率下降，就應該考慮對這些職務進行職務重新設計。

（二）職務設計的原則

職務分析的以下幾個原則：

1. 充分考慮技能的多樣性；
2. 充分考慮任務的完整性；
3. 要向員工闡明每項任務的意義；
4. 要設置職務反饋環節。

若能滿足了上述的原則，就可以使員工體驗到工作的重要性和自己所負的責任，及時瞭解工作的結果，從中產生高度的內在激勵作用，形成高品質的工作績效及對工作高度的滿足感。

（三）職務設計的形式

常見的職務設計的形式有以下四種：

1. 工作輪換

   工作輪換是指在不同的時間階段，員工會在不同的職務上進行工作。比如同一單位不同職務的人員可以在一年進行一次工作輪換。工作輪換的優點在於：給員工更多的發展機會，讓員工感受到工作的新鮮感和工作的刺激；使員工掌握更多的技能；增進不同工作之間員工的理解，提高協作效率。但它也有一定的局限性：首先，它只能限於少部分的工作輪換，大多數的工作是無法進行輪換的，因為很難找到雙方正好都能適合對方職務資格要求的例子；另外，輪換後由於需要熟悉工作，可能會使職務效率降低。

2. 工作豐富化

   也叫充實工作內容，是指在工作內容和責任層次上的基本改變，並且使得員工對計畫、組織、控制及個體評價承擔更多的責任。充實工作內容主要是讓員工更加完整、更加有責任心地去進行工作，使員工得到工作本身的激勵和成就感。

3. 工作擴大化

工作擴大化是指工作的範圍擴大，目的在向工作人員提供更多的工作，即讓員工完成更多的工作量。當員工對某項職務更加熟練時，提高他的工作量（相應的也提高待遇），會讓員工感到更加充實。

4. 以員工為中心的工作再設計

它是將組織的策略、使命與員工對工作的滿意度相結合。在工作再設計中，充分採納員工對某些問題的改進建議，但是必須要求他們說明這些改變對實現組織的整體目標有哪些益處，是如何實現的。

（四）工作豐富化的步驟

工作豐富化是職務設計最普遍的應用形式之一。下面作一個較為詳細地介紹：

1. 遵循的五項原則

在《如何激勵職工？》一書中，弗萊德里克‧赫茲伯格（Frederick Herzberg）認為，在工作豐富化時，應注意遵循下列五條原則：

(1) 增加要求；

(2) 賦予責任；

(3) 職務自主；

(4) 職務反饋；

(5) 專業培訓。

2. 開展工作的時機

出現以下四種情況之一，可以考慮工作豐富化：

(1) 實現工作豐富化的代價不大：主要是指完成的難度不大和對組織可能造成的負面影響不大。

(2) 員工的工作效率下降，工作情緒不高，缺乏職務熱情，沒有工作積極性和主動性。

(3) 物質激勵的收效不大。透過物質激勵很難改變現狀。

(4) 增加員工責任感和工作自主權很可能會有效地提高工作業績。

3. 診斷工作豐富化問題的方法：

(1) 觀察法：透過實際觀察來瞭解員工在工作中具體存在哪些問題影響了工作效率。觀察法適合於中小型組織和作業流程單一的組織。觀察法可以很快地發現比較淺層的管理問題，但很難發現深層次的問題。

(2) 面談法：透過與當事人進行面談來瞭解情況的一種辦法。

(3) 分析工作流程法：將職務流程進行重新分析，最好能經由具體實例來進行分析，以期發現問題的癥結。

(4) 結構線索法：尋找通常與低劣的工作情況相聯繫的職務環節。透過這些環節來整理出原先職務設計中的問題。

(5) 調查問卷法：調查問卷法是一種比較可靠，且易於操作的方法。特別是對某個職務的所有員工進行相同的問卷調查，透過對問卷調查的分析往往能夠找到問題的癥結。採用調查問卷法時，問卷的設計非常重要。問卷的內容應該包括基本資訊、工作內容調查、職業發展調查、適應性調查、相關問題調查等五個方面內容。

4. 工作豐富化的核心內容

(1) 與客戶聯繫：如果員工能夠直接與客戶接觸，從客戶那裏直接瞭解到產品的使用情況，可以使員工增添強烈的成就感和自豪感，這是工作豐富化的最有效的手段。

(2) 自行安排工作計畫：每個人都喜歡主宰自己的行為，員工在工作時也不例外。大多數員工都有能力安排自己的工作計畫。上級只需確定最後期限或目標。這是提高員工主動性的二個有效方法。

(3) 對整個任務的所有權：盡可能的讓員工完成一件完整的職務。比如，與其讓其組裝機器的某個零件，不如讓員工組裝整個機器，因為後者更能激發員工的責任感和成就感。

(4) 直接反饋：可能的減少反饋的環節和層次。比如，產品的品質問題報告與其在主管手中互相傳遞，不如直接交給當事人。如果這種反饋不夾雜管理者的批評，員工能更好的進行自我批評，那麼，員工就能自覺的提高工作的品質。

三、有效進行職務分析應該注意的一些問題

職務分析是對組織中各項工作職務的特徵、規範、要求、流程以及對完成此工作員工的素質、知識、技能要求進行描述的過程，是人力資源開發與管理最基本的作業，是人力資源開發與管理的前提，是現代人力資源所有職能——人力資源獲取、整合、保持激勵、控制調整和開發等職能工作的基礎。只有做好了工作分析，才能據此完成組織人力資源規劃、績效評估、職業生涯設計、薪酬設計管理、招募、甄選、錄用工作人員等等工作。有的組織人力資源管理者忽視或低估工作分析的作用，導致在績效評估時無現成依據、確定報酬時有失公平、目標管理責任制沒有完全落實等等，挫傷員工工作積極性和影響組織效益的現象也時有發生。因此，對於人力資源管理者而言，做好工作分析至關重要。

玖、結語

職務分析是現代人力資源管理所有職能，即人力資源獲取、整合、保持與激勵、控制與調整、開發等職能工作的基礎和前提，只有做好了職務分析與設計工作，才能據此有效完成。諸如，制定人力資源規劃；核定人力資源成本，並提出相關的管理決策；讓所有員工明確各自的

工作職責和工作範圍，使組織有效招募、選拔、使用所需要的人員；制定合理的員工培訓、發展規劃；制定考核標準及方案，系統性開展績效考核工作；設計出公平合理的薪酬福利及獎勵制度方案；為員工提供科學的職業生涯發展諮詢；設計、制定高效能的組織結構；提供開展人力資源管理自我診斷的科學根據等工作。職務描述書是工作分析的結果，作為人力資源管理中一項重要的基礎工作，與人力資源管理工作有著不可分割的聯繫。

　　職務分析是一項複雜的系統工程，應該是責任中心管理者的職責，人事部門只是協助責任中心的管理者來從事這項職務。組織進行職務分析必須統籌規劃，分階段、按步驟地進行。職務分析是指經過觀察和研究，確定關於某種特定性職務的確切資訊報告的一種程式。為使工作分析在人力資源管理實踐中得到有效執行，我們需要將工作分析的理論與實踐積極進行結合，並不斷創新，特別需要注意和把握好以下幾個方面具體實施：明確工作分析的目的、把握工作分析的內容、理順工作分析的程序、工作方法得當。由於職務培訓是人員培訓的重要組成部分，其根本目的是幫助員工獲得職務必備的專業知識和技能，具備任職資格，提高職工勝任本職工作的能力。職務培訓的前提是職務規範化，職務規範包括職務標準和職務培訓規範。因此，職務分析的結果是職務培訓必不可少的客觀依據。工作分析與績效考核工作分析是以職務為中心，分析和評定各個職務的功能和要求，明確每個職務的職責、許可權，以及承擔該職務的人員所必備的資格和條件。而人力資源考核是以人員為基準，透過對職工的德、能、勤、績等方面的綜合考核，來判斷他們是否稱職，並以此作為任免、獎懲、報酬、培訓的依據，促進人適其位。從人力資源管理工作程序上看，工作分析是人力資源考核的前提，職務分析要為人力資源考核的內容、專案和指標體系的確定，提供客觀的依據。

第六章

兩岸高教人事法制研究

> 「在二十一世紀的知識經濟社會裏，大學在整個教育中必然是重要的，
> 而且是最重要的一環。」
>
> — D. Kennedy —

壹、前言

國際化是國家競爭力的重要指標，大學競爭力被視為衡量一個國家的實力，因此，大學國際化是國家國際化中重要的一環。根據教育部統計民國 91 年計有四十四所國內大專校院分別與美國、加拿大等十七個歐、美、澳及東南亞國家之高等教育機構建立合作關係，惟獨與我同文同種之大陸地區，鑑於政治因素，在文教交流方面目前仍有諸多限制，影響兩岸之學術交流。為加速國內大學國際化程度，除與歐美等國家建立合作關係之外，對於海峽對岸同屬華人地區之高等學府，亦須有所瞭解，才能提升競爭力與國際化程度。

貳、兩岸人事法制研究緣起

至民國 95 年，國內大專校院已多達一百六十八所，且台灣加入 WTO 之後，教育市場國際化及兩岸競爭壓力日增，提升高等教育辦學品質刻不容緩。因應兩岸高等教育學術交流現況，台灣地區與大陸地區人民關係條例第 21、22 條已明訂，大陸地區人民經許可進入台灣地區，得至大學擔任教職、學術研究機構研究人員或社會教育機構專業人員，但對於兩岸學歷檢覈及採認的問題，在諸多政治性考量下，主管單位仍未釐定相關政策，台灣每年赴大陸留學的人愈來愈多，未來開放大陸學歷的壓力勢必仍是要面對的問題。前教育部長郭為藩先生於民國 92 年 9 月 14 日全國教育發展會議中，提出設立學歷、學位認證之民間專責單位，以保障學術品質，並援歐洲模式，建立兩岸學術競爭機制。如未來大陸學歷之採認勢必推動兩岸學術交流，有關兩岸合作學校間之學聯制、學分採認、學生交換、教師互動及赴對岸設分校招生開課等情形，均值預為研究，以資因應。

多年來高等教育與大陸地區多所大學建立良好合作關係，兩岸教師依台灣地區與大陸地區人民關係條例交流後，將涉及聘任、待遇、研究、講學等人事業務，各校人事人員實需化被動為主動，積極扮演前瞻性之人力資源發展角色，因此由人事人員建置一套兩岸大專校院教育人

事法制顯有其必要性。部分大學校院人事同仁爰依上開宗旨籌組「兩岸大學校院教育人事法制研究小組」，期以研究與比較兩岸教育人事法制為宗旨，研究所得期作為各校自身面對未來兩岸教育人事法制參考準則外，尚可提供教育主管機關擬訂政策之參考。92 年 12 月間計有台灣大學、清華大學、陽明大學、成功大學、中山大學、宜蘭大學、台北科技大學、雲林科技大學、輔仁大學、育達學院、華夏學院、及世新大學等校人事同仁共同發起籌備事宜。

為能落實研究本旨，工作小組集合多所大學人事同仁，經多次研討決議以下列四項議題為核心：「兩岸高等教育政策與法令之比較探討」、「各校人事規章與作業之探討」、「兩岸教育制度差異之比較研究」、「兩岸高等教育交流中人事工作之應有作為」等。並採取分工作業方式，以參與學校同仁區分三組，分就：「教職員任免，聘期，教師資格審查，借調兼職」、「學術合作，進修研究，差勤管理，績效考核，權益保障」、「待遇、保險、福利、退撫」 等人事工作專業，依據大陸、台灣之法規與現制等範疇進行分組整合式研究。

茲因大陸地區相關人事法規搜集不易，小組成員爰於 93 年 8 月 23 日至 8 月 25 日應大陸安徽大學之邀參加「兩岸大學校院教育人事法制研討會」，會中由世新大學主任秘書葉至誠教授發表：「台灣高等教育的發展趨勢與願景」、台灣大學人事室江元秋主任發表：「大學教師績效待遇之探討——以變動薪為例」、清華大學人事室鍾承璋組長發表：「台灣地區公立大學教師聘任制度之探討」及台北科技大學人事室組長何雪真發表：「台灣地區大學校院教師升等審查制度之探討」等四篇論文，大陸地區亦由安徽大學人事處蔡亮處長發表：「以教師資格認定與教師聘任為抓手——全面提升我校教師隊伍整體素質」、安徽建築工業學院人事處王志建處長發表：「校內分配制度改革初探——安徽建築工業學院校內分配制度改革的實踐與探討」、安徽工業大學人事處黃修權處長發表：「關於教師職務聘任、聘期及聘約管理」、淮北煤礦師範學院人事處沈維珉處長發表：「論高等學校教師素質與完善教師評價」、安徽教育學院組織人事部李旺生副部長發表：「關於高校教師評價機制的探討」、皖西學院人事處余虹奇處長發表：「淺談高校教師評價機制的建立」、安徽師範大學人事處張明處長發表：「關於高校教師評價機制的實踐與思考」、安徽醫科大學人事處宗琴珍處長發表：「高校現行教師評價工作中的弊端及對策分析」、蚌埠醫學院人事處齊玉龍處長發表：「高等醫學院教師授課質量的評價」、中醫學院組織人事部張景湖副部長發表：「當前高等學校校內津貼分配的幾種模式」，研討會在安徽省教育廳陳賢忠廳長主持之下，安徽省師範大學、安徽醫科大學、安徽中醫學院、蚌埠醫學院、安徽工業大學、安徽建築工業學院、淮北煤礦師範學院、皖西學院、安徽教育學院、合肥工業大學、安徽大學等十一所大學均由人事處長或副處長與會進行討論，兩岸高等教育人事部門首次交流，除提出豐碩的理論與實務資料外，面對面進行對話，亦獲致相當寶貴之意見，本次發表論文已編印《第一屆兩岸高等教育人事法制研討會論文集》成冊。並達成大陸、台灣兩地每年異地舉行的共識。

第二屆於 94 年 8 月 23 日至 8 月 25 日於雲林科技大學舉行，研討主題為：「教師評鑑、教師績效獎勵制度」，台灣與會有一百三十二位大專校院人事同仁，安徽省高校十二所人事處長與會，研討會的主題為高等教育教師績效考核制度，共計有十二篇論文發表。

　　第三屆於 95 年 8 月 8 日至 10 日於安徽工業大學舉行，研討主題為：「教職員工教育訓練與高等教育發展」。除有台灣高等學府人事人員三十位出席外，大陸高校亦有安徽、江蘇、浙江等高等學府人事人員八十位與會。在第一、第二屆研討會的基礎下，兩岸高校人事人員得以進一步交換工作心得，並就雙方面臨的議題提供相互借鑑的資訊。

參、大陸高等教育發展現況──以安徽省為例

一、安徽省高校的基本情況

　　安徽省高等教育事業發展很快，規模不斷擴大、質量和效益明顯提高。到 2003 年底，普通高等學校總數已達八十一所。其中，省屬本科院校二十四所，高等職業院校四十九所，六所專科學校。省屬普通高校共有教職工 37,510 人，專任教師 22,202 人。專任教師中具有高級職稱的 7,229 人，具有中級職稱的 7,073 人，具有初級職稱的 2,118 人，分別占專任教師總數的 32.56%、31.86% 和 20.04%。2005 年秋季開學後，在校生規模近 45 萬人，毛入學達 14%。萬人以上大學十一所。省屬普通高校師生比 1：18 左右。目前，省屬高校中，有安徽大學、安徽醫科大學等五所高校為博士點授予單位，碩士點授予單位十二所。學科專業已達 1,715 個（本科 593 個、專科 1,122 個）。

　　儘管安徽省高等教育事業取得了很大的成績，但存在的問題也不少。主要表現為「一個矛盾」、「兩大問題」和「三大壓力」。「一個矛盾」，即廣大人民群眾接受高等教育的需求與高教資源供給不足，特別是優質資源供給不足的情況。「兩大問題」：一個是投入問題。投入總量嚴重不足，投入的增長跟不上發展的需要，辦學條件建設落後於擴招速度，難以滿足擴招對教育資源的需求。二是隊伍問題。高校教師隊伍數量不足，學歷層次總體不高（省屬高校具有碩士學位教師占專任教師總數的 20.8%），結構不合理，高層次人才偏少且流失較嚴重。「三大壓力」：一是發展的壓力（人民群眾需求與可用資源的矛盾），二是質量提升的壓力，三是就業的壓力。

二、安徽省屬高校師資的基本情況

　　高校緊緊圍繞高校改革、發展和穩定的大局，把高校師資隊伍建設納入高等教育發展的總體規劃加以考慮。採取了一系列措施，切實加強了高校師資，在高校持續、健康、快速發展的新形勢下，為了切實保證教學質量，提高人才培養素質，奠定了堅實的人才基礎。

（一）認真貫徹

　　《2002─2005 年全國人才隊伍建設規劃綱要》和教育部《關於加強新時期高等學校教師隊伍建設的意見》，制定了《安徽省高等學校教師隊伍建設 2002─2005 年規劃》，這個四年規劃，對高校教師隊伍建設的指導思想、具體目標、政策措施提出了明確的意見，引導高校建設一支高素質的師資隊伍。絕大部分高校都認真貫徹這個精神，促進了師資隊伍建設。

（二）突出重點，加強了學術梯隊建設

1. 組織實施了「皖江學者計畫」。為造就一批新世紀高校學科帶頭人，提升高校教學科研整體水平和學術地位。在省屬高校設置了特聘教授崗位 7 個、講習教授崗位 25 個。首批遴選了 6 名特聘教授和 5 名講習教授人選。啟動了安徽省「高校十五優秀人才計畫」，為加快高校中青年學科帶頭人培養對象和中青年骨幹教師的選拔培養工作，遴選了 52 名拔尖人才和 100 名高校中青年學科帶頭人，150 名高校優秀中青年骨幹教師。

2. 加大人才引進工作的力度。2003 年以來，安徽省高校引進和培養了 550 餘名博士、1600 餘名碩士。引進副教授以上人員 150 餘名。

3. 開展了學術技術帶頭人候備人選的選拔推薦工作，高校有 29 名教師入選。1997 年以來，全省評出三批省學術和技術帶頭人後備人選共 343 人，其中高校系統 137 名，占全省的 39.94%。2002 年，啟動了學術技術帶頭人候備人選科研立項資助工作，評審資助項目 43 項，資助經費 100 萬元。今年將開展第二次省學術技術帶頭人後備人選科研立項資助工作。同時，對第一、二、三批 106 名省學術技術帶頭人候備人選進行了考核。促進了學術技術帶頭人候備人選隊伍建設。

4. 為加強高校青年教師隊伍的培養，使其盡快脫穎而出，成為新一代學術骨幹，2001 年以來連續開展了四屆高校青年教師科研項目資助計畫。共立項 530 項，資助額達 300 餘萬。

5. 針對當前高校特別是剛升格院校專任教師普遍緊張的實際，建立了首批 600 多名離退休教師專家庫，向有關高校公布，由這些學校從中選聘，以帶動這些學校教師隊伍和學科專業建設，發揮老教師傳承作用。

（三）強化師資培訓工作，提高教師隊伍整體素質

1. 省教育廳從 2002 年開始，進一步規範「以畢業研究生同等學歷申請碩士學位教師進修班」的管理，特別是重視教學質量，採取入學統考和結業聯考的措施，並且與教師職務晉升掛勾。2002 年對前幾年進修班的 1,097 名教師組織了結業考試；組織 100 名專家教授編寫了進修班考試大綱。2002 年進修班入學 570 人；2003 年進修班入學 505 人。在經費資助方面也進行了改革，即取得碩士學位者補助 7,000 元，取得省教育廳結業考試合格證者補助 2,000 元。據不完全統計，累計培訓教師 6,000 多名，其中取得碩士學位的約占 10%，參訓教師業務素質普遍得到提高。

2. 教育廳適時調整職前培訓形式、內容，為了節省高校開支，採取分散培訓、統一考試的辦法，在高師中心指導自主進行培訓，專科院校就近參加在地本科院校的培訓。在培訓內容上增加了「WTO 與高等教育」課程（開卷考試）。職前培訓與高校教師資格認定掛勾，即非師範類畢業生認定高校教師資格只要參加職前培訓考試成績合格的，不要再修

高等教育學、高等教育心理學兩門課程。2001 年以來每年對高校新進的 2,000 多名教師進行職前訓練，並組織職前培訓結業考試，通過率約在 90%左右，效果較好。

3. 2003 年首次選派經考核優秀的部分學術技術帶頭人候備人選出國進行培訓，參加培訓的教師感到收穫很大，不僅開闊了學術視野，提高了研究水平，而且為有針對性的開展教學和研究工作都有幫助。2006 年組織第二批部分優秀省學術技術帶頭人候備人選到英國進行培訓。

4. 教育廳每年選派 100 名中青年骨幹教師到國內著名高校做訪問者。這項工作已連續開展兩年了，共安排了 300 名骨幹教師做訪問者。均給與一定的經費資助（7,000 元），這項工作對於提高教師學術水平和業務素質產生了積極的作用。

5. 選派 170 餘名教師參加教育部學科教學論國家級培訓。

6. 鼓勵高校教師在職攻讀碩士、博士學位，給與專項經費資助。對高校引進和培養的碩士、博士均給與專項資助。（碩士每人補助 2,000 元，專科 3,000 元，博士均為 7,000 元。2005 年資助 224 萬元。）

7. 加快高職院校「雙師素質」教師培訓基地建設，2005 年組織 200 多名高職院校骨幹教師參加主幹課程的培訓工作。

（四）全面實施教師資格，嚴格把好教師「入口關」

2001 年以來，高校按照《高等教育法》、《教師法》和《教師資格條例》等有關法律法規，依法實施「教師資格制度」，建立符合高校實際的教師准入制度。共認定高校教師資格 12,693 人。這項工作已步入正常化、制度化和法制化的軌道。

（五）重視人才引進工作，規範選調教師的政策措施

2001 年制定了高校選調人員的具體政策，2002 年對不同層次高校選調人員提出具體的要求，明確要求高校引進高層次、高學歷的教師從事教育教學工作，嚴格控制非教學人員，從源頭把握教師質量。開闢人才「綠色通道」，對高校引進高層次人才給予政策支持。如安徽醫科大學引進海外高層次人才，不求所有，但求所用，也給予進行職稱評定，對學校教師素質的提升促成了積極的作用，效果也是明顯的。

（六）實施「以聘代評」制度，強化教師考核

由於「教師職務條例」的規範，一方面，打破教師職務終身制，實行真正意義的全員聘用，合約管理，促進流動，啟動高校用人制度；另一方面，為了提高辦學層次，留住人才，把夠條件的中青年教師晉升到高階職位上來。在這種情況下，本著提高教學素質等原則，又有利於培養人才、吸引人才、用好人才，從而深化高校內部管理體制改革的精神，遵循高等教育改革的方向，不斷調整和完善職評政策，繼續擴大「以聘代評」試點學校，包括安徽大學、安徽理工

大學、安徽工業大學、安徽師範大學。發揮職稱在教師建設中的槓桿作用，進一步激勵廣大教師投身教育教學的積極性。

（七）進一步加強高校教師師德建設

在教師進行職前培訓、職稱評定、項目評審、評獎等環節中，已有師德方面的具體要求，並實行師德一票否決制度。為了進一步加強高校師德建設，擬定了安徽省《高等學校教師師德規範》。

總體上看，高校人事分配制度在不斷深化，對穩定人才和吸引人才方面產生了積極的作用，積累了一些經驗，取得明顯的成效。

肆、大陸高等教育人事法制——以安徽省為例

以上是就安徽省高校的基本情況，接下來就大陸高等教育中教師資格認定與教師聘任制度、高等學校校內津貼分配制度、高等學校教師評價機制三大主題簡要介紹。

一、安徽省高等學校教師資格認定與教師聘任制度

（一）大陸高校教師資格認定

1. 法令依據

教師法（1993）、教育法（1995）、教師資格條例（1995）等法律是執行教師資格認定工作的依據。

2. 教師資格認定機構

(1) 在省教育廳核准下由校領導組成「教師資格認定工作領導」小組，該小組辦公室設在人事處，負責日常工作，另由各學科專家組成各學科教師資格專家審查委員會。

(2) 院系成立由單位領導組成「院系教師資格認定工作小組」，指定法律意識和工作責任心強的專人具體操作。

(3) 教師資格認定條件

    a. 學歷：研究生或大學本科畢業。

    b. 身體：良好身體素質和心理素質，無傳染病史、精神病史。

    c. 普通話水平：達國家語言文字委員會規定二級乙等以上。

    d. 教學能力：經專家考察合格。

    e. 教育學、心理學知識：經考試合格。

（二）大陸教師聘任之特色

1. 組織領導

學校成立教師聘任工作委員會，由學校黨政領導及有關職能部門負責人組成，該委員會辦公室設在人事處，各院系成立教師聘任工作領導小組。

2. 聘任原則

學校根據省編委規定的編制，分配各院系教師編制，設置教授、副教授、講師、助教四類崗位，並制定教師崗位職責及考核辦法，明確每一個崗位的崗位職責，其聘任原則在定編、定崗、定責的基礎上進行。

3. 受聘條件

(1) 積極條件

必須具有：

a. 高校教師資格證書或具高校教師資格認證條件。

b. 擁護並執行教育方針、為人師表等良好教師職業道德。

c. 具有崗位職責所需的工作能力、業務水平。

d. 年度考核合格。

e. 身體健康，能堅持正常工作。

(2) 消極條件

有下列五項情形者，均不予聘任：

a. 有違反國家法律法規、政策或嚴重違反學校規章制度者。

b. 上年度考核不合格者。

c. 工作嚴重失職，給學校造成重大經濟損失或發生嚴重教學事故者。

d. 未經授權以學校名義辦學、進行項目轉讓、自辦產業，侵犯學校辦學權和經濟權益者。

e. 在聘任過程中弄虛作假、徇私舞弊、無理取鬧、挾私報復者。

4. 聘任程序

(1) 各院系根據學校核給的編制數和崗位控制數，合理設置各類崗位、明確每個崗位工作職責、具體任務和聘任條件，報學校聘任工作委員會同意後實施本單位聘任方案。確定擬聘人選後報學校聘任工作委員會審批。

(2) 學校向副教授以上發聘書，其他職稱由聘任單位代表學校發聘，聘期均為三年。

(3) 聘任中對尚未取得教師資格證書者，實行一年見習期和六個月試用期，如未能在規定時間內取得教師資格者，解除聘任合同。

5. 受聘人員的權利和義務

(1) 權利

獲有與受聘崗位相應的工作、學習、生活條件，享有醫療、住房補貼及崗位津貼等待遇；有權申請專業技術職務之晉升及向學校人事處或地方政府申請爭議調解或仲裁。

(2) 義務

遵守國家法律法規和學校各項規章制度，服從應聘單位工作安排，履行崗位職責，完成規定的聘任任務，並接受考核。

6. 監督、調解與仲裁

(1) 學校成立聘任工作監督委員會，負責監督各單位的聘任工作。

(2) 學校在校教育公會成立人事爭議調解委員會，負責處理有關聘任工作中人事爭議調解事宜。

(3) 應聘人員對學校和院系作出涉及本人權益的人事處理決定不服，可向人事處爭議調解委員會申請調解。調解未果，可向地方政府的人事爭議仲裁機構申請仲裁。

7. 聘後管理及考核

實行量化管理與質量評價相結合，年度考核及聘期考核相結合的管理辦法。年度考核和聘期考核結果分為優秀、合格、告誡、不合格等級，考核結果並與獎懲、職務晉升、聘任、崗位業績津貼掛鉤。聘任期滿後，根據聘期考核結果，可以實行高職低聘或低職高聘。

由於大陸教師法頒布前，沒有法定的教師資格制度規範教師的基本條件，造成教師素質參差不齊現象。大陸教師普遍學歷較低，為了提升師資隊伍學歷學位層次，部分學校，如：合肥工業大學 2004 年 4 月 29 日訂定「師資隊伍博士化與碩士化工程實施暫行辦法」，期望到 2006 年 35 歲以下教師具有研究生學位比例達 60%，到 2010 年所有 45 歲以下教師 100%具有碩士以上學位，其中具有博士學位的教師達 40%-50%。

二、安徽省高等學校校內津貼分配制度

近年來大陸進行教育改革，最重要的是如何優化教師隊伍，提高教師素質，除教授、副教授、講師、助教外，學校尚設置學科帶頭人、學術骨幹教師、專業技術職務等崗位及引進高層次人才（院士、特聘教授、講座教授），給與相關教學科研條件建設費及校內優厚之崗位津貼，以下將對高校教師收入、校內津貼分配的幾種模式予以分項介紹。

（一）大陸高校教師收入的構成

當前大陸教師的收入主要由二部分構成，一是政府工資，一是校內津貼。另外還有部分是教師從事社會兼職。

1. 政府工資

由政府財政供給，主要依據教師職務、任職時間和工齡長短按規定標準計發。

(1) 同一職務差距在 30 元至 100 元間。

(2) 相同工齡、相同職務（如副教授與教授），其工資差距僅 2、300 元左右。

  (3) 總體水平較低，月工資約 1,000 至 3,000 元。

  (4) 政府工資具有濃厚的平均主義色彩。

2. 校內津貼：由學校自籌經費供給。

  (1) 校內津貼的主要特點

   a. 破除僅按職務、身分確定的分配模式。

   b. 以崗位津貼為主，大多採用三等九級。

   c. 注重績效考核，按勞分配，優勞優酬，重在激勵。

   d. 校內津貼的額度接近甚至超過政府工資。

  (2) 校內津貼的分類：由崗位津貼、業績津貼、人才工作津貼、獎勵津貼四部分構成。

   a. 崗位津貼：按教學科研崗位、管理崗位、教輔崗位、工勤崗位分類。一般同一職級劃分三檔，不同職務的崗位津貼最大級差為 10 倍。

   b. 業績津貼：按完成年度崗位工作的數量和質量，設教學、科研、實驗、管理、服務工作業績津貼。

   c. 人才工作津貼：設各級拔尖人才、學科帶頭人工作津貼和研究生學位津貼。

   d. 獎勵津貼：依政府、社會和學院認可之成果，設教學、科研和各類先進工作獎勵津貼，且對國家級和省部級的成果予以重獎。

  對大多數教職員工，其校內津貼主要由崗位津貼與業績津貼構成，崗位津貼一般占 70%左右，對少數取得突出成果的教師，其獎勵津貼數倍於崗位津貼。

（二）當前高等學校校內津貼分配的方式

  採取「分類定崗、定量定酬」的分配模式，其中原則為：

1. 人員分類：將全校在職在崗人員大致分為三類

  (1) 教學、科研人員

  (2) 管理人員

  (3) 教學輔助人員

2. 定崗定級

  (1) 全校教學科研崗位共設六級：特聘崗位、博導崗位、教授（研究員）崗位、副教授（副研究員）崗位、講師崗位和助教崗位（中級職稱以下不設專職研究崗位）。

  (2) 管理崗位（含教學輔助人員）根據職務情況共設七級——正校、副校、正處、副處、正科、副科及一般管理崗位。

3. 定量定酬，即定工作量，定津貼數

  (1) 教學職務崗位設置及崗位津貼表

  (2) 專職科研崗位設置及崗位津貼表

  (3) 管理人員職務崗位津貼設置表

(4) 科研成果計分項目及計分標準

以上分配方式係在人員分類定崗的基礎上，再進行分級，目標定額，完成定額就得到相應的津貼，其中教學和科研兩部分的量化程度高（如課時、質量、指導研究、科研項目、發表或出版論文、專著等），而管理方面量化程度低，考核困難，因此有的學校採取更全面方法，如下列分配模式：

(1) 崗位津貼

(2) 業績津貼

　　a. 課時津貼：各類人員承擔各類教學任務均按一定標準享受課時津貼。

　　b. 科研津貼：教師按科研工作業績享受科研津貼。

　　c. 工作責任津貼：管理人員、教輔人員及工勤人員按工作責任和履行崗位職責的實績，享受工作責任津貼。

4. 業績津貼發放辦法

(1) 學校按各學院當年度定編數，以每一個編制 12,000 元/年的標準撥給各學院，學院依教師教學、科研、管理、教學質量等考核結果發給。

(2) 學校機關和各直屬單位按每一個編制 12,000 元/年的標準，由學校統一掌握分配，各類人員的工作責任津貼根據職級和工作責任拉開層次。

(3) 獎勵津貼：根據學校辦學效益決定年終是否發放。

三、安徽省高等學校教師評價機制

大陸高校對教師評價之定義為：通過對教師素質及其在教育教學、科學研究工作中的行為表現狀況的測量，評斷教師的素質能力和教育教學、科研水平的效果。因此認為建立高校教師評價機制，有利於提高教師素質水平；有利於提高學校的教育教學質量；有利於實現教師隊伍管理科學化。

（一）大陸高校教師評價機制

大致分為三大類：

1. 常規評價機制：教師教學考核、年度考核、任期聘用考核。

2. 錄用與晉升評價機制：教師資格認定、學術帶頭人評審、職稱評審與聘用、特聘崗位評審等。

3. 獎勵評價：各級各類模範教師和個人或單項評選。

（二）大陸高校教師評價的主要內容和指標

1. 教師評價主要指標

(1) 社會發展對教師所提出的要求

(2) 教師工作本身所固有的特點和規律

2. 教師評價內容

　(1) 基本素質：思想政治素質及師德表現

　(2) 教育教學能力：教學態度、教學內容、教學方法、教學效果等

　(3) 工作表現與績效

　　　a. 教學方面：學生評教的結果、指導學位（課程）論文的數量和質量、教學法研究成果

　　　b. 科研方面：專著與論文、獲獎項目、研究課題的水平和難度

　　　c. 社會服務方面：校內承擔的社會工作及效率、校外承擔社會兼職的社會效益與經濟效益

（三）大陸高校教師評價程序

1. 被評價教師自述工作任務、工作特點、工作績效，指出工作中遇到的困難和存在的問題並分析可能的解決辦法和需要的協助。

2. 評價者對照評價標準對被評價者評分，劃分評價等級。

3. 由相關職能部門根據評價等級決定被評價教師升降、工作津貼的分配和獎懲。

（四）大陸高校現行教師評價工作的弊端

1. 教師評價工作中的價值衝突
有關實施教師工作評價之認知，管理者認為學校必須穩定、有效率、可預測、能夠控制教師，而教師們認為管理者應該樂於和他們分享資源和權利。另大學自治，現代大學以市場為導向，增強大學競爭力，大學價值觀念面臨挑戰，大學在單純效率目標的指引下，其市場取向的功利化評價方式，違背了評價的初衷，使學術工作陷入尷尬境地。

2. 評價標準主觀片面、評價方法簡單化，背離教育科學規律
片面強調教師工作績效的評價，把教師承擔的教學時數、發表論文、論著的等級和數量、爭取的科研經費等容易量化的指標作為教師評價主要指標，而對教學效果、教學革新、學科建設、團結協作、師德、學術道德等不能量化或難以量化而強行量化，評價過程參雜主觀因素和人為因素，致遭教師的非議和抵抗。

3. 強調他評，弱化自評
教師評價在方法上，主要以他評為主，如領導評價、專家評價、同行評價等，一般以領導評價為主最為普遍。

4. 評價中缺乏與教師的溝通

從評價的進行方式看，教師評價中缺乏與教師溝通、討論和回饋。在評價中傾聽教師聲音，與教師充分溝通並促進教師的積極參與，是實現評價最直接和最具體的手段。教師評價不應該是單向的，也不應該是滿足於一個評價結論。

5. 學生評價教師問題

有兩種不同的觀點，一是認為教師教學對象是學生，對教師的評價學生最有發言權。另一是認為把教師評價交給學生，教師就不敢嚴格要求學生。北京師大、華東師大曾就本問題展開研究，結果發現，與領導評價、同行評價相比，學生評價總體而言是最可靠、最公正的，基本上不受各種人際關係的影響，關鍵是在採取怎樣的態度、運用怎樣的形式。

（五）大陸高校對教師評價的建議與對策

1. 重新進行目標價值定位
2. 引入發展性教師評價

傳統的教師評價，大多是面向教師的過去，著眼於教師以往的工作表現，只表現教師是否履行教師應完成的工作任務，他們的工作表現是否符合校方的期望，而根據過去的工作表現判斷獎懲。上述的評價忽略了教師和學校未來發展，這種教師評價被稱為發展性教師評價，在實施過程中，讓教師充分瞭解學校對他們的期望，並根據教師的工作表現為教師指出個人的發展方向，幫助教師制定個人發展目標，為教師提供各種培訓和自我發展機會。

(1) 著眼於教師的未來，促進整體教師素質的提高；
(2) 突出教師在評價中的主體地位，鼓勵教師積極參與評價；
(3) 把交流、協商、研討貫穿於評價的全過程；
(4) 重視評價的差異性；
(5) 注重縱向的、動態的、全面的評價。

伍、兩岸私立高等教育比較

教育既屬社會機能，自然與社會發展、歷史脈絡息息相關。由於我國自傳統社會以來重視教育，引發民眾對高等教育的追求。二十一世紀為知識經濟社會，教育提供個人發展、社會進步的動能，高校自然引為現代化機制。

大陸民辦高等教育經歷了二十六年的快速發展，與公辦高校相比，目前民辦高校不僅表現在類型上的多樣化，其發展特性也有所不同。按大陸相關法規規定，公辦和民辦高校的認證標準是一樣的，但民辦高校各自的質量保障及評估控制體系仍然有著區別。較為具體的特徵是隨

著改革開放，既有高校尚無法滿足社會需求。民辦高校因應而生，同時以面向市場為主軸，具有下列特徵：

一、朝向實質效益

由於大陸教育財政撥款的嚴重不足，民辦高等教育成為多元化經濟格局下蓬勃發展的一種產業。在這一產業的發展進程中，有的民辦高校或經過積累、或經由高標準的先期投入，固定資產已達相當標準，開始從「規模效益型」轉向「質量效益型」，許多民辦高校的辦學條件有了很大的提高，改變了中國大陸民辦高校早期單純的自學考試人才培養模式。

二、邁向多元辦學

與公辦高校相比，民辦高校的辦學主體多元繁複，包括公民個人辦學、社會團體辦學、國有企事業單位辦學、私營企業辦學、中外合作辦學、政府與民辦企業或個人聯合辦學、企業與個人聯合辦學、股份制辦學等不同形式，從而呈現出辦學主體多樣性的特徵，並由此形成民辦高校的多元化辦學模式。國有民營高校是大陸高校發展的重要形式，並逐步分化出三種體制改革方向，民辦附屬型的獨立學院（全稱為普通高等學校獨立二級學院，原稱國有民營二級學院）是這些體制改革中一項最獨特、影響最大而又討論最多的形式，另兩種型態為個別公辦高校轉型為民辦高校和獨立國有民營高校。

三、重視市場機能

獨立民辦高校與民辦附屬型獨立學院成為兩大民辦高等教育類型，並在這兩大類分類基礎上，分化出更細小的類型。大陸《民辦教育促進法》第 10 條規定：「民辦學校的設置標準參照同級同類公辦學校的設置標準執行。」也就是說，大陸公辦和民辦高校的認證標準是一樣的。民辦高校的未來發展，隨著走向市場機能與回應社會需求將可預期。

兩岸高校雖皆屬社會重要的主要機能，但因發展歷程稍有差別，因此仍可於私校上區隔彼此：

一、起源上

大陸：主要是助學性或非學歷授予而係職業證照養成型功能，職業與應用是當時民辦高校的重點。

台灣：授予學位，提供學歷，辦學成效與功效標準未可軒輊。

二、經費上

大陸：難有融資，辦學資源相較公校顯得較為窘迫，影響辦學成效，且質量難以監控。

台灣：總體經費無法與公校相互比擬，辦學經費多靠學雜費收入或企業、宗教、個人捐資興學，在競爭上相對公校顯為弱勢。

三、屬性上

大陸：民辦高校的辦學主體多種多樣，包括：公民個人、社會團體、中外合資……等。

台灣：依法成立財團法人，主體雖皆為財團法人成立董事會，但內涵可能係屬多種多樣，包括：公民個人、企業團體、宗教團體……等。

四、區位上

大陸：條件較好的高校多分布於京、滬、津和東部各省。

台灣：與人口分布、產業發展息息相關，多集中於都會區，比例上為西部多於東部，北部多於南部，都會多於鄉村。

五、學生數

大陸：2003 年 7 月，三○○所國有民營二級學院已承擔30%以上本科生的培育任務。

台灣：2005 年 8 月，已有一○八所私立大專校院（占全數 65%）承擔 85 萬學生培育任務，占總量之 70%。

六、功能上

大陸：配合 1999 年大陸高等教育大眾化方向，高校開始大規模擴招，促成民辦二級學院的出現，以呼應社會對於高校的需求。

台灣：足以滿足社會對高等教育的需求，且其頒發學憑與公校皆受政府嚴謹控管，辦學條件又有與公校接近水準，在社會高度期待（如入學率從 1980 年前的 25%，提升到 2005 年的 89%），有效提供高等教育人力培育的產業需求和社會期待，並撙節政府於高教所需注入的廣大經費。

七、品質上

大陸：為確保辦學品質，有賴周延的評鑑機制，其指標有物質資源、師資隊伍、學生情況、學校聲譽等，均有具體指標。

台灣：評鑑結果不僅影響聲譽，亦為教育部分配獎輔助款主要來源，乃至於學生報考之參考指標，目前係以教學、研究、輔導、會計、行政、推廣教育、資源投入等多要項、多指標進行評量，並成立「台灣高等教育評鑑協會」進行評量，以求客觀。

　　社會發展，亟需高教培育的專業人才，以蔚為社會進步所需。大陸係一快速發展社會，由於整體社會近年來的快速進步，亟需高教提供專業人才，尤以現行毛入學率尚有相當成長空間，

政府經費無法全然支援教育所需，引進民辦高教，不僅可為人力培育提供供給渠道，亦且能具備民辦高教的彈性措施，帶來活潑多元的辦學成果。由於民辦學校無論其係屬公民個人、企業團體或公益組織辦學，較能採取因地制宜，彈性作為，亦較能發揮其辦學理念的特色，未來成長如有周延引導將有寬廣空間。民辦學校與公辦學校在教育人才培育上得以相輔相成，建制綿密高教人才培育機能。

陸、結語

　　籌組海峽兩岸高等教育人事法制研究之目的，在增進兩岸大專校院人事之交流和瞭解大陸地區高等學校人事制度之發展與特色，供主管機關或國內大專校院參考，研究小組之成員均以個人方式參與，為能擴充其成效並且擴大廣度，期望往後能擴大參與層面、深化研究工作，所舉辦之研討，能有更多人事先進加入，讓研究主題更為深入更為寬廣。目前各校與大陸學校間之交流，屬於校與校間點對點層面，茲因大陸地區相關人事法規搜集不易，首次兩岸人事交流係透過安徽省教育廳廳長安排，指定十一所大陸高校參與，廳長親自主持開、閉幕，會議期間教育廳人事處副處長亦參與多場次研討，致相同的主題可以得到各不同學校的作法，對本小組而言具有深遠之意義收穫頗多。首次兩岸高等教育人事法制研討會圓滿結束，對兩岸人事部門之交流實具有開創之價值，與會雙方建議定位為「第一屆兩岸高等教育人事法制研討會」，第二屆並於 94 年 8 月 22 日起在台灣舉行，由雲林科技大學接辦。另第三屆則由大陸安徽工業大學辦理，由於雙方的善意開啟了專業研討與互動參訪機制以利相互借鑑，並經由強化交流層面，廣羅實務經驗。自交流的過程中讓我們深刻的察覺到二十世紀 90 年代以來，體制改革、制度變遷成為大陸高等教育領域最為持久和深刻的變化，這是與大陸社會整體轉型的背景所分不開的。或者說高等教育的體制改革是處在經濟體制改革以及事業單位體制改革等改革的洪流之中，並深受這些改革的影響和左右。在十多年的高等教育體制改革中，大陸高校的大規模合併；民辦高校的快速發展和分化；進入大眾化之後的中國大陸高等教育結構體系的調整和快速發展；多種形式舉辦高等教育的思考和實踐。此種現象正對應著高等教育的潮流。

　　由於二十一世紀係屬知識經濟社會，高校勢成為生產知識的園地，其重要性影響社會發展。知識在今日社會已成為取代資金、工廠而為經濟發展的動力，改變人們的生活方式和價值觀，知識菁英成為社會的核心，高教自然更為重要。是以如史丹福大學校長 Donald Kennedy 所言「在二十一世紀，大學在整個教育中必然是重要的，且是最重要的一環。」

第七章
人事作業規範

「員工是組織發展過程中的資本而不是成本。」

－彼得・杜拉克－

壹、前言

被譽為「現代管理學之父」的大師彼得・杜拉克（Peter Drucker），特別強調面對瞬息萬變的世界，創新、企業家精神和策略的重要性。杜拉克認為，企業經營必須創造利潤，員工是組織的資本而不是成本。他強調管理決策過程中，「人」可能產生的各種影響。這個理論使他得以預見組織的發展趨勢。就宛如中國人所說：「中興以人才為本。」杜拉克具備洞燭機先的能力，曾預見企業界將出現以專業知識及技能，而不是以勞力為基礎的新型態職業生涯。早在十九世紀初，已有泰勒等人開始試著用計量分析方式，來拆解與管理各種工作的內容與流程。杜拉克之所以如此受世人推崇，除了他長期不斷努力整理管理學門裏的各項知識並推廣，更重要的是他把所有研究的重點指向都回歸到「人」的主題上。「管理最重要的目的，是讓組織的每一個成員能安心工作。」這是杜拉克被傳述得最廣的名言，也代表了他對「管理」這件事的根本態度。當「管理」這兩個字對世界的影響越來越深，當世人越來越習慣曲解「管理」是種冷血的思想與行動之際，杜拉克在他有生之年，一直不斷地提醒每一個管理者「尊重人性，科學思考」。「以人為本」一直是杜拉克管理思想的核心，他把管理人和被管理人都當成是最純粹的「人」來看待，解讀推演各種人性可能發生在「管理」這件事情上的劇情，對管理的種種建言也不只在企業與商場，他甚至把建言的方向推移到政治領域，在他眼中，政治是管理眾人的事，而政治人物也不過是個人。同樣的在高等教育面臨急遽競爭的環境，為求辦學的突破與教育願景的達成，也需要在學校行政上落實管理作為，以獲致更高效能；其中具體作法便是作業規範的建置，就此人事工作實首當其衝，宜予落實。

貳、人事工作的系統化發展

將科學原則應用於管理之中，使人事管理的科學能逐漸從實務經驗中綜合建立起來。影響此種風潮的是美國工程師泰勒（F. W. Tayor）在《工廠管理論》中，他按精密計算的時間研究，建立一定的標準作業。到了 1920 年代的後半期，由於美國芝加哥西方電氣公司霍桑工廠和哈佛

大學在梅約（Elton Mayo）領導下，所從事的一項「霍桑實驗」（Hawthorne Experiment），推翻了傳統的研究重點，進而打開了現代人事管理的新契機。近年來學者們不僅重視人事管理應用方面的研究，而且因行為科學（Behavior Science）的發展進入人群關係的實驗研究（Empirical Research）。戴維思（Keith Davis）曾說：「泰勒以合理化增進生產，梅約以人性化提高生產。」面對管理學的發展服務，現代人事服務專業的發展趨勢，主要精神為：

一、由人力機械觀點轉為人力人性觀：現代人事管理仍重視人力為工作中心，務必以能加強人員潛能發揮為目的，為了充分激發人力的潛能，復需人性的需求研究，尊重個人的尊嚴與價值。

二、由人力管理轉為人力發展：利用人員自我發展的願望，透過人才培育計畫，以工作或訓練，謀求人的成長與質的提高，然後再以高素養的人力，發展工作，促成事的擴大，達成「以工作培育人才，以人才發展工作。」之目標。

三、由恩慈主義轉為參與管理：現代人事管理重視人群關係，也就是在培養工作人員在工作的滿足感，讓各級人員均可適度地參與管理，得到自我表現的機會，激發其責任感，進而密切協調合作，共同達成組織的目標。

四、由雇傭關係轉為交換關係：員工為達成組織的目標而工作，同時組織幫助員工滿足其需要，彼此互利互賴。人事管理不應限於傳統的工作範疇，它還應致力於增進組織內所有人員的工作生活品質，以期人力資源都能得到妥適的規劃、指導與開發，員工與組織均可獲得最大的長期利益。

五、由行政組織轉為學習組織：組織能透過各種有效途徑與具體措施使成員覺醒、合作、團體學習、養成終身學習的習慣，從學習過程中激發個人潛能，並進而帶動組織創新與進步，達成適應變遷與永續發展的目的。學習型組織，能不斷以學習超越環境變遷，持續擴大其創造未來的能力，具有極高的自我學習、再生能力、回應力及競爭力，更能駕馭變革。塑造學習型組織是人力資源發展的主要途徑。奇異公司總裁威爾許（Jack Welch）說：「能快速學習，並迅速運用所學的組織，才具有最大的競爭優勢。」一個組織能否永續經營，是否有競爭力，其關鍵因素即在於組織成員的學習能力。因此，高等教育尤須型塑組織學習文化，安排各種學習的途徑或活動，鼓勵人員隨時隨地汲取新知，提升個人的學習能力與組織的競爭力。

　　人事服務工作為達成其於組織中的經營效能，勢必朝向作業流程系統與規範的方向。

參、人事作業規範的主要內容

　　為使人事作業符合法制作為，並提升效能，建立標準化的人事作業規範顯屬必要。這些規範包括：人事簡介、工作職掌、作業流程、人事法規、申請表格等。為能就實務領域說明高等教育人事作業規範，茲以世新大學人事室工作為例，說明其內涵。

人事室簡介

　　人事室是以服務為導向的工作團隊，藉由優質的服務效能以達成人事服務的各項事宜。目前人事室成員有主任一人、組員三名、行政助理三名，其服務的工作項目包含全校教職員工同仁之招募任用、敘薪待遇、差假管理、退休撫卹、成績考核、職工福利、各項保險、教育訓練等等。現階段人事室工作重點有二：第一、提升人事行政效率：為達到高品質高效率的人事工作，人事室每學年定期辦理新進教職員講習及教職員工教育訓練，加強同仁對專業學能的充實，提高服務效率。另除了人事行政電腦化外，還建置教師自我評量查詢系統及教學負擔指標與資源分配（FTE）系統，用以充分發揮人力資源。第二、加強教職員工福利：世新大學一向將教職員工視為重要資源，對職工福利更加重視；人事室定期舉辦歲末聯歡會、自強活動、表揚資深優良教職員工、發放生日禮物、公費辦理團體保險、健康檢查等活動。人事室未來服務目標：人事室以追求卓越為期許，除了繼續執行既有各專業工作外，未來服務方向將以強化教職員工專業訓練為重心，使同仁不僅在工作表現上能有所突破，還能夠在經由個人自我成長，達成組織發展目標。

工作職掌

　　其中工作職掌所揭示的是人事工作的主要內容：

一、計畫

1. 組織計畫
2. 人力計畫
3. 員工資料
4. 工作分析
5. 生涯規劃
6. 人力派遣

二、任免

1. 人員羅致
2. 人才徵選
3. 人員面談
4. 人員僱用
5. 人員安置

三、訓練

1. 職前訓練
2. 在職訓練
3. 管理發展
4. 組織發展

四、績效

1. 績效評估
2. 成績考核
3. 員工獎懲
4. 績效獎金
5. 團體考評

五、薪資

1. 薪資政策
2. 獎勵金額

六、調動

1. 人員調動
2. 人員晉升
3. 教師升等
4. 輪調制度
5. 人員離職

七、關係

1. 團隊紀律
2. 決策參與
3. 工作激勵
4. 組織領導
5. 差勤管理

八、權益

1. 勞雇合作

2. 勞雇關係

3. 教師倫理

4. 職業倫理

5. 申訴制度

6. 勞資爭議

九、研究

1. 研究獎勵

2. 人員培育

十、福利

1. 學校福利

2. 退休撫卹

十一、規劃

1. 兩岸法制

2. 專案規劃

十二、管理

1. 員工管理

2. 事業部門

3. 學習組織

4. 組織文化

5. e 化管理

6. 工作效能

工作分派

依據工作職掌和人力配置情形將人事業務分派予專業同仁，本文以教師業務為範例，加以說明：

一、教師聘任

1. 辦理下學年增聘專任教師員額需求調查

2. 計算教學單位 FTE 值

3. 通知校長所核定下學年增聘專任教師員額

4. 受理各學系專任教師需求條件

5. 辦理專兼任教師新、續聘案

6. 召開教評會審議教師聘任及升等案

7. 製發聘書

8. 新聘教師辦理到職手續

9. 離職教師辦理離校手續

10. 辦理專任外籍教師報部申請工作證

11. 製作新聘專、兼任教師人事資料袋

12. 建製新聘專、兼任教師人事電腦資料

13. 教師應聘函維護

二、教師送審

1. 專任教師學位送審（每年 4 月及 10 月）

2. 兼任教師學位送審（每年 1 月至 12 月）

3. 專任教師著作升等案報部（每年 1 月及 6 月）

三、會議召開及委員改選事宜

1. 召開校教評會及推選委員改選事宜

2. 召開舍我薪傳獎助金評審委員會議及委員改選事宜

3. 召開成績考核委員會議及委員改選事宜

4. 召開教師申訴評議委員會及委員改選事宜

5. 召開教師專業倫理委員會及委員改選事宜

四、教師成績考核

1. 通知各單位辦理專任教師成績考核

2. 回收考績表

3. 召開教師成績考核委員會

4. 教師成績考核結果輸入電腦

5. 印發教師成績考核結果通知書

6. 列印教師成績考核結果清冊陳核後辦理晉級

7. 教職員工成績考核清冊報送退撫會

五、辦理教育部各項獎勵

1. 推薦領受總統三節（春節、端節、秋節）慰問金

2. 辦理資深優良教師獎勵

3. 辦理資深優良教師服務獎章

六、辦理校內各項獎勵申請案

1. 辦理專任教師出席國際會議申請及核銷

2. 辦理教師傑出研究獎勵案申請

3. 辦理教學特優教師獎勵（93 學年度起）

4. 辦理校內資深優良教師獎勵

七、辦理校外各項獎勵申請案

1. 辦理教育部國家講座申請案

2. 辦理教育部學術獎申請案

3. 國科會補助特約博士後研究申請案

4. 國科會赴該會短期研究案

5. 國科會博士後赴國外短期研究申請案

6. 辦理中研院短期訪問申請案

7. 辦理中研院年輕學者研究著作獎

八、其他事項

1. 繕造專兼任教師名冊（總量管制報部）

2. 辦理專任教師校外兼課申請案

3. 統計專任教師到離職狀況表

4. 繕造外國專業人員工作許可申請書及名冊

5. 填寫專兼任教師人數統計表（含職級、年齡、學歷）報教育部

6. 辦理新進人員講習

7. 準備教育部獎補助款訪視資料

8. 每月月底製作人事異動表

9. 每月月底製作合作金庫及中小企銀繳款清冊及簽報

10. 核對專任教師薪資清冊

11. 核對專兼任教師鐘點費冊

12. 教師申請服務（離職）證明書

13. 校內外教師相關事宜簽報及公文之簽擬

14. 年底繕造專任教師年終獎金發放清冊

作業流程

就人事的規範而言，作業流程的建制將有助於作業程序的嚴謹與作為的可預見性，對於提升工作品質有一定的助益，其內容則包含了：

1. 教師聘任作業
2. 教師提敘薪級作業
3. 教師解聘、停聘、不續聘作業
4. 專任教師至校外兼課作業
5. 教師申請中、英文在職、離職證明書
6. 教師以學位送審作業
7. 教師以著作送審作業
8. 教師資格證書補發、繕製轉發作業
9. 各委員會聘函作業
10. 各級教師評審委員核聘作業
11. 教師申請傑出研究獎勵
12. 教師申請補助出席國際會議
13. 教授休假研究申請作業
14. 教師延長服務作業
15. 教育部學術獎申請作業
16. 教育部國家講座申請作業
17. 中央研究院獎勵國內學人短期來院訪問研究作業
18. 行政院國家科學委員會遴選科學與技術人員國外短期研究申請作業
19. 行政院國家科學委員會補助延攬客座科技人才申請作業
20. 人事資料庫維護
21. 中、英文在（離）職證明書申請作業
22. 身分證明申請用校印作業
23. 服務證申請作業
24. 法規修正作業
25. 填寫人事基本資料作業
26. 新進工友、技工任用作業
27. 新進職員任用作業
28. 辦理職員、工友出勤作業
29. 職員工 E-mail 帳號申請
30. 職員考選及應徵人員作業

31.職員提敘薪級作業

32.教職員工退休（職）、撫卹、資遣作業

33.申請各項公教人員保險現金給付作業

34.申請各項勞工保險現金給付作業

35.辦理教職員工暨眷屬全民健康保險作業（轉入）

36.辦理教職員工暨眷屬全民健康保險作業（轉出、退保）

37.眷屬全民健康保險作業（停保）

38.辦理教職員工暨眷屬全民健康保險作業（復保）

39.辦理教職員工暨眷屬全民健康保險作業（變更事項）

40.辦理全民健康 IC 卡作業（新辦、遺失、更換）

41.辦理公教人員保險留職停薪作業

42.辦理兼任教師勞保及健保加退保作業

43.辦理團體保險理賠申請作業

作業表單

　　人事作業規範的周延建立以促使人事作業有序進行，尚且需將各項工作所需的各類申請表格予以建制，以提升行政效能。

1. 世新大學新聘專任教師推薦表

2. 世新大學新聘專任教師資格審查履歷表

3. 世新大學新聘兼任教師擬聘表

4. 世新大學專任教師至外校兼課申請書

5. 教師資格送審簽報

6. 國外學歷送審教師資格修業情形一覽表

7. 教師學歷查證授權書——德州

8. 教師學歷查證授權書——芝加哥

9. 教師學歷查證授權書——Monterey Institute

10.教師學歷查證授權書——英國

11.教師學歷查證授權書——加拿大

12.教師學歷查證授權書——紐澳

13.世新大學教師著作（作品）升等審查履歷表

14.世新大學教師著作（作品）升等審查評分表

15.教育部專科以上學校教師資格審查代表作合著人證明

16.著作、作品審查迴避參考名單

17.世新大學教師著作審查意見表（甲表）——理工醫農等類科

18. 世新大學教師著作審查意見表（乙表）──理工醫農等類科

19. 世新大學教師著作審查意見表（甲表）──人文社會等類科

20. 世新大學教師著作審查意見表（乙表）──人文社會等類科

21. 世新大學教師以技術或實務研發成果送審教師資格審查意見表（甲表）

22. 世新大學教師以技術或實務研發成果送審教師資格審查意見表（乙表）

23. 世新大學藝術類科教師作品審查意見表（甲表）──音樂類

24. 世新大學藝術類科教師作品審查意見表（乙表）──音樂類

25. 世新大學藝術類科教師作品審查意見表（甲表）──美術類

26. 世新大學藝術類科教師作品審查意見表（乙表）──美術類

27. 世新大學藝術類科教師作品審查意見表（甲表）──舞蹈類

28. 世新大學藝術類科教師作品審查意見表（乙表）──舞蹈類

29. 世新大學藝術類科教師作品審查意見表（甲表）──戲劇類

30. 世新大學藝術類科教師作品審查意見表（乙表）──戲劇類

31. 世新大學藝術類科教師作品審查意見表（甲表）──電影類

32. 世新大學藝術類科教師作品審查意見表（乙表）──電影類

33. 世新大學藝術類科教師作品審查意見表（甲表）──設計類

34. 世新大學藝術類科教師作品審查意見表（乙表）──設計類

35. 世新大學補助專任教師出席國際學術會議申請書

36. 世新大學補助專任教師出席國際學術會議報告

37. 世新大學教師傑出研究獎勵甄選申請書

38. 世新大學教授休假研究申請表

39. 世新大學教授休假研究計畫書

40. 世新大學學年度教師考績表

41. 世新大學學年度研究人員考績表

42. 世新大學舍我薪傳獎助金教師出國進修博士學位申請書

43. 世新大學舍我薪傳獎助金出國研究進修人員報告單

44. 世新大學教職員工急難救助金建議表

45. 世新大學個人人事資料更正通知單

46. 專任人員報到手續單

47. 專任人員到職單

48. 專任人員復職單

49. 教職員工郵局連線通儲帳戶調查表

50. 世新大學教職員工離職服務證明書申請表

51. 世新大學教職員工請假單

52.公教人員保險現金給付請領書、說明

53.公教人員保險殘廢證明書、說明

54.請領公教人員保險死亡給付法定受益人證明書

55.世新大學留職停薪公教人員保險調查表

56.勞工保險生育給付申請書暨給付收據、說明

57.勞工保險傷病給付申請書暨給付收據

58.勞工保險傷病診斷書、說明

59.勞工保險殘廢給付申請書暨給付收據、說明

60.勞工保險老年給付申請書暨給付收據、說明

61.勞工保險死亡給付申請書暨給付收據、說明——本人死亡給付

62.勞工保險死亡給付申請書暨給付收據、說明——家屬死亡給付

業務時序

人事室辦理教師業務工作表

月份	工作項目	備　註
1 月	1. 召開教評會審議教師聘任及升等案 2. 製發聘書 3. 專任教師著作升等案報部 4. 兼任教師學位送審報部 5. 繕造專任教師年終獎金發放清冊 6. 推薦領受總統春節慰問金 7. 離職教師辦理離校手續	依教育部公函為準
2 月	1. 新聘專任教師辦理到職手續 2. 受理兼任教師送審案 3. 新聘教師人事資料電腦建檔 4. 製作教師人事資料袋 5. 配合新學期各系所專兼任教師異動 6. 辦理專任教師校外兼課申請案 7. 辦理帶職帶薪出國進修教師經費申請	
3 月	1. 核對新學期專兼任教師鐘點費冊 2. 辦理教育部學術獎申請案 3. 辦理教育部國家講座申請案 4. 配合研發處辦理教師升等免授課案 5. 受理兼任教師送審案 6. 辦理中研院短期訪問申請案	 依教育部公函辦理 依教育部公函辦理 依中研院公函辦理
4 月	1. 新聘專任教師送審案報部 2. 受理兼任教師送審案 3. 配合各學院專任教師升等案	配合會計室預算編制

	4. 通知各單位填寫下學年度專任教職員編制異動表 5. 彙整專任教師人事異動名單交會計室 6. 編列下學年度預算 7. 辦理資深優良教師獎勵報部 8. 辦理教師服務獎章報部 9. 教師成績考核準備作業	 依教育部公函辦理 依教育部公函辦理
5月	1. 月初通知各單位辦理專任教師成績考核，月底回收考績表 2. 繕造專兼任教師名冊（總量管制報部） 3. 5/31 前受理下學年度專兼任教師續聘案 4. 5/31 前受理專任教師升等案 5. 受理兼任教師送審案 6. 召開舍我薪傳委員會議 7. 國科會補助特約博士後研究申請案	 研發處會辦 依國科會公函辦理
6月	1. 月初召開教師成績考核委員會 2. 召開校教評會審議教師聘任送審案 3. 製發專兼任教師聘書 4. 教師應聘函維護 5. 專任外籍教師報勞委會核准 6. 專任教師著作升等案報部 7. 受理兼任教師送審案 8. 推薦領受總統端節慰問金 9. 6/20 前受理下學年度專兼任新聘教師審查案 10.辦理各項委員會改選事宜 　(1) 校教評會 　(2) 舍我薪傳獎助金評審委員會 　(3) 教師成績考核委員會 　(4) 教師申訴評議委員會 　(5) 教師專業倫理委員會	 依教育部公函辦理
7月	1. 教師成績考核結果輸入電腦 2. 製發新聘教師聘書及報到資料 3. 新聘教師辦理報到手續 4. 離職教師辦理離校手續 5. 新聘專兼任教師人事資料電腦建檔 6. 製作教師人事資料袋 7. 教師應聘函維護 8. 辦理專任教師校外兼課申請案 9. 辦理國科會赴國外短期研究申請案 10.辦理國科會赴該會短期研究申請案	 依國科會公函辦理 依國科會公函辦理
8月	1. 印發教師成績考核結果通知書 2. 印發教師成績考核結果清冊陳核後辦理晉級 3. 新聘教師辦理報到手續 4. 離職教師辦理離校手續	

	5. 辦理專任教師校外兼課申請案	
	6. 辦理中研院短期訪問申請案	依中研院公函辦理
	7. 辦理中研院年輕學者研究著作獎	依中研院公函辦理
9月	1. 填寫專兼任教師人數統計表（含職級、年齡、學歷）	研發處會辦
	2. 統計專任教師到離職狀況表	
	3. 辦理新進人員講習	
	4. 配合新學期各系所專兼任教師異動	
	5. 教職員工成績考核清冊報送退撫會	
	6. 推薦領受總統秋節慰問金	配合職工部分
	7. 受理教師傑出研究獎勵案	依教育部公函辦理
	8. 受理教學特優教師獎勵案	
	9. 查核專任教師責任鐘點數	
	10.受理兼任教師送審案	
10月	1. 核對新學期專兼任教師鐘點費冊	
	2. 專兼任教師人數統計表報教育部	研發處會辦
	3. 準備教育部獎補助款訪視	研發處會辦
	4. 計算各學系 FTE 值	
	5. 新聘專任教師送審案報部	
	6. 配合各學院專任教師升等案	
	7. 辦理教師傑出研究獎勵審查事宜	
	8. 辦理教學特優教師獎勵審查事宜	
	9. 配合校慶統計校內資深優良教師人數及製發服務獎章	
	10.受理兼任教師送審案	
11月	1. 依據各學系 FTE 值，核算教學單位教師員額請增案	
	2. 辦理教師傑出研究獎勵獎金、獎牌製發事宜	
	3. 準備教育部獎補助款訪視	
	4. 受理兼任教師送審案	研發處會辦
12月	1. 12/10 前受理下學期新聘專兼任教師審查案	
	2. 12/10 前受理下學期續聘兼任教師聘任案	
	3. 12/31 前受理專任教師升等案	
	4. 受理兼任教師送審案	
	5. 受理國科會赴國外短期研究申請案	依國科會公函辦理
其他每月固定事項或隨時受理事項	1. 月底製作教師人事異動表	
	2. 月底製作合作金庫及中小企銀繳款清冊及簽報	
	3. 核對專兼任教師鐘點費冊	
	4. 教師申請補助出席國際會議	
	5. 教師申請服務（離職）證明書	
	6. 簽辦其他相關公文	

肆、人事服務工作未來的挑戰

　　這是一個競爭的時代，面對高等教育追求卓越的普遍期待的各級學校而言，唯一不變的就是強化自身體質以因應挑戰。因而人事作業規範也面臨再造的作為，流程再造就是對學校的業務流程進行根本性的再思考和再設計，從而獲得教學提升、研究深化和服務效能的績效，回應大學卓越的目標。伴隨著全球化的風起雲湧與後現代社會的衝擊，使整個世界的政治、經濟、科技及文化等系統，產生了急遽的變動，非但挑戰著既有的慣性思維，亦且影響習以科層體系為常的組織制度與運作模式。知識經濟的觀念與思潮，意味著強調知識與創新的速度革命時代，已悄悄的取代傳統的框架思考與制式運作模式。管理學大師彼得・杜拉克在《後資本主義社會》一書中，提出「知識工作者（Knowledge Worker）」的觀念，在未來的時代中，「服務經濟」將取代「製造經濟」，「知識工作者」也取代傳統勞工，逐漸形成「知識社會」，「知識」將成為未來社會新關鍵生產資源。為了適應知識經濟時代需求，人們必須不斷吸收新知，使其發揮最大的功效。傳統受官僚體制的束縛權威壓縮到領導效能的發揮，如今行政生態的快速改變，專業人員更需不斷的調整腳步與策略，為提升績效與奠定優質的競爭力是責無旁貸。從學校外部迎面而來的變革壓力首先傳遞給學校的高層，接著一步步向下傳遞給基層人員。為了適應環境，提高競爭，鑄造學校的核心價值，學校必須進行業務流程重組、策略調整、組織扁平、激勵作為等等。而流程再造成為學校增強競爭力、適應未來的有效手段。

　　檢視學校的變遷主要的有幾個方面：第一、資訊互通：資訊技術的不斷發展及互聯網絡的興起，使得知識、技術、資訊在世界範圍內廣泛傳播和共用成為可能。第二、顧客導向：由於知識於產業發展與個人生涯所扮演角色日益重要，消費者需求趨向多樣化、個性化，滿足教職員生需求成為學校經營的核心內容。第三、重視專業：學校員工的工作、生活和學習條件有了很大的改善，並越來越關注工作生活質量的提高。員工已經不滿足每天只做機械的簡單勞動，希望掌握複雜的勞動技能，不斷地接受培訓，自主管理，希望擁有決策的權力。同時學校的競爭力越來越取決於員工的素質和技能。學校內外部環境的變化是不可迴避的，只有適應環境的變化，才能生存和發展。流程再造成為許多學校的選擇，希望以此增強學校的競爭力。

　　學校流程再造給學校的人力資源體系帶來了新的挑戰，主要表現為以下幾個方面：第一、學校流程再造要求學校的員工不僅是專才，還應是通才。工作流程的重新設計和構建，可以把分得過細的流程重新整合在一起，有時也需要員工能夠獨立完成包含了多項技能的任務。這就要求學校的人力資源體系源源不斷地供給具有綜合技能的人才。人力資源培訓體系應當進行重新設計和重新構建，不斷提高培訓體系的靈活性和適應性，使其適應新的工作流程，從而成為學校再造過程中的加速器。第二、流程再造要求人事部門從事務性工作邁向決策性參與，進行高附加價值的人力資源管理工作。隨著資訊技術的發展，許多公司已逐步利用自動化技術（即資訊技術），提升辦公自動化。第三、學校再造不僅帶來工作流程的變革，也引起權力的重新分配。學校員工會得到更多的決策權力和自主決策機會，這不僅需要員工具備較高的決策能力，

同時也需要員工更多的主動參與意識。因此，需要對員工進行工作方式的調整，加強員工對新的作業方式的認識和理解，從而降低推行新模式可能遇到的風險。因此，必須把人事工作中一些常規的必要的程式流程化、標準化，藉助於資訊技術，進行人力資源管理流程再造，對學校的人事工作流程重新設計、構建，把學校人力資源管理部門從繁瑣的事務性工作中解脫出來，使其能參與宏觀的服務工作。包括：經由員工職業生涯設計與實施、全方位的培訓、準確的考核、有效的激勵，加強員工的團隊協作，提高工作的滿意度、參與度，降低員工的流動性，減少勞動爭議。這樣有利於提高員工的工作效率，有利於學校的技術創新，有利於學校核心競爭力的增強，積極推進組織的調整和優質化，減少多餘人員，為學校高層提供決策的建議，促進學校成功落實目標達成願景。

　　學校流程再造是一個系統工程，為了能夠提供充足的高素質人才，使員工適應新的工作流程，提高滿意度和人力資源管理效率，學校人力資源管理體系必須進行重新設計和重新構建，以支援和保證學校流程再造目標的實現。我們可以把人力資源再造的實施過程大致歸納為以下四個步驟：1.對人力資源再造需求進行評估：一般來說，學校進行人力資源再造往往是因為現行的人事工作流程不能適應快節奏的學校工作環境或者其他一些特定目標，需要透過再造來解決經營難題或追求新的經營目標。因此，學校在進一步投入時間和資源進行再造之前，需要對再造進行審慎的需求評估。評估需要回答兩個問題：第一、為什麼要進行人力資源再造？第二、怎樣實施再造，使其與學校總體再造決策相一致，符合總體經營目標？2.取得全體成員的支持：由於人力資源管理工作與其他經營性業務流程不同，其經營績效很難量化體現，因此人力資源再造更容易遭到反對。所以，在人力資源再造中，人事管理人員必須取得學校首長的強有力支援。3.形成專案團隊：專案團隊的建立：在這個階段，專案團隊將落實人力資源再造的總體方案並選擇合適的顧問人員以及再造執行人員，以利於實施再造措施。4.組建再造實施工作組：在這個階段，再造實施工作組需要對現行流程加以分析，拿出具體有效方案，並對人員培訓、執行計畫和績效評估。

伍、結語

　　人事作業規範不僅能對應法制作業要求，並且能成功的增強組織的實力。根據調查，下列六個因素是人事作業規範成功的關鍵：第一、主管支持：管理階層的幫助與合作，學校核心人物對該作業的肯定並給予積極支持。第二、專業素養：人事人員對業務及人事變更的敏銳洞察力以及快速應變能力，能夠清楚地看到問題的癥結所在，並能較快找出解決辦法。第三、成員認同：不同層次員工對作業規範的認同並積極參與。第四、組織共識：能與整個組織的成員充分溝通交流，使人們清楚並理解方案內容及其實施意義。第五、合理規劃：員工支援現行作業系統，可以理性地預期結果，並能以善意的心態接受。第六、依法作為：充分信任人事專業團隊並給予適當授權，使之有足夠的力量進行，並能有一定的自主權採取措施處理其中的一些問

題。同時，要求他們對作業結果負責，在實施每一個作為前，都經過周密的分析，確保方案的可行。同樣，某些人事作業規範無法達成目標也反映了以下問題：第一、目的不夠明確，對作業的複雜性估計不足，過於樂觀，未能充分估計實施中可能發生的問題。第二、對作業規範系統缺乏足夠的理解，不能適應組織的環境，對於系統可能出現的問題不能正確對待，過分於武斷。第三、對組織中各層次員工存在的心理上和政策上的牴觸情緒估計不足。第四、各級主管對作為缺乏熱情，實施中不能給予應有的指導和幫助。第五、實施過程中，缺少必要的技能和技術知識，不能科學地發現問題並解決問題。

　　人事作業規範不是輕易就能成功的，為了避免失敗，防止流於表面的功夫，實施時必須經過周密的分析、研究，制定縝密的計畫並進行有效監督，使其與整體目標相一致。

第 *3* 篇

組 織

第一章
組織編制與員額運用

壹、前言

依據大學法訂定的精神，大學功能以研究高深學術，養成專門人才為要務。前教育部長林清江教授曾說：「現代大學的主要功能為傳遞文化，傳授知識，從事研究創新，並提供必要的社會服務。」因此大學應在有充分學術自由的制度中，提高教學及學術水準，以培養學術與品德俱優的有用人才，為社會服務報效國家。

大學功能受教育理念的影響，教育理念影響大學文化，至於大學文化則是物質、制度及「心理——行為」三種文化融會而成的。物質建設是外在的校園建築、環境、設施及整體的印象；制度係用以滿足實際社會需要，發揮創新的功能，使大學教育的目的順利達成；文化則是合宜的價值、態度及理念，其有依賴於大學成員包括教師、學生、行政人員行為表現，也是大學發展最重要的基礎。現代大學已非象牙塔，而是大眾學府，當然要反映社會的需要，隨著個人及社會需要的改變，單一的大學型態、傳統的大學功能，已無法滿足社會的需要，我們目前正面臨的是轉型社會，需要培植各種人才來解決社會中的諸多問題，又要主導社會轉型的發展方向，是故大學乃為創新而設立，因創新而繼續存在，成為社會變遷的主要動力；並擬聚提升文化水準的因素，可見大學其社會功能的重要性。這些功能既賴大學成員的參與，其中的成效便與組織員額息息相關。

貳、員額編制對組織發展的要義

組織員額與組織發展有關，台灣以低成本製造作為競爭優勢的時代已經過去，未來發展必須從大規模標準化生產模式過渡到注重強調研發、設計及高附加價值的產品與服務，即從「製造台灣」到「知識台灣」的發展理念，而優秀的人力資源將成為帶動全面競爭力的主要動力。面對新的挑戰於確立因應之道時，參酌學者安德森（James Anderson）所言：「政策是執行行動指引或方針，它是一個人或組織在特定條件之環境中，所訂定的行動策略或計畫。政策乃是某一個人或某些人處理一項問題或一件關心事項的有目的性行動。」因此員額精簡政策在於遏阻機關員額過度性膨脹的政策，以期達成組織效能。另一方面，由於產業及工作型態的多元化發展，勞動型態也從過去穩定及全時的傳統形式，逐漸轉換為多樣化的型態，例如部分時間工作、定期契約工作、人力派遣工作、特定性工作、臨時替代工作、季節工作、隨傳隨到工作、按日

僱用工作、練習生、政府辦理的創造就業計畫之工作等，這些非典型工作（Nonstandard work）可提供組織因應員額精簡的需求。而員額精簡具有如下的特質：

一、理性廣博的思維：由於人是追求最大經濟利益者，故會追求最佳決策。為因應員額精簡所藉助的人力派遣的運用，可讓組織減少人事招募以及人員管理的成本，估計一年可節省 15% 至 20% 的人力招募費用。隨著組織必須提供女性勞工育嬰假、家庭照顧假，為填補臨時人力不足，可考量使用派遣勞工接替工作。

二、漸近興革的作為：高等教育在進行員額精簡方案時，需考量大學人力的多元性，學術任務的穩定性，社會期待的效能性，高教品質的卓越性多元因素。是以宜採取穩定漸進的方案，參採美國耶魯大學林布隆（Charles Lindblom）所倡，著重從現在已有的政策或措施法去找尋漸進的代替性政策，而不作大幅度的政策變動，新政策指示對過去政策作某些漸進修正而已。

　　依據上述要義，各學校考慮員額編制時，宜除要能順利推動業務，同時適度減輕員工工作壓力外，亦應考慮人事費增加之後果，除兼及學術為取向，亦可參採企業經營理念，把握成本效益，分析人事經費支出，評估人力是否與效率具關聯性？合不合成本效益？是否有人事浮濫之處？人力規劃與施政有否連結？因此人力之成長需視經費狀況及是否真正有迫切性且符合目前與未來發展需要，然後才作成政策性之決定。

參、影響員額編制的因素

　　對於人員如何精簡，及應精簡到何種程度始為合理，尚無具體規定，加以各組織性質、型態紛歧，職務性質互異，且有些機關業務計量困難，因此員額管制措施效果不佳，又由於受到審核或權責機關人力、時間等因素限制，常無法依據前述員額管制規定主動就請增員額機關進行實地查核，致審核工作較難完全客觀，執行亦不徹底，因此有不論業務多寡，一律精簡的作為出現，則非但無助於解決困窘之境，反而可能造成更多的困難，故必要審慎作為。影響員額編制之影響因素，可略述如下：

一、政策方面

（一）政策目標明確：員額編制與總體發展有關，人員需求是隨著組織發展的階段而逕行動態的作為，是以精簡員額並非僅為人事人員的職司，而係由組織的決策者所決斷，與政策目標相配合。

（二）組織成員共識：有關員額精簡政策之執行與個人權益維護有關，依法作為的觀點而論，除必須取得組織成員的共識外，必須有明確的執行規範，否則受限制者如僅以部分機關為限，其他反有冗員充斥之處，致政策無法全面實施，決策難有效執行。

（三）全面客觀檢討：各機關平時未搜集各機關業務消長具體資料，對增加業務影響因素常於請增員額時再詳述，至減少業務之因素則少提及，使決策機關無法客觀制定政策。

二、執行方面

（一）管制性政策之阻力：員額精簡政策目的在管制各機關員額之增加，阻力多而助力少，須考慮資源（人、財源）公平、合理外，尚須顧及事實需要。

（二）觀念問題尚待澄清：一般機關首長多存有「帕金森原則」（Parkinson prinpicle），執拗於人多好辦事之觀念，尚無企業體用人成本觀念，故各機關莫不拚命要求增加員額，以其規模大小、人數多寡顯示該機關之重要性。

（三）可行性及技術有效性尚未受肯定：目前員額決定於工作之多寡，但是工作數量、工作品質、工作時間在公共部門尚難量化，因此員額精簡政策無法有效執行。

（四）各機關之差異性：員額精簡政策之執行必須客觀檢討，因請增員額單位的主管素養、行政背景……等均有相當差異，人事單位大都無法客觀檢視，且請增機關所提供之書面資料又太過強調員額增加之必要性，難免給人事單位難予置信之感，致無由客觀審酌。

三、評估方面

（一）政策目標：此為政策評估的主要依據，但如果無法就員額編制與總體目標為明確規範，則僅就正式員額有所刪減，但擴增加聘僱人員及臨時人員，總體人事經費亦未能有效撙節，則仍無法達成精簡員額的政策。

（二）評估標準：一般而言效率、效能、充分、公正、適應、適當等是評估標準，但需建構在政策目標明確的基礎上。

（三）評估因素：由於員額多寡決定於工作數量、品質，但因各項因素無法確切評量，致影響評估結果。

肆、員額精簡對大學發展的影響

因為大學強調的是培育社會所需的各類人才，滿足社會的實際需求，培植傑出的研究人才，領導社會永遠積極創新，欲使教師責無旁貸專心致力教學研究，則需要建立配合性的行政體系，在大學中教學與研究是主體，行政是支援的體系，惟有兩者共同努力才能發揮大學的功能。員額精簡政策對大學校院的影響，可歸納為下列各項：

一、教學輔導方面：因教師人數不足以因應授課需要，勢必增加課程之負擔，則可能影響教學品質，另外輔導學生時間亦相對減少，員額精簡對於大學教育的品質當有一定程度的衝擊。

二、學術研究方面：師資之減少，不但加重每位教師各方面的負擔，也減低延攬國外資深學者專家返國服務的意願，對我國發展中之學術研究無法提供協助。

三、社會服務方面：大學的成功有賴於與社區的互動，將大學文化能融入社區中，所謂取之於社會用之於社會，各校均積極推動社區服務及推廣教育，提供校內外人士進修管道，員額精簡政策結果可能使學校減低服務社會的熱忱。

四、行政支援方面：建立支援教學與研究的良好行政體系，是發揮大學功能的要件，在有精簡員額政策的壓力下，如欲增加行政人員工作的負擔，對校務之推展亦有不利之影響。

綜上所述，因應員額精簡政策，為利行政業務之推動，以發揮支援教學研究的功能，各單位確實實施工作簡化、行政業務自動化，應用科學管理方法提升工作效能外，具體措施為：

一、請各單位檢討行政流程，並加強行政業務自動化，以提升行政效率，同時加強行政人員在職訓練，以有效運用人力。

二、各單位如因業務確實繁重無法因應，得運用人力彈性調度原則，結合相關系所或單位形成支援系統，彼此奧援。

三、組成專案小組評鑑現有單位人力運用情形，如有冗長或業務緊縮之多餘員額移撥至人力不足單位。

四、隨時檢討各單位人力運用情形，確實瞭解業務需要，俾積極辦理人員教育訓練，以提升工作能力，以利業務推展。

五、各單位進用行政支援人員，應將使用電腦及業務處理能力列入考慮外；對於服務的熱誠精神宜有一定的檢視，以利人力的妥為運用。

六、配合經費自籌方式，各單位在經費足以自給自足原則下，得以建教合作經費僱用臨時人員協辦業務。

合理員額配置之主要目的在使整體人事作適切配合，俾發揮行政支援教學之功能，以順利推展校務。

伍、員額精簡之因應——人員契僱作為

行政人力契僱化係指學校編制內職員出缺時，得控留員額改以契約用人方式取代之，因此行政人力契僱化相關制度之建立，對於學校行政人力之運用及管理具有重要之影響。在為提升大專校院行政效率，促進彈性、多元、自主發展，除教育部針對公立學校訂頒「國立大專校院行政人力契僱化實施原則」，自 94 年 1 月 1 日起實施，學校現職職員數占教職員預算員額總數之比例，應於三年內調整至 25％以下外。大學法於 94 年 12 月 28 日修正時亦納入其中條文，學校實施行政人力契僱化，可使行政人力之進用、管理更自主、彈性且靈活，但如制度不健全，易陷於人情關說、產生人員流動性大、經驗不易傳承等缺點，因此，在政府積極推動改制行政法人之際，在行政人力資源方面，如何避免對現有職員造成衝擊，產生兩制並行、同工不同酬之不公平現象，並建立一套兼顧各校特色發展需求及公平客觀完善的用人管理制度實刻不容緩。

　　契僱化人力可減省政府在人事費用上的負擔，並給各學校更大的用人彈性，與專案計畫工作人員不同，除於職稱職務必須與專案計畫人員有所區別，並需另定一套人力資源發展與評鑑措施。就法律定位上，有別於編制內的人員，有關行政人員的各種權利義務規定並不適用，另就其工作性質及內容而言，完全是為了現有工作而進用的人力，其工作有一貫性且具恆常性質，有別於專案計畫工作人員係因某些臨時性的專案任務而產生，所以專案任務一完成即應解職，其薪資也應由專案計畫中完全支付，對機關不產生額外的經費負擔。

　　契僱人力資格條件建議原則須輔以特殊專業證照或能力檢定證明為遴用條件。依職責程度採「同工同酬」、「職能分類」為分類標準。職稱則由各校視業務需要選置。

一、僱用組員：1.國內外大學以上學校畢業者。2.任僱用辦事員6年以上，服務成績優良。3.國內外專科以上學校畢業，並具有與擬任工作相關之重要工作經驗8年以上者。

二、僱用專員：1.國內外研究所畢業得有碩士學位者。2.任僱用組員6年以上，服務成績優良。3.國內外大學畢業，並具有與擬任工作相關之重要工作經驗8年以上者。4.國內外專科以上學校畢業，並具有與擬任工作相關之重要工作經驗16年以上者。

三、僱用專門委員：1.國內外研究所畢業得有博士學位者。2.任僱用專員10年（僱用技士16年）以上，服務成績優良。3.國內外研究所畢業得有碩士學位，並具有與擬任工作相關之重要工作經驗12年以上者。4.國內外大學畢業，並具有與擬任工作相關之重要工作經驗20年以上者。

　　契僱人力之聘期、工作時數、差假、報酬標準、考核、福利、離職儲金、保險及其他相關權利義務事項：

一、聘期：原則上採一年一聘。

二、工作時數：工作時數視業務實際需要，在不減少全年上班總時數及不影響服務品質原則下，由學校彈性調整辦公時間，基本上應與服務單位的行政人員一致。

三、差假：契僱化人員給假準用行政院及所屬各機關聘僱人員給假辦法，公假、例假日、曠職、年資採計及請假方式，準用公務人員請假規則；紀念日及民俗節日準用公務人員週休二日實施辦法。

四、報酬標準：各校可依財務狀況自行訂定各職務等級及採用報酬薪點，惟最高以不超過依聘用人員聘用條例、行政院暨所屬機關約僱人員僱用辦法進用之相當等級約聘僱人員為原則。

五、考核：考核循績效管理模式，以目標管理方式進行並視為各單位請增員額核撥之參據，據以辦理，可做為各單位次年人員進用、續僱或不續僱依據。依據分層負責、逐級授權原則，由主管對直屬屬員切實執行考核，次級屬員進行重點考核。同時建議各單位契僱人員之平時考核項目分工作、操行、學識及才能等方面進行；各主管對屬員進行工作考核時，除應本全面品質管理原則，考量其工作性質、數量及時效外，並應注意其處理之正確性、完整性及成本觀念，暨人際溝通能力、團隊精神、工作態度、創造力、思考力、應變能力，如有表現優異與不合要求者，應列入書面紀錄，以為年終考核評定分數之基礎。契僱人員之

契約期限以一年為限。每年 7 月底辦理年度考核，考核制度內容如下：年度考核以一百分為滿分，分甲、乙、丙、丁四等，各等分數及晉級續聘規定如下：

1. 甲等：八十分以上，所占人數以不超過單位受考人數四分之一為原則，除予以繼續聘用一年、晉薪一級外，並得考慮視業務情形發給個人額外績效獎金。

2. 乙等：七十分以上，不滿八十分。予以繼續聘用一年、晉薪一級。

3. 丙等：六十分以上，不滿七十分。予以繼續聘用一年。

4. 丁等：不滿六十分不予續聘。

六、福利標準：契僱化人力雖是一種人力替代方案，但不可否認的，他們亦是組織內的一份子，其貢獻不容忽視，是以，除非政府法令明確排除的項目，應一視同仁，機關內編制教職員工享有的權利，契僱化人力也應享有，如文康活動、生日禮券、自強活動等等。

七、離職儲金：建議「各機關學校聘僱人員離職儲金給與辦法」中，儲金提撥率為 12%，與勞工退休金條例規定之離職儲金提撥率 12%相當，以保障其離職後生活，達到爭取優秀人才，提升學校行政人力素質之目的。

八、保險：參加勞保。

陸、員額精簡之因應——人力委外作為

隨著產業環境的變遷，未來的全球競爭將使產品和產業結構快速改變，以後員工在同一家企業做同一件事一輩子的機會已經愈來愈少，而當企業要改變產品或生產方式時，很多員工可能要失去工作或改做不專精的工作。為能有所因應以取得雙贏，人力委外的方案因而提出，就上述的企業在人力支配的窘境，在專業人力派遣業中的人員卻反而只需改派到其他需要的企業即可。同時因為專業，也可以有較好的培訓來跟上新技術，或改做相關而有較好機會的工作。另外隨著企業界在僱用較不熟悉之領域的人才時，也常會擔心所僱用的人才並未真正符合企業的需求。有些人才可能聘進來之後才發現理念或人際關係和企業其他員工不合。這類情況也可透過人力派遣方式來解決。外國即有人力派遣所派出之人員若與企業相處愉快，也可轉為企業長期員工的做法。

參考人力派遣較自由化的美國，其勞動力共有 1 億 4 千多萬人，並有 2.8 萬家臨時支援服務公司，同時受僱於臨時支援服務公司的員工，包括從事人力派遣工作者，由 1997 年之 350 萬人，增加到 2001 年之 425 萬人。由這些情況來看，人力派遣業在白領工作的重要性甚至比藍領更高，即使從勞工的角度看，人力派遣也有很大的好處。不少金融業和高科技業者已大量採用短時的派遣人力，例如金融銀行除了將不少專案促銷案外包給專業的電話行銷中心外，也大量採用派遣人力協助內部的秘書、行政、資訊系統管理等工作。連中華郵局也將客服業務交給外包的電話行銷中心，以節省人力成本。

人力派遣工作需透過從事人力派遣業務的企業提供，藉由商業方式，將臨時派遣工作者送到用人單位，並從事用人單位指派之工作，對於這種涉及工作者、派遣單位及用人單位之三方關係，目前世界各國亦正逐漸發展當中，若能適時納入勞動市場供需調節體系，應是相當具有發展潛力之服務業。派遣勞動是企業最直接可減少成本的方式，尤其是現在勞基法規範雇主必須履行相關僱傭規定時，僱用派遣勞工的成本必然少於一般僱傭勞工。國外派遣勞工薪水約為一般僱傭勞工的六成，在組織著眼於撙節經費提升效能，自然可以充分考量。

根據行政院主計處統計，台灣就業人口「臨時工作者」的數量，已逐年從民國 81 年的 5%成長到今年的 7%，目前約有 63 萬人，但比起歐美、日本等先進國家的臨時員工比率高達 20%以上，仍有很大的拓展空間。針對約聘人員的業務品質、生產力與向心力，必須經過長時間評估後，企業才能找出最適當的約聘人員比率，而這個比率又因為產業特性以及各企業核心業務而有所不同。以美國福特汽車為例，經過多年人力調整的結果，就訂出約聘人員不得超過 15%的規定，這樣的比率正能符合其彈性與效率的要求。一舉兩得：訓練雙重技能人才、調度更具彈性。以在中國信託為例，每三‧三位員工當中就有一位約聘員工（含佣金制人員），在人員定期流動的情況下，靠的正是嚴謹的教育訓練以及管理系統，確保約聘人員隨時能維持一貫水準，還訓練出精通銀行、信用卡業務的雙重技能人才，調度派遣更有彈性。

人力派遣的興起是組織裏出現短期性需要的工作。例如發展一套新的電子化或數位化的系統時，系統的設計、建立，以及操作初期對員工的指導、乃至其他相關作業方式的調整，都需要專業人才幫忙。但等新系統的操作穩定下來之後，員工自己就會操作，而不再需要前述人才。組織若短期僱用這些人才，事後再辭退他們，不只對勞工不利，企業自己其實也不見得有能力找到適當的人才。若人力派遣業者擁有一批這類人才，他們即可以一個組織幫完再幫另一個組織，不僅解決了這些人力短缺的困難，這些人才也可以更專業。他們雖然常更換實際工作的組織和地點，但他們卻可以和人力派遣業者有長期的僱傭關係，因此也可以得到更好的保障及訓練。

人力派遣是指派遣公司與用人組織訂定派遣契約，由派遣公司僱用員工後，派遣至用人單位，該員工在派遣公司指揮監督下工作，工作期滿即離職。由於派遣員工的勞、健保、退休金等費用，全部掛在人力派遣公司身上，使用派遣員工的組織不需負擔這些費用，因此在國外早被視為填補短期人力不足，同時也是節省人事成本的靈活做法。在員額精減政策下為維護既有品質，誠然可以考量。

柒、員額精簡政策的改進建議

一、重新檢視既有員額

員額精簡政策係本著成本用人之經營理念，採「人力運用最適原則」，依業務之質與量，配置經濟而必要之人力，並視為管制政策。以大學為例，學校教職員所扮演的角色各不相同，教師是施教立場，行政人員則以服務身分支援教學者，兩者的互動在促使學校組織結構的活化，並使學校組織目標達到最好的發展，故可依據教師及行政人員任務，分別研議合理員額編制，而非齊頭式壓抑員額增加需求。根據企業的經驗，一年一聘的契約工作者，藉由完整的教育訓練與輔助系統，就能扮演稱職的服務人員。但人員服務品質的維繫，還要配合非常嚴謹的績效考核，例如：客服人員利用側聽記錄每一通電話，只要員工 log in（開機登入）之後，電腦便詳細記錄每一個動作花費的時間，這些訓練與機制，最後展現在應答技巧、效率、態度、業務知識四大績效上。

二、訂定員額設置基準

員額設置標準，應考慮各單位業務性質及其實際狀況後，再依據工作數量、工作範圍、工作對象等因素，以及不同期間業務量及人數變動之紀錄，予以統計分析，一旦員額標準訂後，應定期檢討，如欲設備更新或改進工作方法及程序時，應隨時檢討原訂標準。由於各大學校院發展方向與著重點不同，因此不宜採齊頭劃一標準，硬性限制。大學校院教職員人數標準之釐定，除應視各校院為獨立存在之個體，予各校院以發展其特色之充分條件外，並應視各學校、學系或研究所性質，而作彈性之計畫。另對大學校院功能與業務績效之檢討，不宜就校內教學單向功能之評估，而應佐以整體社會需求面來進行探討。

三、配合檢討組織功能

為因應政府政策的執行，對行政單位組織功能及員額配置做通盤檢討，凡是權責重疊，業務萎縮或效能不彰者，應予調整組織建制或實施員額移撥，對於自給自足之單位，其臨時人員如有利業務之推動且可見減輕財政的負擔，則對臨時人員人事管理亦應適時修正或訂定相關法令加以規範。

四、實施組織員額評鑑

在各單位普遍感受到人力短缺中，由組成超然的人力評鑑小組親赴各單位實地訪查，將組織員額評鑑納入政策，定期辦理，經由客觀而嚴密的評鑑已發現編制員額應增應減的機關，尤其教育是百年大計，對於人才之培育是不可以短期評估其效益，因此對於新設單位，應予以特別考量其未來發展之目標，宜先給予開辦員額以健全其組織架構，給予充分之人力資源，主動使組織員額合理化，真正做到有效抑制員額成長，妥善規劃人力運用，以符合發展需要。

五、彈性人力調度運用

參採企業的績效與彈性措施，充分運用彈性人力，包括：派遣勞工、契僱員工等。所謂派遣勞工，是當企業面臨擴大業務需求、臨時接單，如果聘僱正式員工，當任務完成後，這批人手將成為公司冗員，企業為靈活運用人力，降低人事成本，派遣勞工應運而生。目前台灣派遣市場仍在萌芽階段，以日本每年 20%至 30%的成長率、年營業額 1.3 兆日圓的規模推估，台灣派遣市場潛力無窮。「人力派遣」的職務屬性並沒有嚴格限制，多數為企業中「非核心職務」的員工，包括總機接待、文書收發、行政助理、秘書、資料處理、翻譯、會計財務、客戶服務、電話行銷、訪問、市場調查、商品展示接待、大型展覽人員等。例如：日本數位家電、汽車等製造業出現榮景，不過工廠內的正式員工並未大增，反而是來自承包商的員工激增。據估計，日本製造業勞工 1,200 萬人到 1,300 萬人中，約 100 萬人來自外包企業，便是一例。

六、明定人力契僱契約

為使契僱化人力有所規範，並基於基本權利義務原則性規範，契僱人力之聘期、工作時數、差假、報酬標準、考核、福利、離職儲金、保險及其他相關權利義務事項，應納入契約中明定，以利作為。

七、強化人員教育訓練

實施現職人員再教育訓練，建立機關首長用人成本觀念，以最好的投入或至最大的產出，並積極處理不適任現職人員，鼓勵退離措施，或委託專家、學術研究機構對員額精簡進行診斷，同時研議勞力替代方案，或委託外包，以減少人事費支出，藉以提高公務生產力。運用科學技術推動行政資訊化、辦公室自動化，加強推行工作簡化、分層負責及授權，實施全面品質管理等觀念，以有效精簡人力。

以上所述均屬員額精簡政策必須注重之層面，各機關學校為節約人力，對於經常性工作，更應以「苟日新，日日新」精神，兼顧效率與效能，持續推展組織業務，才是員額精簡政策主要目的。

捌、結語

組織員額是根據機關特性及業務繁簡做適當的配置，並隨著客觀環境的變遷發展，適時作機動調整適應，又是行政革新案中重要實施項目之一，因此如何有效管理機關員額，避免趨於浮濫，同時以合理化的員額精簡政策取代刪減員額的精簡政策，是值得探討的問題，尤其大學一方面利用企業經營理念及成本效益，研訂人事管理措施，俾因應校務急遽發展之需求，建構大學作育英才回饋社會之願景，並活化大學繼續朝多元化目標發展。而其中的積極作為是派遣

勞動，是「勞動彈性化」的一種型式。即勞工被派到第三者公司工作，受第三者公司指揮、管理，但不屬於該公司員工，而屬於派遣出勤公司的員工。「人力派遣業」打破一般僱傭關係。派遣業則屬於非典型勞動關係，具有雇主（派遣機構）、使用單位（要派機構）及勞工的「三方兩地」特殊關係，且不受勞基法規範，形成是派遣勞動的發展趨勢。

總之，當前學校環境面臨急遽變遷之轉形期，為提升整體競爭力，如何以員額精簡政策因應政經及社會環境之變遷，發揮組織最大的效能，在不增加財政負擔之前提下，使人力成長符合組織發展的需要，實為人事工作可思考的重要議題。

第二章
大學校院生計輔導組織變革之芻議

壹、前言

　　自從 1908 年職業輔導工作受到帕深思（Frank Parsons）創立「波士頓職業局」影響，職業輔導的觀念便隨著時代的推移而不斷演進。由最初衹是對受輔者提供職業資料及謀職技能，到 1937 年因為受到美國職業輔導學會（National Vocational Guidance Association）的修正，發展為輔導個人如何選擇職業；其後因教育和心理測驗的導入，促使職業輔導工作逐漸重視職業性向等客觀心理資料的分析。及至 1949 年由於哥倫比亞大學蘇波（D. E. Super）教授的提倡，使職業輔導工作轉而對發展觀念的注視，揭開了以「生計輔導」替代「職業輔導」的序幕。（Crites, 1981）

　　為適應社會的日新月異，生計輔導強調個人所具備的專業知識、技能、服務態度、職業觀念必須不斷地充實和改變。同時生計輔導是一項多元而且是連續性的工作，其目的不單是在解決就業問題而已，更在於協助受輔導者獲取有助於其生計發展的知識、態度、技能，以促進個人自我的成長，解決其生活適應上的困難。是以其輔導的內涵包括：生計認知，生計試探、生計準備、就業安置及延續輔導等項目。該性質是著重於終生性和全面性的發展，顧及個人生活的每一層面，同時提供許多的機會和經驗，以幫助個人生計的順利發展，並且裨益國家社會的進步。長期以來，我國大學校院為輔導青年就業，紛紛於學校設立了「畢業生就業（實習）輔導室」，然而隨著職業輔導的觀念擴展為生計輔導，為順應時勢的需求，大學校院尤其應落實生計輔導工作，推動學生生計發展的輔導計畫，把現今的就業輔導延伸到未來的生涯遠景。

　　人們投入職業的行列，不僅是因為由工作中可以獲得生活中所必需的物質資源，另外透過職業關係提供社群間的互助、互賴信念，經由人類彼此互相依存的關係，建立一個細密分工的生活圈，達成經濟的互動、身分的確定和道德的呈現。若是我們以心理學家馬斯洛（Maslow）所建構的需求理論為例證，則職業對個人的重要性，正因為職業提供個人在：生理、安全、歸屬感、自尊自重、自我實現等多層需求的滿足。是以就業問題並非單純的職業安置而已，良好周延的生計輔導便應該包含：生計計畫、生計準備、生計選擇、生計安置、生計發展等工作，才能滿足個人在職業上的需求。另外，職業對國家社會亦有其重要的意義，先進國家重視教育工作，特別是高等教育的主要目標之一，是在為國家培育專業人才，一方面提供國家各項建設所需的高級人力，另一方面增進個人適才適所的潛能與抱負。因此，大專以上高級人力資源的培育、訓練和運用，對一個國家的經濟發展、社會安定及個人福祉均有深遠的影響。反之，高級人力的學非所用，大才小用及用非所宜，勢將造成國家社會在人力資源利用上難以預估的損

失。因此在我國憲法第 151 條明訂:「人民具有工作能力者,國家應予以適當的工作機會。」為期職業的安適和發展,便賴生計輔導的發揮。

貳、大學校院生計輔導工作主要的目標

　　生計輔導工作的重要性,不獨由人力資源運用的觀點可以凸顯,透過學生的需求亦可反映出其迫切性。根據金樹人的引述:「在 1985 年,Weissberg 等人對一六二五位喬治亞大學(Georgia University)學生在學業、生計、生活等方面的需求做了比較,結果發現學生在生計發展方面的需求遠甚於對學業及生活方面的需求。」(金樹人,1988)至於國內的情形如何呢?在民國 91 年進行的研究以一千位國內各大學各年級學生為對象,以瞭解受測者對未來職業的考慮,結果發現:「入學之初,只有 17%的學生對職業取向和價值觀念有肯定的方向;到了四年級面臨畢業之際,該項比例的學生只占 34.6%。」換言之,有三分之二的大學應屆畢業生無法自我肯定未來的職業發展方向。(黃淑芬,2002)

　　大學校院生計輔導工作主要的目標,在於引導個體能因應自己的性向和潛能,發展職業能力,以適應未來的工作需要。為達到此目的,大學階段的生計輔導工作目標可以區分為(李大偉,1986):

一、協助學生選擇主修課程:從生涯發展的觀點而言,以科系為主的學習活動將直接影響到生計試探的過程,選擇一個適當的科系,將有助於未來生涯抉擇的具體方向。(Super, 1984)為期使學生能將選讀科系與生計發展計畫相配合,必須提供學生在選擇課程上的協助。

二、協助學生自我評量、與自我分析,以達自我瞭解:自我認識為生計發展的先決條件。適切的生計選擇必然是建立在充分認知個人的興趣、動機、價值觀念、人格特質、能力性向等條件下而完成。為達到自我評量的目的,可以透過心理學的各項相關量表、測驗,讓學生客觀衡量自我,並配合對行業的認識,以輔導學生在職業選擇上能正確做決定。

三、協助學生瞭解工作世界:由於校園生活方式、互動關係、應對進退等,有別於工作世界;前者著重於師生、同學的關係,側重感性取向,講的是寬宥諒解和包容性;而後者著重於長官部屬的關係,側重理性取向,講的是權責分明、重效率、講責任。(李建興,1981)因此許多學生畢業後跨入工作世界總有幾許的不習慣。協助學生瞭解工作世界,並非硬是將工作世界的「事業文化」導入校園文化中,而是提供同學完整的訊息,以協助學生能瞭解工作世界的特質,以及各種行業應具備的專業知識、技能、資格要件等,進而經由這份認知,能在學校期間掌握方向,積極充實自我,使得步入工作場所後能有良好的適應,並得到充分的發揮。

四、協助學生作職業選擇的決定:為促使學生在職業選擇上的決定是適切的,必須妥善地運用學生個人資料及職業資料,使二者之間做最佳的配合。為了達到此目標,第一是透過對個

人資料的分析與解釋，以建立起個人的生涯目標；第二是經由實地的實習，以修正和發展已建立的生涯目標，並以此增進學生做生計決定的能力。

五、培育學生敬業樂群和職業道德的修持：敬業樂群的態度和職業道德的修持，關係著個人在工作世界中的人際關係及工作滿意程度，亦關聯著工作效率的發揮、工作環境的組織氣候等。良好的職業道德能使自己成為一位快樂的工作者，並且獲得工作同仁的推崇和尊敬，使精神得到愉悅和滿足。因此配合生活輔導及學業輔導，培育學生敬業樂群的態度和高尚的生計輔導道德，以建立正確的職業觀念，是生計輔導中重要的工作。

六、協助學生獲得生計安置的服務：生計安置，所指的不只是幫助學生找到一份工作，或是指引出接受升學再教育的方向而已，而是應該透過一連串有計畫的輔導，協助學生順利地進入工作世界，或是另一項接受再訓練、再教育的機會。這其中的計畫性輔導，包括：訓練內容的說明、教育內容的分析，以及就業資訊的提供、個人履歷資料的準備、求職面試的技巧、求職過程的應有準備等。（Walsh, 1979）

七、協助具有特殊情形的學生就業：輔導工作植基於民主的信念，強調對人價值的肯定，對人的尊重，因此重視個別差異，同時以「天生我材必有用」的觀念出發，對於不同的學生有不同的需要，訂定不同的輔導策略，是以對於諸如「生計遲疑者」（Career Indecision）、「生計未定向者」（Career Indecisiveness）、年老學生、就業專長欠缺者，甚至如資賦優異者……等等，較有別於一般同學的學生，應給予必要的輔導與指引。（Miller, 1975）

高等教育負著為國家培育專門及技術人才的重責大任，因此如何透過生計輔導目標，落實輔導工作的各項措施，使大專青年適才適所，以符合國家社會的需要，並能發揮個人的抱負與潛能，誠然是高等教育的重要課題。

為了達到生計輔導的目標，在美國大學校院的生計輔導中心（Career Guidance Center）提供了下列的服務（楊朝祥，1986）：

一、個別生計諮商：其主要內容為提供在學學生和畢業校友瞭解自我，擬定生計目標，增進溝通技術及謀職技能，搜集及應用就業機會資料。

二、團體生計諮商：透過小團體討論、角色扮演，以協助團體成員對職業生涯的認知、選擇、謀職面談的技巧，及未來工作的調適等。

三、生計規劃課程：為了促進各科系學生對生計發展的重視，並幫助學生規劃未來的職業，生計輔導中心的人員協助各系科開設與該系學門有關的生計規劃課程。

四、研習會議和課程：經由專業人員的規劃和設計，由研習會議的舉行和課程安排，使同學於短時間裏能瞭解生計發展的各項內容，促進同學對生計輔導的每項環節能有深入認知。

五、電腦輔助輔導：透過已有的系統協助學生分析自己的價值觀、興趣、性向、能力……等，並由分析的結果以提供相關的職業參改。或是依據學生的需求提供職業類屬、應具備的專長、發展遠景等資料。（Carney, 1976）

六、生計資料中心：該生計資料，廣泛供給學生在選擇職業或計畫升學的參改。同時，為了使學生瞭解謀職、生計計畫技巧，以及生計有關的各種問題，生計資料中心提供了相關的書籍、期刊、研究報告，以供學生閱讀、參改。

七、校內工作應徵服務：該輔導中心主動公布各機構、企業、團體的求才訊息，經由資料的篩選，求才單位在校內舉行應徵面談。這項工作經過輔導中心的媒介，使求職和求才得以契合。

八、就業資訊圖書館：該圖書館隨時陳列各項就業的資訊，並依據學系類科，分門別類放置，以利學生使用。此外，該館還提供有關履歷表撰寫、面談技巧、謀職態度、生計計畫等，有關的資料或錄影帶，以為同學學習。

九、學生生計安置服務：這項工作主要的是主動推介服務，對於向中心登載求職的同學，主動地尋求相關的工作機會。

十、校友生計安置服務：在一個人的一生生計發展過程中，需要就業安置服務的次數可能不止一次。雖然在學生快畢業之前，該中心已盡最大努力來安置學生就業。但畢業的校友，或因失業，或因不喜歡原有的工作，或因地域性遷移等原因，而需要重新尋找工作時，校友生計安置服務正可以滿足這種需求。

經由這些服務的項目，而構成美國大學校院生計輔導的完整內容，期使高級人力得以充分而完善的發揮。至於在亞洲的日本，其對人力資源的妥善規劃，是導致日本在世界經濟舞台，長久以來能克服層層障礙，而獨占鰲頭的重要因素。日本根據「職業安定法」及其衍生出來的相關法令規章，在全國各市鎮設有「就業安定所」。應屆畢業生的就業輔導工作，乃由學校和就業安定所共同配合辦理。至於在學校，則設有「學生職業中心」，以肩負學生生計輔導的責任。該中心的工作範疇並不僅止於就業安置，而是包含專業性的職業取向測驗，廣及生計發展的諮詢輔導、終生發展的計畫……等等。日本企業界中長期存在著「終生僱用制」，員工對企業的認同和投入，固然深受該國文化的影響；然而，「學生職業中心」徹底有效地執行各項職業教育方案，乃是重要的因素。「他山之石可以攻錯」，參酌了美、日兩國在大專校院的生計輔導措施，使得大學青年能朝向「適才適所」的生涯發展邁進。此成功之道，正是我們在規劃大學校院生計輔導組織時足資參考的例證。

參、大學校院設置生計輔導組織之現況

由於大學校院具有為學生的未來生計做必要訓練、準備的功能；因此，如何幫助學生規劃職業生涯，幫助學生選擇或改變生計方向，輔導學生瞭解自己的能力、興趣與價值觀，並幫助學生尋找及獲得工作，成為大專校院生計輔導的主要工作內涵。

　　有鑑於生計輔導工作的重要性，為落實輔導的工作，教育部與青輔會於民國 66 年訂定「專科以上學校輔導畢業生就業工作實施要點」，通函各大學校院正式成立就業輔導室，使得我國各大學校院陸續成立畢業生就業輔導室，開始擔負起輔導畢業生就業的責任。並辦理：

一、在校生職業輔導工作。

二、開拓就業機會，輔導畢業生就業。

三、畢業生就業問題之研究暨有關所需就業輔導資料之提供。

四、與各級就業輔導機構之聯繫配合事項。

　　生計輔導工作就其輔導歷程而言，凡在大學校院階段，宜著重生計準備和生計安置等輔導工作。然而由於國內輔導工作仍深受傳統職業輔導觀念的影響而尚未隨著生計教育、生計輔導推展，改進輔導內涵，使得大學校院的生計輔導工作側重於職業準備和職業安置。就現行各大學校院辦理該項輔導工作的情況，大致可從輔導單位的設置名稱，依據原則、法令、組織系統、工作內涵等瞭解該工作現況：

一、輔導單位的設置名稱：經由設置名稱，我們可以略要看到此單位的主要工作特性。由於受到設置當時的大學規程，及「專科以上學校輔導畢業生就業工作實施要點」等法令規章的影響，各大學校院就業輔導單位名稱以：「畢業生就業輔導室」、「就業輔導組」、「實習就業輔導室」、「畢業生就業輔導組」等為主，由此看出此單位的主要工作方向係著重於就業安置及校外實習。

二、相關的法令規定：現行大學校院生計輔導組織的設置依據為：專科以上學校輔導學生就業工作實施要點第二條：專科以上學校應設畢業生就業輔導委員會，由校長或獨立學院院長聘請教務、訓導主管及院長、所系主任、教授、副教授與其他有關人員為委員；必要時得與本校（院）建教合作顧問委員會召開聯席會議，共同負責策劃協調工作。同法第三條：大學或獨立學院依大學規程之規定，設畢業生就業輔導室，專科學校依專科學校法之規定，設實習就業輔導室，均置主任一人，組員或職員若干人，承校（院）長之命辦理畢業生就業輔導工作。

三、工作內容：根據「專科以上學校輔導畢業生就業工作實施要點」，大學校院就業輔導工作的主要內容為：

1. 新生定向輔導（包括輔導單位所能提供服務及功能之介紹等）：在新生訓練中，告訴學生有關輔導單位的工作，以幫助學生瞭解學校的服務工作，而主動地尋求幫助。

2. 學生個人資料的建立。

3. 職業訊息的搜集。

4. 協助學生擬訂職業計畫。

5. 職業諮商：分個別諮商或團體諮商。

6. 尋求職業技巧（包括面談技巧、與尋找就業訊息）。

7. 職業安置。

8. 追蹤輔導。

9. 有關研究工作。

透過上述針對大學校院生計輔導單位設置名稱，依據法令、組織體系、工作內涵的說明，可以明確看出該工作集中於「職業輔導」而非「生計輔導」。

肆、大學校院生計輔導組織之缺失探討

從上述的分析，我們可以瞭解大學校院辦理就業輔導工作的現況。就組織設立部分：雖然學業、生活及心理輔導方面有學生輔導中心的設置；在職業輔導方面則有畢業生就業輔導室的設立，分別執行輔導工作。然而，依據學者的見解及生計輔導工作的內涵，完整的輔導工作應由生活及學習輔導著手，建立學生健全的職業人格及人際關係，充實專業知識與技能，進而以完善的生計輔導為主體，促使學生獲得適當的工作機會順利就業。（林幸台，1987）由於現行生計輔導工作中組織的鬆散，及分屬單位間彼此缺乏聯繫，致無法統籌發揮整體功能的功能，並出現如下的缺失：

一、輔導工作過於偏狹：根據研究生計輔導的學者帕深思（Parsons）的觀點，從事生計業選擇，至少必須考量到三點：一是「充分瞭解求職者的性向、能力、興趣、抱負、才能等」，二是「明陳從事某些職業所需要具備的條件和發展前景」，三是「將此二者之間做最佳的媒合」。（Kramer, 1974, p.386）就現行就業輔導單位的工作項目而言，顯然較側重第二個部分，第一、第三部分則明顯不足，如此在職業安置上，便不容易把握人與工作之間的契合，而難達到「適才適所」的生計安置目標。同時，當我們檢討這種輔導工作趨勢，除了是受限於輔導人力的不足外；更重要的原因是就業輔導單位，並未能隨著輔導理論的擴展、更迭，將「生計輔導」的觀念和作法，注入現行的工作內涵中，使全盤的輔導工作僅限於就業安置部分，以致無法對學生未來生涯發展有積極性的幫助。

二、輔導工作事權不統一：生計輔導的實施實際上關聯著「生活輔導」、「學習輔導」、「職業輔導」、「心理輔導」等領域。而這些工作在現行的大專校院是分散於各個不同的輔導組織裏，在生活輔導上有學務處的生活輔導組，在「學習輔導、心理輔導」上則以學生輔導中心為主，而「職業輔導」則由畢業生就業輔導室專責執行。這種情形，使得彼此功能相互重疊，除了浪費人力及物力，亦由於事權不一，無法做有效的協調、配合，而導致輔導功能無法發揮。

三、輔導觀念未能充分溝通：由於觀念未能溝通，專業人員的背景及人數的不足，也因為組織不夠健全、經費的短缺，生計輔導工作在大學、研究所階段，似乎從來沒有受到應有的重視。傳統上，大家以為大學校院的主要功能僅是教學、研究、推廣教育等項目，而輔導工作也大多偏重於心理輔導及生活輔導，至於和學生一生的發展關係最為密切的生計輔導則極少有學校注意。因此，學生在學期間不知自己所學與未來職業發展的關係，教學的過程

及內涵也不強調學生受僱能力的獲得，而學生畢業之前，生計安置的工作也無人注意。結果，學生畢業之後，不是因受僱技能不足或不當以致到處碰壁，就是不知如何謀求與自己所學相關的職業，以致大學、研究所畢業生的失業率較總平均為高，就是有幸找到工作的學生，也常感到學用不配合、大材小用、小材大用，平白犧牲、浪費了許多有用的人力。在另一方面，社會、經濟建設的人才卻又大量缺乏，因而延緩，甚至防礙了國家的建設與發展。

四、輔導績效功能不彰：根據輔導學者金樹人、林幸台等人的研究指出：我國生涯輔導組織不夠健全，各校執行單位不一，且就業輔導工作過於偏重就業安置、謀職技巧及校園徵才等活動；學生輔導中心則著重心理輔導、生涯探索等；表面雖然分工，但卻將生涯輔導的整體工作分割，加上未能適當協調，及欠缺人力與經費的狀況下，使得生涯輔導的工作在大學校院中難於發揮其效果。

伍、大學校院生計輔導組織規劃之芻議

美國行政學者高斯（John M. Cous）對「組織」（Organization）的定義是：「組織是為了促進共同目標而設的團體，對工作人員作適當的分配。」薛思（Edgar H. Schein）則以為組織是「為求達到某種共同的目標，經由成員的分工及功能的分化，利用不同層次的權力與職責，合理的協調一群人的活動，以便達到共同的目的。」（Herr, 1983）由此可知組織是：「協調一群人的力量和活動，經由合理的分工和密切的配合，各盡其能，各守其職，以達成共同目標的團體。」（吳武典，1982）

輔導工作是助人的專業性工作，該項專業自然需要依靠適當的組織運作以推展其工作。組織是為實現目標而結合人力與物力的方法，舉凡組織結構的建立，各種職位權責的執行、人員的任用、功能的區別、資源的分配等皆與組織有關，組織因關係著推展工作時的基本架構，是以為對生計輔導有周延的規劃，自然需賴完善的生計輔導組織以為配合。

生計輔導工作，因涉及生活輔導、學習輔導、職業輔導、心理輔導……等多個領域，倘若我們未能有一體系完整的組織結構以資配合，則往往會形成事務疊床架屋、資源分配不當、人力運用不善、工作相互重疊……等弊端，造成輔導效能事倍功半的窘境，因此我們有必要依據學校現況，對生計輔導組織進行周密的規劃，以利輔導工作的遂行。

學校生計輔導組織的建立，乃在完成輔導工作為目的，因此，生計輔導組織的規劃，應以學校生計輔導工作的目標為依據。而輔導組織效能的發揮，涉及組織內成員責任的劃分，以及成員間的相互關係，在規劃時均宜予考量，以求組織系統之適當性。在規劃之前，應先確認若干基本原則（張春興，1980）：

一、組織應力求單純，結構完整：一個有效的輔導行政計畫，應保持精簡、完整的組織型態，從實際需要來設置各部門是最佳政策，錯綜複雜的組織常會嚴重的擾亂輔導的真正職能，

且有時需要更多的時間及金錢來維持龐大的組織，而學生可能沒有得到實際的輔導效果。開始初步設立的輔導組織宜由校長及少數教師為起點。工作逐漸展開，需要逐漸增加後，始按實際需要作進一步的擴大。

二、適應學校的實際需要：每個學校各有其特徵；同樣的大學校院，因其客觀環境的不同，所面臨的輔導問題亦將有所不同。輔導的組織須顧及客觀條件。因此，徒然仿效別校的組織，仍然不能收到好的效果。組織的先決條件應該是適應各個學校的需要學生的特質，才能積極推動。

三、配合學校的教育計畫：輔導以增進各個學生的「全人」發展為目的，是學校教育計畫的有機部分。因此，不可因過分強調輔導而忽略了各科教學，或忽略其他部分的工作；相反的，課程的充實與學校的整個組織活潑運用起來，才能提高輔導的功能。

四、組織應該以共同瞭解為前提：有了好的組織，必須再有好的教師才能發揮組織的功用。在全校教師對於輔導缺少共同瞭解之前，單從組織系統上著手，不但無補實際，並且將產生誤解與混亂。因此必須一方面提高教師對於輔導的認識，一方面改進組織。必須由全校擬定計畫，決定組織。

五、強調全體教師的責任和合作：輔導的對象眾多，其範圍至為廣泛，而學生又是各不相同，非少數輔導人員所能勝任。質言之，全體教員應把握學校教育的各種機會實施指導。教師與輔導人員間必須密切合作，既有明確的責任劃分，又能密切合作，才能收效。

六、設置專責的輔導單位，以統籌辦理輔導活動：輔導工作既為助人的專業，是賴專業人員提供系列的輔導。然盱衡現行各大學校院的特質，若將輔導工作全數由輔導人員擔任，在現行人力結構及資源運用下並不可行，因此如何透過全校教師的配合，尤其是各系、所班級已設有的導師，則其效果將更為明顯。而專責的輔導單位在整個輔導體系上，是居於負責訂定輔導所需的計畫，以及做為教師間的工作聯繫配合，並進行較為專業性的輔導工作。

七、在決定採擇某種組織型態之前，應先確定輔導的基本觀點，亦即應先確立輔導組織的哲學基礎。

八、輔導組織的結構應以輔導活動目的之達成為依歸。

九、為適應變遷而建立之任何新的組織結構，應視為舊有組織的補充，不宜完全否定舊有組織的成就。

十、輔導係以全體學生為服務對象，故組織應為全體學生而設，且須使全體學生明瞭組織的目的。

十一、組織的結構應能適應現行的需要與未來的發展：輔導組織的結構應定期予以評鑑，以尋求必要的改進。當學校的教育方針或輔導觀點有所改變時，輔導組織應予重新評估與研究。同時當現存的輔導計畫有所改變或新增任何活動時，整個組織結構必須加以檢討，以維持組織功能的順暢。

十二、應建立並明確行政的統屬關係與職責劃分：輔導組織的結構應力求精簡，並求實施之一貫性、和諧性。在輔導組織系統中建立，包括輔導委員會在內之所有成員的指揮系統，

並明訂組織中所有教師及行政人員的職責。使能瞭解自己與其他成員的責任，及彼此間的關係。

綜合上述，可知學校生計輔導組織的設立，有其學理與實際上的必要，在規劃組織時應將這些概念和原則納入，以謀組織功能的適當發揮。

基於生計輔導工作的內容，涵蓋了心理、生活、學習及職業輔導等範疇，因此，在生計輔導單位的設置上宜包容這些輔導項目。由於考量到該組織規劃的適用性及實用性，應可以考量以現行各大學校院原本已經設立且功能較為健全的「學生輔導中心」或「心理輔導中心」為主體，做適度的擴充及層級位階的提升。亦即除了加強已有的心理輔導功能外，並且再融入生活輔導、學習輔導及職業輔導，而成為「心理及生計輔導中心」（Psychological and Career Guide Center），用以統籌大學校院的生計輔導工作。成立此中心的主要構想是植基於（Hancock, 1982）：

一、現行的學生輔導中心，在輔導工作上已有其基本架構，其工作內涵上亦包括生計輔導中所需要的心理測驗、諮商晤談、個案工作、學習團體……等，只要適當的擴充，便能將生計輔導的工作加以推動。

二、以目前各大學校院的畢業生就業輔導室，過於著重就業安置及就業訊息提供，而對輔導工作應辦理的諸多事項付之闕如的情形，宜將就業輔導室納入「心理及生計輔導中心」，以期運用輔導工作的措施，改善就業輔導室過於著重行政工作的現象。

三、就此中心的名稱，美國俄亥俄州立大學（Ohio University）為了瞭解學生當有情緒上和事業上的有關問題時，會尋求什麼樣單位的協助時，在二百九十六位大學生及一百一十五位教授中，在所列出的「個人及生計諮商中心」、「心理及生計探索服務中心」、「諮商、生計及諮詢服務中心」、「心理及生計輔導中心」四個名稱中，以圈選「心理及生計輔導中心」的比例最高。（許智偉，1981）美國大學的師生看法，雖未必適合國人，但是他們經由研究調查以瞭解師生的看法是值得我們參酌的。

四、此種組織型態，對現行大學校院輔導體系的改變最小，應是較能適應各校的現行情況，並且在實施上較為容易，而不需要在組織上做大幅度的更張。

五、生計輔導工作雖包含了心理輔導一項，但一則是生計輔導工作在國內的推動並未見普及，若以「生計輔導中心」的名稱出現，一時之間可能無法為多數師生瞭解其輔導內涵，而喪失推動此工作的原意；另外由於心理輔導工作在各級學校已有若干成效，較能獲得同學的接納及認同，是以在此工作推動之初，似宜以該名稱出現較為妥當。

為了健全大專校院生計輔導工作的推動，除了以「心理及生計輔導中心」做為規劃及執行的單位外，在決策、聯繫協調上，仍宜有「心理及生計輔導委員會」的設置。就擬議的「心理及生計輔導中心」，其組織層級本文建議宜為學校一級單位。並應於大學法中明訂該組織設置條文，用以明確規範。由於民國83年1月所頒行的大學法，及83年8月所公布的大學法施行細則，為大學組織最重要的法源依據。該法令雖賦予學校更大的自主空間，然而卻無設置生涯輔導單位的強制性文字。加以生涯輔導的觀念未普遍獲得共識，使得部分學校將該單位的設置視

為聊備一格,可有可無。同時,依據教育部訓委會的調查:目前已設有就業輔導單位的三十六所大學校院,該單位多隸屬於學務處下,位階上為二級組織。就一般組織原理,位階的高低實關係著參與決策、運用資源、重視程度的差異。由於生涯輔導單位的組織層級不高,也影響其輔導的效能。因此,建議該中心的設置宜比照軍訓室、體育室,在大學中為獨立的一級單位,用以統整相關人力、資源,發揮輔導的積極性功能。

就「心理及生計輔導委員會」的型態上,宜採取「決策式輔導委員會」的性質。由於委員會的主要功能是在於策略的規劃及聯繫協調上,而此種型態的委員會,易收集思廣益的效果,同時經由民主化過程使大家對輔導措施形成必要的共識,裨益於輔導工作的推動。尤其是生計輔導工作所涉範圍廣泛,並非僅憑輔導人員便足以克竟全功,因此如何結合學校整體資源,策動全體教師投入該工作,誠為輔導功能能否有效發揮的重要因素。

至於在「心理及生計輔導中心」的型態上,宜採取折衷體制。因為此種體制係採擇集中權責制及職責均分制的優點,而企圖克服其二者缺點而設計。在該組織型態中,聘有專業輔導人員,肩負策訂生計輔導計畫及執行生計輔導工作內容。然而,就現行各級學校所擁有的專業輔導人員、輔導資源,我們無法冀期在短時間內完全由輔導人員來推動全數的工作,因此如何有效結合學校教師、行政人員,共同分擔輔導工作,是必要的方式。在此制度中,輔導人員除了必須直接與學生接觸並給予協助外,仍須撥出相當時間作為教師的諮詢者,協助教師共同輔導學生的發展。

「心理及生計輔導中心」在規劃上,依其輔導工作分為「生活輔導」、「學習輔導」、「職業輔導」、「心理輔導」等項目,其主要的工作內涵為:

一、一般性的輔導工作

1. 釐訂輔導工作計畫與進度。
2. 建立學生資料。
3. 辦理輔導工作、研究工作。
4. 辦理工作績效評鑑。
5. 舉辦輔導工作研究觀摩會或座談會。

二、心理輔導工作

1. 舉行各種心理及教育測驗(包含性向測驗、職業興趣測驗)。
2. 對個人情緒、人際關係、人生等各種問題的輔導、晤談。
3. 舉辦心理衛生系列的演講、座談。
4. 運用學習團體方式,以增進自我瞭解,並由實際人際體驗中學習成長。

三、生活輔導工作

1. 進行定向輔導，增進學生生活適應力。

2. 搜集學生健康、體能、性格、情緒、學業、社交、活動等情況之資料，作為輔導之據。

3. 學生生活困擾及特殊行為問題之調查、診斷與研究。

4. 個別諮商服務與個案研究。

5. 其他有關生活輔導之規劃與執行事宜。

四、學習輔導工作

1. 協助學生培養良好的學習態度、方法與習慣。

2. 協助學生培養學習興趣，增進學習效率。

3. 進行學習困擾調查。

4. 協助學生培養運用圖書設備，搜集資料及自學之能力。

5. 分析研究學生成績，作為因材施教之依據。

6. 發覺學生特殊才能，予以深入培植。

7. 協助學生瞭解自身條件，以為升學安置之基礎。

8. 協助學生瞭解升學目標之學校及科系。

9. 協助學生確定升學目標。

10. 協助學生瞭解自身學業上之弱點，並設法補救。

11. 其他有關學習輔導事宜。

五、職業輔導工作

1. 實施個別諮商並與家長會商，以確定學生就業意願。

2. 協助學生選定職業目標。

3. 協助學生修習職業課程。

4. 協助學生認識職業道德及工作世界之情況。

5. 舉辦職業座談會及參觀工廠或建教合作。

6. 聯繫就業輔導機構，以裨益就業安置。

7. 輔導學生就業或參加職業訓練。

8. 實施追蹤輔導，以瞭解同學就業適應狀況。

9. 其他有關職業輔導事宜。

經由本規劃，則將使學生事務工作與輔導工作之間有所調整。由於大專校院肩負著教育、研究、人格培育、推廣教育……等多項功能，為了達到這些功能必須要有不同的組織體系聚合而成，為免組織上疊床架屋，各組織功能應清晰明確，方能發揮功效。訓導與輔導工作對學生

的健全發展有著密切的關係，二者宜有適當的區劃，各發揮其必要的功能。是以在組織系統上不必做形式上的統合，而應著重各單位的分工合作。

就「學生事務處」的職掌著重於學生的行政管理，可分為下列三組：

1. 衛生保健組：學生健康的維護及醫療保健。
2. 課外活動組：學生參與社團活動、課外活動指導事宜。
3. 生活服務組：學生操行獎懲考核、學生舍宿管理、獎助學金申請等事宜。

至於「體育室」和「軍訓室」則因其功能差別單獨列為獨立系統，以各司其職。在「心理及生計輔導中心」部分，則負責全體同學的輔導工作，其內容區分為「心理輔導」、「生活輔導」、「學習輔導」和「職業輔導」等部分。

就此種「訓輔分立」的組織型態，除了能夠顧及現實環境情形，有效改善現有訓導處呈現訓輔不分的窘境外；並且得以使訓輔體系經由各單位功能的區劃，以發揮相輔相成的總體功能。

陸、結語

根據大學法第 1 條：「大學以研究學術，培育人才，提升文化，服務社會，促進國家發展為宗旨。」可以明確看出大學校院的主要目的是傳授高深的學識及技能；同時，由生計輔導的觀點看來，大學校院教育也兼具生計準備（Career Preparation）的功能，其主要目標是發展學生的受僱能力，有助於畢業之後能投入就業市場，從事各種專業工作。是以大學校院的教育措施，自應配合社會的需要，協助學生獲得生計發展所需的知識技能，培養工作的能力和技巧，建立工作的價值觀念。美國國會勞工和公共福利委員會（Senate Committee on Labor and Public Welfare），便曾明確地指出：「學校如能負起輔導畢業生生計安置及追蹤輔導等的工作，則將比其他未能提供這方面服務的學校更具辦學成效。」該委員會並列出學校應辦理生計輔導工作的二項主要理由（Super, 1980）：一、學校設有生計輔導單位者，將可迅速傳遞訊息，停止不存在或是人力過剩行業的課程。二、學校可從雇主及畢業青年的觀感，作為改進課程計畫的參考。換言之，跨出校門後，大學生所要面對的不是僅有一份工作的選擇，更重要的是如何統整一個人一生的職業與生活角色。生涯輔導的範圍絕非僅止於職業的提供，而是包括生活角色的選擇與調適，這其中需要專業人員的協助與指引，始能獲得適切的方向與支持。該輔導範圍廣及於心理輔導、生活輔導、學習輔導及職業輔導。而學者普遍認為：當一般學生對個人生涯有明確的目標時，則將有助於使學習、生活、心理等層面務實穩定成長。是以生涯輔導已成為輔導工作的主流。為於大學校院推動該項工作，尤賴建全的組織加以配合。本文在規劃的芻議中，係將擬議成立的生計輔導專責單位與學生輔導中心（心理衛生中心）合併，而為「心理及生計輔導中心」，該中心包括「心理輔導」、「學習輔導」、「生活輔導」及「職業輔導」等工作內涵。這種規劃型態自然有助於將大學校院的輔導工作予以「專業化」和「集中化」，使其成效能凸顯，裨益各項輔導方案的推動。

第**4**篇

任　免

第一章
教師兼任行政職務的探討

壹、前言

　　對於許多年輕的教授來說，教學工作、研究進度、爭取經費，經常讓這些事業剛起步的青年學者疲於奔命，但另外一面，也就是她（他）的家庭，也同樣的需要她（他）。尤其是家庭中有了小生命的加入之後，需要更多的心力照顧。在無法兼顧事業家庭的情況下，許多年輕教授，尤其是女性教授，經常在百般無奈之下放棄事業。對於在理工科技領域的學者來說，中斷之後恐怕想再回到頂尖之流則是難如登天。

　　現在許多高等學府面對這種人才流失的狀況，紛紛提出經費補助案，以協助這些教授解決困境。根據 2005 年 7 月 22 日高等教育紀事報報導，包括密西根大學、哈佛大學、馬里蘭大學、威斯康辛大學，都已經有了類似的方案。由校方額外增撥經費，讓教授或是研究人員們支付臨時研究助理、保母的費用。以哈佛大學醫學院為例，1995 年至今已經付出 150 萬相關的費用，平均一位教授可以一年申請 25,000 美元，期限是一年至兩年。倡議這個方案的該學院教職員事務院長 Shore 就認為，「付出這些額外的經費相當值得！」一個教授要花相當的心力去教書、發表研究成果、做實驗、申請研究計畫……，如果可以用金錢幫助她們，協助這些科技界未來的菁英來「保護」她們寶貴的時間。這種補助經費，也同樣可以嘉惠有類似困擾的男性教授。除了請助理、保母之外，這種補助經費還有各種創意的使用方式。比如：一位女教授雖然輪到每七年一次的研究休假年，原本應該離校出國到外地休息或是進修，但是考慮到正值學齡的孩子，不願更換學校改變孩子作息，因此申請經費，將外地的合作計畫研究人員，請到本地來進行研究。另有一位教授出國參加學術研討會，但是無法將兩個稚齡孩子留在家中，讓擔任急診室醫師的夫婿來照顧，所以乾脆申請經費聘請保母，讓孩子和保母跟著媽媽走，一起出國去開會。為了擴大成效，也因此，校方將這筆補助經費擴大範圍，除了補助本身為母親，需要照顧幼兒的人員之外，也補助任何造成研究困擾的家庭因素，包括：父母重病、配偶意外等等。也希望能夠真正的幫助每一個學者在開創事業之初全力衝刺。這些資助措施以提升教師更專注於本職工作上，不僅令人欣羨，也是在創造人力資源的增長上可提供思考的方式。

貳、教師兼任行政職務的背景

　　「行政」即國家所行之政務；亦指為管理或導引事務。從管理層面的解釋：注重於利用有效的方法，如計畫、組織、協調、領導、控制、預算等方面，以有效處理事務。是規劃與執行

結果的一連串歷程。「學校行政」的意義，簡單而言，即學校所處理的一切事物，舉凡人、事、財、物等方面都包括在內；詳細來說：學校機關依據教育原則，運用有效和科學的方法，對於學校內人、事、財、物等業務，作最妥善而適當的處理，以促進教育進步、達成教育目標的一種歷程。學校行政的功能，主要有四：（一）提供學生接受適當的教育；（二）協助教師教學活動的進行；（三）增進學生學習活動的興趣；（四）協助社會教育的推動。

　　大專校院部分行政職務由教師兼任，由來已久，其背景約有下述幾點：

一、基於依法行政之因素：大學法、專科學校法及大學法施行細則等法令規定學校之若干行政職務由教授（師）兼任，或得由教授（師）兼任。

二、基於人力資源有效運用之因素：除法規明文規定者外，多數學校亦基於員額編制及人力資源有效運用等因素，聘任助教、研究助理等協助教學或研究，並辦理或協辦行政業務，或規定新聘教師應協助辦理行政業務若干期限，或原可任用專任職員之職務，聘請教師兼任。

三、基於創意的學校行政決策行為：為能使學校在競爭的環境中創新作為，能夠從不同的觀點去思考，並分析不同專業思維的情境，以創造出一條可行且合理之途徑。奎恩（Quinn, 1988）稱此決策行為為重新架構（reframing）的技巧，而且重新架構的決策行為，能運用不同觀點對學校組織環境進行觀察，以助理解學校組織的現象。當學校行政決策者具備創新觀點或新作為，能夠強化對情境的多元思維。例如，校長、教師常視課程進度為教學目標，而且視其與加強師生互動的教學是相衝突的，有創意教學決策者，即會鼓勵兼顧這兩種情境，即將課程的內涵濃縮成幾點精華來教學，然後其餘時間加強師生互動，更能掌握藉和諧的班級氣氛經營，來提升教學效能的目的。因此若掌握得當的話，教學進度（效率）與師生互動是可以相容的。甚至可以創造學校辦學特色。

四、基於學校事務能凝聚集體參與的考量：大學校院是由知識分子集合而形成的社群，學校之行政職務並未納入公務行政體系管理，部分行政職務則由教師兼任。迨 74 年 5 月教育人員任用條例公布施行，學校職員始須經考試，其後並納入公務人員體系管理。惟大學法、專科學校法等相關法令仍規定學校之若干行政職務由教授（師）兼任，或得由教授（師）兼任。均衡管理導向的學校行政決策，常具有創造一些制度原則下的輔助功能以開拓原有辦學的視野和作為。因此，值得省思的是，一個制度的建立需要有各種人員共同參與，以集體思考方能畢其功於一役。

五、基於兼容並蓄的因素：在諸多參與校務運作之成員中以教師人數最多，基於學術及教學之需求，其學歷要求亦最高，因此被認為係素質最高之成員。同時如同羅森柏格（Rothenberg, 1979）在研究藝術、科學各領域學者的創造過程後，介紹一個概念叫「兼容並蓄的思維」（Janusian thinking）。他強調有創意的科學家與藝術家，如音樂家莫札特（Mozart）、藝術家畢卡索（Picassco）、科學家愛因斯坦（Einstein）與其他五十五位具有創意的有成人士，常具備兼容並蓄的思考能力。又如在羅馬神話中，所謂 Janus 是指門神具有前後兩副面孔，用來比喻具有創造性思維的人，能夠將相反的兩件事物，合起來思考。（吳瓊恩，1995）例

如，愛因斯坦，能把一個墜落物體和其他墜落物體相對來看，則此一墜落物體就此一物點與墜落點相比，並非處於靜止狀態，從這種矛盾觀察中，他發現了相對論（theory of relativity），而改變了現代人的生活。（吳瓊恩，1992）大學的工作是具有創新性思維，以引導社會前瞻發展，是以部分職務，尤其是主管職務委由教師兼任，以期望能達到更具遠景的作為。

參、教師兼任行政職務者的心態

學校行政的原則，可歸納為：專業化原則；科學化原則；學術化原則；民主化原則；彈性化原則；績效化原則。而學校行政可說是透過計畫、組織、協調、執行、與管制等活動之功能，有效結合學校的人力、物力、財力和其他的資源，以達成學校目標的歷程。教師以教學、研究為其專業，多數教師亦以此為其終生事業（或職業），行政職務對教師而言係行有餘力的參與，也可遇未必可求；亦未必樂在其中之際遇。由於兩者之專業不同，性質亦迥異，雖願意兼職者大有人在，避之唯恐不及者亦不在少數；而願意兼任行政職務者，其心態亦有多樣，簡述如下：

一、奉獻型：具有強烈的知識份子使命感，認為兼任行政職務之教師受校長或上級行政主管之託付，犧牲本身在學術上發展的時間和精力，奉獻校務，為同仁及學生服務，其在職務上多能虛心學習，盡心盡力。

二、世故型：因考量受師長青睞或有所請託，採取勉力而為，並基於理念相近，或欲改革，或人情請託未便拒絕的心情等因素考量，兼任行政工作。

三、嘗試型：認為行政是十分簡單的事，教師兼行政職務者足以勝任的心態，一旦遭遇挫折即辭去兼任，回任系科仍可擔任教師，對個人並無損失。

四、閱歷型：非有對行政工作的強烈動機，僅係藉所兼任職務之影響力，作為爾後取得更上一層之資源。

五、理想型：教師兼任行政職務者，懷抱理想欲改革者，並以懷抱「助人為快樂之本」、「積善之家必有餘慶」等態度嘗試以「公門好修行」熱忱參與勇於投入。

教師於參與行政工作時，需配合校務發展計畫，統整各項教育活動，各處室具備整合觀念，強化團隊合作的機制，並積極朝向：第一、逐步建構有效的組織架構，第二、發展團隊合作的機制模式，第三、創造有效的學習型組織，第四、建立危機管理的行政體系等方向努力。

肆、教師兼任行政職務的優缺點

大學是人類知識與理想之殿堂，是人類精神與文明之所繫，故大學應有崇高之理想，以致力於真善美之追求；大學又是培育高級人才、提升道德文化、服務社會人群之場所，為國家發展之所寄，故大學之學術發展，應自高遠處觀察，以確立其整體之發展目標。二十一世紀教育

理念與目標，以人本化、民主化、多元化、科技化及國際化為五大方向。依循此五大方向，加強教育目標之品質，諸如自律之道德情操，自我瞭解、適應、創造及革新之能力，尊重他人之習慣，高尚生活品味，民主法治精神，科學技術智能及開闊之世界觀等，以培養新時代之健全公民。大學教育自應本此理念與方向，提升教育品質，以為學術發展之目標。這項作為的落實無不依賴教學卓越、研究深化及服務效能的相互配合以為達成。而教師兼理行政工作卻也可以增進遠程目標的達成，而其優點可歸納如下：

一、兼職者來自教學單位，與學術成員間的溝通較無隔閡，較能瞭解教學單位或教師之需求，進而提供較適切之服務與有效的協作措施。以我國的鄰邦日本為例：為加強高等教育協作的國際化，以培養富有「國際性的日本人」，採取了一系列舉措，用來改革現行的高等教育體制。例如，日本把留學生政策擺到文教和對外政策的中心位置。一方面實施了多種公費留學生派遣制度，以便在招收和派遣留學生方面，到二十一世紀不亞於歐美各國；另一方面為自費留學生提供便利條件，擴大自費留學生的數量。此外，日本政府為提高本國高等教育質量和解決人類社會面臨的共同課題，積極參與國際機構組織的多國科技開發和研究合作活動。近年來，日本首先與美國簽訂了「日美科技合作專案計畫」，就核聚變、太陽能轉換、高能物理、宇宙空間等領域進行合作研究和開發。日本還與英國、法國、德國、加拿大和中國等進行了一系列合作研究專案。美國素來重視利用自己在高等教育方面的優勢，吸引外籍教師和學生。不同國籍的教授匯聚在美國許多名牌大學中執教和從事研究工作，世界各國的許多青年紛紛到美國留學，這數十萬外國學生給美國帶來了各民族最優秀的東西以及他們的聰明才智，這些足以引起西歐各國的羨慕。可見，高等教育協作已進入國際化的新時期。究此，在學校建構發展方向時，能邀請學有專精的老師參與規劃和執行，將有助於辦學目標和提升。

二、教師尚有本質之保障，較勇於改革，可為行政單位注入活水。特別是當今，許多國家都積極致力於大學的改革實踐，把大學作為主要依託，建立以大學軸心的教學、研究和生產聯合體。美國在波士頓地區和加州地區形成的高教、科研和生產結合體系，就是兩個成功的例子。一個是波士頓地區，在哈佛大學、麻省理工學院、耶魯大學的幫助下，從一個以傳統工業為主的地區一躍成為「科學工業綜合體」地區；另一個是加州地區，在史丹福大學、加州理工學院、加州大學的幫助下，由 100 多年前的荒蕪之地，一躍而成為聞名全球的「矽谷」電子工業基地。韓國自 80 年代中後期以來，隨著國民經濟向集約化方向發展，教學、研究、生產聯合體得到進一步發展。僅以「大田科技工業園區」為例，那裏建立了 38 個聯合體，其中有 21 所大學、13 個研究所和設計局、80 多家生產企業、100 多個實驗中心。其他國家，如日本的「產學合作制」、瑞典的「工學交流中心」、英國的「科學公園」等，都體現了同樣的發展策略。足見教師抱有「實用知識」的運用脈絡，參與行政自有助於學校辦學特色的建立。

三、教師與學生之互動關係較為密切，較能直接引導同學發展。觀察迅速多變的現代科技和生產，對社會在職人員提出了新的要求。他們不但要具備一定的生產經驗和勞動技能，而且還要具備合理的智力結構和不斷更新的知識結構。能否使在職人員成為適應社會發展的變化的新型社會生產者，已成為各國迎接跨世紀挑戰的關鍵所在。為此，很多國家均把終生教育理論作為高等教育改革的宗旨。德國政府在 1993 年的《德國高等教育改革的基本方針》中，要求「強調高等教育在專門人才的進修和在培訓中的功能及作用，主張應當把大學看作終生教育機構的基礎機構，號召依據社會經濟發展變化，適應科技資訊化的發展，將大學改革和調整成為社會在職人員可以繼續學習和深造的場所。」目前，除了北歐的瑞典、丹麥、芬蘭外，國際上建立較為完善的終生教育進修系統的國家尚不多，而國際上較為盛行的做法是充分發揮大學的優勢來進行社會在職人員的繼續教育，以達到終生教育的目的。國外一些著名大學，像美國的麻省理工學院、史丹福大學，日本的東京大學、豐橋科技大學，英國的康橋大學、牛津大學，法國的法蘭西學院、巴黎高等師範學院等，都承擔著為國家或企業培訓在職人員的任務。值得一提的是，這些國家已把在職人員的繼續教育和本科生、研究生教育一起列為現代高等教育的三大組成部分，這將使社會在職人員的繼續教育產生新的飛躍。如能使老師藉參與行政事務，增進教育領域的事實擴充，益發能使大學在整體社群扮演啟蒙發展的作為。

四、如該兼職之教師其所教者恰為行政或管理之相關學術，則可將學理與實務結合，一則可充實學理，一則可改善行政，可謂一舉兩得。尤其現代科技與生產的發展，是以綜合化為基本特徵的，反映到高等教育中就是課程的綜合化。所謂課程的綜合化，就是使基礎教育和專業教育、應用研究和開發研究相互滲透、交叉進行，目的在於培養學生適應社會發展的需要和具有解決複雜課題的技能。當今，高等教育課程的綜合化已為許多國家所重視，由於採取了一系列行之有效的舉措，高等教育在課程改革方面已收到了顯著成效。

五、與學校總體資源相搭配，可收事半功倍的效果。就高等教育發展趨勢而論，近年來美國主要是以政府法令形式將課程的綜合化確立下來的。1991 年，美國政府頒布了《關於發展高等教育和提高專門人才質量方案》。該方案認為：「加強專門人才在生產和科技部門獨立工作的能力，是當前高等教育向現代化方向發展的基本方針。為此，要求在課程改革上，打破原有的課程界限及框架，實行跨學科的綜合研究，創設新型的綜合課程。」比如，在工程教育方面，美國不少大學都注重工程對社會的服務，利用工程理論解決現代都市管理和建設問題，保護環境，發展經濟，從而使工程教育和社會科學、自然科學建立起以往從未有過的密切聯繫，導致許多新興邊緣綜合性課程的產生。例如，環境工程學、地震工程學、交通工程學、商業工程學、教育工程學等等。這類課程突破了傳統專業領域的局限，其內容是多學科綜合性的。是以教師可藉由所具專業學能的優質素養，引導教育的興革作為。

　　雖然藉由教師兼理行政工作具有諸多優點，尤其以能結合教師的智慧以參與學校的發展規劃與行政執行，中外諸多成功的例子可供借鑑。然而其中也可能造成若干不足乃至於呈現缺點之處：

一、行政職務因非屬教師之本職，且本職之保障性甚強，無失業、降級、減薪……甚或除違法外幾無任何懲處之虞。較無壓力，亦存有五日京兆之心。雖不無盡心盡力者；然而經驗、能力不足，缺乏素養亦所在多有。尤以原對學術以外的事務，而有熱忱者，常視兼理行政為過度的短暫作為，罕能積極參與。

二、教師因有本職之保障，校長或可隨時免去其兼職，兼職者亦可隨時辭兼，致流動率甚高；基層職員則須經常適應外行的主管，致士氣低落。

三、因對行政實務缺乏專業之理解，易在一知半解之情況下盲目運作或進行改革，致治絲益棼，愈改愈糟。

四、教師以教學為其天職，在大專校院則尚有研究及升等之壓力，如再兼任行政職務則感分身乏術，對於兼任之行政職務則多以基層職員之意見為主，難以深入。

五、由於主管職務多由教師兼任，專任職員之生涯發展受到限制，造成士氣低落且無法留住真正的人才。甚至出現彼此扞格現象。

　　就以上針對現況之探討可知，教師兼任行政職務，在現行法令規定下，為不可避免之事實；而在人力資源運用上，亦有其存在之價值，雖不無缺點，尚非無改善之空間。

　　高等教育隨著世界潮流的發展正朝著多樣化方向發展，從單一結構向多種結構演化，這是當今世界高等教育改革的重要態勢之一。現代經濟發展對高等教育改革提出了新的要求，各國對人才的需求與日俱增，不僅需要高級技術人才和管理人才，而且需要大批中級技術人才。這就要求高等教育必須建立適應現代經濟發展需要的合理的人才結構，改革傳統高等教育象牙塔式的結構，實現教育結構類型的多樣化。這具體表現為多種形式辦學，除擴充原有的大學外，大力發展學制不同的短期大學和初級學院，使各類高等學校並存，培養目標互異和教學方法靈活多樣。教師監理行政職務或能夠提供學術行政單位更為寬廣的思維。

伍、教師兼任之行政職務規範

　　每個學校發展特色、校園人力狀況不同，用同一模式可能出現「橘逾淮為枳」之窘，產生「畫虎不成反類犬」之境。為期望能在講究服務品質、效率及行政支援教學的目標下，有效的滿足社會、家長、老師及學生的服務需求，故調整學校行政組織，建立最佳互動模式，乃是推動教師兼理行政工作的主旨。在目前大專校院愈來愈追求自主性及大學法亦賦予大學「在法律規定範圍內享有自治權」之情況下，為能順暢學校行政之運作，以嘉惠全體莘莘學子及大學成果，則可參採美國的教育行政人員所訂有專業信條，為其規範之一部分，其內容如下：學校行政人員的專業行為，必須符合倫理信條。而此信條必須富有理想，又切合實際，才能合理地適

用所有的學校行政人員。行政人員應瞭解，學校是屬於大眾的，其目的乃在為全體民眾提供教育機會。此外，行政人員對於學校及社區，負有提供專業領導的責任。欲克盡這一責任，實有賴行政工作能維持良好的專業行為標準。行政人員必須瞭解，其行為應由社區、同事、及學生來評斷。為達到這些目的，行政人員應遵守下列的準則：

1. 以學生的福祉為一切決策及行動的基準。近些年來，面對世界範圍內興起的新技術革命的挑戰和全球性的經濟、軍事、政治競爭，世界各國紛紛研究對策，人們把目光投向教育，把希望寄託在高等教育的改革和未來人才培養上。

2. 以誠正的態度履行專業職責。領導的功能，主要可歸納為：促進團體達成目標、維持團體組織完整、激勵成員工作士氣。

3. 支持正當程序的原則，並保障所有個人的民權和人權。提高學校行政決定的品質，可從下列途徑著手：採用參與式的決定模式；掌握影響學校行政決定因素；採用合理的決定方法；瞭解評估學校行政決定效能的指標。

4. 遵從法令，依法行政。在學校行政上，應考慮到學校本身的特性及學校的教育目標，才能發揮效果。

5. 執行教育政策與行政規章命令。學校行政人員如違反民法的規定，須接受民法上的制度，負起民事責任，主要有六：損害賠償、回復權利、強制履行、無效及撤銷、人格剝奪及權力剝奪等。

6. 採取適當手段，修正不合教育目標的法律、政策、與命令規章。行政人員為了解決實際問題與達到目標，依其權責，研擬若干解決途徑或行動方案，所做的一種最佳選擇的歷程。

7. 經由研究及不斷的專業發展，來維持水準及改善工作的效率。學校擬定計畫時，應考慮下列要素：瞭解學校外在環境；掌握學校內在環境（人員、經費、時間、法規）；決定計畫工作內容（做什麼、誰來做、何時做、如何做、多少錢）。

8. 尊重所有的契約，直至履行完畢或解除為止。

　　我國政府訂頒有公務員服務法，其內容類似倫理信條，學校行政人員應遵守之，因學校行政人員亦屬該法所稱之公務員。（謝文全，1994）依據大法官會議的解釋，聘任之教師不適用公務員服務法，但如兼任行政職務，就其兼任之行政職務部分，則適用公務員服務法。因此，公務員服務法即構成教師兼任之行政職務職務規範的一部分。

　　上述所引而美國的教育行政人員專業信條，可整理為教師兼任行政職務其積極的應作為及消極的不應作為之共通性規範。而除以上共通性規範之外，所依職務之職掌及角色、職責程度、應具備之資格及能力要件等，要皆構成職務規範的部分。

陸、教師兼任行政人員的培育

　　我國教育改革的方向，除了教育目標、課程內涵及教學方法更新外，進行「學校組織再造」以提升學校效能，也是一項重要革新方向。「學校組織再造」強調學校行政組織之彈性化，教育行政機關僅規定學校的基本組成單位及總額，授權學校依需要調整與發展適切的運作模式，是活化學校組織、改善校園氣氛、增進學校推展教育工作效能的強心劑。學校行政人員若欲對工作駕輕就熟，而能較愉快地完成任務，至少須具備四項條件，即瞭解學校行政理論與實務知識、熟悉學校行政相關法規、有豐富的學校行政經驗及具有成功領導的特質。（謝文全，1993）

　　前已論及行政亦是一門專門知能，必須有相當的學習及訓練，而學校教師及學生對於行政品質的要求也愈來愈高。因此，行政工作如由教師兼任，則學校應盡可能甄選具相當行政經驗之教師擔任行政工作，或提供足夠之教育訓練以儲備兼任行政職務之人力及充實以兼行政職務者之行政知能。至於如何儲備兼任行政職務之人才，建議如下：

一、徵求志願者，施予適當訓練：採用意願調查或志願服務的方式，即有擔任行政職務意願者在其尚無行政經驗之時學習行政有關的事項，如：

（一）熟悉行政作業相關的程序：法治的社會，所有的行政均須依法辦理，學校行政自不例外。學校行政人員依法令從事公務，屬於刑法上之公務員，如有違反刑法之規定，亦應負起刑事責任。依法行政的特點即在其有一定的程序，瞭解並熟習行政程序為有意願兼任行政職務之教師首須學習之事。

（二）學習計畫書及公文書的製作：計畫書及公文書為推行公務不可或缺的工具，而計畫書及公文書之製作有其一定之程式，因此計畫書及公文書製作的訓練應為可能兼行政職務者必須具備的能力。

（三）熟習相關的法令規章：處理行政業務須依法行政，依法行政的前提在熟習法令規章；而熟習法令除直接研讀法令條文外，實際接觸或處理業務則更能深入法令之精神及各該法令與某項業務的相關性。行政組織從靜態觀點而言是指國家或政府為推行政務時，其所任用的職員在工作進行中，職權分配形成的管轄體系；從動態觀點而言，是指規劃政府中各工作機關的系統及各部分之權責的配合指揮的領導與締造行為；從生態觀點而言是隨政府職能的演進而隨時在改進的工作程序、方法與制度，乃是有機的生長與發展；從心態觀點而言，乃是政府各機關人員中分工合作、協同一致，滿足個人心理需求的一種組合。

（四）培養領導的能力：教師兼任之職務多為主管職務，主管之最主要功能在領導，因此，對有意擔任行政職務之教師應施予領導能力訓練，包括如何計畫、如何分工、如何學習、如何協調溝通、如何考核部屬等。在新知識時代，領導力不是來自於頭銜、排名或是地位，是來自於「道德權威」；而道德權威來自於願景、熱情、紀律與良知。而什麼是真正的領導力？「成功學」大師史蒂芬・柯維（Stephen R. Covey）認為，如果管理人就像管

理物一樣，領導力將等同於職位，而不是一種選擇。不幸的是，許多有權威地位的人，對待人就像對待物，缺乏理解，阻礙他們開發部屬的才智、天賦與主動性，讓部屬離心離德。簡單的說：只有「物」才能被管理，「人」只能被領導！心口不一的管理者，是很難獲得部屬和長官的真正信任的！柯維強調，真正的領導力並非藉由合法權威取得，而是藉由「道德權威」取得，領導力來自於願景、熱情、紀律與良知，來自於發現自我內在的聲音，並啟發他人看見自己的潛能與價值。

二、加強在職訓練，提升行政能力：對於現已兼任行政職務之教師施予多方面之在職訓練，以提升其行政能力，亦可培養成為更高一層行政主管之人才。管理學大師彼得‧杜拉克說：「勞動生產力提升 50%是二十世紀管理學上最重要的事情。」在二十一世紀，管理學最重要的事情，是如何提升知識工作的產能及知識工作者的生產力。二十世紀時，對於企業而言最重要的當屬其生產設備；但在二十一世紀，無論是否屬於商業範疇，取而代之的是知識工作者及其生產力。不幸的是，雖然我們現在存在於知識工作者時代，但是有部分組織仍是以工業時代的模式在管理組織，人的潛能將因此遭到削減與壓制。在工業時代的模式中，聲音（voice）是不被重視的。稱職的行政工作者，即在與他人建立關係，並在組織中以此方式建立信賴關係，除非能獲取他人的信賴並且授權予他人，否則人們的潛能將無法被全盤啟發。雖然這看起來像是較為理想化的目標，但卻是實際可行的。我們每日都在面對持續變動的世界，身處這樣的環境中，組織或企業想要競爭並獲得成功備加困難，除非能擁有莫大的勇氣，有遠景的行動，否則如何能將創新與解決問題的能力最佳化？要想提升人們的表現，除非能釋放他的潛能並激發他的熱情。

三、新聘專任教師時，以具有行政經驗者優先考慮：新聘專任教師當然應以其專業學術素養為最高考量，惟如學術水準相當時，即應考量其行政經驗，以儲備行政人才。而當工作者開始從事能學習並且提升自己的工作時，學著對自己所學負責；多多藉由閱讀好書、參與課程或是閱讀與事業相關的雜誌，以增進自己的技巧與知識。當你面對困難時，別忘記專注於自身的重要性，並維持專注力。別忘了預先做好準備，並且始終如一、信守承諾，專注於對你自己而言最重要的事，並保持平衡。或許剛開始，人們並不會注意，但不久後你將發現自己的重要性。

四、落實校長之遴選制度：依據教育人員任用條例所述校長亦屬教師兼理行政職務之列，而 83 年 1 月 5 日公布之大學法，即規範校長之產生，由各校組成遴選委員會遴選之。私立者由董事會組織遴選委員遴選，經董事會圈選報請教育部核准聘任之。又規定大學遴選委員會之組織、運作方式、及有關校長之任期、去職方式均由各大學組織規程訂定之。由上可知，校長之遴選已屬教師兼行政職務的體現。校長為學校之領導人，綜理全校校務，透過完善之遴選制度，有助於校務之正常運作。

五、學術行政主管之產生：學術行政各級主管，依大學法之規定，由校長聘任之。至其產生方式，各校可於組織規章中定之，為配合校務工作的需求之，學術主管之產生，應以提升其品質為目標。

柒、結語

以研究公共行政著稱的學者奎恩（Quinn, 1988）提出一個「競值途徑的模式」，包括理性模式、人群關係模式、開放系統模式、內部過程模式，說明存在著四種不同價值並存的現象。（江岷欽，1995）運用競值模式主張的學校行政決策模式，需整合不同的學校行政決策模式。以當今學校行政決策模式常運用「參與和指導」、「民主和權威」、「自由和安排」等兩分模式，從整體的觀點致力於對學校行政決策價值均衡的管理。換言之，就學校行政決策而言，必須鼓勵參與以瞭解問題，並運用指導揭示學校行政目標；以民主化的決策強化資訊的搜集，並以權威貫徹決策的執行；提升自由度以強化選擇的責任感，並以安排加強互動的節奏感。此為運用競值途徑的學校行政決策模式，具有下列的優點。（江岷欽，1995）一、以宏觀的視野運用學校行政決策模式，擺脫互斥決策模式選擇的不足，彌補兩極化的各有缺失；二、價值澄清的作用，在當前社會民主化的多元社會中，價值澄清具有強化學校行政決策的包容性與活力，競值途徑以正向的觀點，考量所有的價值觀，它是中性架構，既不認定唯一最佳模式，亦無是非對錯的強力仲裁，此權變的決策模式更具包容性；三、具有動態的特點，例如，學校行政領導者可以根據情境的變遷，採行適當的學校行政決策模式。

總之，提升教師兼理行政運作的效能下，建議教育主管機關：第一，各大專校院均能研訂適合各校之行政職務之職務規範，並使兼行政職務之教師均能十分清楚自己的職責所在、權責範圍即應作為及不應作為等事項，而不致濫權或失職，而使大專校院之行政運作能維持一起碼之水準。第二，成立「教師兼任行政職務職務規範制定輔導小組」協助各大專校院建立各行政職務之職務規範，以提升大專校院行政效能。第三，進行大專校院評鑑時，將「有否建立周延之行政職務規範」列為行政組織重要評鑑項目，以促進學校重視。第四，羅致私立校院經營績優現已卸任之校院長，出任教育諮議顧問或教育行政首長，借重其主持私立校院之經驗與長才，必有助於全國公私立大學效率之提升與發展之均衡。學校行政職務之職務規範建立完善之後，行政運作之基礎始能穩固，再輔以其他之措施如：加強在職訓練，加強考核……等，學校行政之品質及效能必能日漸提升，而能為教學、研究提供最佳之支援。

第二章
教師素質與高教發展

壹、前言

「雖然已經進入了二十一世紀高科技的年代，但是表揚優秀教師在美國社會中仍然是被稱頌的優良傳統。由全美發行量最大的《今日美國報》所主辦的全美教師獎，今年選出二十位優秀老師，他們分別可以得到獎盃一座，以及五百元獎金，同時主辦單位還將贈送他所任教學校二千美元的獎金。遴選的過程分為兩大階段，主要是授課的內容，以及對於學生的影響。二十位分別來自全美不同的角落，也各自有著對於教育的熱忱。其中女性占了十六位，這也顯示美國的教師仍以女性為多。得獎的老師中有十位是高中教師為最多數。若從教授科目分析，其中有四位英文教師，三位科學教師，而數學、社會科學、物理則各有兩位。從分布平均，也顯示這個獎項的全面性。每一位老師都有他不同的教學生涯以及故事。一位教授德文的老師 Pamela Hall，在學年開始時，就讓學生決定自己想要學習的內容。去年的班級想要學習關於爬蟲類動物，這位老師就讓學生飼養了一條家長提供的寵物蟒蛇，並且記錄了生長過程，自己動手製作相簿。Pamela Hall 表示，只要是孩子有興趣的主題，就試著從這個主題讓學生們學習相關的種種知識。雖然是一條令人聳然的蟒蛇，這位老師也勇敢的接受『挑戰』！其中也不乏『自力更生』的老師，例如來自南達科他州某個只有一千名居民小鎮的 Charlotte Mohling，她必須教授各種不同的課程，所以她已經自己設計出十五套不同科目的網路教材，內容運用了電腦動畫，還運用出版軟體自己排版印刷出一本本精美的教材。諄諄善誘的老師也是這次得獎的重要標準，數學老師 Debbie Kohler 從不放棄學生，只要學生成績進步，她不但會將之前的低分取消，更會在家中招待學生一餐美食做為鼓勵。過去五年，她的學生百分之百全部通過 AP 的微積分測驗。她的教育理念就是——決不放棄！」（資料來源：2004 年 10 月 14 日今日美國報）

高等學校教師是高校的辦學主體之一。創建一流大學，需要一流師資，沒有高素質的教師，不可能有高素質的學生，教師素質的高低，直接決定著培養人才質量的優劣。研究高等教育教師的素質問題，其意義首先是因為教師素質結構，直接決定了高等教育的品質和影響大學的辦學成效。因此，高教師資素質提升也為教師的選拔、培養、任用提供資源依據和發展指南。

貳、教師素養的重要性

教師的素質，是與社會發展息息相關。沒有高水準的教師，就沒有高水準的高等教育。高等學校教師在促進高等教育的改革與發展、提高高等教育辦學績效、保證高等教育品質等方面

扮演著關鍵作用。高等教育品質的優劣,與優質人才培育及國家社會的發展具有密切的關聯性;而決定高等教育成敗的因素,除了教育主管的宏觀決策與配套措施外,尚賴大學教師的教學品質、師生的良性互動、學術研究與發展之能否獲得有效支援、國際學術的頻繁實質交流等,乃是決定現代大學教育成敗的關鍵因素。處於當前台灣的國內外客觀環境與挑戰中,大學教師能否建立啟蒙學生的經師與人師形象;同時,如何跟上先進國家高等學府提升高等教育品質的教學策略之運用,才是大學教師與教育主管面對重振大學學風與品質的努力中,最嚴峻的挑戰。

　　高品質的教師不僅涉及教師自身的素質,而且涉及教師教育的全面過程,涉及培養教師的制度的全面更新。有鑑於此,如何及時配合各大學校院的辦學特色、教學資源、國際化程度、通識教育、訓輔(學生事務)、推廣服務、與行政支援外,六項指標,積極提升教學、研究的品質,同時推動國際化教育,則當務之急就是要由「教師發展與教學卓越」(Excellence in Teaching /Learning and Faculty Development)定調為基本的策略。此種在各先進國家均已在積極推動的高等教育策略,亟應在各學校中加以規劃與推動,藉以開發大學教師的創新與啟發性教學方法、學術研究境界、學生輔導與互動的嶄新觀念,從而全面提升高等教育的品質、安定社會、強化整體國際競爭力等多元化學術任務。教師職業從經驗化、隨意化到專業化,經歷了一個發展過程。從二十世紀到 60 年代中期開始,許多國家對教師從「量」的急需逐漸被提高教師「質」的需求所代替,對教師素質的關注達到了前所未有的程度。80 年代以來,教師專業化形成了世界性的潮流。要求高素質的教師不僅是有知識、有學問的人,而且是有道德、有理想、有專業追求的人;不僅是文化知識、文化素養高起點的人,而且是終身學習、不斷自我提升的人;不僅是學科的專家,而且是教育的專家,具有像醫生、律師一樣的專業不可替代性。這就要求教師的培養培訓機構、教師管理保障制度,都要實施相應的重大改革。

　　自從 1966 年聯合國教科文組織和國際勞工組織提出《關於教師專業的充實》,首次以官方形式對教師專業化做出了明確說明以來,國際上教師素質越來越重視。1986 年,美國的卡內基工作小組、霍姆斯小組相繼發表《國家為培養二十一世紀的教師做準備》、《明天的教師》兩個重要報告,同時提出以教師的專業性作為教師教育改革和教師職業發展的目標。報告倡導大幅改善教師的待遇,建議教師培育從大學階段過渡到研究生教育階段。1989-1992 年,經濟合作與發展組織(OECD)相繼發表了一系列有關教師及教師專業化改革的研究報告,如《教師培養》、《學校素質》、《今日之教師》、《教師素質》。1996 年,聯合國教科文組織召開的第四十五屆國際教育大會提出,「在提高教師地位的整體政策中,專業化是最有前途的中長期策略」。隨著世界範圍經濟和科技競爭的加劇,各國把教育放置在社會發展的關鍵地位。例如,美國政府在日本和德國經濟飛躍的壓力下,重新審視本國的教育狀況,提出教育改革勢在必行。在世界範圍的教育改革浪潮中,人們越來越認識到教育改革的成敗在教師,只有教師專業水平的不斷提高才能造就高質量的教育水準。因此 80 年代後,人們對過去忽視教師專業發展和教學技能提高的做法給予了強烈的批評,教育專業目標的重心轉向教師的專業發展。同時,考量新進大學執教的教師,大多數均為新科博士,故從助理教授起聘。可是新進的年輕大學教師大都是缺乏實際教

學經驗的教育工作者。面對著大學裏的菁英學生，或因個別的差異、性向、學習方式、家庭背景與社經地位，尤其是年輕一代對圖像文化、資訊與網路科技至為嫻熟與熱愛，則在大學裏要如何成為「傳道、授業、解惑」的經師兼人師，則必須有專人、專業、專職單位來提供協助。這就是知名的「國際教育學者學會」（NAFSA：Association of International Educators）在 1990 年於奧勒岡州波特蘭年會中，提出〈Faculty Development and Support〉（教師發展與支援）的緣由。該項主張由哈佛大學代表提出，並說明哈佛大學「輔導新進教師」從事教學方法的歷練、教學品質的提升、研究能量的開發、多媒體教學施行的方法，以及大學應如何有效協助與支援教師的教學與研究等措施。全美教育協會（American Council on Education）更把「Center for Faculty Development and Support」之理念，延伸到「新進教師啟蒙」（Mentoring Junior Faculty）之機制，廣為推行。其中，輔導新進教師在教材教法、資訊科技（IT）應用於教學，及創意教學等相關技巧，均為傳承與學習之目標。面對著熱愛網路、數位與圖像的新世代大學生，「Center for Faculty Development and Support」之現代高等教育觀念，正好可發揮最大的功效。這也是為什麼 2004 年 Academic Ranking 世界大學排行榜的前十名中，有八所大學為美國高等學府的原因之一。

　　美國卡內基教育和經濟論壇工作小組關於教師專業的報告《國家為培養二十一世紀的教師做準備》，批評美國由於師範教育改革的遲滯阻礙了教師的專業發展，使教師在很大程度上失去了社會對他們的尊重，因而呼籲，為建立專業化的教師，必須徹底改革的教育政策；創立全國教師專業標準委員會，高標準地確定教師應該懂得什麼，應該會做什麼；改革學校機構，為教師創造一個有利於專業發展的良好環境。

　　霍姆斯小組的報告《明天的教師》則提出，教師的專業教育至少應包括五個方面：一、把教學和學校教育作為一個完整的學科研究；二、學科教育學的知識，即把「個人知識」轉化為「人際知識」的教學能力；三、課堂教學中應有的知識和技能；四、教學專業獨有的素質、價值觀和道德責任感以及對教學實踐的指導。

　　二十世紀 80 年代以來，教師的專業發展成為教師專業化的方向和主題。人們越來越認識到，提高教師的專業地位的有效途徑是不斷改善教師的專業教育，從而促進教師的專業發展。只有不斷提高教師的專業能力，全面提高教師的素質，才能使教學工作成為受人尊敬的一種專業，成為具有較高社會地位的一種專業。

參、教師素養的內涵

　　「素質」一詞，原本指的是個體發展的基本生理條件，涵義狹窄。現在，素質一詞被廣泛應用於說明人和各種組織的現實狀態，成為一種大眾化的綜合概念。早在世紀交替之際，全球各國的人力資源、經濟、科技、經貿、教育，甚至國際政治關係與動向，就已開始產生了極巨大的變化。其中最重要的趨勢是多元發展與國際地球村的快速形成。在這大前提下，全球政、經、文、教各界，透過種種密集協商後的機制與共識，已形成了國際間「既合作又競爭」的夥

伴關係。在尋求此種「既合作又競爭」關係的過程中，首須培養大學生開闊的胸懷與創新性的國際視野，方能落實「全球思維、在地實踐」之終極目標。韓國的全方位世紀性作為，與印度的前瞻性視野，可作為我們的借鏡。就高等學校教師素質而言，這是一個綜合的整體概念，是高等學校教師各種素養的集合體，是指教師履行職責、完成教育教學任務所必須具備的內外品質的總和。就是說，高等學校教師素質是教師職業對教師個人所提出的內外品質上的要求。是否具備這些內外品質，則直接影響著高等學校教師教育教學工作的效率和效果。高等學校教師素養，歸納起來主要包括價值觀念素養、職業道德素養、文化知識素養、專業能力素養、身體心理素養、外顯行為素養等六個方面的內容。下面試對以上諸素養內涵逐一進行分析。

一、價值觀念素養

價值觀念素養是「一種特殊的素養，是人們為實現專業能力的根本作為，而進行各種精神活動和實踐活動的特定品質。」它是教師必備的首要條件，它影響著教師的世界觀、人生觀、價值觀、幸福觀、節操觀、責任感、義務感、榮譽感等思想觀念的內在基礎，決定著教師職業活動的方向和態度，對其他素養起著決定性的影響。教師是國家教育方針的具體執行者，是教學內容中思想因素發揮出教育效能的關鍵因素。因而有任何社會、任何國家都對教師的價值素養提出了特定的要求，使得教師的理念素養表現出鮮明的時代性。2005 年 1 月 17 日，美國麻省理工學院董事會主席達納‧米德（Dana G. Mead），應時代基金會（Leadership and Entrepreneurship）、商業週刊、亞洲華爾街日報及富邦金控聯合邀請前來台北，就「領導者的挑戰」系列論壇，發表首場專題演講時，特別強調，「在十項領導人的特質中，『倫理』信念是最重要、且可扭轉乾坤的選項。」隨後，台積電董事長也在與談中強烈表示，該公司用人最重視的就是誠信、倫理與創新觀念。整體而言，賓州大學華頓商學院的倫理必修課程，已經凸顯了全球化時代公民教育的嶄新內涵，並在全球先進國家的教育改革中，掀起了一陣通識教育與公民意識覺醒的新風潮。就以「亞太經濟合作組織」（APEC）及「經濟合作與發展組織」（OECD）所揭櫫的「人才能力建構」（Human Capacity Building），也是以倫理、品德、多元知識為依歸。

二、職業道德素養

教師的職業道德素養是教師在道德認識、道德情感、道德意志和道德行為上的穩定的特徵。教師的職業道德素養包含的內容十分廣泛，其中確定正確的人生觀最為關鍵。教師有了積極正確的人生觀就會樹立正確的人生價值觀，並在此基礎上，把成為一名優秀的教師作為自己的價值取向。與台灣現代社會相對照的是：當品德與倫理觀念逐漸在台灣社會稀釋時，西方先進國家的高等學府，以全球化時代公民教育為核心的教育內涵，已快速興起。2001 年 12 月美國因能源巨人恩龍（Enron）公司與世界通訊（WorldCom）帳目內爆而引發的醜聞，震驚全美工商業界，並讓教育界與企業家引以為鑑。2004 年 3 月 21 日的紐約時報特以「倫理問題：如何傳授」（A Question of Ethics: How to Teach Them）為題，深入報導賓州大學華頓學院（Wharton School of Business, University of Pennsylvania）的嶄新倫理課程。2003 年由賓州大學華頓商學院（Wharton School of Business, University of Pennsylvania）Patrick Harker 院長所宣布的「倫理必修課」與「商業倫理博士」課程，就是當今西方國家倫理信念蓬勃發展的貼切寫照。而著名的天下雜誌於 2005 年以「信任」為專刊的主題，強調誠信道德的重要性，也是整個教育中不可或缺的一環。

　　教師的職業道德素養對大學生思想品行的形成與發展有著主導性的重大影響。教書和育人，二者是不可分割地統一在教育教學活動的全過程，教師不僅要以自己的學識去教人，更重要的是要以自己的品格去育人。

三、文化知識素養

　　教師的文化知識素養是指教師在專業教學中所具備的科學文化知識結構及其程度。文化知識素養歷來被視為教師的重要素養，主要表現在以下三個方面：

1. 精深的專業知識

　　精深的專業知識，是高等學校教師知識結構中的主幹部分，是有效履行教師職責的基本條件。所謂專業知識，就是人們從事某種專門工作所需要的相互聯繫、相互作用的各類別、各層次知識的整體構成。它應當包括掌握本學科的概念體系、理論體系、研究方法、研究工具、基礎資料，瞭解本學科的歷史演變，研究本學科的現狀和它的發展前景等。當今世界，新技術革命和現代科學技術發展迅速，人類知識的總量是以加速度的規律發展的，而且更新速度越來越快，知識的半衰期大大縮短。所以高等學校教師必須快速地向專業知識的縱向發展，博汲知識，從而精通內容。

2. 廣博通識學科知識

　　教師應具備廣博的通識學科知識，是指教師除了具有與所教專業學科密切相關的其他學科知識之外，還有具有文史哲的基本知識，美學藝術的基本素養，瞭解和掌握精緻文化成果。各門學科的知識之間有著博學通達的認知，以利於以寬博的視野以利整合知識。

3. 必備的教育學科知識

　　教育活動是一種藝術創造，一個具有精深專業知識和廣博通識知識的人要成為一個好教師，科學育人，還必須懂得教育律則，掌握教育理論，用教育學、心理學、社會學、教學法等理論來充實自己。教育學科知識是教師傳授知識的一種方法，以助益於教育行為的提升。

四、專業能力素養

　　高等學校教師的專業能力素養是指教師完成教學、研究任務以及服務所必須具備的能力。它使教師淵博的知識、執教的熱情得以充分發揮，是高等學校教師的實際職能。

1. 教學能力

   在高等學校教學中，從教學內容的選擇、教材編寫，到講課、實驗、實習、畢業論文（設計）等全部教學環節的具體實施，教師都居於主導作用。而要實現這種主導作用，教師就必須具備良好的教學能力。

2. 研究能力

   研究是高等學校的重要職能，只有透過科學研究，及時瞭解、掌握專門學科和相關學科的最新學術動態和發展趨向，才能不斷提高自己的學識水平，豐富教學內容，提高教學質量，培養出能適應現代科學技術迅速發展的人才。因此，高等學校教師必須具備良好的科學研究能力。這種科研能力包括觀察力、想像力、邏輯思維能力、實際操作能力等。

3. 表達能力

   教師的語言在很大的程度上影響著學生在課堂上的學習成效，教師語言應具有科學性、簡明性、條理性、藝術性和啟發性。

4. 輔導能力

   輔導能力是指教師能勝任學生輔導的專業才能。良好的輔導能使高校的工作活而有效，效率不斷提高，大學生身心得到充分而全面的發展。教師的輔導能力體現在課堂教學、課外活動、班級組織和學生指導等方面。

5. 思維能力

   創造性思維能力就是在前人的知識和技能的基礎上運用求異思維，提出創見和發明的才能。高等學校的教師不僅是人類文明的傳播者，而且是人類文明的創造者。教師的教育作為決不是單純的傳播和簡單重複前人的成果，而是在傳播知識和技能的過程中孕育著創造，進行著創造。創造性思維能力體現在以下方面：一是思維的主動性；二是思維的廣泛性；三是思維的求異性；四是思維的敏捷性；五是思維的獨創性。只有具備了創造思維能力，才稱得上是創造性教師，激勵學生培養成開拓型人才。

五、身體心理素養

教師的心理素養是指表現在教師個人的心理特性，具體的內容有；興趣因素、情緒品質、社會情感、意志因素、性格因素、氣質因素等。教師的心理素養對學生的影響是多方面的，它不僅表現為教師的教育教學才幹，直接影響著教學工作的效率和效果，而且對學生心理品質的形成具有潛移默化的深刻影響。

健康的身體是高等學校教師從事教育教學工作的基礎。人的身體素養包括三個大的方面：一是體格狀況；二是體能狀況；三是身體的適應能力情況。身體素養是人的生命活動和工作能力的基礎。教師特定的生活環境和工作特點，要求教師的身體素養要全面發展，主要應體現在具有耐受力強、反應敏捷、精力充沛、耳聰目明等幾個方面。教師要承擔繁重的教學、研究任務以及社會服務，良好的身體是教師成就事業，獲得職業成就感的根本條件。

六、儒雅學者素養

　　教師的外顯行為素養是教師呈現在人們面前的風範儀態，外在的精神面貌。它是教師的德、才、體、貌等各種素養在教育教學活動和社會互動中的綜合表現所形成的獨特風格。教師的外顯行為素養是一種強有力的教育因素，具有比其他職業更強的示範性，教師教書育人的特殊職責和社會對教師角色的特殊期待，都要求教師有良好的優雅素養，以發揮教育的職司。

　　教師的上述六種素養，各自都有其獨特的內容和功能，具有相對的獨立性。但它們之間又是相互關聯、相互制約的。統合在教師的言行舉止身上，構成教師素養的整體內容。因此，高等學校在進行教師的選拔、培養和任用時，要進行統籌兼顧，不能只強調某一素養而忽視其他素養，應該注意德才兼備等諸多方面的全面發展。2005 年 6 月 20 日的「BBC World Service」專論中，深入探討一則全球教育與人力資源開發（Human Resources Development）的問題。其中，主講者特別指出，「讓孩子們接受教育是非洲國家最大的挑戰」。在這同時，專論也特別強調，「教育發展是經濟的命脈」。杭廷頓（Samuel Huntington, 2000）在《Culture Matters: How Value Shape Human Progress》（文化內涵）一書中開宗明義地指出：在 1960 年代，非洲迦納（Ghana）與韓國的經濟發展及國民所得極為相似，但為何到了 1990 年代，韓國在三十年的發憤圖強中，竟以其跨國企業、汽車與家電製品外銷而攀升為全球第十四大的工業發展國。杭廷頓對此現象的解釋是：價值倫理與多元教育發展造就了今天的韓國。哈佛大學的管理學家波特（Michael E. Porter, 2000）也在同一書的《Attitudes, Values, Beliefs, and the Microeconomics of Prosperity》，以教育、知識、投資、創新等因素，肯定韓國的成就。這是以說明教育的價值和重要性，而履行教育職司的教師其素養的良窳，不僅關乎學生素質也影響到社會發展。

肆、教師素養的增進

　　為能確保教師的專業素養，現行大學法已就教師評鑑的作為提供法源的基礎，根據學理和實務，教師評鑑內容的依據主要包括兩個方面：一是社會發展對教師所提出的要求，二是教師工作本身所固有的特點和規律。分析教師素養的內容和功能，其相互關係為：職業道德素養是根本，文化知識素養是基礎，專業能力素養是本領，身體心理素養是本錢。根據教師素養的內涵，教師評鑑可分為基本素養的評鑑、教育教學能力的評鑑、工作表現與績效的評鑑。具體的內容包括：

　　基本素養。職業道德素養：主要內容為熱愛教育事業、熱愛學生、奉公守法、團結協作、以身作則、為人師表；文化知識素養：主要內容為專業理論知識、文化科學知識、教育理論知識；身體心理素養：理智感、樂群性、穩定性、身體狀況。

　　教學能力。評鑑高等學校教師的教育教學能力，同樣要建立評鑑指標體系，並以此作為評鑑的標準和依據。目前國內已有高等教育評鑑中心建立的高等教育評鑑，部分學校也針對所為

教師進行評鑑指標和作業。但不論各種指標體系的表現形式有什麼不同，都應體現以下內容：教師要具有教學大綱、準備教材的能力；教師應具有瞭解學生、熟知學生的能力；教師要有良好的表達能力；以及教師應具備一定的組織能力。具體體現在教學態度、教學內容、教學方法、教學效果等諸方面。

工作表現與績效。工作表現與績效的評鑑是高等學校管理工作者和教師最為關心的。事實上，工作表現與績效是高等學校教師綜合素養的最終體現，因而工作表現與績效的評鑑最權威，也是最有說服力的。根據高等學校教師承擔的工作任務，教師工作績效的評鑑可以從教學、研究和社會服務三方面加以考慮。下面試列出工作表現與績效評鑑指標系列：

1. 教學方面
    (1) 學生評教的結果
    (2) 指導學位（課程）論文的數量與質量（或學生在標準化考試中成績的提高）
    (3) 教學法研究成果

2. 研究方面
    (1)專著與論文
    (2) 獲獎項目
    (3) 研究課題的水平和難度

3. 輔導服務方面
    (1) 校內承擔的輔導及服務工作的情形和效率
    (2) 校外承擔服務兼職的社會效益與經濟效益

上述三方面的指標系統從不同角度刻劃了教師的成果及其價值。根據管理的不同需要和目的，我們可以選擇某一方面或幾個方面指標，對教師做出合理的評鑑。

教育學者認為，對教師教學評鑑中隱含著兩種不同的理論假設：

第一種假設：1.學校的教學質量是靠摒除那些不稱職的教師來保證的。2.在可預見的時間內，這些教師很難把自己提高到預期的水平。3.教師工作動力主要來自外部壓力，因此，需要借助評鑑這麼一種外部刺激以幫助教師改進教學、研究活動。

第二種假設：1.對於教師來說，內部機動比外部壓力具有更大的激勵作用。而受過較高教育的教師主要是自我激勵的。外部壓力可以使他們達到最低標準，要想達到優秀的水平，還是要靠內部動力。2.如果教師能夠透過評鑑獲得足夠的資訊與有用的建議，學校為他們提供改進、提高的機會，高校教師是能夠實現預期目標的。3.高校教師作為專業工作者，對其本身的專業具有高度的熱情。如果工作所需的條件能夠滿足的話，他們就會爆發出極大的創造力，以改進教學與研究，提高水準。

絕大多數高校都將教師評鑑作為一種手段，定期對教師的教育教學活動實施各種形式的考核和評鑑。這些評鑑雖然取得了些效果，發揮了一定的作用，但是，這種傳統的教師評鑑是建立在第一種理論假設上的，具有一個共同的特點：它們大多是面向教師的過去，即著眼於教師

以往的工作表現。特別是注意教師在評鑑前的表現，這種教師評鑑制度具有兩個極為明顯的功能；第一、只表現教師是否履行了教師應完成的工作任務，他們的工作表現是否符合學校的期望。第二、根據教師的工作表現判斷獎懲。與上述評鑑指向相反的是另一種新型的、面向未來的教師評鑑，它是建立在第二種理論假設基礎上的。它更加注重教師的未來發展和學校的未來發展。這種教師評鑑被稱為發展性教師評鑑。在實施過程中，讓教師充分瞭解學校對他們的期望，並根據教師的工作表現，為教師指出個人的發展方向，幫助教師制定個人發展目標，為教師提供各種培訓和自我發展的機會，提高教師的責任感、素質和教學研究能力，從而促進學校的發展。根據新的理論假設，應當重新認識和設計教師的規範以及管理、培訓、指導教師的一整套策略。

──教師的規範。學校教育的任務和目標，如同熟練的組織一樣，所制定的發展教學計畫中要體現出教師的作用和職責，應當在學校的運作制度中做出明確規定。從事教學的教學人員，其主要職責是提供使課程卓有成效的教學工作。很顯然，為能夠提供合適的教學，教師必須由具有才幹、經過訓練、又有獻身精神的人員組成，每人都為了使自己的專業在高水準上而盡責。慎重地用客觀和公正的方法對教師進行定期的評審，以促進各專業高水準的持續發展。

──教師的聘任。教師的選拔和管理是高等學校發揮教育職能的基礎性工作。在聘任教師時，應當避免「近親繁殖」的偏狹性。這樣，就有必要協助相關人員協助校長延聘教師，與應聘者會晤，從事推薦工作。這是因為他們在自己的專業領域裡，可能較容易接近符合條件的應聘者。學術檔案的資料、專業資格的調查和在校內進行會晤是選拔教師的依據。

──發展性評估。可以透過以下諸方法來考慮，即：不斷的注意教學計畫的要求，合理的薪資計畫，對教師的聘任、晉升、留用和退休等方面的公正做法，以及對優質教學所需條件的注意等。給予教師專業進修的時間，鼓勵教師透過進修提高專業素質。此外，學校有責任制定教師的選拔與晉升的標準及其程序。這些標準和程序應堅持以下一些原則，即：當他們需要聘任某些職位時，要認真審核聘任具備聘任資格人員的素質和才能。學校應當定期審查他們的職位，以確定他們是否與這些原則保持一致。

顯然，以上原則在教師評鑑工作無疑是具有積極意義的。

伍、結語

進入二十一世紀知識經濟時代，給每一位教師都或多或少地帶來了挑戰。世界在變，全球高等教育的目標也因大環境的變化，與各種客觀因素的出現，使得人才培養方式也要跟著調適。其中，過去一向不被重視的「大學師資培訓與在職輔導」觀念，也因此受到各先進國家的高度重視。隨著台灣大學校院的過度膨脹，提升大學教學品質，已是台灣未來國際競爭力能否提升的決定性因素。在這大前提下，大學畢業生的品質、國際宏觀與職場競爭力，就成為大學教育

的一面鏡子。科教興國，確實加強素質教育，提高人才培養質量，已成為高等學校面臨的一個重要課題。適應時代發展的新要求，全面提高教師素質已成為高等學校的當務之急。

　　對於舊有傳統與新倫理共識日趨衰退的台灣社會，全球化時代公民教育向前推動的嶄新內涵，深值國人戒慎警惕。在高等學府裏，我們更應有藉助國際化多元教育來振衰起敝的，今天的大學教師，任重道遠。然而，若能參照當今西方高等教育的理念和使命，不難體會放諸四海皆準的高等教育核心價值。這就是大學教師仍必承受的挑戰。惟有如此，大學教師方能藉傳道、授業、解惑來為大學生注入新的生命力，這正是大學教師們應該堅持的努力方向。

第三章
大學教師聘任制度之探討

「人是組織發展中最重要的資源。」

－彼得‧杜拉克－

壹、前言

在新世紀處於知識經濟時代之巨流中，教育決定了國民的素質，人才決定了國家的競爭力，因此，教育的成敗良窳，將決定我們社會未來的生存與發展、挑戰與機會，也就是說，教育決定國家的前景。教育是一個國家重要的生命力之一，從小學至大學各有其階段發展的重點與特色。以大學而言，大學教育的目標在教學、研究與服務推廣，其功能的發揮關鍵因素在「教師」，因此，健全之教師遴聘制度與合理、具誘因之待遇，將是激勵優質教師高度工作熱忱及學術競爭力之主要動力，也是踐行大學功能之具體保證。2002 年 9 月 27 日美國高等教育紀事報報導位於加州洛杉磯的南加州大學將在未來三年花費一億美金，聘請在「生命科學」、「城市研究及全球化」、以及「語言及文化」三個領域學科世界級的教授到該校任教。南加大的文學、藝術及科學學院是該校大學部最主要的學院，目前約有一百名的具世界級威望的客座教授。該院院長 Joseph Aoun 表示：「我們希望我們的課程不斷進步，我們需要第一流的研究、第一流的教學。」事實上，該院已從麻省理工學院、加州理工學院、甚至英國的牛津大學挖角，成功地聘請到地球物理學家 Thomas H. Jordan、地球生物學家 Kenneth H. Nealson、及哲學家 James Higginbotham 等大師級的教授到該校教書。這個「世界名師方案」（Senior Faculty Initiative）旨在輔助該校所訂的發展策略，以提升該校能見度及聲望的措施。此方案與其他延攬師資計畫不同之處在於是由院內的教師所組的委員會來推舉頂尖的教授，除了是最頂尖的專家外，其他考量的條件還包括：必須能增強學校的科技能力、促進學校的多元性、或者必須專精於跨領域的研究。

教師是作育英才，培養學生修己治人暨品德學業之指導者；有奉獻所學，春風化雨的天職。「聘任契約」透過聘約的協議訂立，將使雙方權利義務暨限制，在符合法律範圍內，得以更為具體而明確。並且，藉此強調學校自主與法規約制，使教師權益符合目的性保障，進而促進學校組織系統的安定與發展。

近十年來，台灣地區高等教育發展極為快速，大學教育已然步入普及化的趨勢。當前在校園民主、校園自治及各大學追求學術卓越之前提下，各公私立大學的競爭益加激烈，尤其在加入世界貿易組織之後，教育市場將面臨全面開放，各大學必須接受與國外大學共同競爭的嚴峻

挑戰。是以，如何提升競爭優勢及學術能力，遴聘優質教師，提高教師專業素質，強化校園治理，建立具有特色的校園文化，儼然成為各大學共同面臨的重要課題。茲以教師之聘任制度具過濾作用，其制度設計與執行優劣是學校得否延攬優秀人才之先決條件，並攸關大學興衰存廢之核心；易言之，聘任慎於始，其後之教學、研究與服務等任用事項，始易臻於健全，並充分發揮其效能。因之，大學教師之聘任制度，厥為學校素質乃至學術發展之重點。

貳、大學教師聘任制度

「聘任」係因事擇人選才，因才任用，是學校一種求才之過程，也就是延聘人才擔任某項教職。聘任係基於平等對待關係，聘請的一方以尊重專業，永續發展態度敦聘受聘者。

一、教師聘任制度與運作

優質人力資源與持續創新是創造優質教育環境的必要條件。民國 83 年 1 月 5 日「大學法」修正公布後，原來之教師分級業已修正為「教授、副教授、助理教授、講師」（原助教目前僅係協助教學）。教師法第 3 條所稱專任教師，係指各級學校編制內，按月支給待遇，並依法取得教師資格之教師。教師聘任應具之資格條件，除基本資格外，概分為積極、消極資格二大類，茲依教育人員任用條例等相關規定分述如下：

1. 教師聘任之基本資格

   依教育人員任用條例第 3 條規定，教育人員之任用，應注意其品德及對國家之忠誠；其學識、經驗、才能、體格，應與擬任職務之種類、性質相當。

2. 教師聘任之積極資格

   大學教師分教授、副教授、助理教授及講師，從事授課、研究及輔導。擔任大學各職級教師應具之積極資格（應具之條件），經依教育人員任用條例相關規定，列表分述如下：

   教授：依教育人員任用條例第 18 條規定，應具有下列資格之一：1.具有博士學位或其同等學歷證書，曾從事與所習學科有關之研究工作、專門職業或職務八年以上，有創作或發明，在學術上有重要貢獻或重要專門著作者。2.曾任副教授三年以上，成績優良，並有重要專門著作者。

   副教授：依教育人員任用條例第 17 條規定，應具有下列資格之一：1.具有博士學位或其同等學歷證書，曾從事與所習學科有關之研究工作、專門職業或職務四年以上，並有專門著作者。2.曾任助理教授三年以上，成績優良，並有專門著作者。

   助理教授：依教育人員任用條例第 16 條之一規定，應具有下列資格之一：1.具有博士學位或其同等學歷證書，成績優良，並有專門著作者。2.具有碩士學位或其同等學歷證書，曾從事與所習學科有關之研究工作、專門職業或職務四年以上，成績優良，並有專門著作者。3.大學或獨立學院醫學系、中醫學系、牙醫學系畢業，擔任臨床

工作九年以上，其中至少曾任醫學中心主治醫師四年，成績優良，並有專門著作者。4.曾任講師三年以上，成績優良，並有專門著作者。

講師：依教育人員任用條例第 15 條規定，應具有下列資格之一：1.在研究院、所研究，得有碩士學位或其同等學歷證書，成績優良者。2.大學或獨立學院畢業，曾任助教擔任協助教學或研究工作四年以上，成績優良，並有專門著作者。3.大學或獨立學院畢業，曾從事與所習學科有關之研究工作、專門職業或職務六年以上，成績優良，並有專門著作者。

依教育人員任用條例第 19 條規定，未具專科以上學校畢業學歷，而在學術上有特殊貢獻，經教育部學術審議委員會委員二分之一以上之出席及出席委員四分之三以上之決議通過，得任大學或專科學校教師。

3. 教師聘任之消極資格

具有下列情事之一者，不得為教育人員；其已任用者，應報請主管教育行政機關核准後，予以解聘或免職：

(1) 曾犯內亂、外患罪，經判決確定或通緝有案尚未結案者。

(2) 曾服公務，因貪污瀆職經判決確定或通緝有案尚未結案者。

(3) 依法停止任用，或受休職處分尚未期滿，或因案停止職務，其原因尚未消滅者。

(4) 褫奪公權尚未復權者。

(5) 受禁治產之宣告尚未撤銷者。

(6) 經醫師證明有精神病者。

(7) 行為不檢有損師道，經有關機關查證屬實者。

除了依教師法所規範的消極資格外，大學教師聘任之限制，尚要有迴避任用、痼疾、屆退休年齡者及大陸地區人士之限制等。

(1) 迴避任用：各級學校校長不得任用其配偶或三親等以內血親、姻親為本校職員或命與其具有各該親屬關係之教師兼任行政職務。但接任校長前已在職者，屬於經管財務之職務，應調整其職務或工作；屬於有任期之職務，得續任至任期屆滿。

(2) 痼疾、屆退休年齡者：有痼疾不能任事，或曾服公務交代未清者，不得任用為教育人員。已屆應即退休年齡者，不得任用為專任教育人員。

(3) 大陸地區人士：查台灣地區與大陸地區人民關係條例第 21 條規定，（第一項）文教專業大陸地區人民經許可進入台灣地區者，非在台灣地區設有戶籍滿十年，不得登記為公職候選人、擔任軍公教或公營事業機關（構）人員及組織政黨。但法律另有規定者，從其規定。（第二項）大陸地區人民經許可進入台灣地區設有戶籍者，得依法令規定擔任大學教職、學術研究機構研究人員或社會教育機構專業人員，不受前項在台灣地區設有戶籍滿十年之限制。另依前引條例施行細則第 18 條規定略以，本條例第 21 條所稱軍公教或公營事業機關（構）人員，不包括左列人員：一、中央目

的事業主管機關核可受聘擔任學術研究機構、專科以上學校及戲劇藝術學校之研究員、副研究員、助理研究員、研究講座、客座教授、客座副教授、客座助理教授、客座專家及客座教師。綜此，文教專業大陸地區人民須在台灣地區設有戶籍，始能擔任大學教師；或以客座教師、研究講座、博士後研究等聘任方式到台灣講學或教學研究。

參、大學教師聘任程序

於大學教師聘任之程序上，各級學校教師之聘任，應本公平、公正、公開之原則辦理，其中大學、獨立學院各學系、研究所教師，學校應於傳播媒體或學術刊物刊載徵聘資訊後，由系主任或所長就應徵人員提經系（所）、院、校教師評審委員會（以下簡稱三級教評會）評審通過後，報請校長聘任。教師聘任後，需檢附相關學歷證件等資料送人事室，並填具「教師資格審查履歷表」，函報教育部審定其教師資格後，核頒「教師證書」。

專科以上學校教師之聘期，初聘為一年，續聘第一次為一年，以後續聘，每次均為二年。各大學教師依年度教學單位考核，經校教評會審議後則依考評結果年資晉級外，並依其聘期製發聘書。

依教師法第 16 條規定，教師接受聘任後，依有關法令及學校章則之規定，享有下列權利：

1. 對學校教學及行政事項提供興革意見。
2. 享有待遇、福利、退休、撫卹、資遣、保險等權益及保障。
3. 參加在職進修、研究及學術交流活動。
4. 參加教師組織，並參與其他依法令規定所舉辦之活動。
5. 對主管教育行政機關或學校有關其個人之措施，認為違法或不當致損害其權益者，得依法提出申訴。
6. 教師之教學及對學生之輔導依法令及學校章則享有專業自主。
7. 除法令另有規定者外，教師得拒絕參與教育行政機關或學校所指派與教學無關之工作或活動。
8. 其他依本法或其他法律應享之權利。

依教師法第 17 條規定，教師除遵守法令履行聘約外，其主要之義務如下，違反規定者，各聘任學校應交教師評審委員會評議後，由學校依有關法令規定處理。

1. 遵守聘約規定，維護校譽。
2. 積極維護學生受教之權益。
3. 依有關法令及學校安排之課程，實施教學活動。
4. 輔導或管教學生，導引其適性發展，並培養其健全人格。
5. 從事與教學有關之研究、進修。
6. 嚴守職分，本於良知，發揮師道及專業精神。

7. 依有關法令參與學校學術、行政工作及社會教育活動。

8. 非依法律規定不得洩漏學生個人或其家庭資料。

9. 擔任導師。

10. 其他依教師法或其他法律規定應盡之義務。

教育人員任用條例第 34 條規定，除法令另有規定外，教師不得在外兼課或兼職。另教師法第 14 條明定不續聘、停聘及解聘的要件，包括：刑事犯罪、貪污瀆職、受禁治產宣告、行為不檢、教學不力、不能勝任工作等，亦表示教師也有遵守法令、端正行為及認真工作等規範。

肆、教師合聘作業程序

　　隨著學術發展朝向科際整合的方向，學門之間的知識援引成為常態，因此大學校院也出現教師合聘的作為，這也是教師聘任作業所觸及的議題。教師之合聘旨在促進學術發展，強化跨科際整合，兼顧教學研究資源共用，並鼓勵不同教學單位間教師（研究人員）交流。依其性質與教學研究需求，概分為校內教學單位間合聘（簡稱校內合聘）與他校、研究機構間合聘（簡稱校外合聘）二類，爰各大學（研究機構）均需訂定相關合作辦法後，始得據以辦理教師合聘作業，茲分述如下：

一、校內合聘

　　校內合聘教師應有主聘、合聘單位的區隔，合聘教師並占主聘單位之員額；合聘作業程序由主聘與合聘單位商定之；其他主要內容如下：

1. 合聘教師之權利義務，除另有約定外，應遵守下列原則：

    (1) 合聘教師每年在主聘單位之教學學分，不得少於每年教學總學分數之一半（含）。

    (2) 合聘教師每學年在主聘及合聘單位開授之總學分數，以不超過主聘及合聘之標準要求為原則。

    (3) 合聘教師每年至少應開授一門適合合聘單位學生修讀之課程。

    (4) 合聘教師得於合聘單位指導研究生論文。

2. 合聘教師之研究計畫由主聘單位提出為原則；若由合聘單位提出需經主聘單位同意。

3. 合聘教師之研究室由主聘單位提供，其升等、出國進修及休假亦由主聘單位提出。

4. 合聘教師參與合聘單位各級會議及委員會之方式，由合聘單位訂定。

5. 各單位應訂定「合聘教師權利義務區分原則」，經各級教評會通過後，報校長核定後實施。

6. 教師之合聘須經主聘與合聘單位各級主管同意，會教務處、人事室後報校長核定。

二、校外合聘

其主要特色亦在發揮教師間、教師與研究人員間之人力資源專長互補，擴大交流學習，並節省儀器設備經費。通常各大學間或大學與其他研究機構須先簽訂學術合作辦法（協議）後，始得據以辦理合聘教師（研究人員）事宜，上述合作辦法之訂定主要內容有：

1. 雙方合作範圍：包括合聘人員、共同從事學術研究、訓練研究生、專題研究之合作、圖書儀器設備之互用、開授課程等。
2. 研究產生成果之智慧財產權歸屬。
3. 相互合作時應遵守他方之管理規章；對因知悉或持有他方機密檔應負保密之責任。
4. 得因研究或教學需要，相互合聘對方人員為合聘教授（研究員）、合聘副教授（副研究員）、合聘助理教授（助理研究員），或指導博、碩士生之論文指導工作。
5. 合聘人員之待遇、升等、退休等，悉依其原職學校機構之規定辦理。
6. 合聘人員資格由合聘機關學校依相關辦法審查通過後，發給一年聘書；期滿後得續聘。
7. 合聘人員得在合聘機關利用其研究設備及參與各種學術活動，惟非經雙方同意，不得參加其組織政策、預算支配、人事意見或其他行政工作。
8. 合作辦法之年限及其他重要事項。

伍、教師延長服務作業

由於具有特殊學術貢獻的教師，在其所具專長無法一時遴聘，且屆退時健康狀況允許，則得延長服務。依據專科以上學校教授、副教授延長服務案件處理要點規定，教授、副教授年齡屆滿六十五歲，除屆滿限齡之日適在學期中者，得依學校教職員退休條例第 4 條之一第 2 項規定延長服務至該學期終了外，以不延長服務為原則。教授、副教授已達應即退休年齡，在教學、研究上有優異表現著有學術聲望，符合基本條件並具特殊條件之一而有繼續服務之意願者，得由服務學校系（所）主動逐年檢討，提經系（所）、院及校級教師評審委員會審議通過，准予延長服務，當事人不得自行要求延長服務。

辦理延長服務之教授、副教授應符合之基本條件並具特殊條件之一：

1. 基本條件
   (1) 體格健康仍堪繼續從事教學工作者。
   (2) 在教學研究上經學校評鑑優良者。
   (3) 依規定授足基本授課時數且兼課未超過規定時數並於延長服務期間亦可依規定授足基本授課時數者。
   (4) 於辦理延長服務學校任教三年以上者。

2. 特殊條件
　　(1) 擔任中央研究院院士者。
　　(2) 曾擔任國家講座主持人者。
　　(3) 曾獲教育部學術獎者或曾有行政院國家科學委員會傑出研究獎勵三次以上者。
　　(4) 最近三年內有個人著作出版或最近三年內於國內外著名學術性刊物公開發表與所授
　　　　課程相關之重要學術論文三篇以上，對學術確有貢獻者。
　　(5) 教授藝能科目者最近三年內每年有創作、展演、技術指導，著有國際聲望者。
　　(6) 所擔任課程經認定屬高科技或稀少性一時難以羅致接替人選者。

　　辦理教授、副教授延長服務，其屬中央研究院院士或曾擔任國家講座主持人、國內外大學
講座主持人且符合延長服務規定條件之教授，得由系（科）所逕提校教師評審委員會逐年審查。
教授、副教授延長服務期間不得兼任行政職務，但情形特殊者，學校得自行斟准其兼任至屆滿
六十五歲之當學年終了止。教授延長服務，第一次自年滿六十五歲之次月起延長服務至屆滿六
十六歲之學期終了止，第二次以後，每次延長服務期限不得逾一年，至多延長至屆滿七十歲之
當學期終了止。副教授延長服務至多延長服務至屆滿六十六歲當學期終了止。

陸、大學學術相關人員聘任

　　大學的角色明諸於大學法中，且觀諸中外大學發展的歷程，可知大學的功能除有專業學術
的教學外，另有高深的研究以及社會服務的拓展。為此，是以研究工作須賴研究人員的參與。

一、研究人員聘任概述

　　大學得延聘研究人員從事研究及專業技術人員擔任教學工作；其分級、資格、聘任、解聘、
停聘、不續聘、申訴、待遇、福利、進修、退休、撫卹、資遣、年資晉薪及其他權益事項之辦
法，由教育部定之。
　　大學研究人員聘任辦法係依「大學法」研訂，其立法目的係為大學聘任人員，以從事研究
工作之需要。依大學研究人員聘任辦法第 2 條及第 3 條規定，研究人員係指在大學本職為從事
研究工作之專任人員；研究人員如具有教師資格者，得兼任教學工作。研究人員分研究員、副
研究員、助理研究員及研究助理四級。同辦法第 10 條規定，研究人員之解聘、停聘、不續聘及
申訴等事項，比照教師之規定。第 11 條第 1 項規定，研究人員之待遇、福利、進修、年資晉薪、
退休、撫卹、資遣、休假研究等事項，除有關增加退休給與及申請延長服務之規定外，依其聘
任之等級，比照教師之規定。第 8 條第 1 項規定，研究人員之資格審定、聘任、聘期及升等有
關事項，由教師評審委員會辦理。

二、專案計畫約聘教師聘任概述

　　國立大學校院於校務基金自籌經費範圍內，以專案計畫進用編制外教學人員、研究人員暨工作人員係依「國立大學校院進用專案計畫教學人員研究人員暨工作人員實施原則」之規定辦理。上述教學等人員，係指學校編制內專任教職員及依聘用人員聘用條例、行政院暨所屬機關約僱人員僱用辦法擬訂約聘僱計畫經行政院核定有案，列入學校年度預算員額進用人員以外，以校務基金自籌經費支出之編制外人員。各年度專案計畫所需人事費總額，不得超過年度校務基金自籌經費之 35%。

　　1.專案計畫教學人員：其遴聘資格、聘任程式、送審、升等、聘期等規定如下：

　　　(1) 遴聘資格：依教育人員任用條例之規定，但已屆應即退休年齡者不得任用為專任教育人員之規定不在此限。

　　　(2) 聘任程式：比照編制內專任教師之規定。

　　　(3) 送審及升等：得比照編制內專任教師資格審查規定，辦理審查教師資格並頒授教師證書；其符合升等條件者，並得比照辦理升等審查。

　　　(4) 聘期：比照編制內專任教師之聘期辦理，並應比照專任教師辦理教學評鑑以作為續聘與否之參據。

　　　(5) 授課時數：以比照編制內專任教師之規定為原則。

　　　(6) 差假：比照編制內專任教師之規定。

　　　(7) 報酬標準：以比照編制內專任教師之規定為原則。

　　　(8) 福利：由學校自行審酌訂定相關規定。

　　　(9) 離職儲金：比照「各機關學校聘僱人員離職儲金給與辦法」之規定。

　　　(10) 勞工保險、全民健康保險及其他未規定者，應依相關法令規定辦理。

　　專案計畫教學人員轉任編制內專任教師時，學校應依新聘教師之程式重新審查。其轉任編制內專任教師後相關年資之採計：

　　　(1) 升等：專案計畫教學人員資格經送教育部審查通過頒授教師證書者，經原服務學校證明之服務年資，得比照編制內專任教師年資計算辦理升等。

　　　(2) 敘薪：曾任與現職職務等級相當之專案計畫教學人員年資經原服務學校證明且服務成績優良者，該服務年資得予採計提敘薪級。

　　　(3) 退休撫卹：專案計畫教學人員之服務年資不得採計為退撫年資。

　　2. 專案計畫研究人員：其遴聘，除聘期、福利、離職儲金、勞工保險、全民健保等比照專案計畫教學人員之規定外，餘比照編制內專任研究人員之規定。專案計畫研究人員轉任編制內專任研究人員時，亦應依新聘研究人員之程式重新審查；其轉任編制內專任研究人員後，其經原服務學校證明之服務年資，得比照編制內專任研究人員年資計算辦理升等；其敘薪及退休撫卹之年資採計方式，亦比照學校編制人員之規定辦理。

專案計畫教學人員、研究人員、工作人員之聘期、授課（工作）時數、差假、報酬、福利、離職儲金、保險及其他權利義務事項，應納入與學校之契約中明定。

目前各公立大學依上述實施原則進用之教師，有日益增多之趨勢，主要是專案計畫教學人員非大學正式編制內教師員額，以補充臨時教學人力之不足；其次，延聘對象以初聘情形為多，表現良好者，得於次學年依新聘教師程式納入編制內；教學不理想者，因非長期保障，得予解聘。另外上述人員係依學校校務基金自籌經費項下進用，會計作業程式較具彈性。（廖世和，2004）函於，私立學校由於人員的進用較公立學校具備彈性，是以本著上述的精神亦訂定有相雷同的教師進用方式，如世新大學配合教學卓越計畫訂定有「短期專業計畫教師辦法」，以作為進用作業的準據。

三、專業教師聘任概述

為考量大學教育已自過往的菁英教育是向全民教育，甚至發展為普及教育，教育的屬性已有所更迭，因為實用知識的啟蒙亦成為高等教育的內涵，考慮既有師資多屬「學院式培育」，為能擴大教學的功能，是以有延攬專業技術人員教學的構思和作為。「大學聘任專業技術人員擔任教學辦法」依大學法規定訂定，所稱專業技術人員，係指具有特殊專業實務、造詣或成就，足以勝任教學工作者。其等級比照教師職務，分教授級、副教授級、助理教授級及講師級四級：

教授級專業技術人員應具下列資格之一：1.曾任副教授級專業技術人員二年以上，成績優良，並有具體事蹟者。2.曾從事與應聘科目性質相關之專業性工作十五年以上，具有特殊造詣或成就者。但獲有國際級大獎者，其年限得酌減之。

副教授級專業技術人員應具有下列資格之一：1.曾任助理教授級專業技術人員三年以上，成績優良，並有具體事蹟者。2.曾從事與應聘科目性質相關之專業性工作十二年以上，具有特殊造詣或成就者。但獲有國際級大獎者，其年限得酌減之。

助理教授級專業技術人員應具有下列資格之一：1.曾任講師級專業技術人員三年以上，成績優良，並有具體事蹟者。2.曾從事與應聘科目性質相關之專業性工作九年以上，具有特殊造詣或成就者。但獲有國際級大獎者，其年限得酌減之。

講師級專業技術人員之資格，應曾從事與應聘科目性質相關之專業性工作六年以上，具有特殊造詣或成就者。但獲有國際級大獎者，其年限得酌減之。

專業技術人員以兼任為原則，必要時得聘為專任。專業技術人員之資格審定、聘任、聘期、升等、具體事蹟、特殊造詣或成就之認定與國際級大獎之界定及年限之酌減等事項，由教師評審委員會辦理，其規定由各校擬訂。其中具體事蹟、特殊造詣或成就之認定，應先送請校外學者或專家二人以上審查。

專業技術人員之解聘、停聘、不續聘及申訴等事項，比照教師之規定；其每週授課時數，依其專業性質，由各校定之。專任專業技術人員之待遇、福利、休假研究、進修、退休、撫卹、

資遣、年資晉薪等事項，依其聘任之等級，比照教師之規定；兼任人員按同級教師兼課鐘點費支給標準給與。

四、兼任教師聘任概述

任教師或因部分專業課程師資不易遴聘，或班級數較多之服務課程，或研究所專業科目及論文指導及教師員額因素等考量，衍生兼任教師之需求，並補充專任教師之不足。其來源大致有：1.退休教師兼任，2.行政機關人員兼任者，3.公（私）立各級學校教師職員兼任者，4.一般人員兼任。在員額計算方面，通常兼任教師以四人折抵專任教師員額一人，其薪資所得為兼任教師鐘點費。

教師法第 35 條規定，兼任教師之資格審定，依本法之規定辦理，兼任教師之權利、義務，由教育部訂定辦法。另依教育人員任用條例施行細則第 11 條規定，兼任教師年資減半計算。又依「專科以上學校教師資格審定辦法」第 13 條第 3 款規定，兼任教師每學期應授課滿十八小時，始得送審。

兼任教師聘期均為一學年或一學期；其教師資格送審，須經系（所）、院、校教評會審議通過。

柒、結語

邁入二十一世紀的今天，面對知識的爆發、學習觀念的改變、全球化的發展、國家競爭力的需求、民主化的思潮等因素，均使我們審慎思考「教師」的定位，除了期盼教師矢志做個「傳道」的人師外，更要努力做個「授業、解惑」的「經師」，成為人師經師兼備的教師。

管理大師 Peter F. Drucker 認為「人是組織發展中最重要的資源」，不論公私企業欲提升競爭力，莫不重視人力資源的規劃與管理，以期發揮人員的潛能、提高組織的效能。「人才是企業知識力與競爭力的基礎，也是決定企業成敗的關鍵。」教育是立國的百年大計，其影響國家之發展至為深遠；回顧近五十年來，教育累積之成就一直是我國進步的重要因素；展望未來，新知識經濟時代國家社會面對挑戰與變遷之關鍵點仍繫於「教育」，其中傳承文化與研究創新之領航者——「教師」更躋身重要而深遠之角色。因此如何遴聘優質教師契合學校、學生之需要，兼顧社會發展脈動，關鍵因素之一在「教師聘任制度」之法制完整、執行之公正客觀與彈性。這些正考驗著高等教育成員的智慧。

第四章
教師聘約的訂定與執行

壹、前言

　　教師是作育英才，培養學生修己治人暨品德學業之指導者；賦有奉獻所學，春風化雨的天職。然而對學校言，教師身分的保障，透過聘約的協議訂立，將使雙方權利義務暨限制，在不牴觸法律範圍內，得以更為具體而明確。並且，藉此強調學校自主與法規約制，使教師權益符合目的性保障，進而促進學校組織系統的安定與發展。

　　由於公立學校教師之聘任係基於對教育國民之義務，被聘任之教師從事公法上之教育目的，而聘任形式上有聘書之書面契約，學校與教師間就當事人之選擇有相當自由，對於契約之內容例如：教學之課程、鐘點，亦非毫無自由。且觀教師法第 14 條、第 33 條可知聘任契約具有公法的性質，故學者多認為公立學校教師之聘任契約為公法上之行政契約。目前在實務上，有關各級公立學校依教師法等相關規定所定之教師聘約，依最高行政法院判決之見解均認為公法關係，屬於行政契約之一種，其性質、訂定程式、產生效力等，應參考行政程序法第 135 條至第 149 條等相關規定辦理。（邢泰釗，2004）

　　教師聘約主要在規範教師之待遇、基本權利義務、每週授課學分、請假、借調、兼職兼課、辭聘及特殊約定等事項。教師接聘後即應履行聘約。

貳、聘約的定義

　　「聘約」一語，為聘任之「法律關係」，亦即聘任之形式契約而言。另指因聘任之法律關係所締結的「實質契約」，亦即兼具形式暨實質內容之契約而言。就法律的規範而言聘約與聘書之附約不同，聘約係學校與教師間合意訂定，具有公法性質的契約；而聘書之附約，則通常係指在學校致送聘書的文件正或背頁，所作成片面性質之行政處分。詳言之，約有以下區別：
一、契約種類不同：聘約為學校與教師合意訂定，是為雙務契約（雙方互負義務之契約）；而聘書所附約定往往僅為學校片面加註，類似單務契約。
二、契約性質不同：聘約係一契約；聘書的附約則為行政處分。
三、作用不同：聘約為雙方權利義務之特別約定；聘書的附約往往僅為身分證明之告知。
四、拘束力不同：聘約拘束力較強；聘書的附約拘束力較弱。

參、聘約的性質

　　聘約是學校與教師因聘任關係（類似民法僱傭關係）所訂立的契約。有關教師居於受僱者地位應負擔之義務，且學校屬性不同，發展理念各有差異，如何將學校需求及教師義務兼籌並顧，兩者規範具體而明確，在聘任（新、續聘）教師同時，訂立書面契約，值得探究者，茲分行政契約說、私法契約說、折衷說三種型態加以論述：

一、行政契約說：「聘約」係學校基於教學研究或組織發展需要，在不違背法律規定下，與受聘教師所成立的協議。因此經協議之聘約即具有下列特色：

1. 係一法律行為：來自民法之概念，指法律效果之發生，取決於當事者雙方主觀上之意願，而非基於客觀上法律之規定。

2. 係雙方法律行為：無論參與聘約之當事人（學校或教師團體）地位是否對等，只要雙方意思一致而成立之法律行為，具有相同價值而有別於一方命令他方服從之關係即是。

3. 可發生在公法上效果：因聘約協議所適用之規範，以及協議所生之效果均屬公法性質。

4. 聘約內容自由：法律並未干涉聘約內容的締結，純由雙方依彼此利益衡量或發展理念，在不違反法律強行或禁止規定下，自由締結。

5. 需提交學校教師評審委員會認可：教師聘任契約，為有關教師權益之重大規約，通常都須提經學校教評會通過方得據以實施。

　　經上所述，足以顯示從協議而立之聘任契約，係為發生、變更彼此權利義務所訂立之契約，學校居於行政權主體，且適用者為公法性質法規，與之締結者當屬行政契約，實無庸置疑。

二、私法契約說：教師與學生間之聘任關係屬司法上之契約關係，而因司法所協議訂立之聘約，迨無可能成立公法契約之理，當屬司法契約之範疇。況且，聘約係由學校與私人（教師）協議訂定，期以發生私法上權利義務變動之效果，正是典型之私法契約。

三、折衷說：契約雖難以公私法加以劃分，甚至涉及各國法制之傳統及特性，同性質事件在 A 國為公法關係，到 B 國則為司法關係，有關公法或私法上權利義務變動，應分別從契約標的（契約所由成立的對象）及契約目的（成立契約所欲達成之目標）加以判別，以聘約標的為衡量標準者，為私法契約；以契約目的為考量者，自屬於公法契約。一般而言，契約標的往往是為達成契約目的之媒介、手段或方法，所以原則上應以契約目的（公法契約）為準，如仍無法解決其法律性質時，方兼採契約標的加以衡量。

肆、聘約的範圍

　　聘約不外規範學校與教師雙方權利義務及特別約款，其可能條列之事項，如下：

一、教師應享權利：現行教師法第 16 條已明列有關教師身分權、勞動權、結社權、申訴救濟權及各項福利請求權等，此部分雖已散見現行各主要教育人事法規中，然引數列入聘約，將使教師得已明確知悉其權利內容。

二、教師應負義務：除現行教師法第 17 條各款義務外，尚應包括：

    1. 服務社會之義務：包括從事專業相關工作，使學理與實務緊密結合；以其博學廣識，提供諮詢、顧問服務；接受委託，主持各種實驗、研究計畫；著書立說，引導社會向善；接受徵召，出任公職等。

    2. 不作為義務：如不得參與或從事與教學研究本旨不符之活動。

    3. 配合學校人力資源運用既組織發展而從事之教學、績效評量工作。

三、兼職及借調之限制。

四、權益受損之救濟途徑：包括當事人行政、司法訴權暨程序。

五、義務違反之懲罰：義務即是責任，為使每位教師均能嚴加遵守，故應明列懲處之道，以收實效。

六、為聘期之約定：由於現行法規規定高級中等以上學校教師初聘為一年，續聘第一次為一年，以後續聘，每次均為兩年。

七、為限期升等之約定：學校為改善教師素質，提升學術地位，在新聘或續聘同時，附以若干年內必須提出升等（副教授以下者），辦理著作審查。

八、以教學評量作為續聘或降級之依據：教學是否認真負責、研究成果是否豐碩、師生互動是否良好、配合校務發展是否積極等，均直接或間接地影響學生學習效果和學校形象，因此若經聘任單位綜合評量結果，評價不高，經依教師法第 14 條第 1 項第 8 款前段之程度；即應離職或降職之約定。

    以上所舉之各種聘任約款，就聘任（僱傭契約）之本旨，並對照教師法第 14 條第 1 項第 8 款後段之意，學校為基於組織發展，人力資源妥適運用之需要，合意訂定之聘約，仍有存在之空間。

伍、聘任的興革

    大學教師之聘任，依規定係由學校設置校教評會審議後才由校長聘任；大學通常設系（所）、院（會）、校教評會三級，並於各大學組織規程中明訂，行之多年，並充分發揮其效能。教評會為大學必須設置之組織，其中又以校教師評審委員會（以下簡稱校教評會）為重點，則其組成、職掌、運作及教評會之決定與執行，為教師聘任制度重要之一環，值得探討。（吳三靈，2000）

一、教評會之組成

　　查依大學法規定，大學設校、院、系（所）教師評審委員會，評審有關教師之聘任、聘期、升等、停聘、解聘等事宜。各級教師評審委員會之組成方式由各大學組織規程定之。教評會為大學法及教師法明定必須設置之組織，惟僅於其行使有關規定職能事項時，始有必要開會，另因係屬委員制，須達到一定比例之委員出席、通過，才能做成決議。以校教評會為例，其成員區分為當然委員與選任委員二類，當然委員為學校之兼任行政主管、副校長、教務長、各學院院長等，另如已成立教師會之學校，則由教師會遴派代表為當然委員。選任委員係由教學單位依程式推選之教師代表產生。委員總數由各大學決定，其中未兼任行政之教師代表不得低於二分之一。另，依據性別平等教育法所述規定，教師評審委員會因涉及教師權益的審酌，是以單一性別不得低於全數委員人數的三分之一。

二、教評會之職掌

　　依教師法第 11 條至第 14 條，第 17 條至第 18 條，教評會主要職能列舉如下：

1. 關於教師聘任之審查事項。
2. 關於教師長期聘任之審查及聘期訂定事項。
3. 關於教師停聘、解聘及不續聘之審議事項。
4. 關於教師資遣之審議事項。
5. 關於教師在職進修研究之審議事項。
6. 關於教師違反教師法規定之義務及聘任之審議事項。

三、教評會之運作

　　教評會組成後，如何運作以發揮其功能，各大學在實際運作未必相同，胥視各大學之傳統、組織規程與校園文化等因素而定。

1. 教評會之召開

　　校教評會原則上由主席召集，或由校教評會之承辦單位視實際需要或相關討論提案情形，洽請主席擇期開會。

2. 教評會之決定

　　依教師法之規定，教評會審議不同案件之決議委員比例不同，如教師行為不檢有損師道，經有關機關查證屬實者，及教學不力或不能勝任工作，有具體事實或違反聘約情節重大者，應經教師評審委員會委員三分之二以上出席及出席委員半數以上之決議，報請主管教育行政機關核准後，予以解聘、停聘、不續聘。另教評會行使其他職能時，依例評審委員二分之一以上出席及出席委員半數以上之決議行之。

3. 校教評會委員之利益迴避

　　教評會審議有關委員本人、配偶或三親等以內血親、姻親之案件時，應自行迴避為宜。

4. 教評會之行政作業

　　通常以學校之人事單位承辦，並提供討論提案之相關法令及參考意見，以利教評會審議之進行；惟教評會委員審議各項案件時，仍本其職權獨立研判。

5. 教評會之相關人員列席

　　教評會審議案件時，得邀請相關人員列席說明或提供資料；例如審議各教學單位之新聘教師人選、教師升等、推薦相關重要學術講座人選等。

　　教評會審議通過之案件，俟會議紀錄核定後，各相關單位即據以執行，或辦理新聘教師之擬聘、教師升等之通知及函報教育部審定等。教師經任用後，應送由服務學校轉報教育部審查。教師資格審查、登記辦法由教育部定之。

　　學校在建立合宜聘約方式除條述法律的明文規範外，亦有包蘊融合教師評價體系與職務聘任制度於一體，在人才的延攬和作為上，據以發揮激勵作用的同時，也以人才的潛在價值為依歸履行著引導功能。

一、發揮激勵作用

　　激勵是高校教師考核體系與職務聘任制度結合主要機制，經由鼓勵先進、刺激後進，最終形成全校職工蓬勃進取的合力。透過施行聘任改革，使教師考核體系與職務聘任制度得以極大的融合。科學、具體的考核標準，規範、嚴格的操作規程，公正、透明的考核結果，不管是對聘任人員，還是對待聘人員的教學、研究工作均產生了可觀的激勵效用。推動嚴謹聘任方式，將有助於一些教師為了提高教學質量，已經自發的學習經驗，改進不足。可以產生一種勇於競爭、積極合作、重視教學、銳意研究的優質校風。

二、履行引導功能

　　合理的職務聘任制度實質上是以一套明確、可操作的審議作為，以引導教師確立發展階段、構建目標，在豐富其職業閱歷，籌劃其職業生涯的過程中不斷的提高自己、完善自我。周延的教師聘任工作，方能保障學校各項規劃、任務順利實施與完成，並日漸在營造出一種能夠促進優秀人才脫穎而出、激發優秀人才發展潛力、凝聚優秀人才創新能力的良好作為。

陸、結語

　　合理的職務聘任制度應是一種提供法律保障的機制，表現為學校和教師雙方自願簽訂聘約，明確學校與教師間的法律關係和法律地位，經由合約管理保障雙方權益，實踐民主辦學、

依法治校的理念；合理的職務聘任制度應是一種促進人才競爭的機制，透過賦予學校和教師雙方更大的選擇空間，促進人員的合理流動，最終實現人力資源的優質配置；合理的職務聘任制度應是一種指導師德師風促進的機制。「經師易遇，人師難求」，學校教師既要授業，更需傳道。合理的教師聘任制度，以有效的引導機制、激勵機制和必要的約束機制，鼓勵教師積極進取；合理的的職務聘任制度還應是一種規範學術評價的機制，透過建立符合學校教師職業特點的科學評估體系，全面客觀地評估教師的綜合素質，增進其教學、研究活動的積極性、創造性；合理的職務聘任制度還應是一種營造組織文化的機制，組織文化是大學發展的內驅力，透過打破僵化的制度文化來凝聚共識，使學校發展成為全體教師的共同意念，在心理上的認同與支持；合理的職務聘任制度也是一種促進職業生涯規劃的機制，依靠建立與教師職業生涯規劃相呼應的教師培訓、進修制度，引領教師樹立「終身學習」的理念，實現學校和教師的共同發展與良性互動；合理的職務聘任制度當然也應是一種有效實現勞動價值的機制，摒棄平均主義分配方式的同時，著力形成一種能夠充分體現並積極鼓勵教師履行職責。教師聘約牽涉法律層面既深且廣，法律對因司法關係而僱用之教師，既給予制度性保障，亦應負予學校有合於進用目的，符合學校發展需求本旨之人才任用方式，期能透過契約自由的原則，對新聘或續聘教師建立一套完整書面聘任契約制度暨適法約定，使學校組織的轉化結果，增加人力運用彈性，保優汰劣，促進永續的發展。

參考資料：世新大學聘約

世新大學教師聘約

一、受聘教師收到聘書後，請於一週內將應聘書送交人事室登記，逾期視為不應聘，應將所發聘書退還註銷。

二、專任教師每週授課時數，依教師等級由學校另訂之。兼行政職務者，得依規定減少授課時數。兼任班級導師者另支輔導費。

三、教師薪給及鐘點費，依本校規定辦理。

超授者在薪給之外另支鐘點費（因兼行政職務而減少授課時數者，在上班時段之超授鐘點不另支鐘點費）。超授鐘點最高每週以四小時為限。

四、專任教師授課時間，每週以安排四天為原則。課業輔導時間每週至少十小時，時間由教師自行安排並知會所屬學系（所、科）及教務處。

五、專任教師不得在校外擔任專任職務，如需兼課，應以書面經校長同意，並以四小時為限。

六、教師於同一班級同一課程，排課以二小時為限，超過部分隔日排課。

七、專任教師有被推舉或指定參加各種委員會、專案、會議及擔任導師或社團輔導老師之權利及義務。

八、教師務須按時上課，勿遲到早退。除授課外，尚有批改作業、指導研究及隨堂監考職責。學生成績請於學校約定時間內送校。

九、教師因故請假缺課，為免影響學生學業，務請定期補授，其確無暇補授者，請通知該系（所、科）並知會教務處另請其他適當教師代課，代課教師鐘點費，由專任教師薪俸或兼任教師鐘點費中扣付。

十、教師有監考期中考、期末考之義務，若不克到校監考，應於一週前通知教務處，由教務處安排適當人員代為監考。教務處並應通知會計室扣其鐘點費（以兩堂課計算）。

十一、教師如有違反或因故不能履行聘約情事，或言行有損校譽，得經教師評審委員會之決議送請校長改聘或解聘。

十二、教師既經應聘，未經本校同意而違約或中途離職者，應按最後在職一個月薪資全額賠償本校之損失。

十三、本校基於工作上之需要，得對教師之個人資料作電腦處理及使用，惟不得涉及商業上利益。

十四、教師兼行政職務者，其職務上創作之著作權歸屬學校，其職務外創作之著作權則歸屬個人。

十五、其他未載明事項，悉依照大學法、教師法、教育人員任用條例及本校相關法規辦理。

第五章
人員進用

壹、前言

　　一個國家是這樣，一個組織也如此。「知人善任」、「用人不疑，疑人不用」、「惟才是舉」、「量才錄用」的策略，正是人員進用的原則。是以，古籍載晏子曰：「國有三不祥：夫有賢而不知，一不祥；知而不用，二不祥；用而不任，三不祥。」

　　人員的招聘甄選活動主要有兩個方面的涵義：第一、是指招聘活動的本身，指招聘活動的流程、招聘管道是什麼？是內部還是外部招聘？使用什麼方式能將組織的人力資源成本降低到最小？同時還包括在招募活動中人力資源部門和各相關職能部門的工作分工等。第二、就是人員甄選活動的本身，包括：專業能力、性向測試、潛能評估等。由於技術和能力可以透過學習獲得，而與組織文化相符的良好個人習慣卻與個人品質有關，需要長期培養。組織用人，已從過去的對技術和能力的要求，逐步朝向重視成員的良好品質和習慣發展。

貳、人才招募的原則

　　組織用人的第一步就是招募，招募就是組織經由一切可行的方法和程序對應徵者進行整體的評估過程，其實質就是我們如何透過對應聘者的能力、技能和素質等進行最實際、最有效的評估，以依據應徵者過去所表現出來的能力高低對績效的影響作為判斷基準，來預測應徵者在未來的表現。人才徵選與招募牽涉到職務分析，人事部門負責從事這項職務。組織進行職務分析必須統籌規劃，分階段、按步驟地進行。

　　良好的組織形象能有效地提高在市場經濟競爭中的人力資源競爭優勢，產生積極的長遠影響，具體表現在：第一、如果招到了優秀的人才，就能有效降低組織用於人力資源的成本，建立組織發展的目標。第二、良好的組織形象更能吸引優秀人才的加入；第三、能有效地降低組織的員工流失率。第四、能促進有效組織文化的建立。人事人員為組織招募到什麼樣的人來，是組織能否生存發展的關鍵！人力資源部門務必明確的是：樹立正確的「人才」觀及「用人」觀，才能為組織選拔到可用之才，同時亦不至於造成人力資源浪費。反之，可能的情況則是在人才選拔投入了大量的人力、財力，其結果是眾多的人才與我們擦肩而過，並且給我們組織所造成的不利影響。

　　甄選程序有如一排有順序的門檻，合格的應徵者可順利地通過每一道門檻，通不過的就淘汰。

一、審查資料：申請書表的設計應以需要為原則。

二、查核資料：對應徵者過去的人格和行為，提供有價值的資料，而過去所作所為往往是一個人未來工作的最佳指引。

三、舉行測驗：以瞭解性向、基本學能。

四、任用面談：舉行甄審小組會議。

五、首長核定：以確定人選。

招聘流程

1. 提交需求

　　各部門根據用人需求情況，由部門主管填寫《招聘申請表》，報請首長批准後，交人事人員。由人事人員辦理招聘事宜。

2. 資料準備

　　人事人員根據招聘需求，準備以下資料：

(1) 招聘廣告。招聘廣告包括本組織的基本情況、招聘職位、應聘人員的基本條件、報名方式、報名時間、地點、報名需帶的證件、材料以及其他注意事項。

(2) 宣傳資料發給通過初試的人員。

3. 選擇方式

　　方案主要有：建立候用名冊、人力公司介紹、刊登廣告。

4. 填寫登記表

　　應聘人員帶本人簡歷及各種證件複印件填寫《應聘人員登記表》。《應聘人員登記表》和應聘人員資料由人事人員保管。

5. 初步篩選

　　人事人員對應聘人員資料進行整理、分類，定期交給各需求單位主管。主管根據資料對應聘人員進行初步篩選，確定面試人選，填寫《面試通知》。主管將應聘人員資料及《面試通知》送交人事人員，並由人事室通知面試人員。

6. 面試

　　通過初步篩選的人員都應參加複試。面試原則上由需求單位及人事人員一起參與。

　　在經濟低迷的特殊時期，不僅難以找到一份好工作，組織也很難招聘到合適的人才，然而，招聘工作卻不應該被拖延下來。最佳雇主在任何時候都不會忘記完善人力資源系統的作為，正視招聘流程可以提高未來候選人的素質，從而最終為組織節省招聘成本。事實上，任何一個組織，都要面對本行業激烈的人才競爭，招聘是組織的第一個環節，如果你能使這個環節從一開始就運行通暢，這個組織就會越來越好。

參、人才招募的方式

在人員招聘甄選工作中，作為一個優秀的人事人員，應當如何去辨別人才呢？起碼應注意兩個方面：第一、考核求職者的價值體系，組織想要聘用的人的價值體系一定要符合組織積累起來並依靠其發展壯大的價值體系。如果組織強調團隊協作，那麼聘用的人首先要具備良好的職業道德、勤奮務實優良的工作作風、良好的人際關係處理能力。第二、考察求職者的能力和專長。在這裏，我們的組織需要明確的是，組織處於不同的發展階段對人才的需求要求、人才能力彈性是不一樣的，如果組織處於事業開創期，應要求求職者具有很強的實際工作經驗和能力，保證做到選拔之才即聘即用；如果組織處於發展到一定規模時期，那麼對求職者更應看中的是其個人是否具有對組織以後發展可培養的潛力。這就相似在組織的日常人事管理工作中，對人員的一般考核也同樣要注意兩個方面：員工的目前工作表現及未來的工作潛力，一分為二地對待員工。兩方面表現都很優良肯定是組織人力資源管理工作中應當為組織留下的人才；表現都差的可以考慮放棄；現在表現好，但沒有潛力的，應對其進行個人能力分析，做好員工培訓工作，使其充分認識自己，安心工作，避免產生員工工作上的心理失衡；現在表現不好、但具有潛力的員工，應分析原因，可能是新進組織時間太短、沒有給予良好的培訓與指導、是否擺放的位置不對，或者與主管領導做事的風格不同等，找出原因對症下藥，促進其個人發展。衡量一個人是否具有潛力最直接的方法就是考察他是否具有發展的能力。

當人員異動時，常面臨的是：組織內部提升和外部招聘的思考。其中組織內部提升這要求我們人力資源管理部門務必要做好人事檔案基礎工作，完善員工考評，做好員工文字記錄工作，健全員工檔案資料，作到有據可查。一般員工檔案應包括以下內容：員工登記表、擔保書及對保紀錄、服務自願書、身分證複印件、學歷複印件、戶籍複印件、最後服務單位離職證明、到職通知書、核薪通知書、聘任書、考核表、參加培訓及達到效果紀錄、員工受訓百分比、潛在能力分析書、工作中處理關鍵問題的文字紀錄等。不論採取組織內部提升或外部面向社會公開招聘，其重要的有機結合都要注意：在組織用人觀念上都要鼓勵「公開競爭」。組織一旦產生空缺職位，人力資源部門收到增人申請，絕不能不管任何情況馬上實施招聘增人彌補職位空缺，作為人力資源管理部門首先應分析並完成以下工作：第一、該空缺職位是否有填充彌補的實際意義？第二、職位是短期應急還是長期性需求？應該怎樣去彌補這個職位空缺？確定需要到職的具體時間等。職位如果是短期應急可以用臨時工、外包、兼職的辦法去彌補，因為組織招募一個固定的職位其成本是很高的，加上各種員工福利等事宜，如果能直接給付的薪資是 100%，那麼真正付出的起碼是 150% 以上。第三、確定該職位的任職職位說明書，明確聘用者應有的各項能力。第四、如果需要的是固定的職位，是從內部提升還是組織外部招聘？如果我們的組織裏面有能勝任該空缺職位的人員，且該員工的職業生涯規劃裏面也有相應的需求，如果我們一味使用外部人員，必將打擊員工的積極性，導致員工的流失是很不划算的。所以首先應在組織進行內部選拔，讓公司所有的員工都知道這個資訊，一段時間沒有合適的再向外招募。同時還

要確定招聘的目標整體在哪裏？也就是我在哪裏能有效找到需要的人，如果需要應屆大學生就採取校園招聘，如果需要一個極高能力的人才，且只能在競爭對手中找的話，可以直接請人力公司去找，明確了目標整體才能對症下藥，節約人力資源成本。第五、確定發布資訊的途徑和招聘的方法，是報刊，還是網路、人力公司、參加現場招聘會等將資訊發布出去，但人力公司的成本較高，報刊的時效性很短，可能會有很多的人看不到今天我們發布的職位空缺資訊，最好的方式還是在組織內部，鼓勵員工內部推薦，充分利用員工的社會關係網。第六、確定招聘活動的進度與費用、人員安排計畫，以利組織招聘活動的展開。

肆、甄審面試的方式

在與應聘者的交談中一定要尊重事實，不要盲目誇大組織的種種福利待遇，切忌言過其實，不然會導致人才的流失，在員工離職中普遍存在一個「232 原則」，「2」是指新員工在進入組織以後的兩個星期之內最容易走，因為他發現組織招聘時所陳述的全部都沒有兌現，是在騙人，結果我們的招聘工作還得從頭再來了；「3」一般是指在三個月的試用期內，他可能會發現組織的文化無法適應，工作的氛圍難以接受；最後的「2」指的是兩年以後，這個時候員工更多考慮的是個人的職業生涯規劃的時候，需要個人的升遷、職位的輪換，組織能不能提供這樣的環境？能不能為他設計適合的規劃都將直接影響員工的個人行為。所以，人事人員應向應聘者傳達組織的各種資訊，面對應聘者在介紹中應當準確告知應聘者：組織的發展歷史、目前發展狀況、未來規劃，最好能以資料性介紹讓對方知道組織現有人員、部門組織結構與編制情況；準確地描述組織空缺職位的任職要求、在什麼部門、組織現有工作條件與環境、員工福利、以及組織個人的發展空間等。同時為避免應聘者因情況不清楚造成以後對工作的失望，應當鼓勵應聘者自己提出問題，這樣才能做到招募的公平性。在大致審查完應聘者的資料以後，由於現場時間的限制，也應有針對性地對其提出幾個問題，瞭解應聘者的大致情況，對突出人才可以進行追加提問，並簡要記錄在案，為我們篩選面試人員的初步評估。

面試工作的含義有：第一、考察應聘者的行為表現；第二、確定面試的目標，就是我們在過程中究竟要考察應聘者什麼？第三、設計與準備整體的面試活動；第四、準備面試使用的技巧；第五、怎樣做可靠的評估。從這方面考慮最有效的方法就是行為面試法，行為面試法的原則是過去的績效能夠最有效的預測一個人的未來績效，這就好比市場人員搜集、分析市場資料來預測市場趨勢一樣。在進行行為面試時，我們只需要問應聘者那些沒有固定答案的問題，從而使他們能夠講述一些具體示例來證明他們的才能、他們對能力和技能的掌握程度等等。這裏最關鍵的是依據組織已建立的能力模型來設定面試的問題題綱。下面我們以某職位解決問題的能力作為示例來說明如何設計一張基於能力的行為面試問題題綱。

一、建立面試題綱

1. 對解決問題的能力進行明確定義。即結合組織的遠景、目標和職位職能說明什麼是解決問題的能力。對客觀問題進行分析並提出解決方案的能力。

2. 對解決問題的能力透過資料搜集、調查、訪談和專家分析與評估，以獲取解決問題能力的關鍵行為。透過這些過程我們達到以下解決問題能力的行為群組。

    (1) 客觀的看待事情並能廣泛地定義問題；

    (2) 能有系統地分析複雜問題並能進行推理和觀察，以確定問題要因的相關性和因果關係；

    (3) 能在制定解決方案前預先分析整體的資源環境；

    (4) 能根據既有的規則、程式和方法，以及個人經驗、專業知識等提出解決方案；

    (5) 能以適當的方式建議主管進行決策。

3. 設計解決問題能力的問卷題綱：

    (1) 你覺得自己善於分析問題嗎？可否列舉兩個你以前工作上的例子來證明你的分析問題能力？

    (2) 請告訴我們你曾分析過的一個難題及你給予的建議？

    (3) 請告訴我們你處理複雜問題的常用方法是什麼？能否舉例說明？

    (4) 當你分析複雜問題時通常採取了哪些步驟？

    (5) 如以 10 分為標準，你對自己的能力打幾分？為什麼？

    (6) 你是否有過分析自己失誤的經驗，你如何進行補救？等等。

4. 對問題題綱進行修正的補充

    透過上述問題的回答，我們可以揭示應聘者有關行為方面的資訊，這些資訊就可以用於評估應聘者的合作能力。但是，在具體的面試過程中，我們如何來判斷應聘者敘述的真實性呢？這就要對上面的問卷題綱進行細節上的充實──即以 5W 的工具充實上述問卷，從而把握細節，可以從下面一些能幫助我們發掘有關行為資訊的提問著手。

    (1) 你是如何處理的？

    (2) 你成功了嗎？為什麼？

    (3) 後來發生了什麼？

    (4) 你當時面臨的困境是什麼？你是如何處理的？

    (5) 你在哪些方面或你怎樣成功的？請談一談。

    (6) 你在哪些方面或你怎樣失敗的？請談一談。

    (7) 你從學校得到了什麼？等等。

5. 設計面談評分表

依據應聘者對面試問卷的回答進行給分，在面談時主要依據應聘者過往的經驗情況、任務及行為結果表現等進行打分。

二、設計面談流程

面談的主要目的是為搜集相關資料，事後對資料進行評估，在實際操作中應注意搜集應聘者過去工作經驗中所取得的成功及如何取得的，其具體流程如下：

1. 招聘面談者的訓練：針對招聘面談者進行說明，面試問題的挑選應該從設計的有關問題群組中進行挑選，然後對招聘面試者進行模擬訓練，以掌握相關的方式和方法。
2. 招聘面談：向面試者進行大致說明面談時間安排，建立融洽的溝通前的場景，進行行為面談，清晰記錄應聘者對相關問題的問答，解釋此職位的工作和組織概況，結束面談。
3. 面談評估：針對每一問題對應聘者的回答進行評分和計算，最後得出應聘者的總體評估程度以決定是否錄用。

一般來說如果他講的是事實的話，那麼，1.通常在交流是會使用第一人稱的，2.他說話時很有信心，3.他的眼神一般會直視對方，公開交流，4.他交流的內容很明顯能與他填寫的求職簡歷上是符合的。如果他說的是假的，那麼，1.回答你的提問總是避重就輕，語言總是閃躲的，2.明顯的言語、舉止遲疑（如當他就某件事情被要求舉例時），3.善於誇大自我，總是只能強調自己就是最好的，4.回答過於流暢，可能是他事前準備太充分，可能你的提問剛好正中下懷。另外也可以透過觀察肢體的非語言動作（坐姿、手勢、面部表情等）輔助我們的判斷，但實際上觀察肢體的非語言動作沒有什麼科學的依據，需要我們經驗的積累。

確定面試的目標，就是我們在過程中根據需要的職位情況究竟要考察應聘者什麼？面試的目標例如語言表達能力、外表形象、電腦能力、統計能力、會不會使用組織的規範表格、做事情的細緻程度、溝通能力、服務意識等，但由於面試時間的限制，一般為 45 分鐘左右，沒有時間去做一個全面考察，就是根據職位的工作要求羅列出需要做的事情，從中挑選出最具有代表性的方面來加以有針對性的考察，所以，做好準備工作尤為重要。

怎樣做好應聘者的面試準備工作。這其中包括：會同用人部門負責人充分瞭解應聘者的求職簡歷，如果時間非常緊張，也起碼應在交談前用 15 分鐘的時間流覽簡歷。準備自己的名片、準備組織對外的介紹資料放在順手可拿的地方、準備接待場地、通知可能會同參加面試的人員、準備問訊考核表、準備記錄、準備面試人員的順序，將應聘者的簡歷按實際問訊人逐一放在合適的位置，面對應聘者交談的時候應切忌將其他應聘者資料展示在面試者面前。通過瞭解應聘者的個人簡歷、在需要瞭解的地方做好標記，這有助於人力資源主管面對應聘者時有針對性地提出問題，如應聘者簡歷上有較大任職空缺，我們就應有針對性的多提問；如果應聘者簡歷上顯示在多個單位擔任職務變動很大，應問明原因，造成這種變動的原因是應聘者長遠規劃的需

求還是想適應不同的環境？動機是什麼等等。在面對應聘者時，為避免其緊張心理，應努力營造一種有利於溝通的私密性，避免直接面對、避免應聘者產生較大心理壓力。

　　如果可能的話，可做一些測試題分為：心理測試、專業技能筆試。這樣更能招聘到組織所需人才，勝任空缺職位工作。最後，待全部人員面試結束，人力資源主管要根據面試筆記對全部人員的各個方面進行一個橫向全方位綜合評估比較，逐一進行對照，按照差數排序漏斗原則或配對比較法篩選，確定最終聘用人員名單。對於的確難以取捨的應聘者，可以考慮進入第二次面談。

　　面談的優點與缺點：

1. 較為經濟、迅速、準備工作亦較簡單。
2. 因人力物力或時間所限，致其他考選方法無法實施時，可專用面談一法。
3. 在僱用人員之前，可先考察其儀態、談吐及行為。
4. 可獲得其他考選方法所無法獲得之資料，如個性、動機等。
5. 對於需要高度警覺性、口齒伶俐、說服力及機敏性工作，面試是最直接的考選方法。
6. 可用以證實其他考選方法所獲得的資料。
7. 可使應徵者產生較親切的瞭解與情感。

面試應避免的事情：

1. 倉促甄聘：匆忙地進行招聘，一般也容易使標準降低，或者忽略了應聘者的負面因素。由於招聘工作一般需要一定的期程，因此如果一位身處高位的要員突然辭職，接替他的招聘工作便需立刻進行；如要增設新職位，更應提前三至四個月進行招聘。
2. 光環效應：在招聘時，可能會由於應聘者的優秀外表或某些出色表現，而把其他如聰明、能幹等優點，一併加諸他身上。為避免「光環效應」產生的不良後果，需向應徵者索取一些他自己已準備的報告，或近期的工作總結，作為評估能力的客觀依據。
3. 用最好的人，而不是最適合那份工作的人：不要為了符合應徵者的能力，而把職位提高至超出本來的要求。為了避免聘用資歷過高而最終可能厭倦或離開的人才，雇主需研製一份實際的要求細則，並在招聘時以它為範本。
4. 提出假設性的問題：可提出「如你的意見在董事會上受到批評，你會如何應付？」等問題，以取替直截了當的提問：「你如何堅持自己意見？」間接提出問題，較之於一個暗示「正確」答案的提問，更容易獲得準確的資訊。
5. 說話過多：不要將特定的面洽時間，用來拚命推銷應徵的職位，而又不認真的評估應徵者的技能。這樣很容易掉進片面印象的陷阱，而忽視了待聘者的反應。適當地分配面試時間，以 90 分鐘作詳細的傾談；其中 15% 時間用來介紹單位和職位的情況。
6. 別呆坐空談：在面談時需作一些筆記，否則，事後便很難準確地證實或查核曾談及的內容，特別是有關資料的問題。
7. 採用歸納法：詢問應徵者一些能具體以資料表示的成就，以證實他的自我介紹。採用計分法也可有效地對應徵者作出測試。以 10 分為滿分，看他如何作自我評估。一般說來，

如果自己有某方面的弱點，而又不想被發現，他會給自己打 7 分；而充滿信心的人，則會給自己打 8 分或 9 分。

8. 「無意義」問題：與年齡、性別、婚姻、種族或宗教有關的問題，可被視對應聘者的歧視。所提問題應與這項工作所需的能力有關，如「你是否可以加班工作和出差？」

9. 冷漠不關心：與推薦人查證，可得悉應徵者過去的表現，並發現他潛在的弱點。如果獲得材料對候選人是負面的，便應對提供者作出解釋，表示他所提供的資訊有助於評定候選人，使他發揮最大潛力，因而坦誠最重要。其中一個提問技巧是：「如果你要向這位應徵者提出忠告，以幫助他在事業上更進一步，你想告訴他什麼呢？」

10. 忽視對方雇主的挽留：優秀應聘者可能會被原雇主提出挽留。為避免這類突發事件，詢問應聘者會如何處理他雇主提出的條件。提醒應聘者促使他另尋工作的原因所在，並指出大部分最後接受雇主挽留的人，很多在 24 個月內也會離開。

伍、結語

　　組織開展招聘工作其目的是為挑選可造之才，加入組織後對其進行培訓、指導，使其迅速能融入我們的組織文化，盡一切努力使其成為組織所用之才，擺正其工作位置，最終為組織創造財富。但是在經濟低迷的特殊時期，不僅難以找到一份好工作，組織也很難招聘到合適的人才，然而，人力資源部門的招聘工作卻不應該被拖延下來。最佳雇主在任何時候都不會忘記完善人力資源系統的建設，重新檢視招聘流程可以提高未來候選人的素質，從而最終為組織節省招聘成本，人們常常會問，我們現在又不招人了，還要做什麼呢？事實上，任何一個組織，都要面對本行業激烈的人才競爭，招聘是組織生產線的第一個環節，如果你能使這個環節從一開始就運行通暢，這個組織就會越來越好。大多數組織把招聘當作是權宜之計，是臨時性工作，解救性、補充性措施。一旦當組織人才流動頻率加大時，才會引起管理層的重視，逐步地意識到需將招聘工作從臨時性轉向為日常化的工作。各級管理層普遍關心的問題是「如何及時地招聘到適合的人才」，這就要求人事人員應成為單位主管的合作夥伴，轉換角色，從被動應付轉為主動服務。第一是預測需求，掌握各部門人才需求的資訊。從組織領導層處瞭解經營發展的規模、管理方面的創新思路等，預測近三年的人才需求；從中層幹部處瞭解各部門任務和人才資源的匹配情況，預測近一年內的人才需求；從一線操作人員處瞭解作業情況，預測和驗證短期經營趨勢；從工作人員處瞭解市場情況，以備應付特別的人才需求，從研發人員處瞭解專案及技術進步情況，以搜集相關的人才資訊作為儲備。第二是調查人才市場人力資源的情況和動向。從相關資訊中瞭解產業結構和人才結構的調整與變化；從政府的人才政策中研究人才流動環境；從應聘面試者提供的資訊中瞭解當地普遍職業心態和組織管理狀態，以及人才來源的突破口。對於上述兩項的情況進行動態瞭解和研究，從組織自身的需要的立場去篩選資訊，主動為各部門的人才需求策劃，適時地補充人才，配合經營發展的需要。

第六章

不適任教師的處理

壹、前言

　　由於高等教育所面臨的挑戰，基於以保障學生受教權益為考量，是以當遇有不適任教師時即應為妥適的處理，在確保教學品質上是必要的舉措。惟此項議題，涉及層面廣泛，且需合於法規和情理，對不適任教師之審議期間，有因案情複雜及窒礙難行等因素而延宕數年，基於保障學生權益，確應儘速依法研訂相關辦法及規範，以便於審議其停聘，以暫停當事人教學。既能顧及教師權益之保障，又能維護學生受教之權益，為人事人員處理事項議題研議之原則。

貳、相關法規的探討

　　「不適任教師」，係如教師法第 14 條第 1 項第 6 款所稱「行為不檢，有損師道，經有關機關查證屬實者」，或以學校教師專業倫理委員會依據教師聘約的審議之不適任作為教師。基於事項作為關乎教師權益，宜格外審慎並本於法規程序，以確保當事人之權益及規範要求，這些規範大抵可區分為：

一、教師法

　　教師法第 14 條第 1 項第 6 款規定，教師「行為不檢，有損師道，經有關機關查證屬實者」得予解聘、停聘或不續聘，同條文第 2 項規定，有第 1 項第 1 款至第 7 款情形者，不得聘任為教師。其已聘任者，除有第 7 款情形者，依規定辦理退休或資遣外，應報請主管教育行政機關核准後，予以解聘、停聘或不續聘。（按：第 7 款為經合格醫師證明有精神病者。）同時參採公務員懲戒法第 4 條第 2 項規定：「主管長官對於所屬公務員，依第 19 條之規定送請監察院審查或公務員懲戒委員會審議而認為情節重大者，亦得依職權先行停止其職務。」對於違反教師法第 14 條有關「行為不檢經查證屬實」之教師，為保障學生受教權益，縮短處理時效，宜參酌上開公務員懲戒法之精神，於教師法規定，「行為不檢經查證屬實」之教師，得經系、所教評會審議同意先行停聘，再依專科以上學校教師解聘、不續聘案件作業流程處理教師解聘或不續聘作業。

二、性別平等教育法

　　性別平等教育法第 27 條：「（第 1 項）學校或主管機關應建立校園性侵害或性騷擾事件及加害人之檔案資料，（第 2 項）前項加害人轉至其他學校就讀或服務時，主管機關及原就讀或服務

之學校應於知悉後一個月內，通報加害人現就讀或服務之學校。……」是以，如有涉及校園性侵害或性騷擾事件，當事人雖申請退休，其事實仍須調查清楚。依性別平等教育法第 35 條第 1 項規定：「學校及主管機關對於與本法事件有關之事實認定，應依據其所設性別平等教育委員會之調查報告。」學校審議過程應向教評會說明事實認定及處置係依法辦理。於處理不適任教師時往往遇及教師申辦退休申請，則應依教育部 89 年 5 月 31 日台（89）人（三）字第 89049423 號函釋，現職教師有構成教師法第 14 條第 1 項各款（除有第 7 款情事外）事由之可能，應速即依法召開學校教師評審委員會審議，不得藉故拖延，其間該教師如有辦理應即退休或提出申請退休，並依其停聘、解聘或不續聘之結果審慎處理。依上開相關法令分析，對行為不檢，有損師道之教師，如擬要求其退休或資遣，可能須考慮其行為態樣之不同，而為不同之處理。其性質有如下二種：

第一、如涉及性侵害、性騷擾案件，學校應儘速由性別平等委員會成立調查小組限期查明涉案情節，如涉及其他刑事責任案件，應依行政管理權責儘速調查釐清，衡酌得否受理其退休或資遣，以免產生涉案人員以辦理退休、資遣規避責任之情事。

第二、如不屬性侵害、性騷擾或刑事責任案件，純屬個人私德爭議，無受害人時，得受理申請退休或資遣。

對於依法被停聘教師應有復職之機制：公務員懲戒法第 6 條規定：「……停職之公務員，未受撤職或休職處分或徒刑之執行者，應許復職，並補給其停職期間之俸給。」宜參酌上開精神，被停聘教師於審議時委員未做成解聘或不續聘之決議時，應有復職之機制，以保障老師權益。

參、時效稽延之討論

如前所述，處理不適任教師之處理因涉及教師權益及同學受教權益宜格外慎重，於程序和實體上皆宜符合規範，以為允當。參考中央教師申訴評議委員會 87 年至 91 年有關申訴有理由之部分案例，學校各級教評會審議程序或實質部分有明顯瑕疵之類型略以：

一、實質部分

教評會所審議之事實依規定查證或缺乏佐證資料，未依教師法第 14 條第 1 項各款解聘、停聘或不續聘事由議決等情形。同時未經校教評會審慎討論即要求當事人先行退休或資遣，有下列缺失：第一、對當事人有欠公允；第二、審議時教評會委員未做成解聘或不續聘之決議，又該如何補救？第三、教師退休或資遣均有一定的條件與規範，「行為不檢經查證屬實」不符退休或資遣之條件。

二、程序部分

第一、案件未依教師解聘、停聘或不續聘作業流程提經各級教評會審議；第二、未予當事人陳述意見機會；第三、教評會委員應迴避而未迴避仍參與審議，教師會委員出席或決議時表決人數未符合教師法第 14 條第 2 項或教評會設置辦法規定等情形。

教師法第 14 條第 1 項第 1 至 8 款所規定教師得予解聘、停聘或不續聘之情事，其中第 1、2、3、4、5、7 各款均有較明確之客觀事實為處理之依據，一般較無爭議，惟第 6、8 兩款之情事，則有賴學校相關單位或人員進一步調查或舉證。由於調查過程，既要求快速，又要保密，而相關證據資料往往又隱而不顯，加以學校相關單位或人員並無司法調查權，致使調查舉證工作往往曠日廢時。調查報告完成後，往往又因證據上的不夠充分，而難以遽下論斷。此實為時效稽延不決之根本原因。而教師、學生與學校三方面就在這樣的情境中深受其害。

未經校教評會審慎討論即要求當事人先行退休或資遣，有下列缺失：第一、對當事人有欠公允；第二、審議時教評會委員未做成解聘或不續聘之決議，又該如何補救？第三、教師退休或資遣均有一定的條件與規範，「行為不檢經查證屬實」並不符退休或資遣之條件。

依教師法第 14 條之三規定：「依第 14 條規定停聘之教師，停聘期間應發給半數本薪（年功薪）；停聘原因消滅後回復聘任者，其本薪（年功薪）應予補發。但教師係因受有期徒刑或拘役之執行或受罰金之判決而易服勞役者，其停聘期間之薪資，不得依本條規定發給。」至於留職停薪者，係停止支薪，且年資加薪、年功加俸、服務年資計算等將受影響。由於停聘與留職停薪對教師權益之保障不一，故停聘案件，不易要求當事人先行辦理留職停薪。

肆、辦理的作業規範

教育人員任用條例第 38 條規定，學校在聘約有效期間內，除教師違反聘約或因重大事故報經主管教育行政機關核准者外，不得解聘。教師在聘約有效期間內，非有正當事由，不得辭聘。教育人員任用條例施行細則第 20 條規定，教師擬於聘約期滿後，不再應聘時，應於聘約期滿一個月前以書面通知學校。如欲於聘約存續期間內辭職者，應經學校同意後，始得離職。

教育人員任用條例施行細則第 19 條規定，各級學校延聘教師，應以審查合格之等級為準。專科以上學校初任教師，應於到職三個月內，報請審查其資格，除有不可歸責於教師之事由外，屆期不送審者，聘約期滿後，不得再聘；送審未通過者，應即撤銷其聘任。

教師聘任後具有教育人員任用條例第 31 條或第 33 條規定情事者，應依法解聘。教師法施行細則第 14 條第 1 項所稱解聘、停聘或不續聘之定義：

一、解聘：係指教師在聘約存續期間，具有教師法第 14 條第 1 項各款情事之一，經服務學校教師評審委員會決議，除有第 7 款情形者依規定辦理退休或資遣外，並報經主管教育行政機關核准後，解除聘約者。

二、停聘：係指教師在聘約存續期間，具有教師法第 14 條第 1 項各款情事之一，服務學校教師評審委員會決議，除有第 7 款情形者依規定辦理退休或資遣外，並報經主管教育行政機關核准後，暫時停止聘約關係者。

三、不續聘：係指教師具有教師法第 14 條第 1 項各款情事之一，經服務學校教師評審委員會決議，於聘約期限屆滿時不予續聘，除有第 7 款情形者依規定辦理退休或資遣外，並報經主管教育行政機關核准者。

　　教師解聘、停聘或不續聘之原因，查依教師法第 14 條規定，教師聘任後除有下列各款之一者外，不得解聘、停聘或不續聘：（消極性任用資格之限制）

1. 受有期徒刑一年以上判決確定，未獲宣告緩刑者。

2. 曾服公務，因貪污瀆職經判刑確定或通緝有案尚未結案者。

3. 依法停止任用，或受休職處分尚未期滿，或因案停止職務，其原因尚未消滅者。

4. 褫奪公權尚未復權者。

5. 受禁治產之宣告，尚未撤銷者。

6. 行為不檢有損師道，經有關機關查證屬實者。

7. 經合格醫師證明有精神病者。

8. 教學不力或不能勝任工作，有具體事實或違反聘約情節重大者。

　　有前項第 6 款、第 8 款情形者，應經教師評審委員會委員三分之二以上出席及出席委員半數以上之決議。有第 1 項第 1 款至第 7 款情形者，不得聘任為教師。其已聘任者，除有第 7 款情形者依規定辦理退休或資遣外，應報請主管教育行政機關核准後，予以解聘、停聘或不續聘。由此可知，教師法第 14 條對解聘、停聘、不續聘，訂有限制條件，教評會審議時並採三分之二以上之多數決。

　　另依教師法第 14 條之一規定，學校教師評審委員會依第 14 條規定作成教師解聘、停聘或不續聘之決議後，學校應自決議作成之日起十日內報請主管教育行政機關核准，並同時以書面附理由通知當事人。教師解聘、停聘或不續聘案於主管教育行政機關核准前，其聘約期限屆滿者，學校應予暫時繼續聘任。

　　依據教師法第 14 條之二規定，教師停聘期間，服務學校應予保留底缺，俟停聘原因消滅並經服務學校教師評審委員會審查通過後，回復其聘任關係。教師依法停聘，於停聘原因未消滅前聘約期限屆滿者，學校教師評審委員會仍應依規定審查是否繼續聘任。

　　依據教師法第 14 條之三規定，依第 14 條規定停聘之教師，停聘期間應發給半數本薪（年功薪）；停聘原因消滅後回復聘任者，其本薪（年功薪）應予補發。但教師係因受有期徒刑或拘役之執行或受罰金之判決而易服勞役者，其停聘期間之薪資，不得依本條規定發給。另依教師法第 15 條規定，現職工作不適任或現職已無工作又無其他適當工作可以調任者或經公立醫院證明身體衰弱不能勝任工作者，報經主管教育行政機關核准後予以資遣。

　　依大學法第 21 條規定，大學設教師申訴評議委員會，評議有關教師解聘、停聘及其他決定不服之申訴；其組成方式由各大學組織規程訂定之。

　　因教師「停聘、解聘或不續聘」案件，為剝奪教師工作權之行政處分，除須有法令依據外，尚須符合正當程序，以保障教師之工作權不被違法之剝奪。因此，教師疑似有「不適任」之原因時，依大學法第 20 條第 1 項規定：「大學設校、院、系（所）教師評審委員會，評審有關教師之聘任、聘期、升等、停聘、解聘等事宜。」及教師法第 14 條第 2 項：「有前項第 6 款、第 8 款情形者，應經教師評審委員會委員三分之二以上出席及出席委員半數以上之決議」之規定。教師解聘、停聘之審查權限為教師評審委員會，是以，教師是否「不適任」之原因事實應先經系（所）教師評審委員會審查，如經決議確有不適任之情形後，再予以留職停薪，並將案件儘速送院、校教師評審委員會審查及函報教育部核准。於面對不適任教師，人事工作者宜注意下列事宜：

一、為快速解決問題，安定校園環境，對於當事人於事發後，主動提出退休申請者，雖法令並無排除准其退休，惟相關調查審議程序仍應繼續進行。對事證明確者，則移由司法機關偵辦，使其接受應得之法律制裁，以符合公平正義原則，並慰受侵害者之心靈，相關規定並明定於學校教職員退休條例，以為各校執行準據。

二、因留職停薪另有法定原因，如作為停聘、解聘或不續聘處分之前置處理階段，易造成混淆，使依法申請留職停薪教師造成不必要之困擾。且當事人不 ·定接受學校之要求而申請留職停薪。

三、學校得經校務會議通過，訂定對涉嫌教師法第 14 條各款情事之一者之教師，於教評會審議通過其解聘、停聘或不續聘案，學校報部核定之前，得停止其授課之自律規定，但其未授課照領薪資之情形，恐會影響學校其他教師工作情緒。是以處理上宜更為審慎。

四、建議修正教師法，將停聘做為教評會審議通過其解聘或不續聘案，學校報部核定前之過渡處理階段（類似公務員之停職處分）並免送報部，待教育部核定解聘或不續聘案時可追溯自停聘起始日生效；如其申訴案獲平反或解聘、不續聘案不被教育部核定時，應溯自停聘起始日復聘並補發薪資。

五、宜將「專科以上學校教師解聘、停聘、不續聘案作業流程」修訂為「專科以上學校教師解聘、停聘、不續聘案作業要點」以符法制，並明訂各級教師評審委員會之辦理期限，以保障教師權益。

六、為避免各校辦理解聘、停聘、不續聘後，經申訴撤銷原處分，建議將中央教師申訴評議委員會審議決定撤銷原處分之申訴案較常見之撤銷原因，或教育部對學校所報解聘、停聘、不續聘案，作業流程或實體有瑕疵之案件予以類型化分析，並摘述其要旨，函送各校作為處理之參考。

七、當教師留職停薪原因被撤銷後，有關其留職停薪期間之薪給，建請比照公務員停職規定辦理。教師「不適任」案，經系（所）教師評審委員會審查，經決議確有不適任之情形，並以書面通知教師。

八、行為不檢經查證屬實之教師，於審議其停聘、解聘或不續聘時，建議先停止其上課，有關課程暫由其他教師擔任，以保障學生受教權益。至於可否要求當事人先行辦理退休或資遣乙節，自願退休係當事人自行申請，非學校可以強制執行；而行為不檢在資遣相關規定（公務人員任用法第 29 條）中，並無可資適用之款項。【按：依銓敘部之解釋「現職工作不適任」指所任工作質量均未能達到一般標準，經就其所具學識能力另調相當工作後，仍未達到一般標準者而言。】

九、停止涉案教師授課，要求先離開教學現場：依性別平等教育法第 23 條規定：「學校或主管機關於調查處理校園性侵害或性騷擾事件期間，得採取必要之處置，以保障當事人之受教權或工作權。」如係教師對學生之性侵害、性騷擾等案件，性別平等教育委員會或其成立之調查小組於調查處理過程，如認有相當程度確信教師繼續授課，因與學生之不對等地位可能衍生問題，宜視為校園危機處理事件，可考量：1.可提經學校教評會同意停止涉嫌教師法第 14 條「行為不檢有損師道經查證屬實」之教師，於受害學生班級之上課，但未剝奪該教師之工作權，降低學校教評會審議之困難。2.學校訂定授權行政單位對涉嫌教師法第 14 條「行為不檢有損師道經查證屬實」之教師，得停止其授課，並於停止授課後一定期間內提報學校教評會先追認同意之機制，避免學生受害或抗爭之事件繼續擴大，並儘速繼續依相關程序處理。

十、對於違反教師法第 14 條有關「行為不檢經查證屬實」之教師，人事人員角色應扮演分析停聘、解聘或不續聘之處理結果及先行辦理退休或資遣，對當事人有何影響，提供當事人自己做判別，做出對自己有利之選擇。但是如果以「要求」當事人做選擇，似有不妥，應以輔導方式為之，可透過學校相關人員輔導之。個人認為輔導機制要建立，尤其是處理情緒之部分。

十一、參酌性別平等教育法第 23 條規定：「學校或主管機關於調查處理校園性侵害或性騷擾事件期間，得採取必要之處置，以保障當事人之受教權或工作權。」有關不適任教師之處理宜兼顧學生受教權益及教師工作權。授權學校行政單位必要時得停止涉案教師之授課，以維護學生受教權益，並於停止授課後一定期間內提報學校教評會追認同意之機制，俟其原因消滅後恢復授課，並應儘速查明事實繼續依相關程序處理。茲以停止涉案教師授課係屬緊急處置，尚未剝奪教師之工作權，可降低學校教評會審議之困難。另停止授課因不屬法定處置方式，學校得於教師聘書配合增訂必要時得依學校規定停止教師授課之條文，透過契約強化處理依據。

伍、結語

　　教師如有不適任之原因，如勉強於學校從事教學，則學生之受教權將如何保障？因此，如於審議其解聘、停聘或不續聘之前，要求當事人先行辦理停職，不失為權宜措施。教育部刻正研訂教師留職停薪辦法草案，對於不適任教師之處理，可否於該辦法中增訂「得於審議其解聘、停聘或不續聘之前，要求當事人先行辦理留職停薪」部分，因留職停薪制度係應公務人員因育嬰、侍親、進修等情事所設，與教師解聘、停聘或不續聘之要件，性質並不相合，且教師留職停薪確定後，教師之薪給將予停發，其生活將無法維持，如將來其解聘、停聘或不續聘經審議未通過，則審議期間留職停薪之薪給是否補發、年資是否採計等，對教師權益影響甚大，如以停職方式處理，比照「行政院及各級行政機關學校公務人員獎懲案件處理辦法」發給半數以下數額之本薪（年功薪），以維持其生活，俟原因消滅後再依規定程序予以回職復薪，較為妥適。

附錄：

世新大學教師專業倫理委員會設置辦法

86 年 6 月 12 日校務會議通過

第　一　條　　為規範教師之專業倫理，以落實學術自由之精神，設置「教師專業倫理委員會」（以下簡稱本會）。

第　二　條　　本辦法所稱之專業倫理，係指教師應達到下列各點：

一、教學研究方面：致力成為適任的教師及學術工作者，並以誠信之態度參與學術之過程。

二、與學生互動方面：樹立傑出的學術與優良的道德標準，並應信守知識與道德上指導的角色。

三、與同事互動方面：共同培養優良的學術環境，尊重同事、維護同事的學術活動與自由研究。

四、履行對本校的義務方面：致力校譽的提升與學校權益的維護，並全力配合學校整體發展之需求與學校政策的推行。

五、參與校外活動：參與校外活動應不妨礙校內工作，並注意應符合教師身分。

第　三　條　　本會置委員七人，由專任講師以上教師選舉專任教授擔任之。委員任期二年，並得連任。

第　四　條　　本會置主席一人，由委員互選產生。開會時必須全體委員出席，超過三分之二委員同意方能決議。開會時得邀請有關人員列席。

第　五　條　　本會置執行秘書一人，由委員會遴派，承本會主席指示辦理有關業務。

第　六　條　　本會委員及執行秘書均為無給職。

第　七　條　　本會所需經費由人事室編列預算支應之。

第　八　條　　本會於收到案件後，應於六十天內完成決議，除應以書面報請校長外，並應通知
　　　　　　　　與案件有關單位。如涉及停聘、解聘、不續聘，則由本會於決議後送交教評會處理。

第　九　條　　本辦法經校務會議通過，陳請校長核定後施行，修正時亦同。

第七章
大學校長的選聘

「為治以知人為先。」

－古諺－

壹、前言

　　隨著時代的進步、經濟情勢的改變及高等教育功能的擴大，大學校長的職責日益廣泛，任職校長背景也隨之多元化，根據 2002 年 12 月 13 日高等教育紀事報報導，美國教育委員會最近發表的研究報告明顯的反映了此一趨勢。文中指出：幾年前大學校長絕大多數都還是學術界菁英，但現在外交官、法官、參議員、政府官員、企業工程等非傳統教育界人士出任者已屢有所聞，其中最具代表性的當屬曾任哈佛大學校長、前任美國財長的 Lawrence Summers，英牛津大學也延聘末代港督彭定康為其新任校長。

　　該項報告係以 2001 年的第五次大專校院校長調查為資料。根據 2594 位校長回函統計顯示，非科班出身任大學校長之比率雙倍成長，1998 年為 6%，不過短短三年已躍升至 12%；若把商業技職校院納入則比率更高，1998 年的 7.8% 到 2001 年已達 15%。僅管公、私立大學校長因職責重點稍有不同而影響其遴選；私校更重視其校長之募款能力，而公校則側重校長與政府行政、立法機構之關係，以便藉此爭取更多的公共經費；但於主持校務行政、與學校教職員保持良好互動外，都需參與各種董事會、運籌帷幄集資募款、公關行銷、收支平衡財物管理等形形色色的活動，其所需之資格、知識、政治手腕、談判能力及其他廣泛技能，誠非多數在象牙塔中鑽研的學者所能勝任。

　　助長美國大學校長出身多樣化的另一原因是大學校長退休者多，使得校長間轉任者漸減，由副校長升任者由 1998 年的 20% 增加到 2001 年的 28%，但合格候選人日少競爭又激烈，學校不得不委託專業的獵才機構擴大徵才範圍以遴聘適任者。

　　這項調查也首次顯示，美國現任校長中有 60% 曾有學術界以外的工作經驗，同樣的，其他背景脫穎而出的校長服務過學術教育界者也過半；另外新校長的遴選，學術成就雖不再是唯一重點考量，但非傳統出身之校長多數仍是學有專精的博士，這些發現饒富意義，科班與否其實可以用科技整合的宏觀來說明時代的大趨勢。女性及少數族裔任大學校長者略有增加。2001 年美國大學校長有 21% 為女性而 12.8% 為少數族裔，1998 年的比率分別是 19% 及 11.3%，增長最多的是二年制大學，而私校及四年制大學女性校長反比 98 年稍減，授予博士學位之大學更是少見女性及少數族裔校長。這是一個漸進的過程。

　　檢視美國大學校長的延聘趨勢，是否也會影響到我國高等教育的領導人？我國大學校長的遴聘是否有可借鑑之處，是本文所論述的。

貳、大學校長的角色

　　大學是一學術組織，由校長、教師、研究人員、職員、學生等類人員組成，而由校長綜理校務，與各類成員間形成從屬關係；此外，大學也是一個開放的組織，它提供有形無形的學術交流管道，它結合社區形成文教社群，它與企業共同推動產學合作，因此大學內部與外部互動網絡，可以說是一極多而複雜交錯的體系，而在此體系中，校長居於樞紐中心地位，其學術理念及治理能力對校務的推動及發展具有重要的影響。

一、大學校長的角色

　　高等教育體系具有開放且多元的特徵，對照於大學校長而言，它是學校的選定代表人，是最高的行政首長，是教師的同僚，是學生的老師，陳金貴教授則根據大學組織的特性，指出大學校長的角色如下：

一、管理者：大學是官僚性組織，有固定的組織結構、例行的事務、清楚的工作目標和決策系統、合理的預算編制及運用，因此校長必是一位具有良好行政能力和經驗的管理者。

二、溝通者：大學是同僚性組織，主要固定成員是具有專業知識而可以獨立研究、教學和服務的教授們，因此校長是具有良好的人際關係者。

三、協調者：大學是政治性組織，校園中有各種教授、學生及行政人員的正式及非正式組織，彼此間使用權利以影響校務運作，爭取自身利益而常有衝突發生，因此校長需是很好的調停協商者，同時對外界要維持良好關係以便爭取預算和捐款，因此也須是公共關係的營造者。

四、教育者：大學是象徵性組織，它透過組織結構和過程，來營造組織內部共享的價值和信仰的文化體系，使大學具有崇高的學術地位，能培養高素質的通識人才，提升高等教育的理念，因此校長須是有遠見的教育家、卓越教育品質的維持者，即瞭解學生校園文化的輔導者。

　　Rober Birnbaum 認為美國大學校長的角色，為大學、首席執行官、籌資者、教育者、學者、公眾人物、社會工作者和激勵夥伴。因此，大學校長角色具有多元化的特色。而其核心則可分為三種：

一、作為行政者的角色：校長必須去實現董事會的政策、監督屬下、分配資源、建立績效責任系統，而且行使的是類似其他複雜的組織功能。

二、作為政治家的角色：校長必須對校內各個關係人士的需求有所回應，這些關係人士的支持對校長地位的維持很重要。校長必須考慮各個社團以及教師、學生、校友等次團體以及他人的興趣，並努力建立良好的關係；因為這些人的行動會影響校長的裁量權。另外，校長必須與他校形成結盟關係，以利學校在競爭中得以進步。

三、作為企業家角色：人們期待校長去發展並利用市場以便能提供必要的資源給學校，「募款」可說是這個角色最常見的工作。爭取補助款、發展市場銷售方案及管理機構關係方案等，都是很重要且費時的活動。

　　心理學強調，出色的領袖以其領袖氣質指出下屬前進的明確目標，幫助他們在情境不明的情況下明確方向，激勵他們為實現目標而奮鬥。具有領袖特質的人常常利用他們的情緒表達能力來激勵或影響他人，對那些具有領袖特質的領袖來說，一個典型的特徵是他們能夠喚起、激勵、影響他人的情緒，另外這些領袖還擁有吸引他人注意的能力，它們是由交往能力和吸引潛在追隨者注意的能力所構成的。這些理論還暗示著這樣一個觀點，也即具有領袖氣質的人能夠觸摸到他人的情感深處。由此看來，管理者具有的領袖氣質將對員工工作積極性的提升起著不可估量的作用。擁有領袖氣質的關鍵是擁有情緒交流的技能，特別是情緒表現力。有關領袖氣質和社會技能的研究表明，領袖氣質在社會表現力、領導能力、人際關係，以及心理健康的培養等方面都扮演了重要的角色。研究領導能力的傑伊‧康格（Jay Conger）把領袖氣質定義為一系列行為特質的集合，這些行為特質能讓他人感受到一種魅力，包括發掘潛在機遇的能力、敏銳察覺追隨者需求的能力、總結目標並公諸於眾的能力、在追隨者中間建立信任的能力，以及鼓動追隨者實現領袖目標的能力。康格認為，追隨者是否認為一個領袖具有領袖氣質，取決於該領袖所表現出來的出色行為的數量、這些行為的強度，以及它們與情境的相關程度。

　　領袖氣質的結構有三種基本的交流技能組成，它們分別為傳遞技能（即表達技能）、接收技能（即對輸入的資訊予以敏感處理的技能）和調控交流活動的技能。這三種技能的實施涉及兩個領域：情緒交流領域和社會領域。因此，共有六種社會的和交流的基本技能：情緒表現力、情緒敏感性、情緒控制、社會表現力、社會敏感性和社會控制技能。具有領袖氣質的個體正是由於具有社會控制能力才使其表現出自信。另一方面，具有領袖氣質的人的社會效應如何，取決於他或她在別人眼裏的可信度。這是一種與人溝通、表達自己想法、激勵他人的吸引力。

　　大多數研究領袖氣質的現代學者認為，領袖氣質不是與生俱來的特質，而且，幾乎沒有一個心理學家會認為領袖氣質是上帝賦予個體的某種能力。對領袖氣質的最好詮釋是個體特質的集合，它使擁有領袖氣質的人對他人產生影響，諸如激勵他人、領導他人、影響他人，或以某種方式影響他人的情感和行為。

二、大學校長的職能

　　根據高等教育的內、外在環境，針對校長的職能可分由內部及外部兩大領域予以探討。

（一）內部職能

　　1. 學術品質的維持：高等教育近年來逐步朝向市場化發展，大學和產業界的關係越來越密切，校長必須在教學與研究間取得平衡。

2. 預算規劃與執行：大學校務的運作，有賴經費的有效的運作，方能促進學校競爭力的提升。

3. 行政資源的分配：考量學校經費及人力等各項資源的有限性，因此達成高效益的分配以獲取最大產出，是校長的主要職司。

4. 行政團隊的運作：校長對大學的學術主管及行政主管具有的人事任用任免權。同時必須領導行政團隊的運作，以對校務的發展具有積極的作為。

5. 學生事務的處理：由於大學對學生負有專業教育傳承、價值維護的責任，因此校長負有學生敦化之責。

（二）外部職能

1. 配合教育政策：校長做為大學的領導者必須配合教育政策的執行。並對政策的執行與校務的影響，校長宜能審慎評估，兼容並蓄以尋求最好的發展。

2. 爭取外界捐款：因應教育經費不足，為持續進行的各項教育活動，因此，校長需為學校長遠發展應積極開拓財源，爭取捐款，並加強產學合作，以創造學校的發展。

3. 面對社會大眾：由於高等教育的激烈競爭，大學與社會發展又息息相關，因此，校長必須面對社會對校務發展的期待，而成為一位良好的溝通者。

4. 社區友善互動：大學是社區裏的一份子，大學的發展會影響社區的開發，而社區的需求會衝擊大學的教育環境，故校長宜保持與社區的互動。

5. 激勵校友參與：校友認同感與歸屬感會形成校務推動及發展的有力支持，校長必須與校友組織有良好的互動。

6. 保障學術自由：在整體的學術社群，大學已追求真理落實知識傳授，陶養人格為職志，為免學術自主受到干預，大學校長須具備捍衛學術自由的能力。

大學校長是統籌大學學術及行政事務的負責人，關係著大學的未來發展，對大學而言，遴選優秀校長成為大學的重要大事。大學校長的職能多樣角色多元，且角色間有時是相互衝突的，大學校長處於各種權力交會中心，因此必須具備相當的能力，以引領大學的發展。由前述校長的角色及職能觀之，歸納而言，大學校長應具備下述能力：

一、領導能力：校長是學校的代表人並綜理校務，應具有引領大學發展的能力。

二、行政能力：大學是一個行政組織體，校長必須具備豐富的行政經驗。

三、經營能力：大學已由學術殿堂朝向多元的發展，校長也由學者角色轉為經營者的角色，故應具備經營管理能力。

四、協調能力：校長應善於協調維持內外部組織的互動平衡，並與外界相關機構保持良好溝通管道。

五、危機處理：大學內部成員多樣，校務具有多元的特徵，校長應據以妥善於處理突發事件能力。

參、校長遴選的方式

為了在校長遴選過程中，增加合適且有意願擔任校長的人選，有越來越多的美國大學校長遴選改採取不公開作業。因為這些大學校長遴選委員會發現有不少合適的人選，特別是一些目前在他校擔任校長的候選人，在接洽過程中一聽到他的名字及相關資料將要在遴選過程中公開，就紛紛打退堂鼓，因為他們害怕隨著資料過早公開，將可能引來家人反對、媒體採訪報導、任職學校反彈、黑函攻擊等壓力。根據 2004 年 7 月 9 日美國高等教育紀事報的報導，這個公開大學校長候選人資料規定，原本是配合美國陽光法案實施下的必要措施，但從 1998 年以來已有 22 個州修改該州的公共紀錄法（Public Records Law），將應徵公職及公立學校職務的申請人資料，排除在應公開名單中。贊成者認為，這能鼓勵一些優秀人選、及少數族裔或女性出來角逐校長，有助於高等教育發展。但反對者認為，沒有任何證據顯示，合適的人選會因為這個規定就裹足不前。顯然，擇定一位優秀而稱職的高等學府領導人是受到大家的關注，同時，也是件不容易事事周延面面俱到的工作。

肆、國外事例的借鑑

由於大學的體制源於西方，就先進國家的大學校長遴選，自可作為我們的借鏡和參酌。對於大學校長任用資格之規範，頗具參考價值，茲予分述如下：

一、美國

公私立大學均訂有校長遴選辦法，該辦法及校長應具的資格等通常由大學董事會所訂，再授權校長遴選委員會執行。在校長的任用資格方面，大多大學並未規定教授資格是必備之條件，副教授亦有可能擔任大學校長；在國籍方面並無特別之限制。對品德操守不佳、影響學術聲望為犯罪等紀錄不良者，列為消極資格的條件限制。

二、澳大利亞

各大學分別訂有大學法規，大學校長之資格由各校訂立，並由各大學理事會任命產生。

三、俄羅斯

校長資格由各大學訂立，校長的產生多由大學以無記名投票選出，任期五年。惟選出後須經聯邦教育科學部批准。

四、英國

英國遴選大學校長，無所謂積極資格或消極資格之規定，例如學歷或經歷雖沒要求一定要具有某種學位或多少年的教學經驗，亦無是否需要具備教師資格之要求。校長的資格由各大學組成的「校長遴選委員會」加以訂定。一般是個人的品德操守的要求標準，比一般人高，如有犯罪或行為不檢等道德方面的問題，要列入候選的機會不高。在國籍方面，亦不限制需具英國籍者擔任，所重視的是有足夠領導與管理能力，能帶動大學發展的人。

五、比利時

高等學院校長必須具備大學教育第二階段文憑（相當於英美制的碩士學位）；大學校長必須具備正教授資格。

六、法國

大學校長之候選資格需為該校之法國籍專任教授或副教授，校長之任期五年，期滿不得連任。由於法國之大學依法享有法人地位及教學、研究、行政、財務之自主權，並以民主方式與全校之教師、研究人員、職員，組成行政委員會、科學委員會、學業及生活委員會等三個委員會共同管理學校，並由校長主持這三委員會。校長係依法有以上三委員會之全體成員以絕對多數贊成票選舉產生。

七、日本

於學校教育法施行規則中訂定校長應具備之資格條件，校長之遴選是由包括校內及校外各半之人士組成之校長甄選會議遴選，再提請文部科學省大臣任命。

八、韓國

政府對於大學校長之任用資格，在學歷、經歷是否需有教師資格等積極條件，並無特別之限制規定，均由各大學自行訂定。遴選時，對犯罪、行為不檢等道德方面予以限制，另外，國籍上亦不要求必須為韓國籍為限。大學校長之資格雖由各校自訂，但各校校長之產生係由學校遴選委員會選出二至三人，送交教育人力資源部擇聘後，報請大統領核定。

九、加拿大

加國無中央教育部，大學事務均由各省自訂，是以校長資格各校不一。茲以渥太華為例，凡加國公民或擁有加國永久居留權者，具有良好的品德操守、卓越的學術聲譽與成就，以及曾任該校或相同工作單位的高階層職務之經驗，均有擔任大學校長之資格，尚無學歷及是否須有

教學年資之限制。校長之產生，由各校組成校長遴選委員會（Selection Committee）遴選適合的人選，推薦給董事會特別委員會，再由董事會（Board of Governors）約四十人共同決定。

十、德國

校長資格係由各大學自行規定，如柏林大學法規定校長候選人必須具多年的學術、管理、經濟或法律工作經驗。歐陸國家的公立大學以往較強調學術功能及大學自主傳統，近年來，為提升大學競爭力與強化大學與外在社會之互動與聯繫，居歐盟領導地位的德國在 90 年代的大學改革聲浪中，亦引進美國大學經理人模式，1998 年德國修訂大學基準法，大學學術事項仍由校務會議（或稱「評議會」）決定，但有關大學策略性經營與組織性問題則交由大學外部社會人士參與的董事會（或諮詢監督委員會）負責，董事會對於校長人選具有同意權。

以上各國對於大學校長任用資格規定，除美國、澳大利亞、英國、俄羅斯、韓國等五國係由各校自訂，其餘各國均由政府訂立統一之規範，包括比利時、法國、日本及我國在內，係由中央政府訂立，而德國、加拿大則係由地方政府訂立。多數國家對於大學校長應具之學歷、經歷或教師資格等，並非為主要條件，反而在校長是否具有學術聲望、成就及道德要求標準、領導能力等方面，有較重之考量比重。亦即重視實質條件，而不計較形式條件之要求，遴選重心則落在各校的遴選委員會。

伍、我國大學校長任用資格之規定

我國公立大學校長之任用資格，向由政府採取統一的規範，除併納入 74 年 5 月 1 日公布的教育人員任用條例，私立大學校長準用之；尚且有大學法的規範。因此，我國公、私立大學校長之任用資格一致，並採相同之規定，分為積極資格與消極資格：

一、積極資格

符合教育人員任用條例第 9 條、第 10 條各款之一，分別具有獨立學院、大學校長資格：
1. 獨立學院校長任用資格
   (1) 具有博士學位，曾任教授一年以上，或從事與擬任學院性質相關之專門職業三年以上，並曾任教育行政或專科以上學校行政工作三年以上，成績優良者。
   (2) 具有碩士學位，曾任教授兩年以上，或從事與擬任學院性質相關之專門職業四年以上，並曾任教育行政或專科以上學校行政工作三年以上，成績優良者。
   (3) 大學或獨立學院畢業，曾任大學或獨立學院教授三年以上，或相當於教授之學術研究工作六年以上，並均曾任學校行政工作三年以上，成績優良者。
   (4) 大學或獨立學院畢業，曾任分類職位第十二職等或與其相當之簡任教育行政職務四年以上，成績優良者。

2. 大學校長任用資格

    (1) 具有博士學位，曾任教授或相當教授之學術研究工作，並擔任教育行政職務合計四年以上，成績優良者。

    (2) 具有碩士學位，曾任教授或相當教授之學術研究工作，並擔任教育行政職務合計七年以上，成績優良者。

    (3) 大學或獨立學院畢業，曾任大學或獨立學院教授五年以上，或相當於教授之學術研究工作十年以上，並均曾任學校行政工作三年以上，成績優良者。

    (4) 大學或獨立學院畢業，曾任分類職位第十四職等或與其相當之簡任教育行政職務五年以上，或曾任政務官兩年以上，成績優良者。

揆諸教育人員任用條例之規定，大學校院校長之積極資格要件，包括：1.學歷——具博士、碩士、大學或獨立學院畢業；2.教職之經歷——曾任教授、或具教授資格、或與教授相當之教學研究工作；3.行政職務歷練——曾任教育行政職務。

至於曾任「教育行政職務」之認定，教育人員任用條例施行細則第 13 條有明確之解釋，亦即係指曾任相當於薦任第九職等以上教育行政工作之職務，或曾任大學或獨立學院組織法規所訂一級單位主管以上行政單位之職務；曾任中央研究院組織法規規定一級學術單位主管以上行政工作之組織，視同曾任專科以上學校組織法規所訂一級單位主管以上行政工作單位工作之職務。

二、消極資格

1. 對於擬擔任校長者，其道德標準應有較高之要求，除應合於教育人員任用條例第 3 條「教育人員之任用，應注意其品德及對國家之忠誠；及學識、經驗、才能、體格，應與擬任職務之種類、性質相當。各級學校校長及社會教育機構、學術研究機構主管之任用，並應注重其領導能力。」同條例第 31 條更明確規定，具有下列情事之一者，不得為教育人員；已任用者，應報請主管教育行政單位機關核准後，予以解聘或免職：

    (1) 曾犯內亂、外患罪，經判決確定或通緝有案，尚未結案者。

    (2) 曾服公職，因貪污瀆職，經判決確定或通緝有案，尚未結案者。

    (3) 依法停止任用，或受休職處分尚未滿，或因案停止職務，其原因尚未消滅者。

    (4) 褫奪公權尚未復權者。

    (5) 受禁治產之宣告尚未撤銷者。

    (6) 經醫師證明有精神病者。

    (7) 行為不檢有損師道，經有關機關查證屬實者。

2. 另依據教育人員任用條例第 33 條規定「有痼疾不能任事，或曾服公務交代未清者，不得任用為教育人員。已屆應即退休年齡者（65 歲），尚不得任用為教育人員。」是以，惟如

係於任期中屆滿 65 歲，依教育部 86 年 5 月 12 日台（86）人（一）字第 86043553 號函釋，得視同延長服務至任期結束為止。

綜合上述，各校於進行校長遴選時，對於校長候選人任用資格之審查，應確實符合積極性資格、消極性資格及國籍條件之規定。審酌以我國對於大學校院校長任用資格，均較多數國家嚴謹。

陸、結語

有鑑於目前世界各國高等教育競爭激烈，且我國近年來由於社會變遷的需求，大學數量快速擴充，使我國大學校院更具競爭力，各校應配合學校特色積極發展並邁向國際化，而校長居於學校領導樞紐的中心位置，其學術地位及治理能力對於校務的推動及發展具有相當重要的影響力，爰考量有關大學校院校長之任用資格及遴選規定，宜應採取朝更具彈性、具國際觀方向研議，期使各校均覓得最優秀人才出任校長，帶領全校師生邁向國際一流大學。

附錄　世新大學校長遴選委員會設置辦法作業規範

世新大學校長遴選委員會設置辦法

中華民國 87 年 3 月 25 日教育部台（85）高（三）字第 87029624 號核定

1. 本辦法依大學法第六條，大學法施行細則第四條，私立學校法第二十二條、第五十五條及本校組織規程第四條規定訂定。

2. 本校於下列情事之一時，董事會應即組織「校長遴選委員會」負責校長候選人遴選有關事宜：
   (1) 校長任期屆滿八個月前；但董事會同意現任校長連任時，不在此限。
   (2) 校長因故不能執行職務之期間達三個月以上。
   (3) 校長辭職或去職。

3. 本校長遴選委員會委員由下列人員組成，並由董事會就委員中遴聘一人為召集人：
   (1) 教師代表四人。
   (2) 行政人員代表一人。
   (3) 校友代表一人。
   (4) 社會公正人士一人。
   (5) 董事一人。

   前項代表產生方式如左：教師代表由各學院推薦服務本校達三年以上之專任教授或副教授各二人，提請董事會擇聘四人為委員。行政人員代表由全體專任職員票選服務本校達五年以上之專任職員三人，提請董事會擇聘一人為委員。校友代表、社會公正人士及董事代表由董事會各擇聘一人為委員。

4. 遴選委員會應於遴選委員產生後一個月內組成之。

5. 遴選委員不得為校長候選人,因故不能執行遴選作業時,即喪失委員資格,其遺缺依本辦法第三條規定辦理遞補。

6. 本遴選委員會應將下列遴選作業要點公告於本校公布欄,並刊登於國內主要報紙:

   (1) 校長人選之條件。

   (2) 應徵方式。

   (3) 應徵期限。

   (4) 遴選程序。

   (5) 其他事項。

7. 校長候選人除應具教育人員任用條例所列述有關之資格外,另應具有左列各項條件:

   (1) 具有公認之學術成就與聲望。

   (2) 具有卓越之辦學理念及行政領導能力。

   (3) 具有高尚之品德。

8. 遴選委員會決定推薦校長候選人時,應有全體委員人數三分之二(含)以上出席,並經全體委員人數三分之二(含)以上之同意。

9. 遴選委員會對候選人之人事等有關資料及遴選過程應予保密,不得對外公開。遴選委員如有違反該情事時,董事會得解聘之。

10. 校長遴選委員會應將校長候選人二至三人提報董事會,經董事會決定校長人選,報請教育部核准後聘任之。如董事會未能同意所提之候選人選時,委員會應再行推薦新候選人選。

11. 現任校長任期未滿出缺時,校長之職務代理依有關規定辦理,並即由董事會按本辦法規定,進行新任校長遴選工作。

12. 校長遴選委員會於指定之期間內未能完成遴選任務時,董事會得再行組織校長遴選委員會。

13. 遴選委員會於新任校長就任時自動解散之。

14. 遴選委員為無給職。遴選委員會所需事務經費由學校支應。

15. 本辦法經校務會議審議,送請董事會審核,再報請教育部核定後實施,修正時亦同。

第八章
人員遴選與任用

「俊乂密勿，多士實寧。——才能傑出的俊才，努力從事於公務。眾多賢士輔弼國政，自然政治修明，天下太平。」（千字文）

壹、前言

知人善用，擇賢而任。要做到知人善用，所謂知人，就是考察選拔人才；所謂善用，就是正確地使用人才。要做到擇賢而任，所謂擇賢，就是要選擇那些德、才、能三才兼備的善良者；所謂而任，就是將具有德、才、能三才兼備的善良者任用到重要的工作職位上去，發揮他們應有的智慧與才能。

根據紐約時報 2002 年 7 月 30 日以「非科班出身教育主管漸蔚成風」為標題的報導，提及紐約市長彭博於 7 月 29 日宣布任命曾主導微軟分析官司的司法部反托拉斯署前副檢察長、現任傳播公司執行長的柯萊恩（Joel I. Klein）為新任紐約市教育局局長（Chancellor of Department of Education），統領三十二個學區、十萬員工、逾一百萬學生的全美最大公校系統。這種向企業借才的教育行政作為，紐約市並非是特例。尤其近幾年，由於大都市的公立教育系統日趨龐大、經費動輒上億，其複雜更甚於大企業，行政主管所需的知識與技能更絲毫不遜大企業；不僅要有管理的訓練，及時處理問題、財務分析、經費有效支出、與工會溝通等的各種能力更是不可少；再加上許多公校公信力盡失，社會大眾不耐下，委任非傳統教育背景出身者為主管，不失為開創新局的解決良方，而且成功的例子不少。例如，西雅圖學區先由退役將領 John Henry Stanford 領軍，之後由投資銀行家 Joseph Olchefske 接任。芝加哥先後選了財政預算主管 Paul G. Vallas 及職業籃球員、貧童基金會主席 Arne Duncan 主事。洛杉磯學區由前科羅拉多州州長 Roy Romer 擔綱，前聯邦檢察官 Alan D. Bersin 最近又獲聖地牙哥續約。

歸結由非教育人員出任的優點如下：一、非教育背景常能擺脫窠臼、求實創新、為傳統教育系統開闢新天地。二、面臨嚴峻挑戰沒有包袱、不畏困難有擔當、有魄力進行全面改革。三、傑出的領導才能與政府居中協調的技術，每每能掌握教改的契機。四、與熟悉教育事務之專家密切合作。由非教育背景者出任公校教育系統之最高主管，自 90 年初期漸在全美蔚為風潮，前不久費城也宣布將由財務預算主管出掌其積重難返的公教系統，柯萊恩之任命不過是再添一筆。

衡量一個人的全面並定義一個人才的水準，是應有所變動的，因為人本身是無時無刻都在變化與發展之中的，壞的人也可能變好，好的人也可能變壞。因此，我們要用發展的眼光看待

人，用客觀真實的眼光審視人，用全面公正的眼光定義人。觀人要由表及裏、注重表裏如一，識人貴新不貴陳，用人須鑒古察今。以史為鏡，明興衰；以經為鏡，通事理；以人為鏡，知得失。

貳、人才羅致的原則

衡量一個人是否真的是一個人才和賢良，其方法舉不勝舉。下面，引用戰國古聖賢的智慧所提出的一些觀人、識人、用人的方法。

1. 相處以觀其敬

人是否有誠敬之心，將其安排到自己身邊工作一段時間後，就會得知所謂「相處以觀其敬」，就是指將所要識別的物件安排到到自己身邊工作，因為天天在一起相見容易相熟，久而久之就會沒有拘束，這樣就便於考察他的恭敬行為如何。也就是觀察在與人相交往的過程中是如何對待自己與他人的關係的。古人云：「行己莫如恭，自責莫如厚。」即為人處世一定要恭敬，要求自己一定要嚴格。當然，「恭而無禮則勞，慎而無禮則怯，勇而無禮則亂，直而無禮則絞。」如果一個人不知禮節，雖然態度恭敬，卻不免勞頓；雖然行為謹慎，卻不免膽怯；雖然性情勇敢，卻不免莽撞；雖然性格直率，卻不免急切。這些是對一個人在待人處世的態度、行為、性情及性格上的要求。那麼，一個人在做人及為人上，如果能做到謙虛謹慎，人們就會心悅誠服；做到誠懇老實，事情就每每成功。「行謹則能堅其志，言謹則能察其德。」做事謹慎，就能使自己的志向更堅定；說話謹慎，就能使自己的德行更崇高。說明人應該言行謹慎，不亂說亂動。如果在自己身邊工作的人因相處比較熟了，而放鬆對自身的謹慎，這是會出問題的。如同在平坦道路上行走的人放縱自己而腳下不留意，這樣走快了就會摔跤；在艱險的道路上行走的人有所戒備而出腳很小心，因此走得很慢，反而跌不了跟頭。這就指出了越是平易的地方，越是要謹慎。同理，在領導身邊工作的人員越要謹慎。常言道，你敬人一尺，人敬你一丈。尤其在領導身邊的工作人員，應該自律、自重、自愛、自尊、自勵、自強，嚴格要求自己，樹立良好形象。

2. 遠使以觀其忠

他是否忠誠，將其指派到遠方工作一段時期後，就會從一些事實和側面的反映中得以驗證。所謂「遠使之而觀其忠」，就是指將所要識別的物件指派到遠方去工作，因為相距很遠而不能在一起，所以一個人在遠方是辦理正務還是胡作非為，就能夠從其具體工作表現瞭解到他是否真的忠誠。因為在一些人看來，在天高皇帝遠的地方工作，可以隨心所欲、為所欲為，想幹什麼就幹什麼，想要什麼就要什麼，目中無法，這樣就給一些心存私欲的人提供了可以胡作非為的可能和機會，是以俗謂：「路遙知馬力」，而人貴於獨處。

3. 勞煩以觀其能

所謂「勞煩以觀其能」，即指在情況複雜時派他去工作，或是頻繁地交給他一些工作並要求他在一定的時限內完成，從而考察他完成的過程和結果怎樣，由此可看出他的能力如何。古語有：「通則觀其所禮，貴則觀其所進，富則觀其所養，聽則觀其所行，止則觀其所好，習則觀其所言，窮則驗其所受，賤則觀其所為，喜之以驗其守，樂之以驗其僻，怒之以驗其節，懼之以驗其特，哀之以驗其人，苦之以驗其志。」這就是說，凡是要考察一個人，當他仕途順利時就看他所尊敬的是什麼人，當他顯貴時就看他所任用的是什麼人，當他富有時就看他所養的是什麼人，聽了他的言論就看他怎麼做，當他空閒時就看他的愛好是什麼，當和他熟悉了之後就看他的語言是否端正，當他失意時就看他是否有所不受，當他貧賤時就看他是否有所不為。要使他歡喜以考驗他是否不失常態，使他快樂以考驗他是否放縱，使他發怒以考驗他是否能夠自我約束，使他恐懼以考驗他是否能夠自恃，使他悲哀以考驗他是否能夠自制，使他困苦以考驗他是否不改變其志向。

4. 應急以觀其知

在應急情況下，料想不到的事情發生了，如何處理好這突如其來的事情，便考驗一個人的機智。而對於反應靈敏的人來說，即便遇到料想不到的問題也會從容不迫、遇險不驚、有條不紊地給以恰如其分的回答。當在毫無任何準備的情況下，面對突然提出的問題，要想做出令人滿意的回答，或對答如流地將問題一一分別做出相應的回答，這種智慧一般的人難以做到。只有學識十分豐富，經驗十分成熟，智商較高，天資十分聰明，反應能力比較靈敏的人才能做到。

5. 實踐以觀其信

誠信，是為人之道。常言道：言必行，行必果，果必真。誠信，就是要守信承諾，說到做到。其實，這也是做人的一項基本要求。孔子說：「人而無信，不知其可。」就是指一個人如果缺乏誠信，那麼他就難以得到正面的評價。由此可見，堅持守信對做人是多麼重要。由於考察一個人的途徑有很多，方法也很多，誠信卻是最先一步和最重要的。

6. 委財以觀其廉

「委財以觀其廉」，即指在考察識別人才時，透過託付給被考察物件以錢財而觀察他的廉潔情況如何。貪為私動，賄隨權集。為私而貪者為不廉，為公而廉潔者為仁者。廉潔的人不追求不應有的財物。所以，古人云：「廉者，民之表也，貪者，民之賊也。」即指官吏廉潔奉公，就是老百姓的表率；官吏貪贓枉法，就是殘害老百姓的強盜。「君子聞義則喜，見利則恥，小人見利則喜，聞義則不從，是故君子捨生取義，小人則捨生為利。」

7. 危難以觀其節

「危難以觀其節」，就是指在識人時，從他處理危難的情況來觀察其節操。節操，既指氣節情操，就是一個人在關鍵時刻和重大原則問題上表現出來的立場和道德方面的堅定性。「將受命之日即忘其家，臨軍約束則忘其親，抱鼓之急則忘其身。」表現在人生道

德情操方面，就是勇於堅持真理，凜然伸張正義，絕不獻媚爭寵，始終正大光明，保持高風亮節，珍重人格。

8. 醉酒以觀其態

酒醉後可以看出其德行，人雖有德行，酒醉後往往不能自我控制。「酒後有德」與「酒後無德」的差別就在於一個人對自身控制能力修煉的程度如何。一個修煉有素的人在任何場合及任何條件下都會保持一份清醒的頭腦；是以這種態度也是一種節制的表現。

9. 深談以觀其心

「深談以觀其心」，是指把要考察的人放在最近的距離內進行談話，從而從對方的言談中、眼睛裏、表情上、動作等方面來觀察出他內心深處的真實所在。聽其言，觀其行，是可以從一個人的言談和舉止中看出其內心世界的。而講真話的人，也可以通過談話內容中的各個方面反映出他的才智，從其表象的舉止中，觀察出他內心的虔誠度。

10. 觀行以知短長

「觀行以知短長」，實際上就是根據人的習慣行為、嗜好特點來判斷一個人的真正專長及短處。因為透過觀察一個人在生活中的一些選擇，就可以發現他（她）的喜好與厭惡。

11. 觀友以知賢肖

透過觀察和瞭解其結交的都是哪類朋友，就可以斷定一個人的人品。古人云：「審其好惡，則其長短可知也；觀其交遊，則其賢不肖可察也。」這就是說，看看他所喜愛的和厭惡的人，他的長處和短處也就可以知道了；俗話說：「近朱者赤，近墨者黑；物以類聚，人以群分。」人的行為相當複雜，人與人之間的關係更是如此。人與人之間總是有這樣一種情況，情緒、興趣、愛好、性格相互融洽者常常結為朋友。人與人之間的交往大多數是因為志趣相投，並且有一個共同的目的。知人看交結，識人看處事。

12. 穿戴以知雅俗

是指透過其所要考察物件的穿著打扮來判定他（她）是雅或俗。人的穿戴主要是反映一個人的精神面貌，它可以表現出一個人的氣質、修養、風度，同時也可以表現出一個人的身分、富有或貧困。常言道：「佛靠金裝，人靠衣裳。」這說明衣著穿戴對一個人是十分重要的。一些重要的場合就更強調一個人的穿戴的重要性。

參、擇才始於慎始——如何對待新員工

當新進人員開始從事於新工作時，在這開始的期間內，也最易於形成好或壞的印象。但一個好的人力資源主管必須知道，我們在任何時候都不要以好、壞去給一個人做評價、下結論，這不符合人事工作的員工強化激勵原則，正確的方法是：幫助檢討原因，改進工作。使新進人員有賓至如歸的感受。

從心理學的角度分析，新進人員面臨的問題有：

1. 陌生的臉孔環繞著與注視言行舉止。

2. 對新工作是否有能力做好而感到不安。

3. 對於新工作的意外事件感到膽怯。

4. 不熟悉的環境容易分心。

5. 對新工作有力不從心的感覺。

6. 不熟悉組織法令規章。

7. 對新工作環境陌生。

8. 不知道所遇的上司屬哪一類型。

9. 害怕新工作將來的困難很大。

　　所以在我們的工作中，接待新進員工時，要用誠摯友善的態度去歡迎他，使他感到的確是歡迎他的。把他介紹予同事們互相認識，友善地將內、外環境介紹給新同事，使他消除對環境的陌生感，可協助其更快地進入狀態。新進員工常常因對政策與法規不明瞭，而造成一些不必要的煩惱及錯誤，所以新進員工報到之初，為使他感到愉快使其有賓至如歸的感覺，第一件必須做的事，就是讓他明白與他有關的各種政策及規章，然後，他將知道對他的期望是什麼，以及他可以貢獻些什麼。

　　人力資源主管對新進員工報到時應當對以下政策詳細說明：

1. 發薪方法。

2. 升遷政策。

3. 安全法規。

4. 休假規章。

5. 員工福利。

6. 工作時間。

7. 曠職處分。

8. 申訴程式。

9. 勞資協議。

10. 離職規定。

11. 行為準則。

12. 管理規定。

13. 請假方式。

14. 加班管理規定。

　　新進員工有權利知道每一項政策及規章制定的理由，因為當一個新進員工在參加一項新工作時，他與組織建立了合作的關係，因此愈是明白那些理由，合作愈密切。按照馬斯洛（Mallow）的管理「需求層次理論」認為，人一般不會滿足最初工作或停留在原來職務而不思上進。所以

工作上晉升的機會對新進員工而言是十分重要的，也應於員工初進時即加以說明。但切記不作任何肯定的承諾，以免將來所僱用員工工作一段時期後，而導致承諾不能兌現的困擾。要讓新進員工明白的是：晉升取決於自己的刻苦工作，不斷提高，有業績做基礎，升遷之門對好員工是永遠開著的。新員工加入工作團隊一段時間，主管應予以溝通談話，瞭解員工對工作的看法、對公司的期望和不滿意在哪裏、自己在組織的發展目標等，以激發其工作熱情。

　　全球著名的管理諮詢顧問公司蓋洛普公司曾經進行了一次關於如何建立良好工作場所的調查。所謂良好的工作場所必須是：第一、員工對自己的工作感到滿意；第二、員工能表現良好的績效。同時在採用問卷調查的方式，讓員工回答一系列問題，這些問題都與員工的工作環境和對工作場所的要求有關。最後，他們對員工的回答作了分析和比較，並得出了員工的 12 個需要。員工的 12 個需要是：

1. 在工作中知道組織對我有什麼期望；
2. 我有把工作做好所必需的工具和設備；
3. 在工作中有機會做我最擅長的事；
4. 在工作中我出色的表現得到了承認和表揚；
5. 在工作中上司把我當一個有用的人來關心；
6. 在工作中有人常常鼓勵我向前發展；
7. 在工作中我的意見一定有人聽取；
8. 工作的使命或目標使我感到工作的重要性；
9. 我的同事們也在致力於做好本職工作；
10. 我在工作中經常會有一個最好的朋友；
11. 工作中有人跟我談過我的進步；
12. 我在工作中有機會學習和成長。

　　從上述需要可以看出，在員工滿足生存需要之後，更加希望自己得到發展並有成就感。我們可以透過加強員工的規範化管理及人性化管理來實現上述目標。

1. 明確職位職責和職位目標：明確職位職責和職位目標可以讓員工明白單位對他的希望和要求。如果職位職責和職位目標與員工的實際工作並不相符，將給員工的工作帶來誤導，且損害組織規章制度的嚴肅性，所以人力資源部門要根據組織的變化及時對職位職責和目標進行調整，使其真正能夠發揮作用。

2. 做好設備和辦公用品的管理：每個員工進行工作時都要有相應的設備和辦公用品。而在這方面出現問題，往往不是設備和辦公用品的數量不足，而是管理不善，在需要的時候物品往往找不到。對物品的管理應該由行政部門安排專人負責，借用和領用都應有相應的登記管理制度。

3. 加強管理溝通：讓每個員工去做最擅長的事情，是管理的高境界，但很多時候並不能做到這些。瞭解員工，不但要觀察員工的工作行為，還要注意多與員工溝通，特別是管理

溝通，認真聽取員工對公司管理和部門管理建議，瞭解員工的想法動態，並讓員工自己對自己進行工作評價。

4. 建立意見反饋機制：在具體工作中，員工難免會對一些管理行為產生意見，從而影響工作情緒。而這些意見並非都適合直接告訴直接上級。從管理流程上講，應該有人事單位來搜集員工的意見，並將這些意見整理、歸類，然後進行改善管理部門，這也是對各級單位的一種監督方式。這種意見反饋應該是書面的和正式的，並且要納入規章制度中。

5. 進行書面工作評價：對員工進行工作考評，在工作考評後不僅要有及時的考評溝通，還要有書面的工作評價。工作評價可以每半年進行一次，在工作評價中要誠懇地對員工的優缺點進行分析和總結。在員工拿到自己的工作評價時，對自身的情況會有一個客觀的瞭解，並且會感到單位在時時刻刻地關心著自己的成長。

6. 完善職務升遷體系：職務的晉升是對員工工作的肯定和獎勵。職務晉升要注重專業職務和行政職務並重，使員工既可以向專業深度發展也可以向管理發展。如一個軟體發展人員，既可以依據行政層級自組員、組長、主任的管理方向發展，也可以專業角色自技術員、程式師、高級程式師、資深程式師等專業技術深度發展。完善職務升遷體系是為了使每一位員工感覺到在單位工作有發展前途。

薪酬福利應投員工所好。制定薪酬方案時，人事管理者所運用的除貨幣外，還有經濟性福利和非經濟性福利。依據經驗法則，凡屬全員福利，一般不會被員工視作激勵，有時甚至會被當作是一種「權利」。除政府規定的各項福利之外，避免採全員福利，因為根據管理心理學當「人人都有」等於「人人沒有」。因為在這種情形下，員工們並未感覺到特殊關懷，反而將其視作一種「當然權利」而安然受之。組織運用了相當經費，但是無法於員工身上產生激勵作用，此種福利即有檢視必要。其次，宜設計並實施令員工興奮的福利舉措。因此，選擇何種福利項目，人事工作者必須三思而後行。其三，福利宜顯現其彈性，相比於薪酬，福利的「彈性」較大。因此，同時建置完善福利審核制度。對福利制度及時地進行審核、回顧並及時修訂，是人事部門經常要做的一件事。

肆、結語

識別人才，考核才能，是組織發展的根本。因此，古人就曾提出：「為治以知人為先。」即治理以瞭解、識別人為最首要的事情。可以說，「非知人不能善其任，非善任不能謂知之。」這很富有哲理的良言告訴世人，不瞭解人就不能很好地使用人。沒有很好地使用人就是因為沒有瞭解人。所以，「得人之道，在於識人。」而識人之前，重在觀人。觀人重在言與行，識人重在德與能，不細觀則不能明識，不明識則不能善用。只有知人才能善任，因為對一個人瞭解得越深刻，使用起來就越得當。歷來人們都認為，「領袖之德，莫大於知人。」如果一個領袖，有賢不知，知而不用，用而不任，這是一個組織三種不祥之兆的表現。所以，作為領袖，最大

的隱患就在於不能知道和識別人才。若不能識人，勢必不能用人。一旦知道和識別到人才，又不及時地推薦和提拔使用，則為失才的表現；同樣，一旦瞭解和識別的人既缺德又缺才，而又不及時地從其現任的位置上撤職和採取切實可行的措施進行罷免，繼續將其留用，這必然是組織之禍，使人民受害，後患將是無窮的。古今中外的有識之士對識人的重要性都看得非常清楚，他們產生了極為相近的一種共識：要想國家繁榮富強，人民安居樂業，生活水平不斷提高、完善，可以不識字，但不能不識人。總之，組織興亡，務在得人、用人。得其人任用之則存，失其人未任用則亡。何世無才，患在不識。在未來幾年中，人事管理將會在競爭環境中發揮更加關鍵的作用，人力資源主管們將會從許多資料上檢視每位成員的成果資料，其根本目的是為了實現人才資源的有效配置、優化配置。治理之道，就是善於用人之所長，避人之所短，也就是使人人各得所宜，而都能各揚其所長，避其所短。爰此：第一、建立公平合理的信念與制度：竭盡所能建立公平合理的工作條件。第二、協助員工求取最大的滿足：人事管理應重視士氣的建立，不只是協助每一員工對其個人成就感到有價值，尚應協助員工和團體打成一片建立團隊精神。第三、培養努力就能獲得報償的觀念：報償則與工作效率有關，當員工感到他是以努力工作賺得報償時，他心裏就不會有屈辱感反而有一種滿足感。第四、訂定計畫應考慮員工對計畫的反應：對員工具有敏感性。第五、發展員工的才智：給予員工發展的機會，協助員工發展才智，提高人力素質。第六、切實採取行動制度：一經訂定，絕不輕易予以破壞，勿使其形成具文，惟如此才能樹立員工對機構的信心與支持。

二十一世紀是一個知識經濟時代，世界各國的競爭將從自然資源轉移到人才資源方面。要想在這場競爭中取勝，這就要求我們不斷調整經營結構，同時也意味著對人員知識結構的變化調整提出了相應要求。為適應這種發展要求，建立面向市場、面向現代化、面向新世紀的人才觀，建立能同當代國際先進模式全面對接的人才資源開發、配置、管理機制，無疑有著至關重要的意義。人類經濟活動的永恆主題之一是資源的相對稀缺和由此引發的資源有效配置。在全部資源中，人才資源無疑是最珍貴，也是最複雜的資源。因為，人類全部活動的出發點和歸宿都是人的生存和人的發展；因為，人類的全部輝煌是人創造的，人類的許多災難也是人製造的。人才資源質量是組織興衰成敗的關鍵因素。因此人力素質的提升需賴組織能延攬優秀的成員。

附錄

世新大學職員任免規則

第　一　條　本校為辦理職員任免事宜，訂定「世新大學職員任免規則」（以下簡稱本規則）。

第　二　條　本校職員任免除依相關規定辦理外，應依本規則辦理。

第　三　條　本規則所稱之職員係指編制內之專任職員。

第　四　條　本校職員由校長任免之。

第　五　條　新進職員一律試用三個月，試用期滿經審核成績優異者始予任用，任用資格如下：

一、主任、組長、編審、組員、技正、技士等須大專以上學校畢業或具同等學歷。

二、辦事員、管理員須高中（職）以上學校畢業或具同等學歷。

三、醫師須具醫師執照，護士須具護士執照。

第　六　條　本校職員在校服務三年以上，成績優良，遇有適當編缺時，得由其主管於辦理
年度考核後，建請職務調升。

第　七　條　新進職員試用之規定如下：

一、新進職員之試用，必須由其服務單位檢齊該員之學經歷證件、履歷表及相
關文件，於擬聘日期前十五天經單位主管與人事室簽署審查，再送請校長
核定後，正式生效試用。

二、試用期間得辦理私校保險及全民健康保險。

三、試用期滿，由其服務單位簽具試用成績書，送人事室轉呈校長以便辦理正
式任用事宜。

四、曾在本校擔任專任教職員工作達三個月以上且成績優良者，重新進用時可
免試用。

第　八　條　試用人員應繳交證件，悉依教職員到（離）職須知辦理。

第　九　條　職員離職，需將離職簽報於一個月前送達人事室，經呈奉校長核定後始可辦理
離職手續，否則不得要求退還保證金。

第　十　條　本校職員之職務與財務管理有關者應另立財務保證書。本校如認為有需要時，
得派員前往對保，如保證人不願蓋章續保時，應即更換保證人。在新保證人未完成
保證手續前，舊保證人仍應續負保證責任。

第 十一 條　本校職員服務期間，因重大違失，經一次核記二大過者，由校長逕予免職。

第 十二 條　被保職員在職期間如有下列情事之一者，保證人應負追繳賠償責任：

一、虧損公款公物。

二、違法舞弊、畏罪潛逃。

三、經辦公物手續不清、擅離職守。

四、竊盜公物。

五、其他情事致本校因而遭受損失者。

保證人未經本校同意中途退保或失去保證能力時，被保人員應於一個月內另覓
新保，逾期未覓保者，即予解聘。

第 十三 條　本規則未盡事宜，應依有關規定辦理。

第 十四 條　本規則經校長核定後實施，修正時亦同。

世新大學專任行政助理人員約聘作業細則

一、為規範專任行政助理人員之約聘手續,以利工作遂行,訂定「世新大學專任行政助理人員約聘作業細則」(以下簡稱本細則)。

二、本細則所稱專任行政助理人員,係指各系(所)所約聘非屬編制內而全時間從事協助教學及行政工作之人員。

三、專任行政助理人員之薪給依照行政院國科會「專題研究計畫助理人員工作酬金支給標準表」所定標準支給。

四、專任行政助理人員聘期一年,約聘期滿經成績考核及格得予續聘,續聘最多以兩次為限。約聘期間如有重大違失,致影響校譽或工作遂行時,得經校長核定中止約用。

五、專任行政助理人員於約聘期間依規定辦理「全民健康保險」及「勞工保險」。

六、專任行政助理人員之獎懲、成績考核、年終獎金發給、差勤、值班、到班刷卡及休假等事宜,準用本校相關規定辦理。

七、本作業細則經奉　校長核定後實施,修正時亦同。

第5篇

薪資

第一章
基本工資與員工管理

壹、前言

　　我國勞基法規定工資由勞雇雙方議定之，但不得低於基本工資。根據立法精神，我國之基本工資，其本質意義即國際上通稱之最低工資（Minimum Wage）。依據「勞動基準法」施行細則第11條規定，基本工資係指勞工在正常工作時間內所得的報酬，但延長工作時間的工資及休假日、例假日工作加給的工資均不計入。民國25年國民政府公布「最低工資法」後，一直未能施行。但因工資問題關係勞工生計，故中國國民黨中央委員會第五組勞工運動研究小組，於民國43年9月邀請有關單位代表及專家成立工資研究小組，以「維持成年男女各一人的必要生活」的基本工資標準，取代「最低工資法」中「維持本身及足以供給無工作能力親屬二人的必要生活」的最低工資標準。「基本工資暫行辦法」於民國57年3月由行政院公布施行，全文共分9章，包括適用範圍、基本工資的調整、童工的基本工資標準等，並將基本工資金額訂為600元。「勞動基準法」及其施行細則，以及附屬法規基本工資審議辦法相繼公布施行後，基本工資暫行辦法已於民國74年4月廢止，改由行政院勞工委員會設基本工資審議委員會審議通過，經行政院核定後公告實施。依據勞動基準法施行細則第11條規定，基本工資係指勞工在正常工作時間內所得之報酬，但延長工作時間之工資及休假日、例假日工作加給之工資均不計入。目前基本工資訂為15,840元，係自民國86年10月16日起開始實施。法定基本工資制度的目的係以公權力介入勞動市場，保障勞工工作的最低薪資水準，藉以維護勞工基本權益與尊嚴。

　　就學理而論，基本工資的訂定除非接近市場平均工資，否則只可能對相對少數的邊際勞工和邊際產業有不良影響。然而，就我國的產業現況而言，由於現今的基本工資在台灣有愈來愈廣的用途：一是調幅已被企業員工作為調薪依據，間接衝擊物價；二是勞保、全民健保投保最低薪資以基本工資為準，殘障福利金也比照基本工資辦理；三是外籍勞工的薪資依規定被要求不得低於基本工資，而預支兩個月的保證金也以之作基準；四是部分面臨關廠的事業單位，以基本工資當付酬基準。因此使得基本工資愈益受到重視，加以勞動基準法的擴大適用已成為政府既定政策，當許多的服務業納入後，基本工資的問題將受到更多的關注。就學校而言，技工、工友和工讀生皆屬學校成員的一環，而民國88年1月1日起由於勞動基準法擴大適用範圍，將學校部分成員亦納入規範之中，是以基本工資亦影響到人事作為和同仁權益的保障。

貳、薪資的意涵及實施

　　薪資就是指薪給（salary）與工資（wage），一般而言，依實際工作時間計算的報酬稱為工資。薪給不是依實際工作計算，而是定期發給相同金額的報酬。薪資是工作者收入的主要來源，也是其維持及改善家庭生活的主要憑藉，薪資收入高，一方面反映了物資生活的提高；另一方面也反映了雇主對工作人員技藝、經驗、能力等各種貢獻所做的評價。因此薪資的高低，不僅影響物資報酬，也影響工作者的社會地位，故工作員工對高薪資的期待與追求，乃是一種極自然的人性表現。健全的薪資制度至少必須具備三種基本條件，即公平、合理及具有激勵作用。最低工資係指經由國家立法、或經勞資雙方團體協商後，規定雇主僱用勞工時，所必須支付工資的最低標準。目的在提供勞工所需的社會保障，和可接受的最低工資標準，藉以克服貧窮，並滿足勞工及其家庭的需要。世界各國多已實施最低工資制度，而在決定最低工資時，已考量勞工及其家庭的需要、生活費用及其變動、一般工資水準、雇主給付能力、社會安全制度的給付標準、其他社會團體的生活水準，以及經濟發展、生產力、就業水準等經濟因素。民國 25 年12 月國民政府曾公布「最低工資法」，為我國首度正式制定最低工資立法。全文共分 23 條，對於最低工資的實施對象、主管機關、訂定標準、制定機構、議定程序及修正、罰則等項，均有詳盡的規範。其中最低工資的標準，係依當地生活程度及各該業勞工情況，以成年勞工維持其本身及足以供給無工作能力親屬二人的必要生活為準。但因制定後適逢抗戰、剿匪，且資方認為標準過高，以致迄未實施。自民國 57 年 3 月行政院頒布「基本工資暫行辦法」後，基本工資在實質上已取代最低工資，因此在勞動基準法公布施行之後，「最低工資法」遂於民國 75 年 12月廢止。

　　基本工資按勞基法的定義，是最低工資，只要適用勞基法的產業，工資水準不應低於基本工資，其用意應在不影響就業機會前提，保障勞工的最低生活水準。勞基法自民國 73 年實施以來，基本工資的規定大致在實務上有幾項結果。首先就整體經濟而言，由於實際工資遠高於基本工資，基本工資的調升並未明顯帶動薪資與物價的上漲。其次就勞工來說，工資在基本工資以下者約占 5.6%，而實際領取基本工資者，又以青少年及殘障者為主，提高基本工資最可能對這些所謂弱勢勞工的就業有所衝擊。再就工商企業而論，決定調整薪資的主要參考因素並不包括基本工資，但是由於全民健保、勞保投保薪資計算以基本工資為準，僱用外勞的薪資、就業安定基金及保證金亦隨基本工資連動，使得基本工資的調整影響勞工雖然為數極少，雇主卻幾乎無一可以倖免。此外，包括老農津貼、殘障福利金、失業補助金等社會福利制度的給付，亦以基本工資為基準，使得基本工資的調整，隨著其牽涉廣泛而造成複雜化現象。從而，基本工資的調整雖有一定的公式，近年仍常有爭議，勞資雙方，甚至部會之間，都各有意見，往往調整案送到行政院才能確定。

　　為決定基本工資，我國訂有一計算公式，不過計算公式僅係法定基本工資審議委員會審議基本工資時之參考。現行基本工資計算公式（民國 83 年起），事實上為一調整公式，即：上次行政院核定之基本工資×〔1＋（消費物價上升率＋工業部門勞動生產力÷2）〕。

　　我國自勞基法實施以來，基本工資計算公式雖幾經修正，仍爭議不斷，其中一個最重要爭論的焦點為基本工資水準已偏高，在一個已高的基準上，再加物價指數調整，水準將一直偏高。因此，民國 86 年行政院核定檢討基本工資計算公式修正結論為：

1. 勞動基準法制定基本工資之目的，應使勞工每月正常工作時間內之最低收入，能夠維持勞工之基本生活。
2. 現行基本工資調整公式，經檢討尚屬適當，惟所調整之金額以不超過近年來基本工資占上一年製造業平均工資之比例為原則。
3. 勞資團體代表對於基本工資之調整均有共同協商之強烈意願，故如能達成協議，則按照協議依法定程序報請行政院核定，亦為適當之方式。
4. 依據基本工資調整公式計算之金額或由勞資雙方協商同意之金額，均僅供行政院核定基本工資時之參考。
5. 基本工資調幅不高於上一年製造業平均薪資成長率。

參、薪資所得影響工作投入

　　影響薪資的內在因素而言，所謂內在因素是指與職務特性及狀況有關的因素，舉其要者有：一、職務的權責。二、技術和訓練。三、工作的時間性。四、工作的危險性。五、福利及優惠權利。六、風俗習慣。影響薪資之外在因素而言，外在因素似乎比內在因素具體而易見，其所引起的爭論也多，茲說明如下：一、生活費用。二、雇主負擔薪資之能力。三、當地的通行薪資。四、勞動市場。五、勞力的潛在替身。六、工會的力量。七、產品需要的彈性。

　　就需要理論而言，可知工作者投身職場，薪資為重要的動機。工資的給與自然與整個職場環境息息相關，也影響工作者的生活品質，我國現有「基本工資」的訂定，有學者指陳這是一種「社會生活基準線」的設置。我國勞基法規定「工資由勞雇雙方議定，但不得低於基本工資。」根據該立法精神，我國之基本工資，其本質意義即國際上通稱之最低工資（Minimum Wage）。法定基本工資制度的目的係以公權力介入勞動市場，保障勞工工作的最低薪資水準，藉以維護勞工基本權益與尊嚴。基本工資制度有利有弊，贊成者主張，在勞動市場中總有不肖雇主壓榨無知勞工的現象，公權力應干預，使勞動者工作有基本權益與尊嚴。反對者主張，過度干預勞動市場，將使市場調節機能僵化，降低效率，增加失業。多數先進國家都有最低工資制度。最低工資決定的方式各有不同，如美國係以立法方式決定與調整，日本與法國係由立法授權行政部門成立審議委員會，並由行政部門決定。美國向為自由經濟思想重鎮，對於最低工資制度，亦僅少數主張廢除，惟爭議的焦點在於最低工資水準的高低，及其影響。大體而言，美國最低

工資占其平均薪資比率有下降趨勢，在 1981 年至 1990 年間，美國曾有九年餘未調整最低工資。而 1997 年美國聯邦政府調整最低工資，行政部門向立法部門提出調升最低工資的主要論點為維持最低工資水準，使最低薪資家庭維持基本生活所需。

　　計算勞工工資標準的比率，簡稱工資率。依據國際勞工組織的定義，勞工工資率的計算標準有兩種，分別是直接計件率的工資（Straight Piece-rates），和差異計件率工資（Differential Piece-rates）。前者指的是受僱勞工的工資計算是由參與生產工作的所有勞工依產出多寡平均分配給所有勞工，換言之，工資與勞工的比率都是相同的。這種計算工資率的方法是簡明易懂，同時每位勞工能夠清楚他每週或每月所應領取的工資。但是應用這種工資率的產業結構必須是標準化，其產品必須可大量生產，因此這種工資率不適合於因快速生產而可能降低品質的產業。至於差異計件率工資是由管理大師泰勒（Taylor）所提出的，針對超出標準生產量的勞工提供額外的工資，但對於達到標準的勞工則提供基本的工資率，此項工資率的計算至為複雜，同時如何選擇標準，也是不容易，標準太高則乏人達到標準，太低則趨於浮濫，而這種工資率較適合於技術水準較高的產業。

　　面對基本工資的調升，根據學者的研究勢必造成如下的影響：

1. 提高基本工資，一方面對原來被以基本工資僱用，且仍繼續工作的勞工，固然是薪資的增加；但另一方面，因基本工資為政府對市場工資的干預，如勞工未因工資上升而提升生產力，雇主可能減少勞動需求而解僱勞工。對被解僱的勞工而言，提高基本工資反而是一種傷害。同時，雇主因基本工資上漲而增加的負擔，除了減少勞動僱用外，亦可能轉嫁給消費者，或藉降低勞工的其他非薪資勞動報酬來因應。

2. 提高基本工資最為關注的焦點為對勞工就業的影響，歸納國內外學者專家的研究，大致認為如果基本工資大幅提升，將導致失業的效果，但是如果基本工資只是小幅調升，是否有不良影響，則仍有相當爭議。

3. 目前勞工保險及全民健康保險等多項費用之最低收費標準，皆以基本工資為參考，因此調高基本工資，增加勞工與雇主負擔，但對健保之財務有增益效果，對勞保則增加短期效益，但長期給付成本亦提高。

4. 我國目前國內引進三十二萬名外勞，而大多數的外勞皆以基本工資僱用，因此每次基本工資調整，外勞是最大受益者。

5. 雇主對平均薪資之調整，主要考量為獲利能力、物價水準等。由於各業的獲利能力不同，因此，當基本工資調幅大於平均薪資調幅時，對於部分行業雇主的負擔相對加重，形成雪上加霜。

6. 目前我國基本工資占製造業平均薪資水準約 46%，雖較勞動條件高、失業率高之歐洲國家為低，但較美、加及與我國競爭之南韓為高。偏高的基本工資，推升我國的勞動成本，不利國際競爭力。

肆、薪資與公平理論

公平理論這一理論又叫社會比較理論，是美國心理學家亞當斯（Adams）1967 年提出來的。其實質是探討投入勞動與所得報酬的比值概念，即個人所做的投入（或貢獻）與他所取得的結果（或報酬）之間的平衡。亞當斯認為，不僅受自己所得的絕對報酬（即實際收入）的影響，而且還受相對報酬（即與他人相比較的相對收入）的影響，人們對自己在組織中是否受到公平合理的對待十分敏感，都會自覺地把自己所付出的勞動與得到的報酬，同他人所付出的勞動與所得到的報酬進行社會比較，也會把自己現在付出的勞動與所得到的報酬同自己過去的勞動和得到的報酬同自己過去的勞動和得到的報酬進行個人歷史的比較。

經過比較，當職工發現自己的投入和產生比值與他人相等，或自己的表現在投入產出比例與過去相等時，便認為這是合理的、公平的，因而心理平衡，心情舒暢，工作努力。如果經過比較認為報酬不合理，就會產生不公平感或心理失衡。結果可能導致職工滿腔怨氣，發洩情緒，中傷他人，造成人際關係的緊張氣氛；可能使職工減少投入，消極怠工或要求改變他人的報酬；也可能改變比較方法，以「比上不足，比下有餘」自我安慰，以求得人理平衡。

很多組織為了激勵人心，建制公平合理的作為，他們制定了很多辦法，有的組織專門研究，從而使這一理論有了較大的發展。並且運用公平理論，維護職工積極性。在各種組織管理中，職工心理上的不公平感是影響其生產、工作積極性的一個不可忽視的因素。因此在管理工作中，必須注意在工作上、待遇上不公平、不合理的現象對人的心理狀態以及對人的行為動機的消極影響。應當在工作任務的分配、工資獎勵報酬的評定、工作成績的評價、福利待遇的享用等方面，力求公平合理，努力消除和預防不公平感產生，以維護職工的積極性。

不公平感是一種主觀感受，這種主觀反映受僱人的知識經驗、意識傾向、世界觀等因素的影響。因而，對於本來比較公平的客觀現實，主觀也有可能判斷不公平，尤其是個人主義為重的人，更容易過高地估計自己的成績，過低地評價別人的成績。因此要教育和引導職工，以人生的意義不在索取而在於奉獻這一原則來激勵自己，以樂觀主義和高尚的情操來面對人生，以寬闊的胸襟和豁達的態度來對待不公平。

伍、薪資制度努力方向

援引中國時報 2006 年 2 月 8 日的報導：「比起減稅、補貼，這些可以量化、容易模仿的經濟政策，締造愛爾蘭經濟奇蹟的還有一個看不見的優勢，那就是自 1987 年以來，由工會、政府與資方簽訂的社會契約。不同於歐洲工會給外界，總是與資方、政府對立的強勢形象，在愛爾蘭，社會契約中止了愛爾蘭高負債、高通膨、高失業率的苦日子，締造了近二十年的高成長。

　　愛爾蘭工會聯合遊說團體經濟顧問保羅・史威尼（Paul Sweeney）指出，石油危機時期，愛爾蘭執政黨錯誤地以減免財產稅、增加公共建設的方式，企圖挽救經濟，結果造成政府財政債台高築，利息負擔越來越重。為了解決財政問題，政府企圖加稅。對企業而言，工資隨著物價飛漲，成本不堪承受，只得裁員，導致失業率高達 20%。對勞工而言，失業陰影籠罩，即使是幸運保有工作，名目薪水成長，但扣掉稅、物價後的實質工資有一年反而下降 4%。

　　長達十年的時間，愛爾蘭陷入了惡性循環，甚至有兩年經濟負成長。「情況真的非常、非常糟。」愛爾蘭最大工會 SIPTU 首席經濟學家歐爾登（Manus O'Riodan）說。但是愛爾蘭各界並沒有陷入互相譴責的毀滅循環中，苦日子反而把工會、政府與資方三方，逼上了談判桌。長達一年的時間，三方持續對話，凝聚了「搶救工作」與「維持實質所得」兩大焦點，簽下了長達三年的「經濟復甦專案」。專案包含，政府必須縮減公共建設支出，讓利率與物價回穩，承諾降低個人所得稅。工會承諾三年內，如果減稅，實質薪資維持，名目薪資可縮水。在經濟復甦專案三年期間，勞工名目薪資每年僅成長 1%，但因減稅，實質所得反而增加。

　　社會契約締造三贏的對話模式，已成為愛爾蘭最大的穩定力量。原本只計畫實施三年的社會契約，分別於 1990、1995、2000 年再度續約。據統計，前三次分別讓愛爾蘭勞工實質薪資增加了 8%、6%與 5.6%。

　　為什麼愛爾蘭工會不採取對峙態度？歐爾登，這位愛爾蘭工會史上首位經濟學家認為，是因為現實。不像德國、英國，工黨擁有強大的政治勢力，愛爾蘭在工業革命中缺席，長久以來就是農業國，勞動黨從來就是得票率不超過 10%的小黨。「很早我們就決定走另一條路，不能依附政治，去爭取勞工的權益。」他說。

　　愛爾蘭工會史上最重要的領袖小拉爾金（James Larkin Junior），很早就定位愛爾蘭工會必須要「理性而有智慧的運動」。譬如：在新一輪社會契約談判中，工會就主張不要再減稅，而是把稅收用在勞工再訓練、兒童照顧上，以因應產業轉型與婦女投入就業的新問題。

　　愛爾蘭證明，「苦日子的經驗是有價值的。」因為愛爾蘭運用團體協約以進行政府、勞、資三方的協調所建立的機制及方案，有效化解勞資衝突，並進而增進產能，降低失業率，達成三贏的局面，其成功的事例，不僅成為國際上的典範，也深值得我們的學習。

　　根據行政院經建會的統計指出，國際間基本工資占平均薪資比率大多在 20%到 40%之間，1992 年美國是 26.3%，日本是 26.2%，我國卻高達 50.5%。亞洲四小龍中，香港和新加坡沒有基本工資的規定，南韓的水準是 24.73%，遠比我國低。我國現行基本工資的計算方式是以前一年的消費者物價指數上升率加上一半的工業勞動生產力指數上漲率，做為調幅準則。為了使我國的基本工資水準不致偏高，應即考量將基本工資自勞動基準法中抽離，回復其「最低生活水準」的社會福利本位；其次是將其固定於平均薪資的某一比率。由於基本工資的本質既然不再單純，其調整亦牽涉廣泛，因此宜朝向下列方向努力：

　　第一、基本工資的本意既在保障勞工的最低生活水準，尤其是未領取此一最低工資或處於其邊緣的勞工，則對於這些所謂邊際勞工，一方面加強勞基法的適用及執行，取締不遵守法令

的雇主，同時增進對於十五歲到十九歲的青少年就業者的教育、訓練及就業輔導，使其就業技能及生產力得以提升，不僅得以增進其就業收入，雇主及社會亦將同受其利。這種工作容或不起眼，確為長遠之計。

第二、有關基本工資的決定因素，各國通常不外一般物價、實質工資及勞動生產力的變動。我們現行的計算公式以前一年的消費者物價指數上漲率，加上工業勞動生產力指數上升率的一半。就各國經驗來說，基本工資最後調整的幅度往往是勞工、雇主及政府三方面實際協商的結果；為了謀求長遠計，基本工資調幅所採用的計算公式仍應有合理的規劃，以做為未來勞資雙方的規範。

第三、基本工資的調整，造成如此複雜而且爭議不斷的結果，主要就是由於其關聯的相關項目太多。解決之道，或應回歸其保障勞工最低生活水準的本質，以免牽扯太多而動彈不得；是以宜將相關項目逐漸單純化。

第四、基本工資的訂定，授權由勞資雙方先行協商，是頗能符合以供需雙方或市場機能決定價格的原則。如果能夠經由勞資雙方協商的模式以建立共識，將有助於為勞工權益問題建立良好的解決模式。

陸、結語

基本工資調漲，基本精神是希望藉調整幅度達到保障勞工基本生活的目的。政府所訂定的計算公式就是依據這項主旨而訂的，公式本身是中性的，但因現行全民健保、勞工保險等福利政策在制度設計上與基本工資產生連動牽扯的結果，使得原本單純的調整案，極可能影響到整個經濟層面。我國的基本工資水準偏高，當遇及經濟不景氣時，若基本工資再調高將加重失業問題。保障就業、還是保障社會福利水準？兩者目標是衝突的，處於兩難的情況下。最好的方式，讓基本工資回歸最低工資的本義，讓市場決定，政府減少干預。同時讓基本工資卸下社會福利的角色，社福的事交由社福主管機關去決定，使得專業上的思考能帶動人事工作的持恆發展。

第二章
教師待遇

壹、前言

　　面對二十一世紀全球化趨勢及知識經濟時代的來臨，培育高級人才及社會菁英的大學，已逐漸成為社會的軸心及國家競爭力的指標，各國政府無不加速高等教育各項改革並提出措施俾為因應。面臨此轉變，國內大學亦亟思改革，尤以延攬國內外優秀人才及激勵教師提升教學及研究成效，無不積極推動，例如教育部研擬「特聘教授」支薪無上限，各大學亦有校聘講座教授，年薪可加到兩三百萬元，或研擬把教授分更多等級支薪，甚至有大學還將用千萬年薪聘諾貝爾獎得主，這些措施，均有助大學延攬及留住優秀人才。為建構更有利大學創造學術發展環境，提升大學的競爭力，以達成追求卓越的目標，教育部近年來亦積極推動大學落實績效管理之相關法令鬆綁。例如，活絡人力運用（放寬教師借調，鼓勵教師投入產學合作；放寬教師配合產學合作辦理留職停薪借調公民營企業之年資得予採認併計退休、撫卹；訂定行政人力契僱化實施原則，使大學得以彈性用人）、建立教師淘汰機制（賦予大學另訂教師停聘、解聘、不續聘之事由及程序；加強不適任教師處理之作業流程）及推動教師待遇績效化（建立大專校院教師學術研究費彈性支給制度；授權大學辦理教師績效獎金）。

　　目前大專教師分為講師、助理教授、副教授、教授等四個等級，除了規定教學時數外，同一等級教師均支領相同的薪資，雖不同工卻同酬。再者，以年資、學經歷為決定教師薪俸的依據，對於教師教學研究之績效並未予以衡量，因此，有部分的大專教師除了應授課的時數外，不作任何的研究，也不改進教學，如此對於大學之競爭力自然產生嚴重影響；同時亦形成不公平現象，進而影響其他教師產生「減少投入」之行為。

貳、西方大學教師薪資借鑑

　　根據 2004 年 5 月 7 日美國高等教育紀事報報導：大學專業協會的人力資源部（College and University Professional Association for Human Resource）針對全美 793 所四年制的公私立大學以及其中的 186,411 名教授所作的一份調查顯示，今年全美大學教授薪資的平均成長率只有 2.1%，為三十年來最小的漲幅。該調查指出，因為今年政府預算縮減，公立大學教授的薪資漲幅也跟著縮水，由去年的 2.8%降為 1.4%。私立大學教授薪水今年的漲幅雖然也比去年為低，但仍有 3.3%的漲幅。其中薪資最高的是蟬連六年的法律系教授，其平均年薪為 109,478 美元，是英文系教授薪資的兩倍。排名第二與第三名的分別是工學系教授的 84,784 美元以及商學系教授的

79,931 美元。排名最後的分別是英文系教授的 54,756 美元以及護理系教授的 53,755 美元。造成薪資相差懸殊的其中的一個原因是，大部分的法律系教授為全職教授，而其他系所則擁有較少的全職教授。該調查同時指出，公立與私立教授的薪資相差不多。但其中有加入工會的公立大學教授的薪資，比未加入的教授的薪資平均高出 3,460 美元。

具體來看，薪酬在人事管理上具有以下幾個方面的特性：

1. 策略性。全面薪酬管理的關鍵就在於根據組織的經營政策和組織文化制定全方位薪酬規範，它著眼於可能影響績效的薪酬制度，它要求運用所有各種可能的思維——基本薪酬、可變薪酬、間接薪酬——來達到適當的績效目標，從而力圖最大限度地發揮薪酬對於組織作為的支應功效。

2. 激勵性。全面薪酬管理關注組織的經營，是組織價值觀、績效期望以及績效標準的一種很好傳播者，它會對與組織目標保持一致的結果和行為給與報酬（重點是讓那些績效足以讓組織滿意以及績效優異的人得到經濟回報，對於績效不足者，則會誘導他們離開組織）。實際上，關注績效而不是等級秩序是全面薪酬規則的一個至關重要的特徵。

2003-2004 四年制大學教授平均薪資表

系所	合計	公立大學	私立大學
農業相關	$66,287	$66,976	$48,842
建築	66,230	65,023	70,340
生物	63,988	65,287	61,199
商學	79,931	80,907	78,255
大眾傳播	55,289	55,342	55,202
電腦與資訊	73,241	74,835	70,080
教育	56,901	57,403	55,527
工學	84,784	84,208	86,245
英文	54,756	53,467	57,292
歷史	60,646	59,334	62,488
法律	109,478	104,811	112,173
圖書館管理	57,159	57,643	55,518
數學	61,761	61,489	62,374
護理	53,755	54,401	52,513
物理	67,186	67,387	66,765
心理	62,094	62,467	61,491
公共行政	59,621	59,527	59,842
社會	64,712	63,275	67,385
總計	64,214	63,886	64,842

3. 靈活性。全面薪酬策略認為，並不存在適用於所有組織的所謂最佳薪酬方案。組織應當能夠根據不同的要求設計出不同的薪酬應對方案，以充分滿足組織對靈活性的要求，從而幫助組織更加適應不斷變化的環境和客戶的需求。

4. 創新性。與舊有薪酬制度類似，全面薪酬管理也沿襲了譬如收益分享這樣一些傳統的管理舉措；但在具體使用時，管理者卻採取了不同於以往的方式，以使其應用於不同的環境，並因時因地加以改進。從而使它們更好地支援各項管理措施。全面薪酬方案非常強調的一點是，薪酬制度的設計必須取決於組織的策略和目標，充分發揮良好的導向作用，而不能是機械地照搬原有的一些做法，或者是簡單地拷貝其他組織的薪酬計畫。

5. 溝通性。全面薪酬策略強調透過薪酬系統將組織的價值觀、使命、方案、規劃以及組織的未來前景傳遞給員工，界定好員工在上述每一種要素中將要扮演的角色，從而實現組織和員工之間的價值觀共用和目標認同。此外，全面薪酬策略非常重視制定和實施全面薪酬管理策略的過程，這是因為它把制定計畫的過程本身看成是一種溝通的過程，透過這樣一個過程使員工能夠理解，組織為什麼要在薪酬領域採取某些特定的行動。

參、大學教師待遇現況

目前大學教師待遇的類型，約可歸類為二種，一為功績俸，即教師服務滿一學年，予以晉一級，或升等通過，晉高一等級並依等級支領學術研究加給，另支年終給與年終工作獎金等屬之。二為變動薪，如教師申請研究計畫支領之酬勞，或教學超支鐘點支領超支鐘點費，或教師校外兼職支領之酬勞，或榮獲教學獎、研究獎所獲得之獎金，或獲聘講座教授另支酬勞等。

人才之遴聘、任用均與待遇制度高度密切相關，大學教師亦復如此。待遇不僅為教師工作勞務之報酬，也是人力激勵政策最基本之工具，其俸額給付之厚薄，除兼顧其相當之生活維持，俾能瞻家養廉外，亦視其級別高低與責任輕重，以及工作多寡與學問淵博等因素審酌決定。公務人員俸給法第 26 條規定，教育人員及公營事業人員之俸給，均另以法律定之。另教師法第 20 條規定，教師之待遇，另以法律定之。公立大學教師之待遇，在目前「教師待遇條例草案」尚未經完成立法，「全國軍公教人員待遇支給辦法」為公校教育人員待遇實施的依據。

教師法第 19 條規定，教師之待遇分本薪（年功薪）、加給及獎金三種。專科以上學校教師之本薪以級別、學經歷及年資敘定薪級。加給分為職務加給、學術研究加給及地域加給。狹義之待遇係指教師之本薪（年功薪）、學術研究費及加給，係按月支給；而廣義之待遇除前述三項外，尚包括生活津貼補助、其他兼職及福利措施等。

一、本薪：係指各等級人員依法應領取之基本薪，而「年功薪」係指高於本薪最高級之薪給；均係按月計發。本薪部分共分 39 級，採薪額制，最低 90 元、最高 770 元。教授本薪為 475 元-680 元、年功薪至 770 元；副教授本薪為 390 元-600 元、年功薪至 710 元；助理教授本薪為 310 元-500 元、年功薪至 650 元；講師本薪為 245 元-450 元、年功薪至 625 元。（另有

助教不列入教師範疇，其本薪為 200 元-330 元、年功薪至 450 元）。每位大學教師均以所聘等級本薪最低級起敘，但具有較高等級教師聘任資格，而先以較低等級教師聘任者，得比照較高級教師之本薪最低級起敘。起敘後，原則上每服務滿一學年予以晉敘一級，至本薪最高級。晉年功薪則依「大學及專科學校教師年功加俸辦法」規定，於學年終了前一個月，依據教學、研究、服務評定給予年功加俸，每年一級，按年遞晉至本職最高年功薪為止。另於教師任職前，具有相當服務成績優良之年資，得在本職年功薪最高範圍內採計年資提敘薪級。

二、學術研究費：對教師從事教學、研究而給與學術研究加給，按所聘教授、副教授、助理教授及講師四級支給；依「公立大專校院教育人員學術研究費表」規定，給各職稱之教師學術研究費，按月計發。

三、加給：係指本薪、年功薪之外，因所任職務種類、性質與服務地區之不同，而另加之給與，按月計發。加給分下列三種：

1. 職務加給：對主管人員或職責繁重或工作具有危險性者加給之。

2. 技術或專業加給：對技術或專業人員加給之。

3. 地域加給：對服務偏遠或特殊地區與國外者加給之。

四、獎金：係指為獎勵教學績優、工作表現優良、辛勞所發之給與，通常係定期或不定期核發，如於農曆春節前十日發給之軍公教年終工作獎金、各大學訂頒之傑出教學獎、教育部之國家講座等。另外尚有績效獎金。

五、福利措施：福利之給與較薪給更具彈性，並可彌補俸給之不足；惟二者相互配合，有利於健全待遇制度。目前公立教師之福利項目均與公務員相同，除有結婚、生育、喪葬、子女教育等補助外，亦有輔購住宅貸款、文康活動、生日禮券、員工自費團體保險等。

　　大學新聘教師之薪級核敘，以所聘等級之本薪最低級起敘，例如講師係以 245 薪點、助理教授 310 薪點、副教授 390 薪點、教授 475 薪點起敘。另講師本薪十二級，年功薪七級；助理教授本薪十級，年功薪六級；副教授本薪十一級，年功薪三級；教授本薪九級，年功薪三級；教師任教滿一年，服務成績優良者提敘一級。依公務人員俸給法第 19 條規定，各機關不得另行自定俸給項目及數額支給，未經權責機關核准而自定項目及數額支給或不依規定項目及數額支給者，審計機關應不准核銷，並予追繳。

　　新聘教師如有年資提敘，依「大專校院講師以上教師採計曾任國內外私人機構年資提敘薪級原則」，提經系（所）教評會採計其與級別相當、性質相同之年資，依規定之程式彙送校教評會審議通過後，提敘其薪級。

　　上述教師待遇，仍援引比照公務人員待遇的架構，屬於教師基本薪俸，是基本固定薪，僅以滿足教師生活需要為考量，以年資、學經歷為決定教師薪俸的依據，對於教師教學研究之績效並未予以衡量，當然無法達到激勵作用，更無法延攬到優秀師資，也無法留住優秀人才，為期改進此項待遇制度的缺失並有助大學延攬及留住優秀人才，大學教師待遇績效化（尤其變動薪制）確有儘速予以建立與推動之必要。

肆、大學教師待遇制度

　　薪酬體系的建立是一項複雜而龐大的工程，不能只靠文字的堆砌和閉門造車的思考來完成薪酬體系的設計。大專校院各級教師之學術研究費，現制係採固定數額、齊頭式的標準支給。行政院為落實公教分離政策，建立大專校院教師績效待遇制度，經教育部研擬「公立大專校院教師學術研究費分級」制度，於 93 年 9 月 2 日奉行政院院授人給字第 0930027302 號函核定「公立大專校院教育人員學術研究費表」，並自 93 年 8 月 1 日起由各校自行決定實施日期。其學術研究費改採彈性數額、非齊頭式的標準支給，亦即採績效經評鑑後支給，由各校自訂分級標準。然而，由於其考量上無法整合大學的期待，致該學術研究費分級制迄今尚無大學正式施行。就其所遭遇問題：

一、法制面：教師法第 19 條第 3 項規定，教師待遇之加給，分為職務加給、學術研究加給及地域加給三種，教師學術研究加給暨其支給級數係法律所明定，屬法定待遇之一。若以行政命令將學術研究費依教授、副教授、助理教授、講師等職稱再予上下分級，將與上述法律規定之待遇權益保障有悖。

二、經費面：學術研究費分級制應在不調整人事總經費，不增加政府公務預算負擔以及不發生短絀之前提下施行，當部分教師調增學術研究費時，必須相對調降部分教師學術研究費，對教師之法定薪資勢將造成衝擊，將與教師法規定之待遇權益保障有悖，恐致申訴案件不斷。

三、激勵面：每一職別最高與最低金額，僅為原來學術研究費之 30%，能運用於分級之金額不大，激勵作用太小。而評估程序複雜，行政成本與成效幾乎不成比例。

四、效果面：當學年度新進（或調校）教師之學術研究費，以不低於現行未實施分級制各職稱學術研究費數額標準為原則，此項規定使得新進或調校之教師免除評鑑之壓力，因而形成反效果。

五、實務面：每一職別最高金額，僅為原來學術研究費 1.3 倍，增加 30%；至於每一職別之最低金額，為原來學術研究費 0.7 倍，減低 30%，學術研究費能運用於分級之金額不大，激勵太小。以教授而言，教師經歷一番評估後，最多也只比現行標準多出 1 萬 5 千多元，比起其他學術獎勵動輒數十萬元之獎勵，激勵效果不大。況且評估程序複雜，而獎勵金額不多，行政成本與成效不成比例。同時若當學年度新進（或調校）教師之學術研究費，以不低於現行未實施分級制各職稱學術研究費數額標準為原則，此項規定將影響學校延攬優秀人才，雖為原則，惟仍有限制之虞。

　　具體解決方案：

一、教師待遇條例正立法中，建議增訂，教師學術研究加給得依評鑑結果訂定分級支給之規定，俾有法源依據。

二、依激勵期望理論、公平理論及增強理論的觀點，所增加的待遇必須是員工認為有價值，績效待遇應考量投入因素，加薪的額度必須與績效表現成正比。惟行政院核定之學術研究費

分級制却規定應在不調整人事總經費，不增加政府公務預算負擔及不發生短絀之前提下施行，實與前述理論有違。因此，建議刪除此項限制，改由各校在學校總預算下支應。

三、學術研究費分級所增級數的差額，得不以學術研究費名目支給，改以「學術研究補助（或獎勵）金」或其他加給以外之名目，依「國立大學校院校務基金及監督辦法」第 9 條規定之經費支應。

四、每一職別最高金額，僅為原來學術研究費 1.3 倍，增加幅度太小，缺乏激勵效果，建議授權由各校自訂標準。

五、建議刪除「新進（或調校）教師之學術研究費，以不低於現行未實施分級制各職稱學術研究費數額標準為原則」之規定，改由各校依其聘任前的學術、研究地位及水準，自訂支給標準。

六、講師、助理教授、副教授各等級於學術成就、研究成果、教學表現及行政服務績效，於教師升等時，即可改支較高等級之學術研究費予以肯定，故可以不必向上增設級數，僅需在教授等級向上增設一級（或二級）即可。惟各級教師等級可向下調降一級，其標準為次一等級教師未實施分級制之標準，講師以未實施分級制之標準向下調降 20%，以簡化分級及避免重複辦理評估。

七、教授支領高一級數學術研究費之人數，以其教授人數之 30％為上限（教授等級如向上增設一級，可聘為特聘教授；如向上增設二級，最高一級可聘為講座教授，以其教授人數之 5% 為上限，次高一級可聘為特聘教授，以其教授人數之 25%為上限），以免失去激勵效果。又各級教師依各校自訂評估辦法未通過評估者，得第一次維持原支等級，第二次評估仍未通過者，改支降一等級學術研究費，或直接第一次即改支降一等級學術研究費。

八、大學教師為高級知識份子，自主性強，實施學術研究費分級亦可考慮先訂定分級之績效標準，公告周知，由教師自行選擇等級，學年度終了，由教師自評後，學校再據以評定是否達到所訂之績效標準。

九、建請教育部調查各國教師待遇支給情況，重新訂定足以維持教師基本生活及激發教師教學研究服務績效之合理的教師待遇。

伍、教師績效獎金制度

合理的薪酬制度首先必須是公平的，只有公平的薪酬才是有激勵作用的薪酬。但公平不是平均，真正公平的薪酬應該體現在個人公平、內部公平和外部公平三個方面。所謂個人公平就是員工對自己的貢獻和得到的薪酬感到滿意。在某種程度上講，薪酬即是組織對員工工作和貢獻的一種承認，員工對薪酬的滿意度也是員工對組織忠誠度的一種決定因素。所謂內部公平就是員工的薪酬在組織內部貢獻度及工作績效與薪酬之間關係的公平性。內部公平主要表現在兩

個方面，一是同等貢獻度及同等工作績效的員工無論他們的身分如何（即無論是正式職還是聘用職），他們的薪酬應該對等，不能有歧視性的差別。

　　目前尚無大學辦理教師績效獎金制度，惟有部分學校自訂「教學優良教師遴選與獎勵辦法」及「學術研究貢獻獎勵辦法」，其獎勵標準及獎勵方式各有不同，端視各校經費而定。以台大為例，教學優良教師獎勵分為傑出教學獎及優良教學獎。傑出教學獎以全校教師總人數 1%（約 25 名），每人發給獎狀一面及獎金新台幣 10 萬元；優良教學獎以全校教師總人數 4%（約 100 名），每人發給獎狀一面，無獎金。學術研究貢獻獎分人文社會領域之研究貢獻，至多 6 名（可個人或團體），每人或團隊發給獎牌一面及獎金新台幣 10 萬元；SCI 學術期刊論文發表之學術貢獻，至多 40 名（可個人或團體），每人或團隊發給獎牌一面及獎金新台幣 10 萬元；其他方面之研究貢獻，至多 10 名（可個人或團體），每人或團隊發給獎牌一面及獎金新台幣 10 萬元。但這項作為仍有需改善處：

一、各校已自訂各類變動薪之激勵措施，且係以教師之「教學、研究及服務」之績效，給與不等之獎勵金。以台灣大學為例，有：「講座設置辦法」、「傅斯年獎設置辦法（含提升人文社會領域學術研究、SCI 學術期刊論文發表、學術研究貢獻）」、「教學優良教師遴選與獎勵辦法」等等。而教師評估制度亦係以教師之「教學、研究及服務」各項績效為評估標準，進而為升等或學術研究費分級之依據。於有限經費人力之下，重複以「教學、研究及服務」各項績效，以不同之指標辦理評估給與績效獎金，似非合理。

二、教師評量機制是實施績效獎金最重要的關鍵，惟教師績效評量指標及評量標準、評量程序、評量人員的組成及專業性，不易建立公正性與客觀性的規範。

三、經費來源的穩定性是實施教師績效獎金必須先決的要件，以校務基金自籌經費為財源，相當有限且不穩定，於經費支應上會有困難。

四、獎金數額因各校規模而有差異，難有足夠的誘因。

　　薪酬是對人力資源價值進行分配的體現，人力資源價值從三個方面進行衡量：一是職位的價值差異，二是因員工個人能力不同而產生的個人價值差異，三是員工在一定工作時期內的具體工作成果差異。因此，薪酬體系的構建必須基於對這三方面價值的衡量。具體解決方案：

一、教師待遇條例正立法中，建議將「績效獎金」修改為「獎金」，使績效待遇制度更為適當及更有彈性之法源依據。

二、各校檢討現行的彈性待遇措施，整合訂定「教師教學研究服務卓越獎勵辦法」以取代績效獎金制度，以免各制度間之重疊，並減省經費、人力，達較高之激勵效果。

三、教育部如需訂定一致性之原則規範，應考量環境、學校及個人因素之不同，賦予學校充分自主決定權。

四、學校應建立嚴謹之教師評鑑機制，評鑑項目應包括教學表現、研究結果及行政服務；評鑑項目權重配分，可參考玄奘大學專任教師年度績效評量辦法及專任教師教學研究服務績效評分表，分為基本配分（占 70%）及自選加分，兩者合計 100 分，超過 100 分以 100 分計。

「基本配分」各評分項目為專任教師在教學、研究及服務方面，應共同達到之最低基本要求標準。「自選加分」則由各專任教師依其本身志趣專長及發展趨向，自選教學、研究及服務各面向加分項目。

五、教師評鑑方式得包括系（所）院評鑑、教師自評、教師同儕評鑑、學生評鑑與其他評鑑。評鑑期間各依教師級別為三或五年辦理一次，評鑑結果不合標準者，除學術研究費得予降一級外，尚可給予不得提出升等、不予晉薪、不得超授鐘點、不得在外兼職兼課等機制，如評鑑第二次仍未通過者，亦得考慮經三級教評會審議不予續聘或解聘。

薪酬的激勵作用是大家都承認的，但如何處理好薪酬體系的短期激勵和長期激勵的關係是一個更重要的問題。要處理好薪酬的短期激勵和長期激勵的關係，應該處理好以下幾個問題：一、必須全面地認識薪酬的範疇，薪酬不僅僅是薪資，它應該是包括各類獎金、各類津貼、各類福利的一個整體系統。二、在設計薪酬方案的時候，首要考慮的因素應該是公平性。公平性是好的薪酬方案激勵性和競爭性的基礎。三、在處理薪酬各部分的時候，要區別對待。對各類薪資、獎金，就應該按職位和貢獻而有不同給與，而對於各類福利就應該平等，不能人為而製造不公的等級。

陸、教師績效獎勵制度的建議

人事人員常需思考如何建立績效獎勵制度以激勵大學教師，使其能奉獻心力於教學、研究及服務上，進而提升高等教育之品質，創造世界一流學府。由於大學教師是我國高等教育之基石，也是培育未來社會棟樑的根基，是以大學教師績效待遇的設計有其必然的重要性。為使大學的薪資制度合理化、彈性化，應充分授權各大學運用人事及經費，依教師教學及研究不同的績效而給與差別化的待遇，以免僵化的人事及敘薪制度影響整體的高教發展；再者，激勵因素並不僅限於「財務性的報償」，個人的行為表現常常受到其他因素的影響。本文提出以下幾點改進建議：

一、擴大同級教師間薪資的差距：大專教師除了分成教授、副教授等數個等級之外，每個等級之間應該還有更多的級距，每個級距間的薪資結構也可以設計極大的差距，之後再根據教師教學、研究、學術地位的結果，給與不同的薪資，這樣才能打破齊頭式假平等的薪資制度，產生真正的誘因，以激勵教師卓越的教學、研究行為。

二、設立嚴謹的升等制度：教師升等其實是大學教師最在意的事，而升等主要目的是對教師過去的成就予以肯定，同時也賦予未來教學、研究的重責大任，因此升等不能只關注於研究成果，應該使教學、服務成績也成為教師升等之重要考量因素，建立一套更嚴謹、更全方位的升等制度，促進教師更願意投注心力於教學。

三、建立公平的評鑑制度：為了實行差距極大的薪級制度，必須建立公平、公開的獎優汰劣的評鑑制度。學校可以透過教學、研究、服務的評鑑，對教師的績效作客觀的評估；評量指

標應配合校務發展目標，分別考量新進教師（延攬人才）和現職教師（留住人才）不同的彈性待遇措施；評鑑內容必須教學、研究及服務績效三者齊備。目前各校對於教師學術成果的評量包括撰寫的論文數、被引用的論文數及發表於期刊的論文數，藉由量化的數字績效具體呈現了個人的研究成果；但教學是一種主觀陳述客觀知識的過程，不易量化，加以教學成效並不容易立竿見影，假如一味藉由主觀的評鑑予以量化，往往有失客觀的真實，如能加強對教學的評鑑，深入瞭解教師對教學的投入及用心，將可有助於學校及教師整體研究及教學的發展；同樣，對表現不佳之教師，亦應有淘汰或退場之機制，如不予晉級、調降學術研究費、不得校外兼職兼課、不得超支鐘點費或不予續聘、解聘等。

四、使大學擁有自行決定使用方式的研究經費：目前政府核給各國立大學經費都是依據各校學生及教師人數，並未依各校表現核給，教育部應訂定明確的評鑑指標，根據各校表現的評鑑結果核給各校可自行決定使用方式的經費，鼓勵教師從事長期性、基礎性、原創性的研究。

五、建立以績效為基礎的酬賞制度（Performance-based Reward System）：採取以績效為基礎的獎懲制度，以提升每位教師研究生產力。獎勵部分包括薪資計算及一段只作研究（Research only）的時間，以提升每位教師的研究生產力。每位教師薪資的計算包括兩部分：1.基礎薪資及 2.依個人研究表現的薪資（例如占教師薪資的 10%-50%）。公布每位教師研究表現年報或雙年報（annual report of publication），產生同儕壓力，以提升每位教師的研究生產力。至於個人研究表現的指標宜包括：論文引用率、影響係數、國際著名出版社出版的書籍（尤其是人文、社會領域）、國際學者審查、國際學術獎勵等。

六、凝聚共識的評鑑制度，才能發揮預期效果：教師績效獎勵制度的目的為激勵教師致力於教學、研究及服務以提升全校教育水準，以各項指標評量教師學年度表現，再根據其結果給予精神上及實質上之鼓勵，因為直接影響教師之薪資（變動薪部分）及升等（為教師最關切的問題），需要能凝聚教師們的共識，透過全校教師參與，才能使此制度普遍為教師們所接受。

七、形成社會規範，增強教師績效行為：依據績效行為理論，人的行為意圖反映個人對從事某項行為的意願，是預測行為最好的指標。人的行為由三個構面所組成：對該行為所持的態度；社會規範；行為控制知覺。所以，教師對教師評鑑制度的態度愈正面、所感受到周遭的社會壓力愈大（例如同儕的態度、學校的要求），以及對該行為認定的實際控制越多（例如影響升等），則個人採行績效行為的意向將愈強；是以，欲提升教師之研究、教學與服務之品質，是否只是從獎金上著手，或是尚有其他激勵因子，仍為值得教育主管機關思考的問題。

八、評量指標應配合校務發展目標，分別考量新進教師（延攬人才）和現職教師（留住人才）不同的彈性待遇措施。新進教師部分，可額外給與特別津貼、補助圖儀設備經費、安置其住宿及小孩就學、減免部分授課時數、設置新進教師研究獎勵等措施。現職教師部分，可

額外在教授之上增置特聘教授、講座教授，給與額外優渥待遇，其學術研究加給，在教授之上增設二級核給；另如訂定績效評量辦法，依教學、研究、服務之表現支給獎金；如設置學術期刊論文發表獎勵、出國參加國際學術會議補助、圖儀設備經費補助、減免授課時數等措施。

柒、結語

在現代組織人力資源管理中，薪酬管理是非常重要的內容，建立合理的有競爭力的薪酬體系，充分發揮薪酬體系的激勵作用，是一項非常重要的工作。大學以推動學術研究為主要目的，惟有尊重學術自由、強調學校自主，依據教師專業能力、成就及績效，規劃設計合理的彈性待遇制度，才能提升高等教育品質。根據 2004 年 3 月 19 日洛杉磯時報報導：「南加大以高薪吸引優秀學者」，當美國公立大學陷入經濟困境的時候，南加大（University of Southern California）宣布，到 2003 年為止，一個由 1993 年開始且目標為 10 億的募款計畫，總共為該校募集到了約 28 億 5 千萬美元的資金。校方運用了其中的 1 億美金吸引學術界頂尖的學者來該校任教，其中包括了原任教於普林斯頓大學的哲學系教授 Scott Soames、加州理工學院的歷史學家 William Deverell、加州大學聖地牙哥校區的分子生物學家 Susan Forsburg、美國文學家 John Rowe、性別學家 Judith Halberstam、以及加州大學戴維斯校區的語言學家 Jeffrey King。最新的 U.S. News & World Repot 指出，南加大在全美研究型大學中的排名由十年前的第四十二名上升至今年第三十名，但仍落後於一些同樣位於加州的大學。例如，排名同列第五名的史丹福大學與加州理工學院、第二十一名的加州大學柏克萊校區、以及第二十六名的加州大學洛杉磯校區。在學科方面，南加大的電影學院為全美第一名，工學院為第八名，法學院為第十八名，商學院為第二十名，教育學院為第二十二名。隨著有了許多優秀的學者加入之後，該校的學術排名可望獲得提升。但是有些教授並不贊成以高薪吸引優秀的學者這樣的做法。社會學教授 Judith Stacey 表示，南加大過於著重於歷史、英文、與經濟領域，而忽視了其他領域的需求。全國公共政策與高等教育中心的負責人 Patrick Callan 指出，南加大的做法只會提高高等教育的花費，但並不會提高教學品質。Callan 表示，除非該校能吸引許多優秀的年輕學者加入，否則將來別的學校也會用同樣的方式把優秀的教授挖走。這顯然是在推動教師績效獎勵制度時值得我們省思的。

附錄

國立○○大學教師學術研究費分級制實施要點

一、國立○○大學（以下簡稱本校）為落實大學自治，提升學術競爭力，特參照教育部「公立大專校院教育人員學術研究費表」訂定本要點。

二、本要點適用對象為本校編制內專任教師；編制內專任研究人員及擔任教學專業技術人員比照辦理。

三、本校學術研究費分級標準，如附表。

四、本校教授級教師至少應每三年經由評估依其學術成就、研究成果、教學表現及行政服務績效，重新評定其學術研究費等級。副教授以下教師之評估，配合學院教師評估辦理。

五、本校教授級教師學術研究費分級評定作業由各學院辦理，體育室及師資培育中心專任教師分別由共同教育委員會及教務處辦理。其學術研究費分級實施要點由各學院（處、委員會）訂定，並經校教評會審議通過後實施。

六、各學院（處、委員會）符合支領教授第一級標準者，最高以各學院（處、委員會）教授級教師之30%為限；惟實施第一年最高為10%，第二年最高為20%，第三年以後每年最高為30%。其餘評估通過者，維持支領第二級學術研究費。

各學院（處、委員會）副教授以下教師經評估通過者，仍維持支領第二級學術研究費。

七、本校教師依本校各學院評估辦法未通過評估者，第一次維持原支等級（第二級），第二次再評估仍未獲通過者，改支第三級學術研究費。

八、新進各級教師在未接受評估前，以支領第二級學術研究費為原則。

九、評估作業由各學院（處、委員會）於辦理當學年之四月底前完成報校，經校教評會通過後，自次一學年度起執行學術研究費分級結果。

十、各級教師對核定之學術研究費如有異議者，得於接獲書面通知之次日起十五日內以書面檢具具體證據，向校教評會提出申覆。

十一、各研究中心各級研究人員及擔任教學專業技術人員之評估，由所屬一級單位比照本要點之規定自行辦理。

十二、學術研究費總經費以不調整人事總經費為原則，惟必要時得依「國立大學校院校務基金管理及監督辦法」規定，由本校自籌經費下勻支。

十三、本校應將年度執行情形報請教育部備查。

十四、本要點未盡事宜，悉依相關規定辦理。

十五、本要點經校務會議通過後實施，修正時亦同。

第三章
薪資管理

激勵的依據是績效評估，激勵的手段是薪酬分配，而激勵的目的在於使組織價值的創造者發揮主動性和創造力，從而為組織與個人帶來更多的利益。因此，在分析薪酬體系如何與組織管理體系結合這個問題之前，必須明白組織薪資管理體系的構成部分。

壹、薪資管理的內涵

薪酬應包括：1.薪資：薪資又分計時薪資、計件薪資。薪資制度分職務薪資制、職能薪資制、結構薪資制。2.津貼：津貼分地域性津貼、生活性津貼、勞動性津貼。3.獎金：獎金分考勤獎金、效益獎金、專案獎金、年終獎金等。4.福利：福利分社會保險福利、用人單位職場福利。

每個職位的報酬首先應該根據該職位的職位評估來確定，然後根據組織的具體情況做適當的調整，開發人員的高報酬必須拿得有理有據，這就需要我們在設計報酬結構時，將基本薪資和技能等級薪資區分開來，基本薪資對於同等資歷的人應該是相同的，差別體現在技能等級薪資中。例如兩名同時畢業的應屆畢業生，他們的基本薪資應該是相同的，但由於從事的工作職位不同，技能薪資可能在不同的級別上，進行開發工作的應屆生級別較高些。這樣在一開始就拉大了報酬。但對於某些組織，在一開始同等資歷的員工拿相同的報酬可能更有利於管理。另外對不同職位的員工採用不同的技能薪資標準也能合理地得到報酬。

在現代人力資源管理中，薪酬管理是非常重要的內容，建立合理的有競爭力的薪酬體系，充分發揮薪酬體系於組織管理的作用，是一項非常重要的工作。現代管理要求建立適應現代制度和市場競爭要求的薪酬分配體系，新型的薪酬管理體系是「以人為本」組織管理制度的重要組成部分。本文就設計薪酬體系的基本程式以及薪酬體系設計中遵循以下幾個基本程式：

一、合理而詳盡的職位分析：職位分析是薪酬管理的基礎。職位分析也可稱為工作分析，即根據組織發展策略的要求，透過採用問卷法、觀察法、訪談法、日誌法等手段，對組織所設的各類職位的工作內容、工作方法、工作環境以及工作執行者應該具備的知識、能力、技能、經驗等進行詳細的描述，最後形成職位說明書和工作規範。職位分析是一項基礎工作，分析活動需要人力資源部、員工及其主管透過共同努力和合作來完成。員工的薪資都是與自己的工作職位所要求的工作內容、工作責任、任職要求等緊密相連的。因此，科學而合理地分配薪酬必須同員工所從事工作職位的內容、責任、權利、任職要求所確立的該職位

在組織中的價值相適應。這個價值是以科學的方法和工具分析得來的，它能夠從基本上保證薪酬的公平性和科學性，也是破除平均主義的必要手段。

二、公平合理的的職位評價：職位評價是在對組織中存在的所有職位的相對價值進行科學分析的基礎上，以分類法、排序法、比較法和要素點值法等方法對職位進行排序的過程。職位評價是薪酬管理體系關鍵環節，要充分發揮薪酬機制的激勵和約束作用，最大限度地激勵員工的工作主動性、積極性和創造性，在設計薪酬體系時就必須進行職位評價。

三、薪酬市場調查：薪酬的外部公平性是對組織薪酬水平與同行業、本地區勞動力市場價格相比較是否平衡的要求。組織的薪酬體系要達到這個目的，就必須在薪酬體系設計之初進行詳細的薪酬市場調查。只有這樣，才能保證薪酬體系的激勵性和吸引力，才能真正發揮激勵的作用。

四、薪酬方案的草擬：在完成了上述三個階段的工作，掌握了詳盡的資料之後，才能進行薪酬方案的草擬工作。薪酬體系方案的草擬就是要對各項資料及情況進行深入分析的基礎上，運用人力資源管理的知識開始薪酬體系的書面設計工作。

五、方案的評估：薪酬方案草擬結束後，不能立刻進行實施，必須對草案進行認真的評估。其主要目的是運用類比運行的方式來檢驗草案的可行性、可操作性，預測薪酬草案的激勵作用是否能夠很好地發揮。

六、方案的宣傳和執行：經過認真評估以後，應對評估中發現的問題和不足進行調整，然後就可以對薪酬方案進行必要的宣傳或培訓。薪酬方案不僅要得到組織上中層的支援，更應該得到廣大員工的認同。經過充分的宣傳、溝通和培訓，薪酬方案即可進入執行階段。

七、回饋及修正：薪酬方案執行過程中的回饋和修正是必要的，這樣才能保證薪酬制度長期、有效實施。

貳、薪資建置應有的作為

薪酬是對人力資源價值進行分配的體現，人力資源價值從三個方面進行衡量：一是職位的價值差異，二是因員工個人能力不同而產生的個人價值差異，三是員工在一定工作時期內的具體工作成果差異。因此，薪酬體系的構建必須基於對這三方面價值的衡量。對薪酬體系進行定期的調整也是十分必要的。至於，薪酬體系設計過程中應該注意的問題，包括：

一、公平性是薪酬制度的基本要求

合理的薪酬制度首先必須是公平的，只有公平的薪酬才是有激勵作用的薪酬。但公平不是平均，真正公平的薪酬應該體現在個人公平、內部公平和外部公平三個方面。所謂個人公平就是員工對自己的貢獻和得到的薪酬感到滿意。在某種程度上講，薪酬即是組織對員工工作和貢獻的一種承認，員工對薪酬的滿意度也是員工對組織忠誠度的一種決定因素。所謂內部公平就

是員工的薪酬在內部貢獻度及工作績效與薪酬之間關係的公平性。內部公平主要表現在兩個方面，一是同等貢獻度及同等工作績效的員工無論他們的身分如何，他們的薪酬應該對等，不能有歧視性的差別。二是不同貢獻度職位的薪酬差異應與其貢獻度的差異相對應，不能刻意地製造職位等級差異。外部公平是指組織的薪酬水平相對於本地區、同行業內在勞動力市場的公平性。科學管理之父泰勒對此有深刻的認識，他認為，組織必須在能夠招到適合職位要求的員工的薪酬水平上增加一份激勵薪酬，以保證這份工作是該員工所能找到的最高薪資。這樣，一旦員工失去這份工作，將很難在社會上找到相似收入的工作。因此，一旦員工失去工作，就承擔了很大的機會成本。只有這樣，員工才會珍惜這份工作，努力完成工作要求。外部公平要求組織的整體薪資水平保持在一個合理的程度上，同時對於市場緊缺人才實行特殊的激勵政策，並關注職位技能在人才市場上的通用性。

二、應充分認識到薪酬在人力資源管理中的重要性

薪酬在人力資源管理中有著非常重要的作用，作為組織經營者和人力資源管理人員必須對薪酬的重要性及其激勵作用有清楚的認識。正如「得到的取決於付出的」一樣，「付出的依賴於得到的」也是人力資源管理中的重要定理。現在，薪酬不再被看作是一種不可避免的成本支出，而是應該被看作一種完成組織目標的強有力的工具，看成組織用人留人的有效的標準。要充分認識到薪酬在組織人力資源管理中的重要性，就必須對薪酬進行正確的定位。薪酬能為組織做什麼，不能做什麼？任何一家組織的薪酬設計以及管理過程都是建立在對此問題回答基礎上，而許多組織在薪酬管理方面出現失誤往往都是由於未能認真思考及對待這一問題。從薪酬管理的實踐來看，唯薪酬論和薪酬無用論都是片面的，都是不正確的。因此，一方面要承認，較高的薪酬對於某些一般還是有較明顯的激勵作用。但在另一方面又必須清楚地認識到，對於部分人才而言，「金錢不是萬能的」，加薪產生的積極作用也同樣遵循邊際收益遞增然後遞減的規律。而減薪之前更要考慮穩定性的因素。

三、薪酬制度的設計必須兼顧好短期激勵和長期激勵的關係

薪酬的激勵作用是大家都承認的，但如何處理好薪酬體系的短期激勵和長期激勵的關係是一個更重要的問題。要處理好薪酬的短期激勵和長期激勵的關係，應該處理好以下幾個問題：第一、必須全面地認識薪酬的範疇，薪酬不僅僅是薪資，它應該是包括各類薪資（基本薪資、職位薪資、績效薪資等）、獎金、各類津貼、各類福利的一個整體系統。第二、在設計薪酬方案的時候，首要考慮的因素應該是公平性。公平性是好的薪酬方案激勵性和競爭性的基礎。第四、在處理薪酬各部分的時候，要區別對待。對各類薪資、獎金、福利就應該按職位和貢獻的不同而有所差距，而對於各類福利就應該平等，不能在組織內部人為地製造不宜的等級。

四、薪酬的設計要兼顧資深員工與新進員工的關係

組織的發展是一個長期積累的過程，在這個過程中，資深員工提供了很大的貢獻。同時，不斷地引進所需要的各類人才也是人力資源管理的重要工作。因此，在設計薪酬體系時，既要體現對資深員工歷史貢獻的認同，又要注意避免過分的新進和資深員工薪酬差異造成新進員工的心理不平衡和人才的流失。

五、薪酬的設計要注意克服激勵手段單一化

設計組織的薪酬體系尤其要注意發揮薪酬的激勵作用，然而，如何克服薪酬在激勵方面表現出來的手段單一是薪酬設計中的一個重要問題。員工的收入差距一方面應取決於員工所從事的工作本身的重要程度以及外部市場的狀況，另一方面還取決於員工在當前工作職位上的實際工作業績。然而，當組織既沒有周密的職位分析和職位評價，也沒有公平的績效評價，所以薪酬差距的想法也就成了一種空想，薪酬的激勵作用仍然沒有發揮出來。

六、薪酬制度調整要在維護穩定的前提下進行

薪酬分配的過程及其結果所傳遞的資訊有可能會導致員工有更高的工作熱情、更強烈的學習與創新願望，也有可能導致員工工作懶散、缺乏學習與進取的動力。因此，在對薪酬制度進行調整時必須以維護穩定為前提，要注意維護大多數員工的利益和積極性。損害了大多數員工的利益，挫傷了大多數員工的積極性的薪酬改革是不可取的。

總之，薪酬體系是一項複雜而龐大的工程，只有對薪酬體系進行多方面、全方位的設計，才能保證薪酬的公平性和科學性，充分發揮薪酬機制的激勵和規範作用，使薪酬成為一種完成組織目標的強有力的工具。

參、薪資管理的挑戰

針對組織常見的薪酬管理失控點進行了簡要分析，以期為建置良好制度提供一些參考。

一、薪酬策略模糊

薪酬策略明確了薪酬管理的目標，明確了薪酬管理的內外部制約因素，是組織薪酬體系設計與運行的基本原則與綱要。組織薪酬策略模糊主要表現為：管理人員僅僅知道應該向員工支付薪酬，但不知道為什麼要支付、根據什麼支付、以什麼方式支付、究竟付多少等等。薪酬策略模糊在薪酬體系設計階段會造成諸如不同職位序列之間的薪酬水平失衡、不同人員的薪酬組合錯位、靜態薪酬與動態薪酬的比例失調等一系列內在矛盾。從而在實施過程中為組織的人員招聘、薪酬調整、績效考核以及績效獎金的發放等造成困難。薪酬策略模糊是多數組織在薪酬管理上所犯的通病，也是導致其他關鍵點失控的根源。

二、薪酬理念缺失

薪酬理念明確了在薪酬管理方面所倡導的價值導向，是薪酬體系的靈魂。組織薪酬理念缺失主要表現為：管理人員不知道是應該按照員工所承擔的責任和風險為基礎來支付和調整薪資，還是應該按照員工的行政級別、服務年限、技術能力、工作業績等其他因素為基礎來支付和調整薪資。薪酬理念缺失在薪酬體系設計過程中會使設計人員在選擇付酬因素的時候非常困惑，往往產生把握不住薪酬體系應該傾斜的重點因素、付酬因素選擇不當、付酬因素權重設置不合理等問題。這種在內部一致性產生嚴重先天不足的薪酬體系在運行後，會造成一系列的薪酬溝通障礙，向員工解釋的時候常常自相矛盾，而且導致組織運行過程中的無效，甚至是人工成本逐漸升高、人員結構失衡等現象。

三、薪資結構不當

薪酬基礎是組織進行內部價值分配的依據，常見的有以職位為基礎、以能力（或技能）為基礎和以業績為基礎三種形式。薪酬基礎與組織結構不匹配的現象主要集中在那些以職位為基礎進行薪酬體系設計的組織。比較典型的情形是組織的組織結構因業務發展或其他因素頻繁調整，任職者的工作範圍和職責也經常隨之變動，致使以職位為基礎的薪資體系無法很好的體現任職者的工作價值，失去了內部一致性。一般來說，對於採用直線職能制，且組織結構比較穩定的組織，宜採用以職位為主、以能力（技能）和業績為輔的薪資體系；對於以矩陣制為主，經常進行項目制運作的組織，宜採用以能力（技能）為主、以職位和業績為輔的薪資體系。

四、薪資定位不明

薪酬定位明確了組織的薪資在市場上的相對位置，決定了組織在勞動力市場上的競爭地位，是組織薪酬外部競爭性的直接體現，是衡量組織薪酬體系有效性的重要特徵之一。組織薪酬定位不準確主要表現為：組織在薪酬定位時選擇了錯誤的勞動力市場、選擇了錯誤的參照物件，導致錯誤的薪酬定位，薪酬水準或者過高，或者過低。錯誤的薪酬定位會對組織的人力成本、人員結構、人員流動等造成嚴重影響。它也是導致員工滿意度下降、內部管理成本加大、體系效能下降的一個非常重要的因素。

五、薪酬結構失衡

薪酬結構是由各種薪酬單元組成，這些薪酬單元一般可分為靜態薪酬（基本薪資等）、動態薪酬（績效獎金等）和福利薪資（福利、津貼等）三類。薪酬結構失衡主要有兩種表現：一是薪酬結構殘缺，一是各類人員的薪酬單元組合比例失調。薪酬結構殘缺會致使組織的薪酬體系在運行過程中缺乏足夠的靈活性，無法滿足多數員工在薪酬方面的不同需求。而薪酬單元的組合比例失調，如固定薪資比例過高，績效獎金比例過低則容易導致薪酬的激勵作用無法有效發揮。

六、等級範圍過窄

等級範圍是指薪酬標準中同一薪酬等級上下限（最高薪酬與最低薪酬）之間的差距，是衡量薪酬體系是否具有足夠彈性和延展性的重要標誌之一。薪酬等級範圍過窄導致員工薪酬的提升空間過小。在以職位為基礎的薪酬體系中，容易導致員工之間因為職位晉升而進行排擠等惡性競爭行為的發生。同時，過窄的等級範圍大大削弱了薪酬體系對組織內部結構調整的適應性。（隨著外部環境當中不確定性因素日益增多，組織對組織結構進行調整的頻率已經變得越來越快。）

七、等級重疊過小

等級重疊度是指相鄰等級範圍的重疊程度，是衡量薪酬體系是否具有足夠彈性和延展性的另一個重要標誌。等級重疊度過小所導致的後果與等級範圍過窄的後果相類似。

八、薪酬缺乏彈性

薪酬結構中的動態薪酬在設計時一般都是與組織的經營業績、團隊業績或者個人業績相關聯，以實現組織與員工之間風險共擔、利潤共用的一種制度安排。動態薪酬靜態化最常見的一種形式是績效薪資和獎金的發放沒有和績效考核結果結合，嚴重影響了員工的工作積極性。另外一種常見的現象是動態薪酬的發放雖然與績效考核結果關聯，但是績效考核結果不是實際績效的真實反映，使得動態薪酬的發放流於形式，無法有效發揮激勵作用。

九、薪酬調整不當

薪酬調整是薪酬管理過程中的非常重要的，但恰恰被許多組織忽略的一項工作。薪酬調整主要有兩種：一是根據市場薪酬水準的變化趨勢、組織的發展狀況、經營管理模式的調整以及策略重心的轉移對現行薪酬體系進行調整，二是根據職位變動、個人業績、個人能力等對員工個人的薪酬進行調整。許多組織的薪酬體系在實施後的幾年裏一直都沒有根據內外部環境的變化及時進行調整，是導致組織薪酬水準與市場水準嚴重背離的一個根本原因。對於採取以職位為基礎的薪酬體系的組織，常常由於職位管理制度不完善，在職位的職能範圍發生變化和調整後沒有及時對該職位的相對價值及時進行評估，重新確定薪酬等級和薪酬標準，也會導致薪酬調整失靈。對於採取以技能或者能力為基礎的薪酬體系的組織，缺乏與之相配套的技能或能力認證機制，或者認證機制不完善，也會導致薪酬調整失靈。

肆、薪資與人事管理

　　人力資源是現代發展的最關鍵的因素，而激勵是人力資源的重要內容，它是心理學的一個術語，指激發人的行為的心理過程。激勵這個概念用於管理，是指激發員工的工作動機，也就是說用各種有效的方法以激勵員工的積極性和創造性，使員工努力去完成組織的任務，實現組織的目標。因此，組織實行激勵機制的最根本的目的是正確地誘導員工的工作動機，使他們在實現組織目標的同時實現自身的需要，增加其滿意度，從而使他們的積極性和創造性繼續保持和發揚下去。由此也可以說激勵機制運用的好壞在一定程度上是決定組織興衰的一個重要因素。如何運用好激勵機制也就成為各個組織面臨的一個十分重要的問題。

一、物質激勵要和精神激勵相結合

　　物質激勵是指透過物質刺激的手段，鼓勵職工工作。它的主要表現形式有正激勵，如發放薪資、獎金、津貼、福利等；負激勵，如罰款等。物質需要是人類的第一需要，是人們從事一切社會活動的基本動因。所以，物質激勵是激勵的主要模式，也是目前組織內部使用得非常普遍的一種激勵模式。事實上人類不但有物質上的需要，更有精神方面的需要，美國管理學家皮特（Tom Peters）就曾指出「重賞會帶來副作用，因為高額的獎金會使大家彼此封鎖消息，影響工作的正常開展，整個組織的風氣就不會正常運作。」因此組織單用物質激勵不一定能發揮作用，必須把物質激勵和精神激勵結合起來才能真正地激勵廣大員工的積極性。在二者的結合上要注意以下幾個方面：

1. 創建適合組織文化的薪給制度

   管理在一定程度上就是用一定的文化塑造人，組織文化是人力資源管理中的一個重要機制，只有當組織文化能夠真正融入每個員工個人的價值觀時，他們才能把組織的目標當成自己的奮鬥目標，因此用員工認可的文化來管理，可以為組織的長遠發展提供動力。

2. 制定精確、公平的激勵機制

   激勵制度首先體現公平的原則，要在廣泛徵求員工意見的基礎上建構一套大多數人認可的制度，並且把這個制度公布出來，在激勵中嚴格按制度執行並長期堅持；其次要和考核制度結合起來，這樣能激發員工的競爭意識，使這種外部的推動力量轉化成一種自我努力工作的動力，充分發揮人的潛能；最後是在制定制度是要體現科學性，也就是做到工作細化，組織必須系統地分析、搜集與激勵有關的資訊，全面瞭解員工的需求和工作質量的好壞，不斷地根據情況的改變制定出相應的政策。

3. 多種激勵機制的綜合運用

   組織可以根據其特點而採用不同的激勵機制，例如可以運用工作激勵，儘量把員工放在他所適合的位置上，並在可能的條件下輪換一下工作以增加員工的新奇感，從而賦予工作以更大的挑戰性，培養員工對工作的熱情和積極性，日本著名組織家稻山嘉寬在回答

「工作的報酬是什麼」時指出「工作的報酬就是工作本身」，可見工作激勵在激發員工的積極性方面發揮著重要的作用；其次可以運用參與激勵，透過參與，形成員工對組織歸屬感、認同感，可以進一步滿足自尊和自我實現的需要。例如美國 IBM 公司有一個「百分之百俱樂部」，當公司員工完成他的年度任務，他就被批准為「百分之百俱樂部」成員，他和他的家人被邀請參加隆重的集會。結果，公司的雇員都將獲得「百分之百俱樂部」會員資格作為第一目標，以獲得那份光榮。這一激勵措施有效地利用了員工的榮譽需求，取得了良好的激勵效果。事實上激勵的方式多種多樣，主要是採用適合組織背景和特色的方式，並且制定出相應的制度，創建合理的組織文化，這樣綜合運用不同種類的激勵方式，就一定可以激發出員工的積極性和創造性，使組織得到進一步的發展。

二、多層次激勵機制的建立和實施

激勵模式可以給我們很多啟示，多層次激勵機制的實施是一個永遠開放的系統，要隨著時代、環境、市場形式的變化而不斷變化。這首先表現在不同時期有不同的激勵機制，制定了新的、合理的、有效的激勵方案，那就是多一點空間、多一點辦法，根據組織發展的特點激勵多條跑道：例如讓有突出表現的研究人員和教學人員的薪資和獎金比他們的系主任還高許多，這樣就使他們能安心現有的工作，而不是煞費苦心往領導職位上發展，他們也不再認為只有做主管才能體現價值，因為做一名成功的研究人和教師一樣可以體現出自己的價值，這樣他們就把所有的精力和才華都投入到最適合自己的工作中去，從而創造出最大的工作效益和業績。一定要激勵多條跑道，這樣才能使員工真正能安心在最適合他的職位上工作。其次是要想辦法瞭解員工需要的是什麼，分清哪些是合理的和不合理的；哪些是主要的和次要的；哪些是現在可以滿足的和是今後努力才能做到的，總之激勵機制主要是把激勵的手段、方法與激勵的目的相結合，從而達到激勵手段和效果的一致性。而他們所採取的激勵的手段是靈活多樣的，是根據不同的工作、不同的人、不同的情況制定出不同的制度，而決不能是一種制度從一而終。

三、充分考慮員工的個體差異，實行差別激勵的原則

組織要根據不同的類型和特點制定激勵制度，而且在制定激勵機制時一定要考慮到個體差異：例如女性員工相對而言對報酬更為看重，而男性則更注重組織和自身的發展；在年齡方面也有差異，一般 20-30 歲之間的員工自主意識比較強，對工作條件等各方面要求得比較高，因此「跳槽」現象較為嚴重，而 31-45 歲之間的員工則因為家庭等原因比較安於現狀，相對而言比較穩定；在文化方面，有較高學歷的人一般更注重自我價值的實現，即包括物質利益方面的，但他們更看重的是精神方面的滿足，例如工作環境、工作興趣、工作條件等，這是因為他們在基本需求能夠得到保障的基礎上而追求精神層次的滿足，而學歷相對較低的人則首要注重的是基本需求的滿足；在職務方面，管理人員和一般員工之間的需求也有不同，因此組織在制定激勵機制時一定要考慮到組織的特點和員工的個體差異，這樣才能收到最大的激勵效力。

四、首長的行為是影響激勵制度成敗的一個重要因素

　　首長的行為對激勵制度的成敗至關重要，首先是首長要做到自身廉潔，不要因為一己之私而對員工產生負面影響；其次是要做到公正不偏，不任人惟親；要經常與員工進行溝通，尊重支持下屬，對員工所做出的成績要儘量表揚，在組織中建立以人為本的管理思想，為員工創造良好的工作環境；最後是要為員工做出榜樣，即透過展示自己的工作技術、管理藝術、辦事能力和良好的職業意識，培養下屬對自己的尊敬，從而增加組織的凝聚力。總之組織要注重與員工的情感交流，使員工真正的在組織的工作得到心理的滿足和價值的體現。

　　管理是科學，更是一門藝術，人力資源管理是管理人的藝術，是運用最科學的手段，更靈活的制度激勵人的情感和積極性的藝術，無論什麼樣的組織要發展都離不開人的創造力和積極性，因此組織一定要重視對員工的激勵，根據實際情況，綜合運用多種激勵機制，把激勵的手段和目的結合起來，改變思維模式，真正建立起適應組織特色、時代特點和員工需求的開放的激勵體系，使組織在激烈的市場競爭中立於不敗。

　　面對未來競爭激烈且快速變遷的經營環境，人力資源管理將成為組織成敗的關鍵，健全的薪酬制度是吸引、激勵、發展與留住人才的最有力的工具。而傳統的薪酬設計理念將不足以滿足現代高素質員工對工作生活量的追求，如何強化薪酬的激勵功能，如何處理好既吸引人才又降低成本這項矛盾，成為組織薪酬管理的挑戰。

伍、薪資的設計系統

　　從意識型態的發展變化上看，如今的員工在工作理念、工作倫理和工作個性上都發生了很大的變化。資深的員工只希望獲得較好的待遇，多賺錢或升職是工作的唯一目標。而今天的員工對於工作或職業有更多的要求和期盼，他們反對權威式的管理，希望對組織有較多的參與權，希望工作能帶來更多的自我實現和充實的感覺。根據多項調查研究，得到了下列一些現代員工所共有的心態和需求，從這些內容上可以幫助我們進一步瞭解工作生活品質的內涵：

1. 合理的薪資待遇
2. 理想的工作環境
3. 良好的福利措施
4. 工作安全的保障
5. 適當的尊重關懷
6. 人性的管理方式
7. 工作時間的適當
8. 教育訓練的機會
9. 良好的人際關係

10. 適當的休閒活動

11. 永續的發展願景

12. 圓融的勞資關係

　　從以上結果可以看出，由於經濟和科技的高度發展，組織員工的生活方式已有了很大的變化，同時由於員工的報酬逐漸增加，生活方面除了物質需求外，現在的員工更注重精神層面的生活。員工表現在希望被尊重，有較強的成就欲，希望社會地位提高，重視休閒娛樂活動，謀求個人身心愉快，滿足精神上的需要，求得工作生活品質的提高。

　　基於以上對勞動力結構和員工心態變化的分析比較，組織必須重新考慮傳統的薪酬計畫，根據員工需要的變化重新設計薪酬制度，比較有效的途徑是施行全面薪酬管理系統。該模型包括一個整體薪酬專案的所有內容：它既包括直接的經濟薪酬（薪資）和間接的經濟薪酬（福利），又包含了非經濟的薪酬（工作及環境），是物質薪酬與精神薪酬的統一。就全面薪酬方案的思維，首先我們必須明確，經濟性薪酬是物質薪酬，這種薪酬的付出是組織成本的重要組成部分，組織為了增加利潤，減少資金短缺，就要在這方面進行科學控制。而非經濟性薪酬則是精神薪酬，它是提升組織管理的重要環節。一個合理的薪資制度的制定，必須要配合組織營運狀況，根據組織的支付能力，選取符合需要的薪酬制度，以便更好地配合組織的長期發展。

一、形成規範有效的約束和激勵機制

　　組織的標準薪資建立在技能與職位基礎上，同時根據均衡薪資率，與該類勞動力市場連結，依勞動力市場價格確定最低薪資。薪酬的定期調整必須掌握市場的水準，要保持組織基本薪酬的競爭性，以吸引和保留優秀人才。同時薪資的調整也必須配合社會的生活成本，調薪幅度要根據物價指數來確定；針對薪資特性，為降低組織的薪資支出成本，設計為薪資總額與效益結合並有一定彈性，薪資浮動依照工作績效來算。

二、引入報酬風險機制，明確薪酬的激勵導向功能

　　這就要求組織根據實際情況確定薪資占全部報酬的比例，一般而言，如果基本薪資偏低，對於員工利益會有損害，影響工作積極性，屬激勵性報酬的獎金和福利方式及標準，如果採取一定的公式計算，根據經營業績，由於個人努力而增加績效的按規定發放獎金，而如果績效是由全體員工共同努力的結果，則可用股權及分紅的方式讓員工共用。一個明確公平的獎金分配方式，是把員工的目標與組織目標聯繫起來的最佳途徑。在薪酬制度中引入風險機制，使得薪酬成為一種激勵與鞭策並用的措施：由於它既體現出物質方面的獎勵和處罰，又使不同層次的員工具有不同的風險，這就不但從物質上激勵員工奮發進取，而且從心理上激發員工與組織榮辱與共的決心和相互競爭的雄心。

三、調薪的方式要透明和公開，並根據員工的不同特性調整管理方式

組織要能夠吸引、激勵和留住有能力的員工，必須力爭薪酬公平。大多數員工對內部與外部薪酬公平都很關心，根據員工關係的特點，內部薪酬公平可能更重要。但是，組織為了保持持續發展的能力，就要在勞動力市場上提出有競爭力的薪資，就必須始終對外部公平加以重點考慮。事實上，在員工的生活質量當中，很重要的內容之一就是人性的管理方式，適當的尊重與關懷、良好的人際關係以及參與的機會等。顯然，員工們所希望獲得的除了物質薪資外，還希望得到精神報酬，也就是關心、讚賞、選擇、尊重等。這種精神性的要求往往不需要金錢成本，但是作用確實很大，亦有實證調查發現，在員工流動過程中，很少是因為報酬原因引起的，而大多是因為不良的管理。

員工的需要是多層次的，尤其在勞動力結構複雜化的情況下，要求組織經營者重新考慮現有的管理方式，不要仍以為今天的員工只要提高薪資就可以達到激勵的效果。經營者應瞭解不同性別、年齡、教育的員工，對於工作安全、家庭照顧、發展潛力、培訓機會等不同的需求程度。因此組織經營者應該正視非物質報酬之外的精神薪資並給予更多的關注，切實把人力資源作為組織的資源，管理要朝效益方向努力。

四、改變傳統單一的模式，實施彈性福利計畫

隨著時代的發展，不同員工會有不同的需求和愛好，採用統一的福利形式並不一定能夠滿足最大多數人的要求。而且展望未來，員工需求將愈多元化，傳統的福利制度已不能滿足需要，人力資源部門就要提供多樣化的福利專案，使福利的效用最大化，以最終實現薪酬管理的支持和激勵功能。同時，由於福利與保險涉及組織中的每一名員工的切身利益，不僅對當前的利益有影響，而且直接影響其長遠的利益，所以制定出適合組織發展的福利保險制度，是組織和全體員工共同關心的問題。薪酬是每一個職場人士都關注。如何設計出有競爭力的薪酬，用於吸引、保留員工，合理激勵員工，關係到組織能否順利的發展。

組織任何的人力資源決策，都應取決於組織的策略。因此，無論設計何種薪酬，首先都應該對組織的策略有清晰的定位。薪酬，從策略意義上講，不是簡單的支付員工的薪資，用於購買勞動力。薪酬，更應該是吸引、保持和激勵有一定才幹的員工達到組織的目標，且提高員工滿意度。

在明確了組織的策略後，根據策略來確定組織薪酬支付的標準，才會更加合理。所謂的 3E 薪資，即 Equity（公平、均衡）的薪資，內部均衡性指的是雇主的每個職位員工的薪資與員工創造價值的比值均等。這裏就牽涉到了職位評估的技術和方法。個人均衡性是指雇主根據員工個人價值的差異而給與不同的報酬。最簡單的情況，就是對於從事同種工作的員工，優秀工人應比差一些的工人得到的薪資高。價值因素包括資歷、貢獻和工作業績。那麼也牽涉到了合理的績效管理。外部、內部、個體這三種均衡性，分別叫做 External Equity, Internal Equity, Indivadual

Equity。一旦薪資不能做到「公平」，就談不上任何的激勵。3 Equity 即要做到外部均衡、內部均衡和個體均衡三方面。外部均衡，並不是越高越好，要根據策略定下市場薪酬水準，然後透過薪酬設計剛好達到市場定位標準，實現外部均衡。

陸、薪資與績效制度

　　目前許多組織的薪資級別和幅度，都是主觀定下來的，很難實現人與人之間的合理的公平性，同時薪資與績效掛鈎方法不夠科學是常存在的一些問題。在薪酬體系的設計和實施中，多數組織員工和普遍不瞭解、不理解、不認同，激勵效果也就難說了。從二十世紀 70 年代起，許多大機構都進行「目標管理」（MBO）。以 MBO 為基礎進行業績評估和獎勵。

　　薪酬設計，不是把激勵放在第一位的，而是把公平放在第一位。如果雇員認為回報分配程式是公平的，他們往往會認為實際回報也是平等的。也就是說，回報過程的公平性非常重要。發言權會讓人們覺得自己對分配過程擁有控制權，這種感覺會影響他們的報酬平等感。

　　若組織想要保證薪資機制能夠吸引、留住和激勵員工，它應該從員工處搜集資訊，薪資分析人員在設計時使用這些資訊，就可以真正滿足員工的需要。機構同樣應該搜集員工對薪資機制和機構政策瞭解程度的資訊。員工的期望應符合實際，薪資機制的政策和特徵也應被眾人所瞭解，這兩點非常重要。即使員工能夠瞭解到薪資資訊，他們有時卻不能正確的理解這些資訊。在薪酬以外，職業生涯發展、主管的領導藝術，也都是人員挽留能否成功的重要影響因素。

柒、薪酬的發展趨勢

　　薪酬制度對於組織來說是同時兼具正、負意義的機制，使用得當能夠吸引、留住和激勵人才；而使用不當則可能給組織帶來危機。建立全新的、科學的、系統的薪酬管理系統，對於組織在知識經濟時代獲得生存和競爭優勢具有重要意義；而改革和完善薪酬制度，也是當前組織面臨的一項緊迫任務。與傳統薪酬管理相比較，現代薪酬管理有以下發展趨勢：

一、全面薪酬制度

　　薪酬既不是單一的薪資，也不是純粹的貨幣形式的報酬，它還包括精神方面的激勵，比如優越的工作條件、良好的工作氛圍、培訓機會、晉升機會等，這些方面也應該很好地融入到薪酬體系中去。內在薪酬和外在薪酬應該完美結合，偏重任何一方都會形成偏頗。物質和精神並重，這就是目前提倡的全面薪酬制度。

二、薪酬績效相結

單純的高薪並不能產生激勵作用，只有與績效緊密結合的薪酬才能夠充分激勵員工的積極性。而從薪酬結構上看，績效薪資的出現豐富了薪酬的內涵，過去的那種單一的僵化的薪酬制度已經越來越少，取而代之的是與個人績效和團隊績效緊密關聯的靈活薪酬體系。

增加薪酬中的激勵成分，常用的方法有：

1. 加大績效薪資（獎金）和福利的比例。

2. 加大漲幅薪資（浮動薪資）的比例。

3. 靈活的彈性工時制度。

4. 把員工作為組織經營的合作者。

5. 以技能和績效作為計酬的基礎而不是工作量。

三、薪酬級距拉大

薪資的等級增加幅度，而各種職位等級的薪資之間可以交叉。拉大級距的薪酬結構可以說是為配合組織扁平化而量身定做的，它打破了傳統薪酬結構所維護的等級制度，有利於組織引導員工將注意力從職位晉升或薪酬等級的晉升轉移到個人發展和能力的提高方面，給予了績效優秀者比較大的薪酬上升空間。

四、重視薪酬績效獎勵

以團隊為基礎強調團隊精神的工作方式正越來越流行，與之相適應，應該針對團隊設計專門的激勵方案和薪酬計畫，其激勵效果比簡單的單人激勵效果好。團隊獎勵計畫尤其適合人數較少，強調協作的組織。

五、薪酬趨於多元

薪酬的多元化首先是薪酬構成的細化，過去強調單一的、僵化的薪酬構成已經不再適應現代組織的需要，取而代之的是多元化、多層次、靈活的新的薪酬構成。其次是專門人員薪酬設計專門化，例如：專業人員的排他性比較強，臨時性身分特殊，在設計這些人員的薪酬時不應該採取和其他部門人員相同的薪酬體系。此外，在一些指標的制定過程中，也應當細化，儘量避免僵固的做法。例如，職務評估、績效考評系統，不同職位層和不同性質職位的考評應該分別制定標準。

六、薪酬制度透明

關於薪酬的支付方式到底應該公開還是透明，這個問題一直存在比較大的爭議。從最近的資料來看，支援透明化的呼聲越來越高，因為畢竟保密的薪酬制度使薪酬應有的激勵作用大打

折扣。而且，實行保密薪酬制的組織經常出現這樣的現象：強烈的好奇心理使得員工透過各種管道打聽同事的薪資額，使得剛制定的保密薪酬很快就變成透明的了，即使制定嚴格的保密制度也很難防止這種現象。既然保密薪酬發生不到保密作用，不如直接使用透明薪酬。實行薪酬透明化，實際上是向員工傳達了這樣一個資訊：組織的薪酬制度，沒有必要隱瞞，薪酬高的人有其高的道理，低的人也自有其不足之處；歡迎所有員工監督其公正性，如果對自己的薪酬有不滿意之處，可以提出意見或者申訴。透明化實際是建立在公平公正和公開的基礎上的，具體包括以下幾個做法：

1. 讓員工參與薪酬的制定，在制定薪酬制度時，除各部門主管外，也應該有一定數量的員工代表。
2. 職務評價時，儘量採用簡單方法，使之容易理解。
3. 詳細向員工說明薪資的制定過程。
4. 評定後制定的薪資制度，描述務必詳細，儘可能不讓員工產生誤解。
5. 設立一個員工信箱，隨時解答員工在薪酬方面的疑問，處理員工投訴。

七、薪酬結合福利

組織在福利方面的投入在總體成本裏所占的比例是比較高的，但這一部分的支出往往被員工忽視，認為不如貨幣形式的薪酬實在，有一種事倍功半的感覺；而且，員工在福利方面的偏好也是因人而異，非常個性化的。解決這一問題，目前最常用的方法是採用選擇性福利，即讓員工在規定的範圍內選擇自己喜歡的福利組合。

八、薪酬資訊通暢

外部資訊：指相同地區、相似行業、相似性質、相似規模的組織的薪酬水準、薪酬結構、薪酬價值取向等，外部資訊主要是透過薪酬調查獲得的。能夠使組織在制定和調整薪酬方案時，有可以參考的資料。

內部資訊：主要是指員工滿意度調查和員工合理化建議。滿意度調查的功能並不一定在於瞭解有多少員工對薪酬是滿意的，而是瞭解員工對薪酬管理的建議以及不滿到底是在哪些方面，進而為制定新的薪酬制度。

捌、結語

由於傳統的薪酬策略無法適應組織和員工的需要，因此必須根據新的經營環境和組織發展制定新的薪酬制度，這種新的制度就是全面薪酬管理。全面薪酬摒棄了原有的科層體系和官僚結構，以客戶滿意度為中心，鼓勵創新精神和持續的績效改進，並對嫻熟的專業技能提供獎勵，從而在員工和組織之間營造出了一種雙贏的工作環境。因此，在全面薪酬策略下，不同的薪酬

構成要素所扮演的角色和發揮的作用也出現了變化：第一、基本薪酬。在組織支付能力一定的情況下，儘量將基本薪酬與勞動力市場保持一致，以保證組織能夠獲得高質量的人才。亦即利用基本薪資來強調那些對組織具有策略重要性的工作和技能。同時，基本薪酬還充當可變薪酬的一個平台的作用。第二、可變薪酬。全面薪酬策略非常強調可變薪酬地運用。這是因為，與基本薪酬相比，可變薪酬更容易以調整來反映組織目標的變化，在動態環境下，能夠針對員工和組織所面臨的變革和較為複雜的挑戰作出靈活的反應，從而能引起鼓勵團隊合作的效果。此外，可變薪酬一方面能夠對員工所達成的有利於組織成功的績效提供靈活的獎勵，另一方面，在組織經營不利時可變薪酬還有利於控制成本開支。事實上，集體可變薪酬、利潤分享、一次性獎勵以及個人可變薪酬等多種可變薪酬形式的靈活運用，以及由此而產生的激勵性和靈活性，恰恰是全面薪酬策略的一個重要特徵。第三、福利給與。全面薪酬策略之下的福利計畫也是針對組織的績效並且強調經營目標的實現的，而並非是像過去那樣單純地為了追隨其他的組織。全面薪酬策略強調為迎接未來的挑戰而創新性地使用福利計畫，要求組織必須重視對間接薪酬成本進行管理以及實行合理的福利成本分擔，必須認識到，間接薪酬只是作為全面薪酬管理的核心要素的基本薪酬和可變薪酬的一種補充，而不是其替代者。因此，在全面薪酬策略的引導下，許多組織的收益基準制養老金計畫已經被利潤分享計畫或繳費基準制的養老金計畫所代替，原有的許多針對性不強的福利計畫也逐漸被彈性福利計畫所取代。

　　總之，與傳統薪酬策略相比，全面薪酬策略強調的是外部市場敏感性而不是內部一致性；是以績效為基礎的可變薪酬而不是年度定期加薪；是風險分擔的夥伴關係而不是既得權利；是彈性的貢獻機會而不是工作；是橫向的流動而不是垂直的晉升；是就業的能力而不是工作的保障性；是團隊的貢獻而不是個人的貢獻。這些發展趨勢將成為人事人員在薪資規劃上所宜導入作為的。

第 **6** 篇

管 理

第一章

大學校院人事服務效能之檢視

壹、前言

在二十一世紀新時代潮流衝擊下，加上我國加入 WTO 後，提升各大學競爭力應是現今所努力的方向。提升大學競爭力的方法之一，即是提升校內人事服務效能，讓接受人事服務的顧客（教師、職員、工友）繼續留在學校，進而吸引更多優秀人才願意為本校服務。

本文主要以 Crego & Schiffrin 所提及的「顧客導向」——組織運作與存續皆有賴於顧客的滿意，為此，必須先瞭解顧客的價值觀、需求層級與其滿意行為模式；並結合 Herzberg 的雙因子理論——保健因子（Hygiene）獲得相當改善時，只能消除不滿，並不能導致滿足；激勵因子（Motivation）可導致員工的滿足，然而，此因子欠缺時，會使員工無法獲得滿足。藉由教師、職員、工友對保健因子及激勵因子的滿意程度之分析，來改善人事服務並提升大學競爭力以留住人才。

貳、人事服務工作的變遷

在知識經濟時代潮流衝擊下，高等教育的環境競爭愈來愈激烈，促使各大學彼此間相互競爭的因素遽增，因此，提升競爭力應是現今學校所當努力的方向。未來會面臨到的競爭因素可分為兩種：一為內在因素——隨著民主化的潮流，人事服務效能日趨重要也愈來愈受到重視；另一為外在因素——在加入 WTO 之後，要面對國內外各大學所帶來競爭壓力，此時提升競爭力便是高等教育首要努力的方向；而一個學校組織的人事服務效能，對於其發展有著相當重要的影響。一般而言，教育事業的興衰、教育人員素質的好壞及人事管理是否得當，彼此間有著密切的關係。

面對變化多端的社會環境，任何組織在內部人事管理方面，自然受其衝擊，以致於過去的一些人事管理觀念與作法，必須作某種程度的調整，才能使組織與其環境間維持一平衡關係。此種挑戰主要導因於經濟、社會、科技、文化等總體環境的變遷，進而影響到「人」——以機構內員工為主——的價值標準與行為模式。

為了因應此項挑戰所帶來的衝擊，學校必須採取某些措施，以謀求防患於未然，或解患於已然。在諸多因應措施中，加強人事研究應為最根本而首要的工作。透過有效的人事研究，非但可發現人事問題中之因果關係，從而尋求適當之解決途徑，亦有助於人事管理知識領域之開拓。

　　R. L. Mathis 與 J. H. Jackson 認為促使當前人事管理變遷的主要原因有下列十項（郭崑謨，1989）：

1. 顧客對產品及服務需求的轉變，與產品壽命週期的縮短。
2. 能源來源與型式的轉變，與原料供應上的變化。
3. 國內與國際市場的競爭情況。
4. 科技的進步，尤其是與電腦有關的設備方面。
5. 個人與社會的價值觀及期望目標的轉變。
6. 有關人類行為及工作的組織方法等方面新知識的開拓。
7. 經濟狀況的不穩定，對受僱者的影響。
8. 勞資雙方問題的升高與政府公權力的介入。
9. 工會在策略及問題處理優先順序上的改變。
10. 機構本身生命內涵更趨向複雜化。

　　上述原因印證於我國目前的環境狀況，也頗為契合。由於這些變化動力的存在導致人事服務面臨各方面變化的挑戰。

　　一個學校的人事制度包含了教師、職員及工友三大方面，組織欲提升人事服務品質即是以「顧客導向」為核心觀念，以達成顧客滿意為重要指標（顧客滿意度所指的是組織內部的教師、職員及工友，對於人事服務的滿意程度）。可藉由人事服務效能來作為評估的指標，就組織理論的觀點來看，在林政弘〈公立學校教職員人事管理特性及今後趨勢〉中描述到：「學校是一種服務性的組織，組織當中的成員具有效忠專業知識、淡薄權力、追求獨立的裁量權或自主權等特性，與一般行政組織強調層級節制、注重權威以貫徹命令與服從之關係不同。」（林政弘，1991）隨著各學校組織特性的不同，對於人事服務也會有不同的管理模式，但相同的是，提供人事服務時所秉持仍為「顧客導向」的核心觀點。「顧客導向」係源自 1980 年中期以來全球盛行的全面品質管理（TQM），因為就 TQM 而言，組織「高品質」的目標達成，就是指「對顧客需求的滿足」，即是顧客滿意的達成。

　　隨著時代潮流的進步，讓我們體會到人事服務效能在組織中的重要性及影響性。人事服務效能的高低所影響的層面甚廣，最直接影響到的便是組織內部的成員（教師、職員及工友），本文所探究係欲從學校組織內部成員對於人事服務的滿意度來評估人事服務效能，進而瞭解現行人事室所提供相關服務的品質，並且尋求出未來可促進組織效能成長的適當方案，來達到人事服務的標準效能且提升組織的整體績效。

參、人事服務效能之意涵

　　人事服務效能的探討是運用「顧客導向」的核心觀點，以包括教師、職員及工友三個層面為範圍，進行人事服務效能的評估研究；藉由滿意度調查的結果來評估學校組織內的人事服務效能。亦即透過下述兩個層面來探討如何提升學校組織的人事服務效能：

一、消極面：瞭解全體同仁對現行人事服務工作的滿意度及改善措施的迫切性。

二、積極面：根據顧客導向原理，運用有限的資源，建立人事服務工作的優先順序，以期創造有效能的人事服務品質，達到組織競爭力的全面提升。

　　所謂「人事服務效能」，依據學者 Zeithaml、Parasuraman 及 Berry（1990）等人的研究指出，認為服務效能是指所提供的服務水準符合或超越顧客期望的程度，並將服務效能定義為：顧客對所提供服務的期望與實際所接受到的服務在顧客心中所產生的認知。至於組織中的人事服務項目，依據繆全吉教授的界定為：「機關為達成任務及目標，對所屬人員的考試、任用、銓敘、考績、級俸、陞遷、獎懲、撫卹、退休、養老、訓練與管理等行為與措施。」（繆全吉，1990）由引述可知，組織中的人事服務的領域包含了：人員的考選、任用、考績、獎懲、退休、訓練、福利服務等事項。

　　綜合上述幾位學者對於人事服務、品質效能所提出的定義，可瞭解到「學校人事服務效能」所關注的為：學校中教師、職員及工友等成員對於人事單位所提供關於人員的進、用、考、訓、退等方面的措施與行為的滿意程度。

　　其中的主要議題為下列二點：

一、探討並分析學校中教師、職員及工友等對於現行人事室所提供各相關服務的滿意程度。

二、分析學校受訪的三類成員對於人事單位未來提升服務事項的迫切程度。以利服務工作的全面提升；進而提升學校組織內的整體工作績效及國內外競爭力。

　　由於員工教育水準的提高，必導致高層次需求的產生，及需求的多樣化與差異化。高教育水準的員工將很難安於現況而靜待組織墨守成規地執行各種人事作業。組織如果不能針對員工而求調整其內部環境狀況，極可能導致員工的離職。固然員工的流動是必然的，也是必須的。但過高的流動率卻顯示問題的存在。如何維持適度的人事流動率，亦為未來人事服務上的重要課題。

　　以大學為例，人事行政人員承辦的業務包括教師聘任、教師資格送審、教師人事異動、各類獎助案、敘薪、職員及工友的各項相關事務、各項保險福利等。透過對學校組織成員對於人事服務的滿意度，評估人事服務品質及效能，並尋求發展的機會點，提升國內外的競爭力。面對各項挑戰，人事服務必須求變，方有因應之道，即所謂以變制變，才能重新尋得最佳平衡點。因為「人」的態度與行為，一向變化不羈而不易測度，在管理上極難求得最佳化的地步，而且「人」在組織中，分在於每一階層、每一單位，相互牽連而無法割捨。因此欲解決「人」的問題，必須全體一致行動，相互配合，才有克竟全功的希望。

肆、以顧客為導向的人事服務

　　人事服務效能為某一組織或個人提供有關人員之進、用、考、訓、退等人事方面的行動或績效，能夠滿足服務對象之需求的整體特質和特性。人事服務的範疇，根據學者繆全吉教授的界定為：「機關為達成任務及目標，對人員的考試、任用、銓敘、考績、級俸、陞遷、獎懲、撫卹、退休、養老、訓練與管理等行為與措施。」（繆全吉，1990）而服務是什麼呢？學者杉本辰夫認為服務是「一種以滿足顧客的要求為前提，為達成組織目的並確保必要利潤所採取的活動，服務是直接或間接以某種型態，有代價的供給需要者所要求的事物。」本文以世新大學教職員工對人事室提供人事服務的滿意度為研究核心，主要提供人事服務的項目有：薪資津貼、福利政策、保險、升等、研究獎助、進修研究、教育訓練、人事單位的回應性等。以「顧客導向」的觀念出發，希望藉由接受人事室提供人事服務的顧客（即教職員工）的意見作為人事室提升人事服務品質的目標。組織提升服務品質的重心即在於以「顧客」為導向，如果不能以顧客為導向，獲得顧客的滿意，則所有提升服務品質的策略都變得毫無意義。（廖美娥，1997）

　　「顧客導向」之觀點，係源自於 1980 年中期以來全球所盛行的「全面品質管理（Total Quality Management，簡稱 TQM）」，因為就 TQM 而言，組織「高品質」目標之達成，就是指「對顧客需求的滿足」。組織運作的結果，不論是有形的產品，或是無形的服務，均必須得到顧客的接受，其一切的改善工作才有意義。換言之，TQM 認為機關整體效能之提升，其核心的問題就是得到顧客的滿意。「顧客導向」概念強調組織運作與存續皆有賴於顧客的滿意，為此，必須先瞭解顧客的價值觀、需求層級與其滿意行為的模式。Crego & Schiffrin（1995）兩人認為顧客所感受的價值和 Maslow 的需求理論一樣具有階層性。最底層是基本價值（Basic）；再上是預期價值（Expected），再高是希望價值（Desired），最高是意想不到的價值（Unexpected），如圖 1、2 所示。

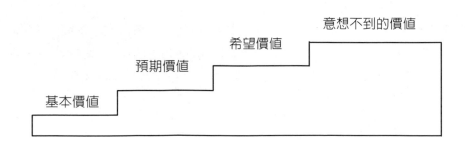

圖 1：顧客價值階層圖

資料來源：Crego & Schiffrin, (1995), P.37。

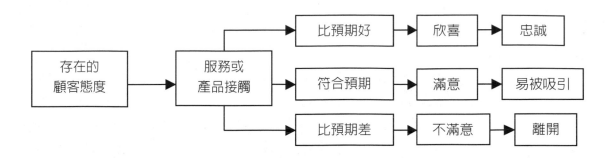

圖 2：顧客滿意行為模式

資料來源：Crego & Schiffrin, (1995), P.20。

　　而在顧客滿意的行為模式中，顧客原有的態度在與組織所提供的服務/產品接觸後，經與其原預期的期望作比較而決定後續的行動。如圖所示，在此模式中，顧客有一現有的態度，當其接觸一個組織所提供的服務或產品後，如果這個接觸是比預期差，顧客會感到不滿意，然後選擇離開，另尋其他組織；如果這個接觸是符合其所預期的，顧客便會感到滿意，但是他仍然是脆弱的，因此可能留下或是尋找其他有更好服務的組織；而如果這個組織比預期的更好，那麼顧客將感到欣喜，並成為忠誠的顧客。(Crego & Schiffrin)

　　人們對工作的態度，反映出他們工作愉快或不愉快的經驗，以及未來的工作期望；亦影響整體組織的工作效能、組織氣候、組織發展、勞資關係等。對於工作場所進行有序及系統性的研究，可以溯及至 1913 年 Munsterberg 所著之《心理學與工業效率》一書，首先提出關於「工作滿足」研究。而梅耶（Elton Mayo）於 1927 年到 1932 年間，對於芝加哥西屋電氣公司霍桑工廠所進行的深入調查，這項調查不僅奠基了行為科學對工作場所的研究，也促使人們關注工作環境中的人際關係，肯定「人」在組織單位中的重要性和影響性，而為「人際關係運動」的基礎。此種對於人類動機與行為的研究途徑，亦引發諸多學者所接受，其中包括科學管理的擁護者，他們的著作即運用此種研究方法。著名的科學管理之父泰勒（F. W. Taylor），及其同僚嘗試將科學方法用於工業。他們的研究途徑有如下的假定：「人之於工作，也和機械一樣，可以儘可能使其有效率，適當運用激勵（incentives），可使受僱者效率提高，能增加管理人員與工人雙方的所得，因而保障了雙方的和諧合作。」(Park, 1985)

　　強調人際關係運動的研究途徑，即是針對上述研究假設的反動，而引發行為科學對人在組織環境的重視，而產生一系列關於人際關係的探討。自從 1953 年 Roberf Hoppock 首先發表他的博士論文「工作滿足」後，有關這個題目的論文與研究報告相繼大量出現。據估計，到目前為止，有關工作滿足的論者已達四千餘篇。這個問題之所以引起學者們廣泛的興趣與注意，實在

是因為它仍是工業社會中一個相當基本的問題，現代社會是一個高度組織化的社會，一個人的職業已不僅僅是一份糊口的工作，它也是個人充分自我實現的領域，而且它還象徵著一個人在社會上的地位與身分。所以，影響所及，不只是在工作內的時間，在相當程度內會影響到他正常工作外的生活。

「工作滿足」是一種為個人所意識到的主觀心理狀態。這種主觀的心理狀態是源自於對工作內容和工作環境特徵的反應。一般多將之定義為「工作者源自於工作的一種愉快且正面的情感」。這種情感反應是受到個人的價值觀和其對工作及工作環境的兩者之間互動的影響。所以，工作滿意程度的高低，乃取於個人從特定工作環境中實際所得的報價和預期所得的報價之間的差距大小而定。差距愈小，工作滿意程度愈高；反之則愈低。其中，對工作和工作環境的評價亦是關鍵所在。

Hoppock（1935）認為：工作滿足乃為一整體性事務，表示一個心理狀態的單一概念，他認為：欲知工作者之工作滿足，可徵詢工作者對於工作感到滿意的程度，而不必分割為幾個不同的構面來衡量。

Blumand Naylor（1968）認為：工作滿足乃是員工對他的工作及有關的因素和生活等，所持有不同態度的結果。

Smith（1969）認為：工作滿足為一個員工對其工作或工作構面所懷有的持續情感，此種情感定向是由工作者對其工作所寄望的與實際得到的兩者間之知覺性差異所決定。

Campbell（1970）認為：工作滿足乃個人對工作或工作的某些特定層面，正向或負向的態度或感覺，因此，工作滿足實為個人的內在心理狀態。

Cribbin（1972）認為：工作滿足是員工對其工作環境的感覺，此工作環境包括工作本身、監督者、工作團體、機關組織，甚至於包括生活，員工可從此環境中去尋求滿足，並有權獲得滿足。

Davis（1977）認為：工作滿足是員工對其工作喜好或不喜好的程度，即工作特性適合員工的願望則產生工作滿足。

綜合上述，「工作滿足」是指一個人對其工作各個層面的感受和評價；其層面包括：組織本身、職務升遷、工作內容、主管管理、福利待遇、工作環境、工作夥伴等部分。此種感受和評價，乃取決於工作者自特定工作環境中所實際獲得的價值與其預期應獲得的價值之差距。

有關顧客導向的理論，其發展極為迅速，而且為數不少，僅就較具代表性者作以下的說明：

一、Maslow 之需求層次理論（1943-1954）

人類的需求多且複雜，心理學家 A. H. Maslow 將之分為五類，分別為生理（Physiological Needs）（饑餓及性等）、安全（Safety Needs）（避免遭受傷害或危險等）、社會（Social Needs）（愛和被愛，及友誼、歸屬等）、尊敬（Esteem Needs）（自尊與被他人尊重）、及自我實現需求（Self-actualization Needs），且依照需求的高低、複雜而作排列，如表 1 所示：

表 1：Maslow 需求層次理論

需求類型	需求理論	人事服務	
精神 需求	自我實現	教師升等	職員升遷
	自我尊嚴	研究獎助	績效獎勵
	社會歸屬	決策參與	意見接納
物質 需求	安全保障	休假活動	健康照護
	生理滿足	薪資給與	保險提供

　　藉由上表也可瞭解到 Maslow 的需求層次理論與人事單位所提供的各項服務之間的關係。由整個需求層次可以反映出個人對於需求所表現的行動，因此在本研究中，對於人事單位所提供的各項服務來說，人事單位除了滿足教職員工生理、心理的需求以外，還要提供教職員工自我表現的機會，則才會吸引教職員工留在學校中。

二、Herzberg 之雙因子理論（1959）

　　Frederick Herzberg 等人認為個人和工作的關係與工作態度對工作績效的影響很大。赫氏將影響工作績效的因素分為兩類：

（一）激勵因子（Motivators）

　　多屬工作內容，即可帶來滿足個人高層次需求的內在工作因素者，稱為激勵因子，包括有：成就、器重、升遷、工作本身、擔負重要責任、本身進步與成長等。良好的激勵因子可導致員工的工作滿足，然而，此類因子欠佳時，只會使員工無法獲得滿足而已，並不會導致不滿足。

（二）保健因子（Hygiene）

　　多屬工作環境，即令人感到不滿意的因素，稱為保健因子，包括：公司政策及行政、技術監督、與上司人際關係、同事間人際關係、與下屬人際關係、薪資、工作保障、個人生活、工作環境、工作地位等。當此類因子不良時，員工會感到不滿足，而一旦屬於此類的因子獲得相當改善時，則只能消除不滿，並不會導致滿足。

　　從赫氏的雙因子理論中發現，當保健因子滿足時，才不會有工作不滿意而抱怨的情形，但卻不一定能激發個人努力工作，只有當激勵因子滿足時，個人才會真正滿意並努力工作，在本研究中與人事服務項目結合時，其相關的內容如表 2 所示：

表 2：Herzberg 之雙因子理論

保健因子		激勵因子	
Herzberg	人事服務項目	Herzberg	人事服務項目
1. 工作場所 2. 薪資給與 3. 公司政策 4. 工作保障 5. 人際關係 6. 監督管理	1. 差勤假別 2. 薪資給與 3. 退休撫卹 4. 各類保險 5. 行政運作 6. 各項活動 7. 學術津貼 8. 年終獎金	1. 工作升遷 2. 褒獎表揚 3. 升遷發展 4. 專業成就 5. 責任賦予 6. 自我實現	1. 教師升等 2. 教育訓練 3. 研究獎助 4. 進修研究 5. 考績考核 6. 單位回應

資料來源：作者整理自李茂興等譯，民 83 年，頁 98、101-102。

（三）Alderfer 之 ERG 理論（1969）

C. P. Alderfer 整合 Maslow 的需求層次理論後，提出具有存在（Existence）、關係（Relatedness）、成長（Growth）三核心需求的理論，簡稱為 ERG 理論。其描述如下：

1. 生存需求（Existence Need）
   係指人們對各式各樣的生理及物質的欲望，包括組織中的薪資、福利與物質工作條件的需要，約等同於 Maslow 的生理與安全需求，亦與赫氏所提的保健因子中的工作環境、薪資報酬等因子相對。
2. 關係需求（Relatedness Need）
   指分享思想、感情及期待重要人際關係建立的需求，相當於 Maslow 所提的社會、自尊需求中的人際層面，也和赫氏所提保健因子中人際關係、管理督導情形，及激勵因子中被賞識、責任相互呼應。
3. 成長需求（Growth Need）
   有關人的發展及自我實現的渴望，相對於 Maslow 的外在尊重及自我實現需求，亦和赫氏所提激勵因子中的成就、升遷相符合。

ERG 理論為 Maslow 及 Herzberg 的說法作了進一步的擴充。但 ERG 理論仍與需求層次、雙因子理論有不同之處。Alderfer 認為，人類的需求就像一條連續帶，人們在追求各種需求的滿足時，有自由選擇的權利，可以跳過某些他人認為重要，而特別重視其他的需要。而本研究中與人事單位所提供服務的項目相互結合為如表 3：

表 3：Alderfer ERG 理論

生存需求	關係需求	成長需求
1. 薪資待遇 2. 差勤休假 3. 各類保險 4. 學校政策 5. 退休撫卹 6. 各項活動	1. 考績考核 2. 研究獎助 3. 人事回應	1. 教師升等 2. 教師進修 3. 專業研究

資料來源：作者整理自 Robbins，（2001），P.161。

茲將以上三種理論之間作一比較如圖 3：

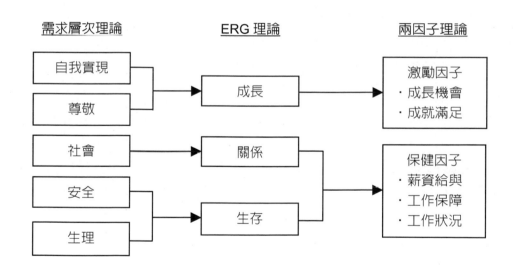

圖 3：結合三理論比較圖

資料來源：林鍾沂，民 90 年，頁 253-254。

　　由以上三種理論說明可知，人們在初任工作時，可能較關心薪資高低、工作保障等條件，等到工作過一段時間後，這些條件獲得滿足，他將會試圖擴充自己的人際關係，甚至尋求自我實現之處。綜合上述三種理論，結合了本研究中所要深入研究的因子，以前三種理論為基礎，進行問卷的設計，瞭解目前學校在人事服務上不足之處，進而改進，以提升服務品質用為爭取更多好的人才為校服務。

伍、人事服務效能之檢證

　　人的態度與行為之難以捉摸，固如前述，但由於行為科學之發展，量表測度技術已大為精進，而電腦對資料之處理能力，已使人事研究的效果顯著提高。人事研究乃是一種社會科學的應用性研究，其方法及步驟與社會科學的研究方法及步驟，可說並無二致。從事人事研究的目的乃在於針對人事問題尋求解決途徑，使其對人事機能之評估，及有關人事管理知識領域之開拓能有所助益。舉凡：組織氣候與領導、用人與績效評估、訓練與發展、薪酬管理、福利與服務、衛生安全、勞工關係、人力資源規劃、激勵與溝通等各方面的問題，均可作為人事研究的題材。至於其研究的程序，可概分為四個階段（郭崑謨，1989）：

（一）現況的揭露：由現況的調查與瞭解，以定義出明確的研究問題與目標，並決定適宜的研究方法。

（二）計畫的研擬：建立研究架構，選用測量工具並加以測試，研擬正式的研究計畫。

（三）資料的搜集：根據該研究的對象、研究目的與假設、資料特性與經費限制，決定資料搜集的方法，如實驗法、觀察法等。

（四）分析與解釋：分析資料搜集的結果，並針對研究的問題，就發現的結果加以解釋，並提出報告，以供決策之參考。

　　上述研究程序更可劃分為下列各項工作步驟：

（一）確認研究問題。

（二）確定研究目標。

（三）參閱有關文獻。

（四）建立研究假設。

（五）確立探討變項。

（六）建立操作定義。

（七）建立理論架構。

（八）擬定研究方法。

（九）選定測量方法。

（十）選定研究對象。

（十一）搜集研究資料。

　　本文主要探討教職員工對學校人事室所提供人事服務的滿意度。「滿意度」指的是教職員工對工作本身、工作的薪酬，或圍繞工作的其他事物之一種反射性、認知性的滿足狀態。我們可以利用 Herzberg 所提出的「雙因子激勵理論」（Two-factor Theory），分別以教師、職員、工友三種角色的觀點，來探討其對於人事室提供的服務滿意程度所造成的影響。

　　其影響的因子分別整理如下表：

表4：影響員工的雙因子

雙因子＼教職員	教師	職員	工友
保健因子（Hygiene）	・學校政策 ・薪資津貼 ・福利政策 ・各項保險	・學校政策 ・薪資津貼 ・福利政策 ・各項保險	・學校政策 ・薪資津貼 ・福利政策 ・各項保險
激勵因子（Motivators）	・教師升等 ・研究獎助 ・進修研究 ・考績考核 ・人員關懷	・職務升遷 ・考績考核 ・教育訓練 ・人員關懷	・職務升遷 ・考績考核 ・教育訓練 ・人員關懷

資料來源：作者整理自 Robbins，（2001），P.158-159。

學校政策包括：聘任規則、聘約等政策。

薪資津貼包括：本薪（俸）、教職員主管職務加給、教師學術研究費及超支終點費、職員專業加給。

各項活動包括：員工自強活動、年終餐會、人員講習及各類在職訓練、三節獎金、生日禮物、新春酒會……等。

研究獎助包含：本校補助教師出席國際會議、本校教師研擬整合型計畫申請書獎助金、本校教師發表學術論文
獎勵、教育部國家獎座申請、教育部學術論文獎、中研院年輕學者研究著作獎……等。

進修研究包含：本校補助教師赴國外進修博士學位、國科會補助赴國外短期研究、國科會補助赴其所屬研究機
構短期研究、中研院獎勵國內學人短期來院訪問研究。

表5：問卷題目與各項因子對照表──教師

保健因子	題號
1.差勤假別	8、24、25
2.薪資給與	2、4
3.各類保險	10、11、26
4.行政運作	1、5、6、14、22、23
5.各項活動	12
6.研究津貼	7
7.年終獎金	3

激勵因子	題號
1. 教師升等	13、28、29
2. 研究獎助	15、16
3. 教師進修	30
4. 考績考核	17、18、19、20、21、27
5. 人事回應	9、31、32、33

表 6：問卷題目與各項因子對照表──職員

保健因子	題號
1. 差勤假別	5、6、7、8、9、29、30
2. 薪資給與	3
3. 退休撫卹	22
4. 各類保險	13、14、31
5. 行政運作	1、2、4、10、15、16、17
6. 各項活動	18、19、20、21
激勵因子	題號
1. 教育訓練	23
2. 考績考核	24、25、26、27
3. 人事回應	11、12、28、32、33、34

表 7：問卷題目與各項因子對照表──工友

保健因子	題號
1. 差勤假別	9、10、11、12、13、14
2. 薪資給與	3、5、6、7
3. 各類保險	16、17、30
4. 行政運作	1、2、4、8、18、23、24
5. 各項活動	19、20、21、22
激勵因子	題號
2. 考績考核	25、26、27、28
3. 人事回應	15、29

教師對人事服務的滿意度調查要項

1. 教師聘任之審議程序
2. 教師薪給比照公校標準
3. 教師年終獎金比照公校標準
4. 鐘點費比照公校標準發給
5. 教師薪資發放日期
6. 助理教授敘薪之公平性
7. 學術研究費依職務等級給付
8. 女性教師產假的滿意程度
9. 教師申訴評議委員會的滿意程度
10. 公教人員保險內容的滿意度
11. 公教保險現金給付辦理程序
12. 新進人員講習活動之效果
13. 教師著作送審的滿意程度
14. 教師申請國際會議的滿意程度
15. 教師申請出席國際會議補助的滿意程度
16. 教師申請研擬整合型計畫補助
17. 教師成績考核，教學占百分之六十的滿意程度
18. 教師成績考核，服務占百分之二十的滿意程度
19. 教師成績考核，研究占百分之二十的滿意程度
20. 成績考核辦法公平性的滿意程度
21. 成績考核評分方式的滿意程度
22. 教師服務證明書的作業時間
23. 新聘任教師應予試聘一年
24. 男性教師應享有陪產假
25. 教師應享有育嬰假
26. 增加團體保險
27. 教師成績考核應比照職員給與考績獎金
28. 教師著作送審採計在校歷年之教學服務職員對人事服務的滿意度調查要項

職員聘任資格的滿意程度

1. 職員聘任資格的滿意程度
2. 職員全薪試用期為三個月的滿意程度

3. 職員調薪比照軍公教人員標準的滿意程度

4. 職員薪資發放日（當月二十日）的滿意程度

5. 職員結婚給予婚假十日的滿意程度

6. 職員每學年請事假不得超過十日的滿意程度

7. 職員每年請病假不得超過十四日的滿意程度

8. 女性職員娩假六週的滿意程度

9. 女性職員流產者給假二週的滿意程度

10. 職員年資假的滿意程度

11. 職員對考核結果有異議得提出申訴的滿意程度

12. 申訴內容隱密性的滿意程度

13. 公教人員保險內容的滿意程度

14. 公教保險現金給付辦理程序的滿意程度

15. 刷卡次數為一天三次之規定的滿意程度

16. 刷卡機設置地點的滿意程度

17. 刷卡機數量的滿意程度

18. 新進人員講習制度的效果之滿意程度

19. 舉辦自強活動的地點之滿意程度

20. 舉辦自強活動的行程安排之滿意程度

21. 舉辦年度尾牙/新春酒會的地點之滿意程度

22. 公校退撫年資併計只適用於教師身分的滿意程度

23. 本校舉辦職能教育訓練的滿意程度

24. 職員成績考核，工作占百分之六十的滿意程度

25. 職員成績考核，勤惰占百分之二十的滿意程度

26. 職員成績考核，品德占百分之二十的滿意程度

27. 職員考勤、考核公平性的滿意程度

28. 本校「員工申訴處理制度」回應性的滿意程度

29. 男性職員應享有陪產假

30. 職員應享有育嬰假

31. 應增加團體保險

工友對人事服務的滿意度調查要項

1. 技工工友須經審查方得僱用的滿意程度

2. 技工工友試用期間為九十天的滿意程度

3. 技工工友津貼的滿意程度

4. 工資發放日期（次月五日）的滿意程度

5. 調薪幅度比照軍公教人員標準之滿意程度

6. 延長工作時間之工資加給標準的滿意程度

7. 停止假期工資發給標準的滿意程度

8. 連續工作四小時，至少有三十分鐘休息的滿意程度

9. 特別休假標準的滿意程度

10. 婚假八日的滿意程度

11. 事假合計不得超過十四日的滿意程度

12. 懷孕三個月以上流產者，方可請產假的滿意程度

13. 產假四星期的滿意程度

14. 分娩前後給予產假八星期的滿意程度

15. 技工工友申訴內容隱密性的滿意程度

16. 保險內容的滿意程度

17. 保險相關給付辦理程序的滿意程度

18. 採用簽到制度的滿意程度

19. 新進人員講習制度效果的滿意程度

20. 舉辦自強活動地點的滿意程度

21. 舉辦自強活動行程安排的滿意程度

22. 舉辦年度尾牙/新春酒會地點的滿意程度

23. 採行輪班制度的滿意程度

24. 採行假日輪班制度的滿意程度

25. 成績考核中工作占百分之六十的滿意程度

26. 成績考核中勤惰占百分之二十的滿意程度

27. 成績考核中品德占百分之二十的滿意程度

28. 考勤、考核公平性的滿意程度

29. 「員工申訴處理制度」回應性的滿意程度

30. 增加團體保險

　　根據 Herzberg 所提出的「雙因子激勵理論」（Two-factor Theory），理論中的「保健因子」（Hygiene），指的是影響工作不滿意的主要因素，如管理政策、人際關係、待遇制度、工作環境……等。在人事室所提供的服務項目，如教職員工津貼制度、保險加退保之事項、各項福利政策等，皆符合保健因子的意涵，所以將它們列於保健因子當中；且保健因子屬於滿足基本需求層面，就人事工作服務的對象——教師、職員、工友而言，影響他們滿意度的保健因子是相同的。

　　「激勵因子」（Motivators）則是指促進個人工作意願的滿足因素，包括了：成就、賞識、工作本身、升遷與發展等因素。在人事室所提供的服務項目中，因為服務對象的不同，所需要的激勵因素不盡相同，因此在列述激勵因子時，也隨之不同。在教師部分，包括升等、研究獎助、進修研究；職員和工友部分，包括升遷、教育訓練、考核獎金等都是重要的激勵因子，這些因素可以激發組織成員的工作意願，加上人事單位提供服務的品質，促使提高個人的工作意願，為組織效力，這些皆符合激勵因子的精神，因此將之列入此範圍內。

（一）計算出每一題目平均數及標準差，由此兩項看出滿意度、迫切性的落點和分布之差異性。

（二）依其中各項因子的分類，結合基本資料變項進行樞紐分析，可分析出在各變項族群下之滿意程度及迫切改善程度。

　　為了瞭解受訪的教師、職員及工友對於各個議題於未來需要改善的迫切程度，本文另針對各類屬各議題進行百分比分析，並佐以平均數、標準差等統計值，以期清楚呈現總體概況。

　　跟隨時代的變遷，各種影響人事服務內涵及運作的因素亦隨之發生變遷，根據實證調查並參採學理就各項人事機能發展的趨勢略作分析：

一、人力資源規劃與工作分析將更受重視

　　組織為了獲得更高的生產力與利潤，為了改善內部人力素質，以對應於競爭，勢必要更重視人力資源規劃。由於未來人力資源之成本將越趨高漲，如何有效利用有限的人力去創造更好的績效，首要求人力的穩定，再求生產力的提高。因此員工的再訓練、輪調等技術將預受重視，要將這些工作做好，則需依賴良好的人力資源規劃。另一方面，為了使訓練與輪調等工作有效進行，也需要有正確的工作分析，這對於技術性工作尤其重要。

二、員工招募作業將愈形困難，成本也愈高

　　由於高技術人員之需要將增加，而供應相對不足。為了使人力來源充足且能符合條件，人力培養機構採建教合作方式來控制人力供應來源，將益形普遍。同時由於高科技人才的稀少性，透過人才仲介公司來招募人員也將逐漸被採用。再者，電腦與資訊之發達，也將改善招募過程中有意應徵者獲取招募資訊的速度及效率。

三、甄選工作將更重視應徵者的發展能力與工作意願

　　為了使甄選的目標能確實達成，應該發展一套有效的評量應徵者能力的指標，非但要衡量應徵者現有的能力，更要設法衡量應徵者未來發展的潛力及其工作意願的高低。建立一套「學習與發展（Learning & Development）關聯性之衡量模式」將比測試應徵者現有知識與技術能力的效果為高。

四、訓練與發展工作亦將益受重視

　　未來一個員工的事業生涯過程中，經歷的工作將趨向多樣化。由於年輕人力資源的不足、通貨膨脹、退休年齡的延長等諸多因素，使員工事業生涯的期間獲得延長。員工訓練與發展工作也將變得更為必要，而且方法也變得更具多樣化，自然訓練的成本也將越來越貴。

五、工作績效評估將廣被採用

　　配合訓練發展工作的加強，績效評估將不僅針對員工過去的工作表現，並將趨向於如何促使員工獲得更多的進步與績效。同時績效評估的方法，也將更趨向成果導向（Results-Oriented）。

六、個人將更關心其事業生涯規劃

　　由於未來將出現技術勞力短缺、工作生命延長、科技發展快速；使個人事業生涯規劃更受關注，但長期的生涯規劃卻變得較為困難。因為受科技發展快速的影響，新工作的出現與舊工作的淘汰，增加了個人事業生涯的不確定性。未來應將員工事業生涯規劃與其人力資源規劃、訓練、發展等配合，期使組織目標與員工個人目標能趨向一致。

七、薪酬管理將趨向複雜

　　薪酬制度已逐漸自傳統作為一種單純的工作給付，演變至今，更成為一種激勵工具，使薪酬與個人團體生產力產生密切關聯。再者，由於人的需求的多元化與複雜化，薪酬非但以金錢為給付標的，非貨幣的給付，往往更具激勵效果。凡此均使薪酬之管理更趨複雜。

八、人際關係將益形複雜

　　組織無不追求成長，但當組織變得更龐大時，由於內部分工的結果，工作必較過去為單調，工作的情趣勢必降低，人際關係將淡薄，員工自其工作中獲得人際關係的滿足程度將降低，必須透過其他途徑加以彌補，將會使人際關係趨複雜化。

九、紛爭仲裁之重要性增加

　　由於自我意識高漲，糾紛未來更易發生，協調機能強化將有助於問題的協商，提高問題的解決效率。在此同時，中間仲裁機構的設立，更可使衝突增加緩衝空間，也可使紛爭趨向理性化。

　　綜觀以上所述，可知一個現代社會中的機構，面對的是一個「變」的環境，受各種因素變化的衝擊是不可避免的。這些變化反映在勞動人力、員工期望、生活型態、外界環境及政府立法等各方面，每一方面的變化均對機構的工作造成影響。未來的人事管理雖將充滿挑戰性，但也將是光明的。人事服務者在未來高階管理中，必然居於關鍵角色的地位。

陸、結語

　　從吳定教授所著《公共政策辭典》中對效能（Effectiveness）的解釋可知，效能為一般性政策評估標準之一，指某項政策或計畫執行後，達成預期目標、結果或影響的程度，亦即將實際達成的情況與原定的預期水準相互比較，以瞭解政策或計畫是否產生所期望的結果或影響。效能通常比較強調品質和無形的影響方面，例如方案執行後，人民的滿意程度如何，所以它和強調省錢、省人、省時的效率性，在概念上是不一樣的。簡言之，效能所指涉的意涵並非只限於政策或計畫是否已按原方案執行完畢，而是注重政策或計畫執行後，是否對標的人口或事務，產生期望的結果或影響。答案如果是肯定的，則該政策或計畫的效能性就高，反之則低。

　　學校人事室所承辦的項目很多，諸如薪資、退休、撫卹、請假、休假等，每一項服務就如同在執行政策般，有所謂的提供者及接受者，人事人員就是幫學校教職員工友承攬這些業務。當然，只要是提供服務的單位，就會相當重視接受者的回應性，而顧客的滿意度也會成為提升組織績效的指標，及有助於內部運作改進的依歸。一般而言，「服務」所注重的是品質的好壞，其態度是否能深得顧客的青睞，這方面是沒有辦法以簡單的數據衡量得知，產生的影響通常也是無形的，且要經過長時間後，才會自組織中逐漸顯現出來，因此，這是一種效能優劣的展現。就人事工作者來說，當所提供的服務效能性高的話，就代表教職員工友的滿意程度趨高，且讓人事同仁知道每一項制度的規定都可令人接受，不會發生人才出走的情形，而員工也會對自己的工作感到滿足，間接提升了工作成果的品質；反之，如果提供的服務效能低，教職員工友有諸多的不滿及詬病，就會造成向心力不集中的情形，許多人暗地裏都會默默在尋找離開的機會，進而影響整個組織的運作體系。

　　由此可知，想要讓人事服務有所改革及進步並留住人才，提高效能的表現應當是不可或缺的手段，同時這也是人事室積極想達成的目標方向之一。

　　人力資源管理的目的是促使組織獲得最大的利益為前提，為達此目的所有相關的因素，如：人員遴選、工作分派、員工考核、員工訓練和管理及薪酬制度等等，都關係整體組織的發展。重視人員訓練管理，對於產品更新更快、技術多變的高科技產業，無非是一項競爭優勢。強調長期的僱用關係，也能與人才培養的理念相吻合。為了保持長期僱用的關係理念下，需在人員擴編上採取謹慎態度，促使組織人力保持適度的彈性。但若以員工的角度，在競爭激烈的職場上，薪資是最大影響員工工作意願及工作情緒的因素之外，員工的福利制度問題在組織中也漸漸凸顯其重要的意義。就行為理論學派的觀點來看，假設員工的工作績效可能是受到員工心理因素的影響。就赫茲柏格（Herzberg）兩因素理論的觀點來看，假設員工心中的各種生理及心理的需求，包含了保健與激勵因子。就馬斯洛（Maslow）需求層級理論的觀點來看，每位員工對於福利的需求不同。因此經由上述的整合可以引述說明：當單一配套的福利制度實施時，每位員工因為心中有不同的需求，當福利制度對於員工無法得到滿足時，將無法產生激勵因子，致使工作績效沒有改變。當彈性福利制度實施時，可以配合每位員工不同的需求，達到福利制度對員工的正面影響鼓勵，致使激勵因子提升，工作績效相對增高。從這些學理的分析，是以做為強調顧客導向的人事服務工作所應正視與落實的。

第二章
人事評鑑工作

壹、前言

　　教育乃國家百年之大計，增加教育投資以促進社會經濟成長，一直是世界各國政府所努力的目標。尤以高等教育肩負培育國家高級專門人才，其教育品質的良窳，對國家社會整體的發展有直接的影響，是故，為了強化國家經濟、提高科技水準及提升國際競爭力，各國政府對於高等教育的投資，皆不遺餘力。

　　私立大學本著為國舉才的教育宗旨，在我國高等教育發展中，一直扮演著重要的角色。94學年度全國大專校院總數一百六十八所（含軍警類八所、空中大學二所及僑生大學先修班）中，私立學校占一百零八所。私立校院減輕了政府教育經費的負擔，並且有助於高等教育的良性競爭及多元發展；然而，私立學校教育成本偏低，學生負擔偏高，政府應給與較目前更多之補助，以減少公私立學校學費之差距，同時嚴格監督補助經費之有效運用，以提升私立學校教育之品質。學校雖有公私之分，人才之培育應無公私之別；隨著教育自由化的發展趨勢，政府必須正視如何營造一個有利於公私立學校公平競爭的環境，積極協助私立學校的發展，亦即政府應本公平原則，制定對私立學校的補助政策及方式，作為提升私立學校辦學品質，促成高等教育卓越化之目標。

貳、大學評鑑作為的背景

　　教育部為合理分配教育資源及鼓勵各大學致力於其專業特色，自80學年度開始積極推動「私立大學中程校務發展計畫」的訪視活動，將訪視的結果作為決定各校的獎助額度之依據。同時大學法於94年12月28日的修正條文中更將大學評鑑納入常態性的工作，並區分為自評與校外評鑑兩類；以因應國內大學教育環境之轉變，將有限的教育資源作最有效的運用，使經費之分配更為公平合理，弭平各校對於審核指標之疑慮，故積極建立一套合理嚴謹的資源分配指標與模式，避免教育資源運用的僵化，提升教育補助效果。究此而言，評鑑工作無論係植基於自我體質的檢視或校譽的提升乃至於爭取教育的獎補助經費而言，評鑑工作能對於大學教育發展有其重要的意義，而建立自我評鑑的機制乃為當務之急。

　　教育部為落實私立大學校院全面提升教育品質，自80學年度起，推動私立大學校院中程校務發展計畫，由各校院就其重點、特色、資源運用與累積，審慎策訂計畫，經校務會議及董事會審議通過後，函報教育部審核，據以核給獎補助經費。並將審查意見送請學校納為執行與檢

討之參考。其中的審查過程是以三年為一週期，第一年赴校訪視，第二、三年將執行結果報教育部複核，據以調整獎補助經費。中程校務發展計畫審查標準及發展狀況各項量化指標內涵與權重為：

一、發展狀況指標內涵與權重

項目	內涵	權重下限	學校自選權重	比例
一、教學	（一）師資： 1. 專任講師以上教師之生師比 2. 專任副教授以上教師之生師比 3. 專任教師中博士學位所占比例 4. 兼任教師實際授課時數與學士數之比例 （二）教學資源： 1. 單位學生圖書（包含光碟）經費 2. 單位學生儀器設備經費 （三）各項支援教學之配合措施包括： 1. 導師工作推行成效 2. 畢業生就業輔導及畢業生聯繫工作 3. 教學課程（含通識課程）規劃 4. 促進教學品質之措施（如印發各科內容簡介、學生學習成績之評定方法、各選修科目開課最少學生數） 5. 各必修科目修習學生最高限額 6. 學生自治團體及申訴制度之建立與輔導 7. 其他	50%		70%
二、研究	（一）平均每位專任講師以上教師研究計畫金額及件數 （二）專任講師以上教師獲獎率 （三）專任教師發表論文、出版專書數或專利數 （四）學校鼓勵教師研究之相關措施 （五）其他	20%		
三、推廣服務	（一）推廣教育開設課程總時數及訓練人數 （二）辦理推廣教育之專兼任教師比例 （三）開課時數與正規教學時數之比例 （四）所辦理之推廣教育課程為何 （五）地區性推廣服務執行成效 （六）其他	5%		

四、財務行政	（一）學校財務收支情形（含募款、學雜費、提供獎助學金之成效） （二）學校資產、負債結構狀況及貸款報備情形 （三）學校對獎補助經費設置專戶專帳專冊處理情形及原始憑證與帳載全額是否相符 （四）學校對獎補助經費，用於學校經常門、資本門及研究生獎助學金等使用情形 （五）獎補助經費使用效益 （六）學校年度經費支出占收入之比例 （七）其他（財務審查程序及公開方式）			15%
五、行政	（一）行政支援人力與學生比 （二）校務會議、教師評審委員會、教師申訴評議委員會、經費稽核委員會等運作狀況 （三）推動行政電腦化 （四）組織規程、校內重要章則訂（修）定情形 （五）中程計畫及相關資料報部審核情形 （六）其他			15%

二、有關發展狀況之各項不可量化指標資料包括

(1) 教學部分與輔導部分	a. 導師工作推行成效 b. 畢業生就業輔導及畢業生聯繫工作辦理狀況及成效 c. 教學課程（含通識課程）規劃之狀況 d. 促進教學品質之措施及成效（例如印發各科內容及簡介、學生學習成績之測定方法） e. 學生就學補助制度之規劃及推動成效（含就學貸款之還款追蹤相關作業） f. 學生自治團體及申告制度之建立與輔導 g. 其他各項與教學有關之改進措施與成效 h. 學生生活輔導（含品格教育及生活知能開發等）辦理狀況及成效
(2) 研究部分	各項提升水準之具體措施與成效（包括研究環境、鼓勵教師積極從事研究等）
(3) 推廣服務部分	a. 開設各項推廣教育班次、課程規劃之狀況 b. 地區性推廣服務執行情形 c. 各項加強推廣服務之措施及具體成效 d. 各項推動建教合作（含產學合作及產學共同培訓人才）之措施及具體成效
(4) 行政部分	a. 校務會議、教師評審及申訴委員會、經費稽核委員會等運作狀況 b. 推動行政電腦化 c. 組織規程等校內重要章則訂（修）定情形

	d. 如何提高行政績效之各項措施 e. 中程計畫相關資料報部審核情形
(5) 財務行政部分	a. 學校財務收支情形（含募款、學雜費收入提供助學金辦理成效） b. 學校資產、負債結構狀況及貸款報備情形 c. 學校對獎補助經費設置專戶專帳處理情形及原始憑證與帳載金額是否相符 d. 學校對獎補助經費，用於學校所訂經常門、資本門及研究生獎助學金等使用 e. 獎補助經費使用效益 f. 學校年度經費支出占收入之比例 g. 其他（財務審核程序及公開方式）

審查方式歸納如下表

1. 計分方式	成績評核為十分至一分之評分制。
2. 審查項目	教學與輔導、研究、推廣教育、行政、財務行政（以上各項加總為整體發展狀況，視為學校辦學成效）及計畫擬定執行與管考等二大類，共六項。
3. 成績核計	(1) 調整分數：三組分組委員中以第一組委員評分最接近不分組委員，因此，第二及第三分組委員評分與不分組委員評分之差調至與第一分組相同。 (2) 整體發展狀況（占 70%）： 　a. 學校自訂權重部分（占 70%）：教學輔導、研究、推廣教育等三項為不分組審查委員平均及分組委員平均調整分數後之平均（公式：不分組委員平均加調整後平均除 2）。再計算學校自訂權重比例。 　b. 行政及財務部分（各占 15%）：由審查委員及教育部各相關單位評核成績各占 50%，再換算權重比例。 　c. 整體發展狀況：累計教學輔導、研究、推廣教育、行政、財務行政等各項權重比例之加總。 (3) 計畫與執行（占 30%）：核計各審查委員評核分數之平均。 (4) 總成績：前述整體發展狀況成績乘以 70%加上計畫與執行成績乘以 30%即為中程計畫審核總成績。

　　就大學校務綜合評鑑而言，重點為整體性之校務制度與運作，其過程包括各校自我評鑑及實地訪評，訪評中除聽取學校簡報外，並檢視相關資料，瞭解學校特色，與教師、行政人員及學生代表分別座談，最後並與學校相關主管進行意見溝通，結果亦經參與評鑑之各校代表共同決定不定等第，僅提供各校作為自我改進之參考。至於中程校務發展計畫之審查，以協助學校發展為目的，但為對學校獎助之依據，故將審查結果轉化成量化指標，以作為具體獎助之依據。因此，對於我國私立大學校院的發展具有極為重大的影響。

參、評鑑工作的學理基礎

一、教育評鑑的起源與意義

近代各國政府相當重視教育評鑑，主要原因在於確保公立學校教育的績效；同時能夠使教育資源發揮最大的效果。尤其在二次大戰以後，社會大眾對於公立學校教育品質逐漸產生不滿和質疑，認為必須透過客觀的評鑑機制，才能改進學校教育缺失；此外教育資源愈來愈有限，不能過於浪費，也必須經由評鑑的手段，才能使教育資源的有效利用。教育評鑑（educational evaluation）係指對於教育現象或活動，透過有系統和客觀的方法來搜集、整理、組織和分析各項教育資料，並進行解釋和價值判斷，以作為改進教育缺失，謀求教育健全發展的歷程。評鑑的概念，可說起源甚早，我國隋唐所舉辦的科舉制度，可視為一種評鑑的方式；然而大規模的評鑑活動，肇始於十九世紀的英美兩國。在十九世紀，英國的 Powis 伯爵領導一個「愛爾蘭初等教育委員會」（Royal Commission of Inquiry into Primary Education in Ireland），設法瞭解愛爾蘭小學教育的品質；而美國的 Joseph Rice 在 1887 年至 1889 年進行一項拼字教育策略效果研究，採用標準化測驗，可說開啟了美國教育評鑑的先河。至於我國正式實施教育評鑑，則是 1970 年以後的事，最初是在 1975 年教育部所舉辦的大學評鑑，隨後才有專科、高中（職）、國中、國小和幼稚園的評鑑。

二、大學教育評鑑模式之要素

一個完整的大學評鑑模式須包括五項要素：（一）完整的評鑑目的、（二）明確的評鑑內容、（三）精確的評鑑方式、（四）具體的評鑑標準、及（五）合理的評鑑結果處理與運用。以下分別說明之（陳漢強，1997）：

（一）評鑑目的

大學教育評鑑的最基本目的是要確保其所培育的學生能具有一定的品質，評鑑的結果將有助於改進大學教育的品質。具體而言，大學教育評鑑的目的包括：

1. 對學程或機構目標的實現程度，證實其效能或提供績效責任之證據。
2. 提供社會大眾有關學程或機構品質之保證。
3. 提供社會大眾有關學程或機構達成特定專業標準之保證。
4. 提供學程或機構做出合理決策之資訊。
5. 提供經費補助之參考。
6. 改善學程或機構之參考。
7. 證實或影響改進學程或機構運作之效率。

而針對不同的評鑑目的，就應該採用不同的評鑑方式，例如評鑑的目的若是在提供社會大眾有關學程或機構品質的保證，則所用的評鑑方式中就應該包括外部的評鑑，甚或由政府機關或半官方的單位來進行評鑑工作。若評鑑的目的是在於機構或學程本身缺失的改善，則內部自

我評鑑就相當重要。而評鑑活動是否能成功，主要取決於三項因素：分別是行政主管對評鑑活動的承諾、大學將革新與變遷視為組織文化中的一部分、以及有充分的資源以支援評鑑活動之需求。由於大學評鑑目的具有多元性，藉由有效的評鑑過程，大學機構的本質可獲得實質的增強，同時經由自我評鑑以及外部專業同儕團體的評鑑，可建立機構或學程未來改進或發展的計畫。

（二）評鑑內容

　　根據評鑑目的之差異，評鑑的途徑可能會有所不同。但不論評鑑的進行是採內部的自我評鑑，以及專業同儕團體的外部評鑑，藉以改善大學教育的品質；或是由政府機關及半官方性質的單位，根據量化指標進行評鑑，藉以確定大學經營的績效責任，二者的內容應該都是一致的。至於評鑑的內容為何？一般都是將評鑑內容分為輸入、過程及輸出等三個部分。藉由輸入與輸出比值的計算，評估大學之效率，再衡量輸出與預定目標的契合程度，可評估大學之效能。

（三）評鑑方式

　　綜合各主要國家對大學教育評鑑的模式可看出，目前發展最成熟的是美國的「認可制度」。其次，是近年來起源於英國，而逐漸受到歐陸國家重視的「品質保證制度」。不論哪一種評鑑模式，在評鑑的過程中，評鑑的方法都同時包括大學內部之「自我評鑑」與大學外部之「專業同儕評鑑」。以下針對這兩種評鑑方式說明如下：

1. 內部自我評鑑：

內部自我評鑑的主要目的在於促使大學對品質的改善，一般被定義為「一種學程內部人員根據外部的標準，對學程的目標、現況、過程及結果所作的描述性或分析性活動，並將結果撰寫成報告，以供進一步外部評鑑之依據的活動。」自我評鑑活動可分為三個階段：

(1) 準備與設計階段

(2) 組織評鑑過程階段

(3) 執行階段

有效的自我評鑑活動必須涵蓋六項要素：

(1) 決定大學宗旨、教育目標及目的。

(2) 測量學程的教育結果。

(3) 評鑑所提供課程及其內容能達成預定目標的能力。

(4) 評估學程資源的適當性，以及分配資源以達成既定目標的效能。

(5) 檢定學程之計畫與決策過程。

(6) 解釋上述要素的評鑑結果，並提出解決缺失與提升優勢的競爭策略。

2. 外部專業同儕評鑑（peer review）

外部專業同儕評鑑的目的在於品質的保證。大學在自我評鑑結束後，為了瞭解評鑑過程的客觀性與結果的信效度，最好的方法就是由專業同儕組成外部訪視小組，進行外部評

鑑的工作。而外部專業同儕評鑑所必須面對的問題有二，一是所搜集得到的資料之適當性的問題，二是同儕團體如何發展出公平與客觀的判斷的問題，亦即外部評鑑結果是否具有公信力的爭議所在。

（四）評鑑標準

大學評鑑標準所得到的結果是否客觀，而能真正測量出大學的績效責任，則評鑑標準的建立就相當重要。評鑑標準是評估受評大學之優點與價值之依據，一般可將評鑑標準分為「量的指標」及「質的指標」二類，其中「量的指標」係以數字來表示各評鑑標的或內容被達成的程度。而「質的指標」則是對所要評鑑標的或內容的概括性文字敘述。而良好的教育指標應是一套經過妥善設計的制度，進而方能有系統的提供教育制度所需的訊息，如此指標才能發揮預測、計畫、衡量目標、及評鑑進步等功能。

（五）評鑑結果之處理與應用

就評鑑結果之處理與應用而言，在結果處理上通常分為公開或不公開，以目前各國大學評鑑的做法，都是將評鑑結果對社會大眾公開，此一處理方式，可以對大學形成一股壓力，讓大學不斷地努力去改善其辦學品質。而評鑑結果是否應採排名的方式處理，顧及評鑑標準尚未能達到完全客觀的水準，以及各大學間特性的差異，評鑑結果不宜採排名的方式公布。再者，評鑑結果之應用應視評鑑目的而定。若評鑑目的在於大學品質之自我改善，政府機關自然不宜將評鑑結果做其他用途。若評鑑目的在於大學之品質保證與績效責任，則評鑑結果的運用除了作為大學改善品質的依據外，政府機關通常也會根據評鑑結果，決定經費補助的多寡。然而此一以評鑑結果作為決定經費補助額度的措施，常造成大學與政府間的衝突。以目前各國現況而言，評鑑結果與經費補助間是間接的關係，評鑑結果並非政府對大學經費補助的唯一標準，亦即評鑑結果不宜作為直接、立即經費補助多寡的唯一依據。

肆、國外評鑑作為之借鑑

一、美國

（一）美國大學評鑑制度的興起

美國聯邦政府、州政府及地方政府（郡、市政府）對私立大學均無給與直接無償之貨幣給付，僅有以承接研究方式爭取政府補助收入。美國的公私立大學或州立大學或市立大學的各種評鑑工作乃由民間團體（包括媒體、學會、協會）推行，公私立大學一併排行。

美國的大學評鑑始於 1966 年，美國教育協會副會長卡特受國家科學院等單位之贊助，評鑑二十九門學科，其主要資料乃根據四千餘位教授之問卷調查，而評定各系所之研究成果、學術

地位與課程設計。1972 年，上述報告之內容擴大為三十六門學科。1982 年，瓊斯等人受國家科學院之託，歷經兩年，耗資五十萬美元，完成第二次評鑑報告，將學科分為數理、工程、人文、社會及生物五大類。1993 年，第三次評鑑報告人文類增添藝術，學科總數達四十一個。評鑑報告之指導委員十六人，其中除各類專家、五位大學校長及副校長外，有三位心理學及二位統計學權威學者，指導調查與分析的方法。其過程與數據都公諸於世。

美國科學院的三次評鑑被公認為最嚴謹的權威研究。而我國高教司所用的指標，例如師生比、專兼任教師比、人事行政支出的比例、平均每生校地面積、人事行政費用占支出之百分比、行政人員與學生之比例、每位學生圖書數、校友捐款率等美國專家認為與學術地位無直接重大關係都未採用。

（二）美國大學評鑑實施方式之現況

美國大學評鑑方式為認可制，評鑑對象分為兩種：一是以學校整體校務為主的一般校院評鑑，依據機構的特性，有系統的審核學校自我發展的過程。一是以已被認可之校院中各系所為主的專業評鑑，係以提高專業教育品質，並鼓勵各專業系所發展特色為主。兩者的評鑑過程皆包括受評學校之自我研究與評鑑委員之到校訪評兩部分。

一般公認，美國大學評鑑方式之特色有六：自願性、非官方性的評鑑團體、自我研究、自訂目標、同儕評鑑與實地訪評。

（三）美國大學評鑑與聯邦政府之關係

在美國憲法中，聯邦政府沒有教育權，教育被認為是州政府的職責。而藉著大學校院評鑑，美國聯邦政府可以「獎優汰劣」，透過經費補助套住學校，以 1979 年為例，聯邦政府直接或間接透過州政府補助了 400 所大專校院，而補助的標準，就是要求達到教育評鑑的標準。

二、法國

（一）法國大學教育評鑑系統

法國大學的經費 90%來自於政府，大學教育品質的管制也成為法國政府的責任。法國國會在 1989 年通過設立一個「全國大學評鑑委員會」（Comite National D'Evalution Des Universities，CNEU），成為評鑑全國高等教育的機構。CNEU 被授權評鑑全國每一所高等教育的機構，包括教學、研究、在職訓練、推廣服務及行政工作，CNEU 的責任是訂立許多規則，鼓勵大學自我評鑑，自己負起品管的責任。

（二）法國大學教育評鑑的功能

法國大學教育評鑑除了作為政府決策的參考，以及作為分配經費的依據外，其主要的功能有三：

1. 審議的功能：透過評鑑，使大學能瞭解本身的優缺點，作為維持與改進的依據，同時也是作為政府監督改進的主要依據。
2. 仲裁的功能：使能處理學校、教師、以及學生彼此間的問題。
3. 反映社會需要的功能：使學生、家長、企業界對大學有所瞭解，作為學生選擇學校、企業界選擇員工及與學校訂定合作計畫契約的參考。

三、英國

（一）英國大學經費分配之現況

英國主要係由三個海島組成，分別為英格蘭、威爾斯及蘇格蘭，各海島之高等教育經費分別由英格蘭高等教育撥款委員會、威爾斯高等教育撥款委員會、蘇格蘭高等教育撥款委員會分配，撥款委員會分配給大學的經費分為經常經費、資本經費，經常經費又分為教學經費、研究經費、相關活動經費。英國對教學經費的分配方式，原則上係以學生數為基礎，每位學生給與一定金額的經常費補助，同時亦考量各類學生相對教育成本，如英格蘭高等教育撥款委員會 1998 年不同類科每位學生的教學經費補助計算標準為：醫學系 £ 11,700，理工類科 £ 5,200，需高成本實習實驗設備類科 £ 3,900，其他學科如文學、法律、政治 £ 2,600，研究經費分配方式係依據各大學研究的品質與數量予以評定，為了判定研究品質，撥款委員會每隔若干年會從事一次研究評鑑作業，大學校院可在六十九個學科領域中提出研究成果，研究成果包括出版著作、成品、藝術表演、藝術展示，這些研究成果由同學科領域專家予以評定等級，每一項申請均予以品質評定等級，評定等級分為 1、2、3b、3a、4、5、5* 等七個等級，被評定研究成果為 1 級者，不予任何補助，故可遏止「以量取勝」方式爭取研究經費的學校。相關活動經費係指一些無法適用上述教學經費、研究經費分配方式，採用非公式計算的分配方式，其用途範圍包括博物館、美術館，少數冷門學科之專題研究等。

資本經費分配方式分為基本設備維護費及資本計畫經費，70%資本經費分配於基本設備維護費，30%資本經費分配於資本計畫經費。基本設備維護費如校舍、教學設施之維護，分配決定因素主要係依據各校之樓地板面積及教學設備之多寡，資本計畫經費為新建校舍之建築，撥款委員會將所有資本計畫排列優先次序，用以決定分配之學校，故非所有學校之新興建築案均可獲得經費。

（二）經費補助分配方式

依據英國法令規定，「高等教育經費補助委員會」（Higher Education Funding Council for England 簡稱 HEFCE）必須補助學校經費，以提升教學品質，因此 HEFCE 乃透過一系列學科評鑑及實地訪視之方式進行各種評量。如果某校教學品質被評為不滿意，必須在十二個月內改善完竣，否則該學科的補助經費及學生數都將被取消或撤回。

（三）大學經費分配機構

英國大學經費之分配自 1993 年迄今主要是由英格蘭、蘇格蘭、威爾斯等三個高等教育經費分配委員會負責，這三個委員會延續以往大學撥款委員會之精神，都是以非政府機構（nondepartmental public bodies）的方式成立。他們有極高的自主權，而能超然客觀的分配給大學校院經費，但又與教育部有著密切的關係。HEFCE 每年依據一定計算公式及評鑑結果，提供各大學經費需求的建議給國家教育秘書處（Secretary of State for Education），然後經議會表決通過，最後再由國家教育秘書處在每年 11 月宣布下一會計年度的預算數。

英國主要機制在於透過教學學習與研究之評鑑、經費補助方案，以提升大學的研究與教學品質，並符合經濟有效性，以及滿足國家之需求。「高等教育經費補助委員會」設立增進教學品質基金（TQEF），以平衡因過度獎勵研究卓越而對教學產生之傷害，並分三個層次獎勵：(1)對有令人滿意之教學策略的機構(2)針對優良教學之教師(3)設置教學主題研究中心。在英國，教學品質之下降被認為與研究經費之選擇性加強補助有關，但因教學與研究之獎助分屬兩個撥款系統，故兩者之不能耦合尚待克服，以便相輔相成。

英國獎補助款之 70%為教學經費，其分配因不同類科（概分為醫學類、科學、工程與科技類、其他高成本需要視聽室、實驗室或實地工作的設備之類科、所有其他類科等四類）而有不同之標準，實際的獎助金額允許於標準金額上下五個百分點的變化，如果超過此一標準上下五個百分點，此一委員會將會調整獎助金額額度，或者調整大學的學生數量。剩下的 30%為研究經費，對於研究的獎助是有選擇性的，惟有高品質的研究之大學與學院，才能獲得較高額度的研究獎助款。

伍、人事評鑑制度的探討

一、各國評鑑專責機構之性質

美國的評鑑是由民間團體發起的，英國是成立一個財團法人，法國由與教育部平行直接向總統負責的「全國大學評鑑委員會」負責。英、法等國皆為建立一具公正、超然立場的評鑑組織系統來對大學作長期系統化的評鑑與研究，如此，既可避免政府妨礙大學獨立自主的發展，又可建立具專業性、公信力的評鑑架構。我國的大學評鑑過往係依大學法之規定由教育部負責，

為兼顧大學發展之自主性及評鑑之專業性，新修正公布的大學法係建立學門評鑑將以委託民間具公信力之學術團體辦理為主要方式，是以自民國94年12月26日成立財團法人高等教育評鑑中心。

二、兼重質化與量化評鑑指標

指標反映了決策者、教育實務者及社會大眾關心的焦點，故以相關的研究結果為基礎，配合決策者及教育實務者的興趣，獲得政府單位承諾，讓教師、行政人員、學校董事、學生、家長等共同參與指標的發展工作。目前，如英國政府正致力於建立各個學門的基本指標，其作法是廣納各方意見，尤其對於企業界、校友、專業團體及學會的意見皆極重視。教育部於86年5月起委託國立台灣師範大學教育研究中心進行「大學校務綜合評鑑指標建構之研究」，並於87年7月完成該項研究。研究中分析國內外大學教育評鑑制度、指標與存在問題，建構我國大學綜合評鑑指標系統架構與具體指標項目，歸納指標建構之結果，並曾分二階段舉辦座談會，徵詢產、官、學、研各界專家意見，建立共識，以為將來進行校務綜合評鑑之參考。

三、培訓專業評審委員

英國的「登記註冊的外審委員」（REE），有相當完善的遴選與培訓制度。REE的成員可以很多元，而獲遴選的人均須參加「大學及教師發展協會」的教育訓練和講習，對評鑑的內容、方法、標準、過程與自身責任皆有清楚瞭解。而他們除了協助官方的評鑑外，也可擔任學校顧問，甚至扮演超然中立的觀察者來監督學校的發展。而我國的評鑑委員多是國內知名學者，由於太過忙碌，無法配合評鑑時程，長時駐校訪視、觀察；且由於係任務編組，多為臨時成軍，較缺乏完整的講習或培訓。為了多元而公平的評鑑結果，委員的遴選多元化及參與熱誠，以及行前講習內容及培訓制度，將是未來刻不容緩的工作。

四、大學自主性的充分發揮

美國的評鑑制度由民間自行辦理，各校主動申請，法國的評鑑也是由高等教育機構提出申請，而我國所辦理之評鑑則係政府主導，學校多為被動的參與。隨著各國高等教育評鑑的發展、我國大學各項評鑑的推行以及學校在評鑑過程中的成長，各校已漸體會長期自我評鑑制度建立之重要性，除了全校性的綜合評鑑外，各學門或系所的自我評鑑亦頗受重視。如私立大學校院協進會曾委託東吳大學於87學年度辦理「私立大學校院學系自我評鑑實施經驗座談會」（88年5月），未來教育部對評鑑的初期規劃重點亦將朝向輔導學校建立自我評鑑機制，而學門評鑑的辦理也將朝各校主動參與方向規劃。

五、評鑑結果的公開與運用

評鑑結果的公開與運用顯示評鑑的影響層面。美、英、法、澳各國都將評鑑結果對外公布，而英國及澳洲更將評鑑結果與經費的補助結合。未來，我國所進行的大學評鑑也將朝向結果公

開的方式進行，儘量將各校的理念、特色及進步情形向外界公布，並追蹤執行的成效，使大學的發展更具特色，教育品質更趨卓越，將是未來努力的目標。

六、大學評鑑法令之建構

94年12月所公布的大學法修正條文明載「中央主管機關為促進各大學之發展，應組成評鑑委員會或委託具有公信力之學術團體或專業評鑑機構，辦理大學評鑑，並公布其結果。」對現行各類評鑑之合法性及未來辦理之評鑑方式、內容提供法律基礎；其次就大學法施行細則對於本法有關大學評鑑之施行原則應予明確訂定；依據評鑑類型建立大學教育評鑑標準、指標、及方法，編製大學教育評鑑手冊，供各大學參考。

七、各校發展特色的強化

中程校務發展計畫之設計，係從私立大學校院特色系所之獎助計畫開始，在計畫的審核中強調各校發展的特色，因此對於私立大學建立各自的發展特色助益頗大。但仔細評估目前各校所強調之特色，大多只是在技術層面的特色，對於整體發展方向及學校定位，較無著墨，而且絕大多數私立學校仍然偏向全面觀照式的發展，與一般公立大學並無明顯的差異。各私立大學校院的發展各自有其不同的優勢條件及限制，學校必須掌握更清楚的發展方向定位與特色，並藉由本身所具備的彈性優勢來有效整合資源，期在未來國內多元化的高等教育體系中，獲得更大的競爭優勢。

陸、結語

為了配合大學法有關大學評鑑之規定，教育部正積極建立妥善之評鑑制度，並特別成立「財團法人高等教育評鑑中心」，以期多元評鑑之效果能落實，達成提升大學教育品質之目標。除透過各學門評鑑，協助各校系所發展及調整外，未來將持續推動大學綜合評鑑，輔導各校自我改進，發展特色為使評鑑結果更客觀、公正，積極檢討評鑑指標並參考先進國家的發展長處而有所借鏡，乃為重要課題。為求評鑑作業更求精緻化，則舉凡：評審委員之組成、評審指標之設定、評審程序之安排、強化自我評鑑之機能、評審結果之呈現與公布、評審結果如何轉換為獎助經費之分配公式等等，都應更審慎的檢討評估，做更妥適之調整，期使學校建立更積極的經營理念，將學校辦學的理念、辦學成效，主動向社會宣導，爭取社會的認同。

附錄：人事評鑑表單

一、組織與發展

評鑑類別	評鑑項目	學校自評（具體成果、待解決問題及解決方案及進度）	備註
董事會之功能與運作	1. 財團法人設置及變更登記 2. 董事會之功能 　a. 召開會議 　b. 執行狀況 3. 董事會與學校行政之互動		請準備歷年董事會紀錄
學校之中長程計畫	1. 前期學校中長程發展計畫之執行狀況 2. 現在中長程發展計畫 　a. 擬定程序 　b. 財務、師資、設備等各項規劃之整體配合 　c. 現在執行狀況		請準備歷次中長程計畫
校務之整體運作	1. 上次評鑑意見之執行情形 2. 校務會議 　a. 校務會議之組成 　b. 校務會議之決策過程 　c. 校務會議之執行 3. 學校行政組織之運作 　a. 學校各項委員會（如行政會議、教評會、經費稽核委員會）之組成與運作 　b. 學校行政分工之情形		請準備歷年校務會議及各委員會之紀錄

二、人事工作

評鑑類別	評鑑項目	學校自評（具體成果、待解決問題及解決方案及進度）	備註
人事規章	1. 人事規章之訂定 2. 人事規章之修正 3. 人事規章之公布		1. 請備妥相關資料以利查驗 2. 請詳述如附表一
員額編制	1. 員額編制表之訂定 2. 員額編制表之修編 3. 合格教師人數		1. 請備妥相關資料以利查驗 2. 請詳述如附表二

			〜八
主管遴用	1. 學術主管之遴用 2. 行政主管之遴用		1. 請備妥相關資料以利查驗 2. 請詳述如附表九
教師聘任	1. 教師聘任作業規範之建立 2. 教師聘任作業之執行 3. 教師升等作業規範之建立 4. 教師升等作業之執行 5. 教師解聘作業規範之建立 6. 教師解聘作業之執行 7. 教師考核作業之規範建立 8. 教師考核作業之執行		1. 請備妥相關資料以利查驗 2. 請詳述如附表十〜十一
職工進用	1. 行政人員之遴用 2. 行政人員之升遷 3. 行政人員之考核 4. 工友之遴用 5. 工友之升遷 6. 工友之考核		1. 請備妥相關資料以利查驗 2. 請詳述如附表十二〜十四
薪給制度	1. 教職員工薪給制度之建立 2. 教職員工考核晉級之建立 3. 教職員工薪給執行情形 4. 教職員工考核晉級情形 5. 教職員工調薪執行情形 6. 教職員工年終獎金發給情形		1. 請備妥相關資料以利查驗 2. 請詳述如附表十五〜十八
教師進修	1. 教師進修獎勵制度之建立 2. 教師進修獎勵之執行成效 3. 教師進修獎勵之執行經費 4. 教師可研究獎勵制度之建立 5. 教師研究獎勵之成效 6. 教師研究獎勵之執行經費		1. 請備妥相關資料以利查驗 2. 請詳述如附表十九
職工福利	1. 教職員工福利法制作業 2. 教職員工福利措施 3. 教職員工福利實施成效		1. 請備妥相關資料以利查驗 2. 請詳述如附表二十〜二十一
教師申訴	1. 教師申訴作業規範之建立 2. 教師申訴作業之執行		1. 請備妥相關資料以利查驗 2. 請詳述如附表二十二

保險作業	1.各項保險業務之執行 2.各項保險變更之執行 3.各項現金給付之執行		1.請備妥相關資料以利查驗 2.請詳述如附表二十三
退休撫卹	1.退撫作業規範之訂定 2.退撫作業之執行 3.待退人員名冊之建立 4.延長服務作業之執行 5.退撫給與之計算 6.退撫人員之照護		1.請備妥相關資料以利查驗 2.請詳述如附表二十四
其他措施	1.特殊績優之人事業務 2.足資其他學校參酌之人事業務		1.請備妥相關資料以利查驗 2.請詳述如附表二十五～二十六
人事規劃	1.未來三年人事業務規劃重點 2.未來三年人事業務之預期成效		1.請備妥相關資料以利查驗 2.請詳述如附表二十七

附表一：人事規章訂定之研修一覽表

法規名稱	核備單位、日期、字號	備註
世新大學組織規程	教育部 88 年 4 月 16 日台（88）高字 12345 號	

「人事規章訂定及研修一覽表」填表說明

法規研修統計時間，應以＿＿年＿＿月＿＿日前三年為標準，逐年詳填。

附表二：教職員數資料統計表

		＿＿＿＿學年度					
師資狀況	專任	等級別	教授	副教授	助理教授	講師	其他	合計
		人數						
		占全體比例						
		學歷別	博　士		碩　士		學　士	其　他
		人數						
		占全體比例						
	兼任	等級別	教授	副教授	助理教授	講師	其他	合計
		人數						
		占全體比例						
		學歷別	博　士		碩　士		學　士	其　他
		人數						
		占全體比例						

專任支援人力 合計（人數）：＿＿	職　員	助　教	研究人員	技術人員
	技　工	工　友	警　衛	司　機
	其　他			

「教職員數資料統計表」填表說明

一、填報統計時間

應於＿＿年＿＿月＿＿日在職者為標準。

二、填報資料定義

1. 專兼任教師之級別（教授、副教授……）係依各校聘書所聘之級別填列。

2. 支援人力以專任人員填寫，不包括兼職人員及短期臨時人員；若員工有日、夜間部兼職情形者，以其專任為主。

3. 其他專任支援人力：指不含於表格內之其他專任人員。

附表三：專任教師名冊

單　位	姓名	職級	核敘	到校日期	現職日期	教師證字號	兼任情形 （含各種委員會）	備註
應用外語系	王○○	教授	525	81 年 8 月	86 年 8 月	教字 12345 號	教評會委員	兼主任

「專任教師名冊」填表說明

一、人員統計時間

　　應於___年___月___日在職者為標準。

二、人員認定應以

　　專任、合格、編制、有給為標準。

三、兼任情形係指

　　擔任學校各委員會之成員情形。

附表四：行政人員名冊

單　位	姓名	職級	核敘	到校日期	現職日期	兼任情形 （含各種委員會）	備註
○○室	陳○○	組員	200	83 年 2 月	83 年 8 月	經費稽核委員會	

「行政人員名冊」填表說明

一、人員統計時間

　　應於___年___月___日在職者為標準。

二、人員認定應以

　　專任、合格、編制、有給為標準。

三、兼任情形係指

　　擔任學校各委員會之成員情形。

附表五：技工、工友名冊

單位	姓名	職級	核敘	到校日期	現職日期	兼職情形 （含各種委員會）	備註
電工室	林○○	技工	110	78 年 8 月	86 年 8 月	校務會議	

「技工、工友名冊」填表說明

一、人員統計時間

　　應於___年___月___日在職者為標準。

二、人員認定應以

　　專任、合格、編制、有給為標準。

三、兼任情形係指

　　擔任學校各委員會之成員情形。

附表六：警衛人員名冊

單位	姓名	職級	核敘	到校日期	現職日期	兼職情形 （含各種委員會）	備註

「警衛人員名冊」填表說明

一、人員統計時間

　　應於___年___月___日在職者為標準。

二、人員認定應以

　　專任、合格、編制、有給為標準。

三、兼任情形係指

　　擔任學校各委員會之成員情形。

附表七：約聘人員名冊

單位	姓名	職級	核敘	到校日期	現職日期	兼職情形（含各種委員會）	備註
服裝設計技術系	蕭○○	行政助理	28800元/月	87 年 7 月	87 年 7 月		青輔會短研人員

「約聘人員名冊」填表說明

一、人員統計時間

應於＿＿年＿＿月＿＿日在職者為標準。

二、兼任情形係指

擔任學校各委員會之成員情形。

附表八：進用殘障人數

學年度	應進用人數	實際進用	每季補助款	每季需繳的金額	備註

「進用殘障人數」填表說明

一、人員統計時間

應於＿＿年＿＿月＿＿日在職者為標準。

附表九：（科技大學，技術學院填列）：學術暨行政主管名冊

職稱	姓名	到職日期	教師證字號	教育部核備字號	備註
校長	王○○	88年8月1日	82年8月教字第9000號	88年6月30日台（88）技字第12345號	
教務長	李○○	88年8月1日	82年8月副字20030	87年9月1日台（88）技字第23456號	代理
學務長					
總務長					
人事主任					
會計主任					

「學術暨行政主管名冊」填表說明

一、填表時間

　　應以＿＿年＿＿月＿＿日在職者為標準。

二、填列之部分應包括「大學法」所列需具備法定資格者。

附表十：（專科學校填列）：學術暨行政主管名冊

職稱	姓名	到職日期	教師證字號	教育部核備字號	備註
校長					
教務主任					
訓導主任					
總務主任					
人事主任					
會計主任					
夜間部主任					
就輔室主任					

「學術暨行政主管名冊」填表說明

一、填表時間

　　應以＿＿年＿＿月＿＿日在職者為標準。

二、填列之部分應包括「大學法」所列需具備法定資格者。

附表十一

壹、本校全體專任師資新聘、離職、升等狀況人數統計表

	新聘教師人數					離職教師人數					教師升等人數				
	教授	副教授	助理教授	講師	其他（如技術教師）	教授	副教授	助理教授	講師	其他（如技術教師）	教授	副教授	助理教授	講師	其他（如技術教師）
學年度															
學年度															
學年度															

貳、師生比情形一覽表

	學年度	學年度	學年度
專任教師總數			
學生總數			
學生數／教師數			

填表說明

一、人員統計時間

　　應於＿＿年＿＿月＿＿日在職者為標準。

二、人員認定應以

　　專任、合格、編制、有給為標準。

附表十二：教師聘任、升等、解聘程序表

壹、教師聘任程序

　　（一）新聘

　　（二）續聘

貳、教師升等程序

參、教師解聘程序

肆、教師考核程序

伍、教師考核結果

學年度	受考人數	核發獎金人數	晉級人數	留支原薪人數	其他	備註

附表十三：職員進用、考核、升遷程序表

壹、職員進用程序

貳、職員考核程序

參、職員升遷程序

肆、近三年職員異動狀況人數統計表

	新進人數	離職人數	升遷人數
學年度			
學年度			
學年度			

伍、職員考核結果

學年度	受考人數	核發獎金人數	晉級人數	留支原薪人數	其他	備註

附表十四：工友進用、考核、升遷程序表

壹、工友進用程序

貳、工友考核程序

參、工友升遷程序

肆、近三年工友異動狀況人數統計表

	新進人數	離職人數	升遷人數
學年度			
學年度			
學年度			

伍、技工、工友考核結果

學年度	受考人數	核發獎金人數	晉級人數	留支原薪人數	其他	備註

附表十五：警衛進用、考核、升遷程序表

壹、警衛進用程序

貳、警衛考核程序

參、警衛升遷程序

肆、近三年警衛異動狀況人數統計表

	新進人數	離職人數	升遷人數
學年度			
學年度			
學年度			

伍、警衛考核結果

學年度	受考人數	核發獎金人數	晉級人數	留支原薪人數	其他	備註

附表十六：人事費資料表

		＿＿學年度	＿＿學年度	＿＿學年度
專任教師	教授			
	副教授			
	助理教授			
	講師			
專任支援人力	行政人員			
	其他人員			
兼任教師鐘點費				
其他人事費				

「人事費資料填表說明」

一、填報時間

應於＿＿年＿＿月＿＿日之人事資料為計算標準。

二、填表資料定義

1. 人事費資料之填表計算單位為新台幣（元）。

2. 行政人員：包含職員、助教、研究人員及技術人員。

3. 行政其他人員：指不含行政人員之其他專任支援人力者，如約聘行政人員、外聘警衛等負責行政相關業務之人員。

4. 其他人事費：指不含於統計表格內之人事費，如約聘行政人員、外聘警衛等負責行政相關業務之人員。

附表十七：教師薪給表

壹、本俸

薪級		本俸	
	____學年度	____學年度	____學年度
475			
350			
310			
245			

貳、學術研究費

	____學年度	____學年度	____學年度
教授			
副教授			
助理教授			
講師			

參、教師鐘點費

	日期部			夜間部		
	____學年度	____學年度	____學年度	____學年度	____學年度	____學年度
教授						
副教授						
助理教授						
講師						

附表十八：職員薪給表

壹、主管加給

	主管加給		
	＿＿＿學年度	＿＿＿學年度	＿＿＿學年度
校長			
教務長			

貳、一般職員薪給

等級	薪給	本俸		
		＿＿＿學年度	＿＿＿學年度	＿＿＿學年度
博士	330			
碩士	245			
學士	170			
專科	160（三專）			
	150（二、五專）			

附表十九：技工、工友薪給

職稱	學歷	本薪	專業加給
		＿＿＿學年度	＿＿＿學年度
技工	專科		
	高中		
	國中		
	小學		
工友	專科		
	高中		
	國中		
	小學		

附表二十：教師進修情形一覽表

壹、辦理程序

貳、教師進修名冊

學年度	進修教師姓名	方式	地區	進修年限	獎助金額	返校義務	備註

參、鼓勵教師進修總金額

學年度	金額	經費來源		備註`
		教育部		
		募款		
		學校提撥		
		教育部		
		募款		
		學校提撥		
		教育部		
		募款		
		學校提撥		

附表二十一：教職員工福利措施一覽表

福利項目	主要內容	實施日期	每年核發金額	備註
教職員工旅遊活動	補助同仁休閒活動	88.10.31	120 萬元	

附表二十二：教職員工差假情形

壹、教師

核給假別	時程	給付薪給情形	備註

貳、職員

核給假別	時程	給付薪給情形	備註

參、技工、工友

核給假別	時程	給付薪給情形	備註

附表二十三：教師申訴辦理情形一覽表

壹、法規

名稱	教育部核准日期	備註

貳、受理情形

學年度	主要事由	申訴結果	備註

參、組成成員

學年度	當然委員	遴選委員	備註

附表二十四：辦理教職員工各項保險情形

壹、參加公教人員保險部分

學年度	加保人數	專任教師	職員	備註

貳、參加勞工保險

學年度	加保人數	警衛	技工	工友	約聘人員	其他

參、參加健保人數

學年度	加保人數	教師	職員	警衛	技工	工友	約聘人員	其他

填表說明：

統計時間，應以＿＿年＿＿月＿＿日前三年為標準，逐年詳填。

附表二十五：教職員工退休、撫卹、資遣及辦理情形一覽表

壹、退休

學年度	申領人姓名	核發金額	備註

貳、撫卹

學年度	申領人姓名	核發金額	備註

參、資遣

學年度	申領人姓名	核發金額	備註

肆、

1. 是否定有退撫辦法？＿＿＿＿＿＿＿＿＿＿＿＿＿＿＿＿＿＿＿
2. 是否依限提撥退撫基金？＿＿＿＿＿＿＿＿＿＿＿＿＿＿＿＿
3. 是否建立待退人員名冊？＿＿＿＿＿＿＿＿＿＿＿＿＿＿＿＿
4. 是否依限辦理退撫案件？＿＿＿＿＿＿＿＿＿＿＿＿＿＿＿＿
5. 是否依規定辦理延長服務？＿＿＿＿＿＿＿＿＿＿＿＿＿＿＿

填表說明：

統計時間，應以＿＿＿年＿＿＿月＿＿＿日前三年為標準，逐年詳填。

附表二十六：與人事工作相關的各項委員會概況表

法規名稱	委員人數	委員產生方式	任期	備註
校務會議				
校教評會				
申評會				
經費稽核				

附表二十七：本校人事工作足資他校參酌之業務

相關人事措施		
年度	措施	備註

填表說明：

統計時間，應以＿＿年＿＿月＿＿日前三年為標準，逐年詳填。

附表二十八：人事工作規劃表

人事業務於未來三年之發展規劃			
年度	主要項目	規劃重點	預期成效

填表說明：

統計時間，應以＿＿年＿＿月＿＿日前三年為標準，逐年詳填。

第三章
兩性平權與就業權益維護

壹、前言

　　以科學教育領先全美的頂尖學府麻省理工學院，2004 年 12 月有史以來第一次由女性出任校長，掌管校務行政工作。霍克菲爾德（Susan Hockfield）本身是一位出色的生命科學家，此番出任 MIT 校長，對美國高等教育界一向以人文科學背景的男性當家作主的慣例來說，算是一大震撼。女性在高等教育界（尤其科學、數學領域）的能力，一向不被看好。Hockfield 評論，強調沒有確實根據而臆斷男女性天賦的差異，才是造成女性在科學與工程領域份量不足的重大原因，強化負面的刻板印象和偏見，對女性並不公平。雖然女性大學校長在全美算是少數，1986年不到 10%，但這些狀況都在逐年改變中，美國現在已有逾五分之一的女性大學校長。

　　環顧世界各國的高等學府，都在追求科技的強勢，MIT 若想繼續維持在科學和數學領域執牛耳的地位，吸引最優秀的教師和學生的競爭將更為激烈。身為一個全球頂尖高等學府的校長，Hockfield 所面臨嚴峻的挑戰，可想而之。跨領域科技研究的整合，是 Hockfield 的構想藍圖，她也以提升美國整體科學教育為自我期許。為此，還特別到華府為科學教育爭取經費和預算。她表示，國際頂尖的科學家進入美國工作的機會和意願在逐年遞減，加強國內科學教育，積極培植本土科技人才，已迫在眉睫，不容忽視。

貳、「兩性工作平等法」的主要精神與內涵

　　根據 2004 年 1 月 5 日今日美國中所載：女性教授在數學及科學領域比率過低，奧克荷馬大學教授 Donna Nelson 在華盛頓特區最新發表的一份研究報告顯示，雖然取得數學及科學學位的女性占了總人數的一半，但在大學教授裏，女性所占的百分比卻極其微小，幾乎不成比率。Donna Nelson 依據全國科學基金會的調查及統計數據做分析，發現全美國排名前 50 名的大學理工學院的教授，女性及少數族裔所占的比率過低。例如，在大學裏有 48%的數學學士學位是由女性獲得，但大學的數學教授裏，只有 8%是女性。這項發現與美國教育委員會先前的一份研究報告一致，女性教授的困擾是難以兼顧學校工作及家庭的需求。另外，她們也表示在理工學院從事教職，常有不受重視及不被歡迎的感覺。

　　隨著時代不斷地在向前推進，工業社會的崛起，不僅影響到產業結構的改變，更進一步在政治、文化、社會各方面產生了影響，其中又以女性角色的改變最為引人注目，由於女性的學歷較過去大為提高、參與社會工作的機會增加、家庭組織趨向小型化、子女人數減少等等，都

使得女性的地位有了顯著的變化，加上女性一旦具有經濟能力，其自主權也就相對地得到了發展，於是男女的互動關係及家庭組織都產生急驟的轉變，至於女性的職業參與也有別於往昔，成為追求女性平等的一項基本權利。歷經十二年，走過政治滄桑的「兩性工作平等法」終於在90年12月21日經立法院三讀通過，並於91年3月8日施行。現行勞基法、就業服務法等拼貼式的就業安全網終究比不上「兩性工作平等法」這張完整的保護傘來得健全。顯示的是婦女人力資源漸受重視，其實和產業結構近幾十年的改變，教育的普及與提升，及社會價值的改變有密切關係。

「兩性工作平等法」共四十個條文，適用對象包括一般勞工、公務人員、教育人員及軍職人員。主要分為工作平等權、促進工作平等措施及工作場所性騷擾之防治三大部分。工作平等權即是在保障受僱者不會因為性別而在招募、僱用、分發、配置、考績、獎懲、升遷、降調、職業訓練及福利措施等各方面有差別待遇；兩性在職場上一律同工同酬；女性不會因為結婚、懷孕、分娩或養育子女而被解僱。促進工作平等措施主要有生理假、產假、陪產假、育嬰休假及家庭照顧假等規定，希望藉由這樣的措施讓社會、企業主與男女受僱者共同承擔托育養老之責任。而工作場所性騷擾防治之規定更能確保受僱者不會因為同事或主管帶有性意味的言行舉止或性要求影響到她／他的工作條件及工作表現。該法律成為保障台灣女性勞工在職場中得爭取公平且合理權益的法源依據，也是台灣社會創造兩性平等工作環境的重要里程碑。

憲法中雖然提到「國家應維護婦女之人格尊嚴，保障婦女之人身安全，消除性別歧視，促進兩性地位之實質平等」，然而，對於如何杜絕兩性工作機會和待遇的不平等、減輕女性的養育和照護責任、促使政府及雇主負起防制工作場所性別歧視和性騷擾的責任、及提供托育和托老設施的責任，卻沒有一套完整的法令落實憲法保障兩性工作機會平等的精神。被視為兩性平權運動里程碑的「兩性工作平等法」，完成立法，究其內容，有較具有意義的規範，包括：

- 明文禁止職場中的性別歧視、禁絕「單身條款」。
- 女性每月將有一日生理假。
- 男性於妻子分娩時有二日陪產假。
- 男女員工皆可在子女三歲之前申請育嬰留職停薪，最長兩年。
- 明文範訂職場性騷擾行為。
- 明文禁止雇主藉職務調動、獎懲、升遷等手段，對員工進行言詞或行為上之性騷擾。
- 受僱者在育嬰假期間得繼續參加社會保險。
- 沒有申請育嬰留職停薪的男性或女性，依法仍可向雇主請求不支薪減少工作時間一小時或調整工作時間。
- 職業婦女須親自哺育一歲以下子女，在規定的休息時間之外，得有每天兩次、一次三十分鐘的哺乳時間；哺乳時間視為工作時間。
- 員工超過二百五十人的企業，應設置托兒設施或提供適當的托兒措施，主管機關則須給與經費補助。

- 受僱者在家庭成員預防接種、發生嚴重疾病或其他重大事故須親自照顧時，得請「家庭照顧假」，請假日數併入事假計算，全年以七日為限。
- 不得有因結婚、懷孕、分娩、育兒而須離職或留職停薪的約定，亦不得以此做解僱理由。
- 雇主須防治職場發生性騷擾行為；而所謂性騷擾，包括以性要求、具性意味或性別歧視之言詞或行為，及雇主以類似之言行作為勞動契約存續或職務分發、升遷、獎懲之交換條件。

參、兩性工作平等的落實

　　就像天下的每一個母親一樣，雖然是學富五車的大學教授，每天也是牽掛著小孩的成長。對於年輕的女性教授，剛展開進入最高學府的工作，她同時要顧及事業──教學、研究、申請經費，更要努力爭取終身教職；又要分身照顧家庭，對於小孩成長教育的點點滴滴都要花費心思。為了吸引優秀的人才，更要顧及平衡校園中教師的性別比例，美國的各大學名校，紛紛開始在校內建立托兒中心，希望能夠讓優秀的女性教授願意進入該校任教，也同時給予她們的孩子一個穩定安全的成長環境，讓母親們能在工作時間無後顧之憂。這些學校近年莫不大興土木為教授們提供一個最佳的托兒中心。下表可以清楚的看出各校的托兒中心比較：

	麻省理工學院	鮑登大學	喬治亞理工學院	密西根州立大學	喬治華盛頓大學
開設日期	2004 年 6 月	2003 年 1 月	2003 年 1 月	2002 年 5 月	1996 年 9 月
建造經費	N/A	120 萬美元	160 萬美元	300 萬美元	N/A
空間	7,000 平方英尺	5,000 平方英尺	17,000 平方英尺	11,000 平方英尺	6,357 平方英尺
容量	269 人（全校共四個中心）	45 人	120 人	140 人	64 人
每月學費	嬰兒 $1,795 學步兒 $1,470 學前兒 $1,250	$857 $830 $696	$836 $792 $668	$920 $840 $700	$1,255 $1,321 $1,030
候補入學人數	350 人	20 人	179 人	90 人	100 人

　　根據 2005 年 2 月 25 日高等教育紀事報報導：2003 年加州大學系統的一份校內問卷，教授們認為校內設置托兒中心，是校方提供給他們安定家庭的重要支援，讓教授們無後顧之憂的專心於教學或是研究。距離辦公室只有幾分鐘的距離，對於教授們真是最方便不過的貼心設計。不過，也有另一種看法認為，設置托兒中心並不是萬靈丹，只有減輕教授們越來越沉重的工作負擔，才能紓解教授們的壓力。近年新設立的大學校園托兒中心，與過往或是一般的托兒中心，

最大的不同點在於提供彈性的時段，適合於教學時間不固定的大學教授們，他們可以時而全天托兒，有時只托兒幾小時。如果有緊急狀況，更可以臨時托兒。現在學校為了提供更好的服務，教授們可以在寒暑假，將已經上學的孩子托放在托兒中心提供的假期課程。以喬治華盛頓大學的托兒中心為例，目前法令規定的托兒中心師生比例是一比四，但是該校托兒中心是一比三，這也讓身為教授的家長們更加安心。另外，該中心在九一一恐怖襲擊事件之後，也安排了一套緊急逃難計畫：在每個娃娃床的下方都準備了兩天的奶粉、嬰兒食品、以及尿布，以備不時之需。這些周到的準備，更讓這些教授家長們放心。

肆、女性於職場上的特性

在整個女性僱用歷史中，一直存在著兩個很明顯的特色。一是工作的分派絕大部分是依性別而來的；二是女性的薪資明顯地低於男性。這使得女性不得不依賴男性以為生活，而勞動市場的性別分工使得女性被限從事女性的職業，此乃進一步強化了性別角色並削弱女性的抱負與自我期許，仔細檢視女性於職場上存有下列特性：

一、參與性的擴增

近日，女性就業型態起了極大的變化，女性投入勞力市場不斷成長。這些女性勞力主要是投入發展迅速的服務業。不少雇主也調整工作設計、時間與條件以因應，女性的勞動參與率顯著的增加。

二、相對性的剝奪

女性勞動型態受制於性別角色的意識型態，使得女性的勞動範圍無法提供升遷機會，也無法令勞動者從工作中獲得自我成長與成就感，以致於無法充分有效的發揮女性勞動力。再者教育普及後所普遍提高的女性勞動素質，無法反映在正式勞力市場上，亦即女性教育水準幾與男性看齊之際，女性仍然處在某些職業及中低職階中，占有相當高的百分比，尚未跳脫傳統的性別分工。

三、邊陲性的角色

分析職業分類的資料，發現某些職業確實有性別區隔的現象。例如：女性就業占絕對優勢的職業，包括護士、僕役、圖書管理員、檔案管理員、幼教和小學教師、理髮師和紡紗工等。至於垂直式的區隔，亦即在同一職業內不同職階間的性區隔，女性管理人員大多集中在低階主管的職位；當企業規模愈大時，其集中的趨勢愈明顯，低度利用的情況甚為普遍。

四、雙元性的負荷

男性在傳統角色規模下所被期待扮演的工具式角色，即只須扮演家庭的經濟支持者角色，無須負責家務與家人照顧，與期待女性的情感性角色，使得女性工作角色增加之際並未相對地減少一些家務角色，此種兩性角色變遷的不勻稱性，造成職業婦女在角色衝突或角色過度負荷下的心理壓力，直接地影響女性的勞動生產力。換言之，傳統角色規範期待也可能造成角色的緊張，從而使得職業角色的發揮，無法完全。為了兼顧家務角色而妥協掉一部分職業角色。

五、主體性的衝突

不過根據 Lambert（1990）所提出的外溢理論，即職業和家務兩體系會相互影響，這種外溢影響可為正向或負向，當角色負荷過重時，不僅會影響其家庭關係，也會影響其工作表現。總而言之，在傳統性別角色的意識形態下，女性的最重要角色是家庭主婦，主要工作即家務。家庭主婦的角色具有以下的特性：1.絕大部分的家務均分派給婦女；2.造成女性在經濟上對男性的依賴；3.家務不具有正式工作的身分；4.家庭主婦角色對其它角色具有優先地位，即使女性從事有給工作，其家庭主婦角色並不因此而消失。（Oakley, 1974）

六、局限性的發展

女性的才幹能力無法充分反映在她們的教育水準與職業期望上。女性的職業生涯期望及選擇顯著地低於才幹相同的男性。換句話說，不少才幹甚高的女性後來只有極少數適得其所的發揮其才幹。即女性無論才幹高低，社會化的結果是追求同樣的角色扮演。

七、次級性的勞力

隨著科技發展，勞工的技能則需提升，因此在訓練的投資上就必得增加，同時勞工的經驗對雇主而言愈顯重要。訓練投資多與經驗長的勞工則得到較佳的待遇，相對於其它替代性高的勞工，後者則處於低薪、工作無保障及福利少的情況裏。女性勞工及其它少數族裔通常聚集於次級勞力市場中。

從歷史文獻分析所得到結論大抵上支持上述說法，不過存在兩性之間的父權社會的尊卑關係也是原因之一。許多職業本身已有的性別標籤是父權社會男尊女卑的自然結。（Hartmann, 1979）而從性別歧視的觀點來解釋職業上的性別區隔與女性薪資較低的事實，則認為性別歧視一方面使某些男性優勢的職業對女性勞動力的需求不高，故而壓低了在男性優勢職業中女性的薪資待遇；另一方面，因為歧視，使得女性勞工只能大量湧入女性占優勢的職業裏，供給增加因而間接地也壓低了女性在女性職業中的薪資待遇。總之，勞力市場的區隔，造成一些結構性的限制，使女性勞力集中於次級勞動市場，並從事替代性高的工作。

伍、增進婦女的職場參與

2005 年 5 月 18 日今日美國報中報導，哈佛校長 Lawrence Summers 提出女性因天賦差異在科學和數學領域不如男性的觀點，曾引起軒然大波。哈佛校長為彌補自己不恰當的言論，造成對女性的傷害，特別在有限的教育經費裏挪撥五千萬的經費，用來設立托兒所、育兒園等落實哈佛校園內兩性平權的措施，以傑出大學學府為借鏡，隨著「兩性工作平等法」的頒布，在邁向兩性平等的社會，有下列幾方面必須同時保障：

一、觀念與信心

觀念與信心的重建是提高婦女勞動參與的基礎工作，唯有婦女本身先有信心，外在勞動參與輔助措施才能發揮功效。觀念與信心的改變和重建有賴透過教育、大眾傳播及婦女運動等方式來達成。對個人而言，尋求相同處境的個人諮商或團體討論，或參加婦女社交課程訓練，均可達到改變觀念、增強信心的目的。

二、勞動市場資訊傳播

進入勞動市場的婦女往往需要向就業服務單位尋求協助，這些就業服務單位，一方面應有能力提供尋職婦女有關勞動市場職位空缺與教育和訓練機會的資訊，一方面也要能夠對尋職婦女提供雇主求才的資格及要求條件，然後才能把他們媒合在一起。

三、充實教育與職業訓練制度

鼓勵婦女經常接受新技術的訓練，以進入男性為主軸的職業工作。對於已經在工作的婦女，施以在職訓練，使她們在必要時可以臨時接替其他女性同仁的工作，這樣可以使某些婦女不會因為工作中斷而被迫離職。由於家務工作與照顧小孩的限制，要使婦女能夠踴躍參與訓練計畫，時間與地點的安排特別重要。因此，在舉辦婦女職業訓練計畫之前，應事先廣為徵詢她們的意見。政府應有效利用職訓基金來改善有心重新進入勞動市場之婦女的心態與職業技能，以使她們能夠符合新職業工作的需求。

四、充實幼兒保育措施

有工作意願與能力的婦女，若因育兒被迫退出勞動市場，不僅所得減少，也喪失在職訓練的機會，導致個人生涯的重大損失。而且，女性高離職率，會降低業主提供女性在職訓練的意願，使她們的生產力與升遷機會不及男性，從而導致女性離職率的提高。為打破此一惡性循環，充實幼兒保育措施乃當務之急。目前台灣地區托兒所數目有限，公立托兒所收費雖然便宜，但容量有限。而且，由於保育時間限於白天，除白天定時上下班的勞動者外，其他時間的勞動者無法利用此項措施。是故，為鼓勵婦女就業，公立托兒所收費可更為確實反映成本，適度提高

費用，藉以提升品質，增加容量，並實施更長時間及夜間保育服務。照顧小孩一直是婦女退出勞動市場的主要原因之一，要婦女有小孩後仍然繼續停留在勞動市場或重新進入勞動市場，高品質的小孩照顧服務是相當必要的。隨著婦女參與勞動市場日增，小孩照顧服務將變得愈加重要。政府補貼將是低所得家庭（或單親母親）能夠享有高品質小孩照顧服務的可能途徑之一。顯然地，我們的社會需要有更多照顧學前及學齡兒童的設施，這些設施可以由雇主、教育機構、地方政府、自願性團體或私人機構共同或分別提供。允許兒童托顧費用成為所得稅寬減額的一部分，對激勵婦女重新進入勞動市場亦會有所幫助。

五、工作時間

對大部分重新進入勞動市場的婦女而言，為使工作時間能與家庭需要相配合，部分時間的工作是她們優先選擇的對象。因此，要使婦女能夠大規模地參與勞動市場，必須創造更多的部分時間與彈性時間的工作機會。無疑地，工作時間更富於彈性是影響婦女重新進入勞動市場最重要的因素之一。部分工時、伸縮性的工作時間、輪班制度、以及工作分享計畫，對重新進入勞動市場的婦女會有更大的吸引力。

六、修改女性勞動保護法規

在高度工商業化與女性教育程度普遍提高的時代，以性別為準的勞動保護法規，對一部分女性（如被動的工作者），可能是有利的，但對另一部分的女性（如積極主動的工作追求者），卻可能是一種限制。因此，如果將不同屬性的女性納入相同標準的法規，並不一定妥當。各種婦女強制保護法規應針對不同屬性女性的需要，加以適當修改。勞動保護法規不宜只是基於保護女性的觀點，同時也應配合女性勞動力的多樣化，以及重視人力資源派用的效率。

七、避免已婚婦女僱用成本提高

如果保護女性的各種休假，諸如產假，在假期間完全由企業支薪，將使僱用已婚女性的成本提高，結果反而會對已婚女性的就業，產生不利的影響。為了避免這種現象的發生，產假原則上應採留職停薪制度，休假期間的所得損失可以考慮透過社會保險方式給與一些補償，如此可以使男女勞動僱用成本的差距縮小，因而有利於婦女（尤其是已婚者）的就業。

八、工作資歷能夠延續

為鼓勵已婚女性重新投入勞動市場，可以設計一套工作資歷認證制度，使婦女過去的工作經歷可以獲得新雇主的肯定。如此，可以降低轉換工作的成本，提高再就業的意願，有利於已婚婦女再度進入就業市場。

陸、結語

根據 2004 年 4 月 21 日洛杉磯時報報導：根據美國外交委員會所發表的報告顯示，為擔保每個小孩可獲得教育，國家必須注意女孩所面對的社會、經濟和文化障礙。報告顯示，在發展中國家，介於六至十一歲，有超過一億的孩童（其中有 60%是女孩）是不在學的。另有一億五千萬的孩童將會在小學時輟學。據另一篇發表的報告表示，世界經濟討論會責怪世界領袖們未能在包括教育在內會影響發展的社會議題上有所進展。問題是存在於一些特別值得關注的地區，像是靠近撒哈拉的非洲、中東和中南亞洲。在 2000 年塞內加爾的一個由聯合國贊助的教育會議上，超過 180 個國家承諾要保證在 2015 年以前，每個小孩，不論性別，都可接受有品質的教育。但這些國家中有過半數因為缺乏經費，並沒有要為達成這些允諾設定目標。參議員希拉蕊柯林頓在國會發言中竭力建議美國：「主動領導落實全球教育，特別是努力去確保女孩受教育。」她並說她將會提出立法，提供美國經費來為世界教育努力。

台灣地區由農業社會轉變為工商業社會，產業結構逐漸由勞動密集轉變為技術、智慧密集，因而對勞動需求也產生變化，需要更多專業性及技術性的婦女參與，使婦女勞動在國家經濟發展中能充分發揮其才能、智慧。婦女的地位，包括在法律、社會、經濟、政治、文化各層面，也需與男性居於平等。一般而言，台灣地區的婦女在教育與就業的機會方面已較傳統社會開放不少，然而少數行業尚有單身條款或其他有違公平原則的限制，這是亟待改善的。此外在工作報酬及升遷機會上，對女性仍存在相當歧視。

在民主法治的國家，人權本應受保障，男女權益在法律之前一律平等，中華民國憲法第七條明文規定：「中華民國人民，無分男女、宗教、種族、階級、黨派，在法律上一律平等。」因此「人生而自由平等」是民主政治的基本信念，無庸置疑，然而，台灣社會長期以來，由憲法應保障的婦女權益和福利，似乎只是婦運團體關心所高聲疾呼的議題，而在法律層面、教育層面、就業層面、醫療福利等等層面和制度上的不正義，往往因涉及男性的既得權力，及社會資源的重新分配，導致爭議不休，不但模糊了問題焦題，也使婦女權益的實質保障延宕不前。

婦女權益應受法律保障，婦權運動重點不在顛覆父權結構成為母權制，而是在於改變父權制中的階級壓迫及性別歧視，將此壓迫關係轉化為彼此溝通與互相尊重的兩性平等社會，正視婦女權益的保障，才能實質的促進兩性平等的和諧關係。兩性平等的社會不但是婦女的解放，同時也是男性的解放，而只有兩性攜手合作，才能更快地達到這個目標。依據未來學大師奈斯比（J. Nasibbet）於《公元二千年大趨勢》上言，婦女將於既來的世紀中扮演更為積極、貢獻的角色。因此，在走向男女平等的路途上，讓男女雙方以平等的地位團結在一起以促成社會的發展，並且落實男女兩性共同分享的民主政治將是今後努力的議題。學校既屬社會運作的重要機制，性別平等的作為尤其宜在校園環境中落實，以帶動社會的風氣。

附錄

世新大學兩性平等促進委員會組織規程

第 一 章　總則

第 一 條　本校為促使本校教師、職員、學生及其他受僱人建立正確的兩性平等觀念，並就校園內性別歧視及性侵害之相關問題採取防治措施，特成立兩性平等促進委員會（以下簡稱本委員會）。

第 二 章　組織

第 二 條　本委員會隸屬校務會議，行政業務由秘書室負責執行。

第 三 條　本委員會置委員九至十一名，由教師代表五至七名、學生代表兩名、職員代表兩名組成之。其中男、女委員所占比率各不得低於總委員數的百分之四十。

第 四 條　本委員會之教師代表由教師全體票選產生，學生代表由各班代表、社團負責人及系學會會長互選產生，職員代表由職員團體代表票選產生，任期一年，連選得連任。

第 五 條　本委員會之教師代表宜包括具有社會、法律、心理等相關專業知識者。

第 六 條　本委員會由委員互選一人為召集人，負責召集及主持會議，並擔任本委員會對外之統一發言人。

第 三 章　職權

第 七 條　本委員會應進行下列工作：

一、調查——對申訴事件進行調查與處置建議。

二、轉介——視申訴者及對造之需要轉介至專責機構進行輔導或治療。

三、教育——規劃與兩性平等有關之教育宣導活動。

四、設置申訴專線及專用信箱。

五、定期或不定期公布申訴案件之處理結果。

六、對上列工作做定期之評估與檢討。

第 四 章　申訴程序與處理原則

第 八 條　申訴程序如下：

一、申訴者應於事件發生後一個月內親自或委託代理人以書面具名資料，或當面口頭陳述之方式，向本委員會提出申訴。申訴者如要求不向對造暴露身分時，本委員會不得拒絕之。

二、本委員會召集人在接到申訴後，應即刻召開會議決定是否受理。

三、本委員會受理申訴後，應視個案之需要，指派三人（含）以上之委員成立調查小組，於兩週內展開調查，並於三個月內向本委員會提出調查報告。

四、調查期間，當事雙方得由親屬或師長一人陪同接受調查。本委員會亦得邀請相關專業人士參與調查工作。

五、調查結束後，由本委員會對申訴事件之成立與否，作成評議，並向校長提出評議結果及處置建議，校長得視個案情節輕重，裁決行政處置之建議。

六、申訴案件之裁決書應送達當事雙方。當事人若對裁決結果不服，得以收到裁決書後十日內以書面方式向本委員會提出再申訴；本委員會得簽請校長另成立特別小組，對調查結果及處理建議，從事審查及評估；同案之再申訴以一次為限。

七、在申訴程序中，申訴人、對造或其它關係人就申訴案件或其牽連之事項，提出民、刑事訴訟者，申訴人應即通知本委員會。本委員會獲知上情後，應即中止評議，俟訴訟終結後再議。

第　九　條　處理原則如下：

一、本委員會之委員、參與調查之專業人員、當事雙方及陪同當事雙方接受調查者，對申訴個案負有絕對保密之義務。

二、申訴者如因個人權益之考量，要求暫緩或撤銷調查，本委員會得視情況決定之。

三、本委員會若證實申訴案件有造假或惡意誣陷，申訴者須依校規議處，並自負法律責任。

第　五　章　附則

第　十　條　本規程經校務會議通過後公布實施，修正時亦同。

第四章
教師教學評量

壹、前言

　　學校是社會進步與社會改革的動力，而教師非僅教導個人，亦為創造適當之社會生活、從事建立社會之適當秩序，並求得社會之良好發展。學校及教師既有如此重大之功能，故每一教師皆當瞭解其職業之尊嚴性，盡心於教學研究，熱心學生輔導事務，使其神聖之功能發揮得更淋漓盡致。然而無可諱言的是，隨著高等教育規模的快速發展和高校招生數量的不斷增加，為從根本上保證學校的教育教學尤其是教學的品質，強化教師的教學品質意識，學校結合評鑑機制所進行的教學規範，制定了教師教學評量辦法，並將該結果與薪給津貼及升等考核、續聘等重要指標直接掛鉤。在大專校院高等教育機構不斷設立，且每年各大專校院實際招生總人數的不斷下降，未來的高等教育市場，勢必面臨著來自國內外更大的競爭，各校也將面對存續、發展上更嚴竣的考驗。為避免學校淪為教育主管機關退場機制下的淘汰者，各校莫不極力用心經營，以營造出更優質的學習環境，期以吸引優秀的學生及師資，使學校的辦學效能發揮到極致。

貳、教師教學授課評量的意義

　　大學作為國家培育知識份子之養成機構，教育內涵包括教學、研究與服務三大任務，大學教師不但要鑽研學術研究，創新知識的發展，同時要將知識以各種方式，傳遞給學生以培育為國家未來之人才。在此其中，教學與研究的任務均非常重要，因為知識的傳承與人才的培育，深繫國家社會永續發展的基礎，教師從影響每一位學生，進而將影響社會與國家是否將具有競爭力，甚而影響人類的整體進步與發展。正因此，大學對教師亦應提供必要的教學資源與支援，創造更好的教學環境和條件，以利教師提升教學品質。高等教育環境在目前的台灣，已進入一個競爭時期，各大學普遍面臨對內與對外雙重的挑戰，在政府財源日漸枯竭的情形之下，如何以更佳的辦學成效取得資源，並在競爭的環境中取得領先優勢，是各大學所面臨的重要課題。

　　教學評量是對教育目標及其成效判斷的系統調查，是為教育決策提供依據的過程。教學評量是對教學活動是否達到一定質量要求的判斷。因此說，教學評量也就是教學品質的評價。按照現代控制理論，要控制結果首先要控制過程。生產過程控制好了，一定能保證產品結果。因此，對教學過程評量控制至關重要。同時，在教學中教師扮演著主導角色，教學的方向、內容、方法方式、過程、結果，是由教師的教授決定的。學生的學習動機、學習方法以及學習效果，

是受到教師教授的影響。教師教授質量直接決定著教學成效，對教師授課的評價是評量教學素質最重要工作。

參、大學教師評量的特點

隨著大專校院高等教育機構的不斷設立，及每年各大專校院實際招生總人數的不斷下降，未來的高等教育市場，勢必面臨著來自國內外更大的競爭，各校也將面對存續、發展上更嚴竣的考驗。為避免學校淪為教育主管機關退場機制下的淘汰者，各校莫不極力用心經營，以營造出更優質的學習環境，期以吸引優秀的學生及師資，使學校的經營效能發揮到極致。為提升大學整體的經營效能，各大學莫不積極在教學、研究、輔導、服務上努力，希望獲致教育主管機關、學生、家長、教師、社會大眾，乃至國際學生的認同。而要達到這些目的，大學教師扮演著極重要的角色。因為舉凡教學、研究、輔導或服務上的成果，都與教師的表現息息相關，但也因為各個不同領域的教師，其差異性相當大，所以如何建構出一套兼顧專業性、差異性及公平性的大學教師績效評估模式，實為一兼具重要性與挑戰性的課題。如前所述，由於不同大學、不同科系的教師，其功能性非常的多元，因此大學教師的績效評估模式本就難以一致。但是，如何異中求同，能夠建構出一個大多數大學都可以適用的績效評估模式，亦有其實務上的價值。而 2005 年教育部首次施行的大學評鑑制度，更是把大學本身是否訂有內部評鑑機制，視為重要的評鑑重點之一。而內部評鑑正是教育機關基於自動自發的精神，發揮自我反省與批判能力，由教育機關或指定的團體來規劃與執行評鑑，其目的在藉由自我管制，以改進教育機構的品質；外部評鑑在認證或認可的情境下，由教育機關外的團體或小組執行評鑑活動，以符合績效責任為主要求。（郭昭佑，2001；蘇錦麗，1997）就教師評鑑機制而言，內部評鑑以校內的教師為主，而外部評鑑以校外人士為主。若教師評鑑能由校內的同儕及校外專業人士共同擔任評鑑的工作，自是比單一方面來得客觀與公正。

Association of Teachers and Lectures（1993）認為教師評鑑是一種系統且連續的過程，透過評鑑的過程，幫助教師專業發展及生涯規劃，並確保教師在職進修與專業發展，能符合個別教師及學校的需求。而其過程旨在提供教師更滿意的工作，更適合的在職進修，以及更好的生涯發展計畫，以提升學校教育的品質。而教師評鑑目的分為形成性與總結性目的，已是眾所公認。前者之目的主要是提供教師訊息，以改進工作表現，而且是非判斷性，不作為決策之用。此外，被評鑑的項目與評鑑的方法由教師自己做決定。其評鑑結果可做為辦理教師在職進修活動的依據，提升教師專業形象，以及促進學校教學革新；後者是由外人到教室做教學觀察，對教師教室表現的品質，給一全面性的判斷。此為教師人事檔案的一部分，主要作為學校決策之用，將教師評量的結果，作為續聘教師、決定薪資、表揚，以及處理不適任教師的依據。（吳和堂，2003）McColskey 與 Egelson（1993）認為教師評鑑是形成性，而非總結性的活動；McLaughlin（1990）主張形成性評鑑是一種以投資為主的評鑑系統（investment centered evaluation system），此一系

統以幫助教師專業成長為目的，每一次的評鑑就是一次的投資，意即藉由每次的評鑑，逐步改進教學，累積多次的評鑑，教學將更精進。自我評鑑是所有評鑑方式中最普遍的（Airasian, Gullickson, Hahn, & Farland, 1994），因為教師最瞭解自己的教學，藉自我反省，對教學做有效的評估。（Harris Hill, 1982）尤其當教師自動要求評鑑時，更會改善教學行為。（Bollington, Hopkins, & West, 1990）

肆、教師評量的主要方法

「教師素質」成為決策者、大眾、家長、學者們關心的焦點。為了招收、儲備有能力的教師候選人，核發教師執照給表現達到標準的準教師，選拔優良的現職教師以給予晉級或加薪的鼓勵，教師評鑑成為普遍採用的策略。（郭玉霞，1994）操作時透過運行嚴格的工作程序，第一、計畫制定與調整，確保其有學理和實務的基礎，以落實目標；第二、確保資訊的上下、內外溝通及時準確；第三、素質測評過程控制，確保專業知識能力、教學態度、教學目標、教學內容及方法、教學技能及效果等判斷標準的準確度；第四、確保較為全面掌握受評者是否熱愛教育工作、是否適合從事教師職業等情況；第五、信度檢驗以確保能獲得確切的訊息。第六、確保訪評後的相關處理明確而不發生不必要的糾紛。

有關教師評鑑方法方面，就美國學者 Centra（1988）列舉了十五種教學評價方法，包括教學中心評價、系所主管評量學生系統評價、同儕評價、自評或報告等等，雖然許多方法可用於教學評價，但最有效的方法是學生評量、專家評量和教師自評，這三種排在十五種前面。Loup, Garland, Ellett 和 Rugutt（1996）指出：根據美國教師評鑑實務調查研究（Teacher Evaluation Practices Survey, TEPS）發現教師評量的方法，依序為教師正式觀察、非正式觀察、教師自我評量、教師檔案評量、同儕評量教師表現、學生評量教師表現以及紙筆測驗等。學生評量是教學評量最多用的方法，學生評量相對比較容易實施。學生評量是可靠的和有效的。而專家評量也是教學評價的重要方面。一些教師抱怨，學生沒有資格對教師進行評量，他們不知道教師在做些什麼，然而，教師願意接受專家的意見。一般人都認為自評不可靠，特別是用於晉升的評價。但其他研究證明它對提高教學非常有益。美國學者 Sriter（1983）曾說：「一個人只有認識自己的缺點時，才會真正改變自己。」他認為自評應該用於任何旨在改進教學的評量，但是自評應與學生、專家的評量配合使用。大陸高校目前亦同時重視教學評量，而其考核採取的主要方法是，考評組（分別由學院院長及系主任、課程負責人、骨幹教師、資深教師等人員組成）透過「一聽、四審」：「一聽、四審」分別是：隨堂聽課；一審課程名稱；二審教學大綱、教學日曆、講稿（教案）等教學規範；三審試題、試卷、試卷分析；四審畢業設計（論文）說明書、圖紙等。考核時需填寫「課堂教學質量考評體系」、「實驗課教學質量考評體系」和「畢業設計（論文）考評體系」等《考評表》，並結合教務處統一彙總反饋的學生對教師教學質量的考評結果（目前已發展到「網上評教」並定期彙總、分析、反饋結果），按學生占 40%、主管及同儕占 30%、

專家（課程負責人、骨幹教師和資深教師等）占 30%的權重方式，經學院教學委員會會議審定後確定考核結果（提交會議的考核結果，已按規定的計算公式計算）。《教師考核中》規定，教學質量等級按高職稱系列和初中級職稱系列分別從高分到低分排序，並具體確定被考核教師的教學質量係數，其中等級分排序前 5%的教師，教學質量係數為 1.5，排序前 6%至 30%的教師為 1.2，排序 30%以後的教師為 1.0，教學質量等級分排序在末尾的一位教師（或本學年度內發生重大教學事故者），教學質量係數為 0.8（連續二年的教師應調離教師職位）。為維護考核結果的公正性，考核結果在教學單位內部進行公示，除 1.0 係數外，其他結果均報校長辦公室，由校長辦公室合議最終確定。教師授課量評量的目的是為教師提供提高教學的考核性依據，同時結合教師授課特點，我們在評量中應重視形成性評量。在目的上，應強調教與學的共同參與；在評價對象上，應該重視自我評價的作用；在評量人員經驗上注重發揮學生評量，特別是專家評量小組的群眾性學術組織的作用；在計量方法上重視客觀與主觀，質性與定量相結合，進行總體的評量。

伍、教師授課評量的程序

　　Craft（1996）指出：確實性（credibility）乃是教師評量方法的核心概念，尤其包括信度（reliability）、效度（validity）以及抽樣（sampling）等。而以此系統取向的方式來進行評量工作，除了能確保評量乃源自於合適的方法，並能使他人對於評量的過程與結果產生信賴。信度係指不同評量者或同一評鑑者在不同的時機其評量結果相同，其包括兩個向度：第一、判斷之間的信度（inter-reliability）：係指兩位評量者對於相同的事件有相同的結論。第二、內部判斷的信度（intra-reliability）：係指個人在不同時機下對於相同事件判斷的一致性。效度係指評量者所記錄或測量的事物即是評量者所欲達到的目標，有以下三點可以促進評鑑的效度：第一、使用多種來源的證據與多種技術搜集資料（三角測量法（triangulation））。第二、詢問是何人提供資料以做為解釋時的註解（回答效度）。第三、注意對評量所產生的影響、小心地監控和作報告（反省性）。教師教學評量的組織與實施是一個複雜的系統工程，一般都包括三個必經階段：準備階段、實施階段、總結階段。

一、準備階段的組織

　　準備階段的工作是評量活動的重要組成部分，充分、周密、細緻的準備工作往往是成功的一半。準備階段工作包括評量機構和評量對象兩方面。

　　1. 建立評量機構，制定評量方案：建立評量機構是評量活動成功的保證，必須認真遴選評量活動的組織者和評量人員。然後提出開展評量活動的方案，包括目的、原則、步驟、方法。

　　2. 建立評量指標體系：這是評量準備工作的中心環節。評量指標體系不僅具有很強的導向性，而且在很大程度上決定了評量結論的客觀性與可靠性，因而必須精心設計指標體系，

合理確定指標體系的權重。考核中對教師承擔教育教學工作任務所發生的工作量，以規定的公式合理計算，體現了考核的激勵作用，也為確定薪酬體系及獎勵機制奠定了必要的基礎。考核的整體效果反映了以下重點：(1)運用量化與質化相結合的原則，較為真實地考核了教師在某一學年度內的主要工作績效；(2)考核內容之細化，考核方式之嚴密，保證了考核的真正效果；(3)考核材料的及時歸檔（分別存入教師個人業務檔案和人事檔案），體現了考核的嚴肅性和持恆性；(4)考核的組織機構及程序化運行方式，保證了考核的公正性，也表明了學校對教師教育教學能力與成效考核的必要性；(5)綜合積分制對教師在教育教學工作所作出的成績和具體承擔的工作任務給予了合理的認同，激勵教師能在下一學年度內更好地履行職位職責；(6)對教師工作業績的區分性計算，鼓勵教師在履行教育教學工作職責中如何更好地承擔工作任務，並有利於教學及教學改革的成果；(7)考核中採取自下而上的考核方式，不僅有被考核人的自評，也要求某一單位內部在考核過程中教師間相互溝通與交流，促進教師相互切磋教學技能並取長補短。

3. 進行觀念溝通：為消除教師對教學評量的疑慮、排斥心理和牴觸情緒，必須對評量目的及意義進行廣泛而深入的宣傳，以得到教師的理解和合作，從而激勵調動他們的積極性。同時要向學生溝通宣導評量對提高教學品質的意義以及學生參與評量的目的，使其認真對待。

4. 培訓專業人員：包括評量人員和被評對象。在觀念的基礎上，系主任、教學卓越中心人員及教學輔導人員深入學習教育理論知識和評量理論，在現代教育思維指導下，明確評量的意義和作用，特別是對指標的內涵要逐項正確領會，以保證評量的有效性。

5. 準備資料：評量的辦理機構要及時準備好評量人員所需的資料，包括被評人員名單、課程、授課時間地點，關於課前將評量表及教案分發到評量人員手中。

二、實施階段的管理

Darling-Hammond、Wise 和 Pease（1983）回顧相關文獻指出，教師評鑑有以下八種方法，分別為：教師晤談、能力測驗、間接測量、教室觀察、學生評量教師、同儕互評、學生學習成就以及教師自我評量等。Shinkfield 和 Stufflebeam（1995）指出回顧評量教師的文獻，則有以下十五種方法：傳統上憑印象的作法、臨床視導、研究導向的檢核表法、高度推理判斷、面談、筆試、目標管理、工作分析、責任取向、理論取向、學生學習結果、學生評量教師、同儕互評、自我評量、後設評量。若就教師評量的評鑑者而言，其評量的方式則可分為教師自我評量、同儕互評、上級對部屬評量、由學生評量教師教學、校外人士評量及教育人士評量等方式。（簡紅珠，1998；Wragg, 1987; Bollington, R., Hopkins, D., & West, M., 1990）無論採取的方法為何，於評量實施階段與步驟為：第一、資訊搜集作業：獲取評量資訊是授課評量的一項重要工作，只有採用一切可行的方法與技術獲取評量所需的大量資訊，方可能得出比較科學的評量結論。獲取資訊經常採用的方法有觀察法、查閱資料法、調查法、問卷法、統計分析法等。獲取資訊的

途徑主要有自我評價、專家評價、學生評價。第二、資訊分析作業：各個評量管道的資訊彙集後，須及時進行資訊處理。一是對獲取的量化資訊的原始數據進行統計分析，一般用數學計算的方法進行統計，為得出評量結論提供依據，也可用綜合評判方法進行統計分析；二是對獲取的質化資訊進行分析、歸納、整理。三是資訊反饋的作業：現代教育評量，十分重視評量的診斷功能，即透過評量達到提高教學質量、提升教學過程的目的。因而教師質量評量的結論應採取質化與量化結合，計有量化評量的分數，又有根據質性評量資訊歸納的描述性意見。由兩者構成的評量結論，可以減少失真，有利於改進教學工作。反饋的內容應全面，既有量化的數據，也有質性的意見，既有總體的結論，也有分項目的得分，便於被評量者全面瞭解自己的優點和不足，也利於改進。評量結論反饋的方法，應將各位教師的評量結果反饋給教學卓越中心，便於教學中心全面瞭解該教師的全面情況；同時，也應將教師個人的評量結論個別反饋給教師本人，不宜公開宣布，更不能排名次。

　　全美專業教學標準委員會（National Board for Professional Teaching Standards，縮寫 NBPTS）建議選擇測量方法可採用以下四大指標（Baratz-Snowden, 1993）：

1. 效度（validity）──係指測量程序的標準化與正確性，及採用可靠的方法。
2. 公平（fairness）──係指所有教師的能力不論其工作分派均被接受，且參與其測量過程。
3. 效率（efficiency）──以時間、金錢與獲取資訊的量與質計算之成本效益。
4. 影響（impact）──評量過程對實際教學之增強、組織再造的學校如何重新組織及其期許的教師角色，以及大眾對教育及教學的看法。

三、總結階段的管理

1. 資料歸檔：把評量工作性文件；評量結論性材料；最後的統計數據、質性意見及結論；評量原始材料；評量的聽課紀錄、座談會紀錄；評量工作總結文件等進行分類歸檔。歸檔的意義：一在於備查；二在於為以後的評量作比較分析的參考；三在於為教育評量的研究積累資料；四在於為評量人員培訓提供案例資料。
2. 工作總結：工作總結的意義，一是為評量工作積累經驗、資料、數據，並為評量理論研究提供依據；二是表彰、鼓勵先進，發揚成績，找出不足之處，使評量工作不斷改進。工作總結的內容包括：工作過程概況、經驗教育總結、成敗得失記載、重大事件處理報告、對評量工作的總結意見等。

陸、落實教學評量的應有作為

　　大學教師在高等教育機構中所扮演的角色相當的重要，而且其專業性、功能性亦相當多元，故要建構一套合理的績效評鑑機制本就十分困難，何況是多達幾十個系所的專業教師。俗諺：「徒善不足以為法，徒法不足以自行。」任何制度，一定需有行政首長及當事人之極力配合與支持。

誠如，美國總統傑佛遜在創辦維吉尼亞大學所發表之演講中，曾明白指出，一所大學不只是有雄偉的建築物，或單一的領導者，學校的生命力乃來自老師們源源不絕的新力量；因為相較有形量化的校園建築，教師的專業與敬業正是學校活力的來源與關鍵。是以，為了教師皆能結合社會的脈動，走入人群，讓學校教育更優質化、永續化，教師宜能不斷提升對本身之要求，進而培養出一流的身心健全的青年學子，為國家社群服務，以促進社會發展之最終目的。為了能落實教師教學評量，需賴：

一、教師之評量制度須獲大多數教師之支持：任何一個制度均無法獲得百分之百的支持，尤其是類此評量制度是加諸受評人一些標的去達成，更是讓人有抗拒之心態。是以，如果評量制度是一套值得推廣且有利整體教育學術之發展者，則該制度必須獲得大多數人的支持，方可漸行成熟而推展可長可久。

二、評量制度之辦理時程、標準、程序與項目須明確：教師之評量制度正因爭論性頗巨，是以國內大專校院真正實施者仍在少數，為免該制度又引起執行上之困擾，爰在制度設計上更應講求務實、明確，以減少教師對該制度執行上之質疑，學校應建立嚴謹之教學評量機制而能使該評量作業得以順利推行。所以，觀諸對評量之推展進行、作業程序、認定標準及對評量結果不佳者均給予明確之規範，不僅讓受評量老師得以清楚地知道受評的方向，且可讓行政幕僚人員得以確實掌握程序與內涵，不致產生執行上之疑義。

三、實施教師評量制度，教師須具備較高超的專業素養：教師評量制度，係因有感於高等教育的競爭激烈，許多學校皆急起直追，不能再存有獨大心態的危機意識，咸認為有必要建立評量制度以提升教師的水準。是以，實施教師評量制度的學校，如教師具有較高超的專業水準而對自我之要求亦相對較高，則該制度不僅較易獲得共識而建立，也較易順利推行而無阻礙。又教師既是一神聖的職業，從事該工作者具較高之專業水準亦屬當然，且教師乃一專業，在其專業領域內追求更高的水準及自我要求亦應屬合理。建立教師倫理守則，而教師自律的精神也為教師所接納，並建議將【教師自律公約】視為學校聘約內容，以促進教師們對自我要求也能與時俱進之中。

四、學校行政首長應有貫徹教師評量制度的決心與魄力：在執行教師教學評量制度的同時，學校一定會遭遇到各方教師不同的意見或甚至攻擊，學校行政首長若無強大的決心與魄力，將很難推動此評估政策。

五、有效減少對教師評量與考核的片面性：從理論上講，教師評量具有相當的價值，但在實踐中其負面效應也客觀存在。如何將學生評量的權重確定在合理的範圍之內是現階段教師考核中一個值得探討的問題。教師在嚴格要求學生的同時應不計較個別學生對教師之嚴格要求的不理解，也應相信絕大多數學生對教師的評量基本上是客觀公正的；學生應大力配合學校對教師的評量與考核，充分理解教師之嚴格規範係源於其關愛之用心；考核者對於學生給予教師的評量，應有善意、惡意之區分，並將學生評量的整體意見及時反饋教師個人。

教師、學生、管理者三方面的有機結合而產生的評量與考核結果，更能體現教師教學品質量化考核的真正目的。

六、縮小考核者與被考核者之間的衝突：績效考核不僅是人事管理的重要手段，也是決定被考核者薪酬的基本依據。對教師考核評量的目的在於透過一定的方式結論性地判斷出教師在教學工作中所體現的，從而促進教師的專業發展並促使其提高教學效能。然而，人性「善惡」傾向（東方人「人之初，性本善」之觀點與西方人「人之初，性本惡」之觀點）的預設對於教育者的教育意識和教育行為的影響和支配是十分潛在、深沉的，但又是十分重要的，往往決定著教育者教育觀念和教育行為的起點。從「人性假設」的不同層面看待透過量化與質化相結合的考核方法得出的評量結果，自然產生不同的看法。關鍵在於考核者與被考核者對評量與考核辦法的如何認同、認同到何種程度。

七、考核結果與薪資津貼宜有所關聯性：學校教師數量達到一定規模之後，人事管理者的主要任務，不僅是及時分析校內薪資構成，及整體薪酬水平的競爭性，並有效調整相關政策，並且能採取對現有政策的「宏觀思維」。「期望理論」認為，人的某種行為傾向的強度，取決於個體對於這種行為可能帶來的結果的期望強度以及這種結果對行為者的吸引力。而考核津貼宜與考核結果相結合。另外，「公平理論」認為人能否受到激勵，不但受到他們得到了什麼而定，還受到他們所得與別人所得是否公平而定。由於「期望理論」和「公平理論」所能解釋的問題，使人事管理者思考如何將管理工作的重心移植於提高人員經費的使用效益，以有利於激勵教學單位對教學評量的成效。

柒、結語

大學教師普遍在社會中都是望重士林，為大眾所敬重，但是無論對個人或對校方的績效評量機制，往往也受到極大的質疑與挑戰，原因無非在於各校、個人間的差異性過大，因而難以在相同的基準、要求下進行比較。但是，在落實績效評量以提升整體競爭力的思維、潮流下，績效評量機制的實施與推動勢不可免。因此，如何建構出合理、可行、可被接受的績效評量機制，以形成大多數教師甚至全體教師的共識，才是大學教師績效評量機制成功與否的關鍵。在教育興國的思維布局中，高等教育能否擔負起重要的歷史使命，很大程度上取決於教師的整體素質。

謹就本議題提供以下幾點建議：第一、評量取向應與學校未來的發展方向相結合，以求目標、政策、策略、執行、績效間的融合。第二、廣泛搜集全校教師意見，以訂定明確、合理、公平、可行的評量機制。第三、訂定、推動、實施的階段中，應不斷與全校教師溝通，以進行必要、適度的修正及獲致全校或絕大多數教師的共識。第四、評量指標的設定，應部分讓不同領域、特質的教師有自主性的空間與彈性。第五、可讓實施成熟後的評量機制與教師年終獎金、學術加給、升等甚至續聘與否相結合，以提高評量的實質意義。

附錄：世新大學教學評量辦法

世新大學教學意見調查表（大學部學生學號 A、B、U 使用）

壹、學生自我評量

    1. 我預期這門課可以得到的分數大約是：

        □不及格　□60-69　　□70-79　　□80-89　　□90-100

    2. 我每週除了上課時間之外，花在準備或複習這門課的時間是：

        □不到 3 小時　□3-6 小時　　□7-9 小時　　□10-12 小時　　□13 小時以上

    3. 我上課曾缺課：□0 小時　　□1-4 小時　　□5-8 小時　　□9-11 小時　　□12 小時以上

    4. 我上課曾遲到早退：□0 次　　□1-4 次　　□5-8 次　　□9-12 次　　□13 次以上

貳、教學意見調查

請填選下列問題

	①非常不同意	②不同意	③沒意見	④同意	⑤非常同意
一、教材內容					
1. 課程大綱讓我清楚掌握課程內容。	□	□	□	□	□
2. 老師課程進度安排恰當。	□	□	□	□	□
3. 老師所用教材符合課程目標。	□	□	□	□	□
4. 老師所用教材內容難度適宜。	□	□	□	□	□
二、教學方法					
1. 老師上課方式能啟發我的學習動機。	□	□	□	□	□
2. 老師講授內容份量適切。	□	□	□	□	□
3. 老師上課條理清晰。	□	□	□	□	□
4. 老師能善用各種教學輔助資源。	□	□	□	□	□
三、教學態度					
1. 老師課前準備充分。	□	□	□	□	□
2. 老師教學時展現循循善誘之教學熱忱。	□	□	□	□	□
3. 老師能提供學生請教疑難機會。	□	□	□	□	□
4. 老師均能準時上課不缺課或遲到早退。	□	□	□	□	□
四、教學評量					
1. 老師評分標準適切。	□	□	□	□	□
2. 老師能確實依據課程綱要所列評分標準評分。	□	□	□	□	□
3. 老師的評量方式能測出學生對課程之瞭解程度。	□	□	□	□	□
五、教室管理					
1. 老師在考試時嚴格監考。	□	□	□	□	□
2. 老師上課時隨時注意秩序及學生學習情況。	□	□	□	□	□

3. 老師上課時經常點名。　　　　　☐　☐　☐　☐　☐

4. 老師上課時要求嚴格。　　　　　☐　☐　☐　☐　☐

六、總體評估

1. 總體而言，這門課能啟發我的思考能力或實做能力。　☐　☐　☐　☐　☐

2. 總體而言，這門課能引發我的學習興趣。　☐　☐　☐　☐　☐

3. 總體而言，老師對本課程的學識適切。　☐　☐　☐　☐　☐

4. 總體而言，老師的表現良好。　　　☐　☐　☐　☐　☐

5. 總體而言，值得向其他同學推薦這位老師。　☐　☐　☐　☐　☐

七、開放式問答：請在下列方框內寫下任何改進建議

_____

_____

世新大學教師教學評量辦法

95 年 1 月 5 日校級教師評審委員會議審議通過

第 一 條　本校為協助教師提升教學品質，增進教學效果，特訂定「世新大學教師教學評量辦法」（以下簡稱本辦法）。

第 二 條　本校專、兼任教師均應依本辦法之規定，接受教學評量。

第 三 條　教學評量施測目的為：

一、作為教師個人改進教學之參考。

二、作為教師升等及教學績優獎之教學評審指標。

三、作為專、兼任教師每年續聘之教學評審指標。

四、其他經校教評會同意之參考或評審項目。

第 四 條　教學評量之施測，應由教務處負責並於學期結束後一個月內完成。

第 五 條　各教學單位主管，得列管所屬單位教師各課程施測結果。參與施測、分析、列印之人員，均應謹守秘密。

第 六 條　專任教師有二分之一以上課程於教學評量未達標準時，應經教學卓越中心送請專家進行教學診斷及輔導。

兼任教師教學評量未達標準時，於次學期不予續聘。

前項標準由校教評會訂定之。

第 七 條　教學評量經依本辦法第六條輔導後仍未有效提升者，經校教評會同意，得進行下列處理程序：

一、第一學年度不得超支鐘點及校外兼課。

二、第二學年度不予晉級。

三、第三學年度提請教師評審委員會依規定辦理解聘、停聘、不續聘之審議。

第 八 條　本辦法經校級教師評審委員會議通過，陳請校長核定後實施，修正時亦同。

第五章
高等教育的人事管理趨勢

壹、前言

　　學校的成長和管理人員的素質是一致的，尤其值此高等教育競爭激烈的環境中，管理人員的素質和表現，更是學校一項最珍貴的資產。著名的社會學大師韋伯（Max Weber）將近代西方社會的進步，歸因於對「理性化」的追求和運用，這種講求系統性、邏輯性、可測量性、規律性、目的性、普遍性和形式化的素質，雖然帶給西方社會科技文明，高度物質生活，卻無形中因為其強調「工具理性」的膨脹運用，造成對人類的無情宰制，造成活生生的人受制於僵化的制度禁錮，而無法尋求人本的價值。其明顯的例證之一就是「科層體制」普遍滲入各個領域而牢牢地宰制人們的思維、行動。在這種講求規格化的組織體制下，使人反主為客為制度嚴密的控制和操弄。為了克服這種人類歷史的悲觀命定論，當代社會理論家哈伯瑪斯（J. Habermas）建構了溝通理論，強調人與人之間的互動，人與制度之間的關係是「溝通行動」。該行動的取向是相互瞭解，達成合理的共識；亦即透過人與人之間關係的調整，消除人宰制人的局面，使人與人之間能透過無壓制、無扭曲的溝通，以達到充分的相互瞭解，進而形成合理的共識，以駕馭工具理性的發展，主宰人類自我的命運。這種溝通行動的觀點，是期望建立在人的自主、負責的基礎上，這樣的反省思察使人類回溯對人性需求的尊重與認同。以此觀點推斷現代組織人事管理強調人的參與和價值等民主思潮，確實有不謀而合的契合現象。

貳、人性化管理的學理基礎

　　管理學上著稱的學者梅約（Elton Mayo），於 1927 到 1933 年間在西電公司進行一連串的實驗，以期瞭解工業文化中人際關係。研究過程運用物理環境的改善，福利措施的加強，休息時間的增加，人性尊重與自主性的強化……等等措施的變異，以探求何者因素是導致生產效率提升的主要肇因。出乎預料的在這一連串的實驗過程中，儘管工作環境的改善，休息時間增加，增加午餐供應……等施與對工作效能有所提升，然而其增進的幅度相當有限，而真正達致效率增進的主體因素，竟是自主性的發揮，亦即透過對人的尊重與人性肯定的實驗產生效能提升的決斷原因。這項實驗不獨修正了人們原本對泰勒（Taylor）科學管理觀，也使人們注意到「人性管理」的特色和重要性。

　　我們不單是可以由企業管理的研究結果取得資料充實組織管理邁向對「人性需求」的重視，事實上在行為科學中的心理學、社會學，同樣地能提供我們諸多理論、觀點以檢證「人性管理」

的重要性。例如心理學家馬斯洛（Maslow）的「需求理論」，帕深思（T. Parsons）的「結構功能理論」，管理學的「Y理論」……等等都是極佳的例證。

馬斯洛的「需求理論」，認為人的需求由低層到高層大致上區分為：生理需求、安全需求、愛與歸屬感需求、自我尊重需求、自我實現需求；這些需求逐級達成以完成自我。由這些需求的內涵我們不難探求一個個體的溫飽、安全保障不過是屬於較低層次的需慾，而能夠使個體達到真正滿足和充實的乃是受到尊重，獲致認同的肯定。由此理論我們可以推斷若組織管理能注意人性需慾的滿足，尤其是高層需求的獲得，必將強化人對組織的認同與投入，進而提高組織產能。

帕深思的「結構功能理論」，深受法國社會大師涂爾幹（Durkheim）的影響，認為「體系是一種概念，它是指涉部分與部分之間以及規律化過程中的相互依賴所形成的一種集合體。」社會體系是由許多社會角色所構成，體系宛如生物的「有機體」，其運作的良窳實賴組織各部分能發揮其功能，延伸到社群關係，便是每個成員能善盡其角色，以促使整體均衡發展。因此，在現今社會中人際關係，互動愈為細密相關，則誠賴讓每個成員由過去的「壓制」轉為「鼓勵」，由「制度規約」轉向「尊重肯定」以回應社會變遷的趨勢。這種轉變使我們不由得不肯定「人性管理」係有機社會的特質。

管理學中的「Y理論」，假設人性是主動的、樂觀的、善良的、信賴的，因此可以靠他自己來管理自己。持守Y理論主張者，強調以激勵和尊重的方式，以提升生產的效能，例如適度的職權授予，符合需求的報酬提供，決策的參與行為等，都是足資激勵的運用。此也說明了人性管理在Y理論上所受到的肯定與重視。

經由上述的觀點論說，使我們相信人性管理制度的建立不獨是行為科學上實證結果，在心理學、社會學、管理學等方面都有其學理上的依據。

參、人性化管理制度的實施

美國哈佛大學學者傅高義（Vogel, 1981），在深入探討企業文化及其成功之道，可以看到人性管理制度的特質，雖說管理制度的深層，為價值態度、意識型態所左右，是以在甲地區行之有效的管理原則，移置到乙地區未必全然奏效；亦即經由社會、文化、行動心理等層面與管理制度的契合，才能使管理功能發揮。基於「他山之石可以攻錯」的道理，我們或許能由個中的論述得到啟示。

一、講求人性尊重的管理特質

人性管理制度對員工的評價，重視誠實、誠信的品格，和工作的努力程度，而非超人的工作能力，也就是對完善的人格修養給予很高的評價。居於這種組織環境的工作者可以感受人性價值深獲肯定，而減低工業化、科層化帶來的「異化」和「疏離」，使其對組織能樂於認同與投

入，產生對團體的歸屬感。這種強調人性中心主義的管理原則，使組織領導者對於從業者，不是以「單純的勞動力」相看待，而是視之為：有意志、思想、感情的完整人格來把握。這種人格尊重的理念，不僅存諸於長官和部屬的互動關係，由於這種理念性的普遍存在，更廣泛地延伸到組織成員與民眾的互動關係上，自然組織內外普存著「以和為貴」的和諧運作關係。在體系內能鼓勵成員的認同和參與，相對於體系外使公務人員樂為民眾服務，自能博得民眾支持和信賴，也自然降低組織受制於「僵化、保守、顢頇、迂腐」的批評。這種人性尊重的極致，使得置身其間的工作者，產生自我價值和榮譽感，而非以「我們是以一日多少錢買來的勞動力」評價自己的工作內容。

以人性尊重主義為基本理念的管理制度，強調人性的價值為第一順位的價值觀。在組織運作上則是不願因短期利益而犧牲長期目標；而令人弔詭的是這套制度在企業經營過程中非但並不影響長期利益，同時使短期利益能持續鞏固。就拿企業經營為例，與日本松下電器同時創立於 1920 年代的美國通運、ATT、RCA 等企業，早難與松下公司在國際經濟舞台上相較。這種管理制度能夠有效喚起組織中個人的注意力，利用機會不斷改善環境而為著企業的發展，徹底的訓練與教育員工，而相對的員工則不惜辛勞的做出貢獻，宛如構築金字塔一般，有同樣目標的無數小人物，各自成就小事情的話，就能夠構築堅固不朽的建築物。

二、強調確保人力資源的策略

基於「徒善不足以為法、徒法不足以自行。」的觀點，組織結構尤其強調人力資源的重要，因為惟賴組織當中的人，方足使各項規模制度得以推動。為了達到確保人力資源的策略，採取如下的做法：

1. 配合終身僱用的僱用保障政策：組織用人盡可能統一招募人員，經過嚴格篩選，尤其重視人員的品德操守，對這些延攬的新進人員施予有序的訓練和培育，並予以經濟生活保障。
2. 組織對於員工，將員工視為特別重要，因此就組織的內部特別將成員彼此的協力與協調視為重要因素。為此組織積極建立自己的文化特色，並以凝聚成員力量。為配合組織的功能，採取調和的個人行為將受到讚揚和認同，能契合團體規範者自然能獲得較高的評價。所以有助於組織的集團性與內部功能的發揮。
3. 強化組織成員對於該團體的歸屬意識：講究團體成員對該組織的認同和忠誠態度。因此在延攬新進人員時，必然考量到該人員是否能將組織價值體系當成本身價值體系者，且一經錄用後成員有終身僱用的準備。

三、階層間的平等待遇

組織內部講求「階層平等主義」與「能力平等主義」的原則，以期望盡可能縮短階級、階層間的地位差距，這包含權力和報酬的平等，使得權限分散到各個組織層面。例如企業中技術

指導人員和現場工作人員能立於平等地位打成一片相互磋商，使得每個專業工作者都能以其專業受到尊敬與認同，也自然能促使當事人在既有的工作崗位上發揮其專才，貢獻其才智能力；同時，員工被視為全人格看待自然能激越其蓬勃的朝氣和全力以赴的態度。

四、組織成員參與經營管理

在組織運作上相當重視「縱向」（垂直）的關係。這使得領導者必須注重與其部屬之間的溝通，使得命令消息得以傳達，同時使部屬的意見能夠上陳，形成一體。而從屬者亦有義務和責任參與組織決策的擬訂，尤其是透過「終身僱用制度」的運作，個人榮辱和組織的成敗密切相連，自然能將組織與個人做緊密的契合。有了這番共識再經由工作單位的「懇談會」、「提案制度」、「領導者與部屬協調會」等制度，強化了部屬參與整體決策，是以組織的興頹盛衰絕非是少數人關切的事，而是整個團隊關注，切身與共的事。

五、重視組織內部的協調和溝通

為著保持組織中「以和為貴」的精神，強調組織內部的協調、溝通，和成員之間的瞭解，部屬和上司間的瞭解相當深入，因為成員大抵上是固定的，而且相互間經過長期間的相處，擁有全人格的接觸，這種特質因而促發了彼此的協調溝通。此種綿密頻仍的互動關係，對工作場所的和諧氣氛有所助益，且使得團體內充滿著相互與共的情感，裨益組織營運，同時若干衡突也能夠圓滑地化除。溝通猶如人體中的血液，一旦組織沒有溝通將使團體功能癱瘓。

根據管理學者的分析，歐美的管理制度受到其文化和意識型態的影響，取向上是個人主義的，亦即對於人群的處理，視個體為自由獨立的個人，這種個人的存在，以自律的行為為理想，信奉個人主義，是一種「自我依存」取向，由於這種觀點，是以個人依據自己的利益選擇組織與職務，在組織間不斷移動。也因此個人與團體間難於建立密切的感情和依賴，而組織不過是個人滿足其需求的場所，榮辱與共，齒唇相連的關係自然無法蘊生。相對於人性管理制度便能有效克服此種「組織與成員的對立性」，使個人能契合於組織以達成一體性。

肆、激勵團隊成員工作能力

能力是指一個人要想順利地完成某種活動所必須具備的心理特徵。比如科學家的周密思考能力，教師的語言表達能力，文學藝術家的想像能力，音樂家對音色、音準旋律的感受辨別能力，發明家的創造能力等。能力總是與人們的活動相聯繫，一個人具有某些能力就能順利地完成某種活動，能力強弱決定活動效率的高低。所以能力是順利完成某種活動的必要條件。這裏需要注意，我們強調人們要想順利地完成某種活動，需要必備「某些」能力，這是因為人們在處理或解決問題學習活動需要感知力、記憶力、理解力、精密的思考力、果斷的判斷力以及與此相適應的語言表達能力、情感體驗能力、宣傳鼓動能力等等。同時，一種能力也不是僅對一

種活動起作用，而往往是對多種活動都能發揮作用。例如，觀察力對於文學家、教師、工程師、藝術師等多種職業活動都是不可缺少的。

作為一名管理者，瞭解能力的一般概念，掌握的能力的差異，其目的是在管理工作中量才為用，使其成員盡其所能，最大限度地激越職工的積極性。為此，管理者在管理工作中應注意以下幾個方面：

一、明確管理人員的能力要求，合理培養、選擇和考核

組織管理者除了應具有相應的決策能力以外，還應該具有三種基本能力：業務能力（技術能力）、管理能力、人際關係能力。這三種能力由於組織管理者所處的地位不同、工作任務不同、管理範圍和管理對象不同，其要求也不相同。一般來說，越是高層的管理者，對管理能力的要求越高，而對具體的業務能力的要求則相應的降低。反之，越是基層的管理者，對具體業務能力的要求則越高。為此，組織管理者認真分析每個職位的能力要求，瞭解和掌握職工的能力狀況，以便正確選擇、使用和培養各級人員。

二、用人做到選賢任能，量才使用

在管理工作中，一些在用人上存在著不健康的心理。主要表現為：一是求全心理，寧使用平庸而沒有爭議的人才，也不敢起用爭議而才華突出的人才；二是忌賢心理，寧使用低能而好駕駛者，也不願使用高能難馴服者，甚至有的還擔心高能者超過自己；三是唯親心理，形成風氣；四是疑人心理，對於有些不得已而用的人也是用而不信，不敢放權。上述這些都是影響人才能力充分發揮的心理障礙。

一個要成就事業的管理者必須學會用人，即根據各職位工作需要，用人所長，避其所短，在工作安排上，要考慮到每個人的興趣愛好和能力特長。一般來說，在一個單位裏，樣樣精通、十全十美的全才不多，但擅長於某一方面、適合於某項工作的人才卻不少，管理者應當針對他們的具體情況，安排適合他們特長的工作，使他們的能力得到充分的發揮。

三、掌握好職位的能力標準，合理聘用人才

一個好的管理者是正確確定職位所需要的能力標準；謀求適應這些能力標準的人才。因為不同工作要求具有與之相當能力水平的人來承擔，也只有這樣才能使人才效益和工作效率最大限度的發揮出來。如果一個人能力水平高於工作能力的要求，那麼，這個人往往不滿足現狀，感到工作乏味，甚至不能夠維持起碼的興趣，更談不上調動自己的積極性。相反，如果一個人的能力水平低於工作對能力的要求，那麼他在工作中就會感到力不從心，難以勝任，工作質量也難得保證。

四、積極發展職工能力的方法

依據成員的專業能力及敬業態度，激勵發展的方法約有以下各種：

1. 授權分責（delegation）

授權包括指定屬員應負之職責，再授予完成該項工作所需之職權，並使其願意對工作成果承擔全部責任。主管在對下級授權之後，應對被授權人員之工作進展始終保持聯繫，在屬員遇有需要時，也要隨時給予指導。

2. 專業指導（coaching）

正確的教導應該允許一個人有嘗試種種不同處事方法的自由，主管在指導中不妨只提示需要得到的成效，而不必指出應採取什麼行動。

3. 職位輪調（position rotation）

職位輪調即係提供學習機會，使員工在工作實際體驗中，獲致學習成果，並擴大工作經驗。

4. 特別指派（special assignments）

接受訓練的人員均得負責解決某項任務，或把分析結果和建議提出報告。

5. 工作小組（task force）

任何用來作為特別任務的工作，不僅具有管理發展方面訓練與考驗的意義，而且，可以使小組人員相互切磋學習而更增其價值。

6. 接替計畫（under-study plan）

副手除了其本身正規工作之外，還要分出一部分時間去瞭解或代行其主管的任務，一旦主管缺席或離職，此副手就是計畫的接替人。

7. 研讀資料（written materials）

有關的資料給相關人員傳閱，也有助於管理才能的發展。

伍、人性管理制度對組織運作的功能

講求人性需求的組織管理制度由於肯定人的價值和尊嚴，極自然地能產生如下的功能：

一、鼓勵多元參與，達到民主精神及集思廣益的功能

民主政治的特色是講求人人平等，決策的目標是希冀能回饋到社群的每一位成員身上。人性需求的管理措施正能配合此種理念，使每個份子以平等的地位參與團體的決策，而唯有決策是源於共同的多數決，才能取得成員的支持，和有效的執行。

二、決策由傳統的「自上而下的命令」轉為「彼此互動溝通」

其結果自然易於落實體現決策的動力，若僅是來自少數菁英份子而未能普遍徵詢多數成員的意見，則不是導致「陳義過高未合實際趨勢而束之高閣」，便是產生上層與基層的斷層現象，形成政策與執行的脫節和菁英與從屬階層的疏離。

三、裨益於人才的延攬，達到工作品質的提升

展望未來，面對轉型期的社會經濟環境，組織的發展更賴以新的觀念、做法、措施等以因應社會變遷的考驗。這當中尤賴組織能有效延攬專業人才，而人才的留置和其願意心悅誠服貢獻所長，不思「五日京兆」，或存「尸位素餐」之弊，尤其需要重視人員的需求滿足，以尊重和肯定的態度，促使彼等發揮學能專長，進而促進行政品質的提升，為此若捨「人性管理制度」則將無以為功。

四、有利於「分層負責」、「分工專職」的推動

在團隊合作的時代，任何事物的達成都需要靠彼此協調互補所長，方足以克竟全功；因此組織的運作也賴「分層負責」、「分工專職」才能踐履該目標。當管理者能夠持守人性管理的觀念，自然能敬重部屬的職守，支持部屬發揮所長，並有效激勵其智能，使其能在敬重其位做最佳的表現，團隊精神不就因此逢生。

五、能激勵成員對組織的認同和士氣

學者麥克里蘭（Mcleland）分析，當一個社會的物質生活逐漸能使民眾不虞匱乏時，其參與工作的目標已非是為一己的溫飽而已，乃是尋求志趣的投合、學能的發揮、自我的實現等精神意志層次的需求。是以，此時成員能否對組織認同，實端賴這些高層次的需求能否獲得肯定和激勵，為此則注重人性取向的管理制度，必然是進步社會的較佳選擇。

經由上述的說明，我們似乎可以理解良好的管理制度的確是組織發展重要的因素。此亦是我們在工業社會管理運作上可以加以採擷參酌之處。

陸、人事管理與組織效率的提升

組織效率是指達到組織目標的能力或達到的程度。效率既是衡量組織經營管理的重要尺度，又是一個組織長期存在和發展的不可缺少的條件。

組織效率的四個標準：

1. 適應能力：即靈活機動地應付環境與解決問題的能力。

2. 確認本身能力：組織對本身的真正瞭解，如組織目標是什麼，應該做些什麼，組織成員對組織目標的瞭解程度和擁護程度怎樣，成員對自己的職責是否瞭解等。

3. 面對現實的能力：對組織外界環境的洞察能力與正確認識能力，並能採取相應的措施。

4. 組織內部的控制和協調：即協調組織內部分的活動，解決它們之間的衝突的能力，以及把組織目標與個人需求結合起來的能力等。對組織效率的看法，傳統時期偏重於經濟效率，而現代則側重於心理的系統權變。

從組織發展的觀點來看，一個高效組織應具備以下三個特徵：第一、解決問題的能力：指一個組織根據客觀環境的變化作出正確的判斷，並具有靈活的適應環境的要求而解決問題的能力。第二、決策分權化：指一個組織裏的許多決策，使多數成員感受到責任感，同時也使成員自覺主動地安排自己的工作。第三、指組織和成員之間有良好的溝通聯繫，包括在上下級之間、同級之間都有良好的相互交往，因而易於調整彼此之間的關係，建立良好的心理默契。還體現成員對組織的瞭解，瞭解組織的奮鬥目標，並具有強烈地工作熱情和對組織目標的實現完備自信。

要提高組織效率，就必須在組織過程中符合下列組織管理的原則。

（一）目標明確

目標，實際上是一種期望達到的成就或結果，目標對於組織或個人的努力程度和工作成績都有十分重要的意義，系統地制定目標和評價結果，可以改進組織的績效和成員的滿意感。在制定組織目標時，既要考慮目標的意義（價值）又要考慮目標的可行性。沒有價值的目標是不會產生對組織成員的激勵力量的，過難或過易的目標，一般來說其誘導力量也不大。要使目標既有意義又可行，具有較強的號召力和凝聚力，使人們產生集體感、自豪感的心理，進而轉化為巨大的力量。其次，還應注意將組織整體目標與個人目標協調起來，整體目標是建立在個人努力基礎之上的，沒有趨向於總體目標的個人目標則整體目標很難實現。要使組織各部分和全體成員採取與組織目標一致的行動，以確保實現目標。

（二）權責相符

組織要對每個部分及成員的責任、權力和利益給予明確的規定，做到有責、有權，二者缺一不可。責任、權力和利益的劃分要力求相承與公正，使組織成員產生心理公平感和責任感，從而順利執行各項任務。

（三）意見溝通

溝通也可譯為聯絡、通訊。溝通就是訊息的交流。在組織內部，人與人之間的溝通不僅是意見的交流、消息的傳遞，而且包括情感、思想、態度、觀點的交流，其中心理因素有著重要

意義，在這種溝通過程中，達到組織內部成員情感的交融，氣氛的融洽。因此，組織應採取可能的方法使人們達到意見溝通。

（四）相互協調

每個組織都是一個複雜的社會系統，都有各種不同的部門，各項複雜的工作和各種錯綜複雜的關係，只有透過有計畫地相互協調，才能使各個部門以及各個部門的工作人員之間的職責更加明確合理，從而組成一個完整的、和諧的、有機的統一體，以保證整個組織活動的步調一致。為使組織既能很好地適應本身的發展，又能更好地適應外界環境的變化。有效的協調是實現組織目標的保證。此外，命令一致，指揮暢通，適當授權，以及彈性原則等，在組織管理中也是應該注意的原則。

柒、結語

由於科層制度詳盡的規章和例行的監督體系，相當程度地控制了由專業人員所執行的任務，所以，在一個他律性專業組織裏，要去範定出哪些活動範圍是專業人員個別的或整體的職責所在，是一件很困難的事。受過專業訓練的專業人員，對於組織的目標與績效標準似乎持有批判性的態度，尤其是當它們不是由該專業內的成員所認定之情況為然。此外，專業人員希望免於層級節制之干擾以及程序規章之限制，他們期望在專業活動的推展上擁有最大程度的自主性與自創性（discretion）。再者，專業人員也希冀能在知能範圍內，具有影響力，擔負責任並獻身專業的發展，此即所謂的「專業文化」。相對於此的是由一般非專業人員所形成的「科層文化」，包括按照法令規章行事、一意效忠組織權威並極力在組織的權威層級體系中尋求職位的升遷。這兩種文化將使得彼此在問題的情境釋義上，在目標擬定、策略技術的選擇以及結果的評估上，經常會產生齟齬。科層組織中的上級長官經常以效忠程度作為對下屬的評價標準，而專業人員則由於其信念與上級主管扞格不獲青睞，致常有求去之心。此種傾向尤以較專業取向的專業人員為然，很容易造成組織內「劣幣逐良幣」的反淘汰現象。這自然成為工業社會學所關心的重點。

管理制度必須能尊重人性，適應人性，使組織成員的生理心理需求與潛能獲得最佳的發揮與成就，並以此提高行政效能，恢弘政治功能，增進人民福祉，促進社會進化。組織系統及社會體系皆是由人所組成，其能順利發展乃導因於人的心力、智力、能力所推移的結果，這些人力推移的原動力，是以「人性」為根基，因此亦惟有悉心體察人性的取向，人本的需求，以為規劃組織管理制度，才足以促使組織的有效運作，建立成員間的相互依存關聯性，形成「人人為我，我為人人」的機體社會。

第六章

人事管理自動化作業

壹、前言

　　根據 2003 年 2 月 11 日今日美國報導：由於商學碩士向來是未來商界的菁英，備受重用。但有志於此的也通常是最忙碌、無暇分身的富裕專業人士，芝加哥大學識得先機於 1943 年首創非全時及週末上課的碩士課程，其後此風日盛，但仍不脫聚集上課的傳統教學方式。網路的迅速發展，為教育帶來新貌，商學教育首當其衝，變化更勝其他教育範疇。網路商學課程早已慣見，但授予碩士之趨勢正日方興未艾。一流的學府或不屑為之，全美商業進階大學協會（AACSB——Association to Advance Collegiate Schools of Business）認可之大學僅有 3.3/%提供有份量的網路課程。但聲譽不著及地區性之小學校莫不積極拓展商機提供網路學位，雖然學費與一般學制相當，但無可取代的便捷，趨之若鶩者眾，就以其中最有名的 Phoenix 及 Rgis 大學為例，註冊其網路商學碩士班的學生已超過頂尖的哈佛及耶魯商學院，網路大學學位教育的發展更是可觀，佛羅里達州天主教 Saint Leo 大學有五萬名學生，Phoenix 大學有四萬五千名學生分別就讀其網路學士課程，可見其發展之快、聲勢驚人。批評者認為網上學習確實方便，也能補充教室所學之不足，但百分之百以此為學習依據，未免虛妄而不切實際，不僅師生之互動學習付之闕如，更無從培養高等教育最需要的獨立分析思維；較理想的是杜克大學所採行的制度，其網路學生平日與同學、教授經由網路參與討論、交授作業外，不論所在地，師生一律須定期齊聚教室、參與面對面之學習研討，這種現代科技與傳統教學結合的方式或可兼顧兩者之長。且不論網路教育之品質，最為人關切的仍是這種學位的價值，是否受企業界的重視？但因為網路學位證書與一般傳統並無二樣，難以分辨。如果網路學生績優，恐怕第一流學府也不能免俗競相投入，此一潮流勢所難擋。

　　影響所及的不僅是教學工作運用網路，人事服務的工作亦然，雖然，在傳統觀念中，人們並不認為人事管理是組織發展中的基礎性工作。而現在，越來越多的人事管理部門正把凸顯自身價值，成為組織內部的策略性合作夥伴當作自己新的目標。要達到這一目標，就必須改變他們過去所習慣的工作方式。其中的一條有效路徑就是保持靈活，緊跟最新的技術發展以及由此帶來的進步。這些進步（比如增強員工能力、便捷地更新重要資料等）將最終帶來員工滿意度和生產力的增長。

　　如今網路使這個最貼近員工的部門重新獲得了力量。網路使人力資源管理廉價、高效，凸顯出巨大的優勢。在網上管理人力資源正成為一些組織的時尚。網路的發展正在影響與改變管理行為和個人的社會生活。雖然目前還要受很多客觀因素的制約，但其發展的速度和前景正吸

引著越來越多的注意力。網路招募人才已經司空見慣的方式，也是組織尋找人才的重要途徑，美國人才網站每天的資訊更新數達到 5000 條，1998 年，在《財富》500 強中，有 17% 的公司積極在網上進行招聘活動，到了 1999 年，這一比例便達到了 45%。網路徵才以其低成本、見效快、無地域限制的特點正在吸引著大批機構見賢思齊。和傳統的招聘方式相比，網路徵才有不可比擬的優越性。首先，作為傳統媒體的延伸，網路可以涵蓋到報紙所不能覆蓋的領域，因此，可以拓寬我們的求才領域；其次，網路徵才作為是一種較新的方式，可以拓寬我們的招聘管道，在今天的人才爭取中，自然很希望能夠多一條尋找人才的途徑，另外，網路正吸引著越來越多的年輕人，這種創新精神正是時代的發展趨勢。

除此之外，人事工作自助化使管理運作簡便快捷。若干企業把一些人力資源資料如職位空缺、福利資訊等輸進組織內部網。人力資源部門並沒有停留在用網路向員工發布資訊上，而是著手創設完善的互動軟體，可以讓員工填表、從資料庫中獲取個人資訊、甚至在網路上比較各種福利專案的長短。以美國甲骨文公司為例，公司把福利項目輸進企業內部網，放在程式管理員資料庫上的網路前頁員工，主動回饋的人們都對網路給予了很高的評價，因為這樣更簡單、迅速。透過線上輸入各種福利分配的不同價值，人事部門就能估算各種福利方案的成本。在流覽各種方案後，他可以立即在網上申請，不必費心填表、動手計算和比較成本，也不必擔心申請在郵途中丟失。另以世新大學為例，自 94 年起教職員請假採取線上網路申辦、簽核、統計、管制等作業，不僅縮短作業流程，同時也加速工作效能，便是人事工作自動化的實例。

在講求高度競爭的環境，節約成本潛力巨大的自動化工作，使得人力資源部門迅速採用內部網路除了交流的目的外，當然還有成本問題。一般說來，在開發網路環境下的應用軟體時，組織都希望少花錢。但這種節約成本的潛力還不止在運用軟體的過程中。比如，蘋果公司的人力資源部最近推出了一個包羅萬象的企業內部網，用來接受福利公開申請。儘管該公司在 1996 年僅僅希望該項目盈虧持平，但此後幾年節約的費用可達六位數。

利用網路管理人力資源，可將人力資源部門員工從上傳下達的角色中解脫出來，讓他們能放眼更為宏大的事情。如策略規劃、組織發展。大約 80% 的員工問題可以透過網路、互動式語音反饋系統或者一線工作站得到答覆，不需要人力資源部門員工介入。這樣，人力經理由日常繁瑣的事務中解脫出來，實現從人力資源管理向人力資源發展的「躍升」。

世界變化的確很快，作為人力資源主管，應該對於未來可能發生的變遷有所準備。據預測，在未來遠端管理將會改變人力資源管理。由於互聯網和電子郵件系統功能的完善為遠端管理帶來了便利。到 2010 年，美國的薪水階層將會有一半以上的人每星期有超過兩天的時間在辦公室以外工作。就目前而言，有 2800 萬人（1990 年時有 400 萬人）根據公司的規定進行遠端工作，還有數百萬人非正式的在辦公室以外每週工作一天或多天。隨著廉價的寬頻互聯網接入和移動無線互聯接入的普及，遠端工作者還會進一步增加。

貳、人事工作自動化的意涵

人事工作自動化（e-HR）正在成為人事部門津津樂道的術語。大部分的人可能覺得「e」就是代表「electronic」（電子的），但是這個狹窄的定義只是其多種涵義之一。「e-HR」中的「e」實際上意味著更強功能（enabling）、更有能力（empowering）和人力資源功能的擴展（extending）。顯而易見，這項技術正透過系統自動化、員工自助化和工作流程化使得人事管理能力變得更加強大。人事管理電子化系統的分析結果讓視角更具策略性，人事管理專員們將能把注意力更多地集中於策略行動。有效的人事管理電子化技術運用將使員工變得更有能力，幫助他們做出正確決策。透過更清楚地瞭解資訊，我們將看到，人工智慧的威力在於它能在堆積如山的資料中發現問題。它可能被用於在數以十億計的交易紀錄中發現金融舞弊行為。由於人工智慧技術變得越來越先進，用電腦網路對公司進進出出的人員進行監視的能力也會大幅提高。資料加密技術將被正式使用，公司還會利用複雜的資料挖掘技術，透過分析模式來發現潛在的問題和危險。主管能夠利用分析工具和所得報告來作為決策的依據。人事管理電子化意味著經由採用新技術令人事管理部門更具能力，使他們能更好地為滿足主管和員工的需要服務。用拓展的眼光來看，人事管理的功能已經遠遠超出了傳統的界限。人事管理公司將獲得極高的效率和極大價值。

達頓（Tim Darton）對人事管理電子化的定義：「人事管理電子化就是將所有的 HR 管理流程以及與雇員相關的事項整合進一個綜合的電子平台或是用戶端中。」使人事管理與科技發展保持同步的重要性。在當今這個資訊技術的時代，組織都希望能夠有一個現代化的人事管理架構，讓他們能夠在更低成本、更少資源花費的情況下進行交流、制定計畫並儘快實現盈利。越來越多的活動能夠在網路上進行，人事管理也正經歷著它自身的網路化進程。這不但改變了人事管理專員們的辦事方式，也改變了整個交流溝通的管道。

參、人事工作自動化的效應

人事管理電子化技術的運用，將給組織的運作帶來包括：重塑人事管理流程在內的諸多好處。不但令人事管理部門的人員更幹練，也使得所有員工都更具能力。透過自助工具，員工們可以更新他們的個人紀錄，進行費用申請，提出詢問並線上查詢政策手冊。新的系統擁有非常友好的人機界面，這使得系統非常易於操作。從員工的角度來看，他們能隨時隨地獲得 24 小時不間斷的人事管理服務。具能力的員工會帶來更高的工作滿意度和士氣，而這些將帶來生產力和效率的提高。從管理的角度來看，人事管理電子化將幫助組織實現重要資料的即時更新與發布。中央資料庫將能很方便地維護資料，並向決策者提供便捷地獲取資訊，主管現在能夠得到員工的一系列資料，比如績效、品質和專業成果等，這些將使他們能夠做出重要的決定，更好地進行組織運作。人事管理部門所保留的資訊對組織中所有其他的部門來說是至關重要的，資料的共用是一個綜合的 B to E（business-to-enterprise）解決方案的重要部分。人事管理電子化技

術讓全球範圍內的員工管理變得非常容易。新的系統能夠在不同的國家、不同的規章制度、不同的貨幣、不同的語言環境下精確地進行人事管理操作。標準化的系統讓人們能夠輕而易舉地在不同國家和部門間分享資訊。新的資訊一經產生，就能在所有部門得到識別和確認，並起到輔助決策的作用。

生產變革的趨勢表明，現在越來越多的員工需要每天 24 小時、每週 7 天隨時獲取關鍵的人事管理資料。隨著人事管理電子化的不斷發展，這種需求還在變得越來越普遍。人事管理電子化正可以幫助提升這種即時資訊讀取的能力。這將意味著員工能夠隨時更新他們的個人資料、讀取關鍵資訊並使用重要的人事管理功能。員工們正變得更為機動，無論身在何處，一旦需要就可以讀取關鍵的人事管理資料。現在的趨勢是，隨時隨地靈活獲取資訊的需求在不斷增加。這種隨用隨取資訊的方式能夠提升員工們的生產力。許多全球化運作並能持續獲取資訊的公司都發展了他們的生產力，競爭力也獲得了很大的提升。當你下班之時，地球另一個角落的人們才剛剛上班。如果他們能獲得你當天工作時即時更新的資料，他們就能夠照你的進度繼續進行，你第二天來上班的時候，又能看到他們的最新進度。這樣，24/7 模式就意味著一個專案能夠被 24 小時不間斷地向前推進。商務的全球拓展也使得人們對 24/7 模式的需求不斷增長。人們需要隨時隨地讀取人力資源資訊，以滿足不同時區不同國家的職員們的需要。人事管理電子化是一個實用的工具，它幫助人們將資料國際化或是按區域進行整理，許多跨國公司都已經加入了這一科技的行列。

隨著對這一科技的瞭解越來越深，員工們意識到 e-HR 能在工作中對他們有所幫助，於是，員工們開始主動推動這些改變。

這一技術還將根據其所服務的目標得到進一步的提升。「我的個人人事管理平台」的概念將深入人心，員工們將擁有針對性和個性化的介面，而這些都將和他們的職業生涯等問題有關。他們的工作將變得更有效率。類似的即時工具還將令員工們相信，人事管理的概念將變得越來越寬泛。例如，這個系統將使你能夠線上進行出差登記。其他的一些輔助功能在桌面上就可找到，員工們變得更有效率——正是那些唾手可得的資訊幫助他們做得更好。

「我的個人人事管理平台」未來將會成為流行的人事管理電子化工具。員工能夠得到他們所需要的資訊。它提供給員工們所要的資訊，同時優化資料庫，以作為人事管理部門高效運作的基礎。這些技術已經成熟，剩下的問題僅僅在於，人事人員如何來界定員工們究竟需要什麼樣的資訊。例如：「為組織找到合適的人。」在許多時候都會是一個複雜而不易成功的任務。人事管理電子化則為徵才的步驟建立了有效的流程。人事管理電子化系統在招聘領域中的使用所帶來的最大的好處在於，無論是雇主還是求職者都有更大的職位範圍來進行選擇。雇主們不再被局限於在自己的國家或許可權範圍內吸引應聘者，他們能夠在全球範圍內選擇合格的人才。對於求職者來說同樣如此。他們能夠搜索並申請他們所能勝任的工作而無須考慮其交通因素。連用網路徵才使招聘廣告變得更為便宜，與此同時其能更有效率並且更為廣泛。已經有許

多的組織開始使用.com 式的招聘工具。當然,他們設定了適當的資訊過濾步驟和系統邏輯。這些工具將帶領人們進入一個活潑寬廣的人才招募方式。

　　另外,人事自動化有助於人事管理的委外服務,近幾年來,人事委外已經成為先進的一個主要趨勢,一個很好的例子,說明人們正決定把流程中的一些步驟加以委外而非由組織親自處理。人事管理電子化帶給市場的一大好處就在於它能夠很方便地處理委外事宜。現在,組織能夠很方便地把薪酬計算和員工福利的資料提供給外包服務商,舉個例子,客戶將他們的資料發送給我們,或我們登錄他們的系統,或他們登錄我們的系統。組織將那些非策略性的,並不給組織帶來額外價值的,或是組織內部沒有這方面專家來支援的內容進行外包。比如保險計算、離職管理和福利管理等——基本上,任何對於組織績效沒有直接影響的工作都無所謂它是否由組織親自去做。當一個組織並不很大,無法體現專職人事管理的工作效果的時候,委外也會是一個很好的選擇。過去人事管理專員們不得不填寫繁複的保險表格,如今人們已經將它們批量打包並送到外包服務商那裏。現在這些工作都可以線上進行,人事管理電子化讓組織能夠很容易地將這些與其核心業務無關的工作外包出去。許多的公司已經意識到,他們並不需要成為專職的保險管理者或是福利管理者。所以委外也就理所當然。

　　人事管理電子化不僅使組織的人力資源管理自動化,而且整合了組織內外人力資源資訊和資源與組織的人力資本經營相匹配,使人事管理從業者真正成為組織的策略性經營夥伴。人事管理電子化的「e」體現在以下三個方面:

1. 基於網路的人力資源管理流程化與自動化。資訊化能把有關人力資源的分散訊息集中化並進行分析,提升人力資源管理的流程,實現人力資源管理全面自動化,與組織內部的其他系統進行搭配。
2. 實現人力資源管理的整合。組織的人力管理者能夠有效利用外界的資源,並與之進行互動,比如獲得人才網站、高級人才調查公司、薪資諮詢公司、福利設計公司、勞動事務代理公司、人才評估公司、培訓公司等人事管理服務提供商的電子商務服務。
3. 實現人力資源管理。讓員工參與組織的人力資源管理,體現人事管理部門視員工為內部顧客的思想,建立員工自助服務平台,開闢全新的溝通管道,充分達到互動和人文管理。

達到成熟的人事管理電子化所需要的環境和條件,應該有以下幾點:

1. 大部分組織已經脫離初級的經營階段,內部管理制度完整建立,現代人力資源管理的意識得到普及,普遍重視人力資源管理。
2. 人力資源系統開發技術和人事管理軟體產品的不斷發展。可以說人力資源軟體產品的出現和發展是人事管理電子化的基礎的基礎。
3. 出現一大批適合組織經營需要的人力資源管理從業者,人們不再對人力資源感到陌生,人力資源管理的思維得到提升。

4. 政府的宏觀人力資源開發環境和系統成熟，各種勞動人事方面的法規政策和規章制度趨於完善，在人才的觀念上注入新的人力資源的思維，並實現了人力資源開發的資訊化。

5. 有活絡的人力資源服務委外系統。人力資源管理的每一個環節都有成熟的人事管理服務委外機構，從整體人力資源諮詢、工作分析、組織設計、徵才、甄選、面試、到評鑑、培訓、薪酬設計、福利、激勵與組織文化建設等。

6. 人力資源的研究得到重視。對人力資源管理領域的不斷觀察、彙總和研究是人力資源不斷發展的思想源泉。

肆、人事管理自動化的發展

隨著競爭環境促使人力資源工作走上強調效能的作為，面對自動化的優勢，是將壓力化為動力，勇敢地迎接挑戰，還是消極的抵抗和拖延已經是擺在所有人事管理從業人員面前一個不容迴避的問題。而人力資源電子化應特別注意以下五個方面的問題。

一、服務理念的創新

人力資源電子化是人力資源管理史上的一場革命。組織必須清楚地認識到：人力資源電子化並非只是單純花錢購置一套人力資源資訊系統，其背後真意是管理理念的電子化，是整個組織人事作業流程的再造和管理效率的提升，是中高層管理者和員工對 e 化的認知、支援和接受。因此人事管理電子化必然是思維電子化在先，行為電子化在後。進一步講，因電子化而引出的組織再造不僅是組織流程的再造，更是組織文化的再造，尤其是對管理層行為模式的再造。如果管理層習慣看實體檔而非透過網路來簽核檔，習慣詢問幕僚而非自己透過網路來尋找內部資訊，或者不習慣使用電子郵件溝通，抗拒網路工作環境，則人力資源電子化就不能實現。

二、人事角色的轉變

在電子化環境下，人力資源部門員工的角色將發生劇變，他們由傳統的行政事務型員工向組織高層人事決策參與轉化。其角色功能是高層的人事決策與諮詢、經營者與員工溝通的橋樑、組織事業發展的夥伴、組織內部合作的促成者、管理品質提升的訓練者等。人力資源部門員工將從日常繁複的人事工作中解脫出來，從事人力資源發展策略的研究、制定和諮詢，作業流程的再造等。憑藉迅速有效的資訊搜集功能，暢通的資訊溝通管道，人事管理部門將為決策部門提供更為準確的決策諮詢和行動方案。

三、系統規劃的完整

系統規劃是實現人力資源電子化的前提，即使組織規模小，這一步驟仍然不可省略。除網路及相關的電腦設備之外，還必須有實際電子化的網路應用系統才可推動組織電子化。在建構

人事管理電子化系統時，組織應做出謹慎且完整的規劃，整合組織內不同的應用系統，使員工只要通過單一的入口，就可以獲得所有的訊息。員工即使升遷或部門調換，應用系統及功能的授權也應該能很容易地得到維護及管理。

四、教育訓練的強化

人力資源電子化雖能帶給組織效率，但初期的投入比較大。因此，對電子化成本應有一個清楚的認識。因此做好預算、避免陷入預算超出後騎虎難下的局面極其重要。除此之外，宜經由教育訓練的加強，以落實此項工作。組織員工的素質相對參差不齊，人力資源電子化培訓所需規模可能較大。這一點最難以控制而又易為實施者所低估。培訓包括學習相關的電腦應用技術、學習軟體介面以及學習一套全新的管理流程所需的作為。培訓不落實，組織將會為此付出更高的成本。

電子化軟體要運轉正常，必須事先進行測試，使之與其他軟體系統進行良好的銜接。測試與連接費用在預算時常被遺漏，而實際上，測試工作消耗的時間和費用多數時候將超出開始時的預算。一般情況下，不要輕易去修改人力資源軟體產品的核心代碼，否則集成、測試和維護系統的成本將更大。測試時，員工應儘量參與，由資訊部門、人力資源管理部門、系統實施顧問等共同組成的專案小組應作全程監控。另外，人力資源決策的基礎是將人事管理系統產生的資料與其他系統產生的資料進行綜合分析。因此，預算時應考慮建設資料庫的成本、資料庫平穩運行的成本以及資料庫更新成本。尤其是更新成本，無論在時間還是金錢上的消耗都是巨大的。在規劃時，若能延請具有經驗的顧問將有助於人事系統資訊的作業。

由於電子化可能帶來組織流程、行為方式的改變，任何一個組織在起初都會產生相應的不適應，甚至會引起混亂。為了克服這個問題，尤其宜自教育訓練加以改善。

五、使用風險的評估

電子化是一個系統工程，同樣也存在著風險。由於組織抗風險能力較弱，因此必須對可能存在的問題有清楚的認識，以儘量避免風險。是以將以前的人力資源資訊植入一套全新的人事管理電子化軟體將花費大量的時間和資金。原有資料大都存在著這樣或那樣與新系統不匹配的問題，這在預算時也很容易被忽視或低估。檢查、修改這種資料的缺陷，使之與新系統相匹配，往往耗費大量的時間和精力。這些都是在進行時需要預為評估。

伍、未來人事自動化的趨勢

隨著資訊技術的快速發展，新的科技及管理工具突破了部門的限制而延伸到組織內外的各個角落，員工獲得知識的管道和創新的方式也發生了巨變。為了獲得更多有關組織發展和對自身成長有利的資訊和資源，多數員工更傾向於選擇一個有序、透明和共用的組織文化及工作環

境。同時，當組織成功創造了這樣的文化和環境，也能更有效地吸引和容納那些具有開拓精神、富有創意、勇於挑戰的優秀人才，並使得整個組織形成開放、向上提升的氛圍。因而，無論員工，還是組織，都要求更靈活的管理模式和管理，而對傳統的、低效率的、缺乏系統性的資訊搜集和管理方式產生省思和挑戰。

首先，資訊的取得與傳送即時化，使得年資與經驗不再成為評量人才的惟一標準，而被創新、勇於突破、善於溝通以及強烈的進取精神所取代。資訊化亦使得組織的核心業務流程進一步科學和優化，但業務流程重組和資訊化管理工具的引進使得對員工素質提升的要求達到了新的挑戰。這樣，如何找尋、激勵和培養具備這些素質的人才成了組織適應更激烈的競爭的基礎。其次，資訊化的普及已使得統計能滿足人們對精準與即時的要求，任何時候管理者都無法再掩飾或拖延任何管理上的問題與挑戰，管理的彈性空間大為緊縮。資訊化使得內部的交流趨向於更高科技化與更低接觸度，這要求組織面對資訊化的衝擊反而要更刻意保留或強調人性化的溝通。換言之，組織對管理的精確性、及時性和人性化提出了更高的要求。

由此可見，資訊化的推進使得組織機構日趨扁平化，組織變革的設計使得人力資源部門備感壓力。由於資訊化可以發現和處理細微而精緻的差異，人力資源管理也必須比以往更允許個別差異（彈性）的存在和發展。

資訊化給人力資源管理帶來了重重挑戰，而換一種角度來看，挑戰也意味著變革機會的到來。隨著資訊化技術的廣泛應用，在「電子商務」時代背景下競爭與發展，管理再造和流程重組成為了打破傳統規則、獲取新競爭能力的重要手段。工業經濟時代的商業規則和「科層制」管理模式已不適應 e 時代組織的成長與發展，甚至成為組織生存與發展的嚴重桎梏。同樣，人力資源部門不再是技術的門外漢或奴僕，資訊技術更加廣泛地在人力資源工作領域中得到了應用。組織的人力資源管理體系必須充分建立在網路化的組織結構之上，並突破原有的封閉模式和局限。組織競爭環境日益加劇，使得未來人力資源管理者的角色已不再只是行政管理者或是特定功能的專家，而是組織策略的規劃者、員工的支持者及組織變革的促使者。

資訊化對組織的影響和衝擊，給人力資源管理和創新帶來前所未有的機遇與挑戰。其中最重要的一點就是——資訊化使得人力資源部門有可能擺脫傳統人事管理只是選、用、育、留的例行性行政作業，轉而謀求從事在組織整體策略下與組織策略的整合，注重競爭策略的計畫性作業的人力資源管理。傳統人事管理著重事務及行政管理工作（薪資發放、差勤管理、人事考核、基本人事資料管理等），而策略性人力資源管理則強調結合組織營運策略協助組織變革、建立組織文化進而創造競爭優勢。

人力資源部門實現理想的轉變卻存在著諸多的問題：人力資源部門努力實現策略性人力資源管理境界，但實際上所遇到的困難和需要排解的問題遠比瞭解理論更難；人力資源部門希望提升人力資源在組織變革方面的定位，但例行性行政事務必須處理，有心卻無力做其他具有更高價值的業務；因為日常行政工作繁雜，人力資源部門所提供服務的效率似乎永遠趕不上員工需求的速度，往往只有添加人力才能解決這惡性循環。在當今的人力資源管理實踐中，工具的

不足造成人力資源部門人員的時間 80%耗費在行政瑣事上，而真正重要的策略規劃、人力發展、創新變革、知識管理、績效發展等重要人力資源管理任務，卻僅分配到不足 20%的時間！要面對資訊化的挑戰，並且有效地解決以上種種的問題和困難，人力資源管理必須借助資訊化技術，打造新的管理模式，進而直接改善組織的生態環境，推動人力資源管理的發展。所謂人事管理電子化，即電子人力資源管理，是基於先進的軟體和高速、大容量的硬體基礎上的新的人力資源管理模式，透過集中式的資訊庫、自動處理資訊、員工自助服務、委外協助以及服務共用，達到降低成本、提高效率、改進員工服務模式的目的。它透過組織現有的網路技術相聯繫，保證人力資源與日新月異的技術環境同步發展。

人事管理電子化的引入可減少組織人力資源行政的負荷，讓行政事務處理的比重降低，增加人力資源部門策略管理角色的份量。再者，e-HR 可以滿足員工關係的管理與人力資源管理策略的執行過程中決策判斷所需的足夠的資訊。因而，透過 e-HR 可以使人力資源管理模式發生策略上的轉變。透過以上的轉化模式，人事管理電子化能夠為人事管理部門贏得時間，讓人力資源管理工作更準確和及時，使人力資源部門轉向更為寬廣的視野。從而，真正為組織提供人力資源電子化的全方位的解決方案，提升人力資源管理流程，提高工作效率，改善人力資源管理部門的服務質量，提供決策支援，幫助組織實現策略性人力資源管理的轉變。

與傳統人力資源管理系統不同，人事管理電子化是從全面人力資源管理的角度出發，利用資訊化技術為人事管理建構一個標準化、規範化、網路化的工作平台，在滿足人事管理部門業務管理需求的基礎上，還能將人事管理管理生態鏈上不同的角色聯繫起來，組織各級管理者及普通員工都參與到人力資源的管理活動中來，使得人事管理電子化成為組織實行全面人力資源管理的紐帶。

陸、結語

數年前，正當前電子商務開始萌芽時，透過網路平台進行採購作業以節省金錢及時間的新科技也吸引了許多大學的興趣。像賓州大學等高等學府，證明了電子商務的確為大學開拓了一個新的採購途逕，甚至有些大學高層還認為，電子商務可以為大學減少可觀的作業開支，大學將可以減少學雜費的調漲幅度。

賓州大學 1996 年開始發展電子商務系統，並將之命名為「賓大市場（Penn Marketplace）」，該系統以網路為平台，並統合該校的採購、付款及作帳系統。供應商只要支付每項產品六十分錢的費用，便可以將他們的目錄放上該系統網站。到目前為止，該網站已包含大約有二萬五千家公司的五十萬項產品及服務，其中有二十六家是所謂的最佳供應商，包辦了該校大概 48%的採購案，因而強化了他們的採購能力，該校並打算在未來透過與供應商簽訂合同的方式，把向最佳供應商採購的比例提高到 75%，進一步減低成本。該校已有一千六百名人員定期使用此系統進行作業，每月並以四十到五十名人員的速度增加中。該校高層宣稱，電子商務已為該校直

接省下一年三百八十萬元，而六年來，已間接地節省六千三百六十萬元，其中包括許多作業成本的減少，例如處理發票的成本從一張一塊兩毛五美金，降低到兩分錢，另外採購人員也從 96 年的二十三名，減少到現今只需十一名的人力等。

　　根據統計，美國高等學府大約每年總共花費三百至五百億在物品及服務的採購上，可是有許許多多的採購，在專責採購管理人員眼中都缺乏統一、有效的管理。艾默利大學採購主任 Rex Hardaway 也肯定電子商務確實可以幫助學校減輕採購成本，並提供更好的服務。而根據全國教育採購人協會去年所作的統計顯示，該會六十六個會員中，有五十六個計畫開始使用電子採購，而其餘十名中還有數名是尚未決定的，只有極少數表示不考慮，美國學府使用電子商務節省成本開銷的作法，值得我們關注。之外，也同時對於人事作業電子化提供足以借鑑的參考。

第七章
教育人員專業倫理

壹、前言

「大學是世上最美的一種機體。在今日知識經濟時代，大學做為發展知識的主要場所，已成為社會最重要的機體。」（金耀基，2000）爰此，大學運作引領社會，亦成為社會價值的核心處所。因而教育人員的專業倫理不僅作為自我制約的規範，也是影響社會的主要機制。隨著職業趨於專業化，能成為社會肯定的專業人員，不但需要接受專業教育的訓練，同時必須通過特定的認可，獲得專業認證，方可正式執業。專業人員服務的素質及品質，乃依靠專業人員的專業維持。然而隨著社會競爭日益激烈與公私利益衝突越趨複雜下，專業人員捨棄專業服務信念，違反社會信託原則，時有所聞。因此促使社會大眾警覺到專業道德的重要性，並且日益重視專業倫理的問題，以期建立符合社會期待的職業形象。究此，著名的社會學家韋伯（M. Weber）強調：「以學術做為一種志業。」

貳、專門職業的發展歷程

專門職業（Professions）與工業社會的發展有著密不可分的關係。西方中古世紀，約有三種行業初具今日專業的雛形，即醫師、律師與神職人員（包括大學教師）。由於中古世紀大學的產生，此三種職業人士所受的教育訓練日漸延長且更趨於完備。因職業的關係互相結集，而形成社會知識份子之特殊團體。到了十八世紀，這些專業已完全獲得獨立自主的社會地位。十九世紀，新興出許多中產階級的新行業，如建築師、牙醫師及工程師等。這些新興行業也期望躋入上流社會，在仿效醫師或律師團體方式下，逐漸也組織專業的團體。西方自從工業革命以後，科技大幅進步，勞動階級急速產生，知識大量的增加。職業互相競爭越加激烈，各行業為保障其職業的獨占性、改善職業的社會地位與獲取較高的經濟收入，而逐步走向壟斷性的專業制度。

依據威廉斯基（H. Wilensky）的看法，職業的專業化發展有五個發展階段。

第一階段專業工作的形成：某一工作的人們，對其工作內容享有自主的管轄權力。

第二階段專業教育的設置：從事該行業的人士，設立學校與訓練課程。

第三階段專業學會的成立：以學會力量共同確立職業服務的目標與職業技能的認定。

第四階段尋求社會的保障：要求立法保障其職業的專屬性，並以獲取學會證照保障就業市場的獨占性。

第五階段發展專業的倫理：建立專業倫理規範，藉此剔除不合格的從業人員，實現專業的理想。

今日社會大眾所認定的專業人士，除了享有較高的社會地位與職業聲譽外，其收入亦較一般職業為高。今日專業人士（Professional）除接受特定時間的教育與訓練外，所提供的服務內容都是與民眾切身相關的主題。例如：教育啟蒙、知識灌輸、人際陶養、專業研究等。這些專業服務項目都非一般民眾依靠自己本身的知識或能力，可單獨解決。

參、專業倫理構成的要素

我國對專業人員的定義是「凡從事科學理論研究，應用科學知識以解決經濟、社會、工業、農業、環境等方面問題，及從事物理科學、環境科學、工程、法律、醫學、宗教、商業、新聞、文學、教學、社會服務及藝術表演等專業活動之人員均屬之。本類人員對所從事之業務均須具有專門之知識，通常須受高等教育或專業訓練，或經專業考試及格者。」此定義大致符合一般專業的內涵。

專業倫理的內涵是一套系統性的行為規範，其所規範的行為與專業服務密切有關。廣義而言，專業倫理（Professional Ethics）是探討專業環境下，專業的倫理價值、行為規範、專業服務的目的、專業人員與服務成員間的關係、專業服務對社會大眾造成的影響。佛依林屈（T. J. Froehlich）針對專業倫理提出三角模式，代表大多數倫理問題約三種面向。此三角的頂角分別是自我（Self）、組織（Organization）及環境（Environment）。三者之間彼此有互動關係。

「自我」在倫理題中，必須要對道德難題作出抉擇與行動。在專業環境下，專業人員所要面對的專業倫理來自兩方面。一方面是與僱用機構的關係，包括與雇主的關係及對機構政策服從的程度（自我與機構的關係）。另方面則為社會環境下，專業人員與服務成員的關係（自我與環境關係）。前者最大問題在於專業人員與機構利益產生衝突時，涉及公私的專業倫理問題。後者則為如何維持彼此間的信託關係及對服務成員應盡的義務等。

「組織」是透過人的運作，在追求組織生存與社會公益兩大目標之下，維繫機構的營運、產品製造或服務社群。組織的自主性是透過行政運作，產生機構的政策或營運的目標而顯現出來。組織的自主性一旦產生，將與員工個人的自主性產生不同程度的緊張度。此緊張度完全視員工對組織批判的程度來決定。員工對於組織的批評若是有助於組織的生存與發展，則此張力是正面的；反之嚴苛、非理性、且不正確的指責，將削弱組織的生存，此張力是負面的效果。

「環境」是指相關的道德規範，包括普遍性的道德標準，與角色相關的倫理規範。普遍性道德規範存在文化之中，深深影響到人類日常思想與行為。這些思想內容包括人與大自然的關係、社會倫理道德、及社會責任等。由於專業人員是社會一份子，因此應該遵守社會大眾共同遵循的普遍性道德規範；同時此外因從事某行業，所以也該遵守該行業特有的專業倫理。惟在社會大環境下，大眾遵循的普遍性道德規範，也會與專業人員的專業道德規範產生衝突。例如，

醫生有時為了使病人願意接受醫療照顧，有時會善意的隱瞞病情。類似用欺騙手段，達到專業服務的宗旨，乃合乎專業倫理的行為，但卻違反一般社會倫理中誠信的原則。

　　個人身處不同環境，扮演著不同的社會角色，而面對倫理問題時，除了需面對自己倫理價值觀的分辨外，也要考慮來自組織倫理與大環境社會倫理規範的要求。若將上述三角模式更具體化，則今日專業倫理所要研究的主題大致可以區分成四個領域。第一、探討專業服務的目的（組織與環境）；第二、專業人員與服務成員間的關係（自我與環境）；第三、提供客戶專業服務，對社會大眾造成的影響（自我與環境）；第四、專業人員在組織的地位與角色問題（自我與組織）。

肆、專業倫理行為決策因素

　　辛普森（E. Simpson）進一步認為人類道德行為階段性的發展與人類需求（Need）有密切的關聯。顯示出人類的需求（求取生存的需要）是造成人類行為是否應道德的主要動力。此或許可以解釋為何戰亂時代，當人的需要已降到最低階段時（求取生理溫飽的需求），對應的道德行為也是最低層次。因而強調亂世用重典，法律即成為維持社會秩序最佳的法寶。布門（M. Bommer）等針對人類道德行為決策，提出六個重要主要因素：

1. 社會環境（Social Environment）：社會環境因素特指一套大家共享的人文、信仰、文化與社會價值觀所建構的大環境，這些價值觀是大家所熟知並且有濃厚的利他性質。
2. 法律環境（Legal Environment）：由於法律條文具有高度的強制性，因此其所構成的價值觀可以很直接而快速的影響人民的思維與行為。特別是當法律配合政府行政權徹底執行時，對於個體的決策產生特定的影響力。由於法律是一種對個體外加的約束行為，因此需要執法人員的監督執行。執法人員一旦不存在，法律對於個體的約束力也將隨之減弱。由於法律的目的是消極的防堵犯罪，因此法律在倫理決策的積極面上並無明顯的效力。
3. 專業環境（Professional Environment）：專業常是透過專門學會與證照制度的實施，以維護該行業特有的權利，專業學會或證照制度在監督與確保專業品質，具有相當的貢獻。
4. 工作環境（Work Environment）：工作環境中包括組織目標、政策與組織文化等因素。三者在職場中，也常發生彼此互相影響的情況。組織文化常是反映在職場文化中的管理態度、價值、管理型態與解決問題的方式。
5. 個人環境（Personal Environment）：個人環境方面包括家庭與同事兩個因素。家庭與同儕壓力對於個體的倫理決策也具有相當的影響因素。例如教師收受不當財貨的現象，除了個人立場問題外，也包括同儕壓力。
6. 個人品性（Individual Attribute）：其中包括個人的道德層次、個人的目標、動機、社經地位、自我概念（Self Concept）、生活期望、個性與人口變數等。以上這些因素深深影響到，個人倫理與非倫理事務的判斷。個人的道德品性愈高，其行為的決策相對也較重視倫理。

以上六項決策要素中，第一項社會環境與第二項法律環境是屬於社會大環境的變因；第三項專業環境與第四項工作環境是組織的變因；第五項個人環境與第六項個人品性則是個人的變因。在決策過程中，各個變因具有不同的影響力。個體在經過資訊搜集、處理、認知與價值評估之後，考量可能產生的結果，最後才決定是否採取道德的行為。因此，若從個人行為的結果，推論事件的決策過程時，將發現其背後的倫理因素相當複雜。

伍、專業倫理的行為守則

倫理守則是由專業團體，依據專業精神與專業道德所訂立的書面文件。倫理守則的內容，都是一些原則性的專業規範，文字清晰簡短具鼓勵性。法蘭克（M. Frankel）認為倫理守則可以分成三種形式：第一種是屬於鼓勵性（Aspirational）的倫理守則，揭示一種崇高的道德理想，鼓勵大家去努力遵循。第二種是教育性（Educational）的倫理守則，對道德的標準是採最基本的方式，作解釋性的敘述。第三種是取締性（Regulatory）的倫理守則，對應遵守的規範有詳細的敘述，並對違反者有一定的裁決。專業倫理守則，基本上是有以下幾項功能：

第一、鼓勵目的：鼓勵專業人員的服務行為能符合專業道德規範；

第二、提醒目的：提醒專業人員能意識到工作中倫理的問題；

第三、規範目的：提供機構制定機構倫理政策或行為操守的參考；

第四、建議目的：提供專業人員對複雜的專業倫理問題決策時，建議性的參考；

第五、告知功能：隨時提醒客戶與專業人員，專業服務中該為與不該為的基本原則。

第六、指引功能：專業人員從事專業服務時，若面臨到服務的道德難題（特別是關於利益衝突的道德問題），專業倫理守則可以提供參考與指引；

第七、宣示功能：學會將專業倫理守則向公眾宣示，使大眾明瞭專業服務的宗旨與精神；

第八、象徵功能：專業倫理守則顯示專業對社會的責任，有助於專業化形象的提升及會員對於自身角色的認同；

第九、契約功能：專業倫理守則等於是專業向社會大眾簽署的一份服務契約書，保證專業服務的品質與責任。因此，專業倫理守則有助於專業信譽提升及贏取公眾的信賴；

第十、形象功能：專業倫理守則有助於專業免受大眾對專業的偏見與誤解；

第十一、預防功能：專業倫理守則是所有專業人員應共同遵守的道德規範。因此，藉由引發個人道德良心與同儕的道德譴責力量，有助於預防專業人員不道德行為的產生；

第十二、保護功能：專業倫理守則方可作為拒絕客戶不合理服務要求的擋箭牌；

第十三、裁決功能：專業倫理守則可用於解決專業人員間，或專業人員與客戶間爭端裁判的依據。換言之，當爭端發生時，專業倫理守則可提供一個較客觀而原則性的處理基礎。

專業倫理守則產生的方式，約有三種不同的途徑。第一種是根據傳統重要的歷史文件整理而成；第二種是根據某一權威人士的規定；第三種是由學會的委員會共同制定完成公布。美國

科學促進學會（American Association for the Advancement of Scienc，簡稱 AAAS）曾提出十五項發展與制定專業倫理守則的建議。這十五項建議分別是：

第一、應該有計畫且積極推廣專業倫理的活動，使會員成為有道德感的專業人員，並協助解決專業的衝突，以使會員在專業領域上能扮演成功的專業角色；

第二、應該找出專業的倫理基本規範與共享的倫理價值，並將專業倫理規範與價值中，具備「善」的本質顯示出來。學會除應闡明倫理價值的「善」，對於專業工作的重要性外，也應藉由會議及專著不斷闡釋其意義，並鼓勵會員討論與宣揚；

第三、應該區分倫理原則（Principles）與規則（Rules）的差別。當專業人員執行專業服務中，若在應用專業倫理的原則上產生衝突時，學會可採取訂定規則方式（亦即倫理守則），解決紛爭。行為規則除了作為專業人員行為抉擇的參考外，另方面方可作為會員行為的共同標準，以防堵濫用倫理原則當作失職行為的藉口；

第四、應該制定專業行為的規則（即倫理守則）。此規則應易於為會員及客戶所理解，同時會員應該有機會認識且熟知學會的行為規則，並向社會大眾宣傳專業行為規則的內涵。萬一產生服務衝突時，行為規則方可作為雙方面溝通的基礎；

第五、除應制定專業倫理守則外，還應設立申訴處理管道。在必要時應該對非專業行為提出道德譴責或行動，以向社會大眾展現學會對道德的重視；

第六、當專業服務在保障社會大眾健康或安全議題上，與任職機關政策產生衝突時，應該對此提出處理的規則或方式，提供必要的諮詢與指引，甚至必要的法律或財務的協助；

第七、應該公正客觀地正視專業內外部，由個人或群體所引發非專業行為的嚴重主張。同時應制定政策，以對類似事件採取必要的搜證工作，作為未來裁決事件或強制性行動的依據；

第八、應該定期審視會員服務工作中，重要的道德價值觀。由於價值常隨社會變化，而迅速改變。應定期注意社會改變，確認出新發展趨勢與潛在的衝突。學會專業期刊或會訊，應鼓勵會員隨時注意倫理相關的議題，或個人實際發生的個案；

第九、應針對學會專業倫理的現況，定期出版調查報告。報告內容應該包括學會倫理活動的資訊、從事活動的會員動態、申訴案件的處理、或倫理難題解答等；

第十、應舉辦專業倫理活動，以提醒會員注意道德與紀律的底線。為促進倫理活動進行，應在各委員會設置一位負責人，負責宣導專業倫理；

第十一、應該讓公私單位的客戶代表，有機會表達他們對會員的關心。學會應為此建立具體可行的意見交換管道，例如年會會議中設一公開討論的園地。而採用證照制度的學會，可邀請社會大眾代表，協助審核證照委員會成員的資格；

第十二、面對多重組織價值觀的差異，常造成倫理選擇的難題，應隨時代進步，持續關注會員工作環境中，矛盾衝突的倫理難題；

第十三、對於僱用專業會員從事專業服務的機構，有責任催促機構主管提供正式溝通管道，解決因專業人員與管理人員道德價值不同，所衍生的意見或觀點的衝突；

第十四、推動的事務常受內外在環境力量，與當代潮流、歷史潮流的影響。針對不同學會的研究比較，將有助於瞭解社會變動與外在環境活動的改變；

第十五、針對專業倫理研究上，應該提出評估與測量的方式。如此不但可以增進對專業倫理理論與實務的研究，且可產生改善專業績效的新方式。

陸、校園倫理的實踐

身處巨變時代的變革，如何使教育人員專業倫理能契合社會的期待。居於使命責任與承諾，在校園中教職員工生能融成共同體。在這個架構上的六個「點」分別是：團隊（teaming）、能力（competences）、法制（legislation）、參與（participation）、關懷（caring）、願景（vision）；而由四角基座所延伸的實體代表「學習社群」（learning community）（溫明麗，2004；劉兆玄，2004），茲分述如下：

一、團隊：團隊是一群具有「團隊情感」（team - feeling）、且願意為組織目標而努力的群體。在團隊中情感互通、能力互補、成就分享，是最具生產力（productivity）的組織形式。

二、願景：願景是個人或組織未來的成就圖像，也是致力追求的目標，故具有激勵士氣、引領組織發展的效用。願景必須顯示組織目標的宏觀使命，但也必須兼顧促進成員的自我實現。

三、能力：能力是個人將事情「做對」而且「做好」的憑藉；組織成員不但要具備教育專業的能力（professional competences），也要具備現代思維與行動的基本能力（basic competences）。

四、法制：法制是指組織中明文訂定的正式規範，不僅是組織成員的行為準則，也是必要的組織文化。組織若能落實法制，行政運作即能依法「做對」而且追求「做好」，故法制的建立與施行亦具有倫理規範的功能。

五、參與：參與不僅是一種機會的取得，也是一種能力的表現與貢獻，既能彰顯程序的民主與正義，亦能實質提升決策品質與執行成效。再者，惟藉組織成員積極參與工作計畫的研擬與行政的革新，才能消除立場差異與價值隔閡，有助於團隊的建立及共識的形成。

六、關懷：關懷是一種人性的尊重及需求的滿足，在作為中表達充分且適切的關懷，不僅可以激勵士氣，亦可培養「團隊情感」，故有助於效能之增進。

七、學習社群：學習社群是一個在行政上能批判式的反省、專業式的學習、分享與成長，是組織永續發展的最佳形式。

綜上所述，校園倫理的實踐是以學習社群的營造為基礎，從團隊意識的培養出發，建立共享的組織發展願景（shared vision）；進而增進成員的發展能力、落實行政法制；並透過有效參與及充分關懷，消除成員的職分障礙，發揮群策群力的組織效能。

綜合言之，全球化知識經濟時代的學校成員，必須以尊重的心尊重他人，激發組織成員的潛能，有效達成機構組織的目標；激勵擁有不同潛能與責任之成員，共同為促進組織目標而努力；利用踏實的試驗，為學生及群體創造價值，描繪具體的遠景，並履行溝通之承諾；以謙卑

為懷的態度，引領成員；善於運用經營策略，確保專業倫理揭示目標並有效將組織資源增進給社會所發展。

柒、結語

　　由於倫理守則內容的敘述過於簡要而籠統，當應用於解決實際的專業倫理問題時，常面臨應用上的困難。專業倫理守則有其先天上的缺失，但我們仍不應該忽略其積極性的意義。例如專業倫理守則的教育性意義。對剛進此專業的新鮮人，專業倫理守則可明示專業應該要注意或遵守的倫理規範；同時也可被用於專業教育過程，作為專業人員養成教育的專業倫理教材。有助於增進未來就業上工作倫理的養成。因此，倫理守則是一份極佳的教育材料。此外，專業倫理守則也有助於解決利益衝突的問題。因專業倫理守則提示專業人員在決策時，不應忘記專業的服務價值、扮演的角色，及對社會大眾的責任等。因而從事專業工作時，即使個體的價值觀並不認同某些觀點，但基於專業的要求，他應該作出對專業最有利的決定。尤其在今日專業服務日趨複雜化之下，專業如何建立其專業形象與向大眾溝通專業的內涵，已是今日專業努力推廣的議題。因而使社會大眾瞭解專業的服務精神是絕對必要的。倫理守則不但標榜專業的精神，亦加強社會大眾對專業的信任，這在一個百業勃興的知識社群裏，尤顯得重要。

附錄：
世新大學教師專業倫理委員會設置辦法

86 年 6 月 12 日校務會議通過

第　一　條　為規範教師之專業倫理，以落實學術自由之精神，設置「教師專業倫理委員會」（以下簡稱本會）。

第　二　條　本辦法所稱之專業倫理，係指教師應達到下列各點：
一、教學研究方面：致力成為適任的教師及學術工作者，並以誠信之態度參與學術之過程。
二、與學生互動方面：樹立傑出的學術與優良的道德標準，並應信守知識與道德上指導的角色。
三、與同事互動方面：共同培養優良的學術環境，尊重同事、維護同事的學術活動與自由研究。
四、履行對本校的義務方面：致力校譽的提升與學校權益的維護，並全力配合學校整體發展之需求與學校政策的推行。
五、參與校外活動：參與校外活動應不妨礙校內工作，並注意應符合教師身分。

第　三　條　　本會置委員七人，由專任講師以上教師選舉專任教授擔任之。委員任期二年，並得連任。

第　四　條　　本會置主席一人，由委員互選產生。開會時必須全體委員出席，超過三分之二委員同意方能決議。開會時得邀請有關人員列席。

第　五　條　　本會置執行秘書一人，由委員會遴派，承本會主席指示辦理有關業務。

第　六　條　　本會委員及執行秘書均為無給職。

第　七　條　　本會所需經費由人事室編列預算支應之。

第　八　條　　本會於收到案件後，應於六十天內完成決議，除應以書面報請校長外，並應通知與案件有關單位。如涉及停聘、解聘、不續聘，則由本會於決議後送交教評會處理。

第　九　條　　本辦法經校務會議通過，陳請校長核定後施行，修正時亦同。

第八章
事業部制管理模式

壹、前言

　　根據 2004 年 1 月 11 日紐約時報報導新澤西州州長邁克格維（James E. McGreevey）在 1 月 13 日向議會發表的年度施政報告中，宣布他將仿照投資大富索羅斯（George Soros）在紐約首創的全州性課後輔導計畫。該計畫將使許多小學自下午三時開放至六時，提供社區組織如 YMCA 等所經營的課後輔導活動；目標是在 2004-05 學年度，招收二萬名幼稚園至八年級的學生，且不限於低收入家庭，也不限只在表現不佳地區的學校。他們將設立一非營利性的公司，利用州所提供的種子經費（seed money）從私人部門募集基金，分配給社區組織，由這些組織向學校個別提出申請。該計畫使新澤西州是第一個由州設立的公司來管理及資助此類課程的州。課後輔導的需求極為龐大，曾有民調顯示，民眾甚至表示他們願意為了課後輔導而加稅。在全美各地，此類課程成長快速，有些課程提供因學校預算而被刪減的藝術及體育教學，大部分課程是以課後學業輔導為主。根據課後輔導聯盟（Afterschool Alliance）統計，全美約有一千四百萬的學童參加課後輔導計畫。

　　這種和教育有關的舉措，使我們對於在高等教育中建立事業機制，以獲取相關資源充實大學辦學的經費，是在大學市場化機制中，可以考量的措施。

貳、事業部制管理的理念

　　在現行教育系統中由於辦學理念部分捐資興學的企業，在辦學體制上分別有不同學制的學校，例如：育達商業技術學院、育達商業職業學校、育達高級職業學校；長庚大學、長庚技術學院、明志科技大學；大同大學、大同高中；慈濟大學、慈濟護理技術學院、慈濟中學、慈濟小學；醒吾商業技術學院、醒吾高中；長榮大學、長榮中學。為了這些學校的經營作為的效率統整，在設置「總管理處」的理念和作為，以統合各校之間的資源整合，有其成效。尤以私立學校法業已朝向一個董事會得以同時設置多所學校，為使辦學理念和各校的人力、物力能發揮最好的支援性成效，參採企業機構的事業部制精神和作為，將是可以思考和借鑑之處。在二十世紀初，通用汽車公司購併了許多小公司，企業規模急劇擴大，產品種類和經營專案增多，而內部管理卻很難理順。為此，通用汽車公司參考杜邦化學公司的經驗，於 1924 年完成了對原有組織的事業部制改造，使通用汽車公司的整頓和發展獲得了很大的成功，從而奠定了事業部制管理的基礎。但是，在大多數的企業中，多數事業部是靠公司母體「孕育」出來的新業務形成

的，這就需要企業花相當長的時間培育新業務，使之逐漸成熟以準備將來能「獨立運作」。很多企業在新業務尚不成熟的條件下，就將新業務組建成不同的「事業部」，實際上，事業部仍然由總管理處實施集權式管理。但是隨著事業部的不斷成長，總管理處卻苦惱該不該分權管理。這樣的矛盾成為事業部管理過程中普遍遇到的問題。

我們認為造成這類管理問題的原因有兩點：首先，對事業部制管理的認識上存在著偏差；其次，企業對於構建事業部制管理體制缺乏系統性設計。事業部管理是否合理？首先取決於事業部的組織結構是否正確。那麼事業部的組織結構應該是什麼特點？由於組織結構實際上是責權分配的組織，那麼在事業部組織結構中，一方面，事業部應該擁有完全的經營自主權，能獨立進行經營活動，是「獨立的職能集合體（設計、生產、銷售）」，因此事業部是作為利潤中心來體現自身在整個組織中的價值。而事業部又非絕對完全獨立的單位，事業部的經營活動是需要在總管理處控制、監督下進行。另一方面，總管理處的定位是監督、協調與服務的主體。

參採在通用汽車公司改革事業部制管理有兩條原則：第一、作業單位分權化：每一作業單位的主要經理人員的職責應該不受限制。第二、幕僚部門集中化：某些中央組織職能對組織活動的合理發展進行恰當協調。因此，「集中決策，分散經營」為事業部制管理的最核心原則。

為了保證「協調控制下的分權營運模式」的實現，首先明確總管理處必須擁有哪些基本權力。為了保證總管理處在管理模式中對各個事業部有效控制，我們認為，總管理處基本權力應包括：重大決策權、合理監督權、高層人事權。

1. 重大決策權：即總管理處對各個事業部在策略方向、重大策略性專案等重大經營管理問題上的決策權力。
2. 合理監督權：即對各個事業部合理的監督權，主要體現在財務監督與業務監督（業務監督權，指對業務經營狀況的知情權、整體經營業績的考核權等）。
3. 高層人事權：即對各個事業部高層管理人員（包括事業部的財務人員）的任免權、獎懲激勵權等。

該三種權力不僅是總管理處所擁有的核心權力，而且是總管理處所擁有的最底線的權力。在這樣的前提條件下，總管理處對事業部的管理就不會出現失控的問題。

參、事業部制管理的建構

在設計事業部制管理模式需要建立三個核心內容——組織結構、許可權劃分以及控制體系。其主要的功能分別是：所謂組織結構（設計），即設計總管理處、事業部組織結構，包括部門構成、確定部門職責以及相關職位設計。所謂許可權劃分，即具體集權和分權的內容，是指對具體的管理內容，總管理處與事業部各自行使的權力。所謂控制體系，是指總管理處對各事業部管理進行有效計畫、監督、控制與激勵的管理體系。

　　組織結構是設計管理模式的基礎工作，它不僅是許可權實現的載體，而且是控制體系得以順暢執行的平台；管理模式本質上界定清楚總管理處與事業部之間的許可權劃分，因此許可權劃分是整個管理模式得以成功的保障；控制體系則是管理模式內容的核心。為了達成管理模式的建構，應朝向：

表 1：事業部制管理模式

區分	權限	管理內容	功能定位
總管理處	重大事項的控制與監控權	策略發展方向、人事決策、財務決策	監控、協調與服務
各事業部	經總管理處授權的經營權	生產經營活動（設計、生產、銷售等）	各事業事項執行

一、組織結構設計

　　首先，明確總管理處和事業部各自的定位。事業部制管理模式對總管理處和事業部各自的定位體現出「集中決策、分散經營」的原則。需要說明的是，策略研發中心、財務控制中心和人力資源管理中心分別是總管理處「三大權力」的具體體現。經營協調中心是總管理處在各個事業部之間充當協調人和督參服務者的角色，這樣降低了事業部之間協調成本，實現整體組織資源的充分利用。

表 2：事業部制管理模式下的總管理處與事業部定位

區分	體現原則	組織	說明
總管理處	集中決策	策略管理中心	制定整體策略規劃，以及對事業部進行政策指引，並監督事業部的執行情況。
		財務控制中心	進行財務預算以及資金管理，完成對各個事業部的財務分析以及監控，並進行組織的投資、融資活動。
		人力資源中心	制定整體的人力資源規劃以及基本政策制度，進行各個事業部高層人事選聘、考核以及獎懲。
		經營協調中心	進行跨事業部項目或是指業務往來的整體協調。
事業部	分散經營	經營運作中心	執行本事業部的策略計畫，並負責本事業部的市場開拓、生產製造、銷售、財務管理、人員管理的全面工作。
		生產管理中心	
		業務服務中心	

其次，根據定位設計相應的部門：在明確總管理處與事業部的定位後，需要設計有關的部門實現職責定位，設計相關的部門。

第三，明確各個部門的工作職責。即編寫各個部門詳細的《部門職責說明書》，以明確各個部門具體的工作內容。

第四，設計實現部門職責的職位。透過職位設計完成部門的工作職責。

二、許可權劃分設計

設計總管理處與事業部之間許可權劃分基本上可以分為三個步驟：第一步，確定核心管理內容，即總管理處有權參與進行管理的內容；第二步，確定主要集權與分權的權力形式；第三步，進行管理內容與許可權的匹配，制定權力分配機制。根據事業部制管理模式，總管理處於核心的管理內容應從策略規劃、財務管理、人事管理以及經營協調四大方面進行細化。其內容：主要集權和分權的形式、具體職權以及解釋如下表：

表 3：總管理處主要的職權

權　限	主要內容
審議權	批准管理方案（制度）付之實施的權力
監控權	對管理方案（制度）執行過程進行監督、審計和調控的權力
獎懲權	對考核或審計結果按照相關規定對相關責任者進行獎懲的權力
提案權	提出或編制管理方案（制度）的權力
執行權	組織執行管理方案（制度）的權力

其中，審批權、監督權和獎懲權屬於總管理處集權的體現，而提案權、執行權則體現事業部所擁有的許可權內容。對於所列出的核心管理內容，需要由總管理處進行集權管理。而對於一般的管理內容，比如產品管理、定價、人力資源管理、行政事務等等則在分權的範圍之內是屬於各事業單位的工作權責。

三、控制體系設計

管理控制體系本質上是執行包括了從計畫、執行、監督、完善的過程。我們可以從四個方面構建出管理控制的模型。該模型涉及四大方面：策略決策方面、業務管理方面、財務控制方面以及輔助支持。並從三個層面理解其中的管理作為：第一層面，即指策略決策方面，是從決策層面決定事業部「做什麼」的問題。第二層面，即包括業務管理方面和財務監督方面的內容，主要是從執行層面解決事業部「怎麼做」的問題。第三層面，即包括總管理處對事業部經營狀況的業績評量以及主管人員的激勵內容，主要是從支援層面進行事業部「改進和提升」的問題。

肆、事業部制模式的運作

　　首先，決策管理的主要目的在於保證組織以及各個事業部制定可行的策略目標。在確定組織總體策略規劃和總體投資規劃之後，從而形成事業部的發展策略以及各項計畫。最後由總管理處進行審核，保證事業部策略方向與總管理處保持一致。其次，對於業務管理和財務監督方面的管理的內容，包含了事前計畫、期中監督指導，以及事後分析總結的整個過程。其中，財務管理是管理控制環節中最關鍵的一環，因此需要透過設計財務管理系統來細化其中的內容。簡單來講，財務管理主要包括以下幾個內容：財務預算、資金管理、審計、以及財務分析。第三，有效的考核和激勵設計是管理體系良性運轉的動力。輔助支持層面主要從考核與激勵兩個角度進行。其一，考核部分包括總管理處對事業部的業績考核，以及對事業部高層的考核。也有些將事業部總經理的考核成績等於事業部的業績結果。對於事業部業績評量是考核計畫指標的完成情況，再乘以各個指標的權重計算而來。其二，關於事業部高層的激勵體系設計。基於事業部業績評估為基礎的激勵機制是組織發展的重點。因此，各個可以根據自身的特點在各種激勵方法中進行組合使用。

伍、事業部制運作的挑戰

　　當前組織機構設置上常常有以下一些問題，予以列出，以便改進：

一、組織機構的設置與組織目標不一致，比如一家以銷售為主業的公司，總共設置了十幾個平行的部門，但以銷售為主業的只有兩個部門，但卻有近十個非主營業務的管理部門，非主營業務部門所占管理人數近 80%，勢將造成無效率情事。

二、組織機構設置時未考慮是否真正地需要，例如，看見同類組織有什麼部門也全盤照舊，縱然事業機構只有十幾個人也設立一個人力資源部，事業機構只有兩三個業務員，上面也放一個銷售總監，造成員工充斥，呈現著「帕金森定律」——冗員充斥，成效不彰的積弊。

三、部門設置時未充分考慮到所應承擔的職能，比如以服務為品牌的公司，在業務主導部門中卻看不到一個關於服務方面的職位，則其功能顯然不具說服力。

四、各級組織層次定位不明確，沒有規劃出不同管理層次不同的管理使命。

五、組織結構設計時過分注重專業化的設置，沒有考慮到橫向溝通的困難。

　　針對事業部制的運作則必要注意以下幾點：

1. 充分運用組織的權力分配模型，組織的權利分配模型由組織的決策層、管理層、執行層構成。在組織設計中，根據人員情況，對每一階層的權利進行有效的分配，有利於提升組織的管理能力和執行能力。

2. 賦予主管在業務的參與職能。

3. 設計有效簡潔的組織結構以符合事業部制運作的需求。

4. 重視組織的規範化、專業化程度，要有明確的管理文件，清晰的責權分配。在組織建設過程中，關注組織的規範化運作是提升組織的管理能力的重要途徑。

5. 組織領導人應從日常瑣事中解脫出來，能夠將更多的精力放在發展策略以及具有策略意義的項目開發上。

6. 總管理處經過人員調整，提拔、聘用了一批管理人員，並組成了核心的管理團隊。

7. 實施的財務預算與計畫管理，確保事業部在預算範圍內能夠自由支配資金。

8. 維護各事業部獲得經營自主權，以提高業務決策效率。

9. 採用事業部的業績狀況與事業部負責人、事業部員工的個人收入連結，以激發了員工工作積極性，鼓舞了員工的士氣。

陸、結語

根據 2004 年 1 月 20 日世界日報的報導，布希總統發表 2004 年國情咨文時，宣布為社區學院提供新的工作訓練贈款，以協助加強美國人因應當前經濟環境的能力。布希宣布撥出至少 1 億 2 千萬元贈款，由勞工部主管，用以加強社區學院的工作訓練計畫。由 1800 所兩年和四年制大學校院組成的美國教育協會副會長哈特爾說：「他們不把錢交給教育部，卻交給勞工部主管，顯示政府很重視工作訓練。在美國的工作機會繼續減少，尤其是製造業工作大量流失之際，他們似乎認為訓練和再訓練至為重要。」代表 1200 所學校的美國社區學院協會會長波格斯表示，這些贈款主要將用於訓練需求較大的醫療保健等行業工作人員。他說：「當然，就全國而言，這筆贈款數額不大，可是足以協助一些學院為這些計畫發展能量，因此我們非常支持這種建議。」針對上述報導的內容，即可看到高等教育在參與社區發展事務時，便可以採取事業部制的組織建構。而無論就學理和實務，事業部制管理模式是事業部組織結構下的管理方式。事業部制管理體制的基本原則是「集中決策、分散經營」。因此，事業部制管理模式首先要明確總管理處最基本的三大權力（重大決策權、合理監督權、高層人事權），然後在最大程度增加事業部經營的獨立性和自主性。總之，事業部制管理體制是需要精心設計的，否則難以成功，甚至可能成為組織成長的障礙。

附錄：

世新大學附設世新會館設置辦法

中華民國 84 年 3 月 10 日教育部台（84）高字第 11175 號函核備

第 一 條　　本校為推廣觀光餐飲旅館教育，及提供學生實習之場所，根據私立學校法第六十二條及本校組織規程第二十三條設世新會館。（以下簡稱本會館）

第　二　條　　本會館由本校設管理委員會管理之。委員會由委員九人組成，校長為主任委員，
　　　　　　　觀光學系主任為當然委員；其餘七人由校長遴選，任期一年，連選得連任。委員會
　　　　　　　置執行秘書一人，由主任委員就委員中遴聘之。

第　三　條　　管理委員會負責本校觀光餐飲旅館教育政策之研訂、業務之督導、財務之監督
　　　　　　　及成果之評估。

第　四　條　　本會館置總經理一人，秉承校長之命綜理館務；其人選由校長就本校專任教師
　　　　　　　中遴選之。

第　五　條　　本會館視業務需要，得設下列各部，各部置經理一人。
　　　　　　　一、實習研究部：辦理學生實習、建教合作與研究工作等事項。
　　　　　　　二、餐飲部：其下分設中餐及西餐組，辦理餐飲業務。
　　　　　　　三、客房部：其下分設客房及休閒設施組，辦理客房及休閒設施之管理業務。
　　　　　　　四、管理部：其下分設人事組及工程組，分別辦理會館之人事、工程事項。
　　　　　　　五、行銷企劃部：其下分設行銷組及企劃組，分別辦理會館食宿預約安排與活
　　　　　　　　　動企劃等事項。
　　　　　　　六、財務部：其下分設會計組及出納組，分別辦理會計及出納事項。各部經理
　　　　　　　　　由總經理報請管理委員會呈請校長聘任之。財務經理由校長就本校熟諳餐
　　　　　　　　　飲會計及財務管理人員中遴選擔任，由總經理指揮監督，綜理會計出納事
　　　　　　　　　務。

第　六　條　　本會館視各部門業務需要，得以約聘僱方式進用人員，均由總經理報請校長聘
　　　　　　　用之。

第　七　條　　總經理應於每年五月底前向管理委員會提出次會計年度業務計畫及預算表，每
　　　　　　　半年提出一次業務報告書，會計年度結束後兩個月內提出財務及業務報告。

第　八　條　　本會館會計作業獨立，年度結算如有盈餘，應全數撥充學校基金。

第　九　條　　本會館作業要點另訂之。

第　十　條　　本辦法經校務會議通過，董事會核准，報請教育部核定後實施，修正時亦同。

世新大學附設單位管理委員會設置辦法

90 年 5 月 23 日校務會議審議通過

第　一　條　　本校依組織規程第三十條規定為教學、研究、實習等需要附設單位；為管理附
　　　　　　　設單位之需，特設「世新大學附設單位管理委員會」（以下簡稱「本委員會」）。

第　二　條　　本委員會負責管理之附設單位如左：
　　　　　　　一、台灣立報社
　　　　　　　二、世新會館
　　　　　　　三、小世界週刊社

四、世新電台

五、出版中心

六、民意調查研究中心

七、世新攝影城

八、世新傳播製作中心

九、多媒體中心

十、觀光旅遊中心

十一、公關及廣告顧問中心

十二、其他經本校報准增設之附設單位

第　三　條　本委員會置主任委員一人，諮詢委員若干人；主任委員由校長遴聘具管理專長之人員擔任，諮詢委員由主任委員遴選後建請校長核派。

第　四　條　本委員會因管理之需設管理處，管理處得設左列各組，以管理各附設單位。

一、秘書組：辦理秘書、人事、行政管理等事項。

二、企劃組：辦理規劃、研究、建教合作等事項。

三、財務組：辦理會計、出納、稽核等事項。

四、庶務組：辦理事務、採購、文書、保管等事項。

各組置組長一人，約聘人員若干人，均由主任委員遴選後建請校長核派之。

第　五　條　本委員會所屬各附設單位之主管由主任委員遴選，呈請　校長核派之。

各附設單位所屬人員，由各附設單位主管遴選後，呈請　主任委員核派之。

第　六　條　本委員會因業務之需，得編列預算，依法定程序核定後執行之。

第　七　條　本委員會主任委員得列席校務會議、行政會議。

第　八　條　本委員會議由附設單位主管及相關單位主管組織之；會議由主任委員擔任主席，必要時得邀請相關同仁列席。

第　九　條　本委員會所屬各附設單位於每年五月卅一日前應向委員會提出一年度之工作計畫及預算，並經委員會議審議依法定程序核定後執行。

第　十　條　本辦法經校務會議審議通過，呈請校長核定後實施，修正時亦同。

第 **7** 篇

關 係

第一章
建構優質的校園勞雇關係

壹、前言

　　由於經濟快速成長，產業結構急遽改變，目前台灣的經濟型態由以農業為主走上工業化之途，並積極朝向服務業邁進，以為在國際市場上占得一席之地。近年工業生產漸漸地以機器取代了人工，勞工的工作也逐漸由刻板性的體力工作發展為技術性工作。這些改變影響了台灣社會的勞動力市場、消費型態、人際互動關係，甚至經濟結構。例如：以勞力為主的經濟活動從農業、礦業、漁業及森林業轉移到製造業、營造業等，更擴展到需要專業知識技術的服務業（如佐理、買賣、教育、金融保險等）。在轉變過程中，企業制度改變了從業人員與其工作的私人關係，這種職業角色的專業化，造成一種新層次的活動。而新職業角色導致地理與社會流動的增加，既存階層系統產生變遷使權力重新分配；大眾傳播、終身教育也逐漸變得標準化、商業化，而且成為日常生活中，不可或缺的一環。

　　隨著經濟成長，社會結構的變遷，過去單純且著重道義及情感維繫的勞資關係已不能適應今日多元化的社會。且人口往工業區集中，破除本土文化的影響，勞資之間漸漸會因利益的分配問題產生間隙及糾紛，甚至相互抗爭。此時的社會關係則有賴契約、法令等規則的制定來維持。相對於以往單純且具有共識性的勞資關係而言，今日的勞資關係愈形複雜。簡而言之，即是由情感、共識性的關係轉變為法律的規範形式，而且勞資之間逐漸走向功利的交換模式，勞資雙方互相由對方取得相當之利益。隨著社會的發展，勞資關係越來越複雜，而它的演變與整個社會背景、國家情勢、工商業的發展及人民生活的需求上有相當密切的關聯。社會背景可能使勞資關係朝向社會期望及社會規範而行動；外在環境則可能影響到勞資之間的角色扮演及其二者間相互的互動模式；而相對於工商業的發展，勞資雙方更有不同的對等地位及關注的目標以配合工商的成長及潮流；至於人民生活的需求則應驗於資方、勞方、消費者各階層。因此勞資關係表面上僅對勞方及資方產生影響，但實際上卻有其廣大的涉及範圍。

　　依據勞動基準法的規定，自88年8月1日起在該法擴大通用範圍以來，學校、技工、工友已納入勞基法的規範，使得學校於勞雇關係上產生了法制和執行的作為，同時應建立「技工工友管理規則」以建制周延的工作規範。

貳、勞雇關係的意涵

　　所謂的勞雇關係即是指「勞雇雙方之間協商、調適及合作的一連串互動過程。」它最終的目的在求獲致勞雇雙方的共同利益並共謀組織的發展。其範疇相當廣闊，所涉及的事務包括勞動條件、安全衛生、勞工組織、勞資爭議、勞工參與、勞工福利和就業安全等等。勞資爭議可以說是勞資關係的一種抗爭型式，它往往是在於勞資雙方不對等的前提下發生。因此，只要對勞動條件、勞工安全衛生、勞工組織、勞工福利、就業安全等建立公平而完整的法令並確實實施，那麼，爭議自然會減少。所以在探討勞資爭議型態的改變之前，勞雇關係的改變是必須通盤加以考量的。

　　勞雇關係可說源於西方工業革命。工業革命的發生，機器逐漸代替人力和簡單的手用工具，這時資本家擁有了機器，工人無法與大規模機械化的擁有者——資本家相競爭，此種結果摧毀了手工業和家庭工業，使無數的獨立勞動者，淪為新式工廠中的生產者，勞工一無所有，只能靠出賣勞力以維持個人和家屬的生活。在此過程中，工人喪失了資本，成為支領薪水者，資本家在握有生產工具的優勢之下為獲取更多的利潤，即以最低之工資、最長之工時壓榨勞力，勞工生活愈形困苦，在代代循環之下，無法提升其素質。當時雇主與勞工之間的關係為資本家階級與勞工階級的關係，這中間少有協調，而只有對立關係而已。

　　針對當時情況，德國的社會經濟學家桑伯特（Werner Sonbart, 1863-1940）在其名著《社會政策理論》中便明白這樣表示過：「這二個不能並存的階級之間的鬥爭，是無法可以講和的，除了一方消滅，另一方勝利之外，別無終息之道。」馬克思（K. Marx）的階級理論中也認為：「某一特定階層成員的潛在共同利益，係從該階層在特定之社會結構及生產關係的位置中衍生出來的。」在資本主義世界裏，資本主義體系的細胞核——「工廠」就是階級對抗——剝削者與被剝削者、勞動力的買者與賣者——的主要場所，而不是在功能上互相合作的主要場所（Corser，1986）。依馬克思之意，階層體系的基礎乃是人群與生產工具的關係，勞資利益相對立，根本不可能合作，而且政權也被資產階級所操縱，毫無勞資合作的希望，只有憑藉階級鬥爭，實行武裝暴劫、奪取政權，才能解決勞工的一切問題。

　　不過，隨著經濟制度不斷地在改變，新的勞資關係已不再是像桑伯特或馬克思所謂「勞資對立」的鬥爭主義，而是已進展到「勞資合作」的協調主義。尤其是當工業民主時代來臨之後，一般國家已經認清了勞資合作的重要性，而注重工人與雇主間相互的利益。且希望工人能以平等的地位參與組織經營並分享生產利益，以互助合作代替對立或敵視，建立和諧相處的正常關係，共謀勞資雙方利益的均衡發展。再加上現代組織為因應高度的競爭及產業結構之變化或組織規模之擴大，必須有經營之專才出現，於是組織逐漸由專門人員來管理，因此，勞工也常成為資方的管理專才或代表，他們不但參與企業的協商，甚至在許多公司有分紅入股制度的發展之後，勞工因此管道而成為公司的股東。在這種情形之下，勞資雙方之利益更趨於一致。此外，一方面由於社會功利傾向愈來愈濃厚、勞工水準愈來愈高，使得勞工參與組織經營的要求也日

漸提高，另一方面當工業化進入較高分工之後，常常發生以下數種情形：1.勞力就業化——使勞動者的地位獲得合理的調整；2.資本大眾化——股份公司成為生產組織的主要型態；3.管理專門化——企業的行政權歸諸於專門人員管理；在這三種轉變之下，已使勞資雙方的距離逐漸拉近或化除，勞資雙方發生了積極合作的事實。此種勞工參與經營管理的現象，可說是因應時勢潮流而來，而且是不可避免的。繼起的歐美各國學者更致力於研究勞資雙方關係如何調整這個主題。他們共同的結論認為勞資之間的合作關係是未來必然的趨勢，而且是調整勞資雙方關係的不二法門。在此結論之下，勞資雙方為了達成共同利益，滿足共同願望，造成一種精神與物質結合。

　　綜而言之，促進勞雇合作，不但是當前勞資關係發展的新方向，更是現代潮流的新趨勢。

參、勞雇關係的建立

　　勞資關係是人際關係的一個環節，此與人際知覺息息相關。而「人際知覺」是指：對人與人之間關係狀況的知覺。它的主要特點是有明顯的情感因素參與知覺過程。人際知覺過程中產生的情感決定於多種因素，如人們彼此間的接近程度、交往頻繁程度以及彼此相似程度等都會影響人際知覺中的情感狀態。一般地說，人們愈是彼此接近，交往愈頻繁，相似之處愈多，就愈容易產生同情、友誼和好感。根據心理學家的研究，人際知覺中常常出現下列傾向：1.由於自己所喜歡的某人，就可能認為他同樣喜歡我；2.認為自己所喜歡的某人，其他人多數也喜歡；3.人緣好的人會偏低估計自己的人緣，而人緣差的人會偏高估計自己的人緣。人際知覺的準確程度與個體所進行的人際交往有關，範圍愈廣，程度愈深，則人際知覺越準確。「人際關係」則是屬於人與人之間心理上的關係，反映著人們尋求滿足需要的心理狀態。人際關係屬於社會關係的範疇。人際關係的發展與變化，取決於交往雙方需要的滿足程度。如果雙方在交往中，其需要都得到了滿足，那麼，相互間將會發生接近、友好、信賴的心理關係。相反，如果雙方在交往中，其需要得不到滿足，這時，相互間則會發生疏遠、迴避，甚至敵視的心理關係。人際關係包含著行為、情感、認識這三個相互聯繫的成分。行為成分主要包括活動、行動的結果，舉止的作風、表情、手勢、動機表情以及言語，即能表現人的個性以及其他人觀察到的一切外顯行為。情感成分包括主體積極的或消極的情緒狀態、情緒敏感性、對自己和他人的滿意程度等一切人與人之間關係的情感與情緒體驗。認識成分指與認識過程相聯繫的一切心理活動，包括知覺、表象、記憶、思維、想像以及人與人之間的相互認同和相互理解等。在不同的人際關係形態中，三種成分所占的比重是不同的。例如，在家庭中的人際關係，情感成分是主要的；在職業團體中的人際關係，認識成分是主要的；而在服務員與顧客的人際關係中，行為成分則是主要的。再如，在正式關係組織中的人際關係，行為成分是主要的；在非正式關係組織中的人際關係，情感成分是主要的。

　　依據人際知覺對人與人之間的關係作出的相應的情感反應，如與他初次交往時，我們是討厭還是喜歡；在與某個團體打交道時，是接近還是疏遠，是參與還是逃避。人際反應是衡量群體士氣與工作效率的重要標誌。在一個群體中，如果成員之間的人際反應表現為肯定傾向，那麼，該群體的成員一般都是心情舒暢，關係融洽，彼此能協調一致，工作效率高。反之，如果群體中的人際關係表現為否定傾向，那麼，其成員之間往往關係緊張，相互猜疑，影響群體士氣與工作效率。

　　在社會生活中，由於每個人的個性上的差異，使得每個人對待他人的態度和方法都不近相同，從而形成各自不同的人際交往和人際關係的基本傾向，心理學上稱此為人際反應特質。心理學認為每一個人都需要別人，因而具有人際關係的需求，這些需求可以分為三類，而每一種類型又發展成為不同的人際反應特質。第一、包容的需求：希望與別人來往、結交，想與別人建立並維持和諧關係的欲望。基於這種動機而產生的行為特質是，交往、溝通、容和相屬、參與、出席等。與此動機相反的人際反應特質是，孤立、退縮、疏遠、排斥、忽視等。第二、控制的需求：在權力上與別人建立並維持良好關係的欲望。其行為特質為，運用權力、權威、超越、影響、控制、支配、領導他人等。與此動機相反的人際反應特質為，抗拒權威、忽視秩序、受人支配、追隨他人等。第三、感情的需求：希望在愛情與感情的基礎上與他人建立並維持良好關係的欲望。其行為特質為，喜愛、親密、同情、友善、熱心、照顧等。與此動機相反的人際反應特質為，憎恨、厭惡、冷淡等。根據以上三類人際需求的表現分為主動的表現者和被動地期待他人的行動者。從而組合出六種基本人際關係傾向，即主動與他人交往、支配他人、對他人表示親密、期待他人接納自己、期待他人支配自己、期待他人對自己表示親密。

　　人們在長期的社會交往過程中，形成了各有特色的人際反應方式。根據不同的標準，可以把各種人際反應方式分為不同的類型。根據個體人際反應的外部表現可以分為：一、外露型：屬於這種類型的人面部表情明顯，其人際關係在團體內盡人皆知。他對相容者十分親密，而對相斥者十分冷淡。二、內涵型：屬於這種類型的人，人際反應外表似乎平淡，實則內涵深沈。他對喜愛者內心愛慕嚮往，對討厭者不露聲色。三、偽裝型：屬於這種類型的人表裡不一，待人處世以利益和環境為轉移。其人際反應具有不穩定性，對團體有一定的破壞性。根據交往雙方的相互關係，可以把人際反應方式劃分為：(1)合作型：這一類人相互交往中以寬厚、忍讓、幫助、給予為特徵，遇事為他人著想，考慮問題全面穩重。(2)競爭型：這一類在相互交往中表現為敵對、封鎖、相互利用等，在團體中常使成員之間的關係十分緊張。(3)分離型：這一類人在相互交往中以疏遠他人、獨善其身、與世無爭為特徵，人際反應屬鈍，對團體不熱心，對團體成員冷淡。此種方式也有把人際反應方式分為遜順型、進取型和分離型三種。心理學將個體對他人反應的各種形式稱之為社會技術，並將社會技術分為長期社會技術與短期社會技術。前者如關照、撫育、順從、支配、競爭、合作等，後者如試探、驚訝、取笑、諷刺、誘惑、威脅、憐憫等。

肆、勞雇爭議的影響

　　勞雇關係發展至今，勞工已意識到本身必得公平地與雇主及社會交換相當之利益，但公平與否並非僅由勞工的意願來決定。且勞資之間基於雇主與受僱者之身分關係、管理者與被管理者之隸屬關係、薪資與利潤之分配等關係，勞資之間乃經常存在著價值觀的差異，彼此亦常藉著經濟、社會乃至於政治力且以影響或左右對方，而引發複雜的勞資關係。由此可見，利益交換的公平與否常成為勞資關係合作或對立的重點。而且勞基法實施以來，勞工爭取權益之心受到鼓舞和鼓動，雇主為維護自身利益也採取鑽營法律漏洞的方法，勞資相互激盪之下，勞資關係就更有不易和諧的可能。

　　台灣地區的勞資爭議狀況自民國 76 年政府解嚴後，由於勞工權利意識的抬頭，而有著與以往不同的發展。勞資爭議情形時有所聞。惟針對我國勞工爭議之處理，尚有若干值得檢討之處：

一、權利事項勞資爭議於調解不成立後需循司法途徑解決，無法確實保障勞工權益現行勞資爭議處理法規定

　　勞資爭議分為勞資權利事項與調整事項之爭議。權利事項之勞資爭議，係指勞資雙方當事人基於法令、團體協約、勞動契約之規定所為權利義務之爭議。調整事項之勞資爭議，係指勞資雙方當事人對於勞動條件主張繼續維持或變更之爭議。二者之區分，向來是極有爭論的問題，而此一問題的解決，又涉及到其爭議解決所得適用之各種調解與仲裁等行政處理程序、司法訴訟程序及爭議行為之解決方式，對當事人權益之影響甚鉅。換言之，勞資爭議在法定調解程序不成立後，若係權利事項之爭議，不得進行仲裁，當事人若無法自行協商處理，則應循司法途徑解決。然而，根據統計資料顯示，我國權利事項勞資爭議每年均占 99%，而依我國國情大多數勞工均不願意進行訴訟，除進行司法訴訟時間未能把握，曠日廢時外，一旦敗訴，還得負擔訴訟費用，經濟上弱勢之勞工實無能為力，徒增民怨。

二、勞資爭議仲裁制度未能發揮應有制度設計功能

　　依據現行勞資爭議處理法，調整事項之勞資爭議處理方式，主要有調解與仲裁兩種方式。然而，依統計資料顯示，自民國 77 年 6 月 27 日修正公布後之勞資爭議處理法，台灣地區僅有七件勞資爭議事件進行仲裁程序，且七件均係由主管機關依職權交付仲裁（及強制仲裁），並無因當事人雙方同意而共同申請仲裁（任意仲裁）。在美國，勞資關係係以團體協商為其特色之一，而仲裁制度則係團體協商運作與成果執行之重要工具。至 1990 年代以來，美國約有 95% 之團體協約有仲裁條款之約定。反觀國內，基本上，仲裁亦係勞資爭議處理制度中之最後一道關卡，亦係勞資爭議處理制度中維護與伸張正義之最後防線。然而，囿於我國之勞資爭議處理制度上，限於調整事項始得交付仲裁，至於權利事項不得交付仲裁，故無法發揮其應有之功能。87 年 6 月 24 日仲裁法修正公布實施，該法第 1 條「有關現在或將來之爭議，當事人得訂立仲裁協議；

前項協議，以依法得和解者為限」之規定，勞資爭議不論為權利事項抑或調整事項，雙方當事人如於團體協約或勞動契約中約定或於爭議事件發生後經雙方當事人協議，而交由仲裁機構仲裁，除可疏減訟源外，亦可確實保障勞工權益。

三、勞資爭議之處理方式均依賴行政機關之協調方式，缺乏法源及正當性

勞資爭議當事人申請調解後，原應依法定程序進行調解，惟目前爭議處理實務上，依賴地方勞工行政主管機關之處理方式者，占 89.45%，顯見部分爭議事件，如有適當人員先行居中協調時，雙方當事人化解爭議之可能性頗高，但此一類似日本勞動關係調整法之「幹旋」的程序，並無任何法律依據，缺乏正當性。

四、勞工法庭未能速審速決，勞資關係民間中介團體亦功能不彰，無法發揮替代效果

司法院於民國 77 年訂頒「法院辦理勞資爭議事件應行注意事項」中規定，權利事項之勞資爭議，乃屬民事事件，係法院管轄之範疇，法院應設勞工法庭。惟勞工法庭處理有關勞工事件之訴訟程序，與其他民事事件之程序，並無特異之處，是以勞工法庭成立後，並未能達到較其他訴訟更為迅速之效果。另由於中介團體之定位，除欠缺法源外，普遍存在經費困難、調解委員及仲裁委員素質參差不齊，且不具公信力，以致於效果有限。

五、工會在先天結構上，難以和雇主進行協商

工會組織架構是工會是否能夠運作的重要因素，產業工會只要人數在三十人以上之工廠，都僅以廠場為其組織區域，以廠場為範圍的產業工會架構導致工會規模有限，除會員會費所得有限外，工會實際上無法聘請專業會務人員，又因工會幹部都各有專職工作，工會不論在人力與物力上，較難以支持工會的集體協商，工會功能無法發揮。另外，對工會幹部的保障也較為不利，因為工會幹部所依賴生活之工資，必須依靠在事業單位的專職工作來取得，一旦以工會幹部的身分進行與雇主協商時，常常必須顧慮本身工作權的保障而難以充分發揮。

六、工會會員及職員之解僱保護不足，致工會力量薄弱

我國工會法規定，在勞資爭議期間，雇主或其代理人，不得以工人參加勞資爭議為理由解僱之。但事實上，雇主通常並不以勞動者擔任工會職務或參加勞資爭議作為解僱理由。工會幹部如主張係因「擔任工會職務」等原因而遭解僱或調職等其他不利之待遇，往往很難舉證。而且，目前於法律實務上，解僱生效與一般民法意思表示相同，縱然有違法解僱情事，僅得於事後主張解僱無效，而進行司法訴訟，工會內部也因重要幹部遭解僱，導致工會活動停頓或名存實亡。

七、體制外勞工團體介入勞資爭議事件，使爭議複雜化及泛政治化

由於依法成立之工會無法發揮協助處理勞資爭議功能或中小企業沒有籌組工會，勞動者於發生勞資爭議時，紛紛組織員工自救會或者在體制外勞工團體的帶領下進行大型抗爭，企圖將爭議案擴大，引起社會關注，亦讓社會因而付出重大成本。

八、僱用型態多樣化，現有勞工法制已不足規範

企業體為因應勞基法及提升競爭力，基於人事成本的節約，以及組織合理化、人力調度的需求，派遣、承攬、借調、部分工時者等異於傳統之僱用型態，逐漸受到重視與運用，呈現多元化面貌。此外，公司的合併與購併，將造成公司組織的縮減，導致勞動契約終止與變更，衍生諸多勞資爭議，而現有勞工法令亦出現不足規範所有僱用型態之現象。

九、部分勞工法令有待檢討修正及未能有效落實執行

目前關廠歇業案件中，大多由於雇主未依規定，給付退休金、資遣費或給付不完全。究其原因，大多係雇主之負債大於資產，以致無能力再支付關廠歇業後之資遣費、退休金，且亦有退休金未依法提撥或提撥不足之情形，致無法以該提撥金支付，形成諸多爭議。而最主要原因，對於部分未遵守勞動法令之雇主，因罰責過輕，不足以產生作用，致難以確保勞工應有權益。

伍、勞雇關係的變動

以鉅視觀而論，可以說台灣的勞資關係改變係整個社會變遷的一個環節；以微視觀而論，則可以將台灣當代勞資關係的改變概括為二個面向：一、勞方本質的改變；二、資方本質的改變。

一、勞方本質的改變

勞工的意義及其範圍常因時間、空間及立法上的不同而有顯著的差異。亞當‧史密斯（Adam Smith）曾對勞工一詞分為廣義及狹義二種解釋：「廣義的勞工包括一切以體力和心力操作的人，狹義的勞工則僅指在近代工廠、礦場或交通運輸機構以體力換取工資的工人。」從這個定義我們可以瞭解到；所謂狹義的勞工即泛指現今所定義的藍領階級，他們純粹是以體力勞動換取工資，以維持生活。而廣義的勞工則除藍領階級外也包含部分的白領上班族受僱於人換取工資或報酬，以維持生活的人，包括一切以體力及智力勞動的人在內。雖然勞基法對勞工有適用上之區別，但在條文中仍規定「受雇主僱用從事工作獲致工資者」為勞工用辭定義（勞動基準法第 2條）。因此，一般的受薪階級可稱為勞工，在這種情況之下，眾多的白領階級也與藍領階級同樣成為勞工的行列，尤其在工商服務業發展的今日更有此種趨勢。白領階級的加入及生活水準的

普遍提高，使勞工在所得、教育、消費型態、職業聲望上都有顯著的提高。當代的勞工是主動爭取權益、具備專業性技術、注重精神層面的生活、要求企業和政治參與、同時也遭受失業和資遣威脅的一群人。

二、資方本質的改變

由於近代經濟的發展及民主思想的普遍化，給組織經營帶來了莫大的衝擊。而這種衝擊使資本主義體制本身產生了各種型態的變貌。因企業公司制度的普及，使「資本與經營」二者之分離再進一步，資本家一人單獨支撐整個企業的經營模式已不多見。易言之，公司制度使得事業依據股東所持有之股份多寡而分割、企業不再只是個人的私有財產，而成為多人共有的事業。而且由於產業結構之變化與企業規模之擴大，事業不管在國際上或國內任何領域中，都必須應付複雜的市場經濟變局，這些都需要有相對之經營策略與經營技術。這種狀況下企業的所有者不得不延攬專才來管理，而使得經營權與管理權一分為二。由此可見，機構已逐漸由專門人員來掌握，這使得勞工能真正成為資方的代表，加上分紅入股制度的發展，勞資二者間的角色地位已不再像以往那般的格格不入了。勞資雙方既各自在本質上產生了改變，其相對之對等關係、權利義務也有影響，因此對「Z 理論」的探討及體現逐漸為勞資雙方所關心。威廉‧大內（William Ouchi）在「Z 理論」（Theory Z）這本書中，沿用 X、Y 理論的術語提出 Z 理論以解決經營管理方面的問題，亦即重新重歸企業中的人際關係。

也因為在現代社會中，分工成為工業化運作的主要形式，勞資雙方在社會愈專業化的分工之下，利益愈趨於一致。因此二者之關係由以往對立或衝突形勢走向勞資合作之路。基本上，一個事業之發展或衰退對勞雇雙方而言係共同關心之事，在這一點而言，勞雇之利害關係可以說是完全一致的，因而提高事業之收益性以求更加繁榮，原是勞資雙方共同的利益點。而勞資合作可以說是二者達成共識的最佳之途。勞資合作所獲生產力之提升對勞工而言能改善其薪資與勞動條件，增加其福利，勞工也樂於提高生產力積極協助企業之發展。

然而分配的問題卻是勞資雙方和諧與否的主要問題根源所在，專家建議若能排除零合理論的觀點而代之以雙合理論，則勞資雙方便能體認出雙方之利益為共同生出，而非因一方之取得而使另一方減少，二者之間也才能有無間之合作。

陸、克服互動衝突的方法

行為科學把衝突理解為兩種目標的互不相容和互相排斥。當人們面臨兩種互不相容的目標時，即會體驗到心理上的衝突。一些研究證實，人們的心理衝突可能在不同的水平上發生，即一個人可能面臨兩種互相排斥的目標而發生心理衝突，衝突也可能在一個群體內不同人之間發生，此外，群體與群體之間也可能發生衝突。例如，一個企業中財務部門和銷售部門有時會發生衝突。

一、衝突的類型

管理心理學家對於企業中衝突的觀點有一個發展過程。最初,認為衝突只有消極意義,企業中的衝突不利於企業中正常活動的進行,只能起破壞作用,因此要採取各種辦法避免衝突,近些年來,這種觀點已有某種程度上的改變。一些心理學家認為,不能一概地反對和避免衝突,應把衝突分為破壞性的衝突和建設性的衝突。凡有利於達到組織的衝突是建設性的衝突,只有阻礙組織的衝突才是消極性的衝突。

從辯證惟物主義的觀點來看,區別對待衝突的做法是比較符合實際的。任何部門都存在著矛盾。矛盾激化到一定程度,就會以衝突的形式出現。問題在於要促使矛盾向有利於達到集體目標的方向轉化。

30 年代,勒溫(Lewin)提出了接近和迴避這兩種傾向的不同結合,以劃分個人內心衝突的不同類型。

(一)接近──接近型的衝突

所謂接近──接近型的衝突是指一個人同時要達到兩個相反的目標,由於兩個目標是背道而馳的,不可能同時達到,在這種情況下會引起內心的衝突。表示一個人想要達到或接近目標的方向。這實際上是一種「魚我所欲,熊掌亦我所欲」式的衝突。要解決這樣的內心衝突,必須放棄一個目標,或者同時放棄兩個目標而追求另一折衷的目標。

(二)迴避──迴避型的衝突

當一個人面臨兩個要同時迴避的目標時,會產生迴避──迴避型的衝突。在這種情況下,一個人往往要擺脫這種情境。但在許多情況下,客觀條件使人不能擺脫這種處境,因而陷入內心衝突的狀態。這是一種「左右為難」、「進退維谷」式的衝突。

(三)接近──迴避型的衝突

當一個人一方面要接近一個目標,而同時又想迴避這一目標時,會產生接近──迴避型的衝突。例如,一個青年工人一方面立志要努力工作,成為先進工作者,另一方面又不願意付出艱苦的勞動,就會產生內心的衝突。

勒溫的研究指示,一個人越是接近希望達到的目標,想要達到這一目標的願望也會越強;但與此同時,迴避這一目標的願望也會增長,而且迴避傾向隨著向目標的接近,其強烈程度的增長會比接近的傾向更快。在這種接近──迴避型的衝突中,一個人會去接近目標,但到達兩線的交叉點時,迴避的傾向迅速增長,這時處於內心衝突狀態的人會停止接近、後退、再接近,處於猶豫不決的狀態,直到最後作出決定或情況發生變化為止。

（四）雙重接近——迴避型衝突

　　兩種接近——迴避型的衝突有時會混合成一種複雜的模式。這種模式稱之為雙重接近——迴避型衝突。例如一個單位的負責人重視產量而忽視質量，另一個單位的負責人重視質量而忽視產量，因此他們會對工人提出不同的要求，當一個工人產量很高，而質量較差時，會受到一個單位負責的表揚，而受到另一負責人的批評，如果他全力以赴提高產品質量，而產量下降時，則會出現完全相反的情況。這時該工人就會處於一種雙重接近——迴避型的衝突狀態之中。

　　上述模式只是個人內心衝突的基本模式。現實中人的內心衝突的情況是極其複雜的。必須從實際情況出發進行分析。但瞭解衝突的基本模式，有助於進一步瞭解更複雜的衝突狀態。

二、衝突產生的原因

　　衝突不僅會在人的內心中產生，而且群體中人與人之間也經常會發生衝突。群體中人與人之間的衝突是形形色色的，衝突的內容也各不相同，造成衝突的原因更是多種多樣。由工作上的意見分歧造成的衝突屬於正常的衝突，對於這種衝突如果處理得當，有助於群體目標的實現。而由於個人的恩怨造成的衝突屬於不正常的衝突。從衝突的起因來看，可能是客觀因素，也可能是主觀（心理）因素造成的衝突。

　　在管理活動中人與人之間所發生的衝突往往是由於下述原因造成的：

（一）資訊來源的衝突：這是由於人們資訊獲得來源不同，彼此之間又互不溝通而造成的衝突。例如，一個企業在制訂生產計畫時，計畫主管與供銷主管發生衝突，計畫主管堅持主張多生產本廠的傳統產品，供銷主管主張多生產新產品，究其原因，是因為計畫科長的訊息來源於上級的規劃，而供銷主管的訊息來源於市場調查，這是由於訊息來源的不同而造成的衝突。

（二）資訊解讀的衝突：由於人們的知識、經驗、態度、觀點等的不同，對於同一事物會有不同的認識，基於認識不同所造成的衝突就是認識的衝突，這種衝突在企業中相當普遍。人們在採用新設備、處理問題、發展企業的方式方法、用人等各方面都會有不同的認識，從而引起衝突。

（三）價值觀念的衝突：價值觀是指人對是非、善惡、好壞的一般觀念。由於個人的價值觀不同，也會造成衝突。有些企業的領導人認為提高產量是企業的首要任務。有人認為企業的首要任務是生產，有人則認為是經營，這都是由於價值觀念的分歧而造成的衝突。

三、群體與群體之間的衝突分析

　　美國心理學家謝里夫（M. Sherif）研究了在群體與群體競爭條件下發生衝突的情況。他設計了一項自然條件下的實驗，邀請 22 名互不認識的男孩分成兩隊到郊外露營，兩隊的營地相距很遠，互不來往，經過一週後兩隊隊員各自成為一個團結一致的群體。在實驗的第二階段，安

排兩隊開展競賽，如拔河、球賽等。在競爭過程中，因要互爭勝負，兩隊產生對立情緒。在實驗的第三階段，又設計了兩隊必須合作的情境，例如，郊遊的卡車壞了，需要兩隊同心協力推動。這樣，經過若干次合作，兩隊消除了隔閡，形成了一個新的較大的群體。

　　此後，謝里夫又對成年人進行了類似的實驗，得到了相同的結果。

　　經由上述的研究，可得出如下一些結論。

（一）競爭對每一群體內部的影響

1. 群體內部團結增強，其成員對群體更加忠誠，內部分歧減少。
2. 群體由一個非正式的、以遊戲為主的群體轉變為以工作和完成任務為主的群體。對於群體成員個人心理需要的關心逐漸減弱，而對完成任務的關心逐漸增強。
3. 領導的方式逐漸從民主型轉為專制型，而且群體成員逐漸心甘情願忍受專制型的領導。
4. 每一群體都逐漸成為組織嚴密、紀律嚴明的群體。
5. 群體要求其成員更加效忠和服從，形成「堅強的陣線」。

（二）競爭對群體與群體之間關係的影響

1. 每一群體都更加把另一群體視為對立的一方，而不是中立的一方。
2. 每一群體都會產生偏見，只看到本群體的優點，而看不見它的弱點。
3. 對另一群體的敵意逐漸增加，與對方的交往和溝通減少，結果使偏見難於糾正。
4. 假如強迫他們交往，例如，強制他們聽取各隊代表就某一問題發表意見時，兩隊隊員都只注意傾聽支持自己偏見的發言，對於對方的發言，除挑剔毛病以外，根本不注意傾聽。

四、解決群體衝突的方法研究

　　矛盾、衝突的性質不同，解決的方法也應不同。總體而言，應遵照「具體問題具體分析」的原則來找出解決衝突的方法。這裏簡要地提出幾種解決企業中各部門之間以及企業與企業之間衝突的最一般方法。

（一）協商解決法：當兩個部門發生衝突時，需由雙方派代表通過協商解決衝突。協商時要求衝突的雙方顧全大局，互相作出讓步，這樣才能使衝突得到解決。例如，企業中的兩個部門在分配經費、承擔任務各方面發生衝突，通過協商，使經費得到合理的分配，各自多承擔任務。

（二）仲裁解決法：當兩個或兩個以上的群體經過協商無法解決衝突時，就需要有第三者或較高階層的領導人出面調解，進行仲裁，使衝突得到解決。但仲裁者必須具有一定的權威性，否則仲裁解決法可能無效。

（三）權威解決法：當衝突的雙方通過協商不能解決衝突，而且不服從調解者的仲裁時，可由上級主管部門作出裁決，以「下級服從上級」的原則，命令衝突雙方執行裁決，這就是

權威解決法。雖然在一般情況下不宜採用此法解決衝突，但在特殊情況下特別是需要當機立斷地解決衝突時，此法是必不可少的。

柒、結語

　　勞資關係發展至今可說已進入了工業民主的時代，勞資雙方在地位上愈形對等及愈趨於合作，此正是勞資雙方所樂見更是時勢潮流趨勢所造成的。可預見不久的將來勞資關係逐漸會發展為勞資合作關係，真正為資方及勞方帶來共同的利益，也會為社會帶來真正的安定與和諧。

　　一般而言，勞資合作可以以「提高工作生活素質、勞工參與、工業民主、團體協商、勞資諮商、品質改善、提高勞動力及分紅入股」等項目為代表性之指標。而勞資的合作則可以透過締結團體協約、舉辦勞資會議、與實施工業民主的方式來促進。締結團體協約係勞資雙方在一定的有效期內，預防及解決雇主與勞工或勞工團體可能發生的各種爭議；在締結團體協約之先，一方面使勞工在雇傭關係存在時及工作中明瞭其工作條件；另一方面也使雇主根據此項條款知所執行，而不致於侵害到勞工應有的權利。舉辦勞資會議為勞工與雇主聯繫的紐帶，亦為勞資雙方共同合作解決組織內所有一切困難的方法。雇主的經營管理，可以藉由勞資會議詢問勞方代表的意見，勞工也可以透過與雇主的溝通對於其所擔任的工作及其工作的相關事宜發生興趣，並樂於肩負更多的責任，以及保證團體協約的執行，防止糾紛和誤解事件的發生。所以勞資會議的舉辦係勞資合作由消極的治標達到積極治本的必要方法。勞資之間有了溝通的管道及合作的事實之後，更需要為長遠的「分配」方法打算。因此「分紅入股」成為最符合實際需要的辦法，分紅入股的實施，使員工確認到本身的利益與資方的利益相切合，資方在管理經營上更有一體感，勞資之間始能合為一體，為增進生產、增加盈餘利潤而努力。此種在事業上的一體感及在利益上的一致感才是勞資合作最根本的體現。

附錄：

世新大學技工工友管理規則

台北市政府中華民國 90 年 12 月 31 日

府勞一字第 09017665200 號函核備

第　一　章　　總則

第　一　條　　本校為明確規定勞資雙方之權利義務，健全現代經營管理制度，促使勞雇雙方同心協力，並謀校務發展，特依勞動基準法暨有關法令訂定之。

第　二　條　　凡受本校僱用之技工工友均應適用之。

第　三　條　　本規則所稱技工工友，係指本校員額編制內專任有給之技術工友（含駕駛員）及普通工友。其工作依本校業務需要指派之。

第　四　條　本校勞雇雙方均應致力於學校倫理及職業道德之建立，互為對方設想，以為良好勞雇關係。

第　五　條　本校有妥善照顧技工工友之義務，也有要求技工工友提供勞務之權利，各同仁應遵照本校規則之規定，善盡勤慎敬信的義務，方能獲得應享之權利。

第　六　條　本校技工工友於服務期間應遵守下列各項守則：

　　　　　　一、愛護學校榮譽，發揮團隊精神，忠誠努力執行任務。

　　　　　　二、服從主管人員合理之監督指導，注意工作安全。

　　　　　　三、技工工友有絕對保守學校機密之義務。

　　　　　　四、不得有驕恣貪惰及其他足以損害個人及學校名譽之行為。

　　　　　　五、不得利用職務上之關係收受他人餽贈及邀宴。

第　二　章　受僱與解僱

　　　　　　受僱於本校之技工工友，均須經審核或甄試合格，方得依規定僱用之。本校僱用之技工工友，不因種族、階級、語言、思想、宗教、黨派、籍貫、性別、容貌、五官、殘障而予以歧視。

第　七　條　具有下列情形之一者不予僱用：

　　　　　　一、犯內亂、外患罪經判決確定尚未執行完畢者。

　　　　　　二、受禁治產之宣告尚未撤銷者。

　　　　　　三、罹患法定傳染病者。

　　　　　　四、通緝在案或吸食毒品者。

第　八　條　新進技工工友於接到通知後，應依規定之到職日至本校辦理報到手續，逾期視為自動放棄，報到時需繳驗下列證件：

　　　　　　一、填具本校所訂一切人事資料。

　　　　　　二、繳驗有關證件及國民身分證等核對後發還。

　　　　　　三、最近半年二吋正面半身相片二張。

第　九　條　本校得依業務需要與勞工簽訂定期契約或不定期契約，契約內容得以口頭或書面契約為之。前項定期契約與不定期契約依勞動基準法有關規定認定之。

第　十　條　本校新進技工工友得酌予試用，試用期間為九十天，合格者依規定正式僱用之。試用不合格者，即停止僱用，並依勞基法第十一、十二、十六及十七條等相關規定辦理。

第 十一 條　本校技工工友之工作年資以受僱於本校之日起算。

第 十二 條　本校發生下列情事之一者，得經預告技工工友終止勞動契約：

　　　　　　一、因系、所、科、組課程調整或學校減班、停辦、解散而須裁減人員者。

　　　　　　二、現職工作不適任或現職已無工作又無其他適當工作可以調任者。

　　　　　　三、經公立醫院證明有精神病者，以致無法工作者。

四、經公立醫院證明身體衰弱不能勝任工作者。

五、不可抗力暫停工作在一個月以上時。

第 十三 條　本校技工工友在產假期間或職業災害醫療期間，本校不得終止契約，若本校遭
天災、事變或其他不可抗力致校務不能繼續，得報經主管機關核定後資遣技工工友。

第 十四 條　凡本校技工工友有下列情形之一者，本校得不經預告終止契約：

一、於訂立勞動契約時為虛偽意思表示，使本校誤信而有受損害之虞者。

二、對於本校各級主管或其他共同工作之員工，實施暴行或有重大侮辱之行為
者。

三、受有期徒刑以上刑之宣告確定，而未諭知緩刑或未准易科罰金者。

四、故意損害本校所有之物品，致本校受有損害者。

五、無正當理由繼續曠工三日，或一個月內曠工達六日者。

六、違反勞動契約或工作規則，情節重大者。

以下所列情事視為違反勞動契約或工作規則，情節重大者：

(1) 聚眾要挾，嚴重妨害校園秩序之進行者。

(2) 在工作場所對學生或同仁有性騷擾及性侵害之行為情節重大者。

(3) 攜帶槍炮、彈藥、刀械等法定違禁物品，進入工作場所，危害本校財產及
學生同仁生命安全者。

(4) 營私舞弊，挪用公款，收受賄賂、佣金者。

(5) 仿傚上級主管人員簽字或盜用印信圖謀不法利益者。

(6) 參加非法組織，經司法機關認定者。

(7) 造謠滋事、煽動非法怠工、非法罷工，情節重大者。

(8) 偷竊學生、同仁或學校財物及產品有事實證明者。

本校依前項第一款、第二款及第四款至第六款規定終止契約者，於自知悉其情
形之日起，三十日內為之。

第 十五 條　依本工作規則第十二條或第十三條規定終止勞動契約時預告期間如左：

一、繼續工作三個月以上一年未滿者，於十日前預告之。

二、繼續工作一年以上三年未滿者，於二十日前預告之。

三、繼續工作三年以上，於三十日前預告之。

勞工於接到前項預告後，為另謀工作，得於工作時間請假外出。其請假時數，
每星期不得超過二日之工作時間，請假期間之工資照給。

第 十六 條　本校未依第一項規定期間預告而終止契約時，應發給預告期間之工資。

一、本校技工工友離職時，依第一項規定期間提出預告。

二、本校有下列情形之一者，技工工友得不經預告終止契約：

（一）本校於訂立勞動契約時為虛偽之意思表示，使技工工友誤信而有損害之虞者。

（二）本校校長、教師、同仁或各級主管對技工工友實施暴行或有重大侮辱之行為者。

（三）契約所訂之工作，對於技工工友健康有危害之虞，經通知本校改善而無效果者。

（四）本校教職員工生患有惡性傳染病，有傳染之虞者。

（五）本校不依勞動契約給付工作報酬者。

（六）本校違反勞動契約或勞工法令，致有損害勞工權益之虞者。

　　勞工依前項第一款、第六款規定終止契約者，應自知悉其情形之日起，三十日內為之。有第一項第二款或第四款之情形，本校已將患有惡性傳染病送醫或解僱，勞工不得終止契約。本規則第十九條發放資遣費之規定，於本條終止契約準用之。

第 十七 條　　凡與本校訂定特定性定期契約期限逾三年之技工工友，於屆滿三年後，可依規定終止契約。但應於三十日前預告本校。

第 十八 條　　凡依第十六條、第十七條自動請辭之技工工友，應以書面提出申請，並依規定辦妥離職移交手續後離職。

第 十九 條　　凡依第十二條或第十三條規定終止勞動契約之技工工友，除依規定予以預告或未及預告，照規定發給預告期間之工資外，依下列規定發給資遣費：

一、勞動基準法施行後之工作年資，其資遣費給與標準如下：

（一）在本校繼續服務工作，每滿一年發給相當於一個月平均工資的資遣費。

（二）依前款計算之剩餘月數或工作未滿一年者，以比例計給之。未滿一個月者以一個月計。

二、勞動基準法施行前之工作年資，依本校退休撫卹資遣辦法，由財團法人中華民國私立學校退休撫卹基金管理委員會核給，其資遣費給與標準如下：

（一）任職滿一年者，給一個基數，未滿一年者以一年計。每增半年加給一個基數，未滿半年者以半年計。

（二）工作滿十五年後，另行一次加發二個基數。

　　該項技工工友適用勞動基準法前工作年資之資遣給與，以資遣人員最後在職之日薪額及本人實務代金為基數，一次發給並核算至資遣生效日止。本條資遣費之發給，不適用於第十四條或第十七條或自請辭職核准或定期勞動契約期滿離職之技工工友。

第 二十 條　　本校若改組或轉讓時，除新舊事業雇主商定留用之技工工友外，其餘技工工友均依第十五條規定期間預告終止契約，並依第十九條規定發給資遣費。留用技工工友之工作年資，依勞動基準法規定，由新事業單位併計承認。

第二十一條　勞動契約終止時，技工工友得請求學校發給服務證明書。

第　三　章　工資

第二十二條　本校技工工友之工資依全國軍公教員工待遇支給要點訂定之。

第二十三條　前條所稱工資係指本校技工工友在正常工作時間內及休、例假日所得之報酬。

第二十四條　本校技工工友工資包括工餉、加給、津貼、獎金及其他任何名義之經常性給與均屬之。

第二十五條　本校技工工友依本校教職員工成績考核辦法規定予以晉級。

第二十六條　本校技工工友工資之給付，除法令另有規定或與當事人另有約定外，全額直接給付技工工友。工資發給日期經技工工友同意為次月五日定期發給。年終獎金發給依軍公教人員年終工作獎金（慰問金）發給注意事項辦理。

第二十七條　本校因工作需要，經技工工友同意於正常工作日延長技工工友工作時間者，其延長工作時間之工資依下列標準加給之：

一、延長工作時間在二小時以內者，按平日每小時工資額加給三分之一以上。

二、再延長工作時間在二小時以內者，按平日每小時工資額加給三分之二以上。

三、因天災、事變或突發事件，延長工作時間者，按平日每小時工資額加倍發給之。

停止假期工資發給：

一、因業務需要，本校經技工工友同意於休假日工作者，原工資照給外，再發給一日工資或擇期補休。

二、因天災、事變或突發事件，本校認有繼續工作之必要者，得停止技工工友例假日、休假日，但停止假期之工資應加倍發給。

三、對於假期中常態性之值班，工資照常給與，並發給誤餐費及補休一日。

第二十八條　本校因歇業、關閉或宣告破產，技工工友本於勞動契約所積欠之工資未滿六個月部分，有最優先受清償之權。

第　四　章　工作時間、休息、休假、請假

第二十九條　正常工時

本校技工工友每日正常工作時間不得超過八小時，每週工作總時數四十小時。

一、週一至週五上班時間：上午八時至十二時；下午一時二十分至五時二十分。（輪班制及夜間上班者不在此限）

（休息時間：十二時至一時二十分）

二、前款所定輪班制，依實際排班而定。夜間上班者週一至週五上班時間：下午十四時至十八時；十九時至二十三時。本校女工不從事輪班制度及夜間工作。

（休息時間：十八時至十九時）

第 三十 條　　　第三十五條所定之例假，第三十六條所定之休假及第三十七條所定之特別休假，工資照給。

第三十一條　　　因天災、事變或突發事件，本校認為有繼續工作之必要時，得停止第三十五條至第三十七條所定勞工之假期。但停止假期之工資，加倍發給，並應於事後補假休息。

　　　　　　　　前項停止勞工假期，於事後二十四小時內，詳述理由，報請主管機關核備。

第三十二條　　　本校各單位主管因工作需要經徵得技工工友同意指派其加班時，應按加班人員個別填寫「加班單」，署名後交加班人員憑以加班。加班人員加班完成後，應於加班單署名並呈主管核定後，送總務處核查及登錄。

第三十三條　　　本校技工工友若有調整工作時間或延長工作時間，經技工工友同意後，本校應即公告週知。

第三十四條　　　本校技工工友繼續工作四小時，至少有三十分鐘之休息，但實行輪班制或工作有連續性或緊急性者，本校得在工作時間內，另行調配其休息時間。

第三十五條　　　本校技工工友實施週休二日，星期六及星期日作為例假，工資照給。

　　　　　　　　本校技工工友於紀念日、勞動節日及其他中央主管機關規定應放假之日，均予休假，工資照給。包括：

　　　　　　　　一、紀念日如下：
　　　　　　　　　　(一) 中華民國開國紀念日（元月一日）
　　　　　　　　　　(二) 和平紀念日（二月二十八日）
　　　　　　　　　　(三) 革命先烈紀念日（三月二十九日）
　　　　　　　　　　(四) 孔子誕辰紀念日（九月二十八日）
　　　　　　　　　　(五) 國慶日（十月十日）
　　　　　　　　　　(六) 先總統　蔣公誕辰紀念日（十月三十一日）
　　　　　　　　　　(七) 國父誕辰紀念日（十一月十二日）
　　　　　　　　　　(八) 行憲紀念日（十二月二十五日）
　　　　　　　　二、勞動節日指五月一日勞動節。
　　　　　　　　三、中央主管機關規定應放假之日如下：
　　　　　　　　　　(一) 中華民國開國紀念日之翌日（元月二日）
　　　　　　　　　　(二) 春節（農曆正月初一、初二、初三）
　　　　　　　　　　(三) 婦女節、兒童節合併假日（民族掃墓節前一日）
　　　　　　　　　　(四) 民族掃墓節（農曆清明節為準）
　　　　　　　　　　(五) 中秋節（農曆八月十五日）
　　　　　　　　　　(七) 農曆除夕
　　　　　　　　　　(八) 台灣光復節（十月二十五日）

(九) 其他經中央主管機關指定者。

本校因實施週休二日，為配合學校之校務運作，本規則第三十六條所規定之紀念日及其他中央主管機關規定應放假日，經技工工友及學校雙方協商同意，將依政府機關假期處理規定辦理。

第三十六條　技工工友於本校繼續工作滿一定期間者，每年均依下列規定給予特別休假：

一、一年以上三年未滿者七日。

二、三年以上五年未滿者十日。

三、五年以上十年未滿者十四日。

四、十年以上者，每一年加給一日，加至三十日為止。

前項技工工友之工作年資自受僱當日起算，休假日期應由學校與技工工友協商排定之。

第三十七條　本校技工工友因婚、喪、疾病或其他正當理由請假，假別分為婚假、事假、普通傷病假、喪假、公傷病假、產假及公假等七種。准假日數及工資給付如下：

一、婚假：技工工友結婚者給予婚假八日，工資照給，婚假須連續一次申請。

二、事假：技工工友因事必須親自處理者，得請事假，一年內合計不得超過十四日。事假工資照給。

三、若技工工友請事假日數超過本規則者，其超過部分得以特別休假抵充，無特別休假或特別休假已休畢者，則扣除當日工資。

四、普通傷病假：技工工友因普通傷害、疾病或生理原因必須治療或休養者，得依下列規定請普通傷病假，請假須附繳醫療證明。

(一) 未住院者，一年內合計不得超過三十日。

(二) 住院者，二年內合計不得超過一年。

(三) 未住院傷病假與住院傷病假二年內合計不得超過一年。

普通傷病假超過前款規定之期限，經以事假或特別休假抵充後仍未痊癒者，得予留職停薪，但以一年為限。逾期未癒者得以資遣，其符合退休要件者，應發給退休金。

五、喪假：工資照給。技工工友喪假得依習俗百日內分次申請。

(一) 父母、養父母、繼父母、配偶喪亡者，給予喪假八日。

(二) 祖父母、外祖父母、配偶之父母、配偶之祖父母、配偶之養父母或繼父母喪亡者，給予喪假六日。

(三) 兄弟姊妹喪亡者，給予喪假三日。

六、公傷病假：技工工友因職業災害而致殘廢、傷害或疾病者，其治療、休養期間，給予公傷病假。

七、產假：女性工友分娩前後，應停止工作，給予產假八星期。妊娠三個月以上流產者，應停止工作，給予產假四星期。工友請產假應提出證明文件，一次申請。前項女工停止工作期間工資照給。

八、公假：技工工友奉派出差、考察、訓練、兵役召集、政府規定給假之公職人員選舉投票日及其他法令規定應給公假等，依實際需要天數給予公假，工資照給。

第三十八條　技工工友因故必須請假者，應事先填寫請假單，並檢附相關證明文件經核定後方可離開工作崗位，如遇急病或臨時重大事故，得於一日內委託同事、家屬、親友或以電話、傳真、限時函件報告單位主管，代辦請假手續。

第三十九條　技工工友事假及普通傷病全年總日數的計算，均自每年八月一日起至次年七月三十一日止。

第 四十 條　請假之最小申請單位，婚假以日計，喪假、特別休假以半日計，普通傷病假、事假均以一小時計。

第四十一條　請事假、普通傷病假、婚假、喪假期間，除延長假期在一個月以上者，如遇例假日、紀念日、勞動節日及其他由中央主管機關規定應放假之日，應不計入請假期內。

第 五 章　退休

第四十二條　本校技工工友有下列情形之一者，得自請退休：

一、服務五年以上，並年滿五十五歲或改任編制內職員者。

二、服務滿二十五年者。

第四十三條　本校技工工友具有下列情形之一者，應予命令退職，其本人不得請求延長：

一、年滿六十歲者。

二、因身體殘廢或心神喪失，致不能工作者。依第一項第二款規定退職者，應檢附公立醫院或勞工保險機關指定醫院之證明。

第四十四條　本校技工工友退休金之給與標準如下：

勞動基準法施行前：

一、技工工友之退職按其服務年資發給一次退職金，每服務半年給與一個基數，滿十五年後另行一次加發一個基數，但最高總數以六十一個基數為限，未滿半年者，以半年計。

二、依第四十四條第一項第二款規定退職之工友，其身體殘廢或心神喪失係因公傷病所致者，其退職金按左列標準給予：

(一) 服務年資滿十五年者，除依前項規定發給外，另加發百分之二十。

(二) 服務年資未滿十五年者，給與三十個基數。

勞動基準法施行後：

一、按技工工友工作年資，每滿一年給與兩個基數，超過十五年之工作年資，每滿一年給與一個基數，最高總數以四十五個基數為限。未滿半年者以半年計；滿半年者以一年計。

二、依第四十四條第一項第二款規定強制退休之技工工友，其心神喪失或身體殘廢係因執行職務所致者，依前款規定加給百分之二十。

　　該項技工工友適用勞動基準法前工作年資之退休給與，以退休人員最後在職之日薪額及本人實務代金為基數，一次發給並核算至退休生效日止。而勞動基準法施行後之退休金給與，係指核准退休時一個月平均工資。

第四十五條　　技工工友依第四十四條第一項第二款之規定命令退職，其因公傷病所致者，係指左列情事之一而言：

一、因執行職務所生之危險以致傷病。

二、因公往返或在學校範圍內遇意外危險以致傷病。

三、非常時期在任所遇意外危險以致傷病。

四、因盡力職務積勞過度以致傷病。

第四十六條　　勞工請領退休金之權利，自退休之次月起，因五年間不行使而消滅。

第　六　章　　考勤、考核、獎懲與升遷

第四十七條　　本校技工工友應準時上、下班，並依規定按時打卡（簽到）。

　　有關遲到、早退、曠工（職）規定如下：

一、技工工友逾規定上班時間十五分鐘以內出勤者，視為遲到。但偶發事件經主管核准當日補請假者，視為請假。

二、於規定下班時間前十五分鐘以內無故擅離工作場所視為早退。

三、未經辦理請假手續或假滿未經續假，而無故擅不出勤者，以曠工（職）論。

四、在工作時間內未經准許及辦理請假手續，無故擅離工作場所或外出者依實際缺勤時數以曠工（職）論。

　　曠工應依實際缺勤時數不計薪。

第四十八條　　本校技工工友任職本校至學年度終了屆滿一學年者，應予成績考核。任職未滿一年者，另予成績考核但不予晉級。

第四十九條　　各單位主管對所屬人員之考勤，應督飭嚴格執行，不得有故意不照規定辦理或其他隱瞞矇混情事。

第　五十　條　　技工工友之成績考核分工作、勤惰、品德三項，並按其成績優劣評列為甲、乙、丙、丁四等。

一、評分標準：

（一）工作占百分之六十。

（二）勤惰占百分之二十。

(三) 品德占百分之二十。

二、工友成績考核各等第分數如下：

甲等：八十分（含）以上。

乙等：七十分（含）以上，八十分未滿。

丙等：六十分（含）以上，七十分未滿。

丁等：不滿六十分。

第五十一條　工友成績考核晉級，依左列規定辦理：

一、甲等：晉工餉或年功餉一級，並給與一個月工餉之一次獎金；已晉支最高年功餉者，發給二個月工餉之一次獎金。

二、乙等：晉工餉或年功餉一級，已支最高年功餉者發給一個月工餉之一次獎金。

三、丙等：留支給原工餉。

四、丁等：解僱且符合法定解僱事由。

第五十二條　工友成績考核，應由總務處會同工友服務單位，根據本校教職員工成績考核辦法辦理初核，職工成績考核委員會覆核，校長核定。

第五十三條　除年終考核外，本校對於技工工友有平時考核，並作為年終考核參考。其獎懲分為下列幾種：

一、獎勵部分：

有下列事蹟之一者嘉獎：

(一) 確實執行法令，努力本職工作，成績優良者。

(二) 推行環境衛生及生活教育，成績優良者。

(三) 對校舍修建之監督，及財物之保管保養，負責認真，經考核成績優良者。

(四) 社會服務努力成績優良者。

有下列事蹟之一者記功：

(一) 革新改進本職業務，且努力推行，著有成效者。

(二) 對學校校務設施，有長期發展計畫，且能確實執行，成效卓著者。

(三) 對經費運用得當，能以有限財力，而獲最大效果者。

(四) 對偶發事件之預防或處理適當，因而避免或減少可能發生之損害者。

(五) 鼓勵捐資興學，成績優良者。

(六) 其他特殊優良事蹟，裨益世道人心，並能匡正教育風氣。

有下列事蹟之一者記一大功：

(一) 辦理重要業務成績特優，或有特殊效益者。

(二) 在惡劣環境下克盡職責，圓滿達成任務者。

(三) 搶救重大災害，切合機宜，有具體效果者。

(四) 執行重要法令克服困難，圓滿達成使命者。

有下列情形之一者，一次記二大功：

(一) 針對時弊，研擬改進措施，經採行確有重大成效者。

(二) 察舉不法，維護政府或學校聲譽權益，有卓越貢獻者。

(三) 適時消弭意外事件大變故之發生，或已發生能處置得宜，免遭嚴重損失者。

(四) 遇重大事件，不為利誘，不為勢劫，堅持立場，為國家、學校增進榮譽有具體事實者。

二、懲處部分

有下列情事之一者申誡：

(一) 處理業務失當，或督察不週者。

(二) 辦理安全防護工作不力，或疏忽失職，情節較輕者。

(三) 推行環境衛生及生活教育，工作不力，成績欠佳者。

(四) 辦理考試疏忽，以致錯誤者。

(五) 言行失當，有損團體名譽者。

(六) 其他辦理有關教育工作不力，成績欠佳者。

有下列情事之一者記過：

(一) 辦理考試違規失職者。

(二) 辦理本職業務，工作不力，影響計畫進度者。

(三) 對偶發事件之預防及處理失當，而招致損失者。

(四) 辦理各種文化活動，未盡職責，有損聲譽者。

(五) 違反有關教育法令規定之事項者。

有下列事蹟之一者記一大過：

(一) 違反政令或不聽合理調度者。

(二) 挑撥離間，破壞紀律，情節重大者。

(三) 違反紀律，致損害教育人員聲譽，或擾亂學校秩序，情節重大者。

(四) 故意曲解法令，致學生權利遭受重大損害者。

(五) 貽誤公務，造成重大過失，導致不良後果者。

(六) 言行偏激乖張，足以影響校譽或師道尊嚴者。

有下列情事之一者，一次記二大過：

(一) 圖謀背叛國家，有確實證據者。

(二) 怠忽職責或故意洩漏職務上之機密，致國家或學校遭受重大損害者。

(三) 違反重大政令，傷害政府信譽，嚴重影響校譽，有確實證據者。

(四) 侮辱、誣告或脅迫同事、長官，情節重大者。

(五) 涉及貪污或重大刑案，有確實證據者。

第五十四條　辦理成績考核時應併計當年度獎懲紀錄。年度成績考核採取「功過相抵，總分加權」方式；該學年度中經獎懲相抵扣，如有：

嘉獎一次，加考績總分一分。

記功一次，加考績總分三分。

記大功一次，加考績總分五分；年終考績不得列丙等以下。

記大功二次，加考績總分十分；年終考績不得列乙等以下。

申誡一次，扣考績總分一分。

記過一次，扣考績總分三分。

記大過一次，扣考績總分五分；年終考績不得列乙等以上。

記大過二次，扣考績總分十分；年終考績應列丁等。

第五十五條　本成績考核所需表冊格式另訂之。

第五十六條　年終考績之考核時間以學年度計，自每年八月一日起至次年七月三十一日止。技工工友之成績考核初核應於八月一日前完成。

第五十七條　技工工友年終考績之考核結果予以免職或解僱者，應於通知書內說明事實及原因。

　　　　　　前項受免職或解僱處分人員，於收到通知書三十日內，得向成績考核委員會申請覆審，逾期不予受理。覆審結果，認為原處分無理由時，應撤銷原處分，並改列考核等次；認為原處分有理由，應予駁回。

第五十八條　技工工友考核結果經核定後，應自次學年度第一個月起執行。考核結果應予免職或解僱人員，自確定之日起執行。

第五十九條　參與考核人員在考核未核定前，應嚴守秘密。考核委員對於本身之考核，應行迴避。

第 六 十 條　技工工友之成績考核，應根據確切資料，慎重辦理。如有不實之考核者，一經查覺，除考核結果予以重核外，其有關失職人員並予議處。

第 七 章　職業災害補償及撫卹

第六十一條　本校技工工友因遭遇職業災害而致死亡、殘廢、傷害或疾病時，本校應依下列規定予以補償。但如同一事故，依勞工保險條例或其他法令規定（如本校退休撫卹資遣辦法中撫卹部分）已由本校支付費用補償者，本校得予以抵充之：

　　　　　　一、勞工受傷或罹患職業病時，本校應補償其必需之醫療費用。職業病之種類及其醫療範圍，依勞工保險條例有關之規定。

　　　　　　二、勞工在醫療期間屆滿二年仍未能痊癒而不能工作，經指定之醫院診斷，審定喪失原有工作能力，且不合本條第三款之殘廢給付標準者，本校得一次給付四十個月之平均工資後，免除此項工資補償責任。

三、勞工經治療終止後，經指定之醫院診斷，審定其身體遺存殘廢者，本校應
　　按其平均工資及其殘廢程度，一次給與殘廢補償。殘廢補償標準，依勞工
　　保險條例有關之規定。

四、勞工遭遇職業災害或罹患職業病而死亡時，本校除給與五個月平均工資之
　　喪葬費外，並應一次給與遺屬四十個月平均工資之死亡補償。其遺屬受領
　　死亡補償之順位如左：

(一) 配偶及子女。

(二) 父母。

(三) 祖父母。

(四) 孫子女。

(五) 兄弟、姐妹。

第六十二條　　本校依第六十二條規定給付之補償金額得抵充就同一事故損害之賠償金額。

第六十三條　　本規則第六十二條之受領補償權，自受領之日起，因二年不行使而消滅。受領
　　　　　　　補償之權利，不因勞工離職而受影響且不得讓與、抵銷、扣押或擔保。

第六十四條　　依本校教職員工退休撫卹資遣辦法，技工工友因病故或意外死亡情形之一者，
　　　　　　　給與遺族撫卹金。

第六十五條　　依第六十五條技工工友之撫卹按其服務年資發給一次撫卹金，每服務半年給與
　　　　　　　一個基數，滿十五年後另行加發一個基數，但最高總數以六十一個基數為限，未滿
　　　　　　　半年者，以半年計。因公死亡之技工工友，其補償金按下列標準給與：

一、每服務半年給與一個基數，滿十五年後另行加發一個基數，但最高總數以
　　六十一個基數為限，未滿半年者，以半年計，除依上述規定發給外，另加
　　發百分之二十。

二、服務年資未滿十五年者，給與三十個基數。

第六十六條　　依本校退休撫卹資遣辦法，技工工友遺族領受撫卹金順序如下：

一、父母、配偶、子女及寡媳以未再婚者為限。

二、祖父母、孫子女。

三、兄、弟、姐、妹，以未成年或已成年而不能謀生者為限。

　　　前項遺族同一順序有數人時，其撫卹金應平均領受，並得由領受人出具同意書
推一代表具領；如有死亡或拋棄或因法定事由喪失領受權時，由其餘遺族領受之。
同一順序無人領受時，由次一順序遺族領受。第一遺族，技工工友生前預立遺囑指
定領受撫卹金者，從其遺囑。

第六十七條　　本校技工工友在勞動基準法施行前有關退休、撫卹、資遣之規定，由財團法人
　　　　　　　私校退撫共同基金管理委員會依本校教職員工退休撫卹資遣辦法辦理，惟私校退撫
　　　　　　　基金會所核給之退休、撫卹、資遣給與若低於勞基法之給與時，其差額由學校補足。

第六十八條　　請領撫卹金之權利，自請卹或請領事由發生之次月起，經五年不行使而消滅；但因不可抗力之事由，致不能行使者，其時效中斷；時效中斷者，自中斷之事由終止時重行起算。

第六十九條　　領受撫卹金之權利及未經遺族具領之撫卹金，不得扣押、讓與或供擔保。

第　八　章　　福利措施與安全衛生

第　七　十　條　　本校技工工友均由本校依法令規定辦理勞工保險及全民健康保險，並依相關法令規定享有保險給付權利。對於同仁生育、傷病、殘廢、老年、死亡等之給付，亦由本校依照「勞工保險條例」、「本校退休撫卹資遣辦法」及「全民健康保險法」，由學校辦理轉請勞保局、私校退撫會及健保局給付。本校技工工友到職後如尚未辦妥勞工保險及全民健康保險手續前，發生意外事故，致受傷害者，學校應照「勞工保險條例」及「全民健康保險法」規定辦理之。

第七十一條　　凡本校技工工友均得享受本校之一切福利事項。

第七十二條　　本校依勞工安全衛生有關法令，辦理安全衛生工作。

第　九　章　　附則

第七十三條　　本校為協調勞資關係，增進彼此瞭解，促進勞資合作，提高工作效率，依法舉辦勞資會議。定期開會，相互溝通意見，勞雇雙方應本和諧誠信原則，協商解決問題。

第七十四條　　本校設意見信箱及「員工申訴處理制度」，提供技工工友建言管道，以加強勞雇合作關係。技工工友意見申訴辦法如左：
　　　　　　　一、技工工友如以口頭申訴，應由各部門受理人員作成紀錄立即陳報處理。
　　　　　　　二、技工工友如有權益受損，或有其他意見時，得以申訴表或其他書面直接依本校申訴辦法循行政系統，提出申請事項，各單位主管應立即查明處理，或層報處理，並將結果或處理情形函覆申訴人。

第七十五條　　本規則若有未盡事宜或涉及技工工友其他權利義務事項，本校得依實際需要，並依有關法令規定之。

第七十六條　　本規則報請主管機關核備後公告施行，修正時亦同。

第二章
教師會組織與發展

壹、前言

工會（Trade Union）係指薪資所得者為維持或改善其工作條件所組織的團體，通常包括職業工會（Craft Unions）：由相同技術或職業勞工所組成；產業工會（Industrial Unions）：由單一產業勞工所組成；以及總工會（General Unions）：由多種不同產業和職業的勞工所組成。由於工會凝聚了多數的勞工，因而對生產環境的穩定有相當大的影響力，也是勞方與資方協調雙方關係的代表與基礎，其勢力甚至可擴及政治層面，協助政黨爭取選票，將其理想轉化成政治行動，如英國的工會（labour party）即屬之。社會學者對工會的研究主要著重在兩個層面：其一是勞工運動（labour movement），勞工藉以結合利益、推展福利及其在民主政治中的地位；其二階級意識（class-consciousness），工會與社會階級形成的關係，及如何轉化成意識型態，成為判斷行為與建構社會制度的標準。

《英國工會史》著者韋伯（Weber）夫婦言「工會為維持勞動條件，或改善目前狀況為目的之永久團體。」美學者柏達史（Poeters）謂「工會是以獲得及維持更有利的勞動及工資條件為主要目的，由被僱者獨立而永續組成的被僱人團體。」工會既然為一群為維持或增進權益而組合的團體，則由於彼此立場身分的不同，其組成的工會不外乎職業、產業、雇傭、勞動及婦女等類型。至於我國的教師會同樣的也是以保障教師權益，增進教師知能，發展教育專業，改善教師生活為其目的之團體。工會依其產業類及組織型態可區分為產業工會及職業工會兩種。因為工人們利害本是一致，而且地位也相同，所以他們很容易地為維持或增進權益而結合起來。而教師會即是以職業工會的雛型所產生的自發性的組織，是以在探索教師會組織時可以自工會的運作機制瞭解內涵。

貳、職業團體的起源與發展

職業團體的發展可以工會的濫觴為代表，工會發源於歐洲，為十八世紀末葉工業革命之產物。在工業革命以前，歐洲雖有類似職工團體一類的組織，但與現代工會的性質迥異。待至工業革命發生以後，工人被迫與生產工具分離，不得不以出賣勞力為雇主工作，工人被認為是為雇主管理役使之對象，其所提供之勞力，僅限於為了換取報酬以維生活；勞動力只是一種性質比較特殊的商品，因而否定了工人亦應有其基本權利，並忽視工人之人格與智慧及其對於社會之貢獻。尤其是雇主購置機器，需要巨大之投資；招徠工人，卻只不過花費一紙通告；於是而

有「機器重於人力」的不正確觀念，無視工人的困苦，抹煞工人的地位，引起了工人的怨懟，造成勞雇間的對立局面。工人為了團結本身的力量，以與雇主相對抗，而有工會之組織；工會在其初期，遂成為對抗雇主之團體。嗣後，由於生產技術之不斷改進，工業中人的因素，逐漸為雇主所發現和重視，勞雇關係由不平等的從屬關係，進化為平等的契約關係；必須以勞資合作的方式，激發工人的生產熱情，生產技術才會進步，生產量才能提高，勞資合作的理論與制度，遂逐步在歐美工業國家獲得實施，勞資關係已從「對立」狀態，邁進到一個「勞資合作」的新紀元；工會的性質，也由與資方相對抗的團體，轉變成為促進勞資合作的橋樑；在現代社會和經濟中，發生了甚大的作用。正如美國哥倫比亞大學歷史學系教授柯樂夫（Shepard B. Clongh）在其所著《美國文化的經濟基礎》一書中所說：「不論我們對於工會的觀念如何，總之有一件是不變的事實，那就是有組織之勞工，對於經濟的進步是有良好的功用的，它的機動能力，它的年齡組成，對於工作的意願，以及它的充足的人數，都是發展美國經濟的重要因素；美國的工會，目前已成為社會的中心力量和經濟安定的柱石。」我國的工會運動，與歐美工業國家有其相似之處，亦有截然不同之處；最所不同者，是時至今日，無論在歐美任何一個民主工業國家，工人依法組織工會，早已毫無問題。而在我們台灣，許多產業工人，一直到今天還不能獨立自主的進行其工會的組織。造成此一特殊現象的原因，第一、是工人的認識不夠；第二、是事業主的疑懼和阻撓；第三、是社會各界缺乏鼓勵與合作。總之，工會運動在我國有將近百年之歷史，在台灣也有五十多年的發展，不僅一般雇主和社會各界對於工會的性質不盡瞭解；即一般工人，也對工會的地位與作用缺乏必要而正確之認識。

工會發展於歐洲，是十八世紀末期工業革命的產物，在工業革命前，歐洲雖有類似職工團體一類的組織，但與現代工會的性質迥異。待至工業革命發生以後，由於「機械工業」取代了「手藝工業」和「工廠工業」取代了「家庭工業」，工人被迫與生產工具分離，不得不出賣勞力以謀生活；而雇主多藐視工人，工人亦多怨懟雇主，勞資雙方，形成對峙。尤其是工業革命帶來了工資、工時、安全、衛生、童工、女工等勞工問題，均與工人的切身利害攸關，工人為團體本身的力量，以與雇主對抗，謀求勞工問題之解決，而有工會之組織；工會在其初期，遂成為對抗資方的團體。到十九世紀，隨著工業革命的發展，工會運動由歐洲推展到整個世界，澳洲、美洲、亞洲各地，無不有工會組織之存在；迄至第一次世界大戰之後，各地的工會運動更加澎湃，但亦遭遇到許多的阻撓和困擾，始獲得今日之規模與發展。

由於初期的工會組織，在與雇主相對抗，不免常有糾紛發生；各國政府對於工會所採取之態度，雖容有不同，但大體上可以分為以下三個階段：

第一、禁止階段：工業革命產生了勞工問題，使工人在精神上和生活上受到許多的束縛和壓迫，工人為達到改良勞動條件以改善精神和生活的目的，乃秘密組織工會及俱樂部、互助會一類團體，從事團結和爭取的活動。但在其初期不為政府所承認，各國多採嚴格的禁止制度，以刑法或特別法加以取締。例如英國1800年的勞工結社禁止法，不僅禁止同盟罷工，而且規定凡要求改進勞動條件的任何協議，均視為妨礙產業之發展，一律處以共謀之。其他如丹麥、比

利時雖在憲法中承認人民有自由結社權，但對勞工團體則採禁止態度。瑞典、挪威、美國均在傳統上承認公民自由結合團體，但對工人的組織則視同例外。所以致此的原因有三：（一）十八世紀的經濟學者認為工會運動足以形成新的階級，造成不安，並將妨害經濟上自由放任的競爭。（二）中世紀遺留下來的「基爾特組織」造成社會的對立，在當時的部分主政者和雇主看來，工會組織實與「基爾特」性質無異。（三）勞工結合後，使怠工、罷工等行動較易發生，足以妨害生產事業之發展。

美國的勞工運動於 1950 年達於高峰，自此便開始緩慢的衰退，從 1970 年代末期至 1980 年代初期衰退加速，其後更快速衰退。1950 年美國勞工加入工會的比率大約占勞動人數的三分之一，一直落到今日僅達 13%。造成這種衰退的原因，已引起了許多不同的解釋與辯論。在社會學方面這些分析架構，反映出具有支配性的理論關係的趨勢。更具體地說，它們可以分為功能主義的及衝突觀點的兩種途徑。

一、功能主義的解釋

功能主義者關心價值系統對工會化的關係，許多功能主義者相信現代化工廠系統是使 1930 年代工會成長及 1950 年代工會衰退的核心。他們主張，工會在大型製造業工廠得到最大的成功是由於這些工業把價值放在工業及社會安定方面的結果。勞工參與工廠作成決定使得生產更為可以預期，自然有助於工會的蓬勃發展。功能主義者以兩種方式來解釋工會的衰退。第一、它與工會在這些大型製造工廠已達到飽和同時出現。比爾（Bell）及李普賽（Lipset）於 1950 年代及 1960 年代早期預言在可組織工會的大型製造業工廠的數量減少時工會運動就會失去動力。李普賽提出工會在集體化取向下，使它們不易參與富於個人主義的文化。僅在例外的時期，當美國個人主義受到嚴重威脅（例如經濟大蕭條）時，工會才會成長，一旦這些時期過去了，一切回復常態，個人主義價值再度出現，導致對工會的支持衰退。

二、衝突理論的解釋

第二種社會學的途徑來自衝突理論的傳統，可以分為兩種不同派別：韋伯主義派（Weberism）及馬克思主義派（Maxism）。（一）韋伯主義派的核心是在兩種組織的行為人——企業及工會——之間互相競爭以便取得工人的效忠。每一方都運用它可得到的資源來吸引這些人。在過去五十年中，此種競爭是使用薪俸及附加福利的方式。在 1930 年代只有工會設法使工人獲得他們所希望得到的經濟利益，這使得大企業可充分從事工會化。可是，現在情況本身已變得相反，那就是大型富裕的企業在利用經濟競爭以獲得工人的效忠方面最為有效。（二）馬克思主義派：對工會衰退最重要的解釋之一來自馬克思主義的傳統，著重於結合雇主的抵抗和分析工會本身所做的努力的衰退。資本家是由於害怕工會的力量或發現對他們的經濟有所影響，因而百般企圖減少他們組織工會的努力。

參、教師會的功能與運作

　　工會能吸引人們的投入，最主要是能夠以集體方式產生集體交涉，使其成員免於工作條件的惡化，克服個人無法達到改善目的的困擾。勞工成員所爭取的主要的是下列三點：1.提高薪給與福利。2.合理的監督，各級主管要以良好的人事關係技巧予以下屬適當的尊重。3.工作有保障具有健全勞工組織的團體，多半能達到此些目的，使其勞工組織產生效能，獲得合理的權益。

　　我國工會法規定：「工會以保障勞工權益，增進勞工知能，發展生產事業，改善勞工生活為宗旨。」儘管各國工會宗旨不盡相同，但就保障勞工的權利和利益而言是一致的。工會是社會的縮影，也是諸勞工間為爭取利益所結合而成的團體，工會和工會幹部必須從多方面去瞭解設立的宗旨，才能經由不斷的改進，以強化工會功能。在經濟發展的過程中，工會運動的抗爭必然是隨著一起成長，且為政府施政所重視和關心的焦點。在勞資爭議日益頻繁的時刻，工會未來的職責，是如何調和勞資利益，促進勞資關係的和諧合作。同樣的，教師會要在未來的互動關係和教育發展過程中，扮演更積極的角色，首先必須促進內部的民主化，並建立良好的公眾形象，讓政府及社會大眾瞭解教師會本身是站在民主的基礎上，來保障教師合理的權益，並對維護教師權益予以肯定。除此之外，教師會未來在人力資源品質的提升和促進教師參與上更扮演著不可或缺的角色。

　　依據我國工會法的規定，工會之任務如下：

1. 團體協約之締結、修改或廢止。
2. 會員就業之輔導。
3. 會員儲蓄之舉辦。
4. 生產、消費、信用等合作社之組織。
5. 會員醫藥衛生事業之舉辦。
6. 勞工教育及托兒所之舉辦。
7. 圖書館、書報社之設置及出版物之印行。
8. 會員康樂事項之舉辦。
9. 勞資間糾紛事件之調處。
10. 工會或會員糾紛事件之調處。
11. 工人家庭生計之調查及勞工統計之編製。
12. 關於勞工法規制定與修改、廢止事項之建議。
13. 有關改善勞動條件及會員福利事項之促進。
14. 合於第一條宗旨及其他法律規定之事項。

　　工會是透過群體交涉或集體行動，以謀求勞動條件之改善及薪資所得之提升的永久性勞工組織，亦惟有工會與雇主間開誠布公相互合作，方能確實保障勞工權益，促進企業的經營成長。就工會的功能而言，工會是屬於一種建設性的組織，有其積極功能；就經濟性功能而言，其目

標在改善與維持所屬會員的勞動條件；就政治性功能而言，主要在運用群眾力量，以影響立法者選任之活動，從而影響勞工立法之內容，以通過有利於勞工的法案；就社會性功能而言，乃透過勞工組織的發展，為其會員爭取幅利、保障並從事社會服務工作；就教育性功能而言，工會可做為勞工的屏障，提高勞工的自尊心及責任感，促使勞工人格正常發展。

團結權、團體交涉權及爭議權，被稱為「勞動三權」，或勞工之集體的基本權。勞動三權在概念上雖有分別，但在發揮其實現集體勞工之生存權及工作權之功能上，絕對不可分割而任缺其一，同為促進工運發展，維護勞工權益的有力憑藉。因為團結權是勞動者進行團體交涉及集體爭議行為而為團結活動之基礎。若無團結權，則團體交涉權及爭議權，將是有名無實，因此，團結權之保障通常含有團體交涉權及爭議權一併予以保障之意思。工會法制有賴此基本權為基礎而建立，各國工會運動亦有賴此基本權受到保障，始能健全發展。茲分述如下：

一、團結權：本項權利係為保障勞工得自由結合組織工會或其他勞工組織，並保障勞工團體之存在及其活動自由而設，故亦稱為組織權。例如：德國威瑪憲法第 159 條，法國第四共和憲法前言，義大利憲法第 39 條及日本憲法第 28 條，均有明文規定，並作為各該國家工會法之立法依據。我國工會法對於勞工之團結權，亦有明文保障。

二、交涉權：本項權利係為保障工會或其他勞工團體與個別雇主或雇主團體間，就勞動條件或其他有關事項為交涉而訂立團體協約之權利，故亦稱為協約權。例如：國際勞工組織第 98 號公約，美國塔虎脫哈特萊法案（the Taft Hartley Act）第 101 條，均有明文規定。我國亦特別制定團體協約法，對於團體協約之產生及其法律效力，明文規定。

三、爭議權：本項權利係為保障工會為貫徹其對於勞動條件之主張而採取爭議行為之自由的權利。例如：義大利憲法第 40 條，法國憲法前言，德國威瑪憲法等，均有明文規定予以保障；美國與日本亦以有關法律及判例，對於勞工之爭議行為，排除其民事及刑事責任，並以不當勞動行為制度，具體保障勞工之爭議權。我國工會法及勞資爭議處理法並不禁止勞工行使爭議權。

參採全國教師會其設置的目的為：「以增進全國教師之專業知能、提升教育品質、改善教育環境、保障教師之生活及加強國際教師組織聯繫為宗旨。」至於其主要的功能揭示於章程中為：

一、維護教師專業尊嚴與專業自主權。

二、維護學生學習之權益。

三、依法派出代表參與教師聘任、申訴及其他與教師有關之法定組織。

四、依法派出代表監督離職給付儲金機構之管理、營運、給付等事宜。

五、各會員業務之輔導及支援。

六、教育政策之研究建議與推動立法。

七、課程、教材、教學方法之研究。

八、協助教育主管機關建立各項教育規準與指標。

九、辦理教師專業知能之研習進修。

十、全國教師聘約準則及團體協約之協議與修正。

十一、教師權益之保障及增進事項。

十二、協助解決各教育主管機關及各會員之問題。

十三、教師工作環境之調查統計與建議事項。

十四、舉辦對教師之福利服務活動。

十五、與國內各機關、團體之溝通、聯繫。

十六、與各國教師組織合作與聯繫。

十七、訂定全國教師自律公約。

十八、接受會員教師委託，提起團體訴訟。

　　這些功能已包括勞動三權的主張。

肆、職業團體的未來發展

　　台灣地區近年來工會的演變情況，深受下列因素的影響：第一、政治改革的衝擊力往往居社會改革的主導地位，足以加速社會改革。第二、隨著黨禁的解除，使位居全國人口大多數的勞工，也是最大的選舉人口，成為各政黨關切注目的焦點。第三、藉著報禁的解除，使各地的勞工運動易於透過媒體的迅速傳播，廣知大眾，擴大學習效應。第四、廢止動員戡亂期間勞資糾紛處理辦法，使工會罷工權的行使成為可能。

　　自民國 76 年 7 月 15 日政府宣布解除戒嚴以來，勞資關係的緊張形勢頓時升高。勞工權利意識覺醒，勞資爭議案件頻仍，工會組織快速成長，以現今勞工參與工會的人數計達二八六萬人，工會組織率為 38.5%。（勞委會，2000）勞工活動一時呈現出蓬勃發展的新氣象。工會「組織自由化」、「運作自主化」、「會務民主化」成為工會積極欲努力實現的目標，也成為政府工會政策的新方針。探究解嚴後工運勃興的背景成因有以下數點：

一、社會發展遠落後於經濟發展的反彈現象：長期以來勞工應有的法定權利未曾充分享有，被視為是以經濟掛帥而忽略社會發展的結果。

二、產職業結構改變所引發的問題：隨著產業結構的升級，二、三級產業人數生產快速，更多具有技術和知識的受僱者投入勞工市場且其更具有藉工會組織來保障其權利的意願。

三、勞工教育程度普遍提升：由於教育普及，經濟發達的結果，白領勞動者的人數大量增加。受過大學教育者更逐漸成為領導工運的中堅力量。

四、勞工性格的轉變：民國 50 至 60 年代，勞工將生活和生存的重心由鄉村轉向都市，對土地的認同感也轉到對城市和工廠的認同。70 年代以後，台灣在今大抵已全部工業化，農村已不具備都市事業問題的調節功能，薪資成為勞工生活的惟一依賴，加上消費需求大增，勞動者對自身權益的認同乃相對提高。況且，工廠與都市提供了勞動者團結的便利環境。今日，都市型態的勞工有幾項值得重視的特性：1.自信心增強；2.自覺性提高；3.對公共事業

參與能力與意願提升；4.接受新觀念、新事物的傾向強化；5.對社會及政治革新有相當高的期望。

五、所得分配不均的趨勢：87年至93年台灣地區所得分配情形以可支配所得按戶數五等分為標準，最高與最低的差距已自原有4.85倍提高到6.40倍。我國所得差距在世界各國中雖仍屬分配平均的少數國家之一，但已有惡化的傾向。

六、傳統倫理觀念的解體：傳統的勞雇關係強調是一種「上對下照顧，下對上服從」的倫理關係，已被平等的夥伴關係主張所取代。

上述的工會組織發展亦影響教師組織，如以全國教師會為例：中華民國全國教師會是一個老師們的職業團體終於在民國88年2月1日成立了，成為全國最大的民間團體，為老師的專業組織，也是老師的服務組織。其法律依據是依教師法第26條所成立之全國性教師會。會員組成為各縣市教師會，例如台北市教師會、台北縣教師會。縣市教師會則是由學校教師會組成，以全國教師總數來算約二十五萬人，會員社經背景相當平均整齊。該會下設有各級教育委員會，目前有高中職教育委員會、私校教育委員會、性別教育委員會、生態教育委員會、原住民教育委員會，以研究及解決各層級教育問題。組織分工設有政策部、教學研究部、資訊部、文宣部、組織部、外事部、福利部。該會活動除了各項法案推動外，亦有教師各項聯誼活動、教師節慶祝活動、推展讀書會、義工服務、成長團體、會員福利優惠購買等活動。

伍、結語

教師會是教師的組合，是鑑於以往以個人力量無法保障自身權益，而結合多數教師，以爭取集體利益所組成的團體。因此，教師會的目標，應由會員全體來決定，由會員全體來運作，教師會的經費應由會員全體來支持，如此才能發揮「集體」的力量，達成教師會的目標，爭取會員全體的利益。所以，教師參與教師會事務才是真正健全教師會之道；而參與就是民主的表現，所以教師會內部的民主化，對於健全教師組織是一必備的要素。

審視國內未來教師會組織之趨勢，除繼續充當溝通的橋樑外，自立自強繼而達成國家繁榮應是教師會組織積極的目標；近來社會興起的「社區主義」及「公民社會」等觀念，除可運用於政治理念外，對於教師會組織的經營與運作，亦是一相當良好之方法論；教師會組織於自身的反省與改進中，逐步健全本身體制，因應社會發展趨勢，將可形成良性之競爭，其結果將是各部門單元共識的凝聚，匯集而成的力量將是未來我國政經發展的動力；展望未來，教師會組織仍將於國家教育政策上，扮演一積極而重要的角色！

附錄：教師會組織範例

○○○教師會章程草案

第　一　章　　總則

第　一　條　　本章程依據教師法及相關法令訂定之。

第　二　條　　名稱為○○○教師會，以下簡稱本會。

第　三　條　　本會會址設於○○○所在地。

第　二　章　　宗旨與任務

第　四　條　　本會以保障學生受教權益，維護教師專業尊嚴，並藉由推動教育改革成功，以
　　　　　　　提升教育品質為宗旨。

第　五　條　　本會之任務如下：

　　　　　　　一、維護教師專業尊嚴與專業自主權。

　　　　　　　二、推動教育改革並保障學生受教權。

　　　　　　　三、研究並協助解決各項的教育問題。

　　　　　　　四、辦理各項教師所需要的服務活動。

　　　　　　　五、與學校協議本校的教師聘約。

　　　　　　　六、與其他教師會之合作與聯繫。

　　　　　　　七、派代表參加與教師有關之法定組織。

第　三　章　　會員

第　六　條　　凡本校專任教師向本會提出入會申請並繳交會費，即為會員。代理教師得申請、
　　　　　　　繳交會費，為準會員。

第　七　條　　會員、準會員具有下列權利：

　　　　　　　一、參加本會之各項活動。

　　　　　　　二、享受本會提供之服務。

第　八　條　　會員、準會員具有下列義務：

　　　　　　　一、遵守本會章程，履行本會決議及團體協約。

　　　　　　　二、繳納會費。

第　九　條　　會員、準會員有違背本會章程、決議、教師聘約準則及自律公約時，經監事會
　　　　　　　調查屬實，提報理事會決議，得給予勸告、警告、停權半年內等處分；提報大會，
　　　　　　　經出席人員三分之二同意，得給予除名處分。被除名後一年之內不得再申請入會。

第　四　章　　組織及職員

第　十　條　　本會以會員大會為最高權力機構；理事會為執行機構，並於會員大會閉會期間
　　　　　　　代行其職權；監事會為監察機構。

第 十一 條　　會員大會每年由理事長召開一次，必要時得由理事會決議或會員五分之一以上
　　　　　　　連署召開臨時會員大會，其職權如下：
　　　　　　　一、通過及修訂章程。
　　　　　　　二、選舉、罷免理、監事。
　　　　　　　三、聽取、審查理、監事工作報告。
　　　　　　　四、選派依法組織之各項教師代表。
　　　　　　　五、議決本會工作計畫、預算、決算、重大會務、會費及提案。
　　　　　　　六、處分本會之財產。
第 十二 條　　理事會設理事九人，候補理事三人；監事會設監事三人，候補監事一人。
第 十三 條　　理事會之職權如左：
　　　　　　　一、議決會員代表大會之召開事項。
　　　　　　　二、審定會員（會員代表）之資格及處分。
　　　　　　　三、選舉罷免理事長。
　　　　　　　四、議決理事、理事長之辭職。
　　　　　　　五、審議會務人員任免。
　　　　　　　六、擬定年度工作計畫、報告、預算、決算。
　　　　　　　七、其他應執行事項。
第 十四 條　　理事會設理事長一人，由全體理事互選、罷免之。理事長對內綜理會務，對外
　　　　　　　代表本會，並擔任會員大會、理監事聯席會主席。理事長不能視事或請假時由理事
　　　　　　　互推一人代理。
第 十五 條　　理事會每三個月召開一次，必要時得由理事長召開臨時會議。
第 十六 條　　監事會之職權如左：
　　　　　　　一、監察理事會工作之執行。
　　　　　　　二、審核年度決算。
　　　　　　　三、選舉罷免常務監事。
　　　　　　　四、議決監事、常務監事之辭職。
　　　　　　　五、其他應監察事項。
第 十七 條　　監事會設常務監事一名，由監事互選產生，監察日常會務，並擔任監事會主席。
第 十八 條　　理、監事任期二年，連選得連任。但理事長之連任以一次為限。
第 十九 條　　理、監事均為無給職。
第 二十 條　　理、監事有左列情事之一者，應即解任：
　　　　　　　一、喪失本會所屬會員之個人會員資格者。
　　　　　　　二、因故辭職經理、監事會通過者。
　　　　　　　三、被罷免者。

四、受停權處分期間超過任期二分之一者。

第 廿一 條　　本會得設各組以推展會務，各組組長由理事長從會員中提名並提交理事會審議同意後聘任之，解聘時亦同，組長為無給職。

　　　　　　本會設總幹事一名，幹事若干名，以處理本會一般行政業務，並負責與各相關單位之聯繫工作。

　　　　　　總幹事、幹事為專職人員，由理事長提交理事會審議通過後聘任之，解聘時亦同。

　　　　　　如有特別需要，本會得設特別委員會以及聘請顧問，由理事長提交理事會審議通過後設立、聘任之。

第 廿二 條　　監事會每三個月召開一次，必要時得與理事會召開聯席會議。

第 廿三 條　　理、監事應親自出席理、監事會議，不得委託出席；理、監事連續二次無故不出席會議者，視同辭職。

第 廿四 條　　本會應於召開會員代表大會十五日前，或召開理事會、監事會、理監事聯席會議七日前將開會通知單報主管機關備查，並將會議紀錄於開會後三十日內函報主管機關備查。

第 五 章　　經費及會計

第 廿五 條　　本會經費來源如下：

　　　　　　一、會費：會員年費　元，於三月份繳交。未滿一年者，以半年計。

　　　　　　二、捐贈。

　　　　　　三、其他收入。

　　　　　　四、以上收入之孳息。

第 廿六 條　　本會會計年度自每年一月一日起至十二月卅一日止。

第 六 章　　附則

第 廿七 條　　本章程未規定事宜，悉依有關法令規定辦理。

第 廿八 條　　本會辦事細則及各辦法，由理事會訂定之。

第 廿九 條　　本章程由會員代表大會通過後施行，變更時亦同。

第三章

大學教師申訴制度與教師權益保障

壹、前言

　　教師申訴權，是我國憲法中賦予教師的「請願」、「訴願」及「訴訟」權；亦即教師權利受行政機關或學校之行政處分而受損表示不服，以書函等文書程序請求救濟之權利。教師法於 84 年 8 月 9 日制定，其中規定教師對主管教育行政機關或學校有關之個人之措施，認為違法或不當，致損其權益者，得向各級教師申訴評議委員會提出申訴。於焉確立教師申訴評議單位，對於教師權益之保護由放任各學校自行建立行政救濟管道進步至法制上救濟機構之成立，使救濟制度更臻健全。教師申訴評議委員會之設置，在積極意義上，使主管教育行政機關或學校在作成行政措施時對於教師權益之維護，更加謹慎衡酌；在消極意義上，使教師權益受損害時多一體制內速捷之救濟途徑。

　　在科技日新月異的發展之下，隨著社會急速的變遷，教育的制度精神，也應隨著改革。今天的教師已經不能單憑「夫子權威」得到尊重，而應該配合民主法治社會的進化腳步，調適觀念與教育方法，才能快樂信任。換句話說，面對二十一世紀工業化社會的來臨，我們必須跟著發展「多元柔性的教育體系」才行。而法制的條件，是提供發揮教育自治的精神，建立秩序、保障基本權益及活力的根基，期望我們的研討，能夠更開拓教育工作者的新境界。

貳、大學教師的權利與監督

　　教師是一群從事教書為職業的知識份子，由於他們肩負著歷史文化的傳承，開啟人類文明與進步的時代使命，形成一群相當特別的族群，在國家構成要素而言，他們是國民的一份子，自然應享有國民應享的權利與國民應盡的義務；在從事職業的觀點而言，他們是傳遞歷史文化，延續民族傳統，促進人類進步的重責大任，在國人尊師重道的傳統觀念下，「教師」這個名銜卻享有至高的名望與權威，在中國歷代君王，對老師均給予禮遇與尊崇，沿襲至今教師仍被一般國民所重視著。

　　「教師法」，作為教育人員人事制度的基準法，為維護教師權益，依據規定教師對教育行政機關或學校有關其個人之措施，認為有違法或不當致損害其權益者，得提出申訴。一旦申訴案件經評議確定時，則主管教育行政機關應即負起執行之責任，若教師不願申訴或不服申訴之案件，則規定可按其性質決定到底應提民事訴訟或行政訴訟，期於教師認其權益受損時，得有訴求公平之途徑。

依據「大學法」所述規定，大學以研究學術，培育人才，提升文化，服務社會，促進國家發展為宗旨。大學應受學術自由保障，並在法律規定範圍內，享有自治權。據此大學的組織大約可歸納出如下特性：

一、分業化：大學每一科系所至少一種專業領域，專業背景分殊，彼此極難瞭解。

二、專業化：大專校院教師各在專業之研究領域鑽研，其學術成就可接受評論與質疑，卻不容否定其價值。

三、任期化：大學除一般性行政由具有資格之行政人員擔任外，包括校長、副校長、教務長、學生事務長、院長、系主任、所長及其他學術性主管迨由教師擔任，且均採取任期制。故相較於一般機關，主管之更換頻率較高。

四、內造化：大學法規定「大學法應受學術自由之保障，並在法律範圍內，享有自治權。」及承認大學享有法律規範內之自治，同法又規定校務會議、行政會議、教務、學生事務、院務、系務、所務、教師評審委員會、教師申訴委員會等等，以法律訂定各種法定組織，職司各種職權，創設校內各種法令規章，解決權限事務。

五、多元化：大學猶如一自治社會，有前述之種種法定組織，通常並未排除參與或擔任其中一種組織或職位即不得參加或擔任另一組織或職位之規定，故組織及成員交叉重疊，錯綜複雜。

六、民主化：大學事務常以民主化分權，使各種制度或問題以組織委員會或類似之組織共同研究研商建立法令規章或解決問題。但亦形成大學事務決定之權責不均衡現象，亦即委員會固有權決定事務交行政單位辦理，但因其決定所發生誤失卻大多由行政單位承受之現象。

參、大學教師的權利與職責

至於教師權利之種類，經參採相關法規計有：

一、憲法上的權利

教師與一般人民相同，舉凡憲法上所規定人民之權利（一般稱之為民權條款），教師同樣享有之。憲法上的民權條款有十二種：1.平等權（第 7 條）。2.人身自由權（第 8 條）。3.不受軍事審判權（第 9 條）。4.行動自由權——居住及遷徙自由（第 10 條）。5.思想自由權——言論講學著作出版之自由（第 11 條）。6.通訊自由權（第 12 條）。7.宗教信仰自由權（第 13 條）。8.集會結社自由權（第 14 條）。9.經濟受益權（第 15 條）。10.行政受益權——請願訴願訴訟權（第 16 條）。11.參政權（第 17 條）。12.應考權及服公職權（第 18 條）。以上十二種基本人權，與教師本身職務最貼切者，為講學著作出版自由權，及行政受益權（尤其教師之申訴權）。事實上教師其他重要之權利，無不植根於此。

二、民法上的權利

　　教師與一般人民相同，擁有同樣範圍的私法上權利。這些私權，可分為財產權及身分權。財產權有債權、物權、準物權、及無體財產權四種。身分權有姓名權、肖像權、人格權、親權、及繼承權等。教師的私權受到侵害，當然可以跟一般人一樣提起民事訴訟請求賠償。這種訴訟權，乃是憲法所賦予的權利（憲法第 16 條），教育行政機關或校長都不可加以干涉阻撓剝奪，否則違法。

三、刑法上的權利

　　刑法上的權利，是指被保護的客體。少年法上的權利，是指教師有協助犯罪的學生（少年）進行訴訟的權利。教師與一般人一樣，都是刑法上被保護的客體。依照一般習俗教師的地位崇高，應該受到更加嚴密的保護。無公務員身分的教師（即未兼任行政職務的教師），就無受刑法第 134 條加重其刑二分之一的適用。

四、教師專業上的權利（行政法上的權利）

　　教師專業上的權利，國內學者尚未加以討論。德國學者早於四十年前陸續討論，家長學生與學校之間發生各種爭議，經常打行政官司，經過行政法院判決確定，成為定型之原則。茲擇其重要並適用於我國者列舉如下：教師擁有公務員之權利，教師擁有學校權利，能製作及運用教材教具權利，參觀與教學觀摩權，成績考核權，出具證明書及成績單之權，教育之自由權及學術自由權（相當於我國憲法所定之言論講學著作出版自由權），休假權，受照顧與受保護權，職銜與榮譽享用權，人事檔案閱覽權，結社與政治活動權，行政上申訴權等等。

五、訴訟法上的權利（訴訟權）

　　教師的權利被侵害時，當然有權訴請法院除去其侵害。如何提起訴訟？須視被侵害的客體而異。如果職務上的權益被侵害，可以向學校或教育行政機關申訴。目前各級教育行政機關都許有申訴審議委員會，裁決教師的申訴是否有理由。如果不服裁決，可以向上級機關提起異議。此外，教師與一般人民一樣，如受學校或教育行政機關行政處分不服時，可以提起訴願、再訴願、及行政訴訟。訴願程序必須依照訴願法，提起行政訴訟必須依照行政訴訟法為之。教師的身體生命財產受到侵害時，可以提起刑事訴訟，請求追訴處罰犯罪之人，並可以提起民事訴訟，請求被告賠償損害。提起刑事訴訟，必須依照刑事訴訟之規定。提起民事訴訟，必須依照刑事訴訟之規定。在刑事訴訟程序，也可以提起附帶民事訴訟，請求對被告判刑，同時請求被告賠償損害。

　　教師的學術自由，雖然受到憲法的保障，但是法理上如上所述，在「權利與責任」相當原則的要求之下，教師也負有相當的學術責任。

一、自律責任：大學、中小學各有其教育制度上的目的與方式，大致而言，中小學的教育比較注重學生知識與技能的學習，並以養成對國家、社會及文化的基本態度為要務；而大學則著重於學生自動追求學問的研究與人格的陶冶。教學的工作具有學術的本質，教育工作者亦必須本諸學術倫理，接受學術公開的批判與監督。教育的崇高理念是「有教無類」，所以學校應是滿足公益，協助有志追求學問的人，進行學習研究的場所。

二、國家監督：在憲法保障學術自由的原則之下（憲法第 11 條），雖然大學的機構無論在組織或管理上，均有賴於國家公權力包括人力與物力的支持；也因此教育制度本身，具有社會的公開性，在民主法治社會中必須接受社會公開的批判，並且應受國家基本政策的約束（憲法第 162 條）。特別是對於國民教育，國家更直接負有興辦的義務，教育監督權的作用，尤具重要性。

　　學校的成立或組織，常有因國家、地方政府或其他團體的出資支持，而分稱公立學校、私立學校的情形。但是成立之後同樣在執行教育文化權，其做為學術教育機構的特性，兩者則無二致。為了貫徹學校教育的中立性，保障教務自治，許多國家在學校成立之後，無不予以學校法人的地位，強調學校的獨立性。從而學校監督權的行使，亦異於一般的行政監督。

　　在學術自由的範圍之內，國家行使監督權的目的，是在於審查學校的組織即行政作業，是否有違背國家現行的法令的問題為限。性質上屬於一種「法律監督」，而非「事務監督」。在其他學術自治範圍以外的教育行政事務，則由教育及科技主管單位，直接參與督辦，在法律監督以外，同時行使「事務監督」。

　　基於學術自由及教務自治乃屬憲法的保障，教師與國家的關係，性質上與一般公務員之「特別權力關係」不同，宜是一種教育權的特別委任關係，其緣由係因為教師是根據「聘約關係」擔任教學研究工作。

肆、教師申訴的作為與實況

　　依據我國現行法令規定，教師權利受損，不得藉訴願、和行政訴訟等程序請求救濟。因為依據有關法令規定，教師與國家之法律關係，有時係解釋為「特別權力關係」；有時係解釋為「私法契約關係」。多因法令依據的相殊，遂有不同的詮釋。此種情形，於教師權利發生糾紛時最為顯著。當教師發生不公之「記過」或「申誡」等行政處分時，若向上級主管機關藉行政監督請求糾正，行政部門大都認為教師與國家的關係，是「特別權力關係」；亦即「命令」與「服從」的關係，相對人有絕對「服從」義務而駁回。若其發生「停聘」或「停止續聘」之糾紛時，其行政部門或行政法院，則又本諸「私法契約關係」的觀念，請其向普通司法機關，提起民事訴訟，請求救濟。若向普通司法機關提起民事訴訟，則因涉及行政程序者，又基於「特別權力關係」的觀念，令向行政部門請求糾正，此等判例，不勝枚舉。

教師人員權益的維護，有積極與消極的二大途徑。積極的方面是強化教育的保障制度，從教育行政及福利措施，去謀求教育權行使的保障及教師身分權的福利。消極方面則指教師權益受損的時候，可以透過法律救濟程序，加以保護。教師的私權及法益受到侵害時與一般國民一樣，享有民事訴訟及刑事告訴權，其理明甚，成為問題者，則是行政爭訟的權限。

教育部於80年2月8日頒布「教師申訴評議委員會暫行設置辦法」，允許教師申訴。此項制度，在於強化行政內部的救濟管道，用意甚佳；惟在民主法治國家秩序的要求之下，將來在教育人員服務法中，有正式的法律基礎，方能發揮法制保障的效力。

教育部教師申訴評議委員會自82年至92年，十年之間共受理621件申訴案（民92），依該會統計，第四屆委員會（任期88.9.1-90.8.31）受理教師申訴案中，屬專科以上學校的教師升等案為40件（占所有申訴案之18.9%）。但至第五屆（任期90.9.1-92.8.31）屬專科以上學校的教師升等案已增至56件（占所有申訴案之25%），尚不含校內申訴案及提請訴願、行政訴訟案。可見，教師升等之爭訟案件已有日益增加之趨勢。相較於中央教師申訴評議委員會所審理之其他案件，這也是最大宗的來源。

表1：中央教師申訴評議委員第五屆受理案件分析資料

類別	屬性	級別				件數
		大學	高中職	國中	國小	
懲戒案	記過、申誡	1	8	1	9	19
聘任案	解聘、不續聘	16	10	2	1	29
升等案	教師升等	56	0	0	0	56
敘薪案	俸級	6	4	0	1	11
考績案	考績	5	23	10	9	47
其他	含鐘點費、退休及在職進修	30	21	5	6	62
合計		114	66	18	26	224

資料來源：教育部92年度教師申訴業務實務研討會會議手冊，P.7。

教申會在處理教師升等之申訴案件，是對教評會的「決定過程」及「決定本身」有無違法予以審議，亦即是程式問題之審議，對於實體問題仍應依教評會之決議，申請升等教師的表現是否符合升等標準的審查與認定，係屬於教評會的職權，教申會與教評會各有其角色定位，雖有助審議時之聚焦，但若未能掌握若干改變實體問題之決定，其效果有限。

教師申訴係教師對主管教育行政機關或學校有關個人之措施，認為違法或不當，致損其權益者，向各級教師申訴評議委員會提起請求救濟之方法。係論其要件如下：

一、申訴主體為專任教師

依教師法第 3 條「本法於公立及已立案之私立學校專任教師適用之。」又教師法施行細則第 2 條規定專任教師係指各級學校編制內，按月支給待遇，並依法取得教師資格之教師。故申訴僅限於專任教師，不及於兼任教師。且其須有按月支給待遇，如有留職停薪之情形，則亦不得提起申訴。因此大學中非教師但其職級相當於教師者對主管行政教育機關或學校有關其個人之措施，認為違法或不當，致損其權益者，不得向教師申訴評議委員會提起申訴，如研究人員、稀少性科技人員、專門技術人員、客座教師、客座研究人員、博士後研究人員等均不得向教師申訴委員會提起申訴。但須說明者，上列人員不得向教師申訴委員會提起申訴，非謂學校不得為這些人員創設申訴管道。

二、須措施違法或不當

（一）教師法對於主管教育行政機關或學校對於教師個人所作之行政行為不稱「行政處分」，而稱之為「措施」，望其文義似較行政處分寬泛，推臆其義乃其與訴願法所定義「行政處分」有所區分，因申訴係教師個人對主管教育行政機關或學校之行為認為違法或不當，損及其權益即可提起，初不論其原可循訴訟、訴願或其他保障法律之規定尋求救濟。且對學校措施不服提出申訴不論係對作成措施之行政單位或校長，二者均非訴願法嚴格定義之「行政機關」，故無法依訴願法之規定使用「行政處分」一詞。又或因申訴條款之適用非僅限於公立學校教師，並適用私立學校教師，而私立學校非行政機關，其對於其教師所作之單方行政行為為可認係行政處分，故另定義為「措施」，以求廣泛包涵。但就內涵而言，應與「行政處分」雷同，故在思考上大多可以援引「行政處分」之概念。

（二）措施違法或不當，違法係指措施欠缺合法要件，不當係指雖未違法，但不合措施之目的性。前者如教師評審委員會為教師升等評審時未足數法定人數，後者如研究室不慎失火，及限制教師永遠不得申請使用研究室。

三、須損害教師之權利或利益

所謂權利係指個人在國家法律秩序中之法的地位，包括憲法或法律上所保護之利益。所謂利益則指尚未成為權利之各種值得保護之利益。教師法定權利約有如下：

（一）身分保障權。教師非有法定事由經系級、院級、校級教師評審委員會通過，並報主管機關核准，不得解聘、停聘或不續聘。我國現行法對教師之道德約束性高，除兼任行政人員之教師適用公務員相關法律得加以懲處外，尚無懲戒或行政懲處之規定。

（二）俸給權。

（三）退休金權。

（四）撫卹金權。

（五）保險金權。

（六）福利互助權及互助金權。

（七）請領生活津貼權。

（八）公教人員輔導購住宅權。

　　教師之研究成果發表與否，或是在何時何處發表，是否係教師本於學術自由而須享有之權利，或應視為教師領取俸給應有之義務，誠值深思。如視為權利，則教師從事研究與否，無可要求及監督，可謂本其良心；如視為義務，則限定教師於一定時間發表一定質與量之研究成果，否則不續聘。二者差距不可謂不大。晚近台灣大學創先建立所謂教師再評估制度，應係認為教師之研究為其義務，故課以其接受聘任之考核責任。

四、須措施係對其個人

　　如係學校之抽象規定，限制不特定或多數人之一定權利，非對於個人或確定之多數人，則個人不得提起申訴。

五、須因違法或不當之措施致損其權益

　　教師提起申訴時須主張其權益之損害與措施有直接因果關係，因措施而間接所受之損害則不與之。而所謂「須因違法或不當之措施致損害其權益」係指其提出申訴時有主張即可，非謂提起時即須先判定或證明，確否因違法或不當之措施致損其權益係申訴評議時判定其有無理由認定。

伍、建立周延的教師申訴制度

　　自西洋思想傳到我國以來，由於政治民主，教育普及，工商繁榮，人民求知若渴，在學校大量興建以後，教師人數漸增，教師素質也參差不齊，因此社會大眾對於教師之尊崇似乎有所改變，更由於近代旅美學人歸國日眾，帶回來歐美之思想觀念，在校園中倡導校園民主，教授治校，學術講學自由……等主張，在一向平靜的校園中掀起一陣浪潮，不僅學生爭取校園民主，要求參與校務之決策，學術走出校園……，而教授們也彼此呼應，爭取教授治校的運動，成為近年來校園的大事。

一、教師法施行細則以條文解釋教師之定義，但似乎現行規定不能適應需要。教師申訴限於專任支薪之教師始得提起，故如尚在聘審階段之教師，因尚未經聘審程序通過，如最後決定不聘任，其固然不得提起申訴。但對於被不續聘、解聘教師，如不續聘或解聘生效之時間在提起申訴期限三十日之前，則雖當事人尚在得提起申訴之期間，但因不續聘或解聘已生效，其已非在校支薪之教師，依現行規定若當事人提起申訴，則因其已非學校專任教師，故當事人不適格，應依「教師申訴評審委員會組織及評議準則」第 21 條第 2 款應不受理駁

回申訴，亦即未進行實體上審議即予以駁回。倘謂不續聘、解聘原即能以訴願尋求救濟，但依教師法規定申訴與訴願皆是當事人可以自由選擇行使之權利，非他人可以代其判斷選擇，否則就失去建立申訴制度之本意。又如大學中涉及學術審議或學術意見之參與其多未明文排除或禁止留職停薪之教師參與會議（如系所課程委員會）；若原未限制參與，而在特定會議或案件留職停薪之教師參與，此涉及參與與否之爭議或因而對留職停薪之教師個人有行政措施時，按規定留職停薪之教師非專任教師其亦不得提出申訴。又如借調留職停薪之教師，對於借調期限或返校授課之爭議；育嬰留職停薪之教師因在校投保問題之爭議，因其均未在校按月支領待遇，故均不得提起申訴。上列情形按現行規定亦不得提起訴願，僅可循行政程序之「申復」謀求救濟，與申訴原設精神似相違背。似應對於「專任教師」之定義加以檢討，留職停薪之教師，或涉及不續聘、停聘、解聘等身分關係之案件，應仍允其提起申訴。

二、「教師申訴評議委員會組織及準則」第 21 條第 2 款規定申訴人不適格者應為不受理之決定。所謂適格乃民事訴訟當事人就具體特定之訴訟得以自己之名義為原告或被告之資格，因而得受為訴訟標的之法律關係之判決而言。教師申訴制度採取當事人適格要件之審查在實施上難題甚多，適格與否的問題在學校之部分多於在教師之部分。申訴既然是解決教師與學校間之爭議，進行方式應採取由兩造各提出事實、證據謀求申評會採納並作成有利於一方之判斷不失為方式之一。申訴之兩造一為教師（原告），一為主管教育行政機關或學校（被告）。受行政措施之教師是一造較無疑義，未受行政措施者提起申訴為當事人不適格斷無疑義。他造若為主管機關則亦無疑義，但若為學校則甚有疑義。學校措施廣義而言指所有行政單位按其權責所作之措施，狹義而言係指校長或經分層負責規定授權以校長名義所作之措施。有問題者，依法令或依各校組織規程應由學校某特定組織決議之措施，非一定需以校長名義出之，則其是否為「學校」措施。如採狹義之認定，則學校內法定單位（如各種委員會、會議或類似組織）作成之絕大多數措施，皆不合申訴要件。如採廣義之規定，則適與當事人適格之要件有所出入。本文認為教師申訴制度意在建立學校內迅速之行政救濟制度，對於學校內之行政措施作成單位究係何一層級，是否法定單位基於其法定職權作成，是否以校長名義作成皆不論，苟有違法或不當，致教師權益受損，即得提起申訴。毋須就教師申訴之對造（被告）是否適格判斷。如有誤甲單位之措施為乙單位之措施而提起申訴，教師申評會亦應依職權認定，而不應即以不適格予以駁回。

三、大學法規定大學應設校務會議，為校務最高決策會議，議決校務重大事項。應設行政會議，討論本校重大行政事項。應設教務、學生事務、總務、院務、系務、所務等會議，並得設與教學、研究及社會服務有關之其他會議，其功能及組成方式，由各大學組織規程規定之。應設校、院、系所教師評審委員會、教師申訴評議會等等法定單位或會議，各有其功能，相互間應嚴守分際，不得侵犯其他單位職權。其中相互權限較為模糊者厥為校務會議及教師申訴評議委員會，校務會議為校務之決策會議，但教師申訴評議委員會則對申訴案件有

決定權，對於申評會之決定不服，依規定應向上級教師申訴評議委員會再申訴。有問題者校務會議得否對申評會決定又以其係決策會議不予接受；申評會得否無須限縮職權，不必考慮校內分業組織之分業判斷（如對教師不服其未獲升等提起申訴，申評會得否推翻教師評審委員會之決定逕作實質複審，自行對於每一個案直接判斷），或建立類似「發回更審」之制度以尊重專業判斷。這些作業審則宜以作業細則或納入教師申訴評議委員會評議規定之，予以法規化，否則以大學各委員會成員更迭變異甚快，期其建立行政慣例，不免易於落空。

四、教師申訴評議委員會對於措施違法，得自行決定合法之措施。但對於措施不當與否，如措施係經分業、專業、民主化之會議或審查方式決定，應本尊重原則判斷。因申評會本身即是分業、專業、民主化之會議，如對以同樣方式決定之措施認為其裁量不當，而自為決定，又何以證明自己之判斷恰為適當。對於法令賦予行政單位或委員會等法定單位裁量權限，該等組織所作裁量適當與否申評會即不容改變。

建立一個完整、合理的教師申訴制度必須：

1. 成立類似仲裁委員會之組織，成員務必客觀、公正，同時兼具公信力。教師、教育主管當局、各級學校代表、法官皆可參與其中。

2. 接受申訴之資格應從寬認定，以免申訴制度形同虛設，使實質上受損害之教師不得其門而入。

3. 申訴過程要周延，審理時須充分考量兩造所提出之意見、證據，以求得事實真相。

4. 比照我國行政救濟制度及鑑定交通事故原則，使教師具有申訴、再申訴、訴訟之機會，減低因人為因素造成之疏失。

5. 處理申訴案件時間不宜久延，否則將對教師形成另一種威脅、傷害。因此可按現行法律中有關時效規定參考辦理。

6. 仲裁委員會應對處理申訴案件之結果善盡監督之責，以貫徹教師申訴制度，確實保障教師權益。

總之教師權益之爭取與保障是時代之趨勢，為求校園和諧、進步，讓從事教育工作者在法律規範下，以合法程序，理性溝通，讓所有的不合理都能透過彼此溝通協調，達成合理的解決，在教師爭取權益前提下，應盡應盡之義務，使校園成為真正培養民主政治之搖籃。

陸、結語

綜合觀察，影響今天教師法律地位的因素，主要有三層：即一、傳統教育制度與師道的規範；二、憲政的指導原則；三、教育基準法及教育行政規範。然而有關的法律規定，由於教育的自治性、多樣性，很難以客觀形式觀念系統，加以規範；因此，遇到機關法制問題的時候，

方法上必須以多角度的觀察，甚至於運用法益衡平的理論，從實質的意義去思考與推理，才能理解其真正的意旨。例如，傳統的規範，容許教師懲戒學生的權力，所以適度的體罰，今天講起來已經不符合現代的教育方法，但是在刑法判例上，還是被認定為「阻卻違法的事由」，為習慣法所容許。雖然關於教師身分地位的法律很多；施行上重要的是，要把握法制的精神，才能獲得正義的保障。

　　教師申訴制度之健全與否，涉及機關學校對於教師權益保障之良窳。申評會組織成員常常顧及單位代表性就忽略專業性；如學校未有法政科系師資，則專業性更欠缺。甚至因國內較少研究教育法令教師，故法政科系教師都難稱專業。職是各校教師申訴案之處理倚重辦理申訴行政事務之職員甚深，但申訴案件之辦理宜由嫻熟法令規定者，根據個案需要深入研究，適時提供適當見解或諮詢，以輔助教師申訴評議委員會作出合法合理合情之評議決定。往年對於法制或訴願承辦人員之培訓多著重於行政機關人員，宜應對學校人員亦應策定訓練計畫，以培養良好之訴願申訴辦理人員，除可辦理申訴案件外，平時亦可提供諮詢，擔任先期定紛止爭之任務。各校所作申訴評議書依規定須送教育部，教育部宜精選案例彙編成冊，送交各教育主管機關及學校參考，使各機關學校鑑往知來，避免發生類似錯誤，對性質相當或類似之個案，也有統一見解避免歧誤的功能。

附錄：

世新大學教師申訴評議委員會組織及評議要點

教育部 86 年 12 月 29 日台（86）申字第 86151143 號核定

一、本校為保障教師權益，疏解教師糾紛，促進校園和諧，發揮教育功能之目的，依大學法及本校組織規程設置「世新大學教師申訴評議委員會」（以下簡稱本會）。

二、本校專任教師對學校所為有關其個人之解聘、停聘及其他相關措施，認為違法或不當致損害其權益者，得依本要點之規定向本會提起申訴。前項申訴依法得於各該法定期限內提起訴願或訴訟。

三、本會由校長遴聘下列人士組成：

(一)教師代表。

(二)法律專業人員（律師）。

(三)地區教師組織或分會代表。

(四)教育學者。

(五)社會公正人士（含校友會代表）。委員人數為十五人，由校長聘任之，其中未兼行政職務之教師不得少於總額三分之二。本會得就申訴案件之性質，另增聘有關專家二人為臨時委員，以參與個案之評議。

四、本會置主席一人，由委員互選產生，但校長不得為主席；另置執行秘書一人，由主席自本校專任教職員中指派，以襄助主席處理本會事務。

五、本會會議由校長或其指定之人員召集之。

六、本會委員任期一年；臨時委員之任期至個案評議完成之日止。

七、本會開會時應有委員三分之二之出席，除評議書之決議，應有出席委員三分之二同意外，其餘事項之決議，以出席委員過半數行之。

八、申訴人於案件開始評議前，得聲請委員迴避，委員對申訴案件有利害關係或其本人及三親等內親屬提會評議者，應自行迴避。前項聲請，由本會議決之。

九、本會教師申訴及處理程序如下：

(一) 教師申訴分申訴及再申訴二級。

(二) 教師不服本校有關其個人之解聘、停聘及其他相關措施者，得向本會申訴，不服本會之評議，得向「中央教師申訴評議委員會」再申訴。

(三) 教師申訴應於知悉措施之日起三十日內，以書面向本校人事室轉請本會為之，再申訴應於收到評議書之日起三十日內以書面為之。

(四) 申訴應具申訴書，載明下列事項，由申訴人署名，並應檢附原措施文書、有關之文件及證據：

1. 申訴人姓名、出生年月日、身分證明文件號碼、服務學校及職稱、住居所、電話。

2. 有代理人或代表者，其姓名、出生年月日、身分證明文件號碼、住居所、電話。

3. 為原措施之學校或主管機關。

4. 申訴之事實及理由。

5. 希望獲得之補救。

6. 提起申訴之年月日。

7. 受理申訴之學校或機關。

8. 載明就本申訴事件有無提起訴願、訴訟。

再申訴時，並應檢附原申訴書及原評議決定書。

(五) 申訴案件有下列情形之一者，應附理由為不受理之決定：

1. 提起申訴逾第九點之(三)規定之期間者。

2. 申訴人不適格者。

3. 非屬教師權益而應由法院審理之事項者。

4. 申訴已無實益者。

5. 對已決定或已撤回之申訴案件就同一原因事實重行提起申訴者。

(六) 在申訴程序中，申訴人、對造或其他利害關係人就申訴事件或其牽連之事項，提出民事訴訟、刑事訴訟或行政訴訟者，應即通知本會。

(七) 本會知有前項情形，應即停止申訴案件之評議，俟訴訟終結後再行處理。

(八)本會就書面資料評議，會議不公開舉行，但得通知申訴人、對造及關係人與會說明。

(九)本會收件後，除有應不受理或中止評議情形，逕行通知申訴人及對造外，應於六十日內作成評議書。在作成評議書前，本會得建議停止對申訴人原措施之執行。

(十)本會應先決議評議之結論並草擬評議書，再提出討論通過，評議書由主席署名。

(十一)評議書應載明下列事項：

1. 申訴人姓名、出生年月日、身分證明文件號碼、服務之學校及職稱、住居所、電話。

2. 有代理人或代表者，其姓名、出生年月日、身分證明文件號碼、住居所、電話。

3. 為原措施之學校或主管機關。

4. 主文。

5. 事實及理由。其係不受理決定者，得不記載事實。

6. 申評會主席署名。

7. 評議決定之年月日。

評議書應附記如不服評議決定，得於評議書送達之次日起三十日內，向指明再申訴機關提起再申訴。但再申訴評議書，不在此限。

(十二)評議書除送達申訴人及對造外，並應函送教育部。

(十三)本會辦理申訴案件，除本辦法已規定者外，悉依照教師申訴評議委員會組織及評議準則之規定辦理。

十、本校各單位對評議書建議之補救措施，應予採行。如確屬牴觸法律或事實上窒礙難行者，學校應列舉具體理由，向中央教師評議委員會提起再申訴。

十一、本要點經校務會議決議通過並報教育部核定後實施，修正時亦同。

第 *8* 篇

訓 練

第一章
培訓規劃與發展

壹、前言

　　人才的培訓教育是人力資源開發獲取高素質人力的一種基本原動力。人才是組織的首要資源，培訓教育是一種投資。「對人要進行終身教育，社會要成為學習的組織。」這一概念已成為普遍共識。世界各國對人才培訓、人力資源開發的投資不斷增加，培訓教育日益法制化與制度化，培訓教育職能日益專業化。凡此種種，皆表明培訓教育的重要性地位。

貳、員工培訓工作對組織發展的意義

　　員工培訓是獲得高素質人力資源的有效途徑。員工培訓可以為組織內成員創造持續學習的機會，營造員工與組織的共同理念，提高組織的績效，達到組織和員工「雙贏」的目的。員工培訓不僅能夠更經濟、可靠地獲得人才，提高組織人力資源的質量，而且能有效地激勵員工，培養員工對組織產生持久的歸屬感及對組織的忠誠，從而成為組織競爭力的來源之一。就現代組織員工培訓的新趨勢而言，隨著技術和理念的不斷發展，國際上的一些組織的員工培訓和教育出現了一些新趨勢，主要表現在以下幾個方面：

1. 藉助培訓和教育的功能，使成為「學習型組織」

   成功的組織將培訓和教育作為不斷獲得效益的源泉。「學習型組織」的最大特點是：崇尚知識和技能，倡導理性思維和合作精神，鼓勵勞資雙方經由素質的提高來確保不斷發展。這種學習型的組織與一般的組織的最大區別就是，永不滿足地提高產品和服務的質量，透過不斷學習進取和創新來提高效率。

2. 組織培訓呈現高科技趨勢

   利用高科技以增進培訓手段和提升培訓功能，是近年來國際上興起的組織培訓的潮流。特別是電腦多媒體技術被廣泛地運用於培訓工作，如運用光碟進行媒體教育訓練、自我輔導培訓、利用網路進行遠距離培訓等等，都使培訓和教育方式產生質的變化。這種技術創新，使員工獲得新知識和新技術的速度大大加快，使組織可以迅速適應市場的快速變化。

3. 組織培訓的深層次發展

   許多組織已將組織員工的培訓向各個領域滲透，其內涵已遠遠超過培訓本身。比如，一些組織除了員工知識和技能的培訓，還透過一定的形式，向培訓組織文化、團隊精神、

勞資關係等方向發展，使組織行為進入更深層次的領域。這是一個具有重要意義的發展趨勢。

4. 培訓品質成為培訓的關鍵

首先，培訓者要認清員工培訓的特點，從員工的需求和組織的需求之間尋找最佳結合點。其次，培訓還要有一個科學和規範的組織程式和操作程式，在時間和空間上最大限度地貼近組織管理和業務的實際，用最佳方法幫助員工獲得知識和技能，最後，追求效益的最佳化和成本的合理化。講求組織培訓的效益，檢驗培訓品質的高低，可以經由效果評估追蹤員工培訓在工作職位上的表現，特別是在產品品質或服務水平上最能反映培訓效果，為此，要遵循需求調查──培訓實施──效果評估的運作程式來保證培訓效果。

由於教育訓練的重要性，受到追求進取組織的正式於培訓事宜上涉及：

一、培訓內容

1. 知識方面的培訓
   (1) 具備完成本職工作所必需的基本知識。
   (2) 瞭解組織的經營狀況及發展、經營方針、規章制度、市場及競爭等。
   (3) 懂得如何去處理工作中發生的一切問題。
   (4) 明確職位職責，熟悉與其工作相關的技術領域的發展及現狀。
   (5) 學會如何節約和控制成本以提高組織的效益。
   (6) 培養和掌握一定的管理知識，如計畫、組織、領導、協調、控制等。
   (7) 學習必備的社會行為的知識，如激勵理論、人際關係協調、社會政治文化、倫理道德等方面的相關知識。

2. 技能方面的培訓
   (1) 熟練掌握本工作職位所需要的基本技能技巧，包括熟練的工藝操作技能等。
   (2) 熟練地運用各種生產或管理技術去處理與本工作職位相關的技能問題。
   (3) 學會在較為複雜多變的生產或經營管理情境中判明真相，提出解決問題的方案。
   (4) 積累適應工作環境中解決各類問題的經驗。
   (5) 學會合作、溝通和創造性解決問題的能力。
   (6) 形成有意識、有條理地應用策略和程式對工作問題進行思考、計畫、檢查和評價的技能。
   (7) 學會運用經營管理技術、生產技術、工程技術、生產過程工藝技術等組織經營效益服務。

3. 態度方面的培訓
   (1) 認識自我，處理好個人與他人、個人與組織的關係，並建立自信心。
   (2) 如何正確地選擇、分析和把握自己和組織的未來。

(3) 如何確定並實現自我職業生涯的奮鬥目標。

(4) 如何看待自己的工作職位、上級、下屬和所屬組織或團隊。

(5) 如何看待應付挑戰、變化和責任。

(6) 確立正確的人生觀、價值觀和工作責任心。

(7) 學會以殷勤、友善的方式對待組織的成員。

(8) 培訓良好的團隊精神，構建良好的分工協作意識，並學會合作。

二、培訓方法

（一）低成本培訓

1. 職位培訓：這類培訓的週期有明確規定，目標較明確，內容全面，能從培訓作為中得到較多實踐經驗。

2. 讀書會：這類培訓適用於人數較少的群體，培訓者可以及時準確地把握培訓物件對培訓內容的理解程度，對提高培訓物件的責任感、改變其工作態度特別有效。

3. 模擬培訓：適用於錯誤發生後成本較高而又缺乏明確反饋的工作，如公文處理等。培訓物件可從類比的工作環境中獲得啟發。

4. 自我培訓：集體培訓與自學相結合。既可以要求員工透過區域網路自學，也可以指定或提供學習資料，提倡員工利用業餘時間自學。

（二）高效率培訓

1. 實務培訓：可以定期引進實習制度，發掘其潛力並加以培養，儲備新血輪。

2. 電子培訓：聯網路與多媒體的廣泛應用使組織能夠突破時空限制，利用影音資料等多種媒體進行培訓，更好地適應知識經濟時代。

3. 進階培訓：請專業諮詢機制根據組織實際需要定制個性化的培訓課程，鼓勵員工參加職業資格培訓以提高職業素養；實行職位輪換制，讓員工在轉換過程中明確自己的職位職責。

4. 機構培訓：讓員工參加專業機構學位教育；或者把員工送到標竿機構受訓，當其學成歸來時就能帶回先進的知識、制度、經驗與其他員工共用；再或者與教育機構合作，對員工進行短期培訓。

（三）適用於有經驗者的培訓方法有如下幾種

1. 理論培訓：這是提高有經驗人員管理能力和專業素養的一種主要方法。儘管他們當中有些已經具備了一定的理論知識，但還需要在深度和廣度上接受進一步的培訓。這種培訓

的具體形式大多採用短訓班、專題討論會等等，時間都不很長，主要是學習一些基本管理知識以及專業的一些新進展、新研究成果，或針對一些問題在理論上進一步探討等。

2. 職務輪換：職務輪換有助他們獲得到各種不同的新經驗，為今後在較高層次上任職打好基礎。但要讓他們有獲得提升的預期，否則他們會以為自己不受重視，當皮球踢來踢去，影響工作情緒。

3. 研討會議：透過舉行研討會，上層主管人員與受訓者一起討論各種重大問題，可以為他們提供一個機會，觀察和學習上級主管人員在處理各類事務時所遵循的原則和如何解決各類具體問題的做法，以取得領導工作的經驗。

在具體的培訓工作中，要因地制宜，根據組織自身的特點以及受訓人員的特點選擇合適的方法，使培訓工作真正取得預期的成效。由於這是培訓有經驗者而非初出校門的新人，因此在傳統的培訓方法之外，還需掌握一些特別的訓練技巧。

三、培訓的形式

1. 演練操作式：即在給定的事件中，透過評議或學習等方法，訓練學員發現與尋求問題，分析與解剖問題（區別事件與問題，發現主要矛盾），處理與解決問題（對策的可行性、對策的滿意度、對策的先進性和價值性）的能力。在使用中又可以把案例式演化為問題討論式、對演式、角色扮演式、情景模擬式和無領導小組式。運用案例式的關鍵：一是對案例的選擇。可以說，案例的基礎性環節是描述真實世界的故事，一個好的培訓案例一定是非常貼近運用的步驟與技巧，對操作步驟必須事先設計好並進行預先的演練，否則會事倍功半。案例學習中至少要回答下述問題：角色及角色特徵是怎樣的？究竟發生了什麼？是如何發生的以及還將發生什麼？問題及關鍵性問題是什麼？有何借鏡意義或解決方案是什麼？需要注意的是，在培訓中我們不能給出所謂的統一結論或答案，因為惟一正確的答案在事實上也是多元的。

2. 對策研討式：即藉助於一系列通用研究方法和培訓技術，來發現、識別和確認實際問題，並尋求有效解決的一種方式。一般情況下我們發現重要的問題不一定是學員所關心的問題，這就需要我們把存在於學員心中的問題開發出來。識別、篩選和確認學員共識的重要問題，可以採用非常有效的排序法——按重要性排序和按使用頻率排序的方法。一旦確定了大家共同關心或普遍遇到的問題，就可以有針對性地開展對策研討。採用這一方法的目的是開發學員的智慧與經驗，從而實現經驗分享與潛能激發。

3. 問題診斷式：即透過測量工具的運用來發現個體的素質結構與職位要求的差異，以便有針對性地開展培訓，從而改善、提高或彌補學員專業的能力與素質。在培訓中，運用測量的方式不是要使學員陷於難堪，也不是要進行人事考評與選拔，而是為了發現問題發現人員成長的需求，從而使培訓的內容更具有成長。在培訓中使用測評技術，首先遇到的一個問題就是對測評表的選擇，選擇不好，發現不了問題；其次就是如何正確地掌握

和運用規則，規則不熟悉就可能發生混亂；最後就是如何學會運用工具來進行分析與評價，而不能僅根據自己的經驗提出結論或者乾脆放棄評量。

4. 管理遊戲式：即學員在一定的規則、程式、目標和輸贏標準下競爭，往往是全組合作達到一個共同的目標。它是透過學員的參與熱情和興趣來訓練學員的合作意識與相互協作的方法與技巧，訓練學員的感悟力以及學員由此及彼的思維能力和創造性。一個好的管理遊戲能夠使學員在行為中不自覺地展現自己在實際組織或群體中所扮演的角色，而且還能在活動後感悟出培訓前所預計不到的東西。這要比單純地講授收效更大。雖然有許多現成的管理遊戲可供利用，但是更大量的管理遊戲就存在於我們的身邊，關鍵在於能不能發現並開發。開發和運用一個管理遊戲，一定要處理好時間與規則的掌控以及引導語的運用；一定要有事後的歸納與總結，遊戲後的啟示要比遊戲本身更重要，它才是遊戲活動的本來目的。

5. 行為增長式：即把工作現場搬入課堂，透過觀察學員具體行為，來訓練學員的工作行為規範、禮儀行為規範，以及掌握、運用規則與程式的能力和應急應變能力。運用行為式，需要事先創設一種工作情境和工作流程，然後在流程增添若干「干擾」因素，以此來觀察評價學員的行為。行為式又可演化為實驗式，即學員在實際環境中運用學到的技巧；小組項目式，即分組完成指定的項目或任務；以及情景模擬式和角色扮演式。行為式培訓法本身就是一個完整的培訓流程，它包括三個重要的環節，一是事先創造；二是進行中的「因素添加」；三是事後的評價。三者環環相扣，缺一不可。

四、培訓評估

培訓效益評估的內容，主要包括人才效益、經濟效益和社會效益。

（一）人才效益

1. 知識效益
   (1) 職位業務知識：是對每位受訓者必須達到的基本要求。即透過培訓，一定要掌握完成本職位工作所需要的業務知識以及掌握新的實用的業務知識。
   (2) 相關知識：相關知識是指與本工作職位相關聯的知識。
   (3) 工作技能知識：工作技能知識也是要求每位受訓者必須達到的指標。它包括完成本職位工作任務所必需的工作方法、技能、技巧、技術；同時還包括職位發展中的新知識、新技術、新方法、新技能、新技巧。
2. 能力效益
   (1) 智力：主要指完成各類職位工作所需要的智力基礎。
   (2) 主動能力：側重能否主動、積極地進行探索，並善於分析、提煉、歸納解決問題和對事物作出正確的判斷。

(3) 協調能力：主要看受訓者在學習和工作活動的過程中能否隨時解決調整好工作中的各類矛盾及衝突，能否妥善處理好人與人之間、人與團隊之間的各種工作或人際關係。

(4) 技術能力：是指各類受訓者能運用工作技巧熟練地解決職位工作中的具體問題的能力。

（二）經濟效益

1. 提高生產績效：可以通過培訓前後員工生產績效統計分析，來測定培訓所帶來的績效。
2. 增加經濟收入：可以透過具體的統計資料來計算出經濟增長的實際比率。
3. 降低成本開銷：如科學的管理手段與方法，可以導致生產經營成本的下降，使組織獲得客觀的收益。

（三）社會效益

1. 培訓活動是否提高了人們對社會制度正確的認識。
2. 培訓活動是否增強了人們的社會組織觀念。
3. 培訓活動是否改變了人們的生活方式和思想觀念。
4. 培訓活動是否有效地改善了社會文化和教育結構。

（四）培訓評估應回答的問題

1. 被培訓者對開設的課程感興趣嗎？
2. 培訓課程包含哪些知識和技能？受訓者學到了什麼？
3. 培訓中傳授的知識和技能在工作中有用嗎？
4. 培訓對於組織生產有所促進嗎？

（五）培訓評估的方法

1. 調查法
2. 抽樣法
3. 問卷法
4. 測驗法
5. 總結法
6. 追蹤法

參、員工培訓應有的作為

一、成人培訓的學習特性

　　要成功的進行組織員工的培訓，關鍵是要瞭解員工的學習特性，由於組織員工都是在職成人，具有成人學習的一般特徵。因此培訓工作者充分掌握成人特有的學習特性對於他們做好培訓工作是大有裨益的。成人員工具有下列學習特性：

1. 具有獨立的、不斷強化、自我指導的個性。

　　從兒童到成人，人的個性逐步由依賴、他律階段向獨立、自律階段發展。在成年期，人的自我意識和自律能力成熟和基本成熟，即具有獨立自主的自我概念，整體一致的自我認同感及自我調節能力。他們大多認為自己有足夠的能力進行自我指導，對自己的行為負責。因此，成人總是希望作為一個具有獨立人格的人參與一切活動，希望別人把他當成人看待，尊重他的獨立地位和活動能力，把他視為有自我導向能力的人。但反過來看，由於成人都希望在學習中別人能看重自己，因此他們又有一種害怕學習失敗，害怕考試的心態，內心常常流露出一種焦慮感。

2. 具有豐富多樣，並且個性化的經驗。

　　成人承擔了多種的社會家庭角色和社會職責，這使他們積累了一定的生活經驗和社會閱歷。成人的學習是在已有的知識和經驗的基礎上的再學習、再教育。成人的學習需求、學習興趣、學習動機的形成及學習內容的選擇在很大程度上都是以自己的經驗為依據的。已有的知識、經驗是成人繼續學習的基礎和依託。同時，由於成人的個性差異，受社會因素影響程度的不同等原因，成人的經驗表現出個性化、多樣化的特點。成人的經驗是成人學習過程中一項寶貴的資源。成人員工的豐富經驗除了可供其個人在學習中充分利用之外，同時還可供員工群體之間相互利用，以取長補短，共同探索。總之，豐富多樣、充滿個性的經驗應當在員工培訓的教與學的過程中加以充分的利用。

3. 成人的學習目的明確，學習以及時、有用為取向，以解決問題為核心。

　　一項在職人員中的調查表明，有 80%以上的成人員工出於職業發展這類動機而參加學習活動。這是由於成人員工在生活中擔當了多重的社會角色，都承擔了一定的社會職責和義務，他們學習主要是為了適應社會和生活變化，提高自己的適應能力和履行自己職責能力。成人明確的學習目的使得成人在學習中表現出以解決當前面臨的問題為核心，追求學習的直接有用性和實效性。

4. 成人的學習能力並不隨年齡的增長而明顯下降，在某些方面還具有優勢。

　　現代成人學習理論認為成人的學習能力在 30 歲時達到頂峰，30 歲到 50 歲之間是平穩的高原期，50 歲以後才開始下降。甚至還有不少專家估計，成人大腦未曾利用的潛力竟高達 90%，可見成人學習的潛力仍是相當巨大的。但是進入成年特別是 40 歲以後，由於成人的各個器官乃至整個機體開始日漸衰老，比如神經系統中資訊的傳導速度放慢，疲勞

恢復的時間加長,感知器官的功能下降。這些原因造成成人學習速度減慢,在單位時間的學習效率會明顯不如青少年。但如果允許成人按照適合自己的速度進行學習,其學習效果會和青少年相同。另外成人在機械記憶能力、感知能力方面與青少年相比雖有所下降,但成人在意義記憶、抽象邏輯、思維能力方面卻有青少年無法比擬的優越性。

二、成人培訓注意的原則

由於成人學習的這些特性制約著員工培訓中的教學活動,因此組織培訓者在教學中應遵循以下培訓原則,才能保證培訓的成功。

1. 使員工在學習環境和過程中有安全感:

由於成人員工具有獨立的人格,渴望在學習中得到別人的尊重和理解,所以培訓者一定要注重使成人員工在學習環境和過程中具有安全感。讓員工有安全感的原則之一是尊重員工,把他們當作學習的主體;二是學習任務、學習小組及學習材料和教室環境的設計都要讓員工感到這種學習經歷對他們來說是適合的、有用的,是有利於他們個人職業發展的。事實證明,人們在學習環境中感到安全的時候,不僅願意而且樂於、渴望學習。如果能把員工的恐懼心理排除掉或減少到最低限度,那麼每個員工都能學到更多的東西。培訓者可透過下面的方法營造安全感:

(1) 尊重員工,建立有利於學習的良好的師生關係。培訓者的培訓中不僅要注意聽取員工的需求,隨時調整自己的教學,而且在與員工交往時要平易近人,態度謙遜,對員工為學習付出的努力和學習取得的成績要給予充分肯定,為其創造一個支持性的學習氛圍,使其感到被接受和尊重。

(2) 對培訓者能力的信任能使員工感到安全。培訓者在培訓開始時應適當介紹自己,讓員工瞭解培訓者的經歷和能力可使他們產生安全感並對培訓有信心。

(3) 學習目標的可行性和相關性會使員工感到安全。培訓者要與員工一起分析學習目標並指出:這些目標透過需要評價建立起來的,在相似的課程中曾使用得很成功,要讓員工相信只要付出適當的努力就能達到這些目標;而且這些目標是靈活的,可以根據員工的具體情況做出調整。評析了學習目標後,員工會表現得富有安全感。

(4) 允許員工發表自己的意見能使員工感到安全。比如培訓者想瞭解員工對培訓的期望或他們所希望的學習群體應建立的規範時,可以組織他們開展小組活動,這樣一方面可給他們帶來社交和環境的安全感。另一方面員工在小組中發表意見時,培訓者可聽到不同的意見。培訓者還可以以不同的角色與員工參加各種活動,這樣也可以使員工感到安全。

(5) 在一種非正式的、無威脅的環境中學習能夠使員工感到安全。沒有人喜歡在嚴肅、古板的情境接受訓練,培訓者要設法使每個員工從培訓一開始就感到心情輕鬆,比

如在培訓開始時組織「破冰船」活動加深員工的認識和瞭解，在培訓中穿插一些幽默笑話和舉行一些輕鬆活潑的社交活動等方法來達到這個目的。

2. 區別對待不同的成人員工，採用多種方法鼓勵員工參與學習活動。

由於成人員工的年齡、學歷、職務差異較大，而且他們都具有獨立的個性，喜歡以自己長期以來形成的不同的學習方法安排自己的學習，學習的目的性較強且以解決自己工作和生活中的問題為核心。所以培訓者要區別對待不同的員工，採用多種的方法發動員工參與到學習活動中來，培訓者可以採用下面一些措施：

(1) 結合未來情景，促動員工的積極性。成人參與學習的主要目的是為了更好地履行社會職責和角色任務，培訓者在培訓中不斷地聯繫未來情景，強調培訓中所學東西一定會有利於員工今後的工作和發展，同時不斷強化培訓的目標有助於員工端正態度，積極參與。

(2) 創設問題情境，引發員工的學習興趣。成人的心理和人性都已基本成熟，自主意識和實用意識較強，他們希望學習自己不懂的和知之甚少的東西，不願培訓者重複他們已經知道的內容。所以培訓者應在教學中注意創設問題情境，巧妙的置疑設難，引導員工溯本求源，探索知識的應用價值，自然能使員工興趣盎然，求知欲濃厚。

(3) 由於員工的年齡不同，學習能力不同。培訓者在培訓中一定要區別對待，為接受培訓的人員設置明確的、具有一定難度的培訓目標，可以提高培訓的效果。培訓的目標太難和太容易都會失去培訓的價值。因此，培訓的目標設置要合理、適度，同時，與每個人的具體的工作相聯繫，使接受培訓的人員感到目標來自工作，又高於工作，能夠促使自己的發展。

(4) 組織小組活動。在小組中，員工能以培訓者所不能替代的方式相互鼓勵，為學習複雜的新內容創造有效且有益的安全感，而小組中同伴間的指導通常又是非常親切、清楚並富有技巧。小組活動還能激發員工展開學習競賽的活力，促進他們的學習興趣，增強學習效果。事實證明，不管在什麼樣的文化情境中，小組中的安全保障和責任分擔總是受人歡迎的。但培訓者應在小組開始活動時，讓員工明確自己在小組中的角色，讓他們通過實踐來摸索如何更有效地在一起學習。若以小組為單位來安排組織案例分析、技術操練、辯論研討和遊戲等教學方式，那麼員工積極性會更高，教學效果會更好。

(5) 培訓者可以根據培訓目標，採用多樣化的培訓方式，並且盡可能利用最新的技術。培訓者可以採取提問、分組討論、示範操作、參與講授、體驗操練、角色扮演、模擬遊戲等多種方法調動員工工作的積極性，使他們參與到學習活動中來。當前，隨著科技的發展，員工對培訓技術手段都有了不同程度的提高，培訓者一定要注意利用最新的培訓技術來為培訓服務。

3. 循序漸進，及時反饋，注意強化。

由於成人員工本職工作忙，社會活動多，有大量的客觀事物要在大腦皮層上形成記憶性作為，易使大腦出現疲勞，造成保持率低，遺忘速度快，學習速度較青少年慢的特點。這也使成人員工常常容易低估自己的學習能力，產生學習焦慮情緒，因此培訓者應注意以下幾點：

(1) 由易到難，由小組活動到個人活動的順序安排知識、技能和態度的學習。學習任務的順序是否適當可以很容易地檢驗出來。員工如表現得富有安全感、熱情和樂於進取，說明學習內容的難度較適合員工的水平。反之則應調整。對一些年齡較大或學習能力較低的員工，培訓者應允許他們選擇適合自己的學習速度，給他們安排出足以完成學習任務的時間。即在培訓中既要掌握集體培訓的總原則，也要考慮因人施教的培訓特點。

(2) 培訓者應不間斷的對員工的反應給予及時反饋，這樣使每個員工可以準確知道已經取得了哪些進步，還要做出哪些努力，反饋的資訊越及時、準確，培訓的效果越好。要在培訓中讓員工產生成功感，降低挫折感，增強自信心。

(3) 注意開展強化活動，以鞏固在職培訓的效果要用多樣化、有趣的方式重複事實、技能和態度，直到員工掌握。要使培訓課程設計和教學富有成效，培訓者就必須採取適當的強化手段來保證成人的學習，如果在培訓後再安排精心設計的強化活動就能極大的加深記憶，促進發展。

4. 豐富多樣，並且實用性的經驗是成人的一份寶貴資源，對其學習有著十分重要的影響。

(1) 注重成人的經驗並和教與學的設計相結合。成人員工在生活、學習和勞動中積累了豐富的經驗，成人常常以個人的經驗來指導自己的活動，他們在進入某種學習環境時，總會回想起過去的學習感受和體驗，並將其與教育環境相聯繫起來。因此培訓者的教學前一定要瞭解員工的知識、經驗和需求，甚至可以讓員工參與到教與學的設計中來，做好需求評價有助於提高培訓效率。在教學中培訓者要激發成人員工回憶以前學到的知識，促進學習的正遷移，避免負遷移。

(2) 教學中學習素材要有意義，培訓者的語言要生動具體，要便於員工理解。由於成人是通過與原有知識的聯繫、比較來學習的，如果培訓者講的東西過於抽象，員工就很難和原有知識、經驗進行比較。

(3) 案例的選擇要真實而生動。成人有豐富的經歷，其中有不少經歷使他們對某些道理深信不疑。培訓者使用的案例如果與他們的經歷和背景相似，就會有助於成人學習。他們會拿這些有趣而引人注意的例子與其以前的經歷相比較，透過比較他們的理解會更深刻。

(4) 培訓者所扮演的角色更加多樣化。由於成人員工具有豐富的經驗和獨立的人格，作為成人，他們總是以獨立、主動的姿態加入教學活動。因此培訓者應意識到自己所

扮演的角色不僅限於一名教育指導和管理者，而更是一名學習顧問和教學環境的促成者。

5. 重視實踐的原則，學以致用，讓員工在做中學。

成人是透過「實踐」來學習的。他們學習新東西時，總希望親自動手。而且實踐也證明，凡是在培訓期間完成了實際任務的人總是比只完成了虛擬任務的人收穫大得多。所以訓練內容越真實，訓練效果就越好。培訓管理者要確保培訓目標所需要達到的主要能力都能在培訓中得到練習和應用，最好將課堂教學與員工的工作、生活實踐結合起來，使學習過程和工作過程相互促進，形成一個良性循環。

組織培訓的目的為了提高員工的素質和工作能力，最終促進組織的發展。由於組織員工都已是成人，所以在培訓中應注重成人獨特的身心特點和學習特性，採用有針對性的方法才能達到事半功倍的效果。

肆、員工培訓規劃的流程

遵循良好的培訓流程是順利有效進行培訓評估活動的關鍵，一般說來，有效的培訓應該包括下列幾個基本步驟：

一、培訓需求分析

進行培訓需求分析是培訓專案設計的第一步，也是培訓評估的第一步。如果說對沒有充分需求分析的培訓專案進行評估，那麼評估的結果多半是令人失望的。對許多的管理層來說，培訓工作「既重要又茫然」，根本的問題在於組織對自身的培訓需求不明確但又意識到培訓的重要性。

二、界定培訓目的

在培訓專案實施之前，人力資源開發人員就必須把培訓評估的目的明確下來。多數情況下，培訓評估的實施有助於對培訓項目的前景做出決定，對培訓系統的某些部分進行修訂，或是對培訓項目進行整體修改，使其更加符合組織的需要。

三、培訓前的準備

有效培訓是多方積極參加的結果，有效的培訓評估主要參加對象有：組織領導、培訓主管、受訓員工、培訓講師、培訓機構等等。培訓主管要想充分有效地開展培訓評估活動，那麼最好能夠對受訓部門和受訓員工進行以下三方面的培訓前準備：第一、在參加培訓前，申請者應該知道自己希望從培訓計畫中獲得什麼？寫出一個簡單的期望並列出參加培訓會對工作帶來的好處；受訓者可以根據這些期望目標有目的的參加培訓。第二、讓所有受訓員工知道參加培訓並不僅是坐在教室裏聽講，而應該帶著一些問題和設定一些目標，利用課堂內外的各種機會，積

極地跟講師和其他學員主動交流。第三、參加培訓後，應該要求受訓人提出口頭與書面報告，呈交主管，如有可能，最好能與相關同事分享，說明如何將學到的東西應用到實際工作中。

　　這樣一來，不僅能夠剔除一些不切實際的培訓申請，而且也能在較大程度上保證培訓的品質，從而讓培訓工作為組織創造更多價值，也能夠讓培訓評估能夠有效地開展。

四、選定培訓對象

　　顯而易見，培訓的最終目的就是為組織創造價值。由於培訓的需求呈增長的趨勢，因而實施培訓的直接費用和間接費用也在持續攀升，因此一定在所有的培訓結束後，都要進行評估。

五、全面考慮訓練活動

　　在進行評估前，培訓主管應該全面籌劃評估活動，一般來說在開展培訓評估前培訓主管還應綜合考慮下面幾個問題：

　　1. 從時間和工作負荷量上考慮是否值得進行培訓？

　　2. 培訓的目的是什麼？

　　3. 培訓對哪些方面能有貢獻？

　　4. 誰將主持和參與培訓？

　　5. 以什麼方式管理培訓？

六、完善培訓資料庫

　　進行培訓之前，主管必須將培訓前後發生的資料搜集齊備。資料可以分為四大類：產出，品質、成本和時間，幾乎在所有組織機構中這四類都是具有代表性的業績衡量標準。另外評估人力資源開發培訓專案時常用的軟資料類型可以歸納為六個部分：工作習慣、組織氛圍、專業技能、發展實力、工作態度、自我成長。

七、確定培訓層次

　　從培訓內涵的深度來看，可以包括反應層、學習層、行為層和結果層四個層次。對於培訓評估標準的研究，國內外應用得最為廣泛的是最早由美國學者柯克派翠克（Kirkpatrick）提出的培訓效果四級評價模型，該評估模型將培訓的效果分為四個層次：

　　1. 反應層，即學員反應，在員工培訓結束時，透過調查瞭解員工培訓後總體的反應和感受。

　　2. 學習層，即學習的效果，確定受訓人員對原理、技能、態度等培訓內容的理解和掌握程度。

　　3. 行為層，即行為改變，確定受訓人員培訓後在實際工作中行為的變化，以判斷所學知識、技能對實際工作的影響。

　　4. 結果層，即產生的效果，可以透過一些指標來衡量，如正確率、生產率、流動率、專業品質、員工士氣以及面對客戶的服務等。

八、選擇評估衡量方法

在決定培訓後，評估工作在培訓進行中就可以開始了。這時候採取的方法主要是主管部門或有關部門管理人員親臨課堂聽課，現場觀察學員的反應、培訓場所的氣氛和培訓師的講解組織水準。

九、遴選培訓對象

培訓主管在分析以上調查表之後，再結合學員的結業考核成績，對此次培訓專案給出公正合理的評估報告。一般來說，組織中有四種人是必須要得到培訓評估結果的：最重要的一種人是培訓主管，他們需要這些資訊來改進培訓專案。只有在得到反饋意見的基礎上精益求精，培訓項目才能得到提高。管理層是另一個重要的人群，因為他們當中有一些是決策人物，決定著培訓項目的未來。評估的基本目的之一就是為妥善地決策提供基礎。應該為繼續這種努力投入更多的資金嗎？這個項目值得做嗎？應該向管理層溝通這些問題及其答案。第三個群體是受訓員工，他們應該知道自己的培訓效果怎麼樣，並且將自己的業績表現與其他人的業績表現進行比較。這種意見反饋有助於他們繼續努力，也有助於將來參加該培訓專案學習的人員不斷努力。第四個群體是受訓人員的直接主管。

十、撰寫培訓報告

經過訓練課程的成員應檢視其具體的作業外，為擴大其培訓成就，宜使受訓者將培訓的內容和心得以表面或口頭方式加以記錄，以利於檢視成就，並用以和關係成員分享其成果，擴大並落實培訓目標。

總之，培訓評估是一件嚴肅而複雜的實踐活動。評估中不但應有明確的目的和客觀依據，同時應根據評估物件的性質、特點，選擇恰當的手段方法，以保證培訓結果有較高的效果。員工培訓是組織人力資源管理的重要內容，透過員工培訓能持續提升組織員工的知識、技能與工作態度，從而為組織提供強有力的人力資源保障，為組織在競爭中獲取更大的優勢。

伍、員工培訓應考量的議題

第一、確定培訓目標

在決定培訓人員之前，首先要明確培訓目標，才能有針對性地設置培訓課程；另外要確定還包括對培訓對象數量的確定，參加培訓的是 30 人？50 人？或者更多？知道了要培訓的人數是多少，才便於選擇培訓形式。

第二、組織培訓成員

　　組織當然應該根據自身發展的需要對人員進行培訓,但不同的人員有不同的培訓需要,重複讓一個管理人員參加他不需要的培訓,無異於浪費資源。組織在確定培訓目標時,要結合組織需要和參加培訓的管理人員需要考慮,爭取制定一個對組織有利,又讓參加培訓的管理人員真正有收穫的培訓目標。制定了這樣一個明確的培訓目標之後,透過怎樣的管道達到這樣一個目標也就漸漸明晰了。例如培訓需要管理人員掌握組織管理知識,在現有的基礎上提升管理能力與管理素質,那麼可以在培訓中設置有效溝通與協調、激勵的原理與實踐、決策分析、風險分析等必備知識,組織發展策略、市場行銷等管理能力專業知識等課程,透過專題學習、案例分析達到提升管理能力的目標。

第三、訂定培訓內容

　　在培訓人員和培訓目標都確定的情況下,設置培訓內容說起來應該是一件很簡單的事,而實際上要設置好它們,也並不是想像中的那麼簡單。首先,培訓物件的不同決定了培訓內容的不同。如果是一批組織首長們參加的培訓,除了要涉及本身管理知識外,還要多涉及一些國內外相關組織的組織問題,以及領導方法與領導藝術。其次,培訓目標的不同也決定了內容設置的不同。假設某一次培訓是針對組織高、中及一般管理人員的培訓,培訓目標是在組織內部建立良好的溝通,那麼,培訓的內容將圍繞著溝通這樣一個主題進行,可以設置一些案例分析,請專家進行互動式討論。最後,培訓課程的設置還可以將考察組織、學習成功的管理經驗、請成功組織的指導者參與互動式討論等內容包羅進去。總之,一次培訓不可能讓參訓人員學到所有的東西,有效的培訓應該具有自身的特色和針對性。一些經驗豐富的培訓機構和組織最近推出的頗有特色的培訓專案,在內容設置上就頗具特色。

第四、釐清培訓方式

　　培訓方式多種多樣,在具體的培訓過程中,又可以分為課堂講座、專題研討、案例分析、實地考察、撰寫論文等不同的方式。選擇什麼樣的方式可以達到最好效果,可以根據上面的幾個步驟來確定。

　　有效的培訓模式是能夠讓參與培訓的人員全身心參與進來,對培訓產生興趣,即便不能整個身心沉浸培訓之中,也應該能夠在培訓過程中保持集中的注意力。為了達到使參訓人員精力集中的目的,培訓的形式就應該在可能的範圍內保持足夠的靈活性,例如我們講了一整個上午的人事任免法規,大家對作業規範、流程注視了一個上午,下午就可以適當安排一些相對輕鬆的專題討論、案例分析,不但可以讓大家有吸收消化的時間,還可以加深對上午講課內容的理解,有利於今後在工作中的實際運用。再如可以讓參與培訓的人員一邊聽講座、參觀知名組織,

一邊觀察、思考，結合組織的實際作為，選擇自己感興趣的話題，寫一篇專題論文，透過撰寫論文加深理解培訓知識，把對培訓內容的認識提高到全方位的認識。

第五、考核培訓效果

培訓結束後，觀察管理人員如何在組織的日常管理中運用學到的管理知識、管理技能，不用說是對培訓的最好考核。而培訓過程中的考核也必不可少，這不僅是對培訓效果的考察，也是對參加培訓的人員有沒有重視培訓、認真配合培訓的有效監督。

考核可以採取筆試、口試、課堂提問、研討發言、案例類比和論文撰寫情況等形式，其中筆試可採取完成一門課程進行一次筆試的形式，對培訓內容採取各個擊破的方式；口試、課堂提問和研討發言可採取記分的方法，記入培訓考核的總成績；案例模擬類似電腦遊戲，把學員分成不同的組，一個組相當於一個組織，組裏的每個人擔任組織的不同角色，給每個組一定的資源，讓學員模擬經營，看誰達到最好的經營效果；論文撰寫可以延續到培訓結束後幾週，類似家庭作業的形式，完成後上交。

為了激發管理人員參與和配合培訓的積極性，可以將培訓考核的成績送交組織的人力資源部門，作為組織內部提升、加薪、獎勵等的參考或依據。

陸、員工培訓努力的方向

組織的員工培訓工作近幾年才剛剛興起，大多是模仿先進社會的模式，培訓工作還存在許多問題。

1. 培訓工作沒有與組織總體目標緊密結合

   無論為員工提供何種培訓，其目的都是為實現組織的總體目標，然而在實際培訓過程中，往往容易出現內容、方式、課程與組織總目標聯繫不緊密的情況，培訓只是流於形式。

2. 僅強調培訓計畫，不強調培訓結果

   實施培訓關鍵是看培訓後的效果。有不少組織非常重視培訓工作，但是對於培訓結果如何卻不太關心，這種培訓浪費了大量的時間和人力，效果卻不好。

3. 只培訓少數成員

   這種現象在不少組織都存在，這裏有兩個誤區：其一是有的領導認為培訓管理人員應該重點培訓那些經過挑選，有發展潛力的人員。每次不管培訓什麼內容都讓他們參加，從而忽視了所有管理人員的培訓：其二是認為單位的現時工作最主要。因此，只讓那些沒什麼事的工作人員參加培訓，於是培訓就集中在某些人身上。造成了「閒人培訓，忙人沒時間培訓，急需人員不培訓」的結果。這樣的培訓沒有任何效果。

4. 培訓的短視效應，沒有為組織的長遠發展打好基礎

一個組織在其中長期發展中，應該對要達到的中長期目標及早進行培訓，否則到了需要用人的時候青黃不接，業務工作就沒辦法順利進行，以致影響組織的整體發展。

5. 培訓方法簡單，培訓過程不連續

新進員工只接受到基本的職位培訓，時間一般為一週左右。然後就自己開始獨立工作。而且，很多組織只有基本的職位培訓，沒有連續的培訓方案，進入組織後完全依靠個人的自覺性學習。

針對目前培訓的現狀，組織可根據自己的情況採取如下的具體的改進措施：

1. 將培訓工作做得紮實。要樹立起對培訓重要性的認識，不要總是流於形式，應該轉變意識觀念，認認真真的開展培訓工作，同時要做好培訓的效果評估工作，而不是虎頭蛇尾，並且要做到培訓工作與組織規劃的有機結合，使培訓工作有助於組織總體目標的實現。

2. 做好長遠規劃，不能只顧眼前的利益。很多組織之所以忽略甚至放棄培訓這個環節，很大程度上是因為資金的瓶頸，也可以說他們不願在這方面投入太多的費用。要學會「從長計議」，強化對人力資源教育培訓的投資。

3. 改進培訓方法。學習、借鑑國外先進的培訓方法，深入進行教學改革，總結探索出一套符合組織變化、以提高能力為主要目的的培訓工作新思路。

4. 建立和發展完善的培訓教學體系，不斷提高培訓的質量和針對性，使培訓內容與受訓者要求獲得的知識、能力和技巧協調一致。透過教育培訓管理系統監控培訓，對培訓進行正規而又定期的評估和反饋，使其成為促進高質量培訓的有力手段。

5. 不同的教育與培訓機構之間、組織與培訓機構之間要學會交流。不同的職能部門之間要能夠做到共用專門的技能和設備，開展聯合，共同努力來增強資源基礎。

柒、結語

當前是知識經濟時代，知識經濟的內涵一是強調知識和資訊作為知識經濟時代的基礎，二是強調人力資本和學習的重要性。隨著科學技術的發展和社會的進步，「事」對人的要求越來越高、越來越新，職位對工作人員的能力因素和專業因素的要求都在迅速提高。我們要從組織的長遠規劃著眼，解決好人才儲備的問題，做好人力資源開發的工作，把握機會。

第一、組織藉助培訓和教育的功能，成為「學習型組織」：成功的組織將培訓和教育作為組織不斷獲得效益的源泉。「學習型組織」的最大特點是：崇尚知識和技能，倡導理性思維和合作精神，鼓勵組織經由素質的提高來確保其不斷發展。這種學習型的組織與一般的組織的最大區別就是，永不滿足地提高產品和服務的品質，透過不斷學習進取和創新來提高效率。

第二、組織培訓呈現高科技趨勢：利用高科技來豐富培訓手段和提高培訓素質，是近年組織培訓的潮流。特別是電腦多媒體技術被廣泛地運用於組織培訓工作，如運用網路進行培訓，

這種技術創新，使員工獲得新知識和新技術的速度大大加快，使組織可以迅速適應市場的快速變化。

第三、組織培訓制度化：現代組織的許多要素，如管理、經營，乃至文化理念，都有許多相通之處，這就為培訓的制度化創造了基本條件。同時，現代社會的分工和資訊交流的暢通，使得培訓能以制度化的形式出現，透過培訓來滿足各方面的需求。

第四、組織培訓的深層次發展：許多組織已將員工的培訓向各個領域擴展，其內涵已遠遠超過培訓本身。比如，一些組織除了對員工知識和技能的培訓，還透過一定的形式使培訓向組織文化、團隊精神等方向發展，使組織行為進入更深層次的領域。這是一個具有重要意義的發展趨勢。

第五、培訓成效為培訓的重心：首先，培訓者要認清員工培訓的特點，從員工的需求和組織的需求之間尋找最佳結合點。其次，培訓還要有一個科學和規範的組織程式和操作程式，在時間和空間上最大限度地貼近組織管理和業務的實際，用最佳方法幫助員工獲得知識和技能。最後，追求效益的最佳化和成本的合理化。

這些新的培育訓練方向，將有助於提高成員素質，達成組織教育的全面提升。

第二章
人事人員的培育

壹、前言

　　人事管理是一項服務性的專業工作，服務對象包括政府機關和公教員工。我們不僅要為機關制定如何運作與發展組織人力的規範，也須為全體人員提供事業前程發展的渠道，並協助其達成目標。傳統的人事管理模式，基本上認為員工的態度是消極被動的，因此，採取嚴格監督方式，只著重生產效率及工作目標的完成，不重視員工的事業前程，以致員工對機關的認同感與向心力不夠，凡事只求無過，不求有功。往往使得機關暮氣沉沉，效率低落。最近興起的「生涯規劃」理論，將人事管理帶向人力資源發展嶄新的境地。值此過程，人事人員的培育與訓練便顯得迫切與需要。

　　為求學校人事人員培育規劃的完善，宜於擬定人才培訓計畫之前，搜集目前公、私立學校與企業界的訓練概況，從中瞭解其優點，並改變「以先進帶後學」的傳統人力傳承方式，落實培訓計畫，建立一個具有組織性與系統化的制度來求才、選才、育才、用才與留才，避免走上失敗之路。用以提升整體人事人員人力素質，及服務效能。

　　人才培訓與教育訓練，可說是培育人才中最根本且最有效的辦法。面對教育工作適法性的要求日益迫切，教育環境的競爭性日漸提高，教育人力素質普遍提升等情景，學校的人事人員更須有應付新發展取向狀況的能力。因此，人事人員的培育和訓練成為刻不容緩的事情。本文試圖從：人才培訓計畫之學理基礎，人才培訓實施層級，人才培訓實施方式，訓練師資之延聘及培訓，培育成果評鑑等方面探討培育架構，並提出具體實施構想。

貳、人事人員應有的素養

　　從全球百大優質企業經營的成功模式中，有太多的變項都是來自「人」。企業如果不投資員工的生涯發展及能力訓練，頂多只能做到「保值」，長期而言一定會「貶值」。如何開發人力的潛能與資源成為行政主管的重任；根據104人力銀行於2004年完成的「企業留才計畫調查」顯示，有64%的企業透過建立更完善的教育制度，甚至有43%的企業願意提供久任獎金給資深或核心人才。（Ubben, 2004）然而企業如果要更有彈性應變的能力，領導的方式與教育訓練的範圍和內容，都必須進化、深化。面對大環境的變化，組織與員工關係的改變，變革領導已不只是一般員工，而是從高層主管、中階、基層主管，以及第一線員工，全體適用。

　　目前訓練工作常被視為「訓練行政」的同義詞。此現象延伸的問題，則是訓練工作不受重視，訓練人員工作滿足感低，員工視訓練為延誤工作、增加成本的活動。剝開此盤根錯節的病源，不難發現其問題的癥結，在於訓練未和整體的人力資源規劃配合，而使訓練得不到應有的重視和信任。

　　有些學校忽略了人力資源發展與培育的重要性。即使有在職訓練，而課程內容不外乎是學校沿革、現況、組織管理、人事規章與各項福利簡介等。一般多認為新進員工在回到工作崗位上，可由資深人員或主管來加以訓練。其實，這種作法犧牲了單位同仁的時間與精力，無形中也影響組織整體的效能。

　　教育訓練績效不彰的原因，朱湘吉（1991）認為尚有下列幾個值得注意的原因：

一、需求分析不徹底，未將認知、態度和技能等目標分開，因而無選擇適當的方法達到教學或訓練目標。

二、淪為純粹是為訓練而訓練的作為。

三、忽略個人和部門間的互動關係，無法將所學所知能技巧轉移至實際的工作中。

四、訓練課程是否有效常以受訓對象的滿意程度、知識的提升為指標，甚至達到行為改變和生產力提高的層面。

五、課程設計時，未考慮成人的學習特性。

六、訓練實施時，未能與組織願景、發展目標、發展策略相互結合。

　　總之，一般組織大多忽略建立一個共識：要永久的繁榮與成功，必須視員工為最重要資產；要提高員工的生產力，就必須有一套完整的人才培育模式。前述現況探討中，可得知礙於經費或缺乏前瞻性規劃，大多數私立學校尚無針對人事人員進行有序的教育培育計畫，為使人才培訓得到應有重視，並達到提升員工的專業技能和工作效能之目的，建議在規劃培訓計畫之初，首先考量人才培訓制度之建立，竭力避免以上所述之六點教育訓練績效不彰的原因，並重視培訓需求分析、課程策劃與施行、師資延聘、教學策略之彈性運用、及訓練效果之追蹤與考核等施行步驟。

　　人事人員處於變革時代，為能成功扮演組織發展所賦予的角色，即應具備適當的條件，也就是應在許多方面具有特殊的技巧。這也是人事人員培育應具備的基礎能力，具體的臚列如下（吳定，2001）：

一、協調溝通技巧

　　1. 應能夠以清晰、明確、及具有說服力的技巧與他人溝通意見。

　　2. 應能夠傾聽並瞭解他人的意思。

　　3. 應具有雅量接受批評而不強辯。

　　4. 應能平等待人並回報他人。

5. 應能從他人處發掘意見，並與他人共同討論。

6. 應能有效的推銷自己的意見。

二、領導指揮技巧

1. 應具有競爭力、好勝心，並有把事情做得更好的決心。

2. 應能以身作則，為人表率，指導他人工作方向及領導他人共赴事功。

3. 應能在遭遇挑戰或緊急情況時，表現自信與果斷，贏得他人的信賴及支持。

4. 應能有效的提出新方案或創新意見。

5. 應能依靠自己的能力與判斷去處理事務。

6. 應能在遇到抗拒或敵意時不需外援仍能有效的工作。

三、人際關係技巧

1. 應能在遭遇任何狀況時，均能自然的表示自己的看法及作為。

2. 應能充分知悉他人的感受及氣氛。

3. 應能妥善處理衝突事務及憤怒的情緒。

4. 應能嘗試新觀念及新事物、結交新朋友，從事新的活動。

5. 應能不斷謀求改善人際關係，與朋友參與社交活動，付出關愛並接納他人的關愛。

6. 應能與同仁和睦相處並同心協力從事變革活動。

四、解決問題技巧

1. 應能正確診斷問題並盡可能找出解決問題的方法。

2. 應能清晰且有條理的進行思考，以處理複雜或模糊不清的問題。

3. 應能在開始採取行動前，妥慎規劃變革的方案。

4. 應能激發別人的潛力以解決他們自己及組織的問題。

5. 應能有效評估解決方案，並選擇最佳的行動方案。

五、工作態度方面

1. 應能照章行事，按適當的規則及程序辦事。

2. 應能謹慎行事，具有完成變革使命、追求卓越的決心。

3. 應能在遭遇困難工作時，詳細研訂解決困難的作法。

4. 應具有高度的榮譽感，以順利推動變革達成目標為己任。

5. 應能全心全意的投入變革工作。

6. 應能對份內的工作不斷進行研究發展及創新。

參、人力培訓計畫的學理基礎

要有豐碩的訓練效果,除了配合整體的人力資源規劃和激發員工的學習動機外,也要考慮到教學設計與策略之運用。訓練實施的成功與否,關鍵點在於能否在特定時間內,提供「有組織的學習經驗」,以促進工作績效改進或個人成長。「有組織的學習經驗」指所提供的學習,是經過結構性的安排,除事前有課程設計外,尚須重視受訓對象之特質,方能提供有效且系統的學習內容。

Nadler(1989)對人力資源發展定義為:「人力資源發展即雇主在一特定時期內所提供的有組織的學習經驗,以促進績效之改進或個人之成長。」定義中所提的「有組織的學習經驗」,是指此一學習的取得不是偶然發生的,而是有結構性的安排,事前有課程設計,師資的聘請,並依據教學理論的實踐,才足以提供有效系統的學習內容。

人力資源有三大功能:提供學習以改善組織內部的運作、提供學習以達成組織的目標、和提供其他組織以外的學習。明確的說,人力資源的發展是指透過人員的學習活動,以改進目前的工作(訓練)、未來可能面臨的工作任務(發展)、以及個人能力的增進(教育),並使人員於知識、技術、態度、行為上較以往大為提升,進而得以強化組織的競爭能力。因此,人力資源發展乃是結合個人發展、組織發展、員工生涯發展三者為一體。

培訓之進行包括進修與訓練兩種方式。進修係透過赴校及研究機構學習,而訓練則多由機關自行辦理或委由相關訓練單位統籌辦理。

一般大型組織傾向於交互提供五種正式訓練,包括:

一、入門訓練(Entry-level or Threshold Training)即一般所稱的新進人員訓練,內容包括組織簡介、工作技能要求及任用須知、職掌內容介紹等。

二、晉級訓練(Upgrading or Advanced Training)乃為晉級需要或增加更高階工作所需之知識與技能所舉行。

三、再訓練(Retraining)類似知能轉換訓練,除增加新知外,主要為適應新的程序或新的工作要求,而須進行再訓練,以新知代替有不適之知識。

四、交叉訓練(Cross-training)類似第二專長訓練,乃為組織之穩定性,增加知識多樣化,塑造多專業才能員工,而舉辦交叉訓練,以使員工能勝任多種工作,並符合工作輪調精神。

五、矯正訓練(Remedinain Training)包括工作所需之正確知識、技術與態度的重新認識,並矯正錯誤行為。

一個有系統的整體發展計畫,應包括了三個不同層次(謝安田,1988):訓練需要的分析、訓練計畫與訓練實施、及訓練成果的考評,配合學校情況之特別考量:

就學理而言,教育訓練應把握下述步驟:

一、訓練需要分析

「需要」是一種現實環境與預設環境之間的差距，為彌補此種差距，而產生「需要」。擬定培訓計畫前，首先要界定需要評估（Need Assessment）。而訓練的成敗，與訓練需要分析息息相關。確切的分析可使訓練課程的安排符合組織實際需求和員工真實需要。

二、訓練計畫與訓練實施

分析與確定訓練需要之後，接下來的步驟就是訂定訓練計畫和實施方式，並執行訓練計畫。

1. 設定訓練目標：若確實有履行「訓練需要」之過程，則訓練目標已昭然若見，訓練目標即是訓練所要結果。
2. 設計訓練過程：不同階層人員所受的課程取向需求均有所不同。訓練內容應依照各部門之特性而定，尤其注重各部門的基本機能，同時依階層體系與職能體系加以劃分。
3. 擬定訓練程序：課程之各單元安排均有其階段性和邏輯性。整個課程設計是一個完整且統一的個體，以利支援各個訓練目標之達成。
4. 訂定訓練時間：應依實際需求彈性安排訂定訓練時間，儘量不於各單位業務「旺季」時舉行。
5. 遴選訓練對象：遴選合適人才時，考慮實際需求、年齡和升遷等因素，方能因材施教。
6. 採用訓練方法：區分在職訓練（on-the-job）及停職訓練（off-the-job）。訓練之教學方法包括：講授法、案例研究法、角色扮演法、敏感性訓練法與學員報告法等。
7. 延聘專業講師：一般在遴選講員時，除要求其具備了某項知識技能之外，也要考慮諸多影響因素，如：
   (1) 講員須對受訓者的工作有深刻的瞭解。
   (2) 良好的表達與溝通能力。
   (3) 懂教學技巧，最好有成人教育的知識背景。

   另外，應平日多留意優秀講員的動向，避免因循慣例、礙於人情，使訓練未達其成效。
8. 準備教材教具：主要考慮教材是否能支持訓練計畫之目標，是否易為受訓者所接受。
9. 安排訓練地點：以位置清靜舒適、設備完善、輔助措施齊全為主。
10. 籌措訓練經費：強調訓練應獲得主管當局之支持，並最好能有獨立的預算經費，訓練才能真正落實。
11. 選擇教學方法：強調成人式教育方法（Andragogy）而非孩童式教育方法（Pedagogy）。

三、訓練成果考評

訓練評估可由 D. L. Kirkpatrick（1960）所提之反應（Reaction）、學習（Learning）、行為（Behavior）與結果（Results）等四種評估面向進行。亦可如 J. Alden（1978）所提之四種途徑：

1. 受訓者意見；

2. 訓練者意見；

3. 受訓主管意見；

4. 受訓者服務對象意見，進行評估。

　　培訓理論是當前人力資源發展的重要理論，自 1980 年代以後，由於社會經濟環境的加速變遷，人力資源已與財、物和技術資源成為組織中重要的資源之一，尤其在以服務業為導向的經濟環境中，益見人員的培訓與組織經營的成效有密切的關係。

肆、人力培訓實施的層級

　　培訓基本體系，在此粗略依垂直（階層）體系與水平（職能）體系加以劃分，階層別訓練著重於各層級人員的行政運作能力，而職能別則以著重專業能力之加強。

一、階層別之培訓

　　階層別的教育訓練應是著重在以各專業工作的需求，所進行的職能訓練，來培養人才的目標進行。

（一）主管層的訓練：最高經營層是指其擔負決定、指揮、監督全盤經營基本方針之責。建議
　　　教育訓練內容主要為：

　　1. 培養新工作觀念；

　　2. 組織經營的展望；

　　3. 規劃願景的能力；

　　4. 領導統御的特質。

（二）中級管理層的訓練：中級管理層之教育訓練，是對部門管理者所實施的培育計畫。

　　1. 人際關係和互動；

　　2. 執行作業計畫能力；

　　3. 承上啟下的知能；

　　4. 管理計畫方案能力。

　　基層人員由於是執行上司指示之業務，所以訓練之內容強調一般基礎知識、專業技能及工作態度，以期繼續維持其對組織的期待與忠誠。

　　1. 新進職員訓練

　　　新進人員教育訓練之目的主要是幫助新人適應新環境。訓練課程內容除學校制度介紹
　　　外，亦應包括「總體教育環境」之介紹和「組織文化適應認知教育」兩項課程，以使新
　　　進同仁能於最短時間內熟悉整體環境。

2. 基層訓練

在階層別中，基層人員為工作推動的主要人員，其工作品質直接影響組織運作，因此，為使其提升工作品質，特針對此階級，規劃行政助理人員工作實務訓練。

3. 中堅職員訓練

進入單位已三至五年之中堅職員，除已熟悉業務外，並能獨立執行新業務，若能施以較高水準之教育訓練，可提高其工作意願，繼續維持對公司的期待與希望。

二、職能別之培訓計畫

（一）職前基礎訓練計畫

職前基礎訓練，分為「共同科目」及「專業課程」兩部分；共同科目之訓練內容主要以單位運作所需規範為主題，除共同課程培訓外，亦需因應各領域之不同需求，分別實行專業職前基礎訓練課程。

（二）在職訓練計畫

在職訓練與職前訓練相同，分「共同科目」及「專業課程」兩部分。共同科目之訓練內容建議包括下列各項：

1. 組織的經營理念；

2. 生涯規劃的作為；

3. 良好的人際關係；

4. 溝通與協調技巧。

除共同課程培訓外，為因應各部門之不同需求，依實際需要分別實行專業在職訓練課程。

一般來說，組織內的人事部門成員，要能稱職的扮演好角色，必須自我調整、進修及努力，其目的為：健全個性發展，拓廣視野知識，充實管理知能，迎合角色需求，並應修養自己具備如下的精神及能力：1.創意與革新。2.持續學習。3.迅速察覺內外環境的變化。4.彈性達觀。5.服務熱忱。6.策略性思考問題。7.願景領導。8.時間管理。9.壓力管理。10.堅苦卓絕。此外，他還必須充實自己具備以下的核心能力：1.政策轉換能力。2.組織領導能力。3.員工領導能力。4.調和鼎鼐能力。5.成果導向能力。此種專業教育的養成，至少包括以下的課程：

第一、學術方面的課程

1.組織心理學（organizational psychology）或組織行為（organizational behavior）。2.群體動態學（group dynamics）。3.研究方法（research methods）。4.成人學習理論（adult learning theory）。5.事業發展（career development）。6.諮商與晤談（counseling and interviewing）。7.組織發展（organization development）。8.訓練與發展（training and development）。9.實作研究與諮詢（action research and consultation）。10.人力資源管理（human resource management）。11.過程諮詢（process consultation）。12.組織理論（organization theory）。

第二、非學術方面的課程

1.基本實驗訓練方案（basic laboratory training program）。2.個人成長實驗室（personal growth laboratory）。3.訓練理論與實務（training theory and practice）。4.諮商技巧（consultation skill）。5.組織發展實驗室（organization development laboratory）。6.團隊建立方案（team building programs）。7.監督經驗（supervised experience）。8.做為大型組織內之顧問人員（internal consultant with large organization）。9.參加某專業性社團（professional associations）。10.進階專業發展方案（advanced programs for professional development）。

伍、人力培訓實施方案

綜合學理及學校發展的特性，並依據近、中、長程人才培訓重點，建議人事人員的訓練以八種方式交叉進行，相互搭配。此八種類型分別為：

一、新進人員與職前基礎訓練

舉辦新進人員訓練之目的是為使新進員工能在最短時間內，有效地進入工作狀況，融合於工作環境。其主要內容為瞭解教育之宗旨、發展方針、沿革及軟硬體設備等背景知識。而職前基礎訓練舉辦之目的是為使新進員工能在最短的時間內，有效地進入其所屬部門之工作狀況，融合於工作環境。

二、舉辦內部短期在職訓練

訓練課程依單位的發展階段及部門需求而設計。短期訓練課程的目標，主要是希望員工能在短時間內加強其職責與專業應備的能力及知識。

三、簽訂訓練機構之長期合作

為期能提供完整周延的教育訓練，並提供專業化的培育，可考慮與專業機構訂定長期委託代訓計畫。例如：行政院人事行政局公務人力發展中心、政治大學公教中心等。

四、參加或委託外界舉辦之研習

國內有許多訓練中心或企管顧問公司會定期或不定期舉辦與傳播相關之研討會，可依階層別與職能別之需求，並考量相關因素，外送員工參加研習。同時，亦可委託訓練機構代為培訓

相關人才，但上課之課程內容大綱、時間、與師資需事前經負責人督導認定後方能施行，以避免有不適用課程出現。

五、參觀訪問

可指派業務同仁參觀學習他校之經驗，以做為提升人事服務工作的借鑑。

六、舉辦不定期專題演講

專題演講通常把一些新觀念及方法，帶給一般對其不瞭解的人，使其有初步的瞭解或引發興趣去深究。定期舉辦專題演講及本著這樣的精神來舉辦，將新的觀念、新的思考方式、新的方法、新的知識帶給員工，使其有前進的動力儲備。講授是最普遍的訓練方法，很多人都知道講授的方法，它是指講師透過單向溝通將大量過濾過的資料，利用口頭的方式，傳遞給學員的過程。講師是資料的來源，而學員則是資料的接收者（receivers）。講授的優點是：

1. 符合經濟原則：在有限的時間，講師可以自主掌握教學內容，因為這種方法並不鼓勵學員的回饋與互動。
2. 講師完全掌控：講授的方式基本上是單向溝通，講師對於教學資料的內容、教學進度可以充分地掌握，減少臨場的不確定性（uncertainty）。
3. 具有彈性：對於任何培訓課程的學員人數多寡均可適用，可以適用少數在 5 個左右學員，也可以適用在多數 400 個人的團體。講師可以隨著學員規模大小，輔以適當的視聽教材。

但是講授的方法，也有缺點，例如：

1. 教學以講師為中心（Trainer-Centered），而不是以學員為中心（Trainee-Centered）：講師為了達到經濟掌握的目的，有時只是純粹講解，而未能與學員溝通。其實，講師與學員溝通，花時間觀察學員的口頭與非口頭對於教學內容的反應，以便瞭解他們的瞭解程度，才是以學員為中心的教學。
2. 無法鼓舞學員：越生動的學習，越能使學員記憶所學。貧瘠的講授方式是無法鼓舞學員的。除了在前言已說明感官刺激理論對這一方面的見解外，另根據 E. Dal & D. R. Woods 的說法，人類靠讀只能記憶 10％，靠聽只能記憶 20％，靠看能記憶 30％，靠聽看能記憶 50％，靠學後說出的能記憶 70％，靠說與做的能記憶 90％。而講授的方式，在這一方面是不足的。
3. 學員會覺得無聊：如果講師要讓學員記得講授的內容，他必須先喚起學員的注意力。然而，人類的注意力是有限的，難以長期注意某些事情，講授的方式會讓學員有時注意鬆懈、有時心不在焉。

因此，從以上優缺點的分析，如果採取講授方式，就必須注意到如何取其優點減少缺點，將傳統式的講授方式加以修正調整。部分學者專家提出的調整方式，包括創造課程與工作的相

關性；將內容組織化，分為導論、本體、結論等三階段進行；擬訂大綱便於學員做筆記；重複說明並鼓勵學員提出問題以及運用視聽設備增加教學的變化性等方式，均值得參採。

　　傳統式的講授大多出現在教室課程的講解方面，但是在要求多元化學習的原則下，部分場合雖然也有講授或講解（presentation）的出現，卻也加強講師與學員的雙向溝通與互動。例如以主題為焦點的研討會（seminars），就是由講師導引，並與學員共同討論。另外學術性較為濃厚的專題研討會（symposium），也是由數位（最多 5 人）對於特殊議題有研究之專家，每人發表 5-25 分鐘的見解後，再開始與聽眾進行討論。

七、成立單位讀書會

　　讀書會的成立，主要目的是推動員工的自我啟發、主動學習並達成同仁間彼此提攜成長，而不是一味的依賴單位的安排；次要的目的則是希望員工藉由讀書會所修的知識與常識，應用在實際的業務及人際的操作上，促使整體品質提升。透過讀書會、教育訓練課程，是一般推動學習組織最常見的切入點。台灣飛利浦公司的作法是，建立一個適合學習發生的組織架構，讓讀書會、學習活動自然發生。要建立清楚的共同願景，讓組織願景成為學習的驅動力，每個人都能在共同願景下自然成長。國碁電子公司從塑造學習文化、建立學習空間、注重學習成效、邁向學習展望等方式，積極塑造創新及服務的理念，主管認同培育人才、容許犯錯等經營環境。因而能在筆記型電腦等相關電腦產業開疆拓土，建立一片天地。

八、網路教學訓練

　　線上學習（online learning）加上傳統的學習與發展的方法二者合稱混成教學。但傳統的部分則有較多的著重。（Kaye Thorne, Blended Learning, 2003）線上學習與一般所稱遠距教學意義有所不同，遠距教學泛指學習時不受時間及空間影響者，包括網路學習、收聽廣播、電視等等不受空間因素限制，但在時間限制上惟有網路學習才能符合不受空間及時間限制，並兼具互動機制與重複學習等特性。因此，線上學習是指以網路學習為主軸的學習。錄放科技的發展與其設備費用的降低，使錄影帶成為一種現代化且攜帶方便的訓練工具。許多訓練課程雖已製成錄影帶銷售，但成功的課程卻需針對教育目標而設計，建議由各學校共同規劃錄影帶教學課程，負責策劃、編寫劇本，並製作完成。

　　線上學習漸漸普遍受到管理階層的喜愛，其原因在：

1. 員工可依自己的時間學習（不限於上班時間），不因業務及工作而影響學習機會。
2. 不受場地及交通影響。
3. 對組織業務工作職能訓練可縮短學習及業務上線時間。
4. 節省教育訓練費用。

　　雖然線上學習可為單位及個人帶來甚多的好處，但目前線上學習尚有部分待改進的問題，如：

　　1. 學習者電腦使用知能不足，阻礙學習者學習意願。

　　2. 線上學習對學習者設備須有另外的投資（如電腦及網路連線設備）。

　　3. 網路通訊頻寬不足。

　　4. 學習者對線上課程學習方式與傳統學習方式差異認知不足。

　　5. 學習者面對線上學習須有比傳統學習較高的自發性學習意願。

　　為了彌補線上教學的不足，因此，乃有混成教學方式的產生。在實務方面，混成教學的推動，必須將訓練課程的傳輸分為網路傳輸與書面傳輸兩種方式，先後或同時進行。比如在管理發展的訓練，以危機管理課程為例，可先製作危機管理導論課程，就危機管理一般概念先行透過網路加以解說，學員於學習後，至培訓機構參加實體訓練，在危機管理的課堂上，可將不瞭解有疑義的地方提出討論，講座也可進一步進行案例的探討，或較高層次的解說。當然，混成教學除了實體與網路課程的混合應用外，也可包括多媒體技術、CD ROM 語音、會議視訊的應用。但在實施上，必須考慮成本負擔及講座來源與專業程度等問題。

九、工作坊（Workshop）方式訓練

　　這種教學方法或訓練方式在國外相當普遍，指的是工作環境相同或相似的一群人員，聚集在一起分享工作經驗與知識技能，用以提升個人能力、擴展專業知識，或解決工作上所遭遇到的問題謂之。此與許多訓練方式最大的不同點在於，其參與成員因工作背景之同質性高，加上專業語言相近，故能夠避免認知上與溝通上的諸多隔閡，在很短時間內直接切入主題或問題核心，產生更為深入的交流。因此，其主要適用於擴展專業資訊網絡，俾檢視、探索，或解決某方面工作上所遭遇的瓶頸。由於工作坊在於促使參與者在行為方面的學習與改變，因此，就講師而言，毋寧是一個輔導者（facilitator）的角色，而不是單面講授的角色。工作坊訓練方式具有以下優點：

　　1. 交流密切：能產生比較多或比較好的建議意見。

　　2. 互惠成長：學員背景相似、經驗相仿，可提供彼此間相當程度的良性競爭，互惠成長。

　　3. 腦力激盪：可借重及整合多數人的經驗，謀取更寶貴、創新的對策或良方。

　　4. 持續學習：學員得以維持並提升參與成員間的熱誠與交流。

　　然而，無法避免地，workshop 也有幾個缺點：

　　1. 場地受限：場地規劃與實際運作上主要係以半圓形或橢圓形方式作安排，故需要較大的空間以及較多的設備，如空間不足或場地較狹小時，會有困難。

　　2. 學員意願：雖然成員彼此間背景與經驗相類似，但仍然必須能夠單獨作業，也願意互相合作，才會有具體結果或進展。

3. 成本較高：安排及進行研究講習會，尤其在設計發展階段，需耗費相當時間與心力，不像講授或其他方式，比較容易在短時間內或是以較少的人力、設備即能達成。

綜前所析，要使工作坊訓練發揮預期功效、達到訓練目的，除了要及早審慎規劃外，亦應提早準備相關資料，此外，參加人數不宜太多，如此較易掌握。在實際進行時，也要注意提供良性競爭但不破壞整體氣氛與作為，訓練完成後，並應儘可能提供整體評鑑，以瞭解辦理的優缺點，作為日後改進參考。

十、體驗式學習（Adventure Learning）

這種學習方式又稱之為冒險式或探險式學習，主要係透過有組織及有系統的戶外探險或體能活動安排，進行團體潛能開發，並培養領導技巧、發展自我認知、衝突管理以及問題解決能力。這種教學方法所安排的體驗活動，就是一般所熟知的野外求生訓練（outward bound）或戶外體驗訓練（outdoor experiential training），包括登山、攀岩、爬牆、滑雪、鋼索、爬梯、野地求生、射箭、泛舟、泳渡……等。例如，將學員分成若干小組，並要求每位學員穿越一段泥石地後攀爬過一座高牆；在此情況下，當有某位學員因體力不濟、疲憊不堪或膽識不足，無法完成要求時，可能在同組隊員的加油、鼓勵或意見提供下，通過考驗。如此，從中所訓練出來的，不僅包含團隊精神，也涵蓋自我認知、問題解決、意志力、體力等相關技能在內。體驗式學習的教學方式與其他訓練方法最大的不同在於離開教室或講堂，並走向戶外、野外、林地或雪地，所以，其動態性與互動性遠非室內訓練所能比擬；同時，學員的身心狀況、體能條件以及天候因素，也成為這種教學方式能否成功有效的關鍵。基此，若欲採取體驗式學習進行訓練教學，就必須斟酌學員的年齡、體能、天氣預測以及場所的安全性，作妥善與縝密的規劃。以文官培訓所目前所辦理之晉升官等訓練（委任升薦任、薦任升簡任）以及高考、普考、特考、初等考試錄取人員基礎訓練為例，就已將此種體驗式學習的教學方式納入課程中，安排適合的戶外場地進行體能、健走活動，並結合小組聯誼與團隊互動，學員反應相當正面。

十一、問題導向學習

問題導向學習是以問題為基礎的教學法（Problem-Based Learning, PBL）。此一學習方法的基本假設是：「讓問題留有想像空間能夠刺激學習」。（Sheella Mierson, 2004）PBL 最早係應用於醫學機構的教學。指的是以現有臨床案例的實際情境為腳本，學員在老師指導下，由案例中練習如何「發掘問題、分析問題並且解決問題」，並藉著處理問題的過程，自行搜尋資訊，而學到了必要的知識。以這種方法所取得的知識，印象深刻，記憶良久，當未來面臨類似的臨床問題時，舊知識會即時湧現，而即使舊知識不足以解決當時的問題，學員所擁有的「面對問題、解決問題」能力，仍然終生受用。應用 PBL，學員能互相合作，對於複雜的現實世界的問題尋求解決方案，從中驅動學習。PBL 也擴大傳統的教室角色，講師變成輔導者（facilitators）與教練

（coacher），而學員則成為學習者與教師。因此，PBL 最適合「終身學習」的需要，更可以補足傳統「主題基礎學習法（SBL）」的不足。

實施 PBL 的步驟是：

1. 分組分工：依職稱、功能、服務年資，將學員分組，或擔任主席、報告人、提問人，或為紀錄。
2. 提出問題：用虛構的情境，或實際個案研究，或組織面臨的真實問題，由講師以書面方式呈現。
3. 確定主題：學員從中討論，確定所知與不知，其不知而必須知的部分，就是學習主題，也就是主要問題。
4. 搜集資料：各組學員分頭至相關場所如圖書館搜集組織紀錄與文件、網路資料、專家意見等資料。
5. 討論整合：學員返回教室互相討論所瞭解的東西以及整合資料解決問題。

陸、人力培訓師資的擇定

一位成功的講師，雖受限於極短的授課時數，但仍可能達到大且久遠的教學成效。舉辦教育訓練的負責人，莫不希望延聘到適合之講員，使訓練成效更彰顯。因此，瞭解如何聘請講師的概念、技巧、方法，實是執行培育計畫的重要課題。

一、訓練師資之遴用

教師的選用以符合人才培訓計畫為標的，配合確切的需求調查，及已定的講師遴聘原則。

（一）講師人選之調查

欲瞭解講員之類型與條件，建議透過下列管道：

1. 從新聞報紙、雜誌、圖書或電視等去搜集與解析。
2. 公開研討會或實地聽課。
3. 委託外界訓練機構代為推薦。
4. 與其他組織的訓練工作者接觸。
5. 與課題相關的業務部門接觸。
6. 員工推薦名單。

（二）與講師事前說明事項

許多訓練課程，常以邀到名嘴，並讓其自由發揮做為上課的方式。此類與講師溝通的方式，對舉辦者雖省力，卻未達訓練之需。訓練應以整體規劃為目標，講師的講題訂定與內容以員工需要為導向，避免讓講者因自行發揮而離題。在演講前，事先與講員做下列溝通：

1. 訓練之總目標。
2. 訓練課程講題間之相關性。
3. 課題或希望的內容或方法等（分組與確認有無必要選定主持人或擔任發表的人）。
4. 受訓者之年齡、職位、職務內容等。
5. 訓練教室之布置與可以使用之器材（必要的教室數量、器材及教材之確認）。

二、校內之講師培育

講師的主要特色為經驗豐富，理論與實務的差距掌握良好，故在職能別的專業課題訓練上，只要篩選得當，再加以培訓即是很好的人才。首先，就員工進行選訓，建議選擇標準共六項：

1. 與課題有關的專家。
2. 能掌握研習目的並有能力達成者。
3. 對能力開發活動有充分認識者。
4. 對指導工作有興趣及熱忱者。
5. 對授課主題抱有再改善、再研究者。
6. 與台內同仁有良好人際關係者。

這些要點中，最重要的為講師人選的熱忱，若沒有打心裡發出的熱忱，再好的內容及技巧都將無法使訓練的效果提升。校內講師，經過上述篩選後，建議每部門選出一至五位同仁，施以教學實務的訓練，以幫助講員順利踏上講台，並有效的扮演其角色。

站在資訊的有效運用、經驗的傳承及訓練品質的確保來看，建議將校內講師受訓的各種課題編印成制式的教材，並整理出講師手冊以供未來講師的培育。

柒、人力訓練成果的評鑑

評鑑，是依據測量結果加以分析、研判，並給予適當評價的研究程序，以作為決策的參考。相信培育成效之評鑑是教學者、學習者、訓練主辦者及培訓活動資助者均會關心的步驟。事實上，在權衡成本與效益下，應用「評鑑」的概念和作法，測量教學活動和學習成效，不僅提供制定有效培訓活動決策的參考資訊，更是教學課程繼續實行和改進的原動力。學習成效評鑑略分為學習評估及訓練評估。學習評估是評量受訓員工於培訓後之學習成果；訓練評估是對整個訓練課程計畫做反省。

一、學習評估的實施

首先決定相關的實行事項，若就訓練課程之目的、目標來看，考量是否適合作此評鑑、是否能選擇出適當的方法。其次，再告知受訓者實行的方式，並強調主要目的在改善訓練課程，藉以免使學員有太大的緊張感。

二、學習評估方法之選擇

評估的種類，共有下列八種，依訓練目標之設定，擇選適合之方式：

1. 筆試（測驗）：檢核知識、思考力、邏輯力等知能。
2. 觀察評估法：觀察學員的行為，藉以評定其能力、態度、行為、性格。
3. 面談法：直接跟受訓者面談以評定其人格、行為特性、學習之程度、意願、熱誠等層面。
4. 撰寫報告：除了知識、思考力、邏輯力等能力的檢證外，對於資料搜集、整理、行為力等能力也有效。
5. 訓練的成果：對技能、技術等有具體的作為能力。
6. 實地演練或實習：對技能、技術、態度、行為等之檢核。
7. 論文寫作：對知識、邏輯力、思考力、文章、寫作力等能力之檢核。
8. 聽取上司意見：對於訓練課程實施完畢後，提出是否提高員工之能力、態度、意願時，可詢問主管意見。

選定評估方式後，應擬定評鑑基準，找出學員經過訓練後，應具備之最低限度，並決定訓練效果的檢核重點。完成評鑑基準的同時，亦需決定採用客觀測驗方式（選擇題）或論文式（敘述式）。如請講師出題及解答（半分基準）時，要請其在訓練前將講授大綱一併提出。採論文式時，事前應就評分標準做充分的洽商。

捌、結語

伴隨著全球化、資訊化、市場化以及知識經濟時代的蓬勃發展，各國進入了組織改革的時代。其中都具有一個相同的基本取向，這就是追求績效導向，引進市場競爭機制，提高服務水準及服務品質特徵的「管理主義」（managerialism）或「新公共管理」（NPM: New Public Management）綱領。（孫本初，2002）而這種主張的落實與人才培育具有高度的關聯性。尤其是隨著教育體質的轉變，如何規劃教育訓練，進而落實訓練計畫，是學校宜關心的主題。其中人事人員的培育首當其衝，以期能規劃一套適合教育文化，同時兼重員工生涯發展的培訓制度，以宏大組織於高度競爭環境下的效能。

第三章
職工訓練與組織再造

壹、前言

　　隨著數位化時代的來臨，大學中若干組織與觀念皆出現嶄新的變化。根據 2005 年 5 月 16 日紐約時報的報導，在大學中扮演教學研究要角的圖書館將由傳統逐步邁向數位時代的大學圖書館。2005 年進入德州大學的新生可能會發現圖書館少了點什麼，沒錯！圖書館少了「書」。該校圖書館預計於 7 月份將館內九萬冊的藏書移出。這所大學圖書館內除了電腦這些設備，將只有字典、百科全書等參考書籍，其他幾乎沒有藏書，也從此成為一個 24 小時的電子資訊館。對於美國的高等學府來說，德州大學圖書館並不是特例，而是一個正在急速發展的「現象」。以一個學院型圖書館的經營者的角度，他們必須有著相當前瞻的願景，將圖書館往幾種可能的模式發展，包括 24 小時開放的電腦教室，讓學生可以協力完成研究計畫；甚至可能是寫作中心的延伸，幫助學生寫出更好的作業；同時也提供電腦教學訓練，最好還包括電腦維修的服務。其實早在 1994 年，加州的南加大（USC）已在大學圖書館中設立了全美第一個數位學習中心，提供了擅長使用網際網路的圖書館員、教師、以及電腦技術人員。當時就已經將傳統的圖書館服務，提升為數位化的服務。南加大開始提供大量的網上資訊，圖書館也將鮮少使用的書籍移往儲藏室。南加大當時的突破，是一個重要里程碑——將傳統的高等教育學府圖書館，走向數位化無紙時代。

　　雖然潮流如此，德州大學這次的搬書計畫，還是有不少反對聲浪。有人認為，圖書館就是大學的研究核心，沒有了「書」似乎就不像是一個圖書館了！也有人指出，不能只讓身於高等學府的學生只會上網路查 GOOGLE，畢竟網路上的資料不一定正確，而且往往只能提供淺顯的資料，如果真的要「做學問」，進入書海深入研究是大學生不可或缺的重要學習過程！不過前後兩任的美國研究型圖書館協會的會長，對於這股潮流持相當正面的看法。已卸任的會長湯瑪斯認為，圖書館不僅僅是儲存書籍的地點，在科技日新月異，資訊爆炸的時代，圖書館的服務不是等著讀者上門查資料，反而要思考如何提供更主動的服務，將資訊直接送到讀者手上！而現任的會長瑪洛伊更指出，時代已經改變了，不能守著舊思維，這些讀者的習慣也不一樣，高等教育學府圖書館一定要思考新的方向了！這使得我們有必要思考如何運用教育訓練，以協助大學職工能達成組織再造的目標。

貳、組織再造的意涵

以大學數位圖書館為例，從組織的經營管理革新過程來看，1980 年代追求的是所謂「組織結構改革」與「品質與價值的追求」，前者著重在業務組織單位的效率與檢討，後者則重視個別業務的改善與增進，到了 1990 年代，為消除因組織日益複雜化與細分化所產生的機能性障礙，以及原本局限在狹隘業務範圍的人力運用，於是提出「再造工程」的觀念，透過業務處理過程的改革，強化業務基礎，企圖為組織發展注入活力，導引組織的發展。這類再造計畫的施為不僅及於組織結構，更在於組織既有的人力素質。而人力資源發展（Human Resource Development）的定義是：「一種策略方法以系統化的發展人或與人有關的工作能力，以達成組織和個人成長的目標。」人力資源發展相對於人力資源管理，前者是根基於個人能力成長，工作意願提升，而達成組織目標，後者是在制度設計上來激勵個人能力表現及工作定義，以彙整人力達成組織目標。前者，重視由下而上的人力發展，後者重視由上而下的人力開發，基本上，其要義是要人盡才，適其所，展其能，盡其用，人力資源發展在組織體的做法，經常透過正式與非正式學習的途徑，來使員工成長。非正式途徑，如工作豐富化，工作輪調，可以讓員工在工作中學習而得以發展其能力；正式途徑，包括所謂工作職務訓練，職場外訓練，及自我啟發。未來學習型的社會應是以自我啟發為中心，輔以工作職務或職場外之訓練。如自己參加讀書會、技術發表會，皆為自我啟發的方式。換句話說，自我啟發在未來中央極權退化（decentralization）的時代，將扮演個人能力成長的重要方式。組織教育訓練，通常從組織體主導，變成輔助，最後會變成協助。主導是提供課程要員工來接受訓練；輔助是組織提供經費由員工自己去參加職場外課程，或舉辦各類式課程由員工選擇；最後是以績效評量來引導員工的自我成長。尤其是網路愈來愈發達，提供自我學習的機會愈多，是以人力資源發展關鍵，將在於個人的學習意願。其結果則不僅有益於組織發展，更促發個人成長進步。

組織再造除了代表需求導向時代的到來外，更重要的是組織成員應該如何去因應組織變革的衝擊。由於在資訊化、自動化時代，成本要求越來越低，而資訊科技發展的迅極快速，不僅侵蝕個人的經驗與價值，同時也將迫使組織面臨前所未有的挑戰。故再造工程的實施，人力資源的提升將成為組織變革的重要因素。

組織改造之願景為建立具競爭力的活力組織，而高素質之行政人力又是攸關組織改造進程推動成效良窳之關鍵角色。是以如何建構高素質人力，配合訓練與任用積極活用人力資本，留住人才並發展成為幹才，以創造具高效能及競爭力之工作團隊，洵為當前組織發展之重要課題。身處在網際網路為基礎的資訊科技世界，使得網路內容的蓬勃發展，帶動知識探索速度愈來愈快。知識傳播的速度以倍數增加，而成本反而以倍數下降，網際網路將使知識的區隔更無藩籬，也更快速便宜。網路上所傳達的知識與訊息，民意與反應，溝通與交流，已促使組織成員必須仔細地思考此種變動社會的生態與價值觀念的改變將會對目前的組織運作模式帶來什麼樣的衝擊。

　　面對此波沛然莫之能禦的全球化知識經濟浪潮，任何一個國家均無法倖免，任何一個系統亦無從避免。置身全球化知識經濟時代的浪潮中，如何在領導的思維理念與實踐上，進行調適應變，實乃當務之急。探討全球化知識經濟時代的社會環境，變遷的速度是十分快速；無論是深度、廣度，抑或密度方面，均超出吾人之想像，就組織變動的型態與管理特性來觀察，傳統組織型態，存在著許多的改變（Cox, 1996; Daull, 2002），如表 1 所示。

表 1：全球化知識社會組織變動的趨勢

類型 特性	傳統社會	現代社會
組織型態	科層式組織	彈性式組織
競爭視野	社區化	全球化
變遷速度	穩定發展	快速變遷異動
組織定位	專注內部因素	專注外部因素
競爭模式	適應性競爭（紅色競爭）	合作式競爭（藍海策略）
組織結構	官僚組織	權變組織
組織運作	個人取向	團隊取向
專業分工	個別專家	整合團隊
知識學習	階段學習	終身學習

資料來源：知識管理與公務人力資源發展關係之研究：兩個個案之運作分析。張榮發，2002。

　　變革時代的組織生態，領導者應具備何種全球化思維，體認並促使團隊成員瞭解全球化對組織經營的影響，如何展現全球化適應力的決策模式，如何察納多元文化的「特質」，對多元化張力（Diversity Tension）的調適，創造有利於多元文化團隊的組織氛圍；領導者如何掌握科技、凝聚優勢建立與維護具科技與人文素養兼備的員工，如何有效管理與運用科技來提升生產力；領導者如何妥善建立與維繫組織內外的合縱與聯盟，運用影響力取代權威式管理，建立組織內員工間的團隊關係；面對複雜的社會生態，管理團隊的成員之間必須共享領導，方能眾志成城，尋求其他領導者的專長，與他人分享實現成果的責任，建立促進思考與行動的環境，以追求組織的成長與發展，成為新時代組織再造所面臨的課題。（Dupree, 1993; Gardner, 1990; Giddens, 1990）

　　「組織再造」，或稱「作業流程改善」，由美國學者韓默和錢丕（Hammer and Champy, 1993）所提出，其目的在於運用現代資訊技術，重新並根本的設計企業流程，以追求作業程序的時效性（time）、減少浪費和追求品質，而能創造較高的附加價值（value added）。意義上在於解脫思

考的束縛，由根本上重新思考、檢討，其具有兩大精神：一是「從根本出發」，由最基本的問題開始發想組織運作所面臨的優勢、弱勢、威脅與機會，以此擬定未來競爭的策略與組織型態。其次是「必徹底檢視」，將過去的沉疴、包袱等所有的弊病，全部破除，徹底改造。其主要關鍵精神有以下五點：

一、簡化業務流程：基於過去大量生產時代採用「部門細分化」、「任務單純化」的組織型態，導致部門間形成「分工而不合作」的不干涉主義，故有遲延與官僚情形。「再造工程」則是要打破此種現象，盡可能簡化業務流程，以促使員工自動自發地提供讓顧客滿意的服務。

二、擴大員工自我管理的範圍：以往管理理念認為必須藉助管理者的監督，方能達到品質管制的要求。直到「全面品質管制」觀念的提出，已逐漸賦予員工自我管理、自我品質要求的責任。而到「組織再造」，不僅強調品質管制的自我管理，更擴大成員自行處理業務權力。

三、將各權限相互結合：傳統上以「量產」的方式來追求規模經濟的擴大，往往導致了中央集權式的組織型態，在「組織再造」的概念下，則採取地方授權式，並透過資訊技術以造成中央集權與地方分權兩種方式的相互搭配與融合，進而達成滿足客戶需求的目標。

四、同時遂行業務：揚棄原有大量生產管理中，以生產線為主體，其他業務逐次配合的作法，強調追求作業的協同性，以同時並行的方式來推動業務。

五、資訊的同步傳達：建立良善的資訊流通網絡，以使各部門在第一時間內，能夠相互交換與業務有關的資訊。

　　組織再造不僅強調組織瘦身（downsizing）、全面品質管制（TQM）、管理資訊系統（MIS）等一連串的改革方式外，並且需要結合組織策略方能真正發揮效用，亦即必須與「未來競爭」緊密連結。在策略方面的整合性組織規劃，更需賴在人力資源方面對於現有人力的教育訓練與生涯發展，特別是自主管以至於基層勞動者對於再造工程的瞭解與支持等。由於在計畫、組織、用人、領導乃至於控制上建制完整的共識與規劃，其結果不僅可達到績效創造，同時將有助於組織機能與機會的創新。

參、培訓與組織發展

　　因應知識經濟時代及全球化發展之趨勢，各組織為增進行政效能以獲取人民信賴，無不大幅進行組織再造與行政革新，期能經由瘦身簡化流程與創新學習，來改變組織職能並提升整體競爭力。此種導入組織經營理念，強化組織功能的專業化，以形塑成為具民主性、回應性、顧客導向的組織，著實為組織體系帶來很大衝擊。

　　組織再造著重在員工自身內在價值的發展，因每個人都有其不同的生活型態且各階段的價值體系也有出入，故人力資源發展主要在強調個人的獨特發展，培養其生涯規劃與終身教育的理念，使其在每一個階段都能有獨自的發展空間，而且不限於單一層面。人力資源發展的觀念有下列三點：

1. 人是可以塑造的，透過訓練，可以發揮潛能。

2. 人力資源的效用達到最高化。

3. 經由終身教育、終身學習可以應付快速變遷的社會。

此種觀念乃是強調人力的可塑造性，而且肯定經由訓練與學習可以改造人力資源。教育具有廣泛性、基礎性與啟發性，它是一種全面的鋪設觀照，著重於知識、原理與觀念的灌輸，以及思維能力的培植。透過教育可以使人增進一般智識，瞭解周圍環境，形成健全人格，並為個人奠定日後自我發展的基礎，訓練則屬特定性的塑造，它是一種特性的提升，著重於目前及未來的工作，訓練可幫助員工透過思想和行動，以發展適當的知識、技能和態度，促使人員的表現達成工作所需的預定標準。所以，由此可知，教育乃是以課程為主；訓練則以工作為重。訓練對組織發展的重要性是顯而易見的，包括 1.提高生產力 2.增進組織士氣 3.少監督負擔 4.減少意外事件 5.增加組織的安定性 6.保持組織人力運用的彈性。人力資源發展是透過設計的組織化學習活動，來增進組織中人員的知識、技術、能力或改善行為。包括：

1. 透過訓練（training）改善目前工作績效。

2. 透過教育（education）以勝任未來工作預作努力。

3. 透過發展（development）滿足個人興趣、從事組織內外環境變遷所為之努力。

每個人對事、對人、對資訊都有其習慣的想法、作法或者反應。由於每個人大腦中所編碼、儲存的知識、經驗、思想、方法、技巧以及各種資訊等等，經過相當的時間之後，除非經過重大的事件刺激、或者灌注新的理念，否則這種編碼儲存系統將處於相對穩定的狀態，而這種穩定性就形成了「習慣領域」，例如在工作和生活中的相關問題，經過長時間的學習與傳授，已被存放於大腦中最易取得的部位，一有需要，即能迅速且系統地被取出運用，而解決需求的壓力，久而久之，乃形成公式化與程序化；此外，又因為此種習慣很廣、很強，擋拒了外來的新知，腦中的編碼活動可以不必重新編碼和儲存，而適用原有的一套思考模式，工作起來亦便捷迅速，更加強了個人行為的程序化與公式化；最後由於熟悉而產生信心，當有類似狀況時，思想立刻引起「共鳴」，而更樂於使用既有的習慣與作法。由此可知，當習慣領域獲得穩定之後，將呈現兩種現象，一是處事的成熟與老練，一是對新訊息的排斥。

組織再造的成敗端賴所屬員工，其中的員工角色應具備如下的特質：

1. 思考、互動、判斷、下決定等能力的具備。

2. 由於工作間界限的模糊，故需獨立思考、應變力強的員工。

3. 觀念上的改造：

　　(1) 組織內每份工作都很重要。

　　(2) 不推卸責任，勇於承擔。

　　(3) 團體內每一份子榮辱與共。

　　(4) 不斷學習是工作的一部分。

4. 只要有需要，可隨時與任何人溝通，不必受組織限制。

5. 各流程工作小組地位平等，也擁有高度的自治權。

習慣領域是可以利用「改良性」、「啟發性」、「突破性」加以擴大。此種擴大的效果也就彌補了「抗拒新訊息」的缺點，並加強了成熟老練的優點。在進行擴大時，虛心學習的態度及提高觀察思考、自我比較、相互聯想、改變與事務觀照則是值得提倡的有效方法：

1. 虛心學習：
    (1) 不能自滿以產生學習動機。
    (2) 製造壓力以促進學習動力。
    (3) 講究學習方法。
    (4) 注意經濟效益，思與學要兼顧。

2. 擴增視野：
    (1) 要站在較大範圍、較高層次思考問題。
    (2) 站得高，看得遠，不自滿。
    (3) 居高臨下，看得更清，自知自明，取人之長，補己之短。
    (4) 範圍是相對，而非絕對。
    (5) 合適的範圍與層次。
    (6) 平靜、無欲的觀察與思考。

3. 自我省思：
    (1) 不定期的自我檢討，比較理想與實際的異同與差異。
    (2) 差異分析後所引導產生創新啟發。

4. 擴大聯想：
    (1) 透過相關聯想，以發生新問題、新想法而擴大習慣領域。
    (2) 事物聯繫，有的是直接的、明顯的，有的則不明顯，而應根據事物的性質與特點甚至反常狀態，擴大聯想。

5. 客觀比較：
    (1) 參考資訊的重要性與數量直接影響行為方向。
    (2) 利用退卻使壓力結構降低，以活絡思緒，較易萌生新意。

6. 環境變革：
    (1) 不同環境具有不同的資訊衝擊。
    (2) 歷練多種環境有助於加寬習慣領域與視野。

藉由上述論述的歸納來看，只要能改變個人大腦中的編碼、儲存及程序化的習慣強度，人力資源的再生與再造是有可能的，且因而導引組織的發展。再造工程的實施可能帶來工作的擴大化與豐富化。為使勞動者在技術與適應能力上更加提升，工作技能的有效培育與工作態度的適度引導，成為組織人力資源規劃的重要課題之一，此時教育、訓練與發展扮演關鍵性的角色。「訓練」是提升員工某項工作的能力，使其能適應工作內容的改變；「教育」則是培養個人的實

力並發掘其潛能，使其在劇烈的環境變遷下，有充分的教育素質以待多元技能的培訓；「發展」則是由組織裏的每位成員發揮其生產力而達成。故組織若重視規劃員工的職業生涯、教育訓練與潛能開發，將裨益發展。

肆、終身教育的理念

　　終身教育（Life-long Education）乃係一個人終其一生，為適應工作及生活，並促進自我實現，必須不斷接受教育或從事各種學習活動之謂。終身教育的觀念與我國所謂「活到老，學到老」的意見不謀而合。由於個人的發展，始於正規學校教育之前，而人生真正的開始，亦在正規教育結束之後，因此，人們從幼年到老年的各種學習活動，都應該受到鼓勵。終身教育的理念即希望將正規的（formal）學校教育與非正規（nonformal）和非正式的（informal）的各種學習機會加以整合，亦即試圖從時間和空間的領域來統整和貫穿所有學習活動，使每個人終其一生均有不斷接受教育的機會。具體而言，終身教育應具有如下三項主要涵義：

一、終身教育理念所強調的，是除了傳統上的正規學校教育外，對學齡前和正規學校教育後之學習，均應予以重視。

二、終身教育理念認為人生的許多重要學習經驗，並不只是在學校或正規教育系統中產生，事實上，所謂的教育可以在不同的情境中發生。

三、終身教育的理念，必須由個人來完成，因此，有效激發個人終身學習的意願，並培養自我導向學習的能力，乃是落實終身教育的最基本課題。隨著科技與經社的快速發展與變遷，終身教育的理念已普遍引起世界各國的重視，而成為當前各國教育改革的主要動力與指導原則。

　　秉持終身教育的理念，導入到員工的工作訓練，主要約可分為以下五種：

一、工作中訓練：工作中訓練是目前最通用的訓練制度，該項訓練乃是由受訓者的直屬主管或其所選派的人員，在場內透過日常工作以訓練指導其屬員或新進人員。

二、職前訓練所訓練：這種訓練亦稱廊前訓練（vestibule trainning），乃是針對新進員工，讓他們在工作場所以外，接受與實際工作完全一樣的操作訓練。

三、學徒訓練：這種訓練適合於較高的技術水準，組織中的技術性與半技術性之工作，都可經由學徒的方式來加以訓練。

四、特別課程訓練：特別課程比較偏向教育性，不過其性質不是一般教育，而且和個人某一工作直接相關。

五、實習訓練：提供學員一種模擬的情境，以培育具備有專業領域相同的陶養和能力的訓練活動。因此也有稱為模擬訓練是設置一模仿實際情況同樣複雜的學習環境，讓受訓者模擬操作，此與職前訓練所訓練相類似，是一種知識灌輸的訓練。

訓練計畫應包括以下四項程序：

一、確定訓練需要

1. 組織分析（Organization Analysis）：亦即就整個機構的目的、計畫、資源等予以分析，以決定訓練重點應置於何處。
2. 工作分析（Operations Analysis）：就是以工作人員應如何才能有效執行其所必須做的工作而予分析，進而確定訓練內容，其重點是在事不在人。
3. 人員分析（Man Analysis）：就一個人的工作職責，分析其現有的知識、技術與態度，是否符合工作需要，再據以決定其訓練發展的方向，其重點是放在人的方面。

二、選擇訓練方式

1. 正式訓練班：訂有講授、閱讀及指定作業的一定課程計畫，每天規定上幾個小時，或每週上幾個小時的課。
2. 工作中訓練：先對員工說明其所擔任之工作，在工作開始後，由有關人員予以監督及指導。

三、教師的選拔

遴選學理和務實並重的師資以落實訓練工作。

四、訓練成果評估

包括：1.反應標準 2.學習標準 3.工作標準 4.功能標準。

由於習慣領域可加以擴大、變化，故個人能夠藉由生涯規劃而遂行其各階段的目標。另一方面，組織也得以藉由教育訓練而改變勞力素質，進而提升生產力。再造工程的理想是以組織目的為出發，例如：當學校建構以國際化為目標，便必須由願景建構，重新思考流程的定位與人員專長，內部單位調整，這些理念的落實，則無不端賴終身教育以結合個人的生涯規劃，達成組織再造目的。

伍、教育訓練的實施

根據 2002 年 4 月 3 日教育週刊報導：「哈佛大學網路培訓教師科技教育」，由於現在有太多老師渴望把科技融合到教學中，不過只有少數老師能真正運用科技來促進學生對課程的理解。為此哈佛大學教育研究學院的科技教育中心（Education Technology Center）開設了一門網路進修課程，希望除訓練老師熟用多樣科技外，更要緊的是能掌握要與課程融合的要旨。為期

十四個禮拜的訓練課程分為八個單元，每個單元開始前，該中心會先摘述一些關鍵概念，學員必須讀完指定的網上資訊及教科書，然後開始討論互動，並完成作業。作業通常即是要求學生獨立或幾個人一組，實地製作授課計畫及內容，重點要包括教學重點觀念表列、運用科技學習活動的設計，還必須包括對自己及他人教學計畫的評估。學員也有機會作小組研究，並由有經驗的助教協助他們。網路真正的力量在於加速了彼此間的互動、及同儕間的學習。他們的課程提供老師實地學習與運用科技的機會。

同時，新進教師可上網尋求教學指導「E-mentoring」也就是網路上的指導者，指點新進教師，如何解決教學時遇到的各類疑難雜症。由於「E-mentoring」的便利和實用性，應該很快的就會擴展到全國各地。「E-mentoring」的起源是來自「e-communities」，聯合各地的資深教師及新進教師自成一個小社區，利用網路的便捷，迅速的傳達彼此之間的疑問和解答，提供新進教師的支援管道，讓他們不致有孤軍奮戰的辛苦，並能順利的進入狀況，做個稱職的老師。以伊利諾州為例，新進教師可以加入由伊利諾大學和州內四十個學區聯合成立的「新進教師支援計畫」網站，使用密碼進入網站的公共交談室，裏面有多達一百多位的新進教師，根據自己授課的年級、科目或有興趣的議題，分別進入不同的區域，可以和四十多位由各地資深教師擔任的網路教學指導者互相溝通、交換意見和尋求指點。無論白天或晚上任何時間，只要有需要，都可以匿名上網得到協助和支援，既安全又自由。比起原先由學區指定固定的教學指導者給新進教師的方式，要好得太多了，難怪該網站推出後，很受新進教師的歡迎。雖然如此，網路的教學指導是虛擬情境，與實際面對面的溝通畢竟還是有些差距，為了彌補這個缺點，伊利諾州的這計畫同時也要求參加者至少每年應該與網路教學指導者見兩次面。另外，德州大學的教授 Judi Harris 也結合當地資源成立了一個有趣的網站，分故事區、討論區、指導區和資訊區，讓新進教師和學生同時上公共交談室，當老師和學生在網上互動時，有教學指導者在旁不時的給予建議和指點，創造一個實習空間，讓新進教師可以從中學習到許多實用的教學技巧，受益不小。

自上述所引的實例可知，策略性人力資源發展，乃為了達成組織使命與經營目標，組織透過培訓成員之技巧、知識、學習能力以及激勵成員等活動，使組織與個人同時獲致成長。易言之，為了與明確的組織經營策略相連結，組織確認所需之技能並且積極主動地管理未來長期之員工學習活動，是一種「訓練發展的策略管理」。為了推動策略性人力資源發展，應採取下列措施以達成目的：

一、機關首長應積極支援人力資源發展功能

機關首長及業務單位主管應積極參與人力資源發展計畫，使培訓活動與組織策略目標相連結。人事單位更應主動參與訓練課程、師資、教學方式等重要面向的規劃設計，以提升訓練成效，達到組織人力發展策略的目標。

二、推動核心價值，型塑優質組織文化

　　組織再造的根本之道在於革新文化，而建立「核心價值」（Core Values），更是革新文化的基礎工程。應以「專業」、「進取」、「創新」三項核心價值，讓人員產生共鳴，達到了全力啟動變革的效果，並將核心價值確實注入各項制度、政策及行政文化中。

三、規劃核心能力架構，進行「訓練需求分析」

　　為提升人力素質與管理成效，強化人員「核心能力」（Core Competence），並區分為「管理核心能力」與「專業核心能力」二部分規劃推動。「管理核心能力」部分，為顧客導向服務、知識管理與運用、流程與時間管理、衝突折衝與溝通、指導與經驗傳承及目標設定與執行；至於「專業核心能力」則為創意型塑願景、策略分析、變革與危機處理、團隊激勵與領導、跨域協調及績效管理等。

陸、員工生涯規劃

　　員工生涯規劃方案就是一種協助員工規劃其個人事業前程目標，並透過組織內的工作經驗、生計要求、教育訓練及人力規劃等給予配合，以實驗其個人事業前程的計畫。在過去一般管理人員的觀念，就是讓員工接受教育與訓練，經過考評，並被安置在適當的職位上，從事有效的工作，似乎就已盡到了人事管理的責任。事實上，由於組織的需要和個人的態度與能力，都在不斷地改變，管理人員的責任不應僅限於目前，還必須要展望將來，關心員工長遠的事業發展。這種觀念的改進和現代經濟社會的發展實有密切的關係，傳統上，認為員工係受僱前來擔任某項工作，組織可視需要任意調整其職務，並且按員工的工作成就及其對組織的忠誠，給予晉升高階的職務或工作保障等之鼓勵。但是近年來組織面對人員流動問題，特別是管理人員和專技人員的流動性最為嚴重，很難找出妥當的對策；而另一方面企業的高階職位有限，也無法提供員工充分的晉升機會，使員工的發展慾望難以滿足，必須尋找其他的解決途徑。為解決以上所面臨的困境，終迫使組織不得不改變其原有角色，進而關心員工個人的事業前程，希望經由協助員工訂定或檢討其個人之生涯目標，並予達成目標之機會，而使員工成就感獲得滿足，並進而提高其忠誠感，降低人員流動率及增進工作績效。

　　再自員工立場言，他們關心自己一生事業與生活之程度可能超過工作，在傳統社會裏，一個人只要有固定工作、優厚的薪水和較高的職位，就可以被認為是事業相當成功。但是現代工作者的看法已逐漸在改變，當代對事業成功的標準已轉變為個人自由和自我實踐，這種新觀念有幾個特性：

1. 個人控制其自我事業成功的發展，由自己決定是否需要接受進一步的訓練、尋找特殊工作機會或離開原組織。

2. 自由、成長、自我肯定是重要的個人標準價值。

3. 個人並非呆板的工作機器，他尋求職務、組織、家庭、朋友、閒暇等項目的均衡搭配。

4. 成功是自我界定的，這可能包括傳統的目標如金錢、升遷、聲望；同時也包括自我實踐、自我尊重、友誼及其他的滿足。

5. 個人並非被動或順從的，他會安排生活節目，且能負起決定自己命運的責任，而不是單純而順從的「組織人」。

由於這種觀念的改變，以及人事方面的需要，再加上許多人事新方法的發展，如工作分析、人才分析、績效考評、心理測驗、統計分析、工作改進等方面的進展，凡此均加速了組織推行員工事業規劃方案的決心，並予適當的建議與輔導，助其實現。

至於員工事業規劃方案的內容，則因各組織情況而異，但基本上多包括以下各項因素，茲分述如下：

一、個人之評估

很多人雖然在一個機構內開展其職業生涯，但可能並沒有正式評估過他們自己的能力、興趣、需求和目標。根據美國的一項心理調查顯示，有 40％的人從事其現職係由於機遇，大多數人都希望在未來五年能變更其主要工作，只有不及四分之一的人對其職業曾做過選擇。有此調查可知除非組織能提供更有興趣或更具挑戰性的工作和機會，否則勢將面臨員工不滿所帶來的潛在流動性和其他方面的組織問題。而所謂興趣和挑戰性其意義將因人而異，故員工事業規劃的程序應始自個人的評估（individual assessment）。

所謂個人評估基本上是一項自我發覺與分析的過程，就是由員工就自己的人生價值、需求、目標、技能與興趣進行評估。目前已有許多有關自我引導的書籍，可以幫助人們評估自己，其中以何蘭（John Holland）所提出的研究極具系統性與代表性，認為員工的工作最好應與該工作所需的人格特質相配，計有六種人格特質和工作特質相關，此即：

1. 藝術型：這種人要求自我表現、富創造性、容易感情用事，適宜擔任作家、藝術家、建築師等工作。

2. 企業型：這種人喜歡影響他人，適合擔任律師、推銷員或採購員。

3. 社會型：這種人重視人際活動，樂於助人，適合擔任輔導員或教師。

4. 調查型：這種人喜愛分析，富獨立性，適合擔任研究人員或系統設計師。

5. 保守型：這種人喜歡規律性活動，處事小心謹慎，適合擔任銀行行員或速記師。

6. 實在型：這種人喜歡自然科學，有機械能力，善於協調，適合稽核、測量員。

凡具有某種特質、能力與興趣的人員，就適合某種特定的工作，何蘭的研究顯示，人員的工作互換如出自相鄰近的人格特質，如自藝術型工作調至企業型工作，其困難將少；反之如將藝術型工作調為調查型工作，其困難將多。何蘭此項研究成果，自個人觀點言，可做為自我瞭解及查證，工作適宜性的指南。自組織立場而言，則可依此進行更有效的人力資源規劃工作，

只要將具相似特質的工作，不論其職稱，皆可組合為一系，從而設定事業發展階梯，做為員工升遷或調職的途徑。

　　事實上，個人對事業前程的想法實受以下四個方面的影響：（一）個人的價值、需求、生活方式、工作型態、目標。（二）技術、態度、特質、知識、經驗、身心健康。（三）朋友、家庭、同事及個人的工作狀況。（四）機會、約束與限制。對這些小自個人大至經濟環境，各方面資料的分析，有的可由員工單獨進行，有的卻有賴他人的協助，尤其是組織或輔導人員的協助進行。

二、組織之評估

　　員工之目標是否實際，可由組織對員工能力與潛力之評估以及對組織所能提供的機會而判斷。故而對員工能力和潛力正確的評估，無論對員工或組織均具重要性。

　　組織評估員工的能力和潛力有幾類資料來源，第一類為甄選資料，此包括能力測驗、興趣測驗、自述如教育、工作經驗等。第二類是現職資料包括績效考評、晉升紀錄、調薪資料及參加各種訓練發展方案等，通常考績是評估員工潛力之主要資料。

　　由於對員工的考評，大部分是由員工有較多接觸的直屬主管來執行，這方面或因主管的個人因素，或其知識眼光的限制，很可能無法做得很客觀，所以目前有的機構有改以心理測驗或考評中心等方式，俾對員工是否具有未來職位潛力做為更直接的評估。考評是利用各種有系統的方法，如模擬測驗、團體討論、角色扮演、面談等來考評員工。這種制度在預測管理前能力方面甚有作用，通常評估者可就員工的溝通能力、表達技巧、工作激勵、主動開創性、領導力、規劃及組織能力、分析能力、判斷力及管理控制能力等項，考評出參與者是否具有管理能力。

柒、結語

　　組織與員工乃共存共榮相輔相成之關係，隨著產業科技的快速更動，勞工原有的工作技能已無法因應工作環境的長遠要求，而組織結構亦由一體不變，以期能對應日益變動的情境。是以必須有賴人員教育訓練和組織再造，以注入生機。至於辦理教育訓練或生涯規劃的課程，都必須要符合勞動或者就業市場的需求，故整個教育訓練或生涯規劃的決定方向應該考慮市場的變遷及未來組織的變革。在二十一世紀全球化競爭力的主軸趨勢，知識管理與組織學習之成效，已為今日組織最重要的競爭優勢所在。競爭策略大師波特（Michael Porter）曾指出知識是價值創造的關鍵行動，所以應先做好智慧資本管理並以此來提升創新的能力。在這快速變動的時代，工作生命週期在變動環境中愈加縮短，顯示重新學習新的知識或技能，為現代社會人在職場必備的能力，否則將被競爭社會所淘汰。此外，組織也必須持續學習，加以本身的核心能力，以確保競爭優勢。所以，知識管理與組織學習是密切相關，也是組織發展成功的關鍵。

　　雖然組織有必要立即回應外在環境的瞬息萬變，並加以合理改革，但愈龐大的組織，科層化愈深的組織，由於長期以來強調制度化、依法行事，注重信賴及責任，使其在面臨環境變遷

壓力之際，難以主動出擊，亦使其再造（reengineering）、革新（reform）反應較慢。於是當運作一段時間之後，往往出現組織結構僵化、功能重疊、冗員充斥及績效不振等問題。所以為提升員工工作技能與勞力素質，乃必大力仰仗組織的管理風格、教育訓練與流程制度。流程制度是貫穿整體組織的運作網絡，確保了組織的基本運作。教育訓練的成敗與否則有賴於組織的管理風格與整個訓練規劃。管理風格所影響的層面頗多，在人力資源發展方面，則直接激勵了員工參與教育訓練的動機。訓練規劃則是訓練的計畫、執行與考核，也是訓練成功與否的關鍵因素。瞭解這些原因，再搭配以成員個人生涯規劃及需求、期望理論，則有助於員工參與教育訓練，並形塑成一個追求不斷的「學習型組織」。

第 *9* 篇

考 核

第一章
績效考核制度概說

壹、前言

　　「績效評估」在人事管理中乃重要的一環。一方面，它扮演著一個評斷性的角色，提供組織現存人力資源的基本訊息。換言之，績效評估在人員晉升、培訓、報酬等作業上提供了重要的依據，使這些作業在實行上有正確根據。另一方面，績效評估亦扮演著功能角色，因為績效評估本身亦具有改善員工工作態度和能力的效用，藉著上司或其他同僚的訊息反饋，員工可更瞭解其優點及缺點，能有效改善員工本身的態度、行為、及績效。

貳、績效評估的實施方式

　　績效評估的建立，是從量度、評核、回饋、以及最後所得到的訊息，構成整體評估的主要過程，但是所得到的訊息是否準確或是適用？則有賴於適切使用客觀的量度、評核和回饋的方法和內容。因此，組織必須經常檢討每個部分的執行步驟，以冀員工能得到準確和有效的訊息。圖 1 總括績效評估的主要內容和程序。

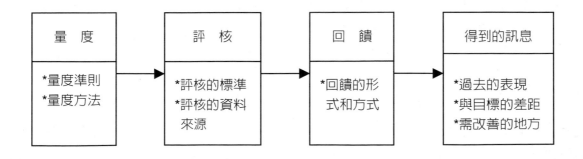

圖 1：績效評估的內容和程序

一、績效評估的量度和內容

（一）量度的內容

　　績效評估的最基本部分便是量度的內容。量度的內容直接影響員工的對工作的看法，因為它代表組織對員工在某些工作方面的期望。由於各組織的策略、文化和生產技術不同，量度內容亦應有所不同。基本來說，量度內容應基於三個法則釐定。

　　第一是技術性準則：就是員工在有效地完成一件工作時所應有的態度、行為和結果。由於是基於工作分析，這方面的考慮是因工作而異。

　　第二是策略性準則：每個組織由於運作環境不同，都有獨特的競爭策略和組織文化，由於策略性因素的焦點是整個組織，而不是個別的工作，所以不應因工作而異。

　　第三是法令性準則：由於每個組織所依循人事管理法規未盡不同，所以量度的內容亦應考慮這方面的因素。例如學校屬文教組織與商業屬營利組織，因此績效評估的內容便有所分野。

（二）量度的方法

　　由於各組織的業務性質不同，所用的量度方法以適應業務上的特殊需要為原則，大體上中外所應用的量度方法可歸納為下列數種方式。

1. 全面分等法

　　全面分等法為比較原始的量度方法，即將組織內的職位，按責任技能先行分類，而後員工按他們所任職位的性質，歸入適當的門類，再按工作成績分配優劣，依次排列分等。此法的缺點為員工在工作上含混而籠統的相互比較，不易精密的區分，且不能指出員工個人的缺點，無從糾正和改正。

2. 臆斷考績法

　　是由主管憑臆測及判斷，評定所屬員工的工作績效，考核易近事實合理，但難免受主管個人好惡及主觀成見之影響。

3. 因素臆斷法

　　是逐步以每一因素衡量全體受考人員，排定等級及評分。將各因素所得分數相加，得其考績總分，其缺點亦無容客觀標準。

二、評核的標準和資料

（一）評核的標準

　　當量度的內容和方法決定後，組織必須讓員工知道評核的標準。不論使用什麼量度內容和方法，評核標準都應該是事先訂下的，而不是事後按情況而改變標準。評核標準的嚴與寬，則視乎單位對員工的工作期望而定，或參考一般標準作決定。

（二）評核資料的來源

近來，西方企業開始流行一種較全面的評核方法，評核者不再像以往只限於員工的上司，而是推行至員工的同僚、下屬、甚至顧客。這幾類人因平時的工作關係，往往對員工的工作態度、行為和結果有不同的領會和觀察，所以藉著全體人員的共同參與，往往能對某員工作出更全面和公平的評核，不單是從上面的觀察，更是從左右、上下、內容不同的角度評核員工的表現。

這種多方面的評核方法，在使用於中國人的社會，必須注意兩點：第一、由於我們對社會的階層分類十分重視，所以員工的上司可能還是最終的評核者。只是藉著其他方面的資料，使他能更準確和客觀地評核員工。第二、下屬評核上司的辦法在現行的社會可能比較困難。這兩點均與中國傳統的階級觀念有關，與西方的觀念不同，中國人對上司都是比較敬畏的，所以難以做出中肯的評核，但是同僚和顧客仍是有用的評核資料。

三、訊息回饋

無可否認，績效評估的回饋確是整個評估過程中非常困難的一環。很多時候，上司不知如何將評核結果有效地讓員工知道，因為員工在反饋過程中，很容易產生自我防衛或反抗情緒，甚至會與上司爭辯，以致不但預期的目標不能達成，反而影響彼此的關係，把兩者之間長久以來的誤解或積壓的情緒爆發出來。最常用的回饋方式有下列幾種：

1. 揭示法

是讓員工知道上司對他們的工作評估，亦希望員工接受上司給他們所作的檢討和分析，從而根據上司所定的計畫加以改進。此法容易導致以下的後果：(1)容易引起員工的自我防衛機能。(2)容易使溝通管道堵塞，減少真誠的溝通。(3)可能影響上司和員工的關係。(4)員工可能缺乏改進行為的主動性。

2. 聆聽法

本方法採取兩種溝通方式，首先是上司反映他們對員工的評核作出回應。這樣的過程可促進雙方的溝通和認識，員工也不致產生過度防衛情緒，但是這種方法對上司的角色有幾項要求，首先他必須善於聆聽，能夠瞭解和反映員工不同的感受，並善於總結和分析。

3. 討論法

本方法是透過員工的參與討論，讓員工發掘自己的問題，從而與上司一起尋求改善的方案。此法的假設是員工有自我認識的能力和自我改善的動機，而上司所扮演的是一個輔導的角色，他不會提出任何的評估，而是藉著一些問題，激發員工去反映問題所在，及如何解決這些工作上的問題。此法通常有下列結果：(1)員工的防衛機能減至最低。(2)鼓勵一些有創新性的改進方式。(3)提高員工採取行動的激勵性。

四、績效評估訊息的種類

從量度、評核和回饋的過程中，績效評估所產生的各類資料及其對組織和員工的使用分別如下：

1. 組織評核性資訊

   該資訊提供組織於人事作業的基礎，例如員工的升貶、任免……等，組織都能根據績效評估的結果而行。另外透過績效評估，組織也可以對一些新的人事政策作出檢討，如新的培訓方法……等。

2. 組織發展性資訊

   可為人力資源規劃和候補規劃提供重要資料，透過員工績效評估，組織可首先瞭解現存的人力資源狀況，此外，亦可發掘有潛能的員工，讓他們在提升前作好充分準備。

3. 員工評核性資訊

   提供員工為自己過去的工作作出檢討和反省的機會，從而瞭解自己的工作是否達到組織的要求或個人的目標。

4. 員工發展性資訊

   可以讓員工瞭解自己的長短處和發展的目標，以便自己能更適當地規劃個人的發展方向，亦能幫助他們作出一些發展自己和改善自己的決定。

參、績效評估制度的阻礙

一、績效評估制度的障礙

在達到多目標與多用途的同時，績效評估對組織和個人來說，有時出現不可協調的利益和目標，我們稱它為績效評估的障礙。分別說明如下：

1. 組織角色的障礙

   在績效評估的過程中，組織扮演兩個不同角色，一方面是考核者的角色，一方面是協助員工發展潛能的幫助者角色。當上司同時扮演兩個不同的角色時，他們常顯得無所適從，顧此失彼。

2. 員工內在障礙

   若要改進自己的弱點和發展長處，員工必須聽到正面及反面的評語，但反面的評語卻可能不利於自己的獎賞，所以員工常常要面對著怎樣同時開放自己接受不同訊息的障礙。

3. 組織和員工間評核障礙

   在評核的過程中，兩者因各有利益的關係，很容易造成彼此不信任及一些摩擦。

4. 組織的發展性和員工的評核性障礙

   當組織嘗試幫助員工改善自己的時候，是需要全面和真實的資料，而員工考慮到獎賞的關係，這些資料常常是被隱瞞和歪曲的。

二、績效評估的困難

由於下列因素，績效評估有它實行的困難：

1. 上司和員工的關係與瞭解

上司在進行員工評估時，常面對以下困難：

(1) 對員工的工作及表現沒有足夠的瞭解。

(2) 對員工的評核標準不清楚和不一致。

(3) 對員工的評核，因受到個人背景、性格、價值觀、喜好等因素影響，難以中肯。

2. 工作性質

當員工的工作表現受制於外在因素時（包括組織文化、其他員工工作表現等），員工的績效便顯示不太合理的現象。

3. 組織情況

很多時候組織的情況也會影響績效評估的合理應用，如組織所提供的原料、器材、工作環境是否充足和完善。

肆、績效評估制度的精進

由於績效評估的障礙和困難，近年來很多研究都嘗試提出改善方法，總括來說可分為下列數點：

一、將評核性和發展性的功能分開

績效評估的基本衝突就是評核性和發展性功能的衝突。例如，當員工聽到上司對他做出負面評估時，往往會帶來抗拒或自衛情緒，以致忽略了發展和改進自己的討論。改善的方法就是將評核性的績效評估和發展性的績效評估分開，在兩個不同時間進行，使用兩個不同的量度方法，以使兩個功能都得到適當的運用和發揮。

二、改良績效評估的量度內容和方法

為了減低員工的自我防衛機能和上司自辯的需要，績效評估應衡量一些客觀及可觀察的行為和事件，而避免衡量一些主觀和與員工個人特徵有關的資料，此外，衡量的內容應集中於一些員工可改善的地方。

三、使用多方面的評核資料

為了避免因上司對員工可能存著偏見，以致評估結果不公，因此，應使用多方面的評核資料。

四、評核者的訓練

一個好的評核者，是需要多方面的知識和技巧，例如如何減少評核時的誤差。另外，如何與員工會談和提供反饋資料，以致減低員工的防衛機能，幫助和鼓勵員工改善工作等等，都需要特別的訓練。所以，組織應提供每個評核者有關的訓練。

伍、落實績效評估的原則

一、高階主管全力支持

在組織中，從組織文化的塑造到各項制度的建立，首長的支持是不可或缺的。當今組織內充滿強調自我的新新人類，換言之，每一個人都認為自己最重要。在這樣的人力資源環境中，除非最高主管堅持建立績效評估制度，否則這項制度一定會被批評得體無完膚，無法運作。

二、建立績效評估辦法

有效的績效評估辦法必須包含下列五個部分：

1. 確定員工工作職掌及績效目標

   任何一個職位，尤其是經理人，一定要在新的年度開始之前就確定次年度的績效目標。具體的績效目標，上焉者，必須對組織目標、策略、遠景、使命的達成有貢獻，同時也必須符合組織的價值觀念；次焉者，必須依據個人的主要工作職掌來訂定。

   就目標內容而言，必須涵蓋創新性、解決問題性、例行性及個人發展性等四類目標；就程度而言，必須瞭解過去、現在及未來的問題與機會。

   一般來說，完整的年度績效目標，通常應具備下列的特色：與組織的成功有關；是未來導向及成果導向；把握重點原則；是可衡量的；必須具有挑戰性、且有可達成性；要有具體的行動方案。

2. 決定衡量績效的標準

   績效目標一經確定，接下來最重要的事情當屬儘速決定衡量績效的標準。一般來說，衡量績效的標準不外「品質」、「數量」、「時間」及「成本」四項。

3. 回饋：觀察與討論

   良好的績效評估制度，所強調的重點不僅是要在年度開始前就設定績效目標，更重要的是要達成目標。因此，目標一經確定，就必須一路追蹤與回饋，否則在評估時很可能變成目標是目標，而我是我的局面。

   有的績效評估回饋，應該包括觀察及討論二個步驟。觀察可以是目視，也可以透過各項報告及會議等來進行；討論則係指實際的對話與溝通。經驗告訴我們，有效的回饋不僅能確實掌握進度，更能提高員工的滿足。因為現代的人力資源的「成就需求」相當強烈，

而成就需求較強烈的員工，往往希望從事冒險性的工作並適時得到回饋，因此，績效評估中的回饋功能，自然也就提高了員工的滿足。

4. 修正目標或標準

計畫是未來導向，而未來本身充滿了一些不確定因素，因此，我們在執行計畫時，一經發現或因計畫當時太樂觀、太悲觀，或因日後環境的改變，而導致原計畫無法執行，就必須立刻修正計畫，決不能抱殘守缺。

5. 年度總評

績效評估的最後一個步驟，當然就是年度總評。為了確實發揮目標管理導向績效評估制度的效果，年度總評估除了給予員工績效評等（如優、甲、乙、丙、丁五等）之外，更重要的是針對員工的工作成果與工作能力，建議其應接受的訓練及發展項目，以有效提升其工作能力與潛能。

三、組織績效考核委員會

我們必須體認主管在績效評估制度中扮演相當重要的角色。由於每一位主管都有他自己的價值觀念，這項制度的執行就會因人而異，其結果也一定會造成主管與部屬間的衝突及各部門間的不愉快。為避免這些衝突的發生，應該由組成績效考核委員會，定期檢討各部門所擬定出來的員工績效評估，作橫向的比較，這樣的委員會除了可以發揮實質的效果，也象徵組織重視績效考核制度。

四、宣導

任何制度都代表一種文化、要求或規則，因此，不停的透過溝通以及宣導讓員工接受是相當必要的。學校應該設法利用各種不同的管道、時間及機會，持續地宣導這項制度。

五、訓練

績效管理制度雖然只是一套寫成書面且只有短短幾頁的辦法及幾個表格，但是我們必須幫助經理人去瞭解績效考核當中需要具備的各項技巧、評估的技巧等，這些都是需要訓練的，透過訓練我們可以將績效考核的精神有效地傳達給每位成員，建立大家共同的看法。

由於高等教育的高度競爭，為能使教職員工的效率能提升辦學的成效，大家都會同意「績效」是最重要的。因此，如何透過績效管理來提升組織全體的績效，成了學校所必須重視的一項課題。

陸、績效評估時應注意事項

　　雖然大部分的組織都已經體認到績效的重要性,也陸續在推動本項制度,但是推行的成效尚待努力,重要的原因大概可以歸納如下:

一、管理階層漠視

　　由於高等教育近年來隨著校數快速增加,招收學生人數增加,致競爭日益激烈。然而基於傳統認為一般行政工作人員僅是照章行事,依樣畫葫蘆而已。換言之,他們認為員工只要按照高階管理人員的規劃去落實執行工作即可。因此高階主管人員對績效評估的看法只是努力控制員工的工作。在這樣的環境之下,高階管理人員當然不會費心去發展及推動完整的績效評估制度。另外,部分主管誤認為績效評估制度的精神僅僅是由主管依照員工的工作行為與態度加以評等,而這種作法又極易造成主管及員工之間的衝突。因此,他們認為這是一個頗具爭議性且不值得推廣的制度。基於上述二種因素,績效評估制度在許多學校內尚不脫聊備一格的角色。

二、定位尚待釐清

　　績效評估制度的定位應以提升員工工作能力及發展潛能為主,但有相當比例的學校卻將績效評估制度定位在調整待遇及發給獎金的基準制度,這樣的定位是清算過去功過,而不是規劃未來。

三、評估方法錯誤

　　基本上績效評估方法有三類:第一類是主觀裁決法,第二類是行為法,第三類是目標達成法。
　　主觀裁決法的績效評估制度非常容易導致員工的反彈,因為在主觀裁決法之下,主管用以評估員工績效的指標,都是一些主觀而抽象的個人特質,如員工工作的獨立性、自發性、合作性、適應性等皆是。其實每個人對這些特質的看法可能南轅北轍,主管僅以其個人主觀意思及見解來評估員工績效,當然容易導致員工反彈。
　　行為法是一個相當科學且公平的方法,因為行為法的評估標準皆以每個不同職位所須具備的不同行為來特別設計。但基於此一特色,行為法的成本太高也太複雜。在高教幾乎沒有採用行為法績效評估制度的。
　　目標達成法已經逐漸蔚成績效評估制度的主流。目標達成法的績效評估制度可以說是與目標管理制度相結合的一種制度,其特性是在一個績效年度開始之前,主管及部屬雙方就個別職位共同設定當期所應達成的工作目標,當作一年中執行依據。年度終了時,再進行總評估。

四、考核未能公允

　　「人總是有偏差的」,相信很少有人會反對這句話。雖然大部分的主管都認為他們在評估員工績效時是很公正的,但員工間的不平卻時有所聞。比較常見的績效評估偏差至少有下列幾項:

1. 月暈效應：主管對被評估者的人格特質當中有某一項特別喜歡時，他就愛屋及烏的喜歡被評估者的全部。

2. 弦月效應：主管對被評估者的人格特質當中，有某一項不喜歡時，他就惡屋及烏的都不喜歡他。

3. 中間趨勢：有些主管不願意將員工評得太壞，也不願意將員工評得太好，所以就將大部分的員工都往中間評。在這樣的情形下，績效差的人固然喜歡，但是績效好的人就會認為受到不公平的待遇。

4. 最近行為：人是有動機的，按照行為科學的解釋，人的行為分為目標導向活動及目標活動。所謂目標導向活動就是在達成目標前的各項活動，而目標活動就是在目標達成後的各項活動。這兩個活動最大的不同，就是目標導向活動越接近達成目標時，人對目標的需要就越強烈；但當人進入目標活動後，他對目標的要求就越來越淡。以加薪為例，員工在加薪前對加薪的需求較強烈，所以工作會比較努力；一旦加薪後，員工對加薪的需要就會降低，工作努力的程度自然就會下降，這是相當正常的行為。主管如果不能體察這兩類行為的差異，可能就會認為員工以前表現不好，但最近這兩個月表現不錯，所以績效給他高一點，這樣就產生了最近行為偏差的評估。

5. 失之過嚴：有些主管尤其是 X 理論的奉行者，總認為員工的工作績效無法達到標準。在這樣的情境下，他對所有員工的績效評估都很低，如此一來對績效好的員工就帶來很大的挫折感。

6. 失之過寬：與太嚴厲的績效評估者相比，太寬大變成另外一型。這類主管認為員工沒有功勞也有苦勞，沒有苦勞也有辛勞，沒有辛勞也有疲勞，所以每一個人都給得很高。

7. 第一印象：有些主管對員工的第一印象很好，因此就對他一直保持良好的印象。

8. 滿溢效果：對員工以前良好或不好的印象，一直延續到現在，而不以客觀的事實來評估員工績效。

9. 以偏概全：在評估員工績效時，檢討一部分項目後就下定語，而沒有徹底針對每一項績效構面檢討。

五、缺乏雙向溝通

　　績效評估制度既然是著眼於員工能力的增進及潛能的發展，則執行起來應該很公開才對。但是，很多主管在評估員工績效時，不願意和員工面對面檢討，他們將績效評估表格填完之後，就直接送人事單位歸檔。

　　在這樣的情況之下，員工根本不曉得主管對他的評語是什麼，也不曉得要如何增進績效，更不知道哪裡做得好、哪裡做得不好。結果造成彼此的猜疑甚至嫌隙，這就是黑箱作業帶來的弊端。假如主管在客觀評估過員工的績效後，能與員工平心靜氣的坐下來，面對面針對每一個績效構面加以討論，相信對彼此間的溝通以及員工能力的增進，都會有很好的效果。

六、對人不對事

　　績效評估應該是對事不對人，但很多主管卻是對人不對事，往往以對人的好惡做為績效評估的依據。如此的模式對工作努力但不會刻意營造人際關係的員工來說，就得不到公平的待遇了。

七、沒有依據員工的職掌去發展工作目標

　　效果重於效率，這是大家越來越同意的一句話。所謂效果就是將對的事情做對。我們應該做些什麼事情？這絕對要從工作職掌當中去發展。除非我們知道我們的職掌是什麼，否則我們無法發展出有意義的工作目標，當前還有很多的學校沒有推行工作說明書制度，所以，要員工非常清楚瞭解他的職掌是相當困難的。自然談不上客觀有效的評估作為。

柒、結語

　　完善的績效評估制度，不但可以做為獎優汰劣的作用，而且可以鼓勵員工的工作情緒。制度不健全，員工因而受到不公平的獎懲，立即影響員工的工作情緒。績效評估辦理不善，其他人事管理工作也難得有成效，故欲健全人事制度，則須建立完善的績效考核制度。

附錄：

世新大學教職員工成績考核辦法

第　一　章　　總則

第　一　條　　本校專任教職員工成績考核依本辦法辦理。

第　二　條　　專任教職員工任職本校至學年度終了時屆滿一學年者，應予成績考核。

　　　　　　　任職未滿一年者，另予成績考核但不予晉級。

第　二　章　　教師成績考核

第　三　條　　教師之成績考核，應按其教學、服務、研究三項之紀錄，以教學占百分之六十、服務占百分之二十、研究占百分之二十之比例評分，其結果依下列規定辦理：

　　　　　　　一、考核結果得分合計在七十五分（含）以上者，予以晉本薪（或年功薪）一級。

　　　　　　　二、考核結果得分合計在六十分以上，七十五分未滿者，留支原薪級。

　　　　　　　三、考核結果得分合計低於六十分（不含）者，建請教評會依教師法及相關規定、程序處理。

第　四　條　　教師成績考核，應由系（所、中心）主任辦理初核，成績考核委員會執行覆核，結果送請校長核定。

第　五　條　教師兼行政工作者，列於教師成績考核。

第　六　條　教師成績考核初核應於五月二十五日前完成。

第　三　章　職員成績考核

第　七　條　職員之成績考核分工作、勤惰、品德三項，以工作占百分之六十、勤惰占百分之二十、品德占百分之二十之比例評分，並按其分數高低列為甲、乙、丙、丁四等。

　　　　　　一、甲等：八十分（含）以上。

　　　　　　二、乙等：七十分（含）以上，八十分未滿。

　　　　　　三、丙等：六十分（含）以上，七十分未滿。

　　　　　　四、丁等：五十九分（含）以下。

第　八　條　職員成績考核在同一學年度內，具有下列條件者列甲等，除晉本薪或年功薪一級外，並給與一個月本薪之一次獎金。已支年功薪最高級者，給與二個月本薪之一次獎金。

　　　　　　一、職責繁重，努力盡職，並能任勞任怨，圓滿達成任務，有具體事實者。

　　　　　　二、事病假併計未超過規定日數二分之一者。

　　　　　　三、無曠職紀錄者。

　　　　　　四、品德生活考核無不良紀錄者。

　　　　　　五、遲到未超過二次者。

　　　　　　六、依考勤規定上下班者。

第　九　條　職員成績考核在同一學年度內，具有下列條件者為乙等，晉本薪或年功薪一級，已晉至最高年功薪無級可晉者，給與一個月本薪之一次獎金。

　　　　　　一、工作努力盡職，並能如期達成任務者。

　　　　　　二、事、病假均未超過規定日數者。

　　　　　　三、無曠職紀錄者。

　　　　　　四、品德生活考核無不良紀錄者。

第　十　條　職員成績考核在同一學年度內，具有下列情事之一者為丙等，留支原薪。

　　　　　　一、事假或病假超過規定日數者。

　　　　　　二、留職停薪超過十五日者。

　　　　　　三、有代人打卡或請人打卡之情事者。

　　　　　　四、有曠職情事，尚未達本辦法第十一條第二款規定之程度者。

　　　　　　五、品德生活考核有不良事蹟，尚不足影響校譽或個人人格者。

　　　　　　連續三年考列丙等者，應予免職。

第十一條　職員成績考核在同一學年度內，具有下列情事之一者為丁等，應予免職。

　　　　　　一、廢弛職務致影響校務，有具體事實者。

　　　　　　二、連續曠職達五日，或一學年曠職合計達十日者。

三、品德不良有具體事實，足以影響校譽或教育風氣者。

第 十二 條　職員之成績考核，考列甲等人數，不得超過受考人數之四分之一。

第 十三 條　教育人員任用條例（八十六年三月十九日）修正公布實施後進用之助教比照職員辦理成績考核。

第 十四 條　辦理教職員成績考核，應分別組織「教師成績考核委員會」，及「職工成績考核委員會」。

教師成績考核委員會由校長、教務長、學務長、各學院院長、共同課程委員會主任委員，及經校長遴聘二至三位教授組成之。

職工成績考核委員會由校長、教務長、學務長、總務長、人事主任，及經校長遴聘三至五位職工組成之。

第 十五 條　職員成績考核，應由各單位主管根據受考人員實際工作狀況、出勤紀錄及本辦法辦理初核，成績考核委員會進行覆核，校長核定。校長核定時，對覆核結果不同意者，應交回成績考核委員會複議，校長對於複議結果仍不同意時得變更之，但應說明事實及理由。

第 十六 條　成績考核委員會須有三分之二以上委員出席，方得開議，出席委員過半數之同意，方為通過，可否同數時取決於主席。

第 十七 條　成績考核委員會覆核時，應準備記錄，記載事項如下：

一、考核委員名單。

二、出席委員姓名。

三、受考核人數。

四、決議事項。

第 四 章　工友成績考核

第 十八 條　工友（含技工、司機、警衛）之成績考核分工作、勤惰、品德三項，並按其成績優劣評列為甲、乙、丙、丁四等。

一、評分標準：工作占百分之六十、勤惰占百分之二十、品德占百分之二十。

二、工友成績考核各等第分數如下：

甲等：八十分（含）以上。

乙等：七十分（含）以上，八十分未滿。

丙等：六十分（含）以上，七十分未滿。

丁等：不滿六十分。

第 十九 條　工友成績考核晉級，依下列規定辦理：

一、甲等：晉工餉或年功餉一級，並給與一個月工餉之一次獎金；已晉支最高年功餉者，發給二個月工餉之一次獎金。

二、乙等：晉工餉或年工餉一級，已晉支最高年功餉者，發給一個月工餉之一次獎金。

三、丙等：留支原工餉。

四、丁等：解僱。

連續三年考列丙等者，應予解僱。

第 二十 條　工友成績考核，應由總務處會同工友服務單位，根據本辦法辦理初核，職工成績考核委員會覆核，校長核定。

第 五 章　附則

第二十一條　一級主管逕由校長考核。

第二十二條　職員及工友之成績考核初核應於八月十日前完成。

第二十三條　辦理成績考核實應併計當學年度獎懲紀錄。獎懲得互相抵銷，經獎懲抵銷而累計二大過者，年終考績應列丁等；累計一大過者，年終考績不得列乙等以上；累計二大功人員，年終考績不得列乙等以下；累計一大功人員，年終考績不得列丙等以下。

第二十四條　職工年終考績之考核結果予以免職或解僱者，應於通知書內說明事實及原因。

前項受免職或解僱處分人員，於收到通知書三十日內，得向成績考核委員會申請覆審，逾期不予受理。覆審結果，認為原處分無理由時，應撤銷原處分，並改列考核等次；認為原處分有理由，應予駁回。

教職員工考核結果經核定後，應自次學年度第一個月起執行。考核結果應予免職或解僱人員，自確定之日起執行，未確定前得先予停職。

第二十六條　參與考核人員在考核未核定前，應嚴守秘密。考核委員對於本身之考核，應行迴避。

第二十七條　教職員工之成績考核，應根據確切資料，慎重辦理。如有不實之考核者，一經查覺，除考核結果予以重核外，其有關失職人員並予議處。

第二十八條　受考人員於學年度中有調職情事者，成績考核由最後所屬單位主管初核。

第二十九條　本辦法所需表冊格式另訂之。

第 三十 條　年終考績之考核時間以學年度計，自每年八月一日起至次年七月三十一日止。

第三十一條　本辦法經行政會議通過，呈請　校長核定後實施，修正時亦同。

第二章

績效考核制度的執行

壹、前言

　　績效考核能給組織帶來組織效益，提升人力資源，使組織在激烈競爭與飛速變化的市場環境中，促使產品提升、成本降低、創新增進、效能躍升；為此，須在組織運作中建構制度化、專業化、標準化、範本化、規範化等的管理的基本要件。同時，根據所屬環境縝密規劃，落實推動，績效考核的目標方可能實現。就人事管理工作而言，工作分析是根據工作的事實，分析其執行時所需的知識、技能與經驗，以及所負責任的程度，進而訂定工作所需的資格條件。至於工作的難易程度及責任大小如何，以及相對價值多少，就是工作考核（job evaluation）的問題，管理學者費蘭契（Wendell French）說：「工作評價是一種程序，用以確定組織中各種工作間的相對價值，以使各種工作因價值的不同，而給付不同的薪資。」實際上績效考核乃是工作分析的延伸，也就是根據工作分析的結果，評定工作的價值，兩者間的相互關係。

　　考績之目的有以下各項：第一、考績可以促使員工維持工作水準，並予有效改進。第二、透過考績可以決定人員是否應予訓練或變換工作，幫助人員成長與發展。第三、正式定期的考績可以促使主管觀察員工的行為，促進主管與屬員間的相互瞭解。第四、考績可作為人事升遷、調派及獎懲的依據。第五、考績可作為決定薪資調整的根據。第六、考績結果可作為研究測驗效度及其他遴選方法效果的工具。

貳、績效考核對人事工作的重要性

　　績效考核是人力資源管理的一個核心內容，我們已經認識到考核的重要性，並且在績效考核的工作上投入了較大的精力，並透過績效管理配合組織策略，提高組織競爭力，提升員工績效；經由績效考核進行激勵與淘汰，進一步優質化人才機制。從宏觀上來講，我們在朝著正確的方向前進；從微觀方面來說，值得我們思考與改進的地方還有很多。例如：

一、員工觀念上的牴觸：事實上，單純地為了評估員工表現做績效考核，主管和部屬就進行著「審判」和「被審判」的工作，雙方都費力又不討好。久而久之，當然大家都不願進行績效考核，即使做，也是應付著做，虛以委蛇地做，蒙混過關地做。這樣的績效考核徒然流於形式，績效管理藉由應運而生就不難理解了。

二、部門責任的推卸：考核時，有些指標往往要有幾個部門配合才能完成，一旦這個指標沒有達成，績效考核的「主要任務」就變成可推諉責任了。

三、員工對考績的冷漠：考核成績與薪資掛鉤，一定時間內，大家都非常緊張，害怕自己的成績不好，一是影響收入，二是面子不好看。工作成績在一段時間內得到了提升。但是，經過了一段時間運作後，卻出現了這樣的現象：其一，員工都找著自己的主管爭考核分數，相互攀比，最後每個部門成員的考核分都差不多，考核分差距很小；其二，有的地方有工作失誤，員工認為，「不就是扣分扣幾百元嗎，愛扣就扣去！」員工的認知已經麻木了，根本難以發揮考核改進工作和激勵的作用。

透過績效考核工作是一種較合理的核定薪資之辦法，同時，也被視為一種控制人工成本，促進勞資關係和防止人員流動的利器。由於績效考核於應用上有多方面之目的，一般而言，可歸納為以下數種：

1. 確定每一部門各種職位或工作間的相對價值，並和其他不同部門的類似工作相聯繫。
2. 供給人事部門完整而簡化的資料，俾便於人員僱用和調職。
3. 決定組織中任何職位或工作的最低及最高薪資。
4. 便於薪資的調整，可查究出調整的原因。
5. 制定一種比較的標準，便於將本組織之待遇與社會其他機構相同工作之待遇，作一比較。
6. 務使對於有價值的工作易於認識，以便鼓勵工作人員上進。
7. 使職位升遷有一定合理順序，俾任何人獲得較重工作時，其經驗與能力均能適當配合。
8. 新增機構的工作能與原有機構的工作，保持適當的相對性。
9. 使工作人員得到公平合理的待遇，減少情緒不滿和勞資糾紛。
10. 可暴露待遇的不平等，便於改進。

參、績效考核的主要方法

目前通用的績效考核方法，大致可分為兩類，第一類所用的方法比較簡單，不需應用詳實的工作因素，屬非計量化的方法，計有排列法和工作分等法兩種；第二類所用的方法較為詳盡，須選擇並衡量工作因素，屬計量化的方法，計有評分法和因素比較法兩種。若就學理和實務則目前較為一般機構所採用的考績制度，約有以下各種：

一、排列法（ranking）

這是最古老最簡單的考績制度，就是將受考者和全部其他人員比較，而決定其在排列次序中的位置，再依次序之高低而定其成績之優劣。小型組織因人少事簡，使用這種方法，簡而不費，亦甚有效，排列法有很多種：

1. 定限排列法：將一個單位中最高與最低工作，選擇出來，作為高低界線的標準。
2. 成對排列法：將一個單位中的所有工作，成對地加以比較。

3. 委員會排列法：即在一個機構裏組織一個委員會，由委員會評估工作的高低，各項工作由全部委員會評估，將結果予以平均，即為工作高低的排列。

4. 間距排列法：就是將一個單位的工作數，用一條有刻度的線來作比較，比較結果記於刻度上，整個刻度上的紀錄，就是全部工作的高低順序排列。

二、人與人比較法（man-to-man comparison）

把人員的工作分解並分析其組成原因。比較法是將考績中人與人比較法，應用於成績考核中，該法是按照一定因素，分別用排列法將各工作依次排列，並以金錢為尺度衡量工作的相對價值。因素比較法的優點是富有彈性，在品評時任何因素均無上限。

三、分等法（garding）

在排列法中沒有預先訂定的價值量尺，但在工作分等法中，則有預先訂定的工作等級量尺。如將工作價值的量尺訂為十二個等級時，則每一等級均有等級說明書，而每一個工作由於經過工作分析都有一份職務說明書，考核時只要將職務說明書的內容與等級說明書相比較，如果符合，則該工作即可歸屬於該一等級。此法必須先行建立價值等類並予詳確說明。

四、圖尺法（graphic scales）

將員工所擔任工作之各項特性、要求或因素，做為考績的項目。每一項分別用 5、4、3、2、1 等分數，各考績項目所得分數之和即為總分數。

五、查表法（checklists）

用敘述性的文字，描述員工之可接受或不可接受的行為，然後根據這種文字敘述，逐項考核各個受考人的行為表現。只須指出受考人有無此種因素，不必判定其程度高下。

六、強迫選擇法（forced-choice description）

強迫考評者在兩個看似同質的文字敘述題中作一選擇，以避免或減少考評者的偏見。

七、選定重要事件法（selection of critical incident）

認定若干具有代表性的行為可辨別出人員對工作的成效。

八、績效分析法（performance）

採用行為研究方式讓部屬和主管共同樹立工作目標。先要求部屬向主管提出一份未來半年或一年期的合理目標計畫，然後由主管和部屬作一面談，商討這些目標和計畫，並做最後核定。待期滿後，主管再和部屬舉行一次面談，檢討達成計畫的程度。

九、評分法（point system）

評分法是目前使用最廣泛的一種評價方法，此法將工作的績效按因素程度，以積分來表示，其進步步驟如下：

1. 決定比較工作價值之因素及其定義：考核因素的建立為評分法中最重要的一環，不過因素的多少，見仁見智各有不同，同時適用於職員及工人，這十二個因素為：
   (1) 所需教育程度。
   (2) 所需經驗。
   (3) 所需創造力。
   (4) 所需體力。
   (5) 所需智力。
   (6) 所需視力。
   (7) 對工具設備的責任。
   (8) 對原料產品的責任。
   (9) 對保守機密資料的責任。
   (10) 對紀錄報告的責任。
   (11) 工作環境。
   (12) 難以避免的危險性。
2. 決定因素的程度（等級）與各程度的定義：決定了工作評價的因素後，為了衡量精確，可再將各項因素按其程度區分之。
3. 決定各因素之比重，並按各因素的程度分配點數。
4. 辦理工作評價：每一個因素都制定了可靠的評量表，每一個工作也都有了詳實的工作說明書。
5. 確定分數與薪資的關係，求得各工作之薪給。

肆、以績效考核激勵行為

考績制度不僅在消極上希望達到「獎優汰劣」的目的，積極上更期盼於創造出組織成員激勵的行為，以提升整體工作的成效。「激勵」是一種能激發人的動機，或者說透過某種內部或外部刺激的影響，使人處於一種積極的興奮狀態之中。在管理中，是指激發人的工作動機，包括促進人的積極性和發揮人的潛在能力。激勵可以分為外在激勵與內在激勵兩種。外在激勵主要是以物質刺激為手段，根據員工的績效給與一定的薪資、獎金、福利以及提升機會，以此來激發員工的工作動機。由於這種激勵與工作本身並不直接相關而被稱為外在激勵。內在激勵是指員工本人在工作中，認為工作有挑戰性、有價值，對工作本身感興趣，以及由於對工作的責任

感和成就感而受到的激勵。這種激勵來自工作本身，因而被稱為內在激勵。外在激勵的管理思想好似牛頓的力學觀點，把人視為靜止的物體，只有依靠外力才能移動。但人是有機體，有內在動力，運用內在激勵可以得到更強的動力。然而，近年來，外在激勵又引起了人們的重視，他們認為透過外在激勵能具體對行為的變化作出靈活機動的反應，便於管理部門運用和控制，它能直接影響績效。事實上，人們在組織工作中，往往同時受到內在激勵與外在激勵的作用。

把人的需要作為基本的激勵因素來研究，以探索工作動機激勵的規律性的理論。四十年代，心理學家馬斯洛（Maslow）提出需要層次論，把人類的基本需要歸為五類，按層次由低級到高級依次為：生理需要、安全需要、社交需要、尊重需要、自我實現的需要。他認為，某一層次的需要得到相對滿足時，其激發動機的作用隨之減弱或消失，上一級層次的需要就成為新的激勵因素。

50 年代初，心理學家麥克里蘭（Mcleland）把人的高層需要劃分為三種，即對權力、互動和成就的需要。認為不同的人對這三種需要的排列層次和所占比重是不同的，個人行為的激勵主要取決於其中被環境激勵的需要。

70 年代，心理學有提出 ERG 理論，把人的需要分為三個層次，由低級到高級依次為：生存需要、相互關係需要、成長需要。這些需要的滿足是可以激勵個人的作為。至於雙因素論則強調：透過滿足人在工作上的成就感，工作績效得到認可，從事具有挑戰性的工作，工作職務上的責任感，工作的發展前途，個人的成長，晉升的機會等方面的需要，可以激發人的工作動機，提高人的工作積極性。

對於這個問題各學派存在著不同的看法，大體上可以把這些看法歸為下類：第一、強化論或操作條件反射論，認為人的行為是對外部環境刺激作出的反應，只要創造和改變外部環境刺激或操作條件，就可以達到改變人的行為的目的。對於管理者來說，它的意義在於用改造環境（包括改變目標和完成任務後的獎懲）的辦法來保持和發揮人的積極行為，減少或消除消極行為。第二、歸因論，認為不同的歸因會直接影響人們的工作態度和積極性，進而影響人的行為和工作績效。運用歸因論改變人的自我感覺、自我思維認識（即歸因），可以達到改變人的行為的目的。第三、挫折論，認為人的行為是外部環境刺激和內部的思想認識相互作用的結果，改變外部環境刺激與改變內部思維認識相結合，可以達到改變人的行為的目的。挫折論著重研究如何把消極對抗行為轉化為積極促發性行為。第四、公平論，大多數人喜歡在他們的生活中不斷地與他人進行比較，對自己是否受公平合理的對待作出判斷。這樣一種比較、判斷並據以指導行動的過程就是工作動機激發的過程。第五、目標論，達到目標是完成工作的最直接的動機。因而可以透過目標的設置來激發動機。第六、期望論，著名的管理學者波特是在期望理論的基礎上提出個人對努力程度、工作績效、獎酬、滿足等變量之間關係的探討來解釋複雜的激勵問題，同時，人對於某項工作任務的激勵水準的高低，取決於人從事這項工作所受到的內激勵，即做這工作時所享受到的工作樂趣，以及完成任務時所受到的內激勵。同時還取決於完成任務

後所獲得的各種外在獎酬所受到的外激勵。這些理論對於激勵員工投身工作雖或強調的重點有所差別，然而皆可以為人事人員在績效考核時所宜注意的。

伍、績效考核作為的迷思

在進行績效考核時，只有明確作為的目標，進行有針對性的改變，才能獲得調整的成功。績效考核這個工具運行中會出現問題，原因有兩個：其一、工具本身不嚴謹；其二、管理者不支持這個工具。許多單位以為績效考核沒有達到預想的目標，是因為方案不夠好，是因為考核量化指標的效度和整體考核信度不夠，是因為我們的考核太流於形式，卻沒有考慮過績效考核運行所需要的環境。目前，從績效考核出發，回到績效管理的本身，組織至少有四種觀念需要改進：

一、根深蒂固的部門各自為政的觀念：各個部門按職能劃分，員工只對自己的上級主管負責，對需要處理的事件又有不同的優先順序，都是把自己認為最重要的事件優先處理。各個部門都盡可能地占有資源以及獲得最大利益，很難達到整個經營過程的整體最優。也就是說組織的部門之間沒有密切配合，直接影響了整體優勢的發揮。不僅如此，部門間各自為政的現象也時有發生。因此，只有整合組織的資源，讓整體利益最大化，才能發揮整體的最大優勢。而組織最需要整合的就是人力資源。

二、成績考核只是人事工作者的事情：成績考核是由人力資源部組織、策劃、管理、指導、監督，各部門管理者積極主動參與、配合、執行，有效運用好這個管理工具。但這項攸關組織發展密切配合，採取一致性的參與，則無法把這項工作做好，更無由達到宏觀評量、獎優汰劣的目標，是以組織各級管理者的主要工作內容應將成績考核放在管理和對人員的培養和提升上，務實作為。

三、績效考核就是為了扣薪：員工認為，績效考核就是懲罰，就是組織扣薪資的一個手段。這種觀念直接影響了績效考核的開展。考核不僅僅是為了獎懲，獎懲只不過是強化考核功能的手段，考核不僅僅是為了調整員工的待遇，調整待遇是對員工價值的不斷開發的再確認。績效結果運用無非是激勵績效好的員工，觸動績效差的員工，為提供公平的薪酬標準提供依據，為員工晉升、淘汰提供依據。

四、考核溝通沒有必要：目前，我們制定制度的方式來推行績效溝通，目的就是為了「發現問題，解決問題」。但在執行過程中，我們的管理人員認為，填《考績表》是一件多餘的事情，更不用談我們推行績效溝通的成效了。從某種意義上來講，溝通是管理的本質，同樣，績效溝通在績效管理中也扮演舉足輕重的作用，即要解決問題又要維繫和改進關係，績效溝通是保證工作按預期計畫進行、及時糾正偏差的積極措施。員工在實施績效計畫的過程中，透過溝通瞭解其執行情況，加以分析和輔導，可以預先控制導致影響績效目標完成的因素，排除干擾。

　　組織要揚棄考績的迷思，可以考量奇異公司執行長威爾許（J. Welch）所主張：必須做到以下 10 件事：

1. 不要想討好每一個人，不要是非不明，要設定明確而清楚的目標，並明白告訴員工你對工作的要求、考核績效的時間和評量績效的方式。然後，必須大方獎勵完成任務的員工。
2. 捨棄應享權益的心態，建立活化組織的績效主義文化。讓績效不彰的員工繼續留任，就是浪費組織的資源。優秀的員工會先把一切看在眼裏，接著會失去奮鬥的動力，最後就會另謀高就，跳槽到會重視並且要求員工有傑出表現的組織。
3. 訂定具體的成長計畫，讓員工有所依循，不要被帳面數字矇蔽 。
4. 據實以告，該責備時不考慮會不會得罪人；員工需要瞭解自己在主管心中的評價。優秀員工不會因為你告訴他們實話而生氣，反而會因為你顧左右而言，而感到挫折。直截了當地告訴員工你對他們的評價，可以激發員工最大的潛能，追求績效表現。
5. 勇於挑戰傳統觀念：要能獨立思考，避免下列三種常見的組織迷思：執行長一定要很出風頭、組織規模愈大愈好、員工一定會以大局為重。
6. 別管多元化，績效至上。
7. 時時做好準備，讓組織、員工和自己都處在備戰狀態，才能站上頂峰。
8. 員工表現脫軌時，當面說清楚：要改變員工的行為，就必須改變行為必須承擔的後果。
9. 不是要讓員工快樂，要讓員工更優秀。
10. 把資源投入符合組織價值觀的地方。

　　為此，必須建立講究績效主義的制度，讓勇於負責、績效卓越的優秀員工出人頭地。

陸、績效考核的努力方向

　　古時候治水有兩種方法：一種方法是圍堵，用沙石堵住洪水的去路，但這種方法經常是治標不治本，而且還伴有決堤的危險；另一種方法是疏導，將洪水從另一邊疏導開去，而從根本上解決洪水問題。大禹治水，就是採取疏導的方法取得了成功。同理，改革也有兩種方法，也是防堵和疏導；防堵，即是用嚴厲懲罰的措施要求員工遵守組織的規章制度。疏導，透過獎勵良好行為的方法激勵員工自覺去遵守組織公司制度。這個方法關係到績效考核方案的實施。以下來重點闡述。

　　我們給績效考核一個支點：那就是組織提供一個績效考核運行的環境，員工觀念釐清，自覺用績效管理這個環境達到自我提升。

一、從改變管理觀念入手，讓績效考核在整體環境中發揮優勢：選擇用疏導來治水以後，我們再尋找一個導入的管道，績效考核也一樣，績效考核的支點就是環境，我們必須從觀念上改變這種管理模式，不管是透過績效考核再造管理模式，還是用其他的方式改變我們整體環境來促進績效考核的作用，我們的目的都是為了建立一個理想的執行環境。將考核融入

對事情的監督與落實上來，重視每一個細節，落實每一個細節。根據這個思想，我們可以設置指標監督的方式，在部門間建立一個溝通的媒介，同時，將指標真正落實在工作過程中的每一個細節中。

二、從制度化入手，建立一個確保績效考核運行的基礎：為什麼會有人覺得績效考核只是填表而已？為什麼會有員工認為這只是應付上級的例行事務？那是員工對我們的制度瞭解不夠，沒有瞭解制度所要達到的目的。只有我們的制度得到執行了，細節得到重視了、落實了，我們的績效考核才是有意義的評價，要不然，我們的考核永遠是數字的堆砌，虛浮的評估，而忽略了質的評價、過程的評價、細節的評價。

三、設計工作方式標準化的流程，明確責任，為考核運行提供條件：古語云「沒有規矩，不成方圓」。在各項工作中只有確定標準，才能不斷反饋，實現程序控制，將問題消滅在萌芽階段。所謂標準不僅指結果要達到標準，作業的程式、方法也應該有其標準。對於各部門，應該進行工作分析，把工作的職責、許可權規定得非常詳細，便於管理人員能夠對工作的過程、方法進行監督、指導和績效考核。

四、績效管理不僅是考核，還是管理者提升的工具：績效考核是績效管理必不可分的組成部分之一，績效管理的最根本目的是為了持續不斷的提高組織績效，使員工的能力和組織的核心能力得到不斷提升。績效考核是對結果的評價，而績效管理是能使管理者管理素養提升的工具，在不斷的發現問題、解決問題中，提高自身素質的同時，也提高了組織績效。我們的管理者學習並有效的運用這個工具，將績效考核真正變為績效管理。

五、績效考核需要廣大員工基礎：透過培訓來推動員工專業化進程，以確保員工的工作和職場表現符合組織制定的工作流程、方法、要求。我們透過指導、宣導等方式，為員工樹立正確的績效考核觀念，瞭解績效考核的真正目的是發現問題，提高員工績效，在幫助員工的同時幫助組織提高績效。同時，考核的執行者應不斷保持與員工的交流，製造一個開放的環境，以達成組織所建立的標準宏旨。

柒、結語

　　許多組織由於其存在的相對獨立性，養成了層級官僚制的組織模範。在這樣的組織體系內，組織成員為保護其切身利益，最便利的選擇，便是對其位於層級上方的人員的上線唯唯諾諾。久而久之，組織就會形成一種甚至抑制其生存與發展的惰性機制。之所以如此，是因為組織層級形成的壟斷，可以增強組織某些成員的權力，甚至於庸才。導致組織低效率與低效能的致命弱點——一旦競爭變成一種社會存續的規範，組織便被迫採取其他因應的思維，成員不是單單面向層級主管，而是成為自我表現引導的主體。這樣，無需建立官僚體制的彙報、管制和監督體制，組織成員便會以極大熱情，熱切地討論著組織體系的預算成本、顧客申訴、組織效益，以自我驅動的動力機制建立起來的結果，要求建立以績效為基礎的激勵機制，然後可以促發進

取。組織可以透過競爭標竿，進行績效測量，並與其他相類似組織的績效進行比較，這樣一來，就能產生心理和效益上的結果影響。當組織內部，參採「績效管理」，這種途徑是利用績效測量、績效標準、獎罰機制，來激勵組織。在目前我們的組織裏，宜有一項基本認識：不要討好每個人，但要讓每個人有同樣的機會去成長。不討好每個人的前提，除了尊重制度，主要是體認資源有限；不只是單一組織的資源，整體社會的資源也不應該浪費。適量、適合的資源運用可以放大價值，過量或扭曲資源的運用，必然導致價值曲線往下走。至於讓每個人有同樣的機會去成長，則等於是運用激勵措施，讓每個人都有同樣的機會嶄露頭角，目的則在發掘個人成長的可能空間。一旦組織成員都能淋漓展現，團隊氛圍便會顯得奮進，裨益整體提升的作為。

附錄：

世新大學教職員工年度成績考核表

教師成績考核表

姓　　名		職　　稱		備　　註
到校日期	年　　月	現職日期	年　　月	

項目	考核內容	單位主管初核評分
教學 （六十分）	1. 學生反應評量 2. 上課情形（有無缺課、經常遲到、早退或無故調課） 3. 監考情形（有無缺席或不依規定時間交還試卷） 4. 義務實施課業輔導 5. 教學具有特殊貢獻	
服務 （二十分）	1. 留校情形 2. 出席會議情形 3. 擔任導師 4. 擔任社團活動指導或心理輔導老師 5. 擔任各種委員會委員 6. 對提升校譽有關之社會服務	
研究 （二十分）	1. 二年內獲教育部、國科會或其他相關團體獎助之學術研究著作或計畫 2. 本學年度曾在本校學報或校外相當於學報之學術性刊物或國內外學術會議發表論文 3. 本學年度曾在報章雜誌或一般性教育刊物發表與學術有關之文章 4. 最近五年內曾出版學術著作	
總分		

單位主管簽章	覆核 （考核委員會）	核　定 （校長）

職員成績考核表

單位：

姓名		出勤紀錄				獎懲紀錄		備註	
		項目	次數	日數		項目	次數		
職稱		事假				嘉獎			
		病假				記功			
員工編號		曠職				記大功			
		遲到				申誡			
現職日期	年月					記過			
						記大過			

項目	考核標準	成績等第					評分	
		5分	4分	3分	2分	1分	小計	本項合計
工作（六十分）	1.時效	提前完成	按時完成	尚不誤事	偶有延誤	常延誤		
	2.正確	精確	正確	尚可	偶有錯誤	常錯亂		
	3.方法	執簡馭繁	有條不紊	尚有條理	草率從事	程序零亂		
	4.主動	自動自發	能自動	尚可	常要提示	需人督促		
	5.負責	勇於負責	肯負責	尚可	偶能負責	推諉塞責		
	6.勤勉	勤奮不懈	認真任事	尚可	稍嫌鬆怠	怠忽不振		
	7.合作	密切配合	肯合作	尚合作	偶能合作	我行我素		
	8.檢討	悉心研究	勇於檢討	肯檢討	偶能檢討	無心檢討		
	9.改進	積極改進	肯改進	尚能改進	常要提示	不知改進		
	10.創造	富創造力	有建樹	尚可	少有發現	需人引導		
	11.積極	很積極	積極	尚可	無所謂	消極		
	12.協調	圓融完滿	慮事周全	尚可	固執己見	無法溝通		
勤惰（二十分）	1.全勤 20 分							
	2.事病假未超過二分之一 15 分							
	3.事病假超過二分之一 10 分							
	4.事病假超過四分之三 5 分							
品德（二十分）	1.忠誠	值得信賴	誠實不欺	尚可	有顧慮	不可靠		
	2.廉正	大公無私	公私分明	尚可	有顧慮	偏差徇私		
	3.性情好尚	同輩楷模	受人歡迎	尚可	不易相處	差		
	4.團隊精神	極佳	佳	尚可	特立獨行	差		

總分（人事室填寫）		等第（本欄請勿填寫）	
初核（單位主管）		覆核（考核委員會）	核定（校長）

註：請單位主管於成績等級欄之適當空格內作「ˇ」記號並在評分欄填列分數。

教師兼行政職務人員考核表

單位：

姓名		出勤紀錄			獎懲紀錄		備註
		項目	次數	日數	項目	次數	
職稱		事　假			嘉　獎		
		病　假			記　功		
員工編號		曠　職			記大功		
		遲　到			申　誡		
現職日期	年　　月				記　過		
					記大過		

◎本項由所屬行政單位主管考評

項目	考核標準	成績等第					評分	
		5分	4分	3分	2分	1分	小計	本項合計
工作（二十分）	1.主動	自動自發	能自動	尚可	常要提示	需人督促		
	2.負責	勇於負責	肯負責	尚可	偶能負責	推諉塞責		
	3.績效	深值肯定	按時完成	尚可	偶有延誤	常延誤		
	4.積極	很積極	積極	尚可	無所謂	消極		
勤惰（二十分）	1.全勤 20 分							
	2.事病假未超過二分之一 15 分							
	3.事病假超過二分之一 10 分							
	4.事病假超過四分之三 5 分							
品德（十分）	1.性情好尚	同輩楷模	受人歡迎	尚可	不易相處	差		
	2.團隊精神	極佳	佳	尚可	特立獨行	差		

◎本項由所屬任教單位主管考評

教學（三十分）	1.學生反應評量 2.上課情形（有無缺課、經常遲到、早退或無故調課） 3.監考情形（有無缺席或不依規定時間交還試卷） 4.義務實施課業輔導 5.教學具有特殊貢獻

服務（十分）	1.留校情形 2.出席會議情形 3.擔任導師 4.擔任社團活動指導或心理輔導老師 5.擔任各種委員會委員 6.對提升校譽有關之社會服務	
研究（十分）	1.二年內獲教育部、國科會或其他相關團體獎助之學術研究著作或計畫 2.本學年度曾在本校學報或校外相當於學報之學術性刊物或國內外學術會議發表論文 3.本學年度曾在報章雜誌或一般性教育刊物發表與學術有關之文章 4.最近五年內曾出版學術著作	

行政單位主管簽章	任教單位主管簽章	覆核 （校級教評會）	核定 （校長）

研究人員成績考核表

單位：

姓　名		職　稱		備註
到校日期	年　　月	現職日期	年　　月	
項目	考核內容			單位主管初核評分
服務（四十分）	1.出席會議情形 2.擔任導師 3.擔任社團活動指導或心理輔導老師 4.擔任各種委員會委員 5.對提升校譽有關之社會服務			
研究（六十分）	1.二年內獲教育部、國科會或其他相關團體獎助之學術 　研究著作或計畫 2.本學年度曾在本校學報或校外相當於學報之學術性刊 　物或國內外學術會議發表論文 3.本學年度曾在報章雜誌或一般性教育刊物發表與學術 　有關之文章 4.最近五年內曾出版學術著作 5.提供研究諮詢意見或資料 6.籌辦學術研究會議			
總分	（本欄由人事室填入）			

單位主管簽章	覆　核 （考核委員會）	核　定 （校長）

年　　月　　日

技工工友成績考核表

姓名		出勤紀錄			獎懲紀錄		備註
		項目	次數	日數	項目	次數	
職稱		事　假			嘉　獎		
		病　假			記　功		
員工編號		曠　職			記 大 功		
		遲　到			申　誡		
現職日期	年　月				記　過		
					記 大 過		

項目	考核標準	服務單位評分		總務處評分		平均
		小計	合計	小計	合計	
工作（六十分）	1.主動（0－10分）					
	2.負責（0－10分）					
	3.勤勉（0－10分）					
	4.合作（0－10分）					
	5.改進（0－10分）					
	6.服從（0－10分）					
勤惰（二十分）	1.全勤 20分 2.事病假未超過二分之一 15分 3.事病假超過二分之一 10分 4.事病假起過四分之三　5分					
品德（二十分）	1.忠誠廉正（0－10分）					
	2.性情好尚（0－10分）					

總分		等第 （本欄請勿填寫）	
初核 （單位主管）		覆核 （考核委員會）	核定 （校長）

註：1.甲等八十分以上（含），乙等七十分以上（含），丙等六十分以上（含），丁等不滿六十分解僱。
　　2.本表亦適用於司機、技工、警衛。

第三章
教學績效與教育品質

壹、前言

　　教育學者杜威於 1897 年發表的〈我的教育信條〉一文中提及：「學校是社會進步與社會改革的動力，而教師非僅教導個人，亦為創造適當之社會生活、從事建立社會之適當秩序，並求得社會之良好發展。」根據 2004 年 1 月 14 日紐約時報報導：「美國正努力於提高老師的素質」，根據 I.B.M.前董事長兼學校標準運動（School Standards Movement）的發起人 Louis V. Gerstner 表示，美國將無法達成聯邦政府所訂的一項法案，也就是在 2006 年以前每個班級都至少要有一位高素質的老師，會造成這樣的結果的原因之一，是現今不良的教育體系與制度無法吸引優秀的人才加入，而這也是各州面臨最棘手的問題。「以製造十五架 B-2 轟炸機的經費，約三百億美金，就可以吸引三百萬的老師加入教育的行列並提高學生的成就。」學校標準運動委員會指出「不只是武器，受過良好教育的人員對國家的長治久安也很重要。」

　　自上述的引述可知，教育對社會發展的重要性，而教學品質的良窳更是影響教育作為的關鍵。

貳、高等教育教學品質的挑戰

　　「百年大計，教育為本。教育大計，教師為本。」教師是大學教育實施的主體，是大學發揮培養人才、創新知識、傳承文明、服務社會功能的主要推動者。教師的師德風範、敬業精神和學術水準代表了一所大學的文化素養、學術地位和社會聲譽。加強教師素質，匯聚人才，激發潛能，激勵先進，建立健全科學合理的教師績效考核機制，從而提升大學的品質與聲譽，這是大學的管理者不懈努力和積極實施的重要舉措。1990 年 5 月，「國際學者學會」（NAFSA：Association of International Educators）在（奧瑞岡）波特蘭市（Portland, Oregon）舉行的年會中，哈佛大學代表詳盡地報告該校提升教學品質的策略：輔導並支援新聘教師，以便讓他（她）們在初執教鞭時，如何落實大學裏的「教材教法」。哈佛大學史無前例的全面教學改革，引發全美各重要公私立高等學府陸續設立了「教師輔導與教學支援中心」（Center for Faculty Development and Support）的機制，推動大學教學法以提高高等教育品質，並因應全球高等教育國際化的挑戰。2005 年 6 月 24 日的「美國高等教育紀事報」（The Chronicle of Higher Education）則以「Use the Smart Classroom: A Spanish Professor Tries Several Tech Tools」為題，介紹馬里蘭大學校內的「創意教學」。這篇具「創意教學」特色的精采文章，已經在美國各大學裏普遍流傳。在全球各國一片追求卓越高等教育品質，藉以提升國家競爭力，進而有效培育新世紀優質

人才（Human Capacity Building）的呼聲中，推動大學教育的創意教學、落實高等學府裏傳道、授業、解惑的全人教育理念，已經形成為當代各國高等教育的全面共識。為實踐此種理念，輔導甫獲得學位的新聘教師，如何進行有效、創意的知性兼感性教學，以及融合教學與研究的策略，已經成為全美高等教育界的共識。這種推動高等教育創意教學的新觀念，也在 2005 年全面實施的我國大學評鑑中，受到高度重視。面對當前我國社會的快速變遷，資訊科技的興起與普及，以及年輕大學生學習態度的丕變，各大學積極推動「教師輔導與教學支援」的機制，是追求高等教育卓越的基本策略之一。

「師者，傳道、授業、解惑也。」古人早在一千多年以前就已明確了教師的基本職責。在美國實施新進教師講習與輔導以及普遍設立「教學資源中心」的緣由與現況，從而以台灣高等教育如何藉提升大學課堂教學效能與氣氛的基本策略，落實多元化創意教學的實施。果如此，則進一步藉教學相長，不但可以拓展教師學術研究的深度與廣度，還可以有效培育國家未來的優質人才，提升各大學積極追求的高等教育品質，與國家永續發展所需的國際競爭力。由於教具、教材、教法的興革，使得若干傳統教學方式面臨新的變革和挑戰，這使得教師需要不斷進行專長培訓。

根據 2002 年 8 月 13 日世界日報報導：哥倫比亞大學使用由「課堂管理軟體」進行遠距教學，發現這套軟體的網路對話功能效果之大，連傳統的課室教學都望塵莫及，因為一般課室只要有一個孩子吵鬧，全班都會影響。另外，教授可以把教材張貼上網，學生只要鍵入密碼即可進入，不必拚命做筆記。除此之外，還可以減輕許多作業程序，例如註冊選課、課堂作業、大小考、打分數等等，課堂管理軟體都可以代勞。科技已成為大學教育任務中不可或缺的核心元素之一。在 1990 年代晚期興起的電子教育市場，2004 年總值達到四十五億元，且可能在 2005 年倍增。目前全美大約 4000 所大學和學院中，大約 21%使用課室管理系統。而麻省理工學院發展一套「開啟知識之源」的教學軟體，希望在這個機器會思考的世紀中，為新一代學子找到把電腦用在教育資源上的最佳方式。

參、教育品質提升的具體作為

優秀的學府需賴優秀的師資，傑出教師的師德主要從遵紀守法、公民道德、治學態度、關愛學生、教書育人、團結協作諸方面作為。教學質量主要從教學方法、教學技巧、教學準備、教案準備、教學實施和教學效果等方面進行。為了增進大學教師的教學技巧與師生溝通能力，美國密西根大學（Central Michigan University）「未來教室」於 2004 年 1 月啟用，這棟「未來教室」充分應用現今無線網路和寬頻網路技術，教室內部大型多媒體螢幕取代傳統黑板，粉筆則由教師面前觸控 LCD 面板及數位筆取代。教師可自行在面板上操控多數教室內設備，並可透過中控室即時協助控制或提供資料庫資料，並可進行跨教室互動，例如人體或動物實驗時可由實驗室將影像直接傳回教室。學校設有專屬教授的網路伺服器，每位教授有高達 5GIGA 的網路

空間以便上傳教材。所有教學活動透過數位攝影機存成 DVD 或影像檔、線上教學和透過無線網路傳播。學生可以透過筆記型電腦、手機、和個人數位助理（PDA）即時取得學習教材和接受學習指導。每個學生的學習活動也被儲存在資料庫中，因此老師可以隨時隨地經由網路瞭解學生的學習效果，並提供即時疑問解答，或進行線上評量測驗。新的「未來教室」帶給學校教授新的挑戰，因為依賴粉筆的傳統教學方式被無線寬頻環境所取代，為此他們必須準備更多教材與預先規劃教學活動，但也使他們注入新的活力。這些新的科技與新的教學方法對教師受益無窮。該學院並將考慮利用「未來教室」的科技優勢來爭取美國政府緊急安全醫療網計畫研究基金，用來提供偏遠地區線上即時醫療協助。

基於可藉由網路資訊的成長及即時互動的廣泛傳播，高等教育可以更精進的信念，2000 年 4 月，麻省理工學院宣布自 2000 年起創設 MIT 開放教學軟體 MIT OpenCourse Ware（MITOCW）網路工程，計畫於未來十年內將該校兩千種課程上網，免費供世界大眾自由學習，並以爾後兩年進行實驗。這項結合了網路教學的無遠弗屆及突破知識私有化藩籬的創舉本身就先聲奪人，更由於 MIT 歷來的學術領導地位，該校能期盼像 60 年代整合工程科學，領導工程教育的新思維、新教學法那樣承先啟後，再度刺激高等教育之進化更是舉世矚目。

除了麻省理工學院所規劃的網路教學外，屬於德州大學系統的德州醫學大學（University of Texas Medical Branch）新成立的微生物網路實驗室，以提供學生比一般實驗室更多細菌培養的機會。許多教授發覺網路實驗室有其好處。其中之一就是，即使學生出了差錯，不會有人受傷，更不會浪費經費。網路實驗室可以模擬任何我們希望的環境，因此產生的變數更多。在一般實驗室，細菌培養所費不貲又耗時，教授更得在旁指導，以確定程序無誤，而在網路實驗室，學生可以嘗試不同的程序，如果錯了，學生還可以知道錯在哪裏，然後從頭來過。

由於美國正遭受缺乏臨床實驗人員之苦，網路實驗室的成立可以線上遠距訓練許多在職人員，不必放棄工作及家庭照顧，取得大學學歷。不過，參加這項課程的學生必須先擁有實際在實驗室操作試管、儀器及繪圖的經驗，才能利用網路實驗室的線上資料來訓練實驗及解決問題的技巧。

為了師生間的交流，利用電子布告板及電子郵件來溝通，而將來更會使用網路攝影機來進行。隨著科技的發展，這種事愈來愈不成問題。然而，在普遍藉助於科技的同時也值得注意的是資訊的管道除了網路，尚有書籍、期刊、政府文獻，其中網路提供的資訊量僅占 15%。礙於版權法，許多著作也許永遠也上不了網。為彌補網路資訊深度不足、內容參差的缺憾，宜指導學生如何以批判性的態度閱讀、思考。提醒學生，切勿把網站的內容視為理所當然，一定要弄清楚作者是誰、是否是該領域的權威、是否有服人的看法。而且要求學生每一份作業至少得參考三本書，評分標準則是創意與深度。

肆、提升教學效能的基本策略

　　大學教師不但要鑽研學術研究，創新知識的發展，同時要將知識以各種方式，傳遞給學生，以培育國家未來之人才。在此其中，教學與研究的任務均非常重要，因為知識的傳承與人才的培育，深繫國家社會永續發展的基礎，教師從影響每一位學生，進而將影響社會與國家是否具有競爭力，甚而影響人類的整體進步與發展。正因此，大學教師的責任相當重要，而大學對教師亦應提供必要的教學資源與支援，創造更好的教學環境和條件，以利教師提升教學品質。

　　提升課堂上的教學成效是每一位任課教師的挑戰與期盼，其中基本的策略：包括設計完整的全學期（年）教學大綱（Course Syllabus），充分的課前教學研究與準備，教材與教法可因時、因地、因人彈性制宜，使用多媒體教學設備進行備課與教學（A picture is worth a thousand words.），善用 Internet 與 e-mail 主動與學生溝通，真心關懷學生（學生會因老師的感召而改變人生觀），如果有人問到：「學生在乎學習嗎？」答案當然是「視情況而定。」那麼什麼情況下學生會在乎學習呢？答案是：「當學生收到老師的學習邀請函時，他們絕對在乎學習。」優秀的老師是能藉用語言、行動，在學習環境及教學中傳遞邀請函給學生，邀請他們來接受肯定（Affirmation）、有所奉獻（Contribution）、追尋目標（Purpose）、發揮力量（Power）、並迎接考驗（Challenge），如此便能引導學生投入學習。

　　接受肯定——要激發學生的學習熱忱，首先便是要肯定他們在課堂中的重要性，特別是現代的學生，他們希望知道：我是被接受的，而且原來的我是可以被接受的；我在學校中身體上、情緒上及智能上都是安全的；這裏的人關心我；人們知道我學習的情況，而且他們重視我是否好好學習；人們瞭解並尊重我的興趣及期望。

　　有所奉獻——學生上學是為了尋找一個奉獻社會的方法，因此他們需要知道：我可以讓這裏變得不一樣；我可以貢獻獨特及有價值的眼光及能力；我幫助其他同學及整個班級獲得成就；經由相互合作達成目的，我與其他學生連成一體。

　　追尋目標——當學生瞭解到書本、觀念與作業的意義及關聯性時，他們便會主動學習，不明白這點，學習便失去動力。因此他們必須明白為何要上學；明瞭學習的重要性；個人所做的事代表了我及我的環境；我的學習會讓世界變得不同；學習能吸引我。

　　發揮力量——當嬰兒發現他有能力可以轉動身體，體驗到了自主與力量時，學習的契機被啟動了。當老師刻意地幫助學生培養這種力量，學生便自然而然被學習吸引。讓學生感覺到力量，必須讓學生相信：我在這裏所學是有用的；我只做能有助於成功的決定；我明白才能（quality）是什麼，並且知道如何創造才能；學校裏可以找到我人生中可靠的支持。

　　迎接考驗——對一個學生的挑戰，可能對另一個學生而言是傷害，不過老師如能一步步地引領個別的學生接受考驗，並達成目標，自然學生會喜歡學習。學生覺得課堂有挑戰性，是當他們意識到：學習增強他們的能力；學習鍛鍊了個人；我在課堂上很努力地學習；如果夠努力，通常能夠達成目標；我的成長責任在我個人，而且我幫助他人成長；我能完成以前認為達不到的事。

當老師能夠滿足學生們以上五種需求，便能鼓舞學生們學習。不過事實上，老師們除了言談外，以實際行動來邀請學生學習的力量更大，因為學生們在教室中的集體經驗，才能真正讓學生們感受到老師的邀請並作出回應。一個教師最滿足的事莫過於啟動學生學習的動力，且這動力一啟動後，便永無停止之日。

依據 2004 年 5 月 26 日紐約時報的引述：「教學品質取決於老師與班級人數」，多年以來，小班制一直是美國教育努力的目標。許多州甚至以立法的方式來保障教學品質。例如，加州的法律規定一個班級最多只能有二十個學生。好的老師與小班制是提高教學品質的兩個最重要的因素。小班制的優勢是顯而易見的。DeGrasse 認為，小班制意味著老師有更多的時間與學生接觸，這對提高學生的成績與品德修養都有很明顯的幫助。該年紐約市的平均班級人數是 28 人，紐約州的平均人數是 21 人。Swarthmore 學院的教授 Tom Dee 的研究報告指出，在老師與學生為同族裔的情況下，學生的表現會比在老師與學生不同族裔的情況下要好。這個結論對於紐約市的少數族裔是不利的。因為在紐約市中，大部分的老師都是白種人，而大部分的學生都是少數族裔。但是，Dee 的報告指出，若班級人數越小，這種情況就越不容易發生。市場調查同時指出，老師傾向於到實施小班制的學校任教，家長也傾向於將小孩送往該類的學校就讀。政府需要更多的資源才能落實小班制並提高教學的品質。然而，由於諸多因素的考量，使部分學校迫於環境仍有大班教學情形。

大班教學可以大而美，大班級教學在美國大學非常普遍，學生都有像沙丁魚一樣排排擠在大禮堂，的確，大班教學似有許多缺點：學生人數過多、教師的負荷重，例行性的工作繁多，無法顧及學生的特質與差異，而大班教學囿於體制，只有單向灌輸，師生難於互動，上課流於單調沉悶使學生不耐而離席，勉為其難留下來的不是昏昏欲睡，就是交頭接耳、傳紙條、讀書看報、聽音樂，秩序凌亂不但對教授不敬，學生所學也有限，實在談不上教育品質；也難怪小班教學普遍被視為教育追求的目標。大班教學都這麼不堪？其實，聲譽卓著的大班課程為數不少，這些受愛戴的教授有什麼出奇致勝之道呢？首先，充分的準備；沒有人否認大班教學比小班教學困難得多，惟其如此教授更要有充實足夠的教材。其次，有效的雙向溝通，教授提早到教室招呼學生、視覺接觸、課中移步教室各處拉近與學生的距離、儘量做一對一的交談、輔以各類教具、豐富而多元的教學演繹、充裕的課後輔導備詢等等，都有助於學生的參與及注意力的集中，學習情緒佳，學習效果自然好。當然，電子郵件也是交流好幫手；就有教授表示每天必回完所有學生的電子郵件才休息。多聘助教更是至關重要，他們可以分擔教授的行政工作、帶領學生小組討論並回答簡單的問題，使教授能專注於教學；有人質疑，現經濟困難學校也沒有餘錢多請助教，有的教授卻胸有成竹，他們除了支薪的研究生助教外，更大量倚重大學生，通過申請、推薦、短篇論文及面談等程序，凡獲錄用者定期與教授請益並提交工作報告，帶班時衣著正式，教授待之若同事，因為要求高助教更看重自己的表現，學期末表現佳者可獲學校認可之學分，因此雖無薪酬還常常一席難求，不虞人選。可見教學的歷程是成功的核心，大班教學呈現的種種不利現象是果不是因，若能有小班教學精神，大班教學一樣能發揮「多元化、

個別化及適性化」的學習成就。當然，在教育經費無著的困境下，大班教學是情非得已的權宜之計，盡力做到與小班一樣好的品質是教學者的良知。

教師素質的重要性不言可喻，事實上，教師的素質是學校中影響學生學習成果的最重要的因素。教師的哪些特質影響教學成效？這些特質在何種程度上決定教師素質？

研究上發現五個可衡量及可作為政策相關指標的大項，包括：教學經驗（Teacher experience）、教師培育課程及學位（Teacher preparation programs and degrees）、教師資格證書（Teacher certification）、教師訓練（Teacher coursework）、教師個人測驗成績（Teacher's own test scores）。就其內涵則 1.教學經驗：許多研究證實教學經驗對教學成效有正面影響；特別是「作中學（learning by doing）」的特質對初任教師有非常明顯的影響。2.教師培育課程及學位：培養教師機構聲望的好壞對教師素質的良莠有明顯的影響，特別是在中等教育階段，這可能是因為學校反映了教師認知能力的好壞。有證據證實，高中數學及科學教師學歷的高低，與其教學效果成正比。在小學階段，教師學歷的高低與教學成效的關係尚不明確。3.教師資格證書：研究證實，在高中階段，有數學教師資格者的教學明顯較優。在數學與科學科目上，僅取得臨時教師資格，或循非正規管道取得資格的教師，其教學成效與取得正規教師資格者的差距並不明顯。4.教師訓練：本科科目的教師訓練與教學法對教學成效的影響深遠。教學法訓練對各階段教師的教學成效都可見，特別是輔以學科內容知識（content knowledge）。內容課程訓練以高中階段影響最明顯。5.教師個人測驗成績：教師個人測驗中的閱讀程度或口語表達能力的高低，經證實與教學成效相關。這些經過實驗的研究的內涵於教學品質具有一定的影響頗值得參考。

一百多年前，美國總統傑佛遜在創辦維吉尼亞大學所發表之演講中，曾明白指出，一所大學不只是有雄偉的建築物，或單一的領導者，學校的生命力乃來自老師們源源不絕的新力量；因為相較有形量化的校園土地與硬體建築，教師的資源與角色正是學校活力的來源與關鍵。如果教師能結合社會的脈動，讓教育事業更生活化、多元化、永續化，能認同教學工作對本身之要求，進而培養出一流的身心健全的人才，為國家社會服務，造就培育人才、促進社會發展之最終目的。

伍、結語

根據卡內基基金會日前發表的一份研究報告表示，大學生建構未來願景有賴老師的啟迪。學校及教師既有如此重大之功能，故每一教師皆當瞭解其職業之尊嚴性，盡心於教學研究外，亦應多注重道德與自律，熱心參與行政事務，使其神聖之功能發揮得更淋漓盡致。教學應該像是醫學臨床專業，教師培育如果採行像醫學院訓練實習醫師的方法，讓教育學院學生接受實際訓練及受到專業尊敬，將可以培育出表現更好的教師，學生也會因此受到更好的教育。卡內基基金會因此建議，要能成為人師與經師，仍然需要加強在職指導、訓練，才能取得完整教學歷程。為此，卡內基基金會提出一項改造教師培育的計畫，選定了加州州立大學北嶺校區、密西

根州立大學、位於紐約的貝克道教育學院（Bank Street College of Education）、及維吉尼亞大學四所學校，以供他們發展新課程，並追蹤、評估教師的教學技巧，其後結果顯示教師在新的專業環境中將獲得較高的士氣。此外，該方案也將加強儲備教師與人文及科學學者的聯繫與合作，以強化這兩方面的教學內容。很明顯地，在職訓練加上適當的支持，對教師養成的重要性無可取代，畢竟準備去做一份工作，與準備好去教書，兩者間有很明顯的差距。然而無論持守觀點如何，培育未來人才，提升國際競爭力則是教師責無旁貸的職司。

附錄：

世新大學教學特優教師獎勵辦法

92 年 11 月 27 日行政會議通過

第　一　條　本校為提升教學品質，鼓勵教學成效特優教師，特訂定「世新大學教學特優教師獎勵辦法」（以下簡稱本辦法）。

第　二　條　凡善盡教師專業倫理且任教本校達三年以上之專任教師，具有下列條件者，得經推薦甄審獎勵之：

　　　　　　一、教材、教法力求精進，具有傑出教學成果者。

　　　　　　二、熱心輔導學生學業，致力於提高學生讀書風氣，並深具啟發性者。

　　　　　　三、近三年之教學意見調查成績平均為全校專任教師 20% 之內者。

第　三　條　符合前條規定之教師，須經各學院（含共同課程委員會）初選推薦之。推薦名額依專任教師人數計算，五十（含）人以下者，得推薦一名；五十一人至一百（含）人以內者，得推薦二人，以此類推。

第　四　條　獲推薦之教師經舍我薪傳獎助金評審委員會甄審，甄審會議須有三分之二以上委員出席，並經出席委員三分之二以上通過之。委員如係被推薦人，應行迴避並不得參與投票。

第　五　條　獲選為教學特優教師者，除公開表揚外，並頒發獎牌乙座及獎金壹拾萬元。惟獲推薦而未入選者，頒發獎金貳萬元，以示肯定。

第　六　條　各學院及共同課程委員會應於每年九月底前完成初選，將推薦表及相關資料提送舍我薪傳獎助金評審委員會。舍我薪傳獎助金評審委員會須於每年十月上旬前完成甄審，報請校長核定之。

第　七　條　初選事宜由各院級教評會自行辦理。

第　八　條　獲獎教師於獲獎後，得由教務處及數位影音暨網路教學中心協助製作教學光碟，送圖書館公開陳列，以供教學參考。

第　九　條　獲教學特優獎勵教師五年內不得再接受推薦。

第　十　條　本辦法經行政會議通過，陳請校長核定後公布施行，修正時亦同。

世新大學教學特優教師獎勵推薦表

基本資料	姓　名			職　稱		
	任職院系別	學院			學系（所）	
	到校日期	年　　月　　日		任現職日期	年　　月　　日	
	任教科目	1.		2.	3.	

優良事蹟	
附件	

教務長	院長	系（所）主任	人事室主任	人事室

校長核定	

＊推薦欄如不敷填寫，請自行調整。

第四章

教師績效考核制度之探討

壹、前言

　　管理學者費蘭契（Wendell French）曾就績效考核進行界定，認為「績效考核是一項人事管理工作中重要的環節，用以確定組織中各種工作間的相對價值，以使各種工作因其價值的不同，而給付不同的待遇。」這項定義與我們自考績中常發引的「綜合名實，信賞必罰」有異曲同工的效果，因為不論對工作者的工作評估或是進行人員的考評，皆是企圖對工作者的表現及是否落實組織目標進行客觀的分析，以期能增進個人的工作效率及組織的整體效能。以現行國內大學數量不斷提高，未若以往可以「寡占獨攬」面對環境期望，而在朝「高度競爭」的環境下，大學勢必採取必要策略加以回應，以期能使「追求卓越」的目標獲得落實。而且隨著知識型社會的君臨，高等教育的品質為當前國人所關切，大學在社會結構中的地位日益重要。教師既在學校扮演著舉足輕重的角色，因此，如何提升教師在教學、研究、服務等方面的能力與品質，將是提高一所大學水準以及社會是否朝向知識經濟社會的重要課題。

　　然而根據 2003 年 3 月 24 日紐約時報的報導：「大學生上網評鑑教授」便提出了：一般人都認為大學是知識的殿堂、高等教育為寶貴的學習機會，這種傳統觀念已有了明顯改變；愈來愈多的人視它為高價的商品，而其價值常取決於成績的高低，因而教授評分的寬嚴即成學生選課的主要考量之一，校園內尋找所謂「易於成功拿高分」的課已為普遍的趨勢。多數大學都設有網站，提供學生查詢教授的教材教法、上課規範、課業要求、考試方式、評分標準、過往學生的評估及警告等資訊。但現在更進一步，有許多諮詢教授評級的網站問世。學生可據以檢視授課教授的評級百分比、選課學生中輟的原因及比率、以及對教授的評語等；「選一個教授（Pick-a-Prof）」就是其中的代表。學生不必為了要註冊合適的課程一遍遍翻閱學校的課表目錄，只要一上網，選課有用的所有資訊就整體呈現，學生也藉此排課、閱讀課程介紹、教授所列教材及讀物。當然教授也可以隨時上網瞭解學生的反應，並調整其評分使其寬嚴適度。這就像一份詳盡的消費者報告，可供他們作為選擇課程的指南，而且認為資訊越充實廣泛越有用。但教授多憂慮這種趨勢，他們多認為選擇不像買車、冰箱那麼簡單；而就算學生選課踴躍，也不表示對教授實質的尊敬與回饋，不符師道。學生自喻為顧客，有權要求更多的資訊供其做出正確的選擇，最終將提升教育品質。高等教育畢竟也是社會的公器，學生多參與打破大學象牙塔的藩籬及資訊公益化都是時代的趨勢，可以人言人殊，但給學生更多直接的資訊是多元社會不可擋的潮流。爰此，可知績效考核亦反映著高等教育的發展現象。

　　本文主要藉由實施教師績效考核制度多年且著有成效的元智大學、長庚大學、世新大學等學校於教師工作評量上的內容與實際運作情形，以及實施後對組織與成員的影響，進行分析說明，以期能提供建置是項制度的參酌。

貳、教師績效考核制度的功能

　　建立以能力和業績為導向的教師考核機制，是回應高等教育效率的具體作為。教師績效考核是對教師素質及其在教育教學、研究及輔導服務工作中的行為表現狀況的測量，並為進一步提高教師的素質切實可行的作為。在人事服務的作為中，建立有效的績效考核機制的重要意義，包括：

一、有利於提高教師素養：經由績效考核，可以評判教師在工作過程中是否忠實地履行應盡的職責，是否完成了規定的教育工作任務，是否達到了教育教學要求。這樣，對每位教師都作出符合個人實際的評判。同時，發現教師在其基本素養以及實際教育教學工作中存在的問題，並為教師提供解決這些問題的指標，創造各種條件幫助教師努力解決這些問題，以便改進教育教學工作，提高教育教學工作的質量。績效考核可以促進教師的不斷發展，從而也促進教育教學工作。

二、有利於提高學校的教學品質：績效考核本身不是目的而是手段，即透過評估建立激勵機制，激發教師工作積極性，提高教師教學品質。從而引導教育教學工作的實際表現以及實際教學效果等。對教師因人指導、因人要求，促進教師的整體發展，實現學校教育教學質量的全面提高。

三、有利於達成教師評量的科學化：科學管理過程是各個管理環節相互聯繫的有目的、有秩序的系統控制過程，包含計畫、實施、評量、總結等基本環節。學校對教師隊伍的科學管理就應不斷完善這些基本管理環節。多年以來，由於沒有系統的教師評量制度，使對教師管理的基本環節或者相互脫節不能形成有序的系統，或者環節殘缺失去應有的管理效果。例如：只有制定計畫、組織實施的環節，而沒有評量的制度，因而使就學品質提升的目標落了空。實施了科學的績效考核工作，就為落實這些環節提供了有效途徑。我們不但要重視評量的過程，更要重視對評量結果的分析。

　　隨著急遽變遷的社會環境，已使組織經營者深刻體會到「人力資源」是組織中最寶貴資產；是以其所擁有的「人力資源」的能力是否能充分發揮，又是組織發展成功關鍵，故如何為組織建立一個有效的績效制度，激發其成員工作潛力，已成為一個重要研究課題。基本上績效制度的建立不但可讓組織及成員瞭解本身工作的成效，以作為未來改進參考，更可作為組織諸多管理用途。因此績效評估制度的建立，便是績效制度從理念落實到實證階段，其反映出組織經營者對其所屬成員績效的重視。然而績效制度的建立是需要多元的機制配合，包括：組織發展、

組織目標、激勵內涵、獎勵方案、組織文化、成員互動……等，再經由法規的建置與宣達，形成完整體系，以達成規劃目標。

然而，無可諱言的是任何制度的建立必須與其由內外環境相結合，才能有效施為，達到預期目標。就國內大學實施教師績效評估的環境而言，由於在學校的教育活動中，教師所扮演的角色，不僅是學生與學習之間的橋樑，更是所有課程與教學活動的主體。對教師實施績效評估之目的，係在於提升教學品質，從而增進學生學習效果，然而由於教學之成效往往須長期追蹤，非短期所易見，加以過程中，教學資源與學生本身情緒的變化等，也都直接或間接地影響教學結果。在進行績效評量上確有諸多不易把握的因素。同時傳統的「尊師重道」精神，已將教師與「天、地、君、親」列為五尊，因此，社會中普遍認為，尊重教師就不應對教師做太多的限制，何況高級知識分子原應有更高的自制自律，可以自我規範。此種心態所形成的文化，無形中增加了推行教師績效評估的困難，茲舉數端，加以說明。

一、傳統文化的局限

中國傳統文化中的儒家思想在人際互動上重視維持人際和諧、強調面子、講求關係等因素，對實施考核制度，有著深遠的影響。由於重視禮教的關係，在做事時，則易形成重視外表形式更甚於實質成效的情形，因此，常使考核制度在追求和諧的人際關係上遂流於形式化。亦即為了保持了表面的和諧，而事實則有是非不明，以致難以達到綜核名實、獎優汰劣的考核功能。例如公務人員考績制度實施多年，雖立意良善，但現行考績結果達 86%的受考人員皆列甲等，即已喪失原建立制度的旨意和功能。

二、校園民主的衝擊

近幾年來，學校教育所寄身的客觀環境有著大幅度的改變，校園民主風潮，銳不可擋，「學術自由」、「教授治校」、「學生參與（校務）」等，成為響亮的口號，且與泛政治文化的社會運動相結合。大學組織的特性與一般以利潤為導向的企業組織不同，在崇尚學術自由的環境下，校內重要學術及行政主管均由教授兼任，這些體制，將使擔任主管者，在任內為避免得罪他人而廣結善緣，重視民意與普選的結果，將使強勢作風、企圖心強的首長，不易獲得支持，間接也增加學校在推行績效評估制度的困難。

三、法令規章的限制

長久以來，國內教師體系，對大專教師均不做績效評估，高中以下教師的績效考核，係作為發給考績獎金之依據，大專教師無考績獎金項目，因而關於辦理績效評估相關之法令，乃付之闕如，除私立學校可自訂法規，以資依循外，公立大學並無可資辦理績效評估之法源。

四、組織成員的心態

對教師進行績效評估,其成功的關鍵可能不在引進新型管理科技,而在制度設計的理念能否為受考核者所認同與接受,因此組織內人員的心理趨向為何?相當重要。大學成員都是高級知識份子,而大學組織之目的在於追求真理,進行全人教育、創造與傳遞知識文化、善盡社會責任等。從心理層面分析可知,受教育程度愈高,人員自主意願愈高,也愈不願意受人支配,此種心態並不利於考績制度的推展。因此,在大學組織中實施人員績效評估,應注意給予受考人員較大自主性的空間與充分的尊重。

五、組織資源的匱乏

大學普遍未推行教師績效評估制度,除前述幾項因素外,另一重要因素則為學校財務問題。近年來,教育部已增加對私立大學的經費補助,90 會計年度補助總額達四十四億。雖然如此,私立校院的財務狀況仍然遠遜於公立校院。如就財務結構分析,私立大學校院的學雜費收入,幾乎已達經常門支出,可見對學雜費倚賴甚深;多數學校既無固定產業,董事會籌款能力亦相當薄弱,且國內工商企業捐款教育事業亦尚未蔚成風氣,所以學雜費成為學校的主要收入。私立大學雖可自訂評估制度,但往往因董事會困於財務拮据,而「不能」或「不願」辦理。

總之,要能夠使學術自由,大學自主及善盡社會責任,真正統整的是大學成員自己。很多大學成員對於大學的本質、功能與運用,已有適當的價值觀,對於大學社會責任,也有使命感,但無庸諱言,部分大學成員仍然停留在膨脹個人地位,誤解學術自由,爭取個人權益的階段中。是以如何追求卓越的學術成就,是一項很重要的工作。這種協助及激發的工作,正是建構教師績效評估制度的重要理念,因此,儘管受限於諸多文化、社會因素的局限,績效評估制度仍有其建置的必要性和價值。然而,由於在觀念上和操作上的偏差,高校績效考核功能的實現受到很大程度的影響。

參、高校現行績效考核的盲點

在世紀交替之際,歐美各國的高等教育發展已經邁入了一個嶄新的「創意教學、實用研究、國際服務」的多元境界。我國和亞太地區的韓國、印度、新加坡、澳洲、加拿大、日本、紐西蘭、中國大陸等國,也幾乎同步積極施行教育改革,和推動國際化教育。這些努力的成果,已因政策制訂與執行的成效差距,而明顯地反映在各國國際經貿的蓬勃、經濟和產業的日趨繁榮,與國際競爭力的提升程度範疇中。令人注目的共同現象是:這些隸屬於「經濟合作與發展組織」(OECD)及「亞太經合會」(APEC)等國際組織的會員國,在面對二十一世紀「人才培育」(Human Capacity Building)的終極教育目標時,均一致地特別重視高等教育的教學品質與策略、研究能量、國際化交流與合作、師生互動,以及以倫理為中心的人文素養等。這種全人教育的範疇,同時也帶動社會的進步與和諧,以及國家全方位競爭力與多面向永續發展。

　　由於績效制度之建立牽涉到諸多理論引用與實務考量等問題，因此建立一套能發揮功效的績效制度，除應做整體性的考量外，尚需以循序漸進方式完成，其步驟為先確定組織引進績效制度理念，俟組織能完全瞭解績效制度實施之精神及內涵後，再與組織成員溝通，並據以制定實施辦法，最後付諸實施。

　　所謂組織推展績效制度需先確定基本理念，其意指組織需先充分瞭解績效獎勵這項管理工具的意義與目的，以及本身組織與成員特性，然後訂定出建立本身績效獎勵制度之基本原則與理念。在一個崇尚自由精神的大學環境，故若要全面推動教師績效獎勵制度，基本上較一般以利潤為導向的企業更為艱辛困難，也就是說處於這種環境下，必須花更多的時間設計其績效獎勵制度理念，並且和教師充分溝通及說服教師參與。惟教師績效獎勵制度，目的是希望藉著對教師績效肯定及獎勵，激發其發展潛能，進而整體提升大學之教學、研究及服務品質，其績效制度建立之理念如下：

一、績效獎勵制度本身是一種手段而非目的，即是希望藉由績效的考核及獎勵，讓教師瞭解個人在群體中之表現，做為其檢討改進參考，非為分配獎金而設立此制度。

二、績效獎勵制度本身是一種過程而非目的，即績效獎勵制度是現階段激發教師潛能的一種方式，若教師績效均能達到一個齊一的水準即此制度已達成階段性任務，而此時亦是檢討存廢或以其他方式取代之時機。

三、績效獎勵制度建立之目的，原是在激發教師之潛能，進而整體提高學校之教學、研究及服務績效，故在制度上要建立起「良性競爭」及「多元化激勵」的環境，即在獎勵制度下能讓教師依本身之性向充分發揮。

四、績效制度的實施，難免會為教師帶來些「壓力」，這些壓力或許是不可避免的，但亦不希望造成教師的身心過度壓力，故制度的建立必須由教師充分參與訂定將教師意見回饋修正本制度。

　　儘管理念上對教師績效考核有上述期待，但於實務運作上，仍有下述的盲點：

一、績效考核工作中的價值衝突

　　高校管理者和高校教師對於為什麼實施教師績效考核存在著兩種不同的認識，管理者認為學校必須穩定、有效率、可預測、能夠控制教師，但教師們通常認為管理者應該樂於和他們分享資源和權利，在衡量教師的學術進步時能有更多的適應性。這兩種不同的認識的根本原因就是對工作評估的價值觀念的衝突。

　　大學誕生之初，其價值體現為對抗教會和世俗權力對知識創造和傳播的干預，從而確立了學術自由的理念。學術自由包含著兩個方面的涵義：一是教師在教學和研究方面的自由；二是大學組織管理方面的自由，即：大學自治。大學透過爭取外部自治來保障教師的學術自由。大學教師的工作更多地被視為獻身學術的神聖職責，該職責需要教師對學術的信仰和忠誠。對教

師工作的評斷標準僅局限在對教師團體的評估上，將無法使大學從社會的邊緣走向社會的中心，這種過度強調與市場建立的機制，使得傳統的大學價值觀念面臨著挑戰。雖然大學的辦學和管理無可逃避地要適應市場運作模式，但是大學要憑藉知識產出、價值建立等，以獲得外部支持。然而若是窄化大學的產出就只是大學內部教師的工作績效，據此，強調對教師工作業績的評估成為大學管理的主要內容，教師對工作評估本意僅在於通過評估，一味地提高高校教師的學術產出，增強大學競爭力，使得大學在單一效率目標的指引下，其市場取向的功利化評估方式，不單違背了評估的初衷，亦會使學術工作陷入尷尬境地。因為市場運作的邏輯是事物的「有用性」，甚至是「立刻有用」，以此來評估學術，必然導致尚「術」而輕「學」；此外，單方面強調效率也容易導致在評估中重數量，輕質量，對學術生產力的評估變成了對學術生產量的衡量。至於學術風氣浮躁、學術腐敗則是更為嚴重的後發問題。教師工作評估的偏向反映了大學生在市場的結合中所產生的深層矛盾。在傳統的大學生存環境中，大學的作用在於保護高校教師對知識的自由追求，大學與教師處在了共生的發展平台上；而當前大學受市場外力的牽引和支配，衍生出學術創造目標以外的多重目標，功利性的效率和效益目標與學術工作本質的衝突，引發了大學精神與教師績效之間的隔閡。

二、績效考核指標未具有全面周延考量

高校教師具有強烈的求知慾、成就感，高校教師所從事的教學、研究及服務工作具有複雜性、特殊性、系統性、動態性、創造性等特點，然而，到目前為止，我們看到的績效考核標準和評估方法，對教師及其工作特點都在不同程度上存在著主觀片面、簡單化的傾向。在績效考核工作中，多片面強調對教師工作業績的評估，把教師承擔的教學時數、發表的科研論文、論著的等級和數量、爭取的研究經費的多少等容易量化的指標作為教師評估的主要指標，而對教師的教學效果、教學革新、學科建設、團結協作、關愛學生、師德風範、治學精神、學術道德則甚予著力，有的學校雖然注意到了這些因素，卻將這些不能量化或難以量化的內容強行量化，操作過程中摻染著大量主觀因素、人為因素。這種評估背離了對事物質的把握，單純去追求可操作的量，背離了大學的基本精神，是以成績考核結果難獲全然的認同。高等教育發展到今天競爭性不僅反映在學科的表現上，同時也反映在教學、研究和服務的呈現上和教師素養上。這種綜合性的辦學特點，要求辦學的主體——教師不但要有良好的課堂教學效果，還要有較強的研究能力，以及熱愛教育的良好道德品質。無論從學校對教師的淺層要求還是教師自身的深層結構上講，缺乏以上三方面的複合，一個優秀的教師便難以誕生。而目前這種績效考核方式便明顯地暴露出兩大不足：一是評估主體單一，二是評估內容單一。運用這種評估方式對高校教師進行評估，既不能適應新形勢下高校的辦學要求，又難以對教師作出全面而公正的評估。

三、強調他評，弱化自評

目前，績效評估在方式方法上，主要以「他評」為主，如主管考評、專家評估、同儕評估等，一般以主管評估為主是最為普遍的。近年來，由於強調學生的主體性，學生評估也受到了普遍關注。不可否認，「他評」是績效考核中不可缺少的重要手段，也是體現民主的一種重要形式。但是，能否做到客觀、公正、全面，則是保證評估結果正確性的前提。在評估實踐中，由於他人難以把握教師全面、真實的資訊，往往只能夠注意到教師的顯性工作，而看不到教師的隱性工作，存在憑主觀印象，甚至憑個人好惡、個人感情進行評估，很難對教師的實際情況作出恰當的、公正的判斷，結果必然打擊了教師的積極性，產生一系列消極影響。

四、成績考核中缺乏與教師的溝通

許多高校績效考核一般，由評估者對照評估標準對教師評估打分，劃分評估等級；最後由相關部門根據評估等級決定被評估教師的升降、津貼的分配和獎懲。從評估的一般程式我們可以看出，教師考核中缺乏與教師的溝通、討論和反饋。從實踐的結果看，教師對績效考核表現出焦慮不安甚至牴觸，時常引發教師之間、教師與管理者之間的矛盾，績效考核目的與功能不能充分實現。在績效考核中與教師充分的溝通並促進教師的積極參與是實現評估目標最直接和最具體的手段。教師績效考核不應該是單向的，也不應該滿足於一個評估結論。績效考核中沒有交流不但意味著侵害了教師的自我認知，也是造成教師在績效考核中感到不安的一個重要原因。這樣的評估使教師喪失了瞭解自己的機會，並剝奪了他們發表看法和意見、進行反思和申辯的權利。

五、學生評估教師問題

有兩種不同的觀點，一種認為，教師教學對象是學生，對教師的評估學生最有發言權，另一種認為，把績效考核交給學生，教師就不敢嚴格要求學生。因此，問題不是學生能不能評估教師，關鍵是採取怎樣的態度、運用怎樣的形式。雖說曾有就學生評估教師問題開展過研究發現，相較主管評教、同儕評教相比，學生評教總體而言是最可靠、最公正的，基本上不受各種人際關係的影響。但不可否認，學生評估教師過程中，如何正確引導、如何採取合理有效的方式等問題值得我們在實際工作中進行探索和研究。

六、質化評估與量化評估的關係

質化評估，即透過觀察、座談、聽課等途徑，透過學生反映、教學績效、師德表現等方面進行無量化形式等形式進行評估。量化評估，即透過對教師整體工作的分析、分類、分層，依照一定權重分配製成量表，形成系統，定期檢查進行評估。有的人認為，只有數量化了的評估結果才是科學的、可比較的。實際上，任何一種評估方式僅僅是一種手段，本身無所謂好與差。

對績效考核內容中，有的可以量化，有的則不能；有的較易量化，有的則難以量化。數量化的表示方式，在績效考核中固然是重要的，但涉及到人的思想、動機、情感、信念、價值判斷等方面問題，若藉助質性的、描述的表示形式，可能會更為準確。但如何將質性評估與量化評估相結合，做到互為補充、有機整合，還值得我們思索和創新。

教師是辦學的主體，教師的工作品質決定著學校的辦學成效。對教師的工作提出一個標準，建立一個評估體系，不僅使教師有一個明確而完善的行為準則，有利於教師加強自我督促和增進，更重要的是透過一個公平而合理、科學而完善的評估，使教師明瞭自身行為的特質與優缺點、好與壞，便於教師發揚特長、彌補不足，從而激勵教師的工作積極性，提高工作品質，增強學校的辦學績效。

肆、教師績效考核制度的建立

那麼如何才能建立起一個公平而合理、科學而完善的績效考核機制，以提高教師的素質，保證高校辦學質量呢？首先，高校的管理者應站在前瞻與宏觀的角度，建立起一個全方位和多層次的績效考核體制。其次，在評估機制的構建上應注意以下幾方面內容的設定：

一、目標價值明確定位

過分注重效率目標是導致高校在評估教師學術工作時遵循可操作的「粗糙、簡單的做法」，使得評估陷入量化、行政化和市場化的境地。這種評估方式使得學術活動失去了內在的職業道德價值規範。由此可見，高校目標應該定位於學術目標。當下，對效率目標的追求只能視為高校謀求發展的權宜之計，學術目標才是高校應堅守的生命線。高校只有尊重和弘揚學術價值，高校和教師個體價值衝突才會適度消解，並進入良性互動。高校注重學術目標的價值定位，勢必會影響其管理觀念。注重學術目標使得高校必然在教師工作評估中，充分尊重學術活動的複雜性和創造性；關心教師個人的發展，透過促使教師的專業進步，提高每個教師的學術產出能力來增強高校的學術創造力，從而增加高校的競爭力，促進高校的發展。

二、引入發展性績效考核

在重新進行價值定位後，如何在績效考核中體現周延理念？克服現行績效考核中的弊端？近年來，國外普遍使用的發展性教師績效考核方法為我們提供了一個模式。發展性績效考核以促進教師整體素質的發展為目的，制定明確合理的評估內容和評估標準，突出教師在評估中的主體地位，促進教師積極參與到評估中並體現教師的個體差異。其主要特徵為：

1. 著眼於教師的未來，促進整體教師素質的提高。

　績效考核最重要的意圖不是為了證明，而是為了改進。透過評估，促進教師整體素質的提高和職業能力的發展是發展性績效考核的核心。發展性教師績效考核不是為教師區分

等級，而是關注教師自身實際發生了什麼變化，引導教師在實踐中表現出積極的、符合現代教育教學理念的教育行為。對教師的職業發展具有目標導向作用，它引導教師改變不良的工作行為，在完善職業素養的過程中激勵教師邁向成功。

2. 突出教師在績效考核中的主體地位，鼓勵教師積極參與績效考核。

發展性教師績效考核中包含了一個重要觀念，就是讓教師認同評估、支持評估並積極參與評估。教師既是評估客體，又是評估主體；既是評估的接受者，又是評估的參與者，改變了現行評估中評估者居於權威的支配地位，教師在評估過程中搜集有關自己的工作數據，對其進行判斷和反思並考慮提高和改進的途徑，克服了「他評」的一個共同缺陷，就是在績效考核中將教師排斥在外。當教師能夠切實感受到評估對改進工作、促進職業發展方面的效果、感受到評估者對自己的尊重，就能夠消除牴觸、懼怕情緒或排斥心理，促進評估者和被評估者雙方彼此信任、相互協作。

3. 把交流、協商、研討貫穿於績效考核的全部過程。

發展性教師績效考核是提倡民主協商性的評估。評估者的作用是與教師一起工作，明確績效考核目標，制定評估計畫，搜集評估資訊，討論績效考核結果。在平等互動的氣氛中教師更樂於認同評估結果，獲得自我反省和自我成長的機會。

4. 重視績效考核的差異性。

每一個教師的年齡、學識、教學經歷、學術特長、職業目標等都有著明顯的差異，用惟一的、固定不變的評估標準評估教師，容易挫傷教師參與績效考核的積極性。發展性教師評估不僅要考慮所有教師必須達到的、統一的基本要求和標準，而且要根據教師、學生和工作環境的特點，理解和尊重教師在工作中的差異性，允許教師在能力特長、發展的階段性目標、發展的速率、發展的方式等方面表現出個體特點，並朝統一的發展方向努力學習、自主發展和提高。

5. 注重縱向的、動態的、全面的績效考核。

教師績效考核是一種連續的、系統的過程，目的是促進教師專業能力的發展，幫助教師改善自己的專業能力。教師的發展不能一蹴而就，必然經歷一個漸進發展、逐步成熟的過程。因此發展性績效考核重視教師在向理想目標努力的發展過程，而不僅對教師進行終結性評估。在績效考核方法上，變靜止的、橫斷的評估為動態的、縱向的評估。在評估內容上，採取各種有效的方法全面觀察、瞭解、搜集教師發展的資訊，尤其要瞭解和掌握教師發展的特長、優勢和成就等資訊並及時與教師交換意見，取得教師對評估資訊的認可，保證資訊的有效和準確。

三、建立績效考核檔案

績效考核是對教師教學效果和工作成就的真實描述。它包含了能綜合顯示一位教師教學的範圍和素質的資量。它提供了優秀教學的標準和比較真實的教學、研究活動紀錄，同時，也包

括了做人事決定所需要的相關資訊。一般包括了幾個方面內容：研究評估、教學評估、專業評估、自我評估、專業發展計畫以及主管的評估，記錄了教師專業發展的各方面的情況，以達成教師發展計畫的作用。

四、建立周延的成績考核作為

第一、評估次數和時間：為使績效考核工作制度化和公平化，針對高校教師教學時段的學期性特點，績效考核每年應進行一次，其具體時間應放在每學年將結束時。其目的：一是保證績效考核工作的例行性，二是評估應廣及於每一位教師，以示其公平性。

第二、評估內容：根據新形勢下高等教育對教師素質和能力的全新要求，其評估內容應包括教學、研究、輔導、服務、師德等多個方面。

第三、評估主體：為使教師得到公平公正的評估，其評估主體也應包括學生、學系（部）、教務處、研發處、人事室。各評估主體應對績效考核內容的不同有所分工，並作出相應方面的評估。

第四、評估方式：由人事單位根據評估內容，印製出《績效考核表》，並組織績效考核委員會進行評估，然後統計出總分，得出對教師的總體評估。

第五、獎懲辦法：為使績效考核工作不流於形式，體現其嚴肅性和有效性，學校應制定出一套恰當而有效的獎懲方法，分別給予教師獎勵和懲處。

績效考核注重的是教師的潛力和今後可能的進步；在績效考核中，各考核單位是諮詢者和幫助者，以提供高校教師績效考核的周密作為。

伍、教師績效考核制度的主要內容

教師績效考核工作是教師管理工作的一個重要環節，也是一項複雜而難以把握的活動。從概念上來看，教師績效考核屬於教育評估的大範疇，根據學校的教育目標和教師所應承擔的任務，依照規定的程式，運用科學的方法和手段，廣泛搜集評估資訊，對評估教師個體的工作進行價值和事實判斷，以發揮教育評估的導向、激勵、改進的功能。績效獎勵模式之建立，是將績效理念運用到實施階段的一個重要過程，而達到提升績效之目的。基本上每個組織均有其發展重點與績效理念，故不同組織間的績效制度是無法完全照章沿用，若一味抄襲沿用，結果不但不能發揮績效制度之功用，反而可能誤導組織發展方向，或有害組織現有之秩序。因此建立一套完整績效獎勵常需花費相當多時間及精神，考量環境屬性才能完成。

鑑於績效制度的建立有隨組織不同而不同之差異特性，故制度的建立除了先擬定制度理念外，亦從制度設計上考慮以下諸基本問題：

一、評估架構設計的問題：怎樣的架構才能達到績效制度的管理用途。

二、評估項目選取的問題：怎樣的評估項目與權重，才能充分反映教師職責及學校發展方向。

三、績效成績計算的問題：怎樣的計算方式，才能顯示出教師職責及學校發展方向。

四、評估程序設計的問題：怎樣的評估程序設計，才能使績效獎勵制度執行具公信力。

　　績效考核之架構在理論上有許多種分類可資利用，如單目標與多目標架構、層級式與單層級架構、相對比較及絕對績效計算架構等，以現行已實施該制度的學校而言，均採用多評估項目、多層級且用相對成績比較的方法建立評估架構，其理由如下：

一、由於績效制度建立的一個重要理念，就是要建立一多元化之激勵制度，讓教師能發揮專長，故反映在績效評估項目的亦是多元化項目，又績效評估項目往往有大小、層級之分，也就是說，大的評估要項可細分為幾個次評估要項之組合，依此次評估要項亦可再往下細分。使用層級式評估架構可清楚看出各評估要項間的從屬關係，如此亦可明確地看出教師任務及發展目標間的關係。

二、層級式績效評估架構，由於教師的總績效是由下層循序結合至最上層，故各個層級成績均很清楚。若是教師的總績效不佳，則可循層級之序找出影響績效的因子。

三、當欲比較各個教師間相對績效時，吾人所關心的絕非僅止於總成績之比較，必將更進一步尋找各個單位間發生績效差異的原因所在，層級式評估架構恰提供了一目了然的成績清單，以利於作細節性比較。

四、層級式評估架構將各個評估要項分門別類，在技術上縮減了評估要項間的結合數目，使得成績之計算簡單了許多。

　　至於各層級項目之權重設定，亦是建立模式的一項重要工作，因為權重的大小除表示組織對各目標重要性之設定外，也含有引導組織中成員發展方向之意味，即權重愈大的評估項目，表示組織愈重視，愈希望成員朝此方向發展。權重的設定在方法上有直接設定權重，及以間接比較的方式產生兩種，而在形式上則有「固定權重及變動權重」兩種，以元智大學之教師績效獎勵制度為例，在權重設定方式上，是以間接方式設定權重，而通常採用的是「層級分析法」，此種方法利用評估項目間的兩兩比較其相對重要性，再經過數學運算後換算成各評估項權重，這種方法好處是可避免由權重直接設定而產生可能的主觀偏差。就評估項目則落實大學教師角色，包括：教學、研究與服務三項目，由於強調教師可依本身之特長發展，其隱含的定義是此三項目不給固定權重，而是依教師的特長而有所彈性調整，如某一位教師長處是教學，則此教師的教學項目權重可予加重，即承認每個教師發展方向，並在此條件下給予每一個受評教師相對績效值。若績效獎勵架構的建立及權重一旦給定，其也隱含著教師績效計算方式。另外根據經驗，教師們也相當關心的是制度的建立及實施程序，是否公開、公平及尊重教師們的意見，故在整個制度設計上必須有完整的程序，並給予教師有關獎勵制度的充分資訊。

表 1：教師績效獎勵制度評比項目表

項　目	細　目
教學	1. 教學 　(1) 課程內容 　(2) 教學方法 　(3) 教學態度 　(4) 教學負荷 　(5) 教學技巧
研究	1. 主持計畫 　(1) 學術性計畫 　(2) 實務性計畫 2. 論文發表 　(1) 會議論文 　(2) B 類期刊 　(3) A 類期刊 3. 得獎 　(1) 教育部或國科會之學術研究獎 　(2) 其他研究學術單位之學術獎勵
服務	1. 行政單位 　(1) 兼理行政職務 　(2) 參加委員會 　(3) 學分班教學與建教合作參與程度 　(4) 實驗室規劃管理 　(5) 指導學生實習 　(6) 其他服務事宜 2. 導師服務 3. 校外服務

陸、績效考核制度之執行方式

　　教師績效獎勵制度的建立，除了係建構於所屬的組織文化和評估理念，尚需依工作評估和程序規則落實，其程序可區分為：

一、訂定績效獎勵制度的理念，並和教師溝通制度之意義及影響以形成共識。

二、由教師代表組成委員會研擬考評辦法、項目、權重。

三、舉辦教師公聽會用以彙集普遍的意見，有助於落實規劃的構想。

四、校務會議通過實施辦法和相關的作業規定。

五、公布實施的時間，以利教師有充分的準備。

六、每年度底教師先予自評，並將自評結果交相關委員會。

七、進行實施的評量：
　　教學——由教師自評、同儕互評、學生問卷及系主任考評、教評會審核等程度以達到 360°
　　　　　的評核目標。
　　研究——計算各教師於年度論文、計畫、獲獎等成績，再送請研究發展處審核。
　　服務——由系主任考評教師服務成績，由一級主管考評二級主管成績，由系主任考評教師
　　　　　導師服務成績，再送請教師評審委員會議審核。
八、由績效獎勵委員會做最後之審議及訂定獎金分配原則。
九、呈校長核定後，轉知當事人受考結果，並依規定發給獎金。
十、由系主任將考核結果和教師懇談及訂定下年度目標。
十一、由績效獎勵委員會做問卷調查，搜集教師對績效考核制度的意見，並依程序修正制度辦法。

　　績效獎勵制度的建立，最可貴在於能經由充分的意見交換，教師的全面參與，使受考者由建立及實施過程中體會到績效獎勵制度效果、正負面影響、被考核者感受，進而能做持續的修正。為了顧及教師的感受，宜適時依環境、成效，同儕意見等為部分的修正。本文所援引學校的相關制度特色，可簡要比較如下表：

表 2：私立大學教師績效考核特色比較表

學校	功能	內容	啟示
元智大學	績效提升 服務成效 工作標準 自我評估 發給獎金 設定目標	教學評量 研究評量 服務評量	清楚明確的目標 寬裕經費的挹注 明確可行的指標 獎優汰弱的落實 契合環境的共識
長庚大學	績效評量 激勵士氣 自我改善 工作標準	教學評量 研究評量 服務評量	清楚明確的目標 獎優汰弱的落實 激勵士氣的願景 運用量化的評估 寬裕經費的挹注
世新大學	自我評估 服務成效 工作標準 晉級準據	教學評量 研究評量 服務評量	盱衡文化的屬性 確實考核的履行 契合環境的共識 適度彈性的設計 清楚明確的目標

「績效考核」與「績效獎勵」是管理上兩個重要的功能,若能合併實施,即以獎勵的方式作為考核結果的肯定,必能收加乘的功效,然而由於其牽涉到複雜的建立過程、內部的認同、實施的問題等,故推展績效獎勵制度是件艱辛的工作;然而一旦推動成功,不但可激發員工潛能,且有助於組織目標的推動達成。另外在建立及推動績效獎勵制度過程中,要多考量其對人性的衝擊,一個太嚴謹或太鬆散的績效考核及獎勵制度,必然會招到極大抗拒或毫無效果,故在權衡拿捏之間是管理者一大考驗。同時,績效獎勵制度須以堅定的決心、客觀的制度、技巧的實施才能發揮其功效,而這也是推動績效獎勵制度應把握的原則。檢視該制度的推動,首賴:學校決策機制的全力支持,以及首長的決心。在中國人社會裏,考核績效是一件困難執行的事情,即使有往往也是流於形式,但由於首長的堅持,詳密合宜的規劃將可促使此制度的落實,且成為一定型之制度。另一個主要原因為該制度是由主事者衡酌組織目標,幕僚同仁專業擘劃,另教師參與所共同建立的,因此在建立過程中,績效之評估意義、項目、方法、方式及權重等,受考人均能充分瞭解,形成共識,不但減少教師對考核方式及內容上可能的歧見,且對未來此制度之實施具有安定作用。績效獎勵制度之能取得教師之認同,其主要因素是該制度引用各種評估技術為理論基礎,由於教師具學術性格,故於說服教師此制度所計算之績效是有根據之際,亦建立起此制度之公信力及教師對此制度之信心。

柒、績效考核執行應注意事項

2005 年 11 月 5 日教育周刊報導了美國教育學院採用以績效為基礎的評量法,這是近五年來,全美師資教育評鑑會(National Council for Accreditation of Teacher Education, NCATE)重新制定了師資培育課程評量法,並利用評量結果改進課程及教學。

其中大部分的受訪者皆表示,新的標準讓教授們更加重視學生的學習過程,增強學生評量能力,以及確認這些未來教師候選人的專業知識技能。西肯得基大學教育及行為科學學院院長 Sam Evans 指出,過去教授有充分的學術自由自行決定授課內容,但在現今的標準本位測驗制度下,確定學生達到測驗所設的門檻比維持學術授課自由來得重要多了。另一個目前教育學院廣為採用的評量方法為「教學範例」(Teacher work samples)。「教學範例」評量過程包括讓準教師們自行設計授課計畫,選擇課前及課後評量學生學習成果的測驗,以及省思未來如何改進教學及評量方法以增進學生學習成就。「教學範例」已有發展完整的統一評分表,為了方便整合及搜尋所有評量的資料,少數教育學院已經採用最新的網路管理系統(web-based system)或是「數位成果檔案」(E-Portfolio)。Oral Roberts 大學的教育學院院長 David Hand 表示,現在有了科技的幫忙,所有的資料都可以放上網路,讓教授們隨時讀取。克里夫蘭州立大學已經設定好評量數位成果檔案的十二項「績效指標」,教師們必須達到績效指標的標準。

借鑑於美國的經驗，需考量教師績效考核制度的成就和落實有其特有環境，恐非相互援引，即得以達成於私校推動的目標，然而無論就其規劃、程序、內涵、機制的建立等，有其許多的特點，謹條述如後：

一、清楚明確的目標

在組織內目標設定有兩個目的，激勵及控制，而激勵的宗旨是要達到人們所設立的目標。就教師績效考核制度而言，能明確反映著學校首要目標在於「藉由師資素質的提升和藉著績效獎勵作為，達成學校落實人才培育的目的。」更細膩而言，教師績效考核制度的目標是為達成學校在組織運作上的功能，包括：

1. 界定所屬教師的角色及功能。
2. 提供學校在組織政策的明確方向。
3. 提供學校考核評估教師的標準。
4. 檢視教師的效率及效果。
5. 建構學校發展的願景，以激勵所屬成員，引導共同的努力方向。
6. 協助學校尋找適當的教師，以期能獲取組織達成目標的人才。

激勵的原意是「展開行動」（to move）。管理者為有效促進成員的工作行為，常運用激勵管理，使成員滋生努力工作的行為，並使其個人的潛在能力，能在組織所安排的各種激勵方案下，自動自發地發揮出來，使組織的資源獲得有效的運用，順利的達成組織的目標。因此，就「酬賞原則」而論，在組織中成員之所以肯努力付出，決定於他們認為努力能獲得績效，並且能藉由績效帶來獎賞，即「努力──績效」及「績效──獎賞」間，存有聯結的關係。就績效考核制度而言，為期明確地引導教師的努力方向，達到學校所設置的目標；是以教師個人必須在教學、研究、服務及輔導等方面，依照個人興趣與專長，做最佳的組合與安排，使「教師個人目標」與「學校組織目標」能夠相互結合，有助於個人潛能得到最大的發揮，而整體的學術水準與聲望亦可獲得提升。

相較於政府部分，由於學校組織較小，統整性高，因而容易依其特性建構個別學校的組織目標與願景，且其目標得充分考量社會分工屬性，發揮其特性，整合全體成員的共識，相較龐大的政府部分，顯得容易集合成員共識，落實目標，檢視成效。

二、確實考核的履行

績效評估與獎勵制度是管理上激發組織人力資源潛能的重要工具，然而由於牽涉到複雜的建立過程、內部的認同及實際上推行與適應環境變遷等問題，故推展績效獎勵制度是件艱辛的工作，然而一旦推行成功，不但可激發成員潛能，更有助於組織目標的推動與達成。任何組織於推展績效制度前，必須先確定基本理念，亦即要先充分瞭解績效評估這項管理工具的意義與目的，以及認清組織本身與成員的特性，然後訂出制度化的相關法規。教師績效考核係一多元

化激勵制度，讓教師能充分發揮所長，其目的是希望藉正面的肯定與獎勵，激發教師發展潛能，進而提升學校整體之教學、研究及服務品質。

讓教師瞭解個人在群體中之表現，做為其自我檢討改進之參考。績效評估制度是階段性激發教師潛能的一種方式，從而提升教師於教學、研究及服務績效，因而在制度上要建立起「良性競爭」及「多元化激勵的環境」，即在獎勵的精神下，能讓教師依本身之性向充分發揮。惟績效制度的實施，為避免造成教師身心之困擾，故制度的建立必須由教師充分參與訂定，並且宜適時將教師意見回饋並修正制度。

三、適度彈性的設計

績效評估制度的建立，最可貴之處在於能由建立及實施過程中，體察到制度推行的效果、正負面影響、被考核者感受，從而能持續的修正改良。考察實施績效考核制度的學校，事實上也經歷了相當多的修正過程，例如為了顧及教師的感受，做了部分理念的修正。例如：因考量部分教師反應擔心被評為最後一等，而對此制度有不安之感，故另訂各項考評之最低門檻標準，如教師達到，則不必擔心不續聘問題，減少教師心理負擔，或是本制度原本要求教師在教學、研究、服務三項均需參加考評，但鑑於每位教師依自己發展方向及興趣有所差異，故基於教師可朝專長發展之理由，制度改為三項由教師任選。此種做法顯較公務人員考績制度的實施多了若干彈性的作為與空間，並使受訪人得以衡酌個別情形選擇參與的項目和比重。即在主見意願認同下給予客觀評量。

四、寬裕經費的挹注

目前國內公私立大學校院的資源差距，如從統計數字分析，無論就每一學生所享有的校地面積、校舍面積，平均圖書數、學生與專任教師的比例，及每一學生單位教育費用，都相差甚巨。就以學生單位教育費用而言，公立學校約為私立校院的二倍。且若干私立學校的財務結構相較於公校則顯較為侷促。因此，一般私校除法定支出外，對各項相關的校務支付則採取較為審慎的作為，因此在受限於經費考量下，教師績效考核制度既非屬法定的項目，是以少有學校得以在無充分經費用以激勵情形下，辦理該項工作。為推行教師績效制度，提供了一個良好的生態環境。同時，因教師績效考核制度時，係先確立年度的獎勵經費，亦即經費固定，因而當獲獎人愈多時則每人可得的獎勵金相對的便較少。

五、明確可行的指標

一個良好的評估制度，應可充分揭示組織的特性和目標，並落實教師應有的職司與角色，同時經由評定結果足可周延反映成員績效的良窳，從而達到獎優汰劣的功能。在實施績效考評制度的規劃下顯然能充分把握教師角色的應有作為，包括：

1. 教學方面：在學校規定之基本時數內，教師應接受學校所安排的課程，另教師應提出所教授課程的教學計畫書交由系主任審核，而教學計畫書之完成度必須達 70%以上，完成度由教師自行評定之，教務處則依學生之上課滿意度調查加以複核。

2. 研究方面：教師每學年至少必須有下列任一項的研究成果：
   (1) 主持至少一項計畫（講師至少協同主持一項計畫）。
   (2) 發表至少一篇論文（期刊論文或會議論文均可）。
   (3) 如前述兩項均無，則須提出足以證明正在從事研究事實之說明，並提交績效考核委員會議審議。

3. 服務方面：教師必須兼任導師，每學期至少應與每位學生做個別會談及團體聚會各一次。

六、運用量化的評量

教師績效評估模式之建立，是為了達到提升組織績效的目的。為能客觀評量，以杜爭議；考量績效評估在理論上有許多種分類可資利用，惟經考量教師角色與功能，學校特性與因素，採用「多評估項目」、「多層級」且用「相對成績比較」的方法建立評估架構，其理由如下：

1. 由於教師績效制度建立的一個重要理念，就是要建立一多元化之激勵制度，讓教師能發揮專長，故反映在績效評估項目的亦是多元化項目。又績效評估項目往往有大小、層級之分，亦即大的評估要項可細分為幾個次評估要項之組合，依此次評估要項亦可再往下細分。使用層級式評估架構可清楚看出各評估要項間的從屬關係，如此方可明確看出教師任務及發展目標間的關係。

2. 層級式評估架構，由於教師的總績效是由下層循序結合至最上層，故各個層級成績均很清楚。若是教師的總績效不佳，則可循序找出影響績效的因子。

3. 當欲比較各個教師間相對績效時，教師績效考核制度所關心的絕非僅止於總成績之比較，而將更進一步尋找各個單位間發生績效差異的原因所在，層級式評估架構，提供了一目瞭然的成績清單，以利於作細節性比較。小層級式評估架構將各個評估要項分門別類，在技術上縮減了評估要項間的結合數目，使得成績之計算簡單了許多。

至於各層級項目之權重設定，亦是建立模式的一項重要工作，因為權重的大小除表示組織對各目標重要性之設定外，也含有引導組織中成員發展方向之意義，即權重愈大的評估項目，表示組織愈重視，愈希望成員朝此方向發展。

就上述引介可清楚瞭解教師績效考核的成功在於能運用具體明確的評估指標，且該指標係以量化的方式量度，因而較少爭議。而反觀現行公務人員考績，在制度設計上不論評量項目及內容，皆較屬質化，因而主觀性較高，也易流於難於客觀的議評，對考評人或受考人皆形成一種未有「預見性」的評量。

七、盱衡文化的屬性

組織常被視為一小型社會，因此，組織本身即是一個形塑制度的環境，也是一個文化衍生的現象。制度無法向壁虛構無中生有，必須植根於團體始能枝葉繁茂。是故，使制度得以落實必須充分考量制度建置的文化情境。倘若一個團體能成功地傳遞既存的認知及思考方式給新進人員，則表示該文化所屬的群體其穩定性及共有的經驗皆足以培育出一種特有的制度。教師績效評估辦法，能成功地達成，正反映出如學者庫克（P. Cooke, 1987）對組織文化與制度關係的詮釋，強調該制度構築於下列幾項因素中：

1. 人文關懷的文化：鼓勵教師積極參與學校事務，並相當重視團體中的個人。在此種文化之下，教師的積極投入與成長，是促進組織效能的主要動力。
2. 成就取向的文化：強調處事有條不紊，能夠自行預定目標與完成目標的個人。教師績效考核制度，其作用即為教師提供一個具有挑戰而實際的目標。
3. 自我實現的文化：實施教師績效考核制度的學校普遍具有重視成員的開創性，質重於量，同時也兼顧工作的完成與個人的成長。因為年輕沒有傳統包袱，成員可從工作中找尋樂趣，並發揮自己的所長，拓展新穎有趣的活動領域，因此使組織較具革新潛力，也較能提供高品質產品或服務。

八、獎優汰弱的落實

對大學教師做績效考核，在國外學術界已相當普遍，尤其每屆學期結束，教師教學成效的好壞，則以學生問卷統計作為評定之主要依據，對教師形成相當大的壓力，但在無形中，促使教師在教材及教法上，不斷求新求變；反觀國內大學，教師較有保障，不免有少數教師以泛黃的教材教學，數十年如一日，仍可不動如山，追根究底，乃是目前國內學術界尚未普遍認同考核的做法，相關法令不足，即使有了法規依據，屆時仍不免受文化因素影響，而淪致統統有獎或輪流分配的結果，失去考核的原意。例如各大學以往每年都有「教學特優教師」之選拔，名額由教育部依各校教師人數比例訂之，獲選者每人可得新台幣十二萬元之獎勵，由於獎金豐厚，名額有限，每年都對各大學產生不小的衝擊，原因很簡單，「不患寡而患不均」是一般人最易詬病的現象，因此，明明是樁鼓勵優良教師的美事，由於各校文化的差異，做法不同，不是引起無謂的爭端，就是乾脆湊人頭，平分了事。教育部錢是花了，但已完全失去獎勵的意義，有此流弊，影響所及，是從 83 學年度起，教育部已停止了這項選拔作業。檢視該制度原立意良善，但因缺乏客觀的評估，是而無法達成獎優汰弱的目的，自無由能落實考核的旨意。

至於實施教師績效考核制度的學校，多數屬新興大學，在校務推動上較無包袱的局限，可依據辦學宗旨努力落實。由此可知，認真執行績效考核，雖然過程繁雜，勞師動眾，又須經常與持不同意見者溝通，但就促進公平公開和諧的校園文化與激勵成員發揮更大潛能，是有其重大的意義與貢獻。

九、契合環境的共識

　　現代企業組織的成功，除了經營理念的堅持，優良產品的創造，領先技術的研發，以及充裕資金籌措調度外，「人」是最重要的因素，學校組織亦不例外，因為無論是教育理念的落實、教學能力的提升、教學設備的改善、研發能力的磋商，或資源的開發、資訊的流通等，都必須透過人員之規劃與執行。

　　為使這項攸關教師權益的重要制度，能充分反映教師的意見，在制定及修訂的過程中，由教師代表組成委員會，研擬評估辦法、項目及權重，也舉辦多場公聽會，最後如做成修正意見，須經校務會議之通過，並配合於新學年度實施。由是可知過程十分慎重，雖耗費不少人力、時間，但在大學自主，校園民主的潮流下，充分反映了「民意」，為實施績效評估制度，奠定了良好的基礎。

　　有了妥善的制度，並不保證制度的功能可充分發揮，此一考核制度推動成功的關鍵，在於組織首長全力支持，以及有辦學經驗豐富的學者，擔任評審委員，並能客觀公正地處理各項問題，在會議中經過充分的溝通討論，逐一化解了各項爭議，此一充分討論，凝聚共識的過程，無形中也已逐漸形成學校組織文化的一部分。

十、激勵士氣的願景

　　願景是指引組織成員共同努力的具體目標，也是激勵成員積極作為的動力，教師績效考核制度如前節陳述並非是一項目的而是一種過程；亦即經由該制度的實施，以達成願景的實踐。

　　教育理念為教師績效考核制度勾勒出一幅未來共同的願景，並有「開放觀看」的意義，可喚起學校未來的圖像與想像，並引領發展學校長期計畫的方向，其獨特性隱含一種優越的標準，並暗示價值的選擇，是以能成為實施該制度的「活水源頭」。這理念有著令人印象深刻的影響來引導學校成員的行為，創造出一種共同的使命感，讓大家能同心協力，實現內心最深切的熱情。易言之，正如「卓越為體，考績為用」兩相搭配不僅使制度得以落實，且能成為追求卓越願景的必要門徑。

捌、績效考核機制的發展趨勢

　　興革社會的希望在教育，振興教育的希望在教師，建立和完善的教師績效考核機制，是提高教育質量和效益的基本保證。教師績效考核機制是指對教師的工作現實的或潛在的價值做出判斷的制度系統和管理實踐。其基本目的是促進教師的專業發展與提高教學效能。

　　教師績效考核機制的功能主要有三個方面。一是導向與激勵功能。透過設立符合社會發展需要和高校自身發展定位的績效考核標準，引導高校管理層和教師明確辦學方向和發展目標，激發高校教師的內在動力，不斷進取。二是反饋與交流功能。透過定期對教師的評估，逐漸深

化教師對於自身工作現狀與工作目標之間差異的認識，並自覺地進行調節和改進；透過績效考核，也促使評估的各方加強認知，促使相互瞭解，相互學習，取長補短，共同進步。三是鑑定與選拔功能。評估者依據一定標準，對教師篩選出優劣，並給予相應的物質與精神獎勵以及工作條件的改善，然而，在功能之餘關於高校教師績效考核機制的反思：

一、在績效考核效果上，現行的教師績效考核機制是一種以對教師個人實施獎懲主要目的的功利性評估機制。透過對教師工作表現的評估，分出等級，並作出是否聘用，是否晉升等決定。同時，績效考核是作為現行高校體制內的一種激勵機制而存在的，學校通過這個機制實行優勝劣汰，實現教師能力的提升和對學生學習成效的檢視，從而為增強學校的綜合競爭能力。但如果過於強調功利性的導向也有其負面作用，它不利於團隊精神和團隊作用的倡導和發揚；易使部分教師出現急功近利，浮躁不實，不願作紮紮實實的基礎性工作。

二、在績效考核體制上，現行的教師績效考核機制是一種以正式組織為主，以自上而下的單向活動為主的管理性評估機制。這種機制著重強調對教師的管理和考核，認為教師主要是由外部的壓力而得到的激勵，以定期或不定期的考核為主要措施，來促進教師不斷提高自身的教學和研究水準。這樣即有利於實現自身的發展目標。然而，這種外部導向的評估在雙向的交流和互動方面尚存有不足，對於激勵教師主動參與評估則顯然是不夠的。

三、在績效考核標準上，現行的教師績效考核機制是，著眼於教師個人過去的工作表現的評估機制。評估教師是否符合學校的發展要求，是否具備獎勵或懲罰的條件。為了取得獎懲的直接依據，現行評估標準具有較高的概括性，較多使用量化分析，或對質性內容進行定量化處理，以得出評估等級的數據。這樣的評估有利於比較性的一面，但也會帶來簡單化、表面化的傾向，對教師如何獲得這些成果和工作過程，缺乏應有的關注。不利於高校全體教師的全面發展，也會影響到高校的可持續發展。

愛此，現代教師績效考核機制的發展趨勢為：

一、由結論性評估向過程性評估轉變。考核機制不僅關注教師過去和當前的表現，更關注教師長期的發展；透過實施績效考核，瞭解教師現有的工作基礎和個人發展目標，不斷對教師進行適時指導或提供進修條件，以提高品質為目的、涵蓋教師教學全過程的評估，不斷提高教師履行工作職責的能力，促進教師的專業發展。

二、由管理性評估向發展性評估轉變。發展性評估是教師將社會要求轉化為自我實現目標，且又不斷進取的動態發展過程，是教師自我或在他人指導、支援下，設計自我發展性目標、主動接納外部資訊及自我調控發展過程的過程。其主要特徵是注重教師的未來發展，將教師的發展與學校的發展緊密結合起來，強調績效考核的全面性、真實性和準確性。注重教師的社會價值、倫理價值和專業價值，實施同僚之間的績效考核，提高全體教師的參與意識和積極性，擴大交流渠道。制定評估者和評估對象認可的評估計畫，注重長期的發展目標，由評估雙方共同承擔實現發展目標的職責。

三、由原則性評估向特色性評估轉變。與此同時，各級各類學校的定位和目標不盡相同，教師工作本身也有其特點與規律，因此，許多學校也開始注重實施賦有自身特色的績效考核機制。如績效考核標準上，綜合型大學、教學型大學、研究型大學對教師在教學研究方面的要求是不同的；各類高校都將努力突出自身的特色，體現時代性和創新性。隨著我國高教事業迅速發展和教育體制的不斷深化，建立體現現代教育的績效考核機制，已經成為一項重要而迫切的課題，而人事管理部門宜以人為本，以教師為本的理念，開展科學而人性化、全面而有特色的績效考核，努力促成能適應高等教育發展需要的高素質、高水準、充滿生機和活力的師資。

玖、結語

在全球各國一片追求卓越高等教育品質，藉以提升國家競爭力，進而有效培育新世紀優質人才（Human Capacity Building）的呼聲中，推動大學教育的創意教學、落實高等學府裏傳道、授業、解惑的全人教育理念，已經形成為當代各國高等教育的全面共識。這種推動高等教育創意教學的新觀念，也在去（2005）年全面實施的我國大學評鑑中，受到高度重視。面對當前我國社會的快速變遷，資訊科技的興起與普及，以及年輕大學生學習態度的丕變，各大學積極推動「教師輔導與教學支援」的機制，是追求高等教育卓越的基本策略之一。

建立一個有效的績效制度，是一件涵蓋面極廣的工作，在其建立過程中不但要考慮績效內涵的解釋、激勵理論的運用，也牽涉到考評技術的引進等問題，又以中國人性格而言，績效的考核及獎勵攸關個人面子、地位及情感等因素，故在執行面常必須克服更多的問題，因此實際上能成功推展組織成員績效制度的例子並不多見。故推展績效獎勵制度是艱辛的工作。

累積私校推行績效考核制度數年之經驗，可以確認受評教師們心裏感受，是否覺得教學、研究、服務各項評比結果客觀、公正，顯得相當重要，而組織中決策與管理階層人員更應時時體察教師之反應，做為改進之參考。

任何一項制度的建立，均有其特定的成因及生成的環境，所謂「橘逾淮為枳」，制度不可生硬的移植，而是須逐步成長的。一個融合了「周詳的目標」、「堅強的組織」、「有力的指導」、以及「激勵的組合」，並不一定會成功，除非它加上「嚴謹的系統」。有了良法美制，並不等於組織的績效就必然提升，更重要的關鍵在於運使得法，推行者能否經常檢討制度的缺失，並適時加以調整，使制度保持在最佳狀態。舉例而言，制度的規劃設計，好比造橋鋪路或設計汽車的工作，有了平整的道路及性能良好的汽車，並不保證不會發生意外，駕駛人的操控技術、經驗與守法心態，將會是促使汽車安全上路的重要因素。

在全球各國積極推動多元化國際教育合作與交流，以便落實「人才能力建構」（Human capacity building）的過程中，高教現代化與思維國際化已儼然成為我國人才培訓的重要國家政策基礎。其中，除了教育當局的睿智與政策外，清華大學校長徐遐生教授也語重心長地呼籲，「我

認為教育經費應花在改善師資上更有效。一所頂尖的大學最重要的資源在於傑出的教授。」新加坡國立大學校長薛春風（Shih Choon Fong, 2005）在將新大於 20 年內邁進世界「前十名大學」（Top 10 Club）的萬丈雄心中，也強調類似的論點，外加建構在優質教師基礎上的國際學術實質合作。總之，教師績效制度發揮多元化獎勵之精神，促成自由活潑、開放多元的學術環境，並隨學校組織發展的重點，調整權數比重，以引導教師努力方向。基於對教學品保工作的推動，將有助於教學的重視，不僅形塑了良好的學習環境，幫助學生的成長，更可為我國的高等教育貢獻一份助力。

附錄：

○○大學教師工作獎金核發辦法

第　一　章　　總則

1.1 目的

為鼓勵教師教學、研究，並參與行政、服務及實務，特訂定本辦法。

1.2 適用範圍

凡工作獎金之評核期間、評核項目、評核結果、獎金核發標準及評核作業等相關事項，悉依本辦法之規定辦理。

1.3 評核期間

以上一學年度（即上年度八月起至本年度七月止）之資料為準加以評核，作為本年度工作獎金核發之依據。

第　二　章　　評核項目

2.1 教學：

(1) 依上一學年度實際授課時數（含帶實習）核算，權數比例 1.0 時核給 30 分，總分為 45 分。

(2) 教授每週授課標準時數訂為八小時，副教授及助理教授訂為九小時，講師訂為十小時。

(3) 教授：

A. 每週授課時數達到規定標準者，權數比例以 1.0 計給。

B. 每週授課時數未達到規定標準者，權數比例以每小時 0.125 計。

C. 每週授課時數超過規定標準者，權數比例以每小時 0.125 計。但權數比例最高以 1.5 為限。

(4) 副教授及助理教授：

A. 每週授課時數達到規定標準者，權數比例以 1.0 計給。

B. 每週授課時數未達到規定標準者，權數比例以每小時 0.111 計。

C.每週授課時數超過規定標準者，權數比例以每小時 0.111 計。但權數比例最高以 1.5 為限。

(5) 講師：

A.每週授課時數達到規定標準者，權數比例以 1.0 計給。

B.每週授課時數未達到規定標準者，權數比例以每小時 0.1 計。

C.每週授課時數超過規定標準者，權數比例以每小時 0.1 計。但權數比例最高以 1.5 為限。

(6) 新聘教師第一學年度之「教學」項目一律以當學年度實際安排之授課時數核計。

2.2　研究：

(1) 依研究成果予以評核，權數比例 1.0 時核給 35 分，總分為 70 分。各權數比例之條件如下：

A.核給權數比例 2.0 之條件為：

(A) 教授每 3 年須有第一（或負責）作者論文刊登於 SCI 或 SSCI 引證係數 3.0 以上雜誌，副教授以上教師每年須有第一（或負責）作者論文刊登於 SCI 或 SSCI 引證係數 2.0 以上之雜誌，助理教授每年須有第一（或負責）作者論文刊登於 SCI 或 SSCI 引證係數 1.0 以上之雜誌，講師每年須有第一（或負責）作者論文刊登於 SCI 或 SSCI 引證係數 0.5 以上之雜誌。或刊登於各該專業領域排名前 1/10 雜誌（引證係數須 0.5 以上）。

(B) 或 3 年內獲國科會傑出獎。

(C) 且須主持 NSC 或 NHRI 委託之研究計畫執行中或其他經本校認可之學術單位所委託經本校認可之研究計畫執行中。

B.核給權數比例 1.5 之條件為：

(A) 教授每年須有第一（或負責）作者論文刊登於 SCI 或 SSCI 引證係數 1.5 以上雜誌，副教授每年須有第一（或負責）作者論文刊登於 SCI 或 SSCI 引證係數 1.0 以上之雜誌，助理教授每年須有第一（或負責）作者論文刊登於 SCI 或 SSCI 引證係數 0.5 以上之雜誌，講師每年須有第一（或負責）作者論文刊登於 SCI 或 SSCI 引證係數 0.3 以上之雜誌。或刊登於各該專業領域排名前 1/5 雜誌（限工學類教師適用）。

(B) 或有設計或製程或製作獲專利且商品化。

(C) 且須主持 NSC 或 NHRI 委託之研究計畫執行中或其他經本校認可之學術單位所委託經本校認可之研究計畫執行中。

C.核給權數比例 1.0 之條件為：

(A) 教授每年須有第一（或負責）作者論文刊登於 SCI 或 SSCI 引證係數 1.0 以上之雜誌，副教授每年須有第一（或負責）作者論文刊登於 SCI 或 SSCI 引證係數 0.5 以上之雜誌，助理教授每年須有第一（或負責）作者論文刊登於 SCI 或 SSCI 引證係數 0.3 以上之雜誌，講師每年須有第一（或負責）作者論文刊登於 SCI 或 SSCI 之雜誌。或刊登於各該專業領域排名前 1/3 雜誌（限工學教師適用）。

(B) 且須主持 NSC 或 NHRI 委託之研究計畫執行中或其他經本校認可之學術單位所委託經本校認可之研究計畫執行中。

D.核給權數比例 0.5 之條件為：

(A) 每年須有第一（或負責）作者論文刊登於學術雜誌上。

(B) 或有設計或製程或製作獲專利。

(C) 且須主持 NSC 或 NHRI 委託之研究計畫執行中或其他經本校認可之學術單位所委託經本校認可之研究計畫執行中。

E.核給權數比例 0.25 之條件為：

(A) 主持 NSC 或 NHRI 委託之研究計畫執行中或其他經本校認可之學術單位所委託經本校認可之研究計畫執行中。

(B) 符合(1)A～(1)D 項核給權數比例之條件，但未主持 NSC 或 NHRI 委託之研究計畫或其他經本校認可之學術單位所委託經本校認可之研究計畫者，其權數比例折半核給。

(C) 如有一篇以上之論文，並符合之多項權數比例條件時，本項評核項目之權數以所繳交論文中點數最高之一篇計算，不得累加。

2.3　行政服務：

(1) 依參與行政服務所付出之心力評核，權數比例 1.0 時核給 15 分，總分為 30 分，各權數比例之條件如下：

A.核給權數比例 2.0 之條件為：擔任校（副）長、教務長、學務長、總務長、院（副）長等任一職務。

B.核給權數比例 1.5 之條件為：擔任所（副）長、系（副）主任（但屬系所合一者得再以 1.1 倍計）、研審會主席、設管會主席、通識中心主任、資訊中心主任等任一職務。

C.核給權數比例 1.0 之條件為：擔任圖書館館長、科室中心主任、班導師或兼任教務、學務、總務三處行政工作者，或參與輔導學生社團活動者。

D.核給權數比例 0.5 之條件為：擔任設管會委員或其他委員會主席。

E.核給權數比例 0.25 之條件為：擔任其他委員會委員。

(2) 各權數比例之分數應依據評核結果計給：

擔任行政服務工作由其直接主管評核之，評核表詳如表號 P00701~04。

(3) 新聘教師第一學年度之「行政服務」項目一律以當學年度實際擔任工作之權數比例核計。

(4) 如擔任多項行政服務工作，其權數得予累加，但系所（副）主任最高得累加至 25 分，其餘教師最高得累加至 20 分。

2.4 實務參與：

(1) 依所提出 IE 改善、創新案或參與建教合作公司（或醫院）實務工作或研究計畫（限個人未領報酬或經費者）後所撰擬教案評核，權數比例 1.0 時核給 20 分，總分為 40 分，各權數比例之條件如下：

A.核給權數比例 2.0 之條件為：

(A) 提出 IE 改善或創新案經建教合作公司（或醫院）採行，經審查委員會評定為優等者。

(B) 或教案經審查委員會評定為優等者。

B.核給權數比例 1.5 之條件為：

(A) 提出 IE 改善或創新案經建教合作公司（或醫院）採行，經審查委員會評定為良等者。

(B) 或教案經審查委員會評定為良等者。

C.核給權數比例 1.0 之條件為：

(A) 提出 IE 改善或創新案經建教合作公司（或醫院）採行，經審查委員會評定為甲等者。

(B) 或教案經審查委員會評定為甲等者。

D.核給權數比例 0.5 之條件為：

(A) 提出 IE 改善或創新案經建教合作公司（或醫院）採行，經審查委員會評定為乙等者。

(B) 或教案經審查委員會評定為乙等者。

E.核給權數比例 0.25 之條件為：

(A) 提出 IE 改善或創新案經建教合作公司（或醫院）採行，經審查委員會評定為乙等以下者。

(B) 或教案經審查委員會評定為乙等以下者。

(2) IE 改善、創新案或教案由院教評會及教務長共同審核之（表號：P00705~06），審核前並應請建教合作公司（或醫院）相關部門主管提供書面意見供參考。經評核平均分數達 90 分以上為優等，80 分以上未滿 90 分為良等，70 分以上未滿 80 分為甲等，60 分以上未滿 70 分為乙等。

(3) 每一 IE 改善、創新案及教案所獲得之權數，均可分別累計，但各單項及三項最高得累計至 40 分。

(4) 每一 IE 改善、創新案或教案，均以一人提出為限，如有二人以上提出應加以說明，經核准後始可同時獲得積分。

第 三 章　評核結果及獎金核發標準

3.1 評核結果依評核項目個別核算權數加總積分，並依積分核發工作獎金，其核發標準為：

積分	185~160	159~140	139~120	119~100	99~96
獎金	115%	110%	105%	100%	95%
積分	95~92	91~88	87~84	83~80	79~76
獎金	90%	85%	80%	75%	70%
積分	75~72	71~68	67~64	63~60	59~56
獎金	65%	60%	55%	50%	45%
積分	55~52	51~48	47~44	43~40	39~0
獎金	40%	35%	30%	25%	0%

3.2 工作獎金金額標準另訂之。

第 四 章　評核作業

4.1 人事室應於每年七月中根據教務處所提供之教師授課時數、教師擔任行政服務工作及實務參與等資料填寫「工作獎金評核表」（表號：P00707），再經教師個人填報研究成果並呈其主管核閱後，送回人事室彙總於「教師工作獎金核算彙總表」（表號：P00708）呈核定，據以核發工作獎金。

第 五 章　附則

5.1 有關評核項目中研究部分之各權數比例條件需依研究水準提升之實際情形每年調整。另各該專業領域雜誌以刊登於 SCI 或 SSCI 為準。

5.2 指導本校研究生折算教學時數之原則為：指導每一博、碩士班學生折算 0.25 時/週，但最高以 2.0 時/週為限。

5.3 參與建教合作公司（或醫院）之訓練或借調者，依其核准之參與時數以 1/3 折算教學時數。

5.4 非參與實務所撰寫之教案、教材或其他個案，經比照實務參與之教案審查，評定甲等以上每案得折算教學時數 1.0 時/週。

5.5 管理類教師在本校主辦之國際研討會主講者每小時折算當年度教學時數 5 小時。在本校主辦之國際研討會天數以每天 8 小時折算當年度教學時數,並由主辦單位主管分配給參與教師。

5.6 護理系(所)及醫管、工管、工設、物治、職治、呼吸照護等系以及生統中心教師每三年有一篇第一(或負責)作者論文發表於 SCI 或 SSCI 雜誌上,得暫以研究項目 2.0 權數比例核算積分(但仍需符合 2.2(1)A.(C)之規定,另本項規定每年需檢討)。

5.7 教師於年度內有二篇第一(或負責)作者論文發表於 SCI 或 SSCI 雜誌上,並符合研究項目之權數比例條件者,得先提出一篇於當年度依規定核算積分,另一篇則可於次年提出,或補前一年度之論文(如前一年無論文符合權數比例條件者)。但「研究」項目之核給權數比例 2.0 條件中之教授不適用。

5.8 本辦法經呈校長核定後實施,修訂時亦同。

第五章
績效管理與績效評估

壹、前言

　　現代人力資源管理理論將人力資源管理系統劃分為九大獨立的模組,這九大模組分別是:組織建制、員工招募、教育培訓、勞動管理、薪酬福利、績效管理、勞資關係管理、職業生涯規劃、組織文化。在人力資源管理系統的九大模組中,績效管理是人力資源管理的中樞和關鍵,其他八個模組與績效管理是密切相關的,它們的運作評價與分析改進離不開這個模組,離開這個模組,整個價值鏈就斷了,人事管理的績效就無由彰顯。

　　根據 2004 年 1 月 14 日 Education Week 的報導:目前美國各州對老師是否達到聯邦政府所要求「高素質」標準採用很不同的評鑑方式。根據聯邦法律,老師必須持有標準的教師執照,並擁有該科目的專業知識,才能稱為高素質的教師。這些特別的要求就是所謂的「高度客觀一致的州政府評估標準」(HOUSSE: High, Objective, Uniform State Standard of Evaluation),此要求是選擇性的且沒有明確的規定,而大部分的州會設立此要求,使得不想參加考試的資深老師,亦可以達到高素質的標準。各州在設立 HOUSSE 的要求時,採用不同的評鑑方式,其中最被廣泛使用的是點數系統制(Point System),目前所使用的點數系統制,指老師可以從教學年資與各種不同的教學活動中獲得點數,例如參加專業科目的訓練、參與課程設計與指導新進老師,要獲得一定程度的點數,才被視為達到高素質的標準。

　　以教學的成就來決定教師薪資的高低,如果學生表現達到預訂的教學目標,執教的老師可以獲得調薪的獎勵,但如果沒有進步,則失去調薪的機會。此舉可以擴展教師發揮教學專長的空間,並鼓舞士氣。除此之外,這項計畫中調薪的條件,也包括教師取得更高一級的文憑,或在學生家庭環境較差的學校任教,以及教授教師短缺的數學等學科,薪資都會調高。其他美國大城市也採取一些有限度的措施,將教師薪資和教學表現掛鉤,如休士頓市學生測驗成績大幅超前,則以發紅利的方式來獎勵老師。

貳、績效管理對人事管理的意義

　　績效管理的核心思想是要不斷提升和改進組織、部門和員工三個層面的績效、考核、和激勵形式,歸根到底是要改進績效。一個完整的績效管理體系由績效計畫、績效輔導、績效診斷、績效評價、績效反饋幾部分組成,並形成一個封閉的迴圈,從組織和部門層面來說,即透過計畫、實施、輔導、檢查、報酬來引導員工達成績效目標,績效管理中的溝通是非常重要的,不

管是目標建立過程的績效溝通，還是績效實施過程中的溝通，甚至是績效評價時候的績效溝通，都非常重要。在目標建立階段，管理人員和員工經過溝通就目標和計畫達成一致，並確定績效評價的標準，這是非常基礎的一個環節，如果缺少了溝通，員工沒有參與感，心裏有牴觸甚至根本不認同單獨由管理人員提出來的目標和計畫，所以這個環節的溝通是不可缺少的。第二、在目標實施的過程中，員工所會遇到的問題，作為人事人員有義務與員工隨時進行溝通，解決他們在權力、技術、資源、經驗、方法上的困難，確保他們在順利完成目標的同時能獲得最直接的指導、幫助和經驗積累。最後在績效評價時，溝通就顯得更為重要和必要了，透過溝通，管理人員能告訴員工過去幾個月來的成績、失誤、長處和不足，並指導員工朝正確的方向發展。

對人事人員來說，透過績效溝通，有以下四點意義：一、可以幫助下屬提升能力。二、能及時有效地掌握員工的工作情況和工作心態，發現問題，解決問題，確保員工工作方向和工作結果的正確。三、能客觀公正地評價員工的工作業績。四、能提高員工的參與感、工作積極性和滿意度。對員工來說，透過績效溝通，有以下二點意義：一、能透過有效的溝通發現自己的不足和短處，確立改進的重點和改進的方向。二、溝通是雙方進行情感和工作交流的契機，是員工表達自己工作感受的重要時機。

績效管理體系是一個注重結果的體系，但同時它也是一個注重過程的管理體系，單純強調某一方面而忽略其他方面都是片面和不正確的，這一點我們在實施績效管理體系的時候，一定要注意。現在很多組織就是犯了這樣一個原則性的錯誤，把績效考核當作績效管理了，只是在年度末填寫幾張考評表格，給員工打上一個分數了事。忽視績效管理其他重要環節，比如目標分解、目標調整、績效溝通、績效分析與改進、績效成績的運用等，這些環節恰好是績效管理最重要的過程環節，我們說管理要注重過程，如果績效管理忽略了這些過程的話，那麼績效考核一定做不好！

績效管理成為各級管理者的主要管理工作，但是不同層次和不同職能的管理者在績效管理中的責任是有所區別的。高層管理者在績效管理體系中的主要職責包括：

◆明確使命與追求；

◆確定組織策略規劃；

◆開發和設計策略成功關鍵要素和財務評價標準；

◆制訂年度經營管理策略目標，提供資源和政策支援；

◆發現問題及時進行評估；

◆定期召開經營檢討會，對階段性經營管理狀況進行檢討，制訂對策；

◆並確定績效考核指標的權重；

◆對管理人員和部門的績效進行評價。

至於，中層管理者的主要作用是承擔組織目標，並指導和幫助下屬完成計畫目標，中層管理者是績效管理實施的關鍵主體之一。在績效管理中，中層管理者承擔的責任主要包括：

◆依據組織發展的規劃，明確本年度的策略目標和經營管理重點；

◆督導部門以回應組織策略目標；

◆執行部門績效計畫；

◆考核組織部門績效；

◆與下屬溝通確定績效改進目標與計畫。

參、績效考核於執行過程的盲點

根據調查，有 30%-50%的員工認為，組織的績效考核是無效的。追本溯源，往往是由於組織在設計、在實施人力資源績效管理時出現了各種問題所致，這些盲點包括：

1. 考核目的模糊

考核目的不明確，有時甚至是為了考核而考核，組織考核方和被考核方都未能充分清楚地瞭解績效考核只是一種管理手段，本身並非是管理的目的。同時，績效考核體系的非科學性還表現為考核原則的混亂和自相矛盾，在考核內容、專案設定以及權重設置等方面表現出無相關性，隨意性突出，常常僅僅體現長官意志和個人好惡，且績效考核體系缺乏嚴肅性，任意更改，難以保證政策上的連續一致性。

2. 考核缺乏標準

目前多數組織的績效考核標準過於模糊，表現為標準欠缺、標準混沌、難以準確量化等形式。以欠缺的標準或不相關的標準來對被考核者進行考評，極易引致不全面、非客觀公正的判斷，模糊的績效考核標準很難使被考核者對考核結果感到信服。

3. 考核方式單一

在人力資源績效考核的實施中，往往是上級對下屬進行審查式考核，考核者作為員工的直接上司，其和員工的私人友情或衝突、個人的偏見或喜好等非客觀因素將很大程度影響績效考核的結果，考核者的一人之言有時候由於相關資訊的欠缺而難以提出令人信服的考核意見，甚至會引發上下級關係的緊張。要想科學全面地評價一位員工，往往需要以多視角來觀察和判斷，考核者一般應該包括考核者的上級、同事、下屬、被考核者本人以及客戶等，實施 360°的綜合考核，從而得出相對客觀、全面精確的考核意見，單一的考核人員往往由於考核者缺乏足夠長的時間和足夠多的機會瞭解員工的工作行為，同時考核者本身也可能缺乏足夠的動力和能力去做出細緻的評價，必要的考核人員的缺位往往導致評價結果的失真。

4. 職工缺乏理解

有的組織在制定和實施一套新的績效體系時，不重視和員工進行及時、細緻、有效的溝通，員工對績效考核體系的管理思想和行為導向不明晰，常常產生各種曲解和敵意，並對所實施的績效體系的科學性、實用性、有效性和客觀公平性表現出強烈的質疑，對體系的認識產生心理上和操作上的扭曲和排斥。

5. 考核過程形式

很多組織已經制定和實施了完備的績效考核工作，但是每位員工內心都認為績效考核只是一種形式而已，出現所謂「主管說你行，你就行，不行也行；主管說你不行，你就不行，行也不行。」的消極判斷，沒有人真正對績效考核結果進行認真客觀地分析，沒有真正利用績效考核過程和考核結果來幫助員工在績效、行為、能力、責任等多方面得到確實的提高。

6. 缺乏考核反饋

考核結果無反饋的表現形式一般分為二種：一種是考核者主觀上和客觀上不願將考核結果及其對考核結果的解釋反饋給被考核者，考核行為成為一種黑箱操作，被考核者無從知道考核者對自己哪些方面感到滿意，哪些方面需要改進。出現這種情況往往是考核者擔心反饋會引起下屬的不滿，在將來的工作中採取不合作或敵對的工作態度，也有可能是績效考核結果本身無令人信服的事實依託，僅憑長官意志得出結論，如進行反饋勢必引起巨大爭議；第二種績效考核無反饋形式是指考核者無意識或無能力將考核結果反饋給被考核者，這種情況出現往往是由於考核者本人未能真正瞭解人力資源績效考核的意義與目的，加上缺乏良好的溝通能力和民主的組織文化，使得考核者沒有進行反饋績效考核結果的能力和勇氣。

7. 考核資料錯置

組織在實施績效考核中，通過對各種資料、相關資訊的搜集、分析、判斷和評價，會產生各種中間考核資源和最終考核資訊資源，這些資訊資源本可以充分運用到人事決策、員工的職業發展、培訓、薪酬管理以及人事研究等多項工作中去，但目前很多組織對績效考核資訊資源的利用出現兩種極端，一種是根本不用，白白造成寶貴的績效資訊資源的巨大浪費；另一種則是管理人員濫用考核資源，憑藉考核結果對員工實施嚴厲懲罰，績效考核資訊成為威懾員工的幫兇，而不是利用考核資訊資源來激勵、引導、幫助和鼓勵員工改進績效、端正態度、提高能力。

8. 誤用考核作為

考核者在進行績效考核的時候，特別是對被考核者進行主觀性評價時，由於考核標準不穩定等因素，考核者很容易自覺不自覺地出現兩種不良傾向：過分寬容和過分嚴厲。有的考核者奉行「和事佬」原則，對員工的績效考核結果進行集中處理，使得績效考核結果彼此大同小異，難以真正識別出員工在業績、行為和能力等方面的差異；另一種傾向就是過分追究員工的失誤和不足，對員工在能力、行為和態度上的不足過分放大，簡單粗暴地訓斥、懲罰和威脅績效考核不佳者，使得員工人人自危。

9. 考核方法不當

業績考核方法有很多，如員工比較評價法、行為對照表法、關鍵事件法、等級鑑定法、目標管理評價法、行為評價法等等。這些方法各有千秋，有的方法適用於將績效考核結

果用於職工獎金的分配，但可能難以指導被考核者鑑別能力上的欠缺；而有的方法可能非常適合利用績效考核結果來指導組織制定培訓計畫，但卻不適合於平衡各方利益相關者。

10.考核過程偏差

考核者在對員工的績效進行評估時，會不自覺地出現各種心理上和行為上的錯誤舉動，這類錯誤一般包括：光環效應，就是當考核者對一位員工的總體印象是以該員工某項具體的特點，如相貌、聰明或某個事件作為判斷基礎，得出的結論往往是以偏蓋全；隱含人格假設，就是當考核者在進行績效考核之前，就對被考核者的人格類型進行了分類（如一位敬業者、一個偷懶的員工），在進行績效考核中，就會持守刻板印象。近因性錯誤的出現是因為人類正常的記憶衰退，人們總是對最近發生的事情和行為記憶猶新，而對遠期行為逐漸淡忘，在經過一個較長時間後進行績效考核時，被考核者的考核結果就更多地受到近期表現的影響。

做好員工績效管理工作，既屬人事工作的內涵，就宜避免上述的盲點。

肆、績效考核的運作方式

管理員工績效，就是為了提高每個人創造績效的能力。根據有關專家研究，員工創造績效的能力有三種形態：

第一種存在形態是「能力持有型」。即員工有創造哪方面績效的能力？這種能力強到何種程度？等。員工「能力持有型」的績效考核指標我們叫它「能力考核指標」。

第二種存在形態是「能力發揮型」，即員工在創造績效的過程中，發揮自身能力時，所表現出來的熱情、主動性：他有這樣的能力，但他肯賣力氣嗎？所謂「能力發揮型」，就是這個員工在工作過程中表現的責任感強度。主觀能動性、職業道德水準等等。員工「能力發揮型」的績效考核指標我們叫它「態度考核指標」。

第三種存在形態是「能力轉化型」。即員工在創造績效的過程中，所表現出來的能力的實際效果：即成員的努力最終有沒有真正轉化為組織需要的業績？「能力轉化型」的績效考核指標我們稱為「業績考核指標」。

國外有的管理專家把績效考核指標的設計規範歸納為一個英文單詞：「SMART」。其實這裏的「SMART」不是單詞，是五個詞的詞頭合起來的一組符號，一個字母一個含義：

S（specific）是指績效考核指標設計應當細化到具體內容，即切中團隊主導績效目標的，且隨情景變化而變化的內容。

M（measurable）是指績效考核指標應當設計成員工可以透過量化的指標加以評估。

A（attainable）是指績效考核指標應當設計為員工的努力可以達成的，在時限之內做得到的目標。

　　R（realistic）是指績效考核指標應當設計成「能觀察，可證明，現實的確存在的」目標。

　　T（time-bound）是指績效考核指標應當是有時間限制的，關注到效率的指標。

　　這一段話點出了設計員工績效考核指標的基本原則。設計員工績效考核指標應當遵循的原則主要有三：

一、必須注意與團隊績效的相關性

　　現代組織是團隊合作的組織，這就要求組織管理必須關注團隊精神培養，強化合作意識。而實現這一點，光運用鼓勵、號召、啟發意志，不觸及利益問題，恐無濟於事的。必須善用團隊凝聚力的物質基礎。鑑於員工績效與組織績效的高度相關，在設計員工績效考核指標時必須想到：

　　第一、員工績效管理是以實質效益為基礎的管理活動。

　　第二、員工績效管理的立足點是放在考察員工落實組織目標為標準。

　　依循著組織的發展趨勢，行業的點、外在環境的現狀等因素的變化，以及與之相對應的績效管理的主題，設計員工績效考核指標。

　　第三、區分職能系統的責任。

　　設計員工績效考核指標，以全盤性分析責任權重為依據定出來的指標，才是有意義的。如此類推，利潤績效考核指標、營業額績效考核指標、客戶滿意度績效考核指標等等，都要慎重地在總體統籌思考的基礎上確認，才可能是準確的、公平的。

　　第四、權變考核主題：對特殊專案宜建立針對性考核制度。

　　實際上，績效管理除了對這些規律性極強的日常狀態需要考察外，員工在實現績效的過程中，我們應該有專案性的針對性考核，這種專案性考核是必須予以重視的考核，以適應不斷變化的外在環境與組織發展進程。

二、必須注意信度與效度分析

　　所謂員工績效考核指標的信度，是指這個考核指標的真實程度，這個指標是組織運作過程一個確實存在的工作環節，能用資料或者資訊表達，能被證明是可觀察的，它所用到的資料的採集方法是科學的、可靠的。

　　所謂員工績效考核指標的效度，是指這個考核指標的有效程度：用這個指標能考察出員工的工作態度如何，用這個指標能反映員工的工作能力高低，用這個指標能計算出員工的工作業績，照指標來評價員工工作，大家會認可它是公正的，照這個指標來引導員工對組織實現目標所產生的正面作用。

三、必須關注規範性和可操作性

　　談到員工績效管理考核指標設計的規範性，不能不指出的是：相當多組織在設計考核指標時流於粗疏，並沒有真正想清楚就倉促執行了。結果，運作起來要麼歧義叢生，莫衷一是，要麼似是而非，不知所云。按照規範的做法，一項績效考核指標至少要回答 10 個問題：

　　第一、這個績效考核指標的正式名稱是什麼？

　　第二、這個績效考核指標的確切定義怎樣說明？

　　第三、設立這個績效考核指標的直接目的何在？

　　第四、圍繞著這個績效考核指標有哪些相關的說明？

　　第五、誰來負責搜集所需要的資料，用怎樣的流程來搜集？

　　第六、所需要的資料從何而來？

　　第七、計算資料的主要統計方式是什麼？

　　第八、考核的週期是什麼？

　　第九、什麼單位或個人負責資料的審核？

　　第十、這個績效考核指標用什麼樣的形式來表達？

　　績效管理作為一種管理方法，其突出特點是以充分溝通為基礎，透過日常管理過程中對其持續改進，來實現組織再造功能和自創能力的增強。因此我們認為，實行績效管理不能簡單、生硬地移植或嫁接，變成額外工作，而要結合組織實際，經過消化和吸收轉化成組織自己的東西，使它植根於日常工作，與日常管理密不可分。這樣建立起來的績效管理體系、制度、流程才能夠被員工所接受，績效管理才具有生命力，才能在組織裏生根、開花、結果。

　　在明確目標，把握關鍵的基礎上，要把提升績效作為核心，而不是對事務性工作的簡單重複和疊加。在制訂工作計畫、建置工作任務時，要把提升績效的思維引導至實際工作中去，並貫穿於績效管理的整個過程，要以是否克服困難、改進以往工作方式、提升工作效率、創新工作內容、把握關鍵點來衡量任務制訂的依據。否則，績效計畫又成為原來計畫的簡單羅列，成為原來擬定計畫的翻版。同時，要以績效管理來引導員工積極、主動關注和思考如何改進現有工作。

　　績效管理的主體是管理者與一般員工，各級部門主管必須共同參與。部門主管不能僅僅定位在裁判角色上，還要從目標建構、方案制訂、過程支持，到結果執行、人員獎懲全過程參與，實行封閉式管理，以確保管理方向與組織目標一致。特別是在績效管理實施的初始階段，主管是不是提供員工正確的思維，周延的瞭解，以幫助他們能夠更好地發展自己，這關係到績效管理的成敗。

　　在績效管理的過程中，必須發揮好各級主管的引導、幫助和評價作用。引導主要體現在對員工有沒有要求，要求是否明確，評價標準是否具體，是否讓員工真正明白了組織、部門、主管等對他的要求和期望。因此，各項工作要盡可能量化，不能量化的要細化，細化到工作可以

準確評價。具體而言，就是要透過溝通，讓員工清楚該職位的工作內涵、達到什麼程度、什麼時間完成、如何評價。幫助員工調整工作態度和工作方向，鼓勵員工做得符合甚至超出期望目標。評價是引導員工努力工作的「指揮棒」。評價比幫助、引導更為重要。因此，要發揮評價作用，及時讓職工瞭解到提高績效的回報，積極創新，以完成該職位工作任務。

　　績效管理又是管理者與員工之間，在目標與目標實現上達成共識的過程。組織要發展，員工要進步，就需要不斷地挖掘組織和員工的潛能，超越自我，提升績效，實現組織和員工的共同進步、共同提高、共同發展。其強調的是達成共識，形成整合力量，共創優異業績，因此績效管理的成敗在於有效溝通。溝通的成敗與否，關鍵在於溝通的及時性和有效性。所以，我們在績效管理推行的各個時期，以溝通作為基本工作方式。在績效管理推行前，透過不同形式的溝通，包括培訓、訪談、交流、現場示範等等，使員工對績效管理由認識、熟悉到主動接受，就推行績效管理達成共識；在推行中，透過溝通找契合點，進行回饋提升，求得實效。

　　同時，鼓勵員工透過自身努力，選擇有挑戰性的專案，充分展現個人工作能力、創新精神和綜合素質，積累工作業績。一些員工經由這個公開、公正的工作平台，展示了自己的能力和才華，成為了員工學習的榜樣，帶動員工相互學習、相互激勵。可以說，績效管理是一個系統工程，要實現績效管理的成功，必須在實作中體現，在學習中創新，在創新中發展。

伍、績效考核與績效管理

　　本節就將探討組織如何從績效考核走向績效管理，從而真正達到提高員工、部門和組織經營的最終目的。

　　首先，必須明確一下績效考核與績效管理在概念上的區別。績效考核又稱為績效考評，是指對員工在一定階段或週期內所產生的工作結果及工作過程中的行為表現，經由某種方式進行評估以反映出該員工在某階段實際工作績效的活動。因此，從定義上來說，績效考核的目的是為了客觀真實地反映員工的實際工作績效，而績效管理的目的則是上級透過對員工產生績效的全過程進行管理，來幫助員工不斷提高工作能力和改善工作業績，從而實現組織整體績效的提升。因此，從目的方面來講，二者有著根本的區別。

　　而二者的關聯主要體現在，績效考核是績效管理過程中一個必不可少的重要環節。正因為績效考核必不可少，因此，組織在績效管理的活動中往往就會因各種原因省略了其他活動，從而把績效管理簡化成了績效考核。那麼，是不是績效考核就沒有任何意義呢？當然不是，績效考核在組織中仍然有著重要的積極意義。

　　績效考核的積極意義在於：1.可以透過考核指標的設定為員工指明工作的方向，用目標來引導員工日常工作行為，並激發員工潛力；2.可以透過對員工工作業績即目標完成情況的統計分析和評估，及時給予員工績效方面的回饋和評價，從而使員工好的業績得到肯定和獎勵，差的業

績得到警惕和懲罰，透過獎懲建立一個獎優罰劣的組織競爭氛圍；3.績效考核成績為員工的績效薪資、各種獎金的確定、職位的升級和調動，以及員工培訓都提供了最基本的依據。

若想客觀地反映出員工的真實績效，把員工績效考核工作做出成效，則一定少不了這樣幾個必要條件：

1. 必須為每個職位設定合理的考核指標和目標值。試想：如果連明確的考核指標都沒有，就在週期末對員工進行績效考核，那麼這種缺乏明確目標和客觀標準的主觀定性評價，又何來的評估依據和客觀公正呢？而所謂「優秀」和「良好」的考核結論，又如何讓員工本人信服？因此，這種考核就像「無本之木，無水之源」一樣，缺乏明確考核業績指標的績效考核不如不做。要想使考核指標設計得科學合理，首先要符合 SMART 原則，在這五大原則中最核心的原則就是「可衡量」，也就是說考核指標不要求也不應該全部「量化」，但是必須能做到在考核時可以驗證且有理有據。

2. 在日常工作過程中要對員工的行為表現和工作業績進行客觀中立地記錄。在有條件的組織中可以經由統計以組織活動產生的各種原始資料，將大大提高績效紀錄統計的效率和準確性。總之，無論透過哪種方式都要進行績效資訊的記錄，如果缺少了這些績效紀錄，就失去了績效評估的客觀依據，就無法在考核時對員工績效做出客觀而有說服力的評價。

3. 讓員工首先進行自我績效評估，然後主管再把最終結果回饋給員工本人。讓員工首先進行自我評價的目的有兩個，一是督促員工自己進行工作情況的日常記錄，二是讓員工反省一下自己本階段的工作完成情況。目標管理的精神是「自我管理」，對一個能客觀評價自己的員工是不需要進行過多具體指導和監督的，而且沿用員工本人的自我評價結果會更利於員工接受考核成績。無論是使用員工本人的自我評估結果，還是主管依據績效紀錄對照目標完成情況給予員工一個評價，都必須讓員工本人知道自己的考核成績。其目的就在於透過成績反饋，讓員工在以後工作中做出更符合組織要求的行為和業績。

做好了以上三點應該就可以基本保證績效考核工作的積極作用，因此我們有必要在績效考核的基礎上更進一步，提升到績效管理的程度，以取得更大的積極作用和組織業績。

1. 組織文化與績效管理：倡導「業績優先，坦誠溝通」的組織文化自然能保證績效管理的順利開展，與之相反的組織文化則會造成巨大的障礙。績效管理在實施的過程中既要時刻受到組織固有文化的影響，又在不斷地改變著組織原有文化，績效管理從某種意義上說是一種組織文化的變革，它直接反映出管理者的意志和追求，並在活動中不斷塑造它。

2. 員工素質與績效管理：這裏所指的員工素質主要指組織管理者的素質，因為管理者是一個組織績效管理活動的主要執行者，他們在員工績效管理過程中居於主導地位。因此，管理者素質的高低會直接影響到績效管理的最終效果，乃至成敗。人事服務人員是績效管理活動的組織者和策劃者，設計出一個適合於組織的績效管理方案，管理者一定要明確績效管理的最終目的，指明績效管理的發展方向，如果高層管理者都不能理解績效管理的意義或不支持的話，那麼績效管理註定要走向失敗的命運。

3. 資訊統計與績效管理：良好的績效管理是可藉由客觀的統計分析以瞭解各工作的執行成效，而組織的整體營運績效，與策略之規劃、目標之設定不可分，但更具體的表現卻是與員工個人的工作績效息息相關。因此，透過對員工工作績效良莠的評價，並保持對員工的有效回饋，組織就能激發起每位員工的工作熱情和創新精神，推動員工的能力發展與潛能開發，形成一支高效率的工作團隊。是以績效考核（Performance Appraisal）應成為現代組織的一種高效管理工具。

陸、績效管理的運作方式

整體來講，績效管理包含五個環節：績效指標設定、績效指標檢視、績效考核評估、績效獎金發放、績效考核改進。五個環節組成一個完整流程，在績效改進之後又返回到績效指標的設定，以形成績效管理的良性系統。

第一：績效指標設定

無法衡量就無法進行實際的管理，因此績效指標的設定是績效管理的第一步，績效指標的設定包括指標本身的建置和指標目標值的設置。績效指標的設定多半是從上至下，層層分解的。在績效指標設定的過程中，不可忽視的環節是指標設定者與被考核者的「溝通」，而被考核的一方，需要根據分解的指標和目標，結合實際的情況，提出意見和建議。

第二：績效指標檢視

績效指標的設定就是為了指標的完成，而對過程的控制是確保指標完成的必要條件。那麼如何進行過程的跟蹤檢視和回饋呢？有效而持續的溝通仍然是這一環節的關鍵任務。無論考核週期的長短，在考核指標設定之初，都無法完全估計到未來業務發展可能產生的變化，所以在績效考核的週期內，對指標完成情況的檢視變得十分重要。透過績效考核雙方持續而有效的溝通，既可以解決被考核方在完成指標過程中遇到的問題，同時對由於客觀環境或條件的變化導致的異常指標進行合理的調節和完善。指標並非設定之後就不能變化，在客觀條件切實影響到指標完成，人為工作無法改善的條件下，指標需要進行調解，這樣對考核的雙方才是公平的，這樣的考核過程才真正有效，使得被考核方完成目標成為可能。

第三：績效考核評估

績效考核工作的進行並不是為了「評估」。評估仍是過程進行中的一個環節。在很多組織裏，績效評估就意味著評比分數。在無數的表格之下，每個人在一定時期的工作業績表現似乎也得到了一個定論。但是績效評估工作絕不是績效考核方單純的打分，這一環節仍然需要「溝通」，就是我們通常所說的「績效面談」。評估的過程必須是績效考核的雙方就考核方對被考

核方的評價進行溝通討論，考核方需要對每一項指標的得分進行說明，被考核方可以提出自己的意見，如果雙方不能達成一致，可以找到考核監督人進行績效申訴。當然，績效面談的目的是在用一種相對公開的方式，讓被考核方明確自己在本考核期內的業績表現及得分狀況，為下一考核期的績效改進和目標設定奠定基礎。因此績效考核並不因評估過程的結束而結束。

第四：績效獎金發放

獎金發放這一環節相對來講比較簡單，是人力資源部和財務部配合，根據考核評估的結果和組織的獎勵制度將考核的得分用物質或精神的獎勵方式進行獎勵的過程。

第五：績效考核改進

作為被考核的一方，往往對於績效管理的認識到考核結束獎金發放完畢就中止了，而對於管理者來講，他們期望看到的是在下一考核期員工實際工作業績的變化。這種變化會因績效獎金的正激勵或負激勵而放大。但是很多管理者僅僅是存在這種期望，而並非將這種期望實際轉化成可達成的事實。大多數管理者會認為我已經發了獎金了，員工應該知道怎麼去做；或者在制定新的績效指標時，完全不考慮上一週期的問題和缺陷，而重新設立新的指標。實際上績效改進的工作一定基於上一考核週期的績效指標設定、績效指標檢視和績效評估的結果。績效改進的過程實際隱藏在新的考核期內，但是又是在新的考核期開始之前應該明確的。績效考核雙方應該在評估的環節，明確下一考核期績效改進的方向和重點，可以是被考核方業務上的，也可以是能力或態度上的。這樣對於下一考核期指標的設定才能引發真正的指導作用。

上述五個環節連續來看構成績效管理的整個流程，同時從中我們不難看出，我們說績效管理也好，說績效考核也罷，無論用什麼工具，哪種方式，最終貫穿始終的只有兩個字「溝通」。也就是說，透過績效考核、績效管理，我們能看到的是具體的指標，經由這樣一種方式，我們將管理者的意圖真正傳遞到每一名員工，又將每一名員工的想法和意見彙總到管理者。完整的進行績效管理的每一環節，切實做好溝通，才能真正做好績效考核。

柒、結語

績效考核工作作為組織人力資源開發與管理工作的一個方面，它的順利進行離不開組織的整體人力資源開發與管理架構的建立和機制的完善，同時績效考核也要成為組織文化建設的價值導向。讓績效考核與人力資源管理的其他環節（如培訓開發、管理溝通、職位輪換、職務晉升等等）相互聯結、相互促進。總之，要真正把績效考核落實到實務領域，組織在體系設計與組織實施的過程中，就必須要有系統的眼光和思維，同時又要勇於邁開步伐，在實施績效考核的過程中適時推動組織的變革前進，把組織推進為一個具有現代意識觀念、行為模式以及能力結構的成長型組織。

　　在談到績效問題的時候，人們往往關注「績效考核」中「人和」的概念而忽略「績效管理」的功能性作為，漠視了績效考核是績效管理中的一個環節。然而很多組織的各層管理者，甚至人力資源從業者，往往將績效考核等同於績效管理，認為績效管理最重要的環節就是績效考核，因此只關注考核的方式、考核的計算方法、考核的結果及獎金的計算等等，結果全然忘記績效管理的最重要目標，花了很多人力物力卻發現最終得到的績效分數除了計算獎金，似乎也沒有太多的用處。久而久之，分數也變得平均化，績效考核制度和方法最終成了一紙空文。

　　實際上，績效管理的概念並不僅僅著眼於績效考核，而績效考核只是績效管理的組成部分，是將績效管理體系與薪酬給付體系相連接的重要部分，但是針對於績效管理整個體系來講，績效考核僅僅是一種工具以進行評核。要使得績效考核有助於積極管理，績效管理體系中的任何一個環節都不應忽視。

第10篇

調 動

第一章
人力資源與人事調整

壹、前言

　　根據高等教育紀事報 2002 年 9 月 6 日的報導：美國社區學院改以行政人員擔任系主任，由於面臨營利教育機構的競爭，某些社區學院為了提升行政效率及節省人事費用，放棄長久以來由系裏教授選舉產生系主任的方式，改以行政人員擔任系主任。舊金山地區的廸亞布羅山谷學院（Diablo Valley College）即為其中之一。過去廸亞布羅山谷學院經由選舉產生的系主任，一半時間教書，一半時間從事行政工作。他們領有額外薪水，任期三年，任期屆滿再重選或恢復原來的全職教書工作。不過，現在該校十個系中有八個系的系主任已改由行政人員擔任。新制實施後，教授有更多時間從事他們擅長的教學工作。此外，原來擔任行政工作的教授重返教學崗位，使學校節省不少聘請兼任教授的費用。而且由專業行政人員處理行政工作，既熟練又迅速。事實上，部分教授對這種行政重整亦持肯定的態度。因為過去選舉產生的系主任常要花上相當時日才能適應行政工作，他們既要教課，又得處理瑣碎的行政業務，往往兩者難以兼顧，也造成系主任人選難求的情況，這種以行政人員擔任系主任的方式倒是解決不少問題。

　　上述的新聞引述說明在高等教育中人力資源和人事調整的彈性運用，以使在競爭的環境，能有創意與適應的作為，這已成為人事工作的環節。

貳、人事調動與人才流動

　　職務輪換制是組織有計畫地按照大體確定的期限，讓員工輪換擔任若干種不同工作的做法，從而達到考查員工的適應性和開發員工多種能力、進行在職訓練、培養主管的目的。職務位輪換在組織經營上有很重要的作用。首先，職務輪換制有助於打破部門橫向間的隔閡和界限，為協作配合打好基礎。其次，有助於員工認清本職工作與其他部門工作的關係，從而理解本職工作的意義，提高工作積極性。但是，職務輪換制度有利也有弊，如果輪換不當，就可能「弄巧成拙」。人才流動無論是對於一個國家，還是對於一個組織，不但不是非正常現象，而是很正常的，甚至是必不可少的、是不可或缺的。當然，人才流動應該是在一定範圍內的，是在一定客觀因素的控制之下的，一種合意的、主動的、受控流動。這樣的流動才能是正常的、有意義的。但是如果當人才流動超過了一定的範圍，超出了主持人的控制範圍，是其預料之外的，那麼，這種流動就將是不正常的、是有害的，實際上就是一種人才流失。

「人員調動」是指人才從一種工作狀態到另一種工作狀態的變化，工作狀態可以是根據工作的屬性、工作的地點、職業的性質、服務的物件及其性質等因素來確定。其實質上就是說，人才的任用要隨時按照人力、職位的要求以及其他客觀環境的變化而不斷進行調整。也就是說要使人員流動起來，從而達到人力資源配置的最優化，達到人盡其用；而人才流失，是指一種超常規的人才流動，是指人才非合意的流動，因此是人力資源的一種損失，是組織對其發展原動力的一種廢棄。為此，宜把握下述原則：

一、保持合理人才流動的必要性

專業分工是每個組織所具有的最基本的特徵。組織的每個職位都是依據其職位的專業性和效益性而設置。為什麼一個組織要保持一定人才流動率呢？簡單的解釋，就是透過淘汰那些不符合職位要求的人員以及不適應變化、提高了職位資格的人員。要依據什麼標準來確定各個職位資格呢？應按行業內較好或最好的等級職業標準。一是淘汰差距較大的人員，二是激勵在職人員不斷學習、上進、提高職業水平。只有按這個標準才能打造出最具競爭力的組織。

首先，保持一定的人員流動性，是人力開發的重要前提。人力開發大致有三種方法：一是發現人才，引進人才；二是合理使用人才，使人盡其才；三是重視教育，透過教育培養人才。但以上三種方法，完全離不開人員的流動。只有在保持一定的人員流動性的前提下，才有可能「引進人才」；才有可能使人才儘快調整到適合的職位，做到「人盡其才」；才有可能彌補教育的不足，致使教育更加市場化。其次，人才流動也是人才成長和發展的要求。由於事物是不斷發展變化的，作為人才的個體，其成長和發展總是由低到高的順向上升，不會總是停留在一個水平上。要使人才最大限度地發揮作用，就需要有相適應的新的職位和工作條件，甚至到新的部門或新的行業中去。可見，人才流動是人力資源管理的關鍵之一，也是貫穿整個人力資源管理過程的重要環節。

二、合理的人員流動，對於組織的重要意義

組織人員的成長之路不可或缺的要經歷引進→培育→成長→成熟（或發展）的過程，並透過這樣的過程，加速人員和組織的共同發展。當組織或人才一方的標準與另一方發生較大的差異時，人員的合理流動，就成為組織發展的一種必然。否則，就會造成人力資源的不足或浪費，影響組織企業持續、穩定、健康的發展。

1. 合理流動人力，可以促進組織人力資源的優質組合

由於「人才標準」與其「薪資標準」產生連動關係，因此，人與現代組織之間的關係，即成了一種純粹的經濟關係，並透過這種經濟關係，在一定時期內，維持著企業和人才雙方各自的利益，即雙方的需求關係。當這種需求關係達到平衡時，就形成了組織人力資源的優質組合；當這種需求關係（即：人才所要求的「薪資標準」或組織所要求的「人才標準」）發生失衡時，就會出現人員的流動（包括組織內部流動和外部流動）。一般

情況下，組織會透過「加薪、晉級」方式，給所需要的人才提供新的發展機遇，但作為組織來說，還有一個承受力的問題，當組織的承受力不能滿足內部人才所要求的加薪、晉級的要求時，就會忍痛割愛的把這樣的人才推向市場，然後重新選拔和配置適應該職位的人選，以確保組織人力資源始終達到最佳的組合。

2. 合理調整人力，可以對員工產生激勵作用

組織內部流動作為一種日常的人事工作未嘗不可。但是，為了個別複合型人才的需求，而把「內部流動」作為一種時尚的概念來倡導的話，那就不可取了。輪換不當，麻煩更大。保持一定的內部人才流動性，使職位必須經由競爭獲得，並且要不斷進取、努力奮鬥才不至遭淘汰。在這種壓力下，人員的能力提高很快，潛力得以發掘，組織內部易形成進取、創新、向上的良好風氣。同時，我們鼓勵員工在工作中找到最符合自己興趣、最合適的職位，最大限度用好人力資源這種資產。可以說，這種內部人才流動是自我選擇、自我完善這種機制的直接體現。

3. 合理流動人才，是組織發展不可逾越的客觀規律

由於組織與人才相互之間始終面臨著「適應」與「不適應」的問題，就必然會產生人才的流動；如果組織將不適應的人員長期滯留到某一職位上，而不進行合理的調整，不僅不能促進人力的成長，甚至還會對組織的發展產生阻礙。職位流動易誘發投機心理。古人曰：身在曹營心在漢。當想到有另一個職位有爭取的可能時，有人就有可能三心二意，甚至採取投機取巧的方式來達到「調整」的目的，這給團隊合作帶來障礙。一個團隊需要相對穩定、彼此密切配合。一旦出現急於求成、朝三暮四的人，團隊整體作用就受影響。所以，提倡和推動人才的合理流動，是組織發展過程中必須遵循的客觀規律。

4. 人力的調整，關鍵在於「合理」，否則，就是「流失」

如果說，人力的流動是正常的、合理的，是組織生存與發展所必需的，那麼，人員的流失，就是非正常的、不合理的、是組織生存與發展應該儘量避免的。如果組織的機制不能留住人員，不能最大限度的啟動「人」的聰明才智，就會造成組織資源的浪費，就極有可能導致人力的流失，就會對組織的發展前景產生不利的影響。雖說職位輪換使用得當，可為組織降低招聘成本，提高員工滿意度，並為組織培養複合型人才，然而，近來一些專家和組織管理人員卻提出，職位輪換並不是萬能藥，使用不當則會導致很多麻煩。首先，對掌握某些複雜專業技術不利，可能使這類技術水平降低或停止發展。其次，對保持和繼承長期積累的傳統經驗不利，可能使工作效率降低。第三，因故未能及時參加輪換可能影響情緒。第四，職務輪換必然相應引起職務薪資變動，可能影響員工收入或使薪資計算複雜化。第五，各部門有本位主義思想，不願意放走幹練員工。第六，輪換前沒有做好培訓準備，進行職位輪換的員工都成了新手。

三、堅持合理的人力調整的同時，一定要注意人才流失的問題

人力調整的原則，是透過流動使人才找到自己的位置。組織找到所需的人才，實現效益最大化的功能與價值。組織的人才流動，簡言之就是吸引適應自己的優秀人才，淘汰不合格的人員。

參、人事調整的主要類型

針對人事管理中人事調整的措施可區分為：

一、晉升（promotion）

是個人於組織中的一種升遷，其可達成下述目的：

1. 可以更有效地運用個人在工作或訓練中所發展出來的技術與能力。
2. 可以作為激勵員工增進能力與績效的機制。
3. 可作為對員工過去成就的報償。
4. 晉升制度運用適當可提高員工的效率與士氣。
5. 可吸引有能力者前來組織任職。
6. 可以配合組織擴展的需求。
7. 使員工安心久任，減低人事異動率。

根據功績或年資作為晉升基礎，雖然極為合理，然也未必合乎組織的要求。因為過去的服務和現在的績效，都不能保證將來的成功，以彼得和胡爾（T. Peter and A. Hull）所提出的「彼得原理」來說明，彼得原理認為一個機構中所有職員，都是朝向他不能勝任之職位努力。因為某些組織從業人員雖然在其現職上，有著卓越的表現，但一旦被提升至更高階層的職位，往往並不保證會有同樣的表現，因此，組織中的人員無論是依年資或功績，最後被晉升至不能勝任之職位而後止。

二、調任

調任（transfer）乃是組織之中的平行調動，既未加重調職人員的責任，亦未增加其薪給。其運作的主要原因為：

1. 配合組織目標
2. 適應個人能力
3. 解決人員衝突
4. 配合在職訓練
5. 滿足個人需求

6. 為革新防弊而實施定期輪調

三、降職

降職（demotion）是一種特殊形式的調派，其中包刮削減被降職人員的薪資、地位、特權和機會。產生的原因為：

1. 機構人事緊縮
2. 對員工的懲罰
3. 補救不當的人事派遣
4. 適當員工的需要

四、資遣

組織有時由於減產、工作量減少、改組、或生產效能的改進，而不得不裁減人員。

五、退休

退休（retirement）對機構言乃是一項促進人力新陳代謝的途徑，老年員工可經由退休有系統地退離現職，其他人員則可獲得事業發展的機會，如引進新人，更可帶來新的觀念和作風。主張強調退休的理由是：1.不遭怨懟易於管理。2.可促進新陳代謝。3.預知退休時間便於人力規劃。4.給予不稱職人員適當的離職機會。5.讓退休人員於離職前預作離職的準備。

肆、員工性格與人力運用

由於每個個體的心性不同且發展潛能有別，因此形成不同的性格特質，於人力的借重與發揮亦有所差別。維持人力安定是人事管理的一大目標，過大的人事異動率不僅是個人的損失，也是機構的損失，所以，任何一個機構都不願意已經訓練完成或有才能的員工離職，而且都希望能長長久久地工作下去。而維繫員工繼續工作的方法很多，如優厚的待遇，晉升調職的機會，工作的安全保障，工作與生活環境的舒適，以及工作人員互動上的融洽，而這些方法的實行或多或少都和年資有關，如優厚的待遇可因年資而累增，晉升調職年資為考慮的主要因素，安全保障年資是計算的基礎，年資久任的人還可以獲得較高的地位和優先權力。人事管理一定要考量人的性格，性格是一個古老的概念。早在三國時期劉劭在《人物志》中，就提出了十二種不同的性格類型，即彊毅（狠剛不和）、柔順（緩心寬斷）、雄悍（氣奮勇決）、懼慎（畏患多忌）、凌楷（秉意勁特）、辨博（論理贍給）、弘普（意愛周洽）、狷介（砭清激濁）、休動（志慕超越）、沉靜（道思迴複）、樸露（中疑實碻）、韜譎（原度取容）。人的性格是由一個支配性的性格特性所決定的。現代心理科學認為：性格是指一個人對現實的態度和習慣化了的行為方式中表現出來的較穩定的具有核心意義的個性心理特徵。從這一定義中，我們可以看出：第一、性格是人

的個性中最重要、最顯著的心理特徵，它在人的個性中產生核心作用，是個體本質屬性在心理與行為中的表現。第二、性格不是天生的，也不是一朝一夕形成的，它是一個從兒童時期不斷受到家庭、社會環境的影響，教育薰陶和自身的社會參與長期塑造而形成的。

依據行為科學的研究，把性格分為相應的六種類型：

1. 理論型：這類人冷靜而客觀地觀察事物，依照自己的知識體系和思考判斷事物的價值與對錯，以追求真理為生活目的，但處理實際問題的能力較差，如理論家、思想家等。
2. 經濟型：這類人以經濟觀點看待一切事物，從實際效果判斷事物價值，以獲得財產、追求利潤為生活目的，如商人等。
3. 審美型：這類人不大關心實際生活，而是從審美的角度來判斷事物的價值，追求藝術美、生活美、自然美的體驗，如藝術家等。
4. 社會型：這類人願意為社會為他人謀利益，重視愛，以愛他人為最高價值，如社會活動家、教師、社工人員等。
5. 權力型：這類人重視權力，並努力去獲得權力，總想指揮和命令別人，是權力欲者。
6. 宗教型：這類人相信神明，有感於主宰者之恩，相信絕對永恆的生命，如宗教徒等。

性格是在神經系統一般類型即氣質類型的基礎上後天形成的一種心理特性。因而，性格與氣質的關係非常密切，二者有著相互影響、彼此制約的複雜關係。在此我們有必要先瞭解一下性格與氣質的區別與關聯性。首先，氣質能左右性格形成、發展的速度和強度。但氣質類型並不能預定一個人最終形成什麼樣的性格，研究證明，不同氣質類型的人可能形成相同的性格特徵。

綜上所述，在性格差異的管理上，我們除了注意合理安排工作，還應特別重視對人的態度和行為，透過外部活動做深入細緻的瞭解，並在此基礎上，加強教育，促進職工優良性格品質的形成，增強職工自我教育、自我評價、自我調節、自我控制的能力，努力提高職工的整體素質。

伍、人力調動應注意事項

由於人力調整與人才流失十分相近，所以良好的人事管理，在保持一定的人才流動率的同時，一定要密切關注人員調動的情況，以免其偏離控制，轉變為人才流失。因此，必須遵循下面一些基本的原則：

一、系統原則。系統原則也叫整體性原則。現代化的人力資源管理，實行的是有系統、有層次的管理。人力調動作為人力資源管理系統內的一個環節，也應從整體系統的觀點出發，縱觀全局，使人才流動的方向、結構、層次能夠跟蹤整個系統的變化，在不斷的調節、反饋過程中，有別整個系統的作為，達到最佳效果。

二、激勵原則。人是人事工作的核心，必須充分使用激勵措施。人事調整應與激勵緊密相關，透過激發人力的潛能，從而促發導致人能在不同領域、部門或職位間的歷練，並不是單單指物質方面的激勵，而是多種激勵的總和，物質激勵也只不過是眾多激勵中的一種罷了。一般來說，在各種激勵方式中，目標激勵、獎懲激勵和領導激勵對人才將能產生比較良好的效果。

三、協調原則。也稱互補原則，即依照人員組合的群體結構原理，對人力的運用和調度，不僅要考慮個體的能力，而且要考慮群體的組合的協調狀況。人無完人，人一般是在某一方面或某些方面具有特長，而在其他一些方面能力可能差些。為了發揮人才的整體效益，必須在人力的運用上採行互補制度。更重要的是，做好人才的協調問題，對於防範人員流失亦是有很大的幫助的。為工作成員創造一個舒適的、寬鬆的生活工作環境，從某種角度來說，對人力運用則更具有吸引力。人都是有感情的，如果你給人才們提供的人際關係環境相當融洽，則是一項留住優質人力的絕佳誘因。

四、擇優原則。是指人才的培養、使用和管理都要有利於人才的成長和發展，有利於選拔和使用優秀人才，有利於發揮優秀人才的作用。所謂擇優，就是要正確的做出選擇，使每一個人才都能發揮其最大的長處，甚至是其潛在的能力。當前的情況下，很多人才在選擇單位時，首要的就是看自己在該單位能否得到成長和發展，其次才是薪資待遇等等。所以，如果能做到人盡所長，將亦可對人員流失產生防範的作用。

五、信任原則。人才是有才幹的人，他們富有創造力，具有求實和獻身精神；而且自尊、自信，有強烈責任感和成就感。所以對人才寄予信任，以誠相待，可以消除人員精神上的種種疑慮，促使能在良好的氛圍中成長，發揮創造力。正所謂疑人不用，用人不疑，才能使人才真正的發揮其應有的作用，並且留住人才。

正常的人事異動，有利於生產力的發展，但無序和沒有法律規範的盲目調整，卻會給組織和社會帶來負面效應。所以在人事調整中除了人才本身要加強責任感外，還要建立約束機制，明確規範雙方的權利與義務。只有最有效地配置人力，使人盡其才，人盡其用，才有所得，才能真正推動組織的發展。

陸、結語

從理論上說，實施職位輪換的作用是明顯的，但組織在實際推行職位輪換制度中，還需要注意：應建立完整的各項職位的工作說明書以及作業流程書；有些工作性質完全不同的職位是無法輪換的；有的職位過於敏感或有高度機密性，也不適合經常調動；調整之前要徵求員工意見，對不願意更換職位的員工也不要過於勉強。在實施職位輪換制的過程，應堅持以下原則：

一、用人所長原則。在制定職位輪換制時，應制定詳盡的長期計畫，根據每個員工的能力特點和興趣個性統籌考慮安排，在組織內部人力合理流動的基礎上，盡量做到使現有員工能學有所

長，提高人才使用效率。為了保證組織內部組織的相對穩定，輪換應控制在一定範圍內，具體範圍大小可根據組織的實際情況決定。二、自主自願原則。雖然職位輪換制可提高員工的工作滿意度，但因具體情況的不同，效果也各不一樣。用雙方見面、雙向選擇等方式，使職位輪換達到應有的效果。三、合理流向原則。在輪換時，既要考慮到組織各部門工作的實際需要，也要能發揮輪換員工的才能，保持各部門之間的人才相對平衡，推動組織效能的提升。四、合理時間原則。職位輪換有其必要性，但必須注意輪換的時間間隔。如果在過短時間內員工工作變換頻繁，對於員工心理帶來的衝擊遠遠大於工作新鮮感給其帶來的工作熱情。一般來說，每個員工在同一工作職位上連續服務五年以上，又沒有得到晉升的機會，就可考慮職位輪換。如果一名員工一直在同一組織工作，考慮其晉升和職位輪換的總數大約在 7-8 次較為合適。這些都是在人事管理上可以考量的。

第二章
教師升等審查制度之探討

壹、前言

　　為提升大學整體的經營效能，各大學莫不積極在辦學上努力，希望獲致教育主管機關、學生、家長、教師、社會大眾，乃至國際學生的認同。而要達到這些目的，大學教師扮演著極重要的角色。因為舉凡教學、研究、輔導或服務上的成果，都與教師的表現息息相關，但也因為各個不同領域的教師，其差異性相當大，所以如何建構出一套兼顧專業性、差異性及公平性的大學升等制度，實為一兼具重要性與挑戰性的課題。

　　大學教師的升等是大學教師整體人事制度的一環。大學教師的升等審查，是對教師進修獲有學位文憑，或對教師在學校服務一定期間內的作為，瞭解其從事教學、研究、服務等任務的實際表現，分析、評價是否符合學校設定的要求標準或條件，透過依法成立的評審機制，進行衡量、評鑑、審議及決定是否准予將教師之職務等級提升的人事作業歷程。

　　大學教師的升等審查制度，小至對於一所學校教學的品質、教師的素質及學校的競爭力有所影響，大至影響到一個國家高等教育發展的水平。隨著大學校院數量及學生人數的增加，學校如何在「辦學自主」、「學術競爭」及「市場導向」的教育環境下，配合法令的規範，有系統地建構、實施一套適合學校發展目標與特色的教師升等審查制度，的確為大學校院所面臨的重要課題。

貳、教師升等審查制度的沿革

　　高等教育一般皆以為教師成長目標是一種系統且連續的過程，透過升等審查的過程，幫助教師專業發展及生涯規劃，並確保教師在職進修與專業發展，能符合個別教師及學校的需求。而其過程旨在提供教師更滿意的工作，更適合的在職進修，以及更好的生涯發展計畫，以提升學校教育的品質。而教師升等審查目的分為形成性與總結性目的，已是眾所公認。前者之目的主要是提供教師訊息，以改進工作表現，而且是非判斷性，不作為決策之用。此外，其結果可作為辦理教師在職進修活動的依據，提升教師專業形象，以及促進學校教學革新；對教師專業表現的品質，給一全面性的判斷。

　　民國 74 年 5 月 1 日制定公布「教育人員任用條例」，把大學教師分為教授、副教授、講師、助教四級，並明訂其任用資格、任用程式、聘期、資格審查等事項，教師的聘任及升等均應辦理資格審查。民國 80 年教育部訂定「大學及獨立學院自行審查教師資格作業要點」，基於大學

自主的理念，選定部分大學實施校內教師資格審查制度，逐漸授權學校自審教師資格，大學校院有了自行決定教師升等的權力後，將可依據各校的目標及發展特色來運作。

　　教育部為了匡正教師為求升等而有重研究輕教學之現象，自87學年度起，教育部將教師的教學服務成績納入升等評量的制度，以期導引學校充分考量教師的整體表現，將教師在校的「教學」與「服務」成績納入審查項目後，教師升等審查將不再僅偏重於「研究」成績。

參、教師升等審查作業之規範

　　大學校院現行教師升等資格審查的法令規範，可概分為法律及行政命令二類，茲將各法規與教師資格審查有關之條文摘述如下：

一、法律

1. 大學法（民國94年12月28日修正）：(1)大學教師的分級為教授、副教授、助理教授、講師四級，從事授課、研究及輔導。(2)大學設教師評審委員會，其職掌為評審有關教師之聘任、聘期、升等、停聘、解聘等事宜，組成方式由各大學組織規程訂定之。

2. 教師法（民國92年1月15日修正）：(1)明定專科以上學校之教師採審定制。(2)明定專科以上學校教師資格之審定分初審及複審二階段，分別由學校及教育部行之。教師經初審合格，由學校報請教育部複審，複審合格者發給教師證書。教育部於必要時，得授權學校辦理複審，複審合格後發給教師證書。

3. 教育人員任用條例（民國92年12月17日修正）：(1)訂定大專教師資格。(2)明定著作升等、教育部授權學校辦理審查及以技能為主之教師聘任或升等，得以作品、成就證明或技術報告代替專門著作送審。

4. 性別平等教育法（民國93年6月23日）：明定教評會的組成，單一性別不得低於全體委員人數之三分之一。

二、行政命令

1. 專科以上學校教師資格審定辦法（民國93年3月10日修正）：係依據教育人員任用條例第14條第4項及教師法第10條規定訂定，其重點在明定教師送審條件（第3條）、年資起算方式（第6條）、審查方式（第7條）、抄襲剽竊處理原則（第12條）。

2. 專科以上學校教師資格送審作業須知（民國86年7月2日）：補充「專科以上學校教師資格審定辦法」之作業細節，如應繳交證件、學校作業程式及注意事項等。

3. 教育部授權大學及獨立學院自行審查教師資格要點：明定授權自審教師資格之標準、授權原則、年資起算方式、責任歸屬等。

4. 專科以上學校教師教學服務成績考核審核參考原則：訂定教師送審併計教師教學服務成績辦法之審查依據。

5. 專科以上學校教師以國外學歷送審教師資格作業須知：規定訂定專科以上學校教師以國外學歷送審教師資格作業之程式及注意事項。

6. 教育部辦理專科以上學校教師資格審定複審作業程式要點：依據審定經學校「初審」，再送教育部（學審會外審）「複審」之作業程式。

7. 因應大法官四六二號解釋文，專科以上學校辦理教師升等評審應注意事項：因應大法官四六二號解釋文，協助各校健全教評會運作，提供辦理教師升等評審應注意事項。

8. 專科以上學校教師藝術類科教師以作品或成就證明送審教師資格作業要點（民國89年10月23日修正）：明訂以作品或成就證明代替專門著作送審之審定範圍與方式。

9. 專科以上學校教師以技術報告送審教師資格作業要點：明訂以技術報告代替專門著作送審，其審定範圍與方式。

10. 大學聘任專業技術人員擔任教學辦法：為具有特殊專業造詣或成就之人員訂定擔任教學的規定，包括職務等級、資格審查方式、權利義務等，

11. 大專校院教師著作抄襲處理原則：防範抄襲並公正處理相關案例。

三、各校自訂章則

大學在教育部的規範之下，依其發展特色，自行訂定一些與教師資格審查制度有關之章程。茲簡述如下：

1. 組織規程：其重點在訂定學校之組織、會議、教職人員分級與任用等事項。

2. 教師評審委員會設置辦法：其內容包括教評會召集方式、召集次數、選任委員比例及產生方式、選任委員任期、職掌、教評會決議方式及核定程式等。

3. 教師聘任及升等辦法：其重點在規範教師聘任及升等之條件限制、審查方式及程式、審查項目、決議門檻等。

4. 教師升等外審作業要點：由學校辦理著作外審之組織，如系、院教評會訂定升等外審作業之標準及程式等。

5. 教師教學、研究及服務成績考核辦法：學校資格審查作業自87學年度起教師在校教學服務成績，將納入審查項目，各校自訂該項成績占教師資格審查總成績之比例在20%至30%之間。

肆、教師升等審查作業之探討

大學教師升等資格審查制度在實務運作上，可就教評會之組成與運作、審查管道、審查程式、教學與服務成績採計、授權自審與申訴等方面來作探討。

一、教評會之組成與運作

現行大學教評會組成及運作相關規定分述如下：

1. 教評會成員

各校三級教評會成員包含當然委員及選任委員兩類。當然委員係由學校各級行政主管擔任，如系級教評會係由系主任、所長擔任，院教評會係由系、所主管及院長擔任，各校大致相同。由於校教評會當然委員成員，各校組成情形不一，涵蓋人選有校長、副校長、教務長、各學院院長、共同教育委員會主任委員等。為符民主原則，選任委員均不得少於半數，成立教師會組織之學校，尚須增加教師會代表一人為當然委員。

2. 教評會職掌

教評會的職掌，評審有關教師之聘任、聘期、升等、停聘、解聘、不續聘、曾任私人機構年資採敘薪級之認定、延長服務、資遣原因認定、違反義務等事宜外，各校尚因應實際需要增列有進修研究、年資加薪、教授休假研究、優良教師敘獎、重大獎懲、教師著作抄襲及教學研究服務輔導、學術研究等審議事項。

3. 教評會運作方式

教評會的運作方式，攸關教師的聘任、升等、解聘等重大權益事項。其與運作有關者有：

(1) 教評會委員不宜有低階高審之情形。

(2) 因職務關係而擔任之當然委員人數不宜過半。

(3) 對於研究成果之評審，不宜以無記名投票方式作籠統之表決，因考量升等名額之限制，或對教學、研究、服務成果、任教年資等做綜合之評量後，亦得以無記名投票方式做成決定。

(4) 教評會對升等評審之決定應有具體理由，評審未通過者應以書面告知當事人，並告知當事人對決定不服時之救濟管道。

(5) 各校應建立申覆及申訴之救濟制度，申請升等之教師對教評會所為決定如有不服，應先循校內救濟管道尋求救濟，再有不服時可提請訴願或行政訴訟。

一般而言，各校教評會對於聘任、升等、解聘、不續聘等事項，甚為慎重，多以三分之二以上的委員出席，及出席委員三分之二以上通過，始得決議。其餘事項則以二分之一以上的委員出席始得開議，及出席委員二分之一以上通過始得決議。

二、審查管道

教師升等審查種類可大致分為以學位證書送審、著作送審、作品及成就證明送審、技術報告送審四種，茲將相關規定摘述如下：

1. 在學位證書送審方面：國內專科以上學校學位證書以政府立案之學校所頒授經許可之學位證書為限。以國外學歷送審者，需依「專科以上學校以國外學歷送審教師資格作業須

知」辦理查證工作，學經歷證件由學校先行辦理查核後，交由學校各級教師評審委員會評審後報教育部複審。

2. 在專門著作送審方面：送審之專門著作應有個人之原創性，以碩士學位取得講師資格，或以博士學位取得助理教授、副教授資格者，不得再以該學位畢業論文或其論文之一部分，送審較高等級之教師資格。所送審著作性質，應與其任教科目相關。須為送審前五年內在國內外知名學術或專業刊物發表或已為接受且出具證明將定期發表，或經出版公開發行者。教師自取得前一等級教師資格至下次申請升等期間，所有個人在專業或學術上之成果，得一併自行列表作為送審之參考資料，並擇要將資料一併附送作為審查之參考。

3. 在作品及成就證明送審方面：送審作品含美術、音樂、舞蹈、戲劇、電影、設計六類。送審作品應與任教科目性質相符、自取得前一等級教師資格之後完成之作品，且主要作品須為送審前五年內完成者。申請人如係以作品送審取得前一等級教師資格，送審時應一併檢附取得前一等級教師資格之全部送審資料。

4. 在技術報告方面：對特定技術之學理、實驗或現有技術之創新、改進或延伸應用有具體成果者，得以技術報告送審教師資格。所送技術報告應具創新性、應用性與完整性，並與任教科目性質相符。需於送審前五年內完成且不得與取得前一等級教師資格之研發成果重複。技術報告涵蓋範圍如下：有關專業技術問題之研究成果、有關專業技術及其應用之創新、研究與推廣之研究成果、有關個人專利或創作之成果、有關專業技術教學實務專題之研究成果、有關專業技術之個案研究，經整理分析具整體性及獨特見解貢獻之報告、有關建教合作實務改善專案之研究報告。

三、升等條件的限制

　　教師升等在助理教授、副教授及教授三個等級也訂有曾任低一等級職務三年始得升等之年資限制。學校因應其發展需要，亦另訂有特別的規範。

四、審查程序

　　教師資格之審定分初審及複審二階段，分別由學校及教育部辦理。教師經初審合格，由學校報請教育部複審，複審合格者發給教師證書。

　　教育部辦理複審程式時，送請部外學者、專家二人至三人評審，著作審查以七十分為及格標準，未達七十分為不及格，審查結果二人及格則為通過；二人給予不及格則為不通過；一人給予及格，另一人給予不及格，則送請第三人審查；惟若不及格分數低於五十分者，雖有二人給予及格，仍須送常務委員會審查決定是否通過，通過後發給教師證書。

五、「教學」與「服務」成績採計

　　有關教師評鑑方法方面，就 Loup、Garland、Ellett 和 Rugutt（1996）指出：根據美國教師評鑑實務調查研究（Teacher Evaluation Practices Survey, TEPS）發現教師評鑑的方法，依序為教師正式觀察、非正式觀察、教師自我評鑑、教師檔案評鑑、同儕評鑑教師表現、學生評鑑教師表現以及紙筆測驗等。Darling-Hammond、Wise 和 Pease（1983）回顧相關文獻指出，教師評鑑有以下八種方法，分別為：教師晤談、能力測驗、間接測量、教室觀察、學生評鑑教師、同儕互評、學生學習成就以及教師自我評鑑等。Shinkfield 和 Stufflebeam（1995）指出回顧評鑑教師的文獻，則有以下十五種方法：傳統上憑印象的作法、臨床視導、研究導向的檢核表法、高度推理判斷、面談、筆試、目標管理、工作分析、責任取向、理論取向、學生學習結果、學生評鑑教師、同儕互評、自我評鑑、後設評鑑。若就教師評鑑的評鑑者而言，其評鑑的方式則可分為教師自我評鑑、同儕互評、上級對部屬評鑑、由學生評鑑教師教學、校外人士評鑑及教育人士評鑑等方式。（簡紅珠，1998；Wragg, 1987; Bollington, R., Hopkins, D., & West, M., 1990）

　　大學教師的任務在教學、研究、服務三方面，對於教師的升等審查，過去偏重研究方面，僅以著作送審，並依教育部一元化的審查標準辦理。87 學年度起教育部為謀建立內部良好的教師資格審查，乃將教師教學服務成績納入升等評量的制度，以期導引學校充分考量教師的整體表現。將教師在校的「教學」與「服務」成績納入審查項目，不再僅偏重「研究」成績，研究成績占升等總成績之 70%，教學服務成績占升等總成績之 30%，而其中教學成績占 70%，服務成績占 30%。

　　綜合，可知大學教師評鑑有以下四個特性，同時在結合系統動態的觀點下，可以表現出之研究概念架構：一、可分為教學、研究、輔導、服務等四個取向。二、教學、研究、輔導、服務等四個取向與教師間具有動態關係。三、應包含自我評鑑、同儕互評、上級對部屬評鑑及由學生評鑑教師教學等重點。四、以量化分析方式較易進行客觀評鑑，但必要時應加入質性分析。

六、授權大學自審教師資格之情形

　　教師法第 9 條明定專科以上學校教師資格之審定分初審及複審二階段，分別由學校及教育部行之，教育部於必要時，得授權學校辦理複審。

七、不服升等未通過之救濟程序

　　在校內教師申請升等不服各級教評會評審不通過之決定，除得向教評會「申覆」，得逐循學校教師申訴評議委員會及教育部中央教師申訴評議委員會提出「申訴」或向行政法院尋求救濟，或提起行政訴訟。「申覆」提供教師從學術角度重新檢視過程所產生的疑慮與瑕疵，並非作為「申訴」的先行程序。

　　大學教師在高等教育機構中所扮演的角色相當的重要，而且其專業性、功能性亦相當多元。因此，如何建構出合理、可行、可被接受的機制，以形成大多數教師甚至全體教師的共識，才是大學教師升等評審機制成功與否的關鍵。謹就本議題提供以下幾點建議：

一、評審取向應與校方未來的發展方向相結合，以求目標、政策、策略、執行、績效間的融合。

二、廣泛搜集全校教師意見，以訂定明確、合理、公平、可行的升等評審機制。

三、訂定、推動、實施的階段中，應不斷與全校教師溝通，以進行必要、適度的修正及獲致全校或絕大多數教師的共識。

四、升等評審指標的設定，應部分讓不同領域、特質的教師有自主性的空間與彈性。

伍、結語

　　教師升等審查制度則影響學校教師素質與教學品質的良窳，政府或教育主管單位為維持大學校院教師有一定的素質水準，而訂定最低的標準，本無可厚非，但如限制過多，則有礙於大學校院的自主發展與獨特風格。

　　日前，大學校院的教師資格審查制度在教育部授權自審的趨向下，已逐漸將此方面的大學自主事項交由大學審理。在授權的過程中，也考量到快速成長的大學校院之間審查品質的落差，因此，訂定有許多的法律及行政命令，兼以在大法官釋字第四六二號解釋公布後，對於保障審查程式與教師權益的公平性方面，規範得更為詳細。是以，大專校院教師資格審查制度的法規面，可謂頗為嚴密。未來，大學校院在法人化及市場導向下，教育部應扮演好授權者的監督與輔導角色，促使各大學在多元與競爭的教育環境中定位出自身的發展類型、目標，不斷精進，追求卓越的表現。

第三章

教師借調之相關作為

壹、前言

　　國家之經濟力常決定於其產業技術之創新與水準，而產業技術水準之提升，無疑來自高科技人力之科技研發成果。我國大學有優秀豐沛之研發人才，給予充足之設備與經費，其研究發展之成果必然可觀，若能有效移轉產業界，定能帶給產業巨大的活力，非但業界直接受惠，國家整體經濟發展也將因而大幅提升。教育部為規範有關教師借調之相關事宜，於民國78年4月20日訂定「教師借調處理原則」，限定教師借調期限、次數、任職條件與所任職務範圍、程序等，最近一次修正是在民國88年3月31日。行政院關於公務人員借調規定，在民國79年7月10日訂定「行政院限制所屬公務人員借調及兼職要點」，特別強調除法令另有規定外，均應「一人一職」，主要適用對象以公務人員為主，其中列有「教師借調或兼任行政機關職務或工作，以具有有關之專長者為限。」條款，把教師亦納入借調範疇。

　　為鼓勵大學教師將研發成果轉移產業界，以帶職帶薪方式借調至民間任職，厥為一有效之途徑，但教師借調或兼職赴產業界期間與學校契約規範及休假、升等、退休年資等與人事權益相關的事項，法規面應如何因應，是一個值得探討的課題。關於教師借調雖有行政規則，但返校義務授課任教年資不視為中斷所發生之法律效果，僅見諸學校教職員退休條例第6條，其他有關教師借調是否返校義務授課之相關權益，包括教師的升等、年資加薪（或採計提敘薪級）、休假研究、請頒服務獎章、資深優良教師、公（勞）健保、退撫服務年資採計之認定問題等，目前幾乎都由各校視借調情況依相關法令逕行認定或自訂規範辦理。

　　有關教師借調期間應返校義務授課及時數之規定，可溯自教育部民國75年6月9日台（75）人字第24489號函規定，大專校院教師奉徵調出任公職期間，一律以「留職停薪」處理，並在借調機關支薪，但仍在校按規定鐘點義務授課，不支鐘點費且專案報部登記有案者，其任教年資不視為中斷，如未在校義務授課者，其留職停薪前後之年資應屬中斷，不得視為連續，至義務授課時數可由各校依實際情形自行斟酌認定，但所授課程如無連續性，則至少應開有一門課。

貳、借調緣由

　　國內大學校院的高等教育蓬勃發展，肇始自民國83年1月5日修正公布大學法、民國84年8月9日公布教師法及民國83年2月7日修正公布師資培育法（原師範教育法），自此，開啟往後十年間國內高等教育改革開放與大學自治嶄新的一頁。不但新設大學校院如雨後春筍，

改制之風亦所向披靡，在技職體系更開創出第二條教育高速公路，廣設科技大學與技術學院。由於師資的需求致引發公立大專校院教師退休潮，轉任私校服務，並發展出教師借調風潮。

　　教師法的公布施行，確立公校與私校一體方向，民國 88 年 5 月 29 日公教人員保險法修正後，更將公立、私立學校一體性再推進一大步，讓大專校院公、私立學校間教師交流之風更熾。其次，地方制度法民國 88 年 1 月 25 日制定公布施行，亦廣開機要人員及政務官進用空間，加以直轄市政府政黨更迭執政形成常態後，對教師借調情形更有推波助瀾之效。教育部為落實產學合作，對於公立專科以上學校專任教師之兼職，於 88 年 3 月已通函授權各校，依下列原則，自訂相關規範實施：

　　1. 須報經服務學校同意，不得影響其本職工作。

　　2. 需於評鑑符合所規定之在校內之基本工作要求者始得在校外兼職。

　　3. 明定教師借調期間以二年為原則，必要時得延長之，延長期間以二年為限。

　　鑑於近年來社會進步與教師人力彈性運用，亦本著國家發展需要的考量，開放教師借調擔任公職或公私校間教師相互借調，甚至借調至公民營事業機構及財團法人單位任職，更是大勢所趨，教育部為擴大教師人力運用，並簡化作業程序，於 87 年 10 月通函各校，學校教師除借調機關學校外，亦擴大可至公民營事業擔任相關工作，惟要求對方亦能提出具體之回饋辦法。借調案亦授權各校，依相關規定核處，並逕復借調單位。透過授權辦理教師借調業務，放寬借調期間相關業務年資採認規定。

參、借調規範

一、行政命令

（一）大專校院教師與企業界專門人才交流與合作實施要點

　　依該要點之規定，可至公民營企業機構兼任與其專長有關研究或專業指導職務，每週赴企業界之時間以兩天為限。

（二）教育部所屬人員兼任董、監事暨考核要點

　　1. 教育部所屬學校校長、專任教師不得兼任公、民營事業董、監事。但經本部或有關機關指派以專家身分兼任代表官股或公益性質之董、監事者不在此限。

　　2. 本部所屬人員兼任公、民營事業及財團法人董、監事，以不超過兩個為限。但法令（含章程）明訂之當然兼職及純由民間設立之公益或學術研究性質之財團法人董、監事不在此限。

二、教育部所屬專科以上學校建教合作經費收支要點

各校參與建教合作或委辦事項之有關人員每月之酬勞，按下列標準支給：

（一）計畫主持人：教授或副教授，不得超過其學術研究費 65%。

（二）協助研究及行政支援人員：教授、副教授、講師、助教，最高不得超過其學術研究費 60%。行政支援人員不得超過其工作補助費 60%。

（三）同一時間內計畫主持人或協助研究人員以承接一個計畫為原則，惟性質相近或相互關係密切者，得承接二個計畫，其月支酬勞總額不得超過本人之薪給（包括薪俸、學術研究或工作補助費）；主管監督人員及一般行政支援人員，以支領一個計畫之酬勞費為限。

三、銓敘部「政府機關與民間機構人才交流實施辦法」要點其內容如下

（一）目的：為培育政府管理人才，學習企業經營理念、方法及借重民間專業人才，以加強政府機關與民間機構人才交流，提升政府機關行政效能。

（二）人員：政府機關得派遣具有發展潛力之現職人員至民間機構學習歷練。政府機關得自民間機構借調具有專業性、科技性或特殊性知能之人員。

（三）方式：政府機關派遣人員至民間機構學習歷練，以帶職帶薪方式處理。

（四）員額：各政府機關借調民間機構人員，以不超過本機關職員預算員額 2%，且不得超過五人。各機關如有業務特殊需要時，得報經主管院核准，不受前項規定之限制。

（五）期間：政府機關與民間機構派遣或借調人員之期間，除法令另有規定外，不得超過一年。政府機關對於前項人員認為有延長派遣或借調之必要時，經商得當事人及民間機構之同意後，得報經主管機關核准延長一年。

（六）準用：公營事業機構及各級公立學校，與民間機構之人才交流，得準用本辦法之規定。

四、公務人員退休撫卹基金管理條例

公務人員借調至民間機構服務，嗣又回任公務人員時，其退休年資，依公務人員退休撫卹基金管理條例施行細則第 12 條規定：參加公務人員退撫基金人員辦理留職停薪時，應停止繳付基金費用，俟回職復籍之日起再行繳付基金費用，但留職停薪期間依規定得採計為退休年資者，應於回職復薪時，按相同等級人員繳費標準，一次補繳基金費用。

（一）所謂依規定得予採計為退休年資，係指符合退撫新制施行前原公務人員退休法施行細則第 10 條第 1 款，曾任有給專任公務人員具有合法證件者。

（二）公務人員曾辦理留職停薪期間年資，於回職復薪時如准予補辦考績，即符合上開所稱有給專任之規定，自得依上開公務人員退休撫卹基金管理條例規定補繳基金費用。

五、公務人員留職停薪辦法

該辦法第 4 條第 1 項第 6 款規定：公務人員配合公務、科技發展或國家重大建設借調至其他公務機關、公民營機構服務經核准者，得辦理留職停薪。銓敘部 88 年 1 月 20 日 88 台甄 5 字第 1717557 號函規定：上開留職停薪之情形准予辦理公務人員考績。

綜上，公務人員依留職停薪辦法借調至其他公務機關或民間機構服務之年資，依現行規定已得予以併計公務人員退休。至於相關的權益則為：

一、升等：於升等時，其借調年資最多採計二年。（依專科以上教師資格審定辦法第 6 條第 3 款）

二、年功加俸或年資加薪：留職停薪借調期滿歸建時，其借調期間及前後在校任教年資，均得併資辦理年功加俸或年資加薪。

三、國內、外講學、進修、研究：於計算講學、進修、研究者所須具備服務年數時，借調期間年資採計。

四、休假研究：於計算休假研究者所須具備服務年數時，借調期間年資採計。

五、服務獎章：依行政院暨所屬各機關請頒服務獎章作業注意事項，借調期間年資可採計辦理服務獎章。

六、資深優良教師：各級學校資深優良教師獎勵暨請頒服務獎章要點，借調期間服務年資視同連續，併計請頒資深優良教師獎勵。

七、公保：得由當事人依其意願選擇自付全額保險費（含政府補助保險費）繼續加保，則公保年資可採計；但若選擇退保則退保期間年資不採計。

八、福利互助：中央公教人員福利互助制度自 92 年 1 月 1 日停止辦理，並依年資辦理結算。教師借調政府機關或公立學校，如屬適用福利互助結算之單位，由借調單位辦理結算。

九、退休資遣撫卹：

1. 借調公立機關、學校，如屬參加退撫基金之單位，並按月自薪津中扣繳退撫基金者，於借調期滿返校復職依法退休時，可採計為退休年資。

2. 借調公立機關擔任事務官，如未具任用資格或未經銓敘部審定者，或非依「聘用人員聘用條例」聘用之人員，俟其回任教職時，得購買年資，一次補繳留職停薪期間退撫基金費用，其中政府負擔部分，由借調機關協調原服務機關辦理。

3. 關於 93 年 1 月 1 日政務人員退職撫卹條例施行後，始由公立學校教師借調至行政機關擔任政務人員者，應依上開條例第 3 條規定參加離職儲金。且其回任教職後，該借調期間參加離職儲金之年資，不得補繳教育人員退撫基金併計退撫年資。

4. 借調擔任依「聘用人員聘用條例」或「約僱人員僱用辦法」聘用或僱用之職務，應於借調機關參加約聘僱人員離職儲金，離職時請領離職儲金給與，於回任教職復薪時，該段借調擔任約聘僱人員年資，將來不得採計為退休、資遣、撫卹年資。

5. 教師借調期滿後如未能回任教職復薪時，因其已喪失原有教師身分，與所稱「回任教職復薪」之要件不符，其日後再任公立大專校院教師時，不合申請補繳是段借調期間之退撫基金費用本息，併計教師退休年資。

如係借調公營事業機構，該段年資如未領取退離給與，得依學校教職員退休條例施行細則第 16 條第 3 項規定，申請補繳退撫基金費用本息，併計教職員退休年資，該補繳退撫基金費用全部由借調人員全額負擔，學校不負擔。

借調私立學校依規定參加私校退撫基金，返校復職時依現行法令無購買年資之規定，於依法退休時得併計未領退休金或資遣費之私立學校編制內專任合格有給校長、教師年資。其屬私立學校校長、教師年資應領之給與，已參加私校退撫基金之私立學校，由財團法人私校退撫基金會支付，未參加私校退撫基金之私立學校，由借調之私立學校自籌經費支付。

依現行規定教育人員僅限借調財團法人海峽交流基金會並回任教職者，得依規定申請購買借調期間之退撫基金費用，俾將來併計教師年資辦理退休。借調其他財團法人、民營公司、企業期間，並未繳納退撫基金費用，於期滿回任教職時，不得補繳基金費用，依規定不得採計為退休、資遣、撫卹年資。

十、增核退休給與：依學校教職員退休條例第 6 條規定：教師或校長服務滿三十五年，並有擔任教職三十年之資歷，且辦理退休時往前逆算連續任教師或校長五年以上，成績優異者，一次退休金之給與，依第 5 條之規定增加基數。但最高總數以六十個基數為限；月退休金之給與，自第三十六年起，每年增加 1%，以增至 75%為限。借調公立機關、公營事業機構未義務返校授課者，教職年資中斷，教學年資不連續，如退休時間向前推算不具有連續任教師或校長五年以上，不得增核給與，需俟返校復職五年以上，方才符合增核給與規定。借調公、私立學校未義務返校授課者，教學年資不中斷，若符合學校教職員退休條例第 6 條規定條件，符合增核退休給與。

肆、借調作為

教育界近十年的諸多變革，讓教師借調的作為已存於學術界、政府機關、公、民營企業界及財團法人間。然而，就現行教師借調仍有若干議題待討論。

學校教職員退休條例及其施行細則適用對象限各級公立學校專任教職員，以早期社會環境與時空背景，要成就「增核基數」退休者，雖非人人可得，卻有其可能性。再者，以當時教育與政治環境，教師要能學官兩棲，借調案件在層層關卡嚴格控管下實屬不易，學校間借調教師更是絕無僅有。今該條文雖作修正，但門檻更高，再者，受到大環境的影響，人們逐漸重視退休後歲月，紛紛提早規劃退休生活，未來成就增核基數者，只會少不會多，施行細則第 11 條更規定，退休前最後五年擔任之教職必須是公立學校才算數，對已不可能成就增核基數者，對只

盡義務卻無福消受盡義務後的權益，亦會影響借調意願，是存在著另一種不公，對公私一體之發展，也是另一道障礙。

近年來，校際、館、所或研究院間新發展出合聘教師制度，更衝擊著教師借調制度，合聘教師應盡的義務是否不比借調教師多，仍待檢驗，享有更多更豐富的資源，應是不爭的事實，對先天條件欠佳、資源本已不足的離島學校，對吸引或借調優秀教師前來服務無異雪上加霜，空間更受擠壓，是另一項隱憂。

在瞬息萬變環境中，教師借調規定雖已逐漸鬆綁，但離島地區學校借調教師卻仍面臨早期主管教育行政機關解釋函有關借調擔任「公職」，必須返校義務授課匡限影響著。在台灣島上，原不成問題的借調後返校義務授課案，而今，離島地區大專校院在教師人力運用上，卻遭遇因地理位置特殊、地區人力資源貧乏、交通路程與時程往返困難費時，又會偶遇無法掌控的天候變化因素等，諸多特有現象，本已嚴重影響離島學校羅致高級人力前來服務意願，奢論借調教師，還要再被要求返校義務授課，嚴重壓縮其在借調學校服務時間，除非是抱有反饋之心的當地學人，即使有心返鄉服務，一旦觸及返校義務授課負擔，無不為之卻步。

以現今國家經濟發展現況而論，促進產學合作亦有助國家經濟的發展。因此，宜積極鼓勵教師赴產業界任職，茲提出其可行方式及配套措施等問題並分析如下：

一、教師至民間任職可行方式

（一）帶職帶薪借調並建立合理回饋機制
（二）學校與業界採合聘制度以促進產學人才交流
（三）放寬兼職有關授課時數與兼職酬勞規定

二、配套措施

（一）規範限制重點大學或重點科系實施

教師至產業界任職係屬全面性開放或僅限於國家發展需要特定性產業，是否規範依歷年來各校或各學科之評鑑及研發質量，慎選出重點大學或重點學系。

（二）訂定教師至民間任職之資格條件

教師至產業任職之資格條件是否應予規範，是否應設定在某一教師等級，某一專長領域，避免造成以業界任職為主、教學為輔之情形。

三、訂定合理的回饋機制

教師科研成果技術轉移方式或專利授權權利金或以技術入股取得企業股份等應訂定合理的回饋機制，以增進學校校務基金之收入。產學合作的最終目的就是將科研成果，轉化以企業為

主體的成果商品化和市場化，在自由經濟體制下以技術轉移取得企業股權或合理回饋，增進校務基金收入。

四、以業界服務成就納入教師升等辦法

　　研修大學評鑑內容和教師升等辦法，重視教師在業界服務成就，承認產業經驗和服務成果可等同一般的學術論文，藉以激勵教師投入企業界服務意願。

五、不同的任職方式訂定合理待遇或報酬支給標準

　　依帶職帶薪借調、學校與業界合聘制度或兼職方式分別訂合理待遇與兼職酬勞。

六、公教人員保險與退撫權益之保障

　　教師兼具學術和產業經驗，是企業界的優秀人力資源，但目前大學教師待遇高，企業具風險，所以教師不願放棄教職投入企業經營，致無法貢獻專業促進產業升級，因此是類人員應予與一般教師相同之權益保障，以激勵其投入產業意願。

七、研議校辦產業之可行性

　　配合育成中心推動產學合作，發展校辦產業，提供學生實習場所提升學生就業力，並作為學校開闢校務基金財源。

　　教師以帶職帶薪方式借調產業界之利弊得失，將影響到教師借調事宜，教師以帶職帶薪方式任職產業界雖有配合國家經濟發展之優勢與時機，但其中也存在一些缺點，值得注意。茲分列其利弊得失如下：

一、優點

（一）產學合作促進國家經濟和社會發展。
（二）結合學校的人才和科技、產業的資金和設備等各自優勢，使資源得到最佳的互補。
（三）產學合作協助產業升級，提升研究水準。
（四）可以加強研究理論與產業實務的有效印證。
（五）可以讓優秀研發學者有較寬廣發展空間。
（六）學校與教師均可獲盈利之回饋。
（七）可提供學生實務實習和科技人才培育的場所。

二、缺點

（一）有違一人一職原則。
（二）有重複支薪的疑慮。

（三）有圖利特定廠商（或教師）的嫌疑。

（四）增加兼任教師鐘點費支出。

（五）影響學生受教品質。

（六）恐將引發教師與教師間內心的不平。

（七）部分學校或人員濫用此一管道圖利個人或產業界。

伍、借調實施

　　前開教育部 75 年 6 月 9 日函釋：「大專校院教師奉徵調出任公職期間……，但仍在校按規定鐘點義務授課，不支鐘點費……，其任教年資不視為中斷，如未在校義務授課者，其留職停薪前後年資應屬中斷，不得視為連續。」而目前法令已放寬教師符合一定資格條件可借調至財團法人及民營公司、企業，對借調公職以外之職務，其有關任教年資採計，教育部函釋並無規範；又教師借調所涉之任教年資採計，包括升等、年功加俸、進修研究、服務獎章、資深優良教師、公保、退撫及增核退休給與等多項，但上開教育部函釋係指何種任教年資亦不明確；另所指「年資中斷」究係只僅借調期間年資不採計，但借調前後年資視同連續，抑或借調前後年資亦視同不連續，函意並不清楚。且現行教師借調有關各種任教年資得否採計之法規規定，有諸多扞格及牴觸之處，茲依現行法規及參酌各校實際需要，爰現階段除儘速修訂現有相關法規，俾使教師任職產業界有規範可資依循，以提升其加入產學合作行列的意願，同時亦宜朝向訂定「學校辦理教師以帶職帶薪方式任職產業界應行注意事項」方向，以健全制度。

一、修訂現有相關法規

（一）檢討「公立各級學校專任教師兼職處理原則」，公立專科以上學校教師之兼職，授權學校自訂相關規範實施。

（二）檢討「教師借調處理原則」，如學校能建立具體之回饋辦法，同意教師借調至公民營事業擔任相關工作。

（三）各校自行訂定之專任教授滿七年得帶職帶薪休假一年，惟不得從事其他專任有給職務之規定，應配合產學合作予以適度放寬。

（四）檢討修正學校校長、教師得兼任公、民營及財團法人董、監事要點

　　1. 放寬「專科以上學校建教合作經費收支要點」有關計畫主持人酬勞不得超過學術研究費 65% 及同一時間內以承接一個計畫為原則、性質相近或相互關係密切者，得承接二個計畫，其月支酬勞總額不得超過本人之薪給之規定。

　　2. 檢討學校教職員退休條例，教師依留職停薪辦法借調至民間機構服務之年資，於回職復薪時得補繳退撫基金併計年資退休。

　　3. 檢討學校評鑑及教師升等機制，將專利及產學合作績效列為重要考量。

4.學校應訂定辦法，於產學合作研究達一定金額者，得減少其授課時數。

二、學校辦理教師以帶職帶薪方式借調產業界應行注意事項

（一）適用範圍

1. 規範重點大學或重點科系實施。
2. 限於學校建立產學合作關係之對象，由各校視其發展需要及與業界之互動關係決定。
3. 以技術轉移向企業轉讓科技成果。
4. 專案委託技術開發合作。
5. 建立個別技術研究推廣中心。
6. 學校出人力，企業提供經費和設備，建立開發研究中心。
7. 學校與產業簽訂長期合作協定，雙方人才交流、學生實習、人才培訓、科研與技術開發、實驗測試、畢業生就業等長期合作。
8. 管理諮詢。

（二）辦理程序

1. 校內訂定相關章則就辦理程序訂定原則性規範。
2. 個案之雙方訂定產學合作辦法或合約，並就帶職帶薪前往任職者之專長領域、教師等級、回饋事項等一併納入。
3. 個案之教師如採借調方式辦理，則應依現行規定程序核准。
4. 採部分時間前往，現行兼職每週最多 8 小時之限制是否得酌增。

（三）年限

1. 借調部分似得配合學校與業界之產學合作辦法或合約年限辦理。
2. 兼職部分則無須限制。

（四）回饋機制

授權由學校依實際情形與企業訂定，惟借調部分至少應含借調期間薪資、應授課程另聘兼任教師之鐘點費等學校所支付之人事成本，並視個案要求專利權利金、股權等回饋。

（五）其他

1. 學校應訂定進、出機制。
2. 學校應訂定流動比率。

附錄：

世新大學教師借調服務辦法

93 年 9 月 11 日行政會議通過

93 年 11 月 25 日行政會議修正通過

第　一　條　為規範本校專任教師應聘擔任校外專任職務，並保障教師合法權益，特訂定「世新大學教師借調服務辦法」（以下簡稱本辦法）。

第　二　條　本校專任教師在校連續服務滿三年以上，得依本辦法申請借調擔任校外有助提升學校聲譽之專任職務。

　　　　　　具有特殊學術聲望之教師得不受前項服務年資之限制。

第　三　條　教師借調服務應經所屬各級教評會審議通過，陳請校長核准後生效，延長借調服務期限時，亦同。

第　四　條　借調服務時間以三年或一任為原則，必要時得延長之。

第　五　條　教師於借調期間，應於每學期義務返校授課至少二學分。

第　六　條　借調教師如未經本校同意延長年限，應於期滿一個月內返校復職，逾期視同自動辭職。

第　七　條　借調教師應於借調服務前辦妥留職停薪手續，其權益保障均依留職停薪規定辦理。

第　八　條　教師在借調服務期間，有違反教師法第十四條情事者，本校得不予續聘，其原在校任教年資若合於本校退休辦法之規定者，得辦理退休。

第　九　條　本辦法經行政會議通過，陳請校長核定後公布施行，修正時亦同。

○○○○大學教師赴公、民營事業機構研發辦法

一、為使本校教師教學研究與產業需求緊密配合，導入產業界之經驗，以提升教學品質與內涵，進而引導學生投入就業市場，特訂定本辦法。

二、本校專任教師服務滿三年以上，得申請至公、民營事業機構，從事與其專長有關之研究或專業指導。

　　前項申請及其計畫書須經系、院教評會審議通過，提校教評會報告後，報請學校同意。

　　其期間以一年為原則，若有特殊情形必須延長時，須經系、院教評會審議通過，報請學校同意後，方得延長，延長期間以一年為限。評估標準由各學院訂定之。

三、教師赴公、民營事業機構研發期間可帶職帶薪或留職停薪。

　　但教師赴公營事業機構研發者，不得兼薪及兼領公費。

四、為免影響授課，教師赴公、民營事業機構研發人數，每系（所）每學年連同核准半年以上之進修、講學、研究、延長病假、出國考察、借調及教授休假研究人數不得超過該系（所）教師人數百分之二十；不足一人者，得以一人計；系所合一者，應合併計算。

五、教師以帶職帶薪赴公、民營事業機構者，本校應與所赴之公、民營事業機構訂定契約並約定回饋條款，教師並應於契約屆滿時立即返校服務。

本校所收取之回饋金，以足以支應所屬系（所）為分擔其教學工作而聘任兼任教師之鐘點費為原則，必要時得另訂標準。

六、教師赴公、民營事業機構研發者，應於約滿返校三個月內，將研發成果提書面報告。

七、教師赴公、民營事業機構研發未依本辦法之規定辦理者，應提請各級教評會處理。

八、教師以留職停薪赴公、民營事業機構研發期間，每學期返校講授一門以上課程，且不支鐘點費者，其研發期間年資之採計，依各有關法令規定辦理。

九、本辦法經行政會議通過，簽請校長核定後實施，修正時亦同。

第 *11* 篇

福 利

第一章
職工休閒生活

壹、前言

　　工作和休閒是分不開的，特別是如果要探討勞工的休閒問題，必須將工作和休閒對勞工個人及社會的意義作一番瞭解。工作對個人而言，它的意義包括了滿足人類衣食飽暖的需求，受到別人的肯定與尊敬，實現自己的抱負、理想。對社會而言，工作讓人們在見面時向別人表示身分，工作也是多數人人際關係的核心，藉著工作人們建構了他們的社交圈。同時工作提供了我們日常生活的時間架構，當我們有工作時原本雜亂無章的生活就變得有規律起來，失去了工作生活秩序就像大海裏的孤舟四處漂蕩。工作讓人們知道他們在社會中所扮演的角色，並且有一套評量的標準，藉著完成工作，人們得到成就感，培養對自我肯定與建立自信心。

　　台灣早期的經濟情況並不理想，人民所得不高，而且有大量的閒置人口。由馬斯洛（Maslow）的需求層次理論來看，在一個落後貧窮的社會中，人們對工作的需求是要滿足生理及安全的需求，在滿足了基本的需求後才會朝較高層次的需求發展。當時的勞工政策是以低工資率來創造就業機會，解決失業問題，因此鼓勵發展勞力密集的進口替代及出口擴張產業。而民眾為了要能增加收入往往要求加班，其需求層次仍停留在生理及安全階層，根本談不上休閒需求，加上傳統勤勞美德等觀念，促使人們視休閒為罪惡。政府對勞工福利的關注則注重在工作時間、加班、休假，以及保險等規定，鮮少提到休閒生活問題。比較正式來照顧勞工的休閒生活大約開始於高雄加工出口區的女工宿舍，當時為了解決大量女工如何利用下班後可自由支配時間的問題，開始提供語文學習、插花，以及其他生活技能等休閒活動，爾後為了滿足社交生活的需要又提供康樂及旅遊活動。

　　隨著經濟進步，勞工的所得與教育程度均有顯著的改善，由於勞工意識漸漸覺醒，自民國70年起勞資糾紛便有逐年增加的趨勢，為了穩定勞工福利與改善勞工福利水準，政府於是在民國76年成立行政院勞工委員會。自此以後開始有系統的推動勞工休閒服務。目前推展勞工休閒生活具體的作法包括在各縣市設立勞工育樂中心，並且舉辦勞工運動大會、勞工民俗育樂活動、才藝競賽等活動。為了能更有效的改善勞工休閒生活，事業單位成立各種休閒育樂社團，充實育樂設施，以提倡正當休閒生活。經過數年來的努力，勞工休閒生活的重要性已經獲得事業單位肯定。

　　在邁入二十一世紀之刻，展望未來，勞工的經濟條件將繼續受到改善，工作時數仍有減少的空間，休閒是未來生活重心的趨勢則是不可避免的。這也是何以各級學校於員工福利措施上，多辦理自強活動，以運用休閒活動舒緩工作同仁平日生活。然而，未來的勞工休閒和工作仍是

分不開的。近年來全球性的失業問題，與工作性質受到資訊科技之影響而改變，將會對未來的勞工休閒生活造成影響。

貳、休閒的意涵

「休閒」，係指一個人從受到外在的社會制約，與不能充分自我滿足的例行活動中暫時撤退。社會學家文崇一認為：「休閒生活是指暫時離開了生產線或工作崗位，自由自在的去打發時間，並尋求工作以外的心理上的滿足。休閒實際上包括了二層意義：第一、從時間上而言，它是工作和其他社會任務之外的時間；第二、從活動性質而言，它是放鬆、紓解和任意照著個人所好的意圖的一種活動。」易言之，「休閒活動」是透過某種喜好的活動，以提供變化與快樂，使人擺脫了日常社會責任的壓力，滿足了內在理想與感情的需求。

由於有關休閒與日常生活關係密切，因此對其內涵的定義亦非常多元，Kraus（1971）曾經歸納各家說法，並提出休閒的幾個共同意義：

一、人文模式

把休閒本身視為目的，以古希臘人和中國人為代表，認為休閒即沈思、休閒是文化的基礎，此一觀點是由今菁英主義發展而來，對大眾文化有極深刻的批評。

二、治療模式

把休閒當作工具、手段、社會治療或社會控制，譬如當聽到有人說「家人一起休閒當保家庭和樂」、「多提供青少年休閒活動，免得他們為非作歹」，所以休閒被視為是對身心不健康的人的社會治療。

三、量化模式

把休閒視為維生工作之外的剩餘時間或自由時間，這是最通俗的概念，也是最受一般人接受的想法，所以有許多人以自由時間的測量來指涉休閒的多寡，但是自由時間並非即等於休閒，此一模式忽略了個體對休閒的主觀性和內在需求。

四、社會模式

把休閒當成社會體系中的一個重要單元，與家庭、學校、政治和經濟等社會其他體系同樣重要。

五、文化模式

基於文化的價值，將休閒活動、休閒意義與世界觀連結起來，探討休閒與人生價值的關係。

　　休閒可以定義為替有意義活動保留使用的自由裁量時間。休閒本身不管是否對經濟生產力有意義，不管個人是從事運動、遊戲、任何提供價值感、個人熟練度、或提升個人自我形象的活動等，只要能達到休閒揭示的目的均是有意義的休閒活動。

　　以前傳統社會，生活單純，白天工作，晚上就休息，平時也沒有什麼休閒，因此認為休閒是一種浪費時間的活動，但是隨著時間更迭，觀念更新，人們從休閒活動中獲得的滿足，往往超過從工作中獲得的滿足。休閒是當工作時間與生存的基本需求滿足之後所剩的時間，休閒是工作之後的喘息時間，是休息與放鬆的時間，人們應該由工作壓力中重新恢復活力，並準備好重新投入工作。是以就現代的觀點，休閒本身具有其影響深遠的價值和意義。美國社會學者 Summer & Keller 即曾說「娛樂活動不像經濟、家庭、政府、教育和宗教活動那樣具種種制度的形式，而是附屬於社會用以維持自存和自續的各種制度上，構成這些制度輕鬆和較活潑的一面。」

　　不受勞動時間約束的自由時間的增加，實是人類長期以來的願望，也是人類運用其智慧及理性，一方面提升生產力，一方面爭取自由和自求解放而不斷努力的一大成果。對一般大眾來說，自由意味著從事創造性活動機會增加，更多的自由時間使人類得以有機會充實自己、豐富生活內容、增進生命的意義，以實現人生目標及美好生活。人是社會動物，個人真正的美好人生，通常與對美好社會的實現做出貢獻有密切關係。因此自由時間的增加，不僅意味著美好人生的實現可能性增加，同時也意味著美好和諧社會的實現可能性也愈大。

　　特別是在以機械文明為基礎的現代社會，社會關係、朋友關係、甚至親族或家族關係容易變得更加疏遠及淡薄。在精神生活方面特別容易感到空虛和枯燥。而且在機械化的工廠裏，生產勞動也不再依循自然的律動，而須配合機械的速度以及遵循機械的運作原理以行動。結果，工人容易變成機械的一部分，只在扮演那些尚未被自動化機械所取代的部分角色而已。他們感到身為大組織中，依據機械原理以行動的零件意識。這種勞動生活容易感到無奈感、無意義感。這正是馬克思（K. Marx）所指出的現代工人的異化現象。由於機械時代的勞動的異化現象，並不僅於資本主義社會，在官僚體制十分發達的社會也產生同樣嚴重的異化現象：這個命運如果無法徹底克服，其惟一辦法便是只有求之於非工作的休閒生活。從充實、豐富、輕鬆、快樂、有趣、有意義的休閒生活中獲得人生的意義，發展人類的潛能，實現美好的人生，從而對美好社會的實現做出貢獻。

參、休閒的功能

　　隨著社會對休閒的日益重視，許多學者分別建構對休閒的看法，其功能可陳述如下：

一、休養說：認為休閒乃是從工作後的一種自然轉變，藉以恢復精神，重新補充及恢復精力，其目的在轉化活動的方式，如用腦過度，則以聽音樂或散步以為調劑。

二、均衡說：認為遊戲的目的在發洩過剩的精力，遊戲本是動物行為的一種表現，然而人類在維持自己的生存與保持種族延續之餘，仍有過剩精力，當其累積至相當程度，即產生遊戲之衝動，以保持生活之均衡。

三、放鬆說：認為現代社會充滿無止無休的活動，以及一切拚命講求效率的結果，造成一種高度的心理緊張，個人為獲得宣洩，於是寄情於運動和娛樂中，以減除個人的壓力和緊張。

四、教育說：認為遊戲娛樂乃是天賦予人之本能，並且是教育經驗的一部分，透過休閒娛樂，人類可以學習日後所將面臨的事物，用以發揮其固有之本能，故為將來生活之預備。

五、發洩說：認為休閒遊戲是發洩情感的一種工具，使壓抑的情緒獲得紓解，有助於身心的發展，如觀賞戲劇，觀眾的情緒得到發洩而對被壓抑的心靈產生淨化作用，因此休閒遊戲可視之為發洩鬱抑情緒或逃避冷酷現實的一種工具。

六、複演說：認為休閒娛樂活動乃在複演種族過去的活動，當人類面對未來的世界感到心餘力絀時，輒思躲回祖先們生活方式以求解脫，因此，休閒活動只是複演祖先們的生活經驗。

七、表現說：認為人乃活動的生物，活動為生命的基本要素，有生命即有動機和需要，故人的生命歷程中，休閒娛樂與工作同樣扮演著表現自我的角色。

八、生長說：認為遊戲乃因身體構造而成，遊戲的性質純在滿足身體生長的需要，一切生物均有滿足其身體生長的需要，當機體未獲得充分生長，即需要遊戲，如機體已成熟，則遊戲的慾望亦隨之消失。

九、補償說：威廉司契（Wilensky, 1960）由過去學者的分析中引伸出兩個主要假說——延續假說與補償假說。延續假說強調工作經驗與非工作經驗成正相關，如果一個人的工作特性變化小，缺乏決策參與，沒有團體互動的機會，將會導致相同的非工作經驗，也就是說，工作產生的疏離感，會類化到休閒活動上。相反地，補償假說則強調工作經驗與非工作經驗成負相關。如果一個人的工作特性太單調、太孤立、缺乏自主性，則會尋求多變化、多互動機會及富有挑戰性的非工作活動，因此補償假說強調宣洩孔道的尋找，和社會性需求的滿足，以彌補因工作所產生的剝奪經驗。

十、多元說：根據心理體驗發現滿足感、自由度與投入感在不同的休閒活動中都存在。而其中興奮感、精進感與即興感，僅存在某些活動中。心理體驗如下：

1. 滿足感：可使人們覺得滿足與愉快的體驗。

2. 自由感：個人覺得自由自在，沒有任何約束或責任之感覺。

3. 投入感：完全投入休閒活動的體驗。

4. 興奮感：是一種冒險性、複雜性及追求新奇等等的體驗。

5. 精進感：是一種自我能力的考驗及克服環境的感受。

6. 即興感：是一種即興而為的愉快體驗。

　　日出而作，日落而息，勤勞工作一直是中國人遵守的傳統工作態度，近年來社會經濟環境快速的進步。在這快速的進步過程中，工作時間也由民國 55 年的二三八小時減少到民國 90 年

的一六八小時，工作時間減少後，休閒時間也就相對的增加了，同時，「休閒是人類的基本權利，也是生活中很重要的一部分」的觀念也逐漸被人們所接受。然而，要如何有效的運用休閒時間，以創造個人、社會及國家的利益則是不容忽視的問題。因此近年來勞工休閒問題受到各方的重視。

肆、休閒的趨勢

　　幾千年來，人類一直就以工作來定義人生。獉狉未啟的時代，人這種直立前行的動物，必須徒手對抗各種天災、天險與天敵，以求取一安全生存空間，覓食的時間往往數十倍於進食的時間；僅僅在上半個世紀，人類過的仍然是一日不作即一日無食的生活，一天工作十幾個小時是常態。在有沈重工作壓力的時代，人們匍匐於泥世塵俗之中，奔競衣食而不及，工作的中斷也只求喘息而已，所謂「休閒」的這種需求，還是近幾十年才產生的一個嶄新的概念。在歐美及日本這些高度發展的國家，生產力因自動化而提高，組織成本也藉著高效率電子資訊科技的通行而大幅縮減，勞動人口相對地逐步減少工作時數，由十二小時工作制而十小時工作制而八小時工作制，一路節節縮短，這種轉變壓縮在數十年之間完成，到了今日，歐洲已有很多國家以每週工作二十八小時到三十小時，只工作四天為目標了，人們於是有了越來越多的休閒時間。

　　人們寧願選擇額外休閒，而非更多工作與所得，這種情況，於 1940 年代末，首先出現於美國。這種現象顯示那時的人們偏愛有更多的自由時間，來花費金錢；而不是犧牲自由時間，換取更多金錢。這趨勢從 1940 年代起就加速發展，而且它會繼續進行，因為人們討厭職業條件、成功的傳統觀念，與其他傳統的工作價值。於是所謂的「休閒時代」終於宣告到來。

　　展望未來，我們的社會仍將持續進步，勞工們將享有更多的休閒時間，要如何善加運用休閒時間來維持高品質的勞動力，同時也建構出高品質的生活環境將是未來努力的重點。尤其是大學是社會發展的標竿，於倡導正確的休閒生活亦具有社會教化的功能。

一、休閒生活化──雖然休閒是生活中的一部分，已為大多數人所接受，但是受到目前工業社會型態的影響，一般人的休閒生活仍是指週末或假日。為了避免目前集中在週末及假日的休閒人潮與車潮，休閒生活化，以及每天均可有休閒生活的觀念仍有待溝通。

二、休閒不只是玩──一般人仍將休閒與玩聯想在一起，休閒時間除了玩以外還可以去從事許多事情。古人利用空閒時刻創造出的工藝品，便直接的創造了人類的文明生活。而人類如果沒有休閒生活便創造不出文化。我們也希望藉著今天的努力為下一代創造更美好的未來。使我們的下一代能有更多的時間用在創造性的事物上，以追求更快樂的生活。

三、休閒也是自我充實時刻──休閒是為了走更遠的路，勞工的工作受到未來工作型態變動的影響，因此必須善加利用休閒時間充實自己。未來的勞工休閒勢必會受到失業與工作型態改變之影響，勞工們為了保有競爭力，維持被僱用的能力，應認識休閒除了是休息時間也是充電時刻。

四、休閒觀念的宣導——經過多年的努力，事業單位已經能接受勞工休閒生活是工作生活品質中很重要一環的觀念，然而對中小企業而言，導入這種觀念仍有待努力。應可考慮一方面將有舉辦勞工休閒事業單位的成果，介紹給尚未舉辦勞工休閒的事業單位。另一方面也提供給各事業單位從事勞工休閒生活輔導人員一個交換工作心得、傳播工作成果的管道。

五、專業組織的建立——目前事業單位中從事休閒生活輔導者大多另有業務，其專業地位尚未被確認。設立專職人員，並且授予正式工作職稱，將勞工休閒生活輔導人員的專業地位明朗化，仍是推動勞工休閒最直接的作法。對勞工休閒生活輔導人員而言，應輔導其設立一專業的勞工休閒生活輔導人員團體，透過此一團體提供勞工休閒生活輔導人員之專業訓練，並且透過認證制度來確保專業水準。

伍、結語

　　休閒是一種社會現象，一個國家人民休閒時間的多少，以及休閒生活的訴求，均反映出該國的社會狀況。休閒和我們的生活息息相關，提升國民生活品質，並不是單由物質上來改善就可以達到，還必須要從社會文化面上來改善。在固有的文化基礎上來創造新時代高品質的生活。

　　休閒是生活的一部分，它代表了我們對生活方式的態度，休閒除了要注重活動的參與外，更重要的是每一個人對休閒生活的詮釋，因此一個不懂得生活，或不懂生活品味的人恐怕很難體會到休閒的真諦。過去人們所強調的是工作，物質面的改善，卻忽視了休閒生活，以致於雖然我們的國民所得已經超過了一萬三千美元，生活品質卻沒有得到相對的改善。我們必須善用我們的休閒生活，創造出一個富而好禮的社會，才能被稱之為已開發國家。

第二章
私校退撫制度改進方案

壹、前言

　　退休金制度在今日人口結構老化時，是整個福利制度重要的一環。根據實證調查研究，學校教職員亦面臨社會結構的改變、人口老化、經濟消費型態的改變等因素，故在其退休後亦應有完整退撫照應的需要。（陳旭芬，1998）學校辦學品質的良窳實賴教職員的專業素養與敬業態度，學校對於教職員退休後的經濟生活能有所完整規劃與作為，將有助於其安定工作與專業投入，提升教學成效。因此，學校對所屬成員的退撫作為實責無旁貸。依據現有情況推估，一般人為維持必要的生活素養，所需的退休養老金金額約為 900 多萬元。（盧智芳，1999）在民國 85 年 2 月以前公立學校教師依據原有退休制度（恩給制）的退休金，一般任職二十年其退休金約為 400 萬元左右，為因應老年生活照應的需求而言顯然是不足的。為了能改善此種現象，是以公務人員自 84 年 7 月，公校教師自 85 年 2 月採取退撫新制，由恩給制改為儲金制。因為這項新制使得服務公立學校教職員退撫照應得以回應成員的需求，並且相當幅度的滿足退休人員的期待。惟該項措施迄今僅達公校教職員，形成公私立學校的大幅落差，是以造成私校優秀師資紛紛轉向公校服務。影響到私校教學研究的永續發展，形成「私校為公校的跳板」，「私校淪為公校教師的培育所」的困窘情況。另外受到政府修正勞動基準法的影響，民國 88 年 1 月 1 日起，學校凡非屬教師和職員之其餘成員都列入勞動基準法之適用範圍，渠等之退撫金計算方式，為退休前六個月平均薪資，其退休待遇明顯優於私校教職員。不僅形成退撫給與一校多制，且使私校教職員成為各項退撫照應中的弱勢，值得正視。另，軍公教人員退撫金現制的不合宜規劃，致政府承受過高潛藏負債，早有破產之虞，是以優利存款 18%的改革措施造成社會揚揚沸沸。爰此，本文即針對私校教職員退撫現況提出改進方案，以期建制公允合理且足以永續發展的制度。

貳、問題背景

　　由於教育資源與社會需求的考量，我國不僅有為數可觀的私立學校，鼓勵私人興學亦為國家的重要政策，是以憲法 162 條即明白揭示：「全國公私立之教育文化機關，一律受國家之監督。」私立學校之興設，依據民國 63 年 11 月 16 日總統（63）台總（1）義字第 5207 號令制定公布之私立學校第 1 條：「為增加國民就學機會，獎勵私人捐資興學，並謀私立學校之健全發展，特制定本法。」及第 2 條「各級、各類學校，除師範學校、特定學校由政府辦理，國民教育以由政

府辦理原則外，均得由私人申請設立。」所以除了師範學校、特定學校應由政府辦理及國民教育學校原則由政府辦理外，其餘學校均得由私人申請設立，在此時私人設校已有明確的法律定位。（陳旭芬，1998）爰此，私立學校組織制度得於國家的監督下，呈現著：一是依法辦理，二有一致完善的管理和嚴謹規範；以期教育成果品質的確保，整個私立學校除師資不同外，無論教材與課程、教師資格，甚至於學校制度等，多與公立學校有相似的特色。以教育性質來分析，我國私人興學多集中在高級中等以上之選擇性教育，也說明了我國私人興學以專門教育居多；私立學校在負擔國家的教育功能上，貢獻不少，尤以私立高中、職及私立大專校院為最，其中私立高中占高中總校數的 45.08%，私立高職占高職總校數的 46.63%，私立專科占專科總校數的 84.21%，私立獨立學院占獨立學院總校數的 70.51%，私立大學則占大學總校數的 62.96%；專科階段私校學生人數超過總額五分之四，獨立學院中私校學生數則達四分之三，大學中私校學生人數亦超過六成。在在顯示了私立學校在師範學校、特定學校（軍校）及國民義務教育以外的各級學制，提供了可觀的教育資源與學習空間的重大貢獻。我國私立學校對於我國國民教育以外各級學制，貢獻相當多的心力、財力，也減輕政府對於教育經費支出，更為國家培育了不少的優秀人才。（陳旭芬，1998）儘管如此，公私立學校於教育資源的懸殊差距也是不爭的事實，此種情形不單影響私校的辦學成效，並且嚴重困窘私校服務師長的士氣。曾在民國 85 年至 87 年出任教育部長的吳京先生也承認，對於公私立學校：「我們政府以往並沒有以一視同仁的態度來看待。公立大學學生平均可享受到的教育資源是私立大學學生的八倍半，但私校的學費卻是公立的兩倍半，也就是說，公立大學學生使用的教育資源大致是私校學生的二十倍，這實在不公平。」

公私立學校長期以來教育資源差距所產生的嚴重落差。為了正視上述現象，教師法於民國 84 年 8 月 9 日經總統以華總（1）義字第 5890 號令公布實施，即採取「公教分途、公私合一」的精神，依據該法第 3 條所示：「本法於公立及已立案之私立學校專任教師適用之。」依據教師法的原旨於建立退休撫卹制度，應讓私校教師享有和公立學校擁有同樣的退撫照應。以回應憲法第 165 條：「有關國家應對於從事教育、文化、藝術工作者之生活予以保障，並視經濟發展情形隨時提高其待遇。」之規定精神，用以平衡公私立學校教師待遇福利，確立「公私合一」之教師管理制度原則，也促成私立學校教師退休撫卹制度進一步改革的契機。教師法第 24 條述明：「教師之退休、撫卹、離職及資遣給付採儲金方式，由學校與教師共同撥繳費用建立之退休撫卹基金支付之，並由政府負擔最後支付保證責任。儲金制建立前之年資，其退休金、撫卹金、資遣金之核發依原有規定辦理。教師於服務一定年數離職時，應准予發給退休撫卹基金所提撥之儲金。前項儲金由教師其學校依月俸比例按月儲備之。公私立學校教師互轉時，其退休、離職及資遣年資應合併計算。」至此，私立學校教師之退休、撫卹，稍有明確之法律定位。但是，公私立學校分治由來已久，單靠上述教師法之公布，即要求在短時間內能二制合一，仍有許多問題待克服與解決，而最大之困擾乃是財源困難的問題。

　　現行私校教師退撫制度，無法與公立學校同等級教師一般享有月退休俸及優惠存款利率之權益，致使晚年生活堪慮。服務私校三十多年者若一次領退休金，再放銀行定存，以現行銀行利率，每月所得尚不足兩萬元，同樣服務於公立學校三十年以上者，如領月退俸，其本俸加上保險費優惠存款 18%的利率，每月可得六、七萬元；即是一次退休，所得給付以優惠存款利率計算，每月所得亦與此數不相上下。同樣奉獻教育三十多年，晚年的生活待遇卻相差三倍之多，政府官員常強調：「教育無公私之分」，但退休待遇卻有天壤之別，是今日多數服務私校教師期盼轉入公校的主要考量。然而，就公私立學校教師退撫制度的整併作為存在著如下問題（經建會，2002）：

一、公立學校採行共同提撥之退撫新制（由教師及政府按 35%與 65%分擔），私立學校則仍停留在類似公教人員之退撫舊制（由學費的 2%及學校董事會 1%撥付），與教師法明訂之教師退撫制度（共同提撥儲金制）不符。目前全部公立學校均依法令加入公務人員退撫基金，但同時卻未強制私立學校教職員工加入私立學校教職員工退撫基金。

二、公立與私立學校教師，由於雇主、薪資報酬，以及其他勞動條件並不完全相同，但這些因素卻與退休制度的規劃設計有密切關係。要以同一制度套用在勞動條件不同的對象上，其相關權利與義務必須有統整性的釐清。

三、目前不論是公務人員退撫基金，或是私立學校教職員工退撫基金，兩者均潛藏長期財務虧損等相關問題。體制的合併，雙方體質一定要好，才有可能產生良性的效益，否則不管是私校教師加入公務人員退撫基金，或是全體老師分別退出原有基金，再共同另創一個基金，均很難期待其成功機率。

四、由於公務人員退撫基金本身，仍然存在許多需要調整改善之問題，例如現行提撥率與所需成本費率相去甚遠、寬鬆的月退休金給付條件、對工作倫理與世代公平性有不良影響等，須就制度面加以檢討，因此，現階段若要將私校併入公務人員退撫基金，將使問題更趨複雜。

　　本文企圖建置公私立教職員工同仁具有相近的退撫給與，除係考量退休照護議題已儼然成為先進國家推動社會福利的意旨之外，尚且存有後列主要意義：

一、打破過去公私立學校的不公平待遇，伸張社會公允。

二、重建合理的制度，使教改不只是口號，而是一種實踐。

三、私校同仁生活得到保障無後顧之憂，自然得以不再汲汲於往公立學校推移，藉由安定教學將裨益私校的教學環境及品質提升，以培育優秀青年學子。

　　美國教育學家赫金斯（Robert. M. Hutchins）曾說：「要有好的學校，必須有好的教師；要有好的教師，必須改善教師待遇。」待遇的內涵包括多種，如以馬斯洛（A. H. Maslow）前期所提出的需求層次論而言，即分別為生理的、安全的、認同感的、尊榮感、自我實現等五種需要來看，薪資是屬於滿足生理的需要，而退休撫卹給與則是滿足了安全的需要！是一種相當重要穩定人心的制度。依據美國國家企業會議（The National Industrial Conference Board）於 1974 年對

於影響員工工作情緒的七十一個因素中對於保險及養老金辦法，有 36.6%的人認為是影響工作最重要因素（許濱松，1981），其重要性與必要性可見一斑。而我國之公教人員，因政府對於在職退休或撫卹之公教人員，依公務人員退休法、公務人員撫卹法、學校教職員退休條例、學校教職員撫卹條例等各項法規予以照護，雖未必能使已退休公教人員或亡故之公教遺族之晚年生活富足無憂，但足以安定生活。然而，長久以來，我們的制度卻漠視一群同樣從事教職，但身分既不能歸屬公立學校之私校教師，實欠妥適！

參、私校退休制度簡述

我國目前私立學校共計有四〇六所，在私立學校教職員保險制度尚未建立前，有關各校教職員之退休撫卹事宜，均係依照各校財力建立不同內容之退休撫卹制度，私校教師退休撫卹保障差異極大，與公立學校相較更是明顯不足，為了能使從事教育工作者安心工作，並對於私校學生的受教權有更加明確的保障，政府遂逐年的建立了以下措施，以縮短公立及私立與私立學校間之差異，茲分述如下：

一、私立學校教職員保險制度

依照民國 69 年 8 月 8 日總統令公布「私立學校教職員保險條例」及 69 年 9 月 29 日由教育部與銓敘部會銜發布「私立學校教職員條例施行細則」，比照公務人員保險來辦理私立學校職員保險。由政府、私立學校及教師按比例相互提撥，以為私校教師福利之保障。究其被保險人的退休養老給付及發生死亡事故的相關規定，述明如下列諸項：

（一）就參加資格言：其限制為私立學校編制內有薪給、專任且年齡未滿六十五歲者，始可參加。
（二）就年資計算而言：以參加私校保險，自該保險效力開始起算，至於參加其他保險之年資則不併計。
（三）就請領養老給付規定：必須依據退休法規或銓敘部核備有案者。
（四）依各校之單行退休法規辦理退休，並繳付保險費滿五年以上者，始得請領養老給付，若為其他原因離職退保者，不得請領。
（五）給付方式：養老與撫卹給付為一次金給與。
（六）被保險人發生死亡事故時，如係因公死亡者，給付三十六個保險月俸額；如係因病或意外死亡時，給付三十個月俸額的死亡給付。

二、私立學校教師退休撫卹制度

依民國 80 年 12 月 30 日總統令修正公布之私立學校法第 55 條規定「私立學校董事會應訂定章則，籌措經費辦理有關私立學校教職員之退休、撫卹、資遣等福利事宜；該章則應報請主管教育行政機關核備。依前項章則訂定退休金、撫卹金之給與標準達公立學校規定之學校，每

學期得報請主管教育行政機關核准於學費 2% 以下另酌收教職員工退休、撫卹經費，連同董事會及學校相對提撥學費 1% 以下之經費，共同成立私立學校教職員工退休撫卹基金；此類基金之建立，如有不足數，主管教育行政機關應予以支應。報准於學費 2% 以下收取之退休、撫卹經費，應分年依 0.5% 比例逐步達到 2% 之標準，並專戶儲存不得流用；未依規定辦理或予流用者，主管教育行政機關應即監督追回並停止繼續收取退休、撫卹經費。退休、撫卹給與高於公立學校標準者，高於標準部分所需經費，由董事會及學校自行負擔。但主管教育行政機關應予獎勵。主管教育行政機關應會同行政院有關部會輔導成立全國性私立學校教職員工退休撫卹基金管理委員會，由私立學校董事會、教職員工及有關行政機關代表組成，並向法院登記為財團法人，以統籌基金會之收取、提撥、管理、運用；此項基金之建立及其管理運用辦法，由中央主管教育機關定之。」依上開規定，於民國 81 年 8 月成立了財團法人中華民國私立學校教職員工退休撫卹基金管理委員會。私立學校教師退休金、撫卹金之給與標準，只能採行公立學校教師一次退休金給與標準與方式。

肆、規劃方案

衡諸公校退撫制度現況並依據學理，未來私校教職員退休金制度之發展，長遠根本的改革方向以建立共同提撥之個人儲蓄帳戶制為改革目標，才能徹底解決目前所存在的公、私立學校教師退撫制度之差距，並利未來永續發展。同時，配合目前勞工退休制度亦規劃建立個人帳戶，未來公、私部門退休制度年資銜接轉換等問題均可隨之解決。如此，方能以因應未來社會環境變遷之需要。如確定未來朝此一方向規劃，建議可由私校退撫制度先行推動。因此本文所研擬的退休給與是結合實況和學理的特點，採取以個人可攜式儲金為方式，教職員納入相同的退撫照應，仿照企業退休年金精神，比照公立學校既有儲金制給與，自教職員本俸的兩倍乘以一定百分比的費率，使本規劃接近於公立學校教職員退撫時所得到的照應。

由於本方案係採固定提撥制精神，並且強調個別學校設置儲金專戶，獨立分戶立帳，同時是以每位教職員為一個人帳戶方式，因此，儲金費率可由各校依據財務情況審慎研訂，按月提撥儲金，該儲金其中 35% 自付，另 65% 由私校退撫基金管理委員會支付，如該基金有所不足時則由政府補助。按月提列至教職員個人名義之帳戶，於退撫時則可以依據當事人之請求，採一次給付或比照民間金融機構之保險年金方式發給，而技工工友原納入勞基法之退撫給與，退撫給與則依照勞工退休條例辦理。

亦即為謀私校教職員得與公校採取相接近的退撫照應，此制度實施後，私校退休之教職員於退撫金將有二項來源，分別為：

1. 公教人員保險法提列教職員之養老給付（最高為三十六個基數）。

2. 參採公校儲金制精神，以個人分戶立帳方式辦理之「固定提撥制」退撫金，係計算自實施本方案起以降之服務年資，援引公校儲金精神以一次發給方式提供之退撫金，該退休金亦可委請特定金融保險機構以保險年金方式給與。

本方案計經衡酌現況及學理於內涵上具有下列特色：

1. 以固定提撥制取代固定給付制。
2. 建立個人儲金專戶。
3. 確定儲金提撥費率。
4. 採個人可攜式儲金。
5. 學校負擔與現制相同。
6. 退撫金以一次發給為原則。
7. 結合民間金融業者以利執行年金給付。
8. 維持既有公教人員保險及私校退撫基金之穩定運作。
9. 學校教職員一體適用落實校園正義公允精神。
10. 學校得量力提高給與金額，費率可由學校依據財務狀況為彈性調整，以裨益私校競爭力的提升。

如以本規劃案落實執行，則其主要優點包括：

1. 使私校教職員於退撫時獲得「公教保險」（或勞工保險）之養老給付，「私校退撫金」退撫給與及本項儲金制之給與等，適度增加退撫金給與。
2. 採取固定提撥制，避免重蹈現行政府辦理軍公教退撫之潛藏負債。
3. 教職員得納入相同制度避免紛擾。
4. 採取個人可攜式儲金，有助於個人權益維護。
5. 對私校退撫基金會之運作不產生影響，維持其穩定性。
6. 學校負擔與現行制度相同。
7. 個人儲金採取複利方式，有助於給與增加。
8. 中小學及大專校院，均一體適用。

針對本方案所擬基金運作與管理將為重點項目之一，本方案建議成立超然的「私立學校教職員退休基金監督管理委員會」，以財團法人方式，分別由政府代表、學校代表、教職員代表各三分之一組成；辦理退撫儲金之管理，於應用時宜考量安全性、收益性及流動性等原則，並配合金融環境作最佳決策，以期在充分保障員工退休給付的前提下，使退休金能創造最高效益。我們不妨參考，退休金制度發展較久及健全的國家，制訂專門規範非營利組織的退休辦法之法律，而在賦益權及員工退休收入保障方面，成立像美國「退休金給付保證公司」PBGC（Pension Benefit Guaranty Corporation）的非營利機構，來保障教職員工退休後之收入，並允許合於標準的適格計畫（Qualified Plan）能自行運用退休基金；如此，不僅於安全性方面，可使教職員工的

退休金無虞，在收益性方面，亦不致遭到學校的排斥。當然，這必須由政府和具專業素養的學者共同加以研究與設計，方能完成並建立真正適合本國之退休金制度。

任何制度的建立與變革的構想，都必須審視對過去、現在與未來的衝擊及調適的制度空間與具體可操作的模式，才有可能儘量減少人民對制度確立或變革的疑慮。我們不敢奢望比照軍公教的優渥待遇，但求一個可以讓教職員工老年退休有起碼保障的制度。我國至目前為止，多數退撫制度採行確定給付（defined benefit plan），如公、勞保等，均有程度不一之財務問題；相較於採行確定給付制之工業化國家，其年金保險亦均有給付沉重之財務危機。晚近世界銀行（World Bank）提出一套對年金制度建制之建議並鼓勵各國採行，其主要論點為，年金制度應依提供「基本生活需要（消除貧窮）」或「額外之生活保障」等目的之不同，分別訂定不同之制度，其中「額外之生活保障」即主張採行確定提撥制（defined contribution plan）；加上智利年金制度成功地改採確定提撥制之啟示；以及其他拉丁美洲和部分工業化國家，如瑞典、美國等已有將年金制度部分或全面改採確定提撥制之發展趨勢，故欲建立長久之年金制度實有採行確定提撥制之必要性。另外，我們應可獲得一深刻瞭解，即除了具有所得重分配與基本生活保障之基礎年金外，私校教職員工年金應以「儲蓄」為主要目的。

為了周延建立私校教職員工退撫年金制度，以為非營利組織之典範，我們利用世界銀行之三層保障建議。其中第一層保障為老人社會救助與津貼制度，給付水準以基本生活保障為主。由於我國已有相當規模之社會救助制度，故以稅收支應第一層保障應不致增加過多政府負擔。至於公勞保則逐步改採確定提撥制，並分別與全面採確定提撥制之公教人員退撫制度、私校教職員工退撫制度，或勞基法退休金制度整合為一，形成第二層保障，而為提高投資績效，應採行智利之民營保險制。至於第三層保障，則為自願儲蓄，但政府應提供儲蓄管道或稅賦優惠之鼓勵。如此，老人之經濟生活安全將可獲得保障，而政府負擔僅第一層為限，不致因人口老化或制度成熟而陷入財務發生困難之泥淖；此外，第二層視個人提撥金額之多寡決定給付水準之制度設計，除可收公平之效外，其對勞動力亦不致造成任何扭曲，而最重要的是確定提撥制將具有提高國民儲蓄率及促進經濟發展之效果，對於落實社會正義亦可謂是具體的實踐。

伍、「私立學校教職員退休撫卹條例」草案

依 84 年 8 月 9 日制定公布之教師法第 24 條規定，教師之退休、撫卹、離職及資遣給付採儲金方式，由學校與教師共同撥繳費用建立之退休撫卹基金支付。公立學校教職員業於 85 年 2 月 1 日建立公立學校教職員退休撫卹基金，由學校與教師共同撥繳費用，改採儲金制。惟現行私立學校教師退撫制度，仍維持依私立學校法第 58 條規定，由各私立學校另收學生學費 2%，並連同各私校董事會及學校相對提撥學費之 1%共同成立私立學校教職員工退休撫卹基金，並以公立學校教職員舊制標準給付退休、撫卹及資遣給與，尚未改採儲金制。為符教師法之規定，建置完善之私立學校教師退撫制度，以落實教師法第 24 條第 1 項：「教師之退休、撫卹、離職

及資遣給付採儲金方式,由學校與教師共同撥繳費用建立之退休撫卹基金支付之……」之規定,建置完善之私立學校教師退撫制度,就私立學校教師是否與公立學校教師合併設置退撫基金,基於大幅增加政府財政負擔及退撫基金整體提撥率將大幅提高,規劃公私立學校教師允宜仍維持分別適用不同退撫基金之制度設計,較為妥適。私校教職員退撫基金採確定提撥之共識。為使私立學校教職員退休、撫卹制度益臻健全,除委託學者進行現行私校退撫基金潛藏負債及實施儲金制後在不同提撥率下之退撫給與等精算外,並參酌學校教職員退休條例、學校教職員撫卹條例、勞工退休金條例、公務人員退休法修正草案及公務人員撫卹法修正草案,冀望在永續經營、恆平性及合理性之前提下研議規劃完善之私立學校退撫儲金制度。爰擬具「私立學校教職員退休撫卹條例」(以下簡稱本條例)草案,其重點如次:

一、明定本條例之法源依據。(第 1 條)

二、明定本條例適用之教職員對象。(第 2 條)

三、明定本條例所稱主管機關。(第 3 條)

四、明定教師之退休、資遣、離職及撫卹給與,由學校與教師共同撥繳費用建立基金支付之及私立學校教職員退休基金監督管理委員會(以下簡稱私校監管會)之設置。(第 4 條)

五、明定教職員退休金相關業務由教育部委託私校監管會辦理之。(第 5 條)

六、明定教職員應該成立個人帳戶及本條例施行之強制性。(第 6 條)

七、明定儲金制撥繳費用費率、撥繳經費方式及私校退撫基金之來源。(第 7 條)

八、明定本條例施行前後得合併計算之任職年資。(第 8 條)

九、明定已領退休給與或資遣給與或離職退費之人員再任學校教職員重行退休時,退休年資及退休金給與計算方式。(第 9 條)

十、明定教職員退休類別。(第 10 條)

十一、明定教職員申請退休條件。(第 11 條)

十二、明定教職員屆齡退休及專科以上學校教授辦理延長服務規定。(第 12 條)

十三、明定教職員命令退休規定及有關殘廢標準之認定及因行職務傷病之認定。(第 13 條)

十四、明定教職員退休年齡之認定基準及退休生效日之規定。(第 14 條)

十五、明定退休金之給付方式。(第 15 條)

十六、明定領取月退休金者應投保年金保險。(第 16 條)

十七、明定教職員舊制年資退休金給與之計算方式。(第 17 條)

十八、明定私立學校教師退休金之併計給與方式。(第 18 條)

十九、明定曾任公立學校校長、教師任職年資於以本條例辦理退休時,退休給與之計算方式。(第 19 條)

二十、因執行職務傷病成殘命令退休教師退休給與加發規定及其給付機關。(第 20 條)

二十一、明定學校教職員及校長資遣要件及程序。(第 21 條)

二十二、明定私立學校教職員資遣年資之採計、資遣給與之計算及支付機構分別依本條例退休
　　　　規定辦理。（第22條）

二十三、明定教職員自願離職者，得申請離職退費之規定。（第23條）

二十四、明定撫卹之要件。（第24條）

二十五、明定撫卹金給與之計算方式。（第25條）

二十六、明定教職員撫卹年資之採計標準及其支給機關。（第26條）

二十七、明定教職員因執行職務死亡之認定基準。（第27條）

二十八、明定教職員遺族撫卹金受領人之順序。（第28條）

二十九、明定退撫金之來源。（第29條）

三　十、明定退撫基金管理、運用及盈虧分配之辦法及委託經營規定、範圍及經費，由私校監
　　　　管會擬定，報請教育部核定之。（第30條）

三十一、明定退撫基金經營運作之相關事宜。（第31條至第33條）

三十二、明定行政費用來源。（第34條）

三十三、明定受委託運用退撫基金之機構違反規定之罰則。（第35條）

三十四、明定罰鍰之執行。（第36條）

三十五、明定學校違反規定之處理方式。（第37條）

三十六、明定教職員請領退休金權利時效。（第38條）

三十七、明定教職員請領退休金之權利，不得扣押、讓與或供擔保。（第39條）

三十八、明定準用本條例人員之規定。（第40條）

三十九、明定外籍人士依規定擔任教師，其退休、資遣、離職、撫卹事項，準用本條例之規定
　　　　辦理。（第41條）

四　十、明定本條例施行細則及施行日期。（第42條至第43條）

陸、私校退撫改進建議

　　教育攸關國家未來發展至鉅，教育的品質優良與否，影響學生學習情緒及其日後發展，而影響教育成敗的因素最重要的是教育行政結構、教師的素質及學生的素質三項。學校教師的素質則有賴於學校的研究環境，包括經費、研究風氣等，及教師待遇福利之配合。因此如何改進當前私立學校退休金制度，是教育主管當局及校方刻不容緩亟待研究的課題。為改進私校退休金制度需著眼於下述工作：

　　第一、薪資遞延觀念的建立：就建立退休年金制度而言，首先有賴於對退休金觀念的突破，亦即應從酬庸式的退休金觀念轉變成遞延薪資的觀念，如此才能達到各校間人才交流的目的。就目前各校採用基數累積型辦理退休金制度而言，基數累積方式不一，通常是往後加重型（Back-Loading），若沿用此種方式，欲年資併計，便會使該教職員服務於前後的學校有不公平

的負擔存在。但若新的制度，各校皆採單一的設定醵金方式，各個學校根據教職員需要及財務能力，於每個教職員的服務年度內負擔薪資的固定百分比，對該教職員所服務的各校而言，責任可說都是一樣的，校際間無分野，且預儲退休基金，更能使教師盡其所能，造福社會大眾。惟要使新制度達到保障退休教職員的目的，則需另成立一管理機構，負責將各校的退休金事務集中處理，將醵金投資運用。並規定各教職員需在離開各私立學校，才可領取應得給付，避免提早領出，自己投資運用不當，失去保障意義。至於該機構之組成，事務之處理，有賴於專家進一步研究。世界上的事務，總是隨著時空的轉移，而有不同的面貌與思想。退休金制度正如這樣的發展，從無到有，再從有到健全，從忠於一個雇主的觀念到忠於整個社會大眾的觀念。教師的貢獻在於造就優良的學生，其受惠的是整個社會，並非如營利機構的員工，所有的成果歸於雇主所有。所以今後私立學校退休金制度，應趨於確保給付之保障，著重遞延薪資之概念，採用各校年資可以併計，公私立師資不分軫域，可以同獲保障的設定醵金方式辦理退休金制度。

第二、按月提繳退撫經費：私立學校教職員工退休撫卹基金依私立學校法第 58 條之規定，係由學費另行收取，連同董事會及學校相對提撥之經費共同組成，如有不足之數，由主管教育行政機關予以支應，教職員工本人毋庸負擔。惟公務人員退撫制度改革後，退休撫卹給與已由恩給制改為儲金制，公務人員退休法業經修正公布，現職人員應按月照退撫金基數 8%至 12%，其中 35%繳付退撫經費，學校教職員退休條例亦比照修正，並自 85 年 2 月 1 日施行。公教人員退撫制度以提撥預儲準備基金方式辦理時，為使私立學校教職員退撫所得亦能按公立學校水準提高，私立學校教職員依公立學校同等級教職員自繳退撫基金比例按月提繳退撫經費，併私校退撫金管理、運用，似為必走之路，而於研議建立私校退撫制度時，私校亦已有此共識。

第三、領退休年金及年撫卹金：為使私立學校教職員退撫制度得以保障退休後生活，並基於基金安全之考量，在私校退撫制度實施如何使之亦得選擇支領月退休金及年撫卹金，於方案上亦有著墨。基於對退休金重要性的認知，先進國家早已發展成熟的企業退休金制度並以適當的法令加以規範，學術界亦頻頻經由經濟、社會、企業的層面發表論文，強調退休金制度的重要性以喚起社會的重視，此均為方案規劃時所參採。

台灣地區人口老化是大家關切的問題。94 年底台閩地區 65 歲以上的老年人口已經超過二百萬五十人，占總人口的 9.4%。不僅人口日趨老化，國人也越來越長壽。近十年來國民平均壽命增加 1.41 歲。94 年台閩地區國民平均壽命為 75.03 歲，其中男性為 73.20 歲，女性為 78.06 歲。國民壽命的延長在財務方面的意義為社會養老負擔加重。這個加重的負擔勢必要由日後年輕的一代來揹負。90 年 0 到 14 歲的人口是四百七十萬五千人，占總人口數的 21.43%，較上一年減少 1.68%，這意謂著他日扶養人口的減少，表示日益加重的養老負擔必須要由日漸減少比例的人口來承擔，這種負擔十分沉重，未來的世代是否承受得起？值得憂慮。

這種養老負擔日漸沉重的現象不僅在台灣，而且是在世界上許多國家已經發生。因此世界銀行在 1994 年的報告中就指出有全球性的退休金危機，而且呼籲所有國家正視這個問題。世界銀行進一步呼籲各國應建立一個至少有三個支柱的養老制度（multi-pillar system），所謂三個支

柱是指由政府負責的支柱（publicly managed pillar）、雇主負責的支柱（privately managed pillar）、及個人自願的支柱（voluntary pillar），這三方面都應該及早籌措財源以鞏固老年的經濟安全。簡單的說，由政府提供的退休基金、雇主提供的退休基金及個人自願建立的退休基金三者可構成一個穩當的安全網。

　　環顧世界各國，有的國家如美國、英國已經建立上述三個支柱；有的國家有兩個支柱，如新加坡；有的國家則只有一個支柱，如智利。各國的政策考量雖各有不同，但有一點相同的，就是各國仍然繼續推動改革，譬如美國目前有社會安全制度民營化的呼聲。主張將目前人民薪給中 12.4% 的社會安全稅捐中的 2 個百分點改存入所謂的個人退休基金帳戶（personal retirement account），目的在於避免美國社會安全制度在 2034 年走上破產的命運。基本上，台灣的養老制度由二個支柱所支撐，其一是由雇主提供的退休基金，其二是對部分職業由政府補助的養老給付保險，但是這兩個支柱都不健全。此外政府對中低收入戶分別給與 3,000 元至 6,000 元不等的老人生活津貼、老農津貼、老漁津貼、榮民安養、部分縣市發放老人年金等，但這些津貼都是因應選舉而即興式的發給，沒有固定的財源，也沒有法源，因此不是永續性、長期性的制度。在台灣人口老化日趨惡化的今天，是我們應該提倡建立個人退休基金這第三個支柱以強化老年經濟安全的時候了。

柒、結語

　　教育乃百年大計，其成敗具深遠影響，而教師的福利攸關教學工作甚鉅，若教育工作者對其未來生活常懷不安的情緒，不能平心靜氣的為教育工作耕耘，何能達到傳道、授業、解惑的基本使命呢？而教師如由於生活的缺乏保障，以致無法羅致優良師資，產生的惡性循環，首當其衝之受害者仍為無辜學子及社會大眾。因此，完善的福利制度，才能夠安定教職員的教學情緒，進而促進教學工作及提升教學品質，造就國家未來的建設人才。而退休撫卹制度更是整個福利制度中最重要的一環。因此如何健全私立學校的退撫基金的運作，俾能使退休教職員獲得確實保障，安定在職教師的教學情緒，來為資源分配處於弱勢的私立學校學生盡心盡力，乃為當前各私立學校及教育主管機關之重要課題。

第三章

學校福利服務

「大道之行也，天下為公，選賢與能，講信修睦，故人不獨親其親，不獨子其子，使老有所終，壯有所用，幼有所長。」（禮記‧禮運大同篇）

壹、前言

學校的福利攸關教學工作甚鉅，若教育工作者對其未來生活常懷不安的情緒，不能平心靜氣的為教育工作耕耘，何能達到傳道、授業、解惑的基本使命呢？而教師如由於生活的缺乏保障，以致學校無法羅致優良師資，其產生的惡性循環，首當其衝的受害者仍為無辜學子及社會大眾。因此，完善的福利制度，才能夠安定教職員的教學情緒，進而促進教學工作及提升教學品質，造就社會發展的建設人才。

社會福利的產生，是由於工業社會的生產型態和家庭關係的變化，使個人原本依賴家庭、親族所提供的生活保障，轉而為政府和社會機構所取代，運用制度化的規劃以滿足民眾生存的基本需求，成為多數國家發展的目標。尤其，先進國家在邁向現代化過程，積極追求經濟發展，並以此經濟成長的成果，透過合理的福利服務體系以均霑於全民，向為政府致力追求的目標。為能達成社會福利的遠景，以規劃健全完整的福利服務體系，又足以避免政府於推動福利工作所帶來財政困蹇的窘境，西方國家已有積極朝向建立完善的「職業福利體系」，取代若干政府直接介入的福利服務。職業福利體系，是由職場所辦理的一種員工福利服務，這種福利服務體系不僅使得職工能與學校建立起「生命共同體」的關係，裨益學校穩定成長，並且也是體現社會福利的具體作為。

學校不單為一教育實施場域，也是職業場所，是以學校福利服務正是落實職業福利的一環。目前職業福利的重心多集中於雇主與政府的福利上，也就是職業福利一方面是報酬的一部分，另方面也是社會政策規範下勞工享有的權益，它代表了如福利學者笛姆斯（Titmuss）所提職業福利、公共福利和財稅福利的組合，使職業福利具有多樣性的功能。檢視當前我們社會所實施的福利措施，部分是以企業所辦理的職業福利為主，配合政府的財稅減免，佐以政府辦理的公共福利，如失業救助、急難救助、勞工住宅等福利補充其不足，是一種較強調「功績取向」的福利，著重人力資源管理思想和激勵的作為。然而無論自社會福利的學理或推動的實況而言，可以清晰發現職業福利已成為未來福利發展趨勢。過去企業辦理福利皆僅認為是對員工恩惠或是盡社會責任，至今已演變成為人力資源管理的工具，並且足以達成社會福利揭示的目標。

近年來教育環境的高度競爭，為求學校能於競爭行列中邁向卓越，誠然須重視校園人力資源及教育於社會中所扮演的角色。是以有若干學校已將人事管理轉型為人力資源，其具體體現即為學校福利的重視與推動。有鑑於私立學校原有資源即較為有限，爰此，更宜透過學校福利服務的加強，以強化人力素質，以期提高辦學績效。

貳、學校福利的意涵

社會福利（Social Welfare）在人類社會中是一種「古已有之，於今為盛」的制度，尤其是，在進入工業社會後，發展到了事關各國國民切身利益，並對許多國家的政治與社會產生重要影響，自二十世紀以後，社會福利服務成為工業社會和市場經濟十分重要的組成部分，並成為追求社會公平與整體發展的具體體現。提倡社會福利服務的學者強調此項制度的基本觀點為：第一、平等與幸福是人類追求的終極目標，而經濟與社會的協調發展則是我們不斷接近這個目標最理想的方式。第二、公平是公義社會的本質和核心，但現代社會推行福利服務又不能排斥效率，即它接受著更高層次上的效率與公平關係的期待，且在執行中需要根據具體的條件來選擇效率較高的方式。第三、社會福利制度是現代社會發展和文明進步的產物，它必定會隨著社會的導引而繼續發展，並在不同的社會經濟背景與歷史文化背景下表現出多樣性的特質。（詹火生，1983）

究此，職業福利就是在社會福利理念下於職場上展現的一種福利服務樣態，用以提升職工的生活品質，並藉以提升職場的生產效能，而學校福利是體現職業福利的一種型態。職業福利（Occupational Benefits）（亦稱為職場福利、機構福利、員工福利、勞工福利）「是以企業或社會團體為責任主體，並專門為內部員工提供的一種福利待遇，它本質上屬於職工激勵機制範疇，是職工薪酬制度的重要補充。」（詹火生，1992）因此，從本源意義出發，職業福利是機構招攬人才和激勵員工，並藉此補強政府頒行法定福利措施不足的一種手段。

隨著產業型態的轉變、經濟的發展、國民所得的增加，職業福利的成本占薪資總額的百分比例正快速上升；以美國而言，他們的員工福利支出占總人事成本的比例由 1959 年的 2%，上升到 1990 年的 38%，1995 年職業福利成本占員工薪酬的 40%。（Grapman, 1997）企業之所以投資如此高的成本在福利上，是因為覺得人才是企業最重要的資產，在高度競爭的時代，組織發展的良窳與人才的進用、留用、激勵息息相關，當員工對企業有更多的期待，企業如果無法吸引優秀人才，將無法提升其競爭力，更遑論組織的發展。

伴隨著經濟的發展、所得提升，薪資不再是員工惟一追求的目的，員工對福利的改善不但越來越注重，職業福利的內涵也將日趨精緻化與多元化。在此種轉變下，企業對其福利、薪資制度，必須作相應的調整，這是追求卓越的企業主管日益關心的問題，這也是職業福利漸次受到重視之處。

在歷史上，西方的社會福利與慈善事業和濟貧服務同義。在二十世紀以前，西方的社會福利是建立在自由主義、個人責任的私人善行基礎上的行動，它為少數人提供服務。進入二十世紀以後，社會福利才作為一種國家制度化的行為，在國家的干預下，成為各國國民能夠普遍分享的一種或一類社會政策。第二次世界大戰結束以後，其國民普遍希望休養生息，渴望社會福利，從而使政府能夠在社會福利方面有較大作為。福利國家逐漸成為先進國家標榜和追求的一種理想制度，福利開支多由中央政府統籌，政府幾乎包攬了所有的社會福利責任。其結果，福利範圍越來越廣，可以說是「從搖籃到墳墓」無所不包，福利內容越來越廣，福利開支越來越大，福利開支的增長造成了政府沉重的財政負擔。二十世紀 70 年代末、80 年代初，終於釀成了福利國家危機。（葉至誠，2002）人們普遍對於社會福利經費的擴張與服務效果之間的關係產生懷疑和反省。常見的批評意見有 1.引發道德危機；2.成果不具效率；3.給付缺乏公平；4.沒有治本成效；5.形成合法危機；6.導致財政危機。

為了解決福利國家危機，於是有許多改革措施出現，主要內容包括：1.政府財政緊縮；2.實施分權作為；3.減少干預行為；4.開放管制措施；5.導入民營方式；6.運用社區力量；7.強化家庭功能；8.強調個人責任等措施，以期於福利服務措施上減緩政府的高度財務負擔。（葉至誠，2002）這些措施背後所隱藏的價值來自兩股思潮：一個是新保守主義，強調市場的自由機能、個人主義、反對政府干預、強調家庭責任、削減福利支出；另一個是福利多元主義，主張社會福利可由法定部門、志願部門、職業部門以及非正式部門來提供。總之，這些改革措施的中心思想就是自由化、解除管制，使以往以政府為福利供給的主要角色逐漸撤離，讓民間有更多參與福利提供的機會，以強化服務提供的效率，並增加民眾使用上的便捷性與選擇性。社會福利民營化的想法由此產生，並逐漸成為福利國家福利供給的主要模式。

從西方先進國家社會福利民營化的發展歷程中，可以發現所強調的：一是逐步減少政府直接提供社會福利服務的角色，鼓勵更多的民間機構和個人興辦並提高福利服務，利用市場機制提高服務質量，以滿足民眾的不同需要。二是著重於以社區為運作平台，根據西方國家積極朝向民營化的經驗，其成功的歷程是建構於政府組織的成熟度，市場機制的完善以及社會福利工作人員的專業化程度。爰此，我們在瞭解福利國家發展的趨勢時，可以清楚認知職業福利正是此種趨勢下重要的體現，也是擴展社會福利服務的前瞻作為。

綜上所述可知，職業福利服務是為了維護員工的士氣，也是使員工對其工作及工作環境，保持一種有利的態度。在高等教育導入企業精神以提高其競爭力的同時，學校面對環境的挑戰亦可援引職業福利的作為。正視現代企業經理人多能瞭解員工福利與生產效率之間關係密切，因此辦理職業福利乃成為人事管理部門的重要議題，適時將職業福利服務的內涵，引導學校福利的建制。有人認為職業福利服務是一種變相的待遇給與。根據美國的調查顯示，企業界花在職業福利的支出，其成長率遠超過於薪資的支出（Grapmu, 1997），這種趨勢值得我們在規劃與推動學校福利時給予必要的關注。

參、學校福利的實施

　　學校福利是屬於職業福利的體現。職業福利開始受到重視，可追溯自十九世紀之初，當時有一群社會改革家，有鑑於工廠制度下工人生活的悲慘與待遇的微薄，惻然感傷，爰在各地奔走呼號，以期改良勞動者的工作條件。當時英國學者歐文（Rober Owen）對於工人生活的改善，成為推動職業福利設施的濫觴，惟當時的目的只是運用人類慈善博愛的理念，以消除工廠管理的不平等現象。進入二十世紀，隨著福利事業的推動，認為勞工既為職場生產的主要部分，當勞工不能享受合理待遇，蒙其惡果者將不限於勞工本身，勢必也影響雇主及社會安定發展。故增進勞工的幸福，無異於維繫社會的利益，福利並不是一種恩惠，而是社會安全與經濟繁榮的重要機制。受到此種思維的影響，學校於推動職業福利，歸納原委有以下各項：

一、政府政策的規範

　　鑑於社會環境的變遷，以及勞工問題日漸引起社會各界的重視，各國政府無不透過種種社會安全性之立法，規定各機構應對其員工的生活負責。於是學校的福利乃由原來單一施惠的觀念，漸變而成為政府對學校所課予的一種責任，再演進而為員工的一種應享權利，使福利服務獲得普遍的推展。例如：公教人員保險、勞工保險、健康保險，依政府規定學校應對所屬員工提供必要的部分負擔。

二、人性需求的重視

　　勞動是人的天賦能力，人都希望用其勞力或心智獲取更佳的人生，二次世界大戰後，人性需求漸被重視，行為科學研究指出一個人行為的動機，源自需求，因需求而產生願望，因願望而採取行動，在自由民主的社會中，必須個別地滿足其需求，才能激發其工作情緒，求得其全力奉獻，並對組織保持更積極的工作態度。所以，組織經營者體認到福利是生產的一部分，增進員工健康、知識或經濟上的福利，即可增加生產提高利潤。而學校既屬社會的組織，在組織運作下且有社會示範的期待，而維持師生與學校一體，更成為追求的目標。

三、市場職能的催化

　　在自由經濟體制下，教職員工可自由選擇較佳的工作場所，而其中薪資福利是教職員工選擇工作之重要考慮條件，故一般學校為能延攬優秀人才到校服務，無不競以福利服務作為吸引，並保留其優秀工作人員的手段。因而參酌職業福利於職場上的推動，提出學校福利服務方案，以吸引傑出人員。

四、教職員工的期待

　　學校福利和員工生活有密切的關係,檢視歐美的勞工運動史,可以發現正是勞工為爭取其生活福利的奮鬥歷史,工會的存在即以增進勞工的生活福利為目的,隨著工會力量日趨茁壯,且影響日益深遠,迫使雇主不得不注意員工福利的改善。而隨著社會對權益勞工的重視,人們對自我權益的保障,乃至社會公益團體的監督,皆使得學校教職員工分別成立如「教師會」、「職工會」、「教職員工福利委員會」……等團體,以倡議學校落實職場福利,達成對教職員工照應。

五、競爭優勢的考量

　　組織給付員工的薪資往往是有進無退的,但組織面臨日益激烈的競爭,卻難保其利潤也是有進無退。故若干業主為避免薪資形成日後的沉重負擔,常以福利服務取代薪資增加,同時,當通貨膨脹快速及所得稅率高的時候,福利服務較之薪資更能為員工帶來實惠的效果。

　　其實組織實施職場福利計畫,並不一定是來自外在的因素,因為就企業機構言,實施福利服務也是一種投資,對組織有可予回收成果,這些回收的價值往往是很難用金錢衡量的,大多數的福利服務是建立在信仰上。正確的管理哲學應該是先有一個經濟性的目標,再因政府與工會的影響而調整,今天學校拓展員工福利服務的計畫,正是學校、政府、教師團體等方面的交會作用而成的。

　　學校福利,是機構經由學校舉辦集體生活和服務設施、建立各種補貼制度,由職場提供物質幫助和服務活動的總稱;其職業福利的性質,具體表現在其特有的社會屬性、勞動屬性和分配屬性上,並且反映在它與薪資的差異方面。從社會屬性看,學校福利雖然主要是一種組織運作的保障行為,但其具有明顯的社會意義,是具有社會資源重分配的功能。

　　學校福利制度是社會福利或社會安全的一種補充形式,在某些方面發揮與社會保障相同的作用。職業福利作為國民收入再分配的一種輔助形式,使勞動者在薪資收入之外,獲得某種補充性的收入。這種收入,在社會生產力尚不發達、職工薪資水準較低、制度化服務還不完善的條件下,尤其必要。國家對職業福利有若干規定。學校興辦集體福利措施和某些福利項目,雖然是一種學校照應行為,基本上取決於各自的實際需要和自身的經濟條件,但學校福利中的主要項目以及福利經費的提取和使用辦法,除了或參照國家法令規定及他校的作為外,就是植基於組織競爭力提升的考量,運用此項措施以激勵所屬成員,用為提高績效,增加效能。這在一定程度上也反映了學校福利的社會性。從勞動屬性看,職業福利與勞動就業高度重合,參加勞動是享受職業福利的先決條件。學校福利作為職工的勞動保障,在勞動屬性的體現方式上不同於薪資。薪資是按照各個職工所提供的勞動量直接支付給本人,薪資額與勞動量是對應的,職工之間的薪資存在著差別;職業福利則不與個人勞動量直接關聯,換言之,凡是每個符合條件的職工都可均等享受。從分配屬性看,職業福利是國民收入再分配的體現。這一點,從其與薪資的關係中不難看出。在分配領域中,職業福利是對薪資的補充,彼此存在著相互制約的關係。

職工福利費用在財務經費中的比重必須適當；如果職業福利費用在個人消費基金中所占的比重過大，就會減小薪資的比重，削弱薪資的經濟槓桿作用。職業福利與薪資的區別是：薪資是勞動者的勞動報酬，實行的是按勞務貢獻分配原則，薪資完全由職工個人自由支配使用；職工福利雖然也以勞動者提供勞務為前提，但不要求福利享受與勞動義務對等。在消費方式上，職業福利主要由集體支配、定向使用，其作用是補充、滿足職工共同的、經常的生活需要和一定期間的特殊需要，這與薪資完全由職工個人支配並不相同。如果以海茲伯格（Herzberg）的雙因素激勵理論而言，薪資是屬於職工的「保健因子」，職業福利則係屬「激勵因子」，二者對職場效能提升具有相輔相成的效果。

在 1930 年代，行為學派有別於傳統的科學管理，他們開始強調人性管理，並認為員工的心理因素會影響到組織的效率。因此在管理上利用改善職業福利職業員工的心理滿足，以激勵員工士氣，提升他們的生產力與企業的競爭力。在學理上不僅有馬斯洛（Maslow）的需求理論作為論證，同時 1927-1933 年著稱的霍桑實驗，梅約（Mayo）也在實證上說明重視員工需求對產業帶來的正向激勵作用。

馬斯洛（Maslow）曾對員工需求作下列分析，其一，動機是人類生存成長的內在動力，此等動力由多種不同的需求所組成；其二，各種需求兼有高低層次之分，而由低而高依次是生理需求、安全需求、社會需求、尊重需求、知的需求、美的需求、自我實現需求。每當低層次需求獲得滿足後，高一層需求隨而產生。這也可說明人類動機是由低至高逐漸發展，屬於基層動機具有普遍性，屬於高層者則有較大的個別差異；其三，在七個層次需求中，前四種為基本需求，後三種為衍生需求，由於衍生需求是個體心理成長時所必需的，所以各又稱為成長需求或存在需求！以現今台灣員工的需求而言，他們已經提升到社會需求或自尊需求，甚至更高的自我實現需求的層級。換言之，馬斯洛的理論告訴我們激勵可提升員工生產力，而職業福利是提升員工滿足程度，激勵員工努力工作的一種工具。但員工的需求會隨經濟發展、所得階段的不同而異。因此在經濟不斷發展、所得不斷提升的過程中，組織必須要不斷地更新其職業福利的內涵，以滿足員工在不同階段時的需求。

社會福利服務的範圍包括甚廣，因各國立國的政綱、政策、歷史、文化、風俗習慣、國民財富及生活方式等而有顯著的不同。發展中國家正由農業社會邁入工業化的過程中，由於技術的革新與經濟結構的變化，舊的制度與新的社會情況往往無法調和適應，導致了許多新的問題，而其中直接受害最大者，厥為依靠薪資所得維生的工作大眾，亦即廣義的勞工。在這種情況下，勞工政策的制訂，乃成為一項至關重要的公共行政措施。目前由於社會結構的演變，勞工政策的重點，已逐漸由保護趨向福利，以謀求廣大人群生活的幸福與保障，內容及範圍均隨經濟發展程度而異。我國現階段由於若干條件的限制，尚難完全仿效已開發國家的社會福利措施，不過在推廣全民社會政策之前，首先以謀求勞工生活的改善為起點，亦即以職業福利的增進，取得職工生活的切實改善，再逐漸推廣至建立起完善的社會福利制度。（葉至誠，2002）

　　職業福利是指薪資以外的各種福利，包含的範圍非常廣泛、分類繁多，依據我國現有的法規，許多職工福利項目：如疾病保險、生育、傷殘、老年及死亡給付、工人的工資、工時、休息休假、資遣退休、職業災害補償，甚至職工福利金之提撥等，都是由政府明訂於公職人員保險法或其他相關規定中予以保障，以維護員工的生活安全。本文是採吳靄書（1994）、黃英忠（1993）、許道然（1995）等學者的意見，以及學校現況實施的彙總，將學校福利項目歸納成經濟性的福利、工時性的福利、設施性福利、休閒及輔導性福利。而不是採外國法定與非法定員工福利項目分類，以求更適合國情。現茲將若干廣為各級學校所舉辦之職業福利服務的內容加以表述如下：

表 1：學校福利服務項目簡表

經濟性福利	設施性福利	工時性福利	休閒性福利	輔導性福利
1. 退休給與 2. 團體保險 3. 眷屬保險 4. 分紅入股 5. 三節禮金 6. 年終獎金 7. 健康檢查 8. 眷屬撫卹 9. 子女獎助 10. 急難救助 11. 伙食補助 12. 特約商店	13. 員工餐廳 14. 設福利社 15. 圖書館室 16. 幼兒設施 17. 停車設備 18. 交通車輛	19. 年資休假 20. 週休例假 21. 育嬰假期 22. 陪產假期	23. 員工旅遊 24. 社團活動 25. 藝文活動	26. 教育訓練 27. 新進訓練 28. 關懷措施

資料來源：作者自行整理。

肆、經濟性福利服務

　　經濟性福利服務的目的，在對員工提供基本薪資和有關獎金外的若干經濟安全服務。職場舉辦經濟性福利服務計畫，是希望能減輕員工對經濟安全的顧慮，進而可以增進士氣和生產力。例如有退休金計畫，就可以羅致更好的工作人員，亦可減少員工的流動率。其實施內容所提供的各項給付主要在確保勞工在就業期間、失業期間和退休後期間等三階段經濟所得的安全。

　　其目的，在於對員工提供基本薪資及有關獎金外的若干經濟安全服務，此類服務包括下列各項：1.退休金給付，由公司單獨負擔或公司與員工共同負擔。2.團體保險，包括壽險、疾病保險等。3.員工疾病及意外給付。4.互助基金，由雇主及員工共同捐納。5.分紅入股、產品優待。6.公司貸款與優惠存款計畫。7.眷屬補助、撫卹、子女獎金等。學校舉辦經濟性福利的目的是希

望減少員工在經濟生活上的負擔，以保障所得安全，而金錢上的給付也可以吸引員工，減少員工的流動。

一、退休撫卹福利措施

員工在職場服務屆滿一定期限之後，可辦理退休，並依照年資計算，可請領一筆退休金，以供晚年生活的照應。學校為了達到建立完整之退撫照應目標，建立相關退休給與制度，並且明諸於法令規範之中，用為學校遵行。

範例：《世新大學教職員工退休撫卹資遣辦法》

二、公教人員保險措施

為了確保職場工作成員的安全，現行已實施多項保險措施，包括：公教人員保險法、勞工保險條例、全民健康保險法等，以確保職場職工的安全。

（一）公教人員保險依據政府頒行的「公教人員保險法」，實施對象為專任教師與行政人員，其內涵包括：殘廢、死亡、老年眷屬喪葬給付。

（二）勞工保險是依據勞工保險條例辦理，實施對象為學校的技工、工友和約聘僱人員，其內涵包括：生育、殘廢、死亡、養老及眷屬喪葬給付等。

三、年終獎金發給辦法

原先各級公立學校教師的年終獎金是每個人都一樣，表現的良窳並不影響獎金額度。但是依據「教育改革之檢討與改進會議」的結論認為，為了有效延攬、留用優秀教師，教師年終獎金應依據其表現好壞核發。因此教育部召開會議決定，教師待遇與考核應儘速法制化；教師考核要先訂定指標，指標要合情合理，而且要明確，才不致執行偏差。教師考核可透過團體績效及個人績效評量，設定等第的比例。根據人事行政局 91 年訂頒的「軍公教人員年終獎金發放注意事項」，平時考核累計記過一次或累計曠職三天者，年終獎金減發三分之一；平時考核記過達二次或累計曠職四天者，減發三分之二；若平時考核累計記過達三次或記一次大過，或年終考績列為丙等，或被公務員懲戒委員會記過一次以上者，當年度的年終獎金就不發。因此，年終工作獎金針對人員工作績效增列減發或不發的規定，應可激勵人員戮力從公，積極表現工作績效。

範例：《世新大學教職員工年終工作獎金核算標準》

四、急難救助補助措施

職場為因應所屬員工在平日生活中偶有遇到的重大災難，可以動用一筆急難救助金，來幫助員工度過難關，往往會建置急難救助補助，以達救窮和救急的目的。

範例：《中央公教人員急難貸款實施要點》

五、資深人員獎勵措施

　　為鼓勵人員的久任，以提供更多的貢獻，並作為新進同仁或資淺同事的模範，職場上對於資深人員往往也建立一套獎勵措施，以鼓勵工作人員長期服務，裨益組織經驗傳承。

　　範例：《資深優良教師獎勵暨請頒服務獎章要點》

六、職業年金建置方案

　　為能鼓勵學校人員久任其職，以永續發展組織。另考量私立學校教職員退撫制度未若公校，其對應於社會變遷的高齡化無子化趨勢，部分學校特別設置職業年金方案，以提供退休給與的照顧。

　　範例：《元智大學教職員工退休理財福利專案》

七、團體保險福利措施

　　團體保險係以一張保險單涵蓋多數被保險人之保險方式，目的在以團體之優勢力量提供其成員福利與保障，其重要性於我國及歐美等保險先進國家中正與日俱增。團體保險可以提供多重保障，使既有員工在現行的全民健康保險、公教人員保險、勞工保險外，得針對組織的屬性增列符合職工期待的健康、生涯保障，例如：意外險、醫療險與職災險，以確保員工生活保障，讓員工無後顧之憂，可以全心全力投入工作。

　　範例：《世新大學教職員工團體保險實施方案》

八、分紅入股福利措施

　　企業在年終時，會檢視公司的營運狀況，若有盈餘，會分配現金紅利給員工，或者讓員工擁有公司的股份。員工拿到現金紅利，可以自由運用該筆資金；如果員工分配到公司的股票，則視公司營運情況有所漲跌，自由買賣交易，為一投資工具。不管是現金紅利，或是公司股票，都可以激勵員工的工作態度和精神，處處替公司著想，為公司貢獻更多，雙方皆可得利。目前部分學校因係企業辦學，為能對員工產生激勵作用，因此和企業相互結合，以分紅入股方式提供一項職業福利作為。

　　範例：《大同大學教職員工分紅入股辦法》

九、三節禮金福利措施

　　春節、端午節以及中秋節，是民俗上的三大節日，企業在這三大節日時，會發放三節禮金或禮券，以祝賀同仁佳節愉快，並有激勵員工士氣的效益。部分學校亦參採此種方式以激勵員工的士氣。

　　範例：《耕莘護理專科學校教職員工節慶福利辦法》

十、健康維護福利措施

員工是企業最大的資源與重要資產，員工擁有健康的身心，才有完美的工作成效。為了保障員工身體健康，預防疾病發生，學校在每年度，提供規劃完善的健康檢查，以確保員工的身體健康。另外，定期免費提供健康諮詢，讓員工可以隨時注意自己的身心健康狀況，預防重於治療。如果發現員工有身心上的疾病，學校將協助員工就醫治療，並視病情的輕重，給予醫療費用的補貼。

範例：《世新大學教職員工健康檢查作業規範》

十一、子女獎助學金措施

一般員工最擔心的問題，莫過於家計，其次便是家庭成員的生活，例如子女就學的學費。學校可以開辦員工子女獎助學金，以減輕員工的經濟負擔。除了可以提供獎助學金之外，也可以為其就學貸款做擔保，讓每個員工的子女都有能力就學。提供就學獎助金，可以說是一項社會投資，為社會培育人才，投資成本相對也較大。因此，為了預防員工在享受福利之後，就轉換服務單位，留下債務給原公司，造成其他同仁福利的損失，有些學校會要求員工簽訂一份協議書，承諾在一定期間之內，繼續留在原單位服務，假如在簽約時間之內離職，所有借貸的費用，都必須要歸還公司。

範例：《財團法人中華民國佛教慈濟慈善事業基金會同仁子女就讀本會所屬教育志業體學雜費減免辦法》

十二、生活互助福利措施

學校提供各類補助，以減輕教職員工生活上的負擔，提高工作效率及品質。補助項目依各校規定，大致包括結婚補助、喪葬補助、生育補助……等等。

範例：《大同大學各項福利補助費標準》

十三、急難救助補助方案

企業在平日提撥急難救助費用，若遇有員工重大災難，可以動用這筆急難救助金，來幫助員工度過難關。

範例：《長庚大學婚喪賀奠辦法》

十四、伙食補助福利措施

為了提供原工良好的用餐環境，以保有健康，有些學校特別設置員工餐廳亦有提供伙食補助，以維護同仁有優質的體能。

範例：《耕莘護理專科學校教職員工膳食補助辦法》

十五、員工福利互助措施

職場上為了促進員工一體，並協助有特殊事故的成員，往往會設置員工福利互助的機構，使平日累積的資源得以協助重大生涯的需求。

範例：《淡江大學員工福利互助委員會設置規章》

伍、設施性福利服務

人力資源管理重視人的價值，將員工視為組織最重要的資產，而近年來社會環境的變遷包括：婦女就業的增加、單親家庭的增加、員工工作與生活價值的轉變、工作與家庭生活的平衡等，使得主管人事的部門必須對這些變化提出因應之道，並思考如何關懷與支持員工，使其能受到最好的照顧，進而對組織產生共同體的感受。（陳金貴，1995）完善的員工福利制度有助於提升員工的生活品質，同時可以激勵員工、提高員工的忠誠度與認同，吸引和留任組織所需要的人才並改善勞資關係，其功能並不亞於一般薪資的給與。因此，員工福利的提供雖會造成組織一定的成本增加，但以長遠的觀點來看，對組織整體的經濟效益卻有很大的幫助。

處於今日競爭激烈的環境，組織競爭力的高低，往往決定在能否吸引並留住一流的人才。相關研究發現，員工福利的提供能增加員工的工作滿足感，並降低離職率，同時能增進員工士氣、提升組織公共形象、增加生產力與利於甄補。員工福利既然在人力資源管理上扮演相當重要的角色，則必須思考隨著社會環境快速變遷而員工福利需求日益多元化之情況下，如何妥善地規劃員工福利方案以發揮其功能。

設施性（facilitative）的福利服務乃是使員工的日常需要，因公司所提供的服務而得到便利，學校舉辦此類福利服務的目的是為了提高士氣，並使員工對其工作場所感到滿意，有些福利如餐廳不僅可便利員工就食，而且可以改進員工的營養，因為員工不良的飲食會影響生產力效能。

一、員工餐廳福利措施

學校提供餐廳，不僅可以讓員工就近用餐，省卻尋找用餐地點、等待餐廳座位的時間，讓員工有充裕的時間，可以在用餐之後，稍作休息，為下一階段的工作做準備。用餐時較輕鬆的氣氛，也可讓員工彼此之間，或是部門與部門之間多做交流，拉近距離，建立良好的溝通模式，減少誤解與摩擦。而藉由員工餐廳的菜單設計規劃，直接照顧員工的營養攝取，提供最健康、營養的飲食，為員工的健康把關。此外，員工餐廳在採買材料時，都是大批購入，可以以低廉的價格購入，降低成本，因此，可以免費或是低價提供員工餐點，為員工節省用餐費用。員工餐廳除了提供用餐服務之外，也可設置小型會議桌或是會議室，作為員工招待訪客、小組開會之用，成為兼具辦公及休閒的場所。

範例：《慈濟技術學院教職員生用餐優待作業》

二、設置福利社的措施

設置福利社，可以說是員工共同的一項投資。不僅員工可在福利社中，以低於市價的優惠價格，購買到所需的用品；在每年的結算時，還可以將盈餘當成是員工的年度紅利獎金，或是回饋同等價格的商品，本著成果共享的經營理念，將福利分享給每一位員工。

　　範例：《國立台灣大學餐廳及福利社膳食衛生安全管理辦法》

三、教育性的服務設施

除了提供物質的福利之外，員工的精神休閒也很重要，職場可以設置圖書館、閱覽室、視聽室等等，免費提供員工及員工眷屬，豐富的叢書、雜誌、報紙、視聽資料等等，和安靜的閱讀空間。並且可以視專業需求規劃出專屬空間，提供員工該領域的書籍、雜誌等資訊。另外，圖書館等教育性單位，也可以舉辦各種活動，藉由輕鬆活潑的方式，鼓勵員工提升自我的文化素養，還可以增進員工之間的交流。

　　範例：《世新大學圖書館閱覽借書服務》

四、托兒保育服務措施

隨著雙薪家庭的增加，愈來愈多的員工面臨著幼兒照顧以及家庭與工作生活如何取得平衡的困擾，天下雜誌（1999）一項關於企業員工福利的調查將托兒福利列為重要的評估指標之一，其中直接設置托兒所或安親班的企業包括：中華汽車、宏碁電腦、遠東紡織、聯華電子等；間接委託坊間托兒所或安親班的企業則有三陽工業、台積電、福特六和、潤太建設等。在「標竿企業聲望調查」中成績出色的企業，都將員工視為最珍貴的資產，認為「要先有滿意的員工，才能服務出滿意的顧客」，致力於提供最具吸引力的工作環境，並認真看待員工全方位的生活品質，包括健康、婚姻與家庭。為因應社會環境之變遷以及兩性平權價值的日益高漲，民國 90 年 1 月 16 日通過的「兩性工作平等法」規範的內容除了育嬰休假、家庭照顧假、陪產假與育嬰彈性工作方案等，並規定僱用一定人數以上的雇主或事業單位應設置適當的托兒設施，且中央與地方主管機關應給與經費補助與減稅獎勵。強調兒童照顧不再是婦女單獨的責任，政府與雇主將共同擔負協助員工解決托育問題之職責，使父母於工作之際幼兒也能得到很好的照顧，裨益整個社群生活。

　　範例：《慈濟技術學院附設實驗托兒所設置辦法》

五、育嬰室的服務設施

許多雙薪家庭中的女性，必須要到公司上班，雖然公司設有拖兒所，聘請專業的保母代為照顧小孩，但沒有適當的空間和場地可以讓媽媽安心的餵哺母乳，以致媽媽在哺育寶寶的時候，必須使用外套等衣物來遮掩，或是進入洗手間，窘迫的環境讓媽媽在哺育的時候，備感不適。

因此有企業設置了育嬰室，提供舒適寬敞的空間，讓媽媽可以安心的餵哺母乳，不用擔心無法餵哺的困擾，也可以增加媽媽和寶寶之間相處的時間，拉近親子的關係。許多企業為響應兩性工作平等法鼓勵父母親親自哺育幼兒，以增進兒童健康與親情，特別建置育嬰室，內部設有冰箱、飲水機、尿片台、座椅、育嬰書刊等等，員工可以免費使用。甚至，設有媽媽哺乳室，並提供婦幼圖書、嬰兒手推車租借的服務，還有專業護士的諮詢服務。國立台中圖書館為響應行政院衛生署鼓勵父母親親自哺育幼兒，以增進兒童健康與親情，特別在一樓秘書室旁設置育嬰室，育嬰室內設有冰箱、飲水機、尿片台、座椅、育嬰書刊等。

　　範例:《國立台中圖書館育嬰室設置設施》

六、停車設備的服務措施

　　對於開車上班的員工而言，找停車位是一件相當費時又費神的事情，學校如果可以提供免費或優惠停車場，員工就可以省下許多找車位的時間和精神，以及為數可觀的停車費。

　　範例:《東吳大學外雙溪校區各種車輛停放及管理辦法》

七、交通車輛服務措施

　　擁塞的交通，往往是上班族最頭疼的問題。每天必須花上一、兩個小時，甚至更長的時間，困在車陣裏，消耗了不少的精力。再者，公司所在地區的交通網絡不一定十分發達，有些員工必須經過一、兩次的轉車之後才能到達公司，花費長時間在通勤上面。因此，有企業調查該公司員工的乘車狀況，規劃出不同路線，提供交通車服務，讓員工免費搭乘，或是酌收費用，接送員工上下班，如此一來，員工不僅可以節省交通費，還可以讓職工免於奔波之苦，保持精力，貢獻在工作上。再者，公司停車設備的供應空間有限，如果有交通車的服務，可以減少自行開車上下班的員工人數，一方面可以減少停車設備使用人數限制的問題，另一方面，如果每家企業都提供交通車的服務，那麼就可以減少許多車輛，改善擁塞的交通情況，可說是一舉數得的福利措施。

　　範例:《東吳大學交通車時間表》

八、職工宿舍服務措施

　　為留住優秀職工，並有利延攬海外學人到校服務，解決住宿的問題，部分學校特別擇定校地建置職工宿舍，成為召聘優秀同仁到校的正面誘因。

　　範例:《東吳大學教師職員宿舍分配管理辦法》

陸、工時性福利服務

　　工作時間是勞工本於勞動契約，為雇主提供勞動義務之時間，我國勞動基準法明訂自 90 年元旦起，法定正常工時縮減至每兩週 84 小時。勞工於所約定之工作時間內付出勞動力，藉以獲得工資維持生活所需，而由於工作時間與工資具有函數關係，故工作時間愈長，其對價之工資自然隨之增加。但是勞工畢竟不是機器，如何在體力許可之時間範圍內為雇主提供最佳勞動力，以及雇主如何給予勞工適當休息以培養蓄積勞動力，對勞資雙方而言皆為重要之勞動條件，因此工作時間與工資、職務內容等，可以說是構成勞動契約之重要要素亦不為過。現行勞動基準法在第 4 章中，以十五條條文之多，就法定正常工時、加班、休息、休假等廣義之工作時間事項，規範了許多最低基準，顯示出勞動基準法對工作時間重視之程度。但隨著經濟發展與社會變遷，勞務形態與僱用形態亦趨向多樣化。這些是與員工工作時間長短有關的福利，亦關係到員工的工作品質，此類福利服務包括：1.年資休假，2.彈性工時，3.育嬰假期，4.陪產假期，5.各類假別，如事假、病假、休假、公假等。除此之外，在勞動基準法中，規定了很多應給勞工放假的假日，包括：1.星期例假，2.紀念日等休假，3.年度特別休假。

一、年資休假的實施措施

　　勞動基準法中雖然規定有第 37 條之紀念日等國定假日之休假，但比較重要者仍屬第 38 條所定之特別休假。特別休假在日本稱「年度有給休假」，英文稱「Holidays with pay」或「Vocations with pay」，其意指帶薪之休假，而且該休假之日數一般多有依工作年資遞增之意義。雇主依法給予勞工星期例假之外，還必須每年給予滿足一定要件之勞工法定日數之特別休假，此種特別休假制度之旨趣不外乎，在使勞工能藉一段較長期之休息，使其恢復蓄積已久之疲勞。勞工恢復長期工作所累積之身心疲勞，不只對勞工本人有利，而且也是雇主維持、培養勞動力之惟一有效方法，因此雇主給予勞工特別休假，其實對雇主也有利益面存在。勞動基準法第 38 條規定，勞工在同一雇主或事業單位，繼續工作滿一定期間者，每年應依下列規定給予特別休假。即工作年資在一年以上三年未滿者給七日，三年以上五年未滿者給十日，五年以上十年未滿者給十四日，十年以上者每增加一年工作年資加計一日，加至三十日為止。換言之，現行特別休假日數最高可達三十日。此種水準較之世界其他各國不遑多讓。

　　範例：《世新大學教職員年資休假辦法》

二、每週工時與休假時間

　　為順應潮流，2001 年，行政院人事行政局宣布「公務人員週休二日實施計畫」，將國定假日調移至週末。該措施影響到每週工時的實施。參諸他國制度如美國聯邦法中，1938 年制定公平勞動基準法，規定每週最長工作 44 小時，到 1940 年達到每週工作 40 小時的標準。但法律只規定每週工作時數，卻未對超過工時者加以規範，僅規定超過每週 40 小時之勞動，雇主需付 50%

加成工資，遂以成本壓力作為縮短工時的方式。不過，不論在聯邦法或各州州法中，對工時的規定都只限於標準工時、休憩及用餐等少數項目，所以實際團體協約對於詳細的工時規定負擔起極大的任務。美國實施背景為當時經濟大蕭條，失業率達 37%，所以欲藉以提高勞工所得，並擴大僱用。至於在德國法定工時制度是以 1938 年所定之工時法（AZO）為基礎，規定每天工作不得超過 8 小時，每週工時不得超過 48 小時，同時認可兩週為單位的變形制，並將每日工時上限訂為 10 小時。但是德國縮短工時上，團體協約比法定工時扮演更重要的角色，而使每週實際工時遠低於法定工時。在團體協約引導下，1992 年製造業週工時已降至 38.9 個小時。英國除了在個別法律中針對煤礦、麵包製造、商店運輸業等個別產業，或業務規範工時相關規定以外，實際工時是藉由團體協商或工資命令來制訂。英國勞工週工時的變化可分為下列階段：1.1891至 1920 年為 48 小時。2.1946 至 1949 年為 44 小時。3.1960 至 1979 年為 40 小時。4.1979 至 1982年為 39 小時。英國縮短工時之目的，是在勞資雙方的共識下，欲減少工時以對抗經濟不景氣、提高勞工所得及擴大僱用。我國公務人員自實施週休二日，雖不強制事業單位實施，惟部分業者為因應員工需求及配合政府機關辦公時間，亦紛紛跟進，也是回應整個時勢潮流的作為。

　　<u>範例：《公務人員週休二日實施辦法》</u>

三、兩性平權與產假實施

　　隨著時代不斷地在向前推進，工業社會的崛起，不僅影響到產業結構的改變，更進一步在政治、文化、社會各方面產生了影響，其中又以女性角色的改變最為引人注目，由於女性的學歷較過去大為提高、參與社會工作的機會增加、家庭組織趨向小型化、子女人數減少等等，都使得女性的地位有了顯著的變化，加上女性一旦具有經濟能力，其自主權也就相對地得到了發展，於是男女的互動關係及家庭組織都產生急遽的轉變，至於女性的職業參與也有別於往昔，成為追求女性平等的一項基本權利。歷經十二年，走過政治滄桑的「兩性工作平等法」終於在91 年 3 月 8 日施行。顯示的是婦女人力資源漸受重視，和產業結構近幾十年的改變，教育的普及與提升，及社會價值的改變有密切關係。「兩性工作平等法」共四十個條文，適用對象包括一般勞工、公務人員、教育人員及軍職人員。主要分為工作平等權、促進工作平等措施及工作場所性騷擾之防治三大部分。工作平等權即是在保障受僱者不會因為性別而在招募、僱用、分發、配置、考績、獎懲、升遷、降調、職業訓練及福利措施等各方面有差別待遇；兩性在職場上一律同工同酬；女性不會因為結婚、懷孕、分娩或養育子女而被解僱。促進工作平等措施主要有生理假、產假、陪產假、育嬰休假及家庭照顧假等規定，希望藉由這樣的措施讓社會、企業主與男女受僱者共同承擔托育養老之責任。該法律成為保障台灣女性勞工在職場中得爭取公平且合理權益的法源依據，也是台灣社會創造兩性平等工作環境的重要里程碑。

　　<u>範例：《長庚大學職員產假實施辦法》</u>

四、產業結構與育嬰假期

　　檢視現有職場中，對女性進入勞動市場十分不利的因素，是家庭中沈重的照顧者角色負擔，同時，家務勞動的價值不被社會肯定，社會安全制度支持不足，女性負擔照顧家中的老人、小孩耗費許多心力，已婚女性花費在家務上的時間是男性的五倍左右。根據資料顯示，有 33.45%的女性因為婚姻家庭離開職場，中斷的職業生涯帶來經濟自主性降低，以及可能面臨二度就業的困境。（葉至誠，2002）然而觀察北歐的芬蘭，不但職業婦女自生產前一個月就享有留職留薪的優惠待遇，其配偶也可適用六個月以上的同等育嬰假。瑞典還提供各種彈性化上班措施給父母雙方，包括育嬰假、家事假、親職假等等。加拿大、法、德、紐西蘭等至少十二個國家，則有無薪的親職假制度，美國 1993 年開始實施家事假。其實，台灣的產假不但未達到國際勞工組織的十二週規定，也比不上與我國有競爭關係的韓國（六十天，雇主給付全薪）、日本（產前六週產後八週，可支領由社會安全基金所給付 60% 的薪資），大陸也都有九十天的產假以及全薪，德國的十四週（全薪）；這些國家並沒有因為女性請產假支領全薪，國家競爭力便因此而衰退一蹶不振，是值得我們檢討借鑑。相較於「兩性工作平等法」中，育嬰假的請領資格，則是受僱用於一百人以上雇主的勞工，於其任職滿一年後，為撫育未滿三歲子女，得申請留職停薪，申請次數以兩次為限，其間合計不得逾二年，瑞典親職假的設計似乎更符合了雙薪家庭的需求，值得我國借鏡。

　　範例：《淡江大學教職員工育嬰留職停薪辦法》

五、各類假別的實施作為

　　針對一般管理的規範與員工的個別需求，學校多建制有教職員工請假規則，以作為單位和個人遵循的依據。

　　範例：《世新大學技工工友工作規則》

柒、休閒性福利服務

一、職業生涯與休閒生活

　　幾千年來，人類一直就以工作來定義人生。獉狉未啟的時代，人這種直立前行的動物，必須徒手對抗各種天災、天險與天敵，以求取一安全的生存空間，覓食的時間往往數十倍於進食的時間；僅僅在上半個世紀，人類過的仍然是一日不作即一日無食的生活，一天工作十幾個小時是常態。在有沈重工作壓力的時代，人們匍匐於泥世塵俗之中，奔競衣食而不及，工作的中斷也只求喘息而已，所謂「休閒」的這種需求，還是近幾十年才產生的一個嶄新的概念。在歐美及日本這些高度發展的國家，生產力因自動化而提高，組織成本也藉著高效率電子資訊科技的通行而大幅縮減，勞動人口相對地逐步減少工作時數，由十二小時工作制而十小時工作制而

八小時工作制，一路節節縮短，這種轉變壓縮在數十年之間完成，到了今日，歐洲已有很多國家以每週工作二十八小時到三十小時，只工作四天為目標了，人們於是有了越來越多的休閒時間。人們寧願選擇額外休閒，而非更多工作與所得，這種情況，於 1940 年代末，首先出現於美國。這種現象顯示那時的人們偏愛有更多的自由時間，來花費金錢；而不是犧牲自由時間，換取更多金錢。這趨勢從 1940 年代起就加速發展，而且它會繼續進行，因為人們疏離於職業條件、成功的傳統觀念，與其他傳統的工作價值。於是所謂的「休閒時代」終於宣告到來。

　　「休閒」，係指一個人從受到外在的社會制約，與不能充分自我滿足的例行活動中暫時撤退。社會學家文崇一認為：「休閒生活是指暫時離開了生產線或工作崗位，自由自在的去打發時間，並尋求工作以外的心理上的滿足。休閒實際上包括了二層意義：第一，從時間上而言，它是工作和其他社會任務之外的時間；第二，從活動性質而言，它是放鬆、紓解和任意照著個人所好的意圖的一種活動。」易言之，「休閒活動」是透過某種喜好的活動，以提供變化與快樂，使人擺脫了日常社會責任的壓力，滿足了內在理想與感情的需求。休閒為替有意義活動保留使用的自由裁量時間。休閒本身不管是否對經濟生產力有意義，不管個人是從事運動、遊戲、任何提供價值感、個人熟練度、或提升個人自我形象的活動等，只要能達到休閒揭示的目的均是有意義的休閒活動。休閒性福利服務之目的主要在於增進員工的社交和康樂活動，其中包括：辦各種球類活動及提供運動設備。1.舉辦社交活動，如郊遊、同樂會等。2.特別活動，如舉辦電影欣賞及其他有關嗜好的社團，如橋藝、烹飪、插花、舞蹈、攝影、演講、戲劇等。3.體能訓練活動，如球類運動、登山健行、游泳潛水等。

　　休閒性福利服務的價值大多是無形的，而且很難以數字計算。舉辦此類福利對某些員工言極具價值，不但可以提高團體士氣，增進員工健康，而且還可以增進員工的合作意識，其最基本的價值還是在於透過此類活動，使員工確認其公司是工作的好地方。在規劃推動時，可以由員工策劃各項活動與員工福利，以達到員工所需，並且不定期舉辦員工的聯誼活動，以培養工作夥伴感情、積極進取與樂觀活潑的個性，和對組織的向心力，在工作中隨時充滿活力！

　　<u>範例</u>：《致理技術學院教職員工自強活動實施辦法》

二、社團活動

　　在工作閒暇之餘，以及週休二日例假，除了休息之外，也是最佳的學習時間，尤其是寓教於樂更能夠提升學習的效率和興趣。多數學校也藉由應主動提供並舉辦各種活動，以促進員工之間的交流。員工依照興趣，可以自由組成讀書會，由學校協助員工舉辦社團活動，提供補助，社團交流，提升員工另類向心力及競爭力。此外，藉此社團，員工也可以找到自我實現的方法，達到自我需求的滿足。

　　<u>範例</u>：：《世新大學讀書活動推動計畫》

捌、輔導性福利服務

輔導性福利主要是在於提供員工教育訓練、心理輔導等無形方面的福利，其中包括有：1.一般性教育訓練，2.新進人員關懷。和休閒性福利一樣，輔導性福利的價值大多是無形的。舉辦此類福利，不僅可以加強員工對公司的向心力，還可以提升員工本身的素質，進而提升公司整體的競爭力，讓員工以及組織雙方都可以獲益。

一、教育訓練與組織再造

從組織的經營管理革新過程來看，1980 年代追求的是所謂「品質與價值的追求」，前者著重在業務組織單位的效率與檢討，後者則重視個別業務的改善與增進，到了 1990 年代，提出「再造工程」的觀念，透過業務處理過程的改革，強化業務基礎，企圖為組織發展注入活力，導引組織的發展。到了二十一世紀是知識經濟為主導的社群，為學習型的社會，強調以自我啟發為中心，輔以工作崗位或職場外之訓練。如自己參加讀書會、技術發表會，皆為自我啟發的方式。組織教育訓練，通常從組織體主導，變成輔助，最後會變成協助。主導是提供課程以引導員工來接受訓練；輔助是組織提供經費由員工自己去參加職場外課程，或舉辦各類式課程由員工選擇；最後是以績效評量來引導員工的自我成長。尤其是網路愈來愈發達，提供自我學習的機會愈多，是以人力資源發展關鍵，將在於個人的學習意願。其結果則不僅有益於組織發展，更促發個人成長進步。是學校福利中所不可或缺的。

範例：《淡江大學優良職工獎勵規則》

另外，隨著學校的競爭性日益激烈，使學校必須進行組織再造工程，而組織再造不僅強調組織精簡（downsizing）、全面品質管制（TQM）、管理資訊系統（MIS）等一連串的改革方式外，並且需要結合組織策略方能真正發揮效用，亦即必須與「未來競爭」緊密連結。在策略方面的整合性組織規劃，更需賴於現有人力的教育訓練與生涯發展，特別是自主管理以至於建制完整的共識與規劃，其結果不僅可達到績效創造，同時將有助於組織機能與機會的創新。

範例：《慈濟大學教師研究進修及參加學術會議辦法》

為了能保有永續發展的力量，學校針對所屬同仁進行終身教育，終身教育（Life-long Education）乃係一個人終其一生，為適應工作及生活，並促進自我實現，必須不斷接受教育或從事各種學習活動，該理念即希望將正規的（formal）學校教育與非正規（nonformal）和非正式的（informal）各種學習機會加以整合，亦即試圖從時間和空間的領域來統整和貫穿所有學習活動，使每個人終其一生均有不斷接受教育的機會。由於習慣領域可加以擴大、變化，故個人能夠藉由生涯規劃而遂行其各階段的目標。另一方面，企業也得以藉由教育訓練而改變勞力素質，進而提升生產力。再造工程的理想是以組織目的為出發，例如服務業以滿足客戶為目標，以「新、速、實、簡」為願景，在組織目標的前提之下，重新思考流程的定位與方式，此時往往發生任務擴大、部門裁減、溝通方式改變、領導風格差異……等情形，這些理念的落實，則

無不端賴終身教育以結合個人的生涯規劃，達成組織發展目的。隨著產業科技的快速更動，勞工原有的工作技能已無法因應工作環境的長遠要求，而組織結構亦由一體不變，以期能對應日益變動的情境。是以必須有賴人員教育訓練和組織再造，以注入生機。至於辦理教育訓練或生涯規劃的課程，都必須要符合勞動或者就業市場的需求，故整個教育訓練或生涯規劃的決定方向應該考慮市場的變遷及未來組織的變革。

　　範例：《慈濟大學職員工在職進修及研習受訓辦法》

二、職業訓練與失業因應

　　雖然隨著經濟發展趨勢，不管是產業結構或勞動者就業狀況都將因為我國加入 WTO 而增加其變化速度。在職場服務上宜加強：職業訓練，對於受訓人員之年齡限制應予解除，使得教職員工亦能透過職業訓練提升自身的技術能力，進而減少因技術不足所產生的結構性失業現象。

　　範例：《世新大學教授休假研究辦法》

三、建立學習組織實例

　　建立學習性組織，代替以學校教育為惟一管道的教育方式，是未來社會必然發展趨勢，也是機構追求卓越的必要門徑。由於學校教育在每個國民的學習歷程中，雖然扮演最重要的角色，卻只能幫助個人完成人生全程中階段性的學習，並不等同於終身教育。鑑於社會發展的快速，科技知識的不斷堆累，建立學習性組織是一項全面性及前瞻性的組織改造工程，也必然成為未來施政的主要依循。而人員培訓與教育訓練，可說是培育人才中最根本且最有效的辦法。

　　近年來，「優質人力靠訓練」的觀念，已被各機構與政府部門所接受與認同。一般有遠見的業者均將訓練視為提升員工素質、增進專業知能、促進團隊溝通與顧客滿意的良方。一般組織大多忽略建立一個共識：要永久的繁榮與成功，必須視員工為最重要資產；要提高員工的生產力，就必須有一套完整的人才培育模式。為使人員培訓得到應有重視，並達到提升員工的專業技能和工作效能之目的，是以在規劃培訓計畫之初，應即考量人才培訓制度之建立，重視培訓需求分析、課程策劃與施行、師資延聘、教學策略之彈性運用、及訓練效果之追蹤與考核等施行步驟。方能在機構中成為建立學習性組織的催化者角色，導引終身教育的理念落實於組織之中。

　　範例：《元智大學職技人員進修辦法》

四、教育訓練活動實例

　　培訓之進行包括進修與訓練兩種方式。進修係透過赴學校及研究機構學習，而訓練則多由機關自行辦理或委由相關訓練單位統籌辦理。終身教育是人類進入二十一世紀的鑰匙，它將未來人類的四種基本學習加以靈活地結合，使個人能瞭解環境、瞭解他人和瞭解自己，能應付挑戰，促進個人和社會的發展。因此，教育訓練的整個制度在終身教育的原則下，無論是目標、課程、內容、教學方法等應重行思考與安排，重新建立聯繫體系，才能有相互轉換的機會。使

社會大眾能承認正規教育系統外所獲得的能力和知識，教導新的學習方法，塑造具有新觀念、新知能、新生活型態的人事工作同仁，才能因應未來的挑戰，開發個人的潛能，促成個人的自我實現和組織效能的提升。

範例：《元智大學職技人員參加學分班進修辦法》

五、工作人員的關懷措施

管理學上著稱的學者梅約（Elton Mayo），於 1927 到 1933 年間在西電公司進行一連串的實驗，以期瞭解工業文化中人際關係。研究過程運用物理環境的改善、福利措施的加強、休息時間的增加、人性尊重與自主性的強化……等等措施的變異，以探求何者因素是導致生產效率提升的主要肇因。出乎意料的在這一連串的實驗過程中，儘管工作環境的改善、休息時間增加、增加午餐供應……等施予對工作效能有所提升，然而其增進的幅度相當有限，而真正達致效率增進的主體因素，竟是自主性的發揮，亦即透過對人的尊重與人性肯定的實驗產生效能提升的決斷原因。這項實驗不獨修正了人們原本對泰勒（Taylor）科學管理觀，也使人們注意到「人性管理」的特色和重要性。以人性尊重主義為基本理念的管理制度，強調人性的價值為第一順位的價值觀。在組織運作上則是不願因短期利益而犧牲長期目標；而令人驚訝的是這套制度在企業經營過程中非但並不影響長期利益，同時使短期利益能持續鞏固。就拿企業經營為例，日本松下電器創立於 1920 年代至今超過八十餘年仍能在國際經濟舞台上舉足輕重，是因為這種管理制度能夠有效喚起組織中個人的注意力，利用機會不斷改善環境，而為著企業的發展，徹底的訓練與教育員工，而相對的員工則不惜辛勞的做出貢獻，宛如構築金字塔一般，有同樣目標的無數小人物，各自成就小事情的話，就能夠構築堅固不朽的建築物。

範例：《輔仁大學教師申訴評議委員會設置要點》

玖、結語

學校福利服務係依循職業福利的觀點而作為，強調的是人本關懷，也藉此激勵員工工作情緒，並提高人力資源。而人力資源在現代知識經濟產業中所扮演的角色愈來愈具有重要性，隨著產業結構的變遷對於生產要素的倚重程度也有所改變。農業時期偏重於獸力與天然力，而自工業革命開始啟動了工廠生產模式，大量農耕的人力走入工廠從事勞力密集的生產方式，此時的人力與機器幾乎沒有很大的差別，屬於低層次、可替代性高的生產要素。但隨著技術性密集產業的興起，人力與機器的替代性愈來愈低，取而代之的是研究發展的受重視，在大量自動化生產的情況下，對於人力的倚賴漸減，但也伴隨著失業率的逐漸提高。在二十一世紀新的知識經濟產業中對於人力的重視強調腦力與知識，亦即新世紀對於人力資源的重點將必須著重在腦力與知識資源的開發。

　　既然知識經濟時代對於人力專業要素的需求已有所改變，學校對於職場福利必須具有新思維與新做法。學校福利的目的主要在於提高員工人力素質、對員工的激勵、減少事故與災害及因應外部環境競爭。黃英忠（1989）認為企業進行福利服務可分間接與直接兩個目的，間接目的在於企業的維持與發展，是屬於長期、宏觀未來企業願景；直接目的為提高效率、培育人才、提高生活水準、提高知識水準、提高技能、訓練員工態度的適應，應屬於與員工較相關的近期、微觀的目標。

　　產業結構的變遷帶來管理方式的改變，1950 年代是以「工作」為導向的科學管理；1960 年代是以「人本」為中心的人性化管理；1970 年代是以「方法」為導向的策略競爭管理；1980 年代是以「品質」為導向的日本式經營管理，這些年代經營管理的趨勢特質上都屬於「過去式」導向；但自 1990 年代開始經營管理理念漸趨以「人才」為中心導向，包括組織學習、企業改造等的策略；自二十一世紀則強調「知識」為核心，以「未來式」為導向。學校面對詭譎多變的未來，工作者的進取精神（aggressive spirit）與創新精神（creative spirit）將愈受重視。兩者的差別在於前者代表工作者的「態度」，而後者則代表工作者的「能力」，面對知識經濟產業的衝擊，此二者缺一不可。態度可藉由人文素養加以塑造，能力則可藉由教育訓練培育增進，而這兩者皆屬職業福利的範疇。為使福利服務達致其最佳效果，學校則必須在管理上搭配人才留用的相關管理措施，運用參與決策、感情聯繫、訓練代替考核、尊重的彈性管理與健康的關懷等方法，務必使人盡其才、人盡其用，達成個人、學校及社會多贏的結果。

第12篇

離職

第一章

降低離職率的方法與作為

壹、前言

當一名員工遞出辭呈後，組織需要付出的代價究竟有多大？除了重新招募、訓練員工熟悉公司作業等成本，如果再計算無形的損失（例如，員工來來去去，破壞了公司的士氣及形象），一名員工離職，組織需要付出的代價，可能遠比想像大得多。自 1950 年代以來，人事行政學者、行為科學家、及管理學者，對員工離職行為的研究，一直深感興趣。在總體層次上，經濟學者與人事行政學者業已證明：離職率與總體層面的經濟活動有關。在個體層次上，行為學者認為離職行為基本上是一項個人的選擇行為，與工作的不滿足感有正相關。但後來的學者認為經濟因素與工作不滿足雖然影響到離職行為，但就深一層瞭解員工離職過程而言，在概念上顯得太簡單，而且缺乏實證經驗上的基礎。於是從 1970 年代以後，學者紛紛提出更多的變數，並發展出多種離職過程的概念模型，企圖更精確地解釋離職行為的影響因素。

一般說來，員工的離職會對機關產生負功能。就機構而言，員工的離職可能造成下列的損失：

一、增加僱用成本。

二、增加訓練成本。

三、舊手離開後，至新手遞補前的空檔期間，造成產量的損失。

四、員工離職，導致其他員工士氣低落，連帶影響產量及品質的損失。

五、新手的意外事件率往往較高。

六、若大量員工離職，會導致服務品質的下降。

基於上述的損失，所以學者的研究指出，員工的流動率達到 8%，便呈現警號，若在 10%以上，則工廠的生產就要陷入危機。根據多位學者的實證研究如：Newman（1974）、Kraut（1975）、Mobley（1978）、Szilagyi（1979）、Price & Mueller（1981）等人，均發現離職意願與離職間呈現正相關。在員工離職的原因大致有三個，第一、招聘流程出了問題，員工對組織的期望值過高，到職後落差太大，產生不良情緒。第二、組織文化或氣候無法適應，乃至於主管的管理風格造成員工不滿。第三、員工的能力無法得到發揮，鬱鬱不得志，萌生去意。我們應在「健康問題、家庭因素」等常見的離職原因背後，探索真正的原因。使得消極面得以減少員工離職，積極面增進員工的滿意度與認同感。

貳、離職的界定與類型

較早對「離職」（turnover）一詞下定義的學者是 Rice, Hill & Trist（1950）。他們描述「離職」為一社會過程，當個人進入組織後，會增加組織和個人的互動，如果互動增加不到一個適當的層次，個人過去對組織的經驗就會變成他們所謂的「引導危機」，而這過程的結果就是個人離開組織。（滕青芬，1987）往後的學者如 Porter & Steers（1973）、Bluedorn（1982）也都支持這樣的看法。另外，如余杏容則認為「離職」，乃是指個人經過一段時間考慮後，對其職業的一種否定結果；這意謂著不僅失去工作，且與此職業所賦予的利益完全脫離。至於，余安邦則界定離職行為是：員工主動地請求終止雇傭關係；即員工在某一企業組織中工作一段時間後個人經過一番考慮，否定了原有職務，結果不僅辭去工作及其職務所賦予的利益，而且與原企業組織完全脫離關係。由以上學者們對「離職」的界定看來，「離職」並不只意味著個人失去工作，而是個人與其所處組織互動關係始末的整個過程。

學者們對「離職」的看法，「離職」並不單純只是個人的離去行為，它尚且包括個人與組織間互動的整個過程，而離職的後果不僅影響個人的生活，同時也影響到組織機構的運作，甚至會連帶影響到整個社會經濟環境體系。因此，對於員工離職行為的關心，實為當今重要之課題。

參、影響離職因素

由於離職並不是單純的個人行為，尚且包括個人與組織之間互動的整體過程。是以影響離職的因素甚多。根據余安邦（1980）、余杏容（1977）等人整理以往學者所為的研究，可以歸納為「個人因素」、「工作內容因素」、「工作環境因素」、「組織因素」及「工作滿足因素」等部分：

一、個人因素

影響離職行為的個人因素，根據以往的實證調查研究，廣及於年齡、年資、人格特質、教育程度、性別、職業興趣等部分。

（一）年齡：一般都同意年齡的增加和離職有明顯的負相關。另一個研究卻發現有此種相關的是女性而非男性。年紀愈大愈不容易輕言離職，因為年紀大要重新學習或接受一種新技能比較困難，在工廠已經習慣某種型態的生活方式，比較安定，尤其是已婚者除非萬不得已不願冒這種風險，更何況這是一個重視年資的社會，待遇福利等更不願輕易放棄，至於男女則是一樣的傾向。

（二）年資：Knowles（1964）發現從以前的工作年資，可預測目前工作的長久度。同樣地 Shott（1963）亦發現書記工人其目前服務年資較長者，則他以前的工作年資至少有 10 個月以上。從許多工廠的流動總計資料可發現，到職一年以下者較易離職，那些「一年換 24 個頭家」者多數是性格不穩定，無法安於現實，可是有些則是因為目前的社會，有些工廠

的廢除年資制度所造成，重視新來者勝於舊有者，引起不公平、不受重視的感受而導致流動的頻繁。

（三）工作與職業興趣的相似性：Boyd（1961）和 Ferguson（1958）發現工程師留在目前的工作較久者，在職業興趣類別表上，機械技術興趣等顯出較高的分數，即顯出他的工程興趣，而具有高度買賣興趣者比未具此種興趣者較少會離開推銷員的工作，尤其在推銷業上有成就者更少。Mayeske 研究 125 位保林人員，發現離職與對戶外活動的喜好比率有相關（1964）。顯然許多工作上的流動是因為工作興趣不合，無法繼續忍受所致。

（四）人格特質：有一個明顯的傾向，即是具有靠近極端特質的人容易離職。Meyer 和 Cuomo 研究不同人格特質的工程師與離職的關係，發現去職者具有下列幾個特質：高度成就取向、攻擊性、獨立、自信與社交能力。留任者則具有：情緒較穩定、成熟、忠實、較強的工作認同及適度的成就取向（1962）。Farris 發現高成就取向在技術及科學人員中，是預測離職的一個重要指標（1971）。Hakkinen 和 Toivainen 亦發現在危險性的工作中，呈現高度焦慮與離職有相關，顯示出情緒的穩定與否和流動有關（1960）。同樣地在領班的研究中，發現離職與高度社交能力、優越感和神經質有關。換句話說，現代性高者比傳統保守型者，攻擊性、獨立性、個人主義等顯著，易於發生流動。

（五）家庭因素：人的職業和他的家庭生活在漫長的歷史中，大部分是結合在一起。在農業時代，職業是以家庭為中心，然而隨著工業化、都市化的改變，職業脫離了家庭而變成個人的事情，支配著家庭生活。家庭的組織是會影響職業流動，有許多研究發現不管是男性或女性，家庭大小的增加和去職傾向增加有關。Knowles（1964）和 Guest（1955）的男性工人研究，發現離職是由家庭中的壓力配偶等所造成，她們害怕來自工作的情緒和身體的壓力，會破壞正常的家庭生活。正如 Saleh 的護士研究，發現去職者中有 30%的離職理由是「家庭的理由」，更進一步的研究指出，年齡較大的女性的離職率，一般都較低，兩性間的差異，可以過去傳統角色差異來解釋（1965）。婦女的工作被指望著結婚的初期能增進家庭經濟的安全，具有貼補家用的附屬功能，隨著子女的出生和家庭責任的加重，往往要離開勞動市場。此種情形在我們社會是很普遍、自然的現象。

（六）成長需求：Szilaggi（1979）發現成長需求與離職間呈現正相關。

（七）轉換工作經驗：Marsh & Mannari（1977）發現以前曾工作過的公司數與離職之間無顯著相關。

二、工作內容因素

工作被某些人認為是代表個人自我實現與自我滿足的工具，或是一種連續不斷挫折、內在衝突和不滿足的力量。下面我們將討論四項與工作內容本身有關的因素對於工作內容的綜合反應、工作的重複性、工作的自主性與責任及角色的清晰，以瞭解其與離職行為的關聯性。

（一）對於工作內容的綜合反應：Dunnette 對年輕經理的追溯既往研究，發現留任者與離職者在進入組織時，對其工作抱著高度樂觀與相同的期望，對於分發的第一個工作，兩者都同感失望與不滿，但是被分發到第二個工作時，留任者感覺工作與自己的期望更緊密的配合，離職者則感覺自己的期望與工作間的差距愈來愈大。有許多研究指出，無法在工作上發揮自己能力者，往往先產生挫折失望與不滿足，此種感覺不斷增強，最後導致離職產生。離職與在工作上有無機會發揮自己能力有關。

（二）工作的重複性：許多工廠常為了增加生產或效率，而使得工作變成不斷重複、例行的操作變成機械乏味，於是乎造成工人情緒上的厭煩與疲倦、離職、曠職、請假變成一種脫逃的工具。Guest 和 Walker 在 1952 年曾訪問 18 位離開裝配線，而年資達 12 年至 15 年的工人，雖然樣本小，但是一個很明顯的趨勢顯示出來，由於產量的過度要求以及效率的講求所造成的壓力，迫使他們離開此一工作。一般投資者認為不斷增加生產或效率可減少營運成本，事實上許多研究指出營運成本有時反而增加，因為曠職與離職的增加所造成的損失，不是投資者所可預測。

（三）工作的自主性與責任：Guest 除了發現工作壓力與離職有關，也發現感覺在工作上缺乏自主性與離職也有相關。Boss 和 Eander（1957）發現留任者與離職者在進入組織機構時，對於在工作上可表現的自主程度，都有一種相似的期望，但後來離職者的報告，認為自主權不符合他們原來的期望，而留任者則與他們原來的期望差不多。Hackman 和 Lawler（1971）以兩個因素來研究曠職在許多工作構面的問題，這兩個獨立變項是：1.對於高層次需求（成就感、自我成長等）的期望強度。2.對於四個主要工作構面（工作的多樣性、自主性、回饋與工作認同）的描述。研究結果發現曠職和自主性及工作認同有極重要的相關，而與工作的多樣性及回饋無關。最後有兩個關於零售店員及雇員工人的預測性研究，顯示出個人的責任與自主層次的感到滿足與傾向留下有重要的正相關。

（四）角色清晰：有數位研究者認為有三種情況易導致角色的混淆：1.迅速的組織變遷。2.組織的複雜性。3.管理者的溝通哲學、長期的角色混淆，會導致無規範感與不滿足，進而導致退縮行為的產生。

Weitz 在 1956 年利用實驗法，對於實驗團體每人郵寄一個工作描述小冊，發現事前對於工作角色的基本知識與瞭解，是決定繼續參與組織的一個重要因素，證明他的假設就職前提供申請者一個明顯的工作形象，比未收到此種訊息者更願意留下來工作是正確的。Lyons（1971）測量護士問卷，發現角色的清晰與離職有負相關，與工作滿足有正相關。大體言之，不論是白領或藍領工人，對工作內容的不滿足與離職有正相關。

（五）個人因素：影響離職的因素，除了上述的工作滿足、組織、工作環境、工作內容以外，個人因素實不可忽略。加外，Szilaggi（1979）發現工作挑戰性與離職間呈現負相關。

三、工作環境因素

　　工作環境與個人離職傾向具有關聯性，因為一般工作者每日的接觸有諸多是人際的互動。如果無法在這種情境內融洽相處，如不能適應這種生活，必定影響到工作情緒，乃至決斷是否繼續留任在原屬單位服務。

（一）工作單位的大小：研究發現在大的單位工作比在小的單位工作，離職較多。此外亦有研究討論到工作單位大小與曠職的關係，結果發現工作單位大小的增加和曠職的增加是呈正直線相關，但只適用於藍領工人。在大的單位中，會產生低團體凝聚力、高度的專門化和較少的溝通，使得工人的期望更難實現，不滿足的情緒不斷增加，易導致離職發生。但此種解釋只適用於藍領工人，白領工人大體而言，在工作上有較多的自主權，且多數擁有較好的地位，影響較微。研究發現，在單位大小適中的群體中，曠職率最低。

（二）督導方式：是指上司與下屬間為達某種目的，上司對下屬的方式。首先研究生產工人的離職與督導行為的是 Fleishman 和 Harris（1962），主要是利用督導行為描述問卷。這個問卷是測量上司的體卹行為與結構行為，所謂體卹行為是指團體成員需求間的高度關懷，包括允許屬下更多的參與決策和鼓勵更多的互相交流；以求上下屬間的相互信任、尊敬與支持。結構行為則包括督導者的組織、團體活動的規定和團體的關係，如規定做事的途徑、成員的角色及指派工作等，主要是強調完成組織目標而無個人的存在。督導方式與離職關係密切，高度的體卹行為能彌補高度的結構行為，但低度結構行為不能補償低度體卹行為，在高度的結構行為和低度體卹行為的情況下，工人才會發生離職的行為。在 Fleishman 和 Harris 的研究中，發現當工頭或領班具有低度的體卹行為，則不論結構行為的程度如何，工人們的離職率都相當高。Saleh（1965）利用追溯既往設計，發現缺乏體卹，是僅次於工作滿足，成為終止行為的第二重要因素。Ley（1966）發現工頭的獨斷強制和離職間的相關為 0.76，然而資料顯示體卹及結構行為與離職間的相關，並非直線而是曲線，即到達某一程度的層次，增加體卹行為與減少結構行為，都不會影響離職率。一個有趣的啟示，有一位低度結構行為和缺乏體卹行為的工頭，在非正式組織中經常被屬下規避，所以要做一個有效的督導者並不簡單，要依賴熟練標準、管理價值、工作方式及其他情境變項，更重要者是必須能時時關懷安慰下屬。

（三）同事間的互動：對於一個組織而言，整個社會化過程中最有效的力量之一，即是個人和所屬同輩團體（peer group）間的彼此互動，此種互動對工作環境的調適及附屬的需要，可以提供支持及增加的作用。換句話說，如果無法得到同事的支持，做起事來孤掌難鳴，處處受牽制，會導致對工作環境的疏離感。Evan 在 1963 年研究受訓人員的離職問題，發現一個受訓者當他被單獨或只與一人分發到某一單位工作時，比同時與兩個以上受訓者一起分發，有較高的終止行為產生。他認為一個新的受訓者，如果有其他新進人員的實際支持，比沒有支持者更能應付新的工作帶來的壓力與不明情況。即如同徐正光教授

〈一個成衣加工廠個案分析〉一文中提到，有同伴的安全感需要最強，當有了安全感，工作便不會輕易更動，也正如黃富三先生在《女工與台灣工業化》一書中所提，與同仁相處愉快，對女工而言是最重要的，勝於待遇、權力與成就等因素。

四、組織因素

　　組織因素是可以細分為：薪資、升遷、組織規模及福利措施等部分。

（一）組織規模：組織規模的大小會有不同的離職情形。Ingham 在 1970 年研究八個大小的英國公司，發現組織規模的大小與曠職有高度相關，與離職的關聯則較微弱。這個研究顯示，工廠大小是會影響工人對於報酬的偏重，但離職率大致相似。Ingham 認為大小廠由於高度的科層化，使人際關係傾向於非私情性，減少工人對工廠的認同，疏離感的增加，會導致退縮行為的增加。事實上工廠規模大小並不直接影響離職。可能的因素是規模大，設備好，穩定性高，制度也較健全，規模小穩定性低，制度不健全，但同事及上司間的互動則多於大規模者之故。

（二）福利措施：工業愈發達的國家，愈重視員工的福利措施，尤其是勞動力短缺時期，各廠競爭激烈，海報及招募啟事奇招百出，福利措施的完善與否成為招徠工人的重要法寶。所謂福利項目應該包括有：勞保、退休、制度、宿舍、膳食、交通、教育津貼、康樂等等。因此，良好的福利措施不僅有利於招徠工作者，同時也是促使工作者留任原職的重要原因。

（三）薪資與升遷：許多研究指出低薪資及缺乏升遷機會是導致離職的主要因素。早期的學者如 F. Taylor 強調給與工人們金錢上的滿足，認為薪資上的滿足是工人尋求工作的最大誘因。然而根據 Maslow 的需求理論，人類的需求是階層式的，隨時在變動。低的需求滿足後，接著又有高層次的需求出現。行為科學的抬頭，使得物質報酬與非物質報酬兩個因素同受重視。而報酬的合理及公平與否，也同樣影響到受僱者的工作態度與士氣。有一個問題一直困擾著各行各業，那就是多數人認為待遇偏低是促成工廠作業員流動的主因，然而升遷與待遇又如何影響退縮行為呢？Poter 和 Lawler（1968）、Vroom（1964）的研究，顯示出至少有兩個因素可解釋退縮行為的補償效果。1.付出多少的力就應得到相對比例分配的報酬。2.繼續參與的預期比轉變工作的結果要好。

　　第一個理論已有多項重要研究可提出支持，最早作這個比例分配報酬的研究之一是，Patchen（1960）對煉油廠工人研究可驗證。資本家設廠時，除了考慮勞力供應地點外，如果合理計算體力、智力的耗費應得的報酬相信加上合理的升遷的機會，過高的流動情形應可緩和。

五、工作滿足因素

　　多數學者利用工作描述指標（J. D. I.）來研究員工工作滿足與離職意願的關聯。工作描述指標將工作滿足區分為工作本身、升遷機會、薪資、督導方式及工作伙伴等五個層面來測量。學

者們的研究結果在各層面上呈現不一致的結果，但在整體的工作滿足方面，則一致發現與離職行為有顯著的負相關（Hulin, 1986, 1968）。然而，多數的離職模型指出（Price, 1977; Mobleyetal., 1979; Milleretal., 1979; Bluedorn, 1982），員工工作滿足與離職行為間的關聯並非如此單純，在兩者間可能會有一些中間機制存在，這些中間機制將會干擾工作滿足與離職行為間的關聯。而這些中間機制，不外乎下列幾項，諸如，勞動市場的條件，工作者的年齡、轉職、轉業的機會、合約的限制等等。就以合約的限制而言：合約的限制對工作滿足感與離職行為間關係的干擾至為明顯。在合約的限制下，縱使個人對工作非常不滿足，其亦無法離職，頂多也只能採取輕微的退縮行為，如怠工等。由此看來，在探討員工工作滿足與離職行為時，若僅單純地分析其間的關聯是不恰當的，我們尚須注意一些可能發生干擾作用的中間機制，如此，才能較確切地瞭解員工的工作滿足與其發生離職行為間的關聯情形。除了上述之外，亦有實證研究指陳，「工作壓迫感」及「組織承諾」與離職行為的關聯性。

六、工作壓迫感因素

學者對壓迫感（stress）所下的各種定義中較具代表的是：Selye（1956）認為壓迫感是對任何需求的非特定反應。Cowen（1960）認為壓迫感是平靜的心情受到威脅而激起的狀態。Fineman（1979）認為壓迫感是對高度焦慮經驗的一種心理狀態。Cummings & Coope（1979）則定義壓迫感為任何驅使一種變數跳到個數穩定區間之外的力量。綜合而言，壓迫感是個體脫離了其穩定區間，所表現的一種心理狀態。至於工作壓迫感（jobstress），學者也有不同的定義：French, Rogers & Cobb（1974）認為工作壓迫感是個人的能力及可用資源與環境需求之間的差異所導致的現象。Caplan & Jones（1975）則定義工作壓迫感為工作環境的特性提供一種對個體的脅迫而產生的現象。Beehr & Newman（1978）指出工作壓迫乃是一種與工作有關的因素和工作者本身的交互作用下，改變了工作者心理與生理正常狀態。一般壓迫感只是一種抽象的概念，只知道此一現象存在，但是卻無法衡量這一物體所受的應力（工程上的稱謂）有多少，在社會科學的領略中，壓迫感的狀態是透過一些症狀來瞭解。這些症狀依 Schuler（1980）的分類可區分為生理、心理及行為三種類型：（一）生理症狀方面包括頭痛、潰瘍、高血壓及心臟病等。（二）心理症狀方面則有不滿足、退化、冷漠、攻擊、遺忘及幻想等。（三）行為症狀方面包括食慾不振、突發性的改變、績效降低、意外率增高和缺勤率提高等。Beehr（1979）發現工作壓迫感與離職間呈正相關。

七、組織承諾因素

Porter（1974）認為組織承諾乃指個人對組織有相當程度的認同（identity）及投入（invovlement），其表現出來有三種特性：（一）對組織的目標及價值有強烈的信仰及接受。（二）願為組織的利益而付出更多的努力。（三）很明確地希望繼續為組織的一份子。

Hall（1979）則認為組織承諾應包括二個變數：（一）態度變數，包括：1.對組織之認同，即接受組織的目標。2.對組織的工作角色的投入。3.能溫暖、親和或忠誠地對待組織。（二）行為傾向變數（behavior-intention），包括：1.願意為組織付出額外的努力。2.願意繼續為組織的一份子。Porter, Crampon & Smith（1976）研究發現組織承諾與離職間呈負相關。

綜合上述，影響離職行為的主要因素為：

（一）個人人口統計變項和個人特質：如年齡、年資、性別、家庭責任、教育程度、個性、以前服務的公司數、遷居、成就動機等。

（二）整體工作滿足。

（三）環境因素：包括薪資水準、升遷、主管、組織氣候、角色壓力、控制過程等工作環境因素，以及經濟情況、對可能工作機會的期望等外在環境因素。

（四）工作內容因素：如對工作本身的滿足、工作特性等。

（五）其它因素：如行為的意願、組織承諾、工作投入、希望達成的期望等。

肆、有效因應離職作為

由於離職將對組織帶來衝擊，為減少機構困擾，宜朝向下列方向努力。

第一步：瞭解離職原因

瞭解原因是解決問題的第一步。當組織的員工離職率偏高時，組織首先要做的是，系統性搜集相關資料，瞭解公司留不住員工的主因為何。組織可以搜集資料的方式，包括員工離職訪談、對離職或現有員工進行問卷調查等。組織一般需要搜集的資料有四種：一、離職的是哪一種員工，以及他們離職的原因；二、員工去留相關的政策；三、業界員工的平均離職情況；四、留在組織的員工，他們待在組織的原因。

重視瞭解現有員工，也是可以減少員工離職的方法，許多組織將搜集資料的重心放在離職員工上，希望能夠改進缺點。事實上，瞭解員工選擇待在組織的原因，能夠發揮組織現有優點，對組織一樣有幫助。因此，不要忽略了向現有員工搜集資料。

但是離職訪談效果甚微，因為即使組織有誠意想要用心瞭解，離職員工通常會避免說出離職的真正原因。員工已經要離開公司，談論對公司的不滿之處，對他們而言是弊多於利。許多人會隨便找個理由（例如，家庭或健康的因素）只求離職過程容易一些，因此，員工離職訪談搜集的資料常常不夠正確。要避免這種情況，須從兩個方面去解決。一、有專人對已提出申請未獲核准的員工進行瞭解，在允許的情況下挽留員工。二、在員工離職一段時間後，有專人對他們進行追蹤調查。瞭解他們真正的離職原因，這對組織以後的經營管理可以提供更好的建議。這種方式搜集的資料之所以比較正確，是因為離職員工比較可能把離職原因誠實告訴中立的第三者。

　　除了內部的資料，組織也應該從外界搜集額外的補充資料。例如，員工離職原因的相關研究、產業留住員工的實際做法等，比較不同組織的情形，以更清楚掌握組織的狀況，幫助組織更能瞭解問題核心。

第二步：解讀資料界定問題

　　有了足夠且正確的資料後，組織需要整理解讀這些資料，界定組織目前面臨的問題。例如，組織發現，某個部門員工離職率高或辭職申請特別多，可能原因是，該部門的主管給予員工的自主性及彈性不足，造成員工對工作不滿，以致員工待在機構的時間無法長久。

第三步：針對問題找出辦法

　　找出問題後，接著要針對各個問題，找出解決的方法。例如：機構針對平衡員工的工作、進修和休假，設定一項新的員工福利。公司為各員工設立一個儲蓄帳戶，員工可以撥取部分薪資（5%－10%）存入帳戶中，當員工存錢進帳戶時，機構也會存進相同的金額。算是公司的一項福利待遇。如果員工感到壓力過大，或者有其他需要時，他們可以請假一段時間，但是仍然支領全薪。在員工請假的這段時間，公司會從他的儲蓄帳戶中提錢，外包或聘請臨時員工暫代該員工的職務。若不請假，可以把這一部分錢一年一次或離職時退給員工或名正言順的當做公司押金。員工的抱怨也會相對減少。如此一來，減少了員工的離職問題。

第四步：制定組織優質策略

　　最後，組織需要制定相關的策略。首先要決定策略目標，例如：使管理更具有人性化。所謂的成功策略的目的，無非是為組織留下優秀幹練的員工。其次要決定實際做法。員工決定去或留，通常有一個以上的原因，而影響員工離職或留職的主因，不一定是同一個原因。例如，一名員工因為其他機構的高薪挖角，因此考慮離職，但是後來該員工決定留職，不是因為組織提高了他的薪資，而是因為他很喜歡工作的組織文化。

伍、結語：留才要比選才容易

　　研究顯示，如果現有工作與其他工作機會的條件相差不多，一般人會傾向於留在原公司，選擇待在熟悉的環境，而不是經歷改變。因此，組織想要留住員工，比其他組織想要挖走員工，有著較大的優勢。組織要做的是，為工作產生更高的附加價值，讓員工在衡量去留的眾多原因中，整體的吸力能夠大於推力，這樣一來，組織才能成功地留住員工。

第二章

工作疏離與人員離職

壹、前言

　　疏離（Alienation）是近代社會極為普遍的現象。自西方工業革命以來，工業化、理性化、科層化與都市化快速且深入地影響人們既有的生活型態。工業化，所產生的影響絕不僅止於工藝技術的變革，也是隨新的技術發展而衍生的一套價值觀念，甚至是作事方法，新的人格典範，和因應而生的社會組織，其對社會文化的變遷，包括下列數端（徐正光，1976）：

一、新的工廠制度取代家庭式的工業生產。工業革命以前的社會，家庭是生產的基本單位，以偏重個人技術為主的手工藝為主要的生產方法，從原料的採用到一件產品的完成，其整個生產過程大多數由一個人為之，極少分工的現象；工業革命後，則以機器的操作與使用為主要的生產手段，分工的細密，使得參與生產者只能在極小的單位上反覆的操作一種機器，而所生產的也只是一件成品中的一個微小部分，因此難以掌握或瞭解從資源的輸入到製成成品的整個過程。這種將生產過程化解為一些簡單而易操作的步驟，使得每一步驟單一化但有密切關係的做事方法，的確是新的生產方法的一項特色，是造成人類疏離的基本原因。

二、工廠制度使得舊有的社會秩序崩潰。工廠裏的工人除了必須適應新的操作方法外，他還須適應新的人際關係。這種關係不再是以家庭式的生產時所維繫的那種穩固而深厚的關係，他所面對的是來自不同地區，具有不同生活方式的新面孔；由於流動性較大，因此很難與其他工人建立較持久的關係；另外，由於新的工廠都集中於交通方便的都市區，工人必須遠離生於斯長於斯的鄉村社區，而遷至人地生疏的地方，這種將其與原來的社群臍帶割斷後的人，其內心乃不免產生失落與孤獨之感。

三、新的生產方法使社會的階層加速分化。工業革命以前的社會，生產的工具通常屬於生產者本人；工業革命後，由於新機器的昂貴，只有那些資本雄厚的資本家與工業家才能擁有新的生產工具，其結果是眾多人口只能依賴出賣勞力為生存手段。這種資本家與工人兩種階層清楚劃分的現象，是工業革命初期最顯著的特徵，等到工廠組織愈來愈巨型化，財產權與管理權脫離關係，工廠主不再是工廠的管理者，新的管理階層乃告應運而生，到了最近，巨型的工廠與公司，更將從事基本科學研究的人員納於其組織之內，新的專業人員又變成了一新的特殊的階層，社會的分殊化乃益加顯著。

四、如果工業主義最令人注意的創新是上述的功能的專化與分化，其最普遍的趨勢則是理性化。理性化的主要作用是在人類的各種活動中摒除傳統的習慣、地位及個人因素的影響，而以「有用的」個人的能力來評價人、地、事。為了去除非理性的以及許多不能預測的情

緒因素，因此必須把人的行動與角色納入明文規定的規章細則及上下分明的權威階序中，使得每個人都責有專司，不受他人與私情的干預。將功能的專化與分化，及結構上的理性原則予以制度化整合運用者即現代的科層組織。科層組織化的現象並不始於近代，許多古老的文明，其政府及行政組織都曾出現過高度科層化的組織，但是將科層化的各項原則如權威階序的分明，各個科層職位權責清楚劃分，對事不對人的無私情的關係，以個人的能力為選才晉升的標準以及具有嚴密的法條規章等予以充分利用的則為現代的工商企業的科層組織。這種科層組織原則的擴大和滲透，隨著社會現代化而與日俱僧，尤其隨著資本集中，組織擴大，不僅在工業組織，而且連政治行政組織、工會、軍隊、學校、醫院等公私機構均呈現了科層化的現象。名社會學家顧德諾（A. Gouldner）曾稱「現代是世界全面科層制度化的時代」。科層原則的極端化運用，必然使得組織內部的成員產生物化、孤立化及意識的小零件化。因此，現代的科層組織對於人類所造成的疏離的影響絕不少於機械化的分工與標準化對於人類的影響。

貳、工作疏離的意涵

由於工作疏離是一個普遍的現象，早期社會學家馬克思（K. Marx）、韋伯（M. Weber）、涂爾幹（E. Dehkeim）、巴烈圖（V. Pareto）、辛邁爾等人都曾探討過該現象。即至 1950 年代西門（M. Seeman），將工作疏離區分五種構面：「無力感」、「無意義感」、「無規範感」、「孤立感」、「自我孤絕感」。此五種疏離現象，雖然在概念上各自獨立，但是卻是彼此相互關聯。（徐正光，1976）

一、無力感

具有無力感的人是指一個受他人及非個人的制度（如技術與組織）控制及操縱的對象。他不覺得他能控制或改變周遭的工作環境，他是被動的接受現實的環境，而非是以主動積極的態度來操縱環境，因此一個人在生活與工作上的自由與控制，是衡量其無力感的最重要的指標。在工業社會裏，無力感是人類普遍經驗到的一種現象。最先感受到這種經驗是工廠裏的工人，特別是在高度機械化的工廠裏工作的半熟練工人。由於生產方式的標準化與固定化，使其對工作的速度、產品的質量、所用的工具，與工作上的策劃與安排，都不再有控制的能力，事事都得依賴技術的性能與廠方的決定。

其次是在巨型組織中工作的低級白領階級。上下屬權責的固定，工作的明確範定，規則的嚴密遵守，使其只有按上級的指示，按規章程序做事的份，對於自己的工作與職責的重要決定全無置喙的餘地。無力感的現象不只限於工廠與組織，由於理性化與科層組織的原則滲透到現代生活的各種領域，所以它可以說是現代人的一種普遍經驗。

二、無意義感

　　理性化的目的是使許多複雜的行為可以估算可以預測，以使這些行為具有意義；但是結構的分化則使這種意義僅限於社會經驗的極為微小的部分。尤其是在大規模組織下，因過分分工，使個人所扮演的角色很難與整個結構角色發生有機的關聯，其結果是使工廠裏的工人或組織中的成員對於整個再生產過程或整體組織的運作缺乏瞭解，在這種情況下，其工作遂不覺得有何積極性的意義與目的。無意義感這個概念最常用來描述在精細分工下的工業工人的工作。在大多數的工廠中，狹隘的工作範圍使工人很少認識或關心他們的工作與整個生產過程的關聯，因此除了與其工作密切關聯的工作領域外，他無法預料他自己或別人的行為結果。在工業社會裏，由於分工過細而社會又太複雜，所以在主觀意識上人們很難瞭解各種事件的相互關聯，其結果是使許多人在行為上無法運用其智慧與能力。曼海姆（K. Mannheim）稱這種過程為「實質理性」的低落，人們除了依順及遵循外力所定的行為規則外，他很少去追問為什麼事情該如此做、如何做，以及在什麼情況下做比較恰當。社會的理性化程度愈高，人們的獨立思考及對於事情作自我判斷的能力愈減少，例行公事化或公事公辦的藉口即為「功能的理性」推到極端的結果。無意義感與無力感有極為密切的關係，因為人類失去控制的能力，所以對於各種事件才會產生無法預測，生活毫無目的的感覺，無力感的反面是自由與控制，無意義感的反面則是功能與目的。

三、無規範感

　　這個概念是涂爾幹的失序（anomie）的概念延伸出來的。涂爾幹對於脫序的原來的解釋是指社會的規範不再能控制個人的行為，或不再是個人行為的有效規則。現代社會學的用法則採用墨頓（R. Merton）的定義。依照墨頓的用法，所謂失序是指社會認可的目標與達此目標的可用的手段不一致的情況。在這種情況下，「技術上比較有效的方法，不管其在文化上是否合法，取代了制度界定的行為」。用通俗的話來說，即是用社會不允許的手段來達到社會認可的目標。墨頓指出，失序的情境造成了兩種結果，其一為行為很難預測，另一為迷信運氣與特殊的人事關係。過去的研究一向認為在西方的社會中，個人的工作表現與自身所具有的能力是組織選拔人才與職業晉升的普同標準，但是房斯（Faunce）指出，個人的美德與努力工作以達到事業上的成功是工業化早期階段所強調的價值，而在今天的社會裏，幸運與命運卻變成了解釋個人事業成敗的主要因素。

四、孤立感

　　所謂的孤立感包括兩種情況，第一是屬於某種群體，但客觀上又不具有歸屬意識的人。例如，如果一個人覺得某一群體或組織的目標並非是他所共享或認為有價值的，但卻被迫維持其成員的關係，這種人可算是孤離的人。第二種是因客觀的情勢，使一個人無法與別人作有意義的溝通而形成較穩固的社會關係，於是使其有疏離感覺。布魯納（R. Blauner）指出在工廠中，

有些人因單獨工作，或工作情境的噪雜而無法與別人交往，因此常無法形成或發展有意義的社會關係。孤立的相對情境是整合。一個工業組織是由工作關係所形成的社會關係的網路，在此組織中，如果勞資雙方，或是員工與管理階層間有一套彼此同意的規則，則較易形成認同感與歸屬感而達成整合，反之，則易使員工有疏離傾向。

五、自我孤絕感

孤立感是指個人與他人之間的疏遠關係，自我孤絕感則是個人與自我的疏離。孤立感所表現的行為是以工具性的介入勉強與他人或組織維持形式上的關係，自我孤絕感所表現的則是工具性的工作取向，工作本身不具有內在意義，工作本身不是目的，而只是達到其他目的的手段。西門指出，如果「工人只是為了工資而工作，家庭主婦只是為了逃避而不得不做完家務事，或是具有他人取向性格的人只是為了影響別人而行動，都可以說是自我孤絕的疏離的例子。」布魯納認為自我孤絕感與高度的時間認識有關，因為工作並非是為了目前的滿足，而只是未來的其他滿足。工作上的厭煩單調，缺乏自我完成是造成自我孤絕的最主要的因素。自我孤絕感是現代工人的一個相當普遍的感覺，在工業化以前的社會，工作與儀式、宗教、家庭及社區高度整合在一起，工作不可能僅僅是生活的手段，因為它本身即是生活的重要的部分。

Maslach（1977）曾針對自我孤絕所出現的症狀做過多年研究，將其分類為：

（一）情緒衰竭，代表此人不僅喪失了本身的生活樂趣與進取性，更喪失了對他人的關懷與尊重，僅藉由吸毒、酗酒、或濫用藥物以獲得暫時性的滿足。

（二）漠視人性，代表此人會以批評、嘲諷的態度與人相處，甚至漠視服務對象的一切需要、權益與問題。

（三）喪失自我成就感，代表此人於士氣低落中，放棄對團體活動的參與及合作。

根據多位學者的實證研究如：Newman（1974）、Kraut（1975）、Mobley（1978）、Szilagyi（1979）、Price & Mueller（1981）等人，均發現離職意願與離職間呈現正相關。是以本節將探討與離職意願相關之文獻。

參、員工離職的影響

就離職的意涵，通常是指下列四項：

一、辭職（Quits）：由工作者主動請求終止雇傭關係，或經長期曠職超過規定期限未歸者。

二、暫時解僱（Layoffs）：雇主因業務不振、更換設備、生產淡季、機器故障或停工待料的情況，將工人暫時停止雇傭關係者。

三、開革（Discharges）：乃因工作者行為怠惰不檢，或違犯單位規定等原因，為雇主所辭退者。

四、其他：諸如服兵役、升學、退休、結婚、死亡等而離去均屬之。

通常離職行為的研究，主要是以第一種型態（即辭職）為範圍。而「員工離職行為」可界定為員工主動地請求終止雇傭關係的行為，即員工在某一企業組織中工作一段時間後，經個人一番考慮，否定了原有職務，結果不僅辭去工作及其職務所賦予的利益，而且與原企業組織完全脫離關係。至於離職的類型，在傳統上，學者們將其歸納為兩種類型（曹萃栩，1984）：

一、自願性離職

（一）因組織因素而自願離職。這類因素如薪資、升遷、更佳的工作機會、與主管的關係、工作的挑戰性等。

（二）因個人因素而自願離職。這類因素如健康關係、退休、遷居、深造等。

二、非自願性離職

非自願性離職，一般是指解僱、資遣、解退等，非屬個人主動提出的離開現職。

一般我們所討論的離職，應是指第一類的自願性離職。然而，近年來有些學者則反對這種二分法的分類方式，他們由組織功能的角度來界定離職，認為在自願性離職中尚應包括兩種類型：第一、非功能性的：個人想離職，但組織希望能慰留他這類員工的損失威脅了組織的效益。第二、功能性的：個人想離職，而組織並不在乎，因為組織對他個人及工作績效的評估是不好的，留下來反而威脅了組織的效益。

肆、與離職員工面談

通常組織遇到人員流失時，總是急著招聘新員工進來填補空缺，卻往往忽略同時也該追本溯源——原來的在職者為什麼會離開？人事服務同仁當然會聽到包羅萬象的答案：因為要調養身體、隨配偶調職、回鄉照顧高齡父母……。一般來說，這時候人事同仁是處於一個兩面為難的角色。首長可能已經為這件離職責備過你了，而身為人事業務工作者又要對這位離職者好言相慰……

如果我們同意人才是組織最珍貴的資源這個論點，那麼揭露員工離職的真實原因，就是促使組織持續創新、進步，並永續經營的原動力，因為如此才能夠留住現有人才，及不斷吸引更多優秀人才的加入。目前大多數組織的做法都是在人員離職的前幾日或當日進行離職面談，並且很多時候，單位可以透過與離職員工的面談受益。由於離職者的心態多半是對既有單位產生不滿，一旦離開後可能會有詆毀組織的情形發生，對於組織形象會有很大的影響，因此做好離職面談可以預防很多不利於組織的行為發生。離職面談的受益還包括：可以得到離職員工意見的回饋，一般情況下，如果被坦誠對待，一個即將離開的員工是有可能對公司的一些看法，包括在職時不敢講的負面看法說出來的。這是直接的、難得的訪談資料，有利於組織的改進和效能提高。另外，透過面談還傳達出組織重視員工意見的訊息。無論對公司內部還是對公司外部

來講，都是對組織的正面的資訊，有利於進一步吸引人才。還有，員工離職了，並不表示和原來的組織就從此一刀兩斷，互不相見。很多時候，與離職員工保持好的關係，還可能為組織帶來很多長遠的利益，比如：新的客戶和市場機會，人才推薦機會，甚至優秀離職員工重新回到公司繼續效力等等。透過離職面談，可以向離職員工發出友善信號，使其認識到他仍然是原屬單位的朋友。

一般來說，與離職員工面談應掌握以下的原則：

一、面談的目的是儘量與員工進行深入溝通，得知為什麼員工要離職，然後針對這些原因改進，防止流失更多員工，所以面談不應該變成走過場，而應該有目的，有提綱，有針對性。

二、面談地點應該具有隱私性，避免被打斷和干擾。應選擇輕鬆、明亮的空間，好的訪談環境有利於讓離職員工無拘無束地談論問題。

三、安排足夠時間，可以使離職員工暢所欲言。交談中注意訪談技巧，不要只是按照事先列出的問題逐項發問，而是要積極地傾聽，如果有不清楚的地方，要仔細詢問。有時要適時保持沈默，讓離職員工有時間可以思考。

四、讓離職員工感受到你的真誠。如果他覺得你只是在做一件例行公事，你不會得到有價值的回饋。可以先幫被面談者倒杯茶水，先行營造輕鬆的氣氛，以善意的動作卸去彼此對立的立場，建立彼此互信的關係，才能夠讓被面談者真正說出心中的想法。同時在面談的過程當中，應隨時察言觀色，設法將自己的立場與被面談者站在同一陣線，專注傾聽其所抱怨的人或事，面談者的角色應該是多聽少說，適當的提出問題即可。當被面談者產生防衛的情形，應該要及時的關心他的感受，不要唐突地介入問題，更不可做任何的承諾。另外，不要讓離職員工覺得你要他編造一些關於組織的美好故事；更不要讓面談成為揭人隱私的地方。面談應以開放性的問題為主，讓員工能夠依照個人經驗回答，避免問太籠統或具引導性的問題。對組織來講，員工離職可能是損失，其實同時也意味著機會。經由有價值的面談，組織將有所受益。

五、做好面談紀錄。面談時，要將面談重點記錄下來，便於之後的分析整理工作。面談結束之後，應將面談紀錄彙整，針對內容分析整理出離職真正原因，並且提出改善建議以防範類似原因再度發生。不過在通常情況下，當這名離職人員還需要人事人員為他寫推薦信、或在 reference check 時為他美言幾句的狀況下，說話必然有所保留。所以美國有不少專家就建議：不如在人員離職時給他一份已付回郵不具名的問卷，等他覺得時機成熟時再填回；或是在人員離職六個月後再寄出調查問卷，目的無非是希望離職員工能在沒有任何心理負擔的情況下一吐胸中鬱悶。問題的設計最好也採用開放式，例如：

* 你決定離開本校的因素為何？

* 哪一項因素的改變可能會讓你改變想法，願意再留下來？

* 你認為學校在哪些措施方面可以改善，可能會產生哪些不一樣的結果呢？

* 你認為本校提供你什麼樣的成長機會？

同時尚可針對現有人員進行意見調查，找出大家願意繼續留在現職上的原因，如果學校願意傾聽這些內在的聲音，人事同仁就不需在一方面流失人才，一方面招聘人才的兩難中疲於奔命了！

伍、結語

人事管理學者 Dalton 認為，非功能性的自願性離職才是組織所應重視的。但是由於一般對離職的研究多從工作流動的觀點著眼，因此，對於組織功能上的考量就沒有做如此細部的分類，而仍以自願性離職作為研究上對「離職」的界定。綜觀以上學者們對「離職」的看法，「離職」並不單純只是個人的離去行為，它尚且包括個人與組織間互動的整個過程；而離職的後果不僅影響個人的生活，同時也影響到組織機構的運作，甚至會連帶影響到整個社會經濟環境體系。因此，對於員工離職行為的關心，實為人事同仁於服務品質提升及學校效能增進的重要課題。

附錄

參考書目

一、中文部分

中華民國社區發展訓練中心編（2000）：《社會工作辭典》（第四版）：台北。

內政部（1994）：《先進國家年金保險制度》，台北：內政部。

文崇一（1989）：《台灣的工業化與社會變遷》，台北：東大圖書。

王國明（1994）：〈績效獎勵制度建立之理論與實務〉，研究月刊，第 18 卷，第 5 期。

丘昌泰（1992）：〈建立績效導向的公務員俸給政策〉，空大行政學報，第 8 期，頁 103-120。

古允文（1995）：《福利國家的政治經濟學》，台北：巨流。

江亮演（1982）：〈當前我國學校社會工作之評估〉，台北：社區發展季刊，第 19 期，頁 72-74。

行政院人事行政局編印（2003）：《人事行政法規釋例彙編（上、下冊）》，台北市：行政院人事行政局。

行政院經建會（2002）：《我國教師退休撫卹制度之檢討與改進》，台北：經建會自印。

吳　定（2001）：《組織發展理論與技術》，台北：天一圖書公司。

吳　定（2005）：《組織發展應用技術》，台北：智勝文化公司。

吳三靈（1995）：〈公立學校教職員的退休撫卹制度改革〉，人事月刊，第 136 期。

吳三靈（2000）：《教育人需要知道的事》，台北市：商鼎文化出版社。

吳和堂（2003）：〈論析教師績效評鑑政策之實施〉，教育研究月刊，第 105 期，頁 57-68。

吳清山（1999）：〈跨世紀學校組織再造之重要課題及其策略〉，教師天地，98 期。

吳凱勳（1994）：《先進國家的年金保險制度》，台北：內政部編印。

吳靄書（1994）：《企業人事管理》，台北：自印。

李大偉（1993）：〈如何建立企業內教育訓練體系〉，就業與訓練，第 11 卷，第 54 期，頁 67-71。

李再長（2004）：《組織理論與管理》，Richard L. Daft 原著，台北：華泰文化公司。

李聰明（1977）：《現代學校行政》，台北：幼獅出版社。

邢泰釗（2004）：《教師法律手冊》，台北：教育部發行。

林幸台（1987）：《生計輔導的理論與實施》，台北：五南書局。

林明地（2001）：〈精練學校行政實際，塑造學校文化〉，學校行政論壇第八次研討會。

林清山（1998）：《學校行政》，台北：桂冠書局。

林清江（1988）：《現代化》，台北：台灣商務印書館。

施能傑（1996）：〈退休制度定位問題的分析〉，公務人員月刊，第 7 卷，第 6 期。

柯木興（1984）：《社會保險》，台北：中國社會保險學會。

夏鑄九（1997）：《網路社會的崛起》，台北：唐山出版社。

徐育珠（1974）：《台灣地區職工福利問題研究》，台北：政治大學經濟研究所。

翁慧圓（1986）：《學校社會工作——理論、比較、實務》，社區發展季刊，第 36 期，頁 71-79。

張天開（1980）：《各國勞資關係制度》，中國文化大學出版部。

教育部人事處編印（2000）：《教育人事法規釋例彙編》，台北：教育部。

符寶玲（1997）：《退休撫卹基金制度與管理》，台北：華泰書局。

許濱松（1993）：《人事行政》，台北：華視出版社。

郭玉霞（1994）：〈美國近年來教師評量的發展與革新〉，教育改革，頁 239-254，台北：台大書苑。

郭昭佑（2001）：〈學校本位評鑑——內外部評鑑的差異與結合〉，政治大學學報，第 28 期，頁 27-61。

陳加再（2003）：《教育法制研究與發展》，台北：商鼎文化出版社。

陳旭芬（1998）：《我國現行私立學校退休撫卹制度之探討》，政治大學公行所碩士論文。

陳修賢（1994）：〈《第五項修練》作者彼得‧聖吉——企業變革上乘心法〉，天下雜誌，157 期，頁 241。

陳桂華（1993）：〈推動退撫制度改革之現狀與展望〉，人事月刊，第 112 期。

陳瑞光（1983）：《私立大學校院退休金制度之研究》，逢甲大學保險研究所。

勞委會（1995）：《事業單位辦理員工休閒活動調查報告》，台北：行政院勞工委員會。

勞委會（1996）：《勞工職業生涯與工作意識調查報告》，台北：行政院勞工委員會。

馮明德（1996）：〈大學實施教師績效評估制度〉，空大行政學報，第 4 期，頁 307-334。

黃乃熒（1993）：〈學習性領導在教育行政的啟示〉，教育研究資訊，3 卷 1 期。

楊仁壽譯（2003）：《組織理論與管理》，台北：雙葉書廊公司。

楊朝祥（1986）：〈大專生的生計發展與安置服務〉，就業與訓練雙月刊，第 4 卷，第 6 期。

葉至誠（1996）：《組織經營與管理》，台北：世新大學。

葉至誠（2001）：《職業社會學》，台北：五南出版社。

葉至誠（2002）：《社會福利服務》，台北：揚智出版社。

葉忠達（1993）：〈大學教師對大學評鑑及全面品管之反應研究〉，教育研究資訊，第 3 卷，第 4 期。

葉長明（1996）：〈公務人員退撫制度檢討改進之研究〉，公務人員月刊，第 6 卷，第 8 期。

詹火生（1992）：《主要工業國家勞工福利之研究》，行政院勞委會。

詹火生（1998）：《職業訓練與就業服務》，台北：國立空中大學。

廖世和（2004）：《兩岸高等學校教師聘任制度之比較研究》，國立政治大學行政管理碩士學程論文。

趙其文（1996）：《人事行政學》，台北：華泰書局。

劉寶貴（2000）：〈高職教師教學評鑑實施之研究〉，技術及職業教育雙月刊，第 55 期，頁 44-50。

盧智芳（1999）：〈企業、員工新關係〉，天下雜誌，第 221 期，頁 114-165。

簡紅珠（1993）：〈教學評鑑的內涵與實施〉，教育評鑑，台北：南宏，頁 173-189。

蘇錦麗（1997）：《高等教育評鑑——理論與實務》，台北：五南。

二、英文部分

Airasian, B., Gullickson, A. R., Hahn L., & Farland, D. (1994). *Teacher self-evaluation: The liter in perspective. Kalamazoo*, MI: Wester Michrgan University.

Appelbaum, Richard P. (1970): The Theories of Social Change. Chicago: Markham Publishing.

Baratz-Snowden, J. (1993, Spring). Assessment of teachers: A view from the National Board for Professional Teaching Standards. *Theory Into Practice,* 32 (2), 82-85.

Barber, A. E., Dunhan, R. B., & Formisano, R. R.(1992). "The Impact of Flexible Benefits on Employee Satisfaction", Personnel Psychology, pp. 45-74.

Bell, Daniel (1973): The Coming of Post-Industrial Society. New York: Basic Books.

Carney, C. G., & Barak, A. (1976) "A survey of student needs and student personnel services." Journal of College Student Personnel, 17, 280-284.

Craft, A. (1996). Continuing professional development: *A Practical guide for teachers and schools*. London: The Open University.

Darling-Hammond, L., Wise, A. E., & Pease, S. R. (1983). Teacher evaluation in the organizational context: A review of the literature. *Review of Education Research*, 53 (3), 285-325.

Davidow, W. H. and Malone, M. S. (1992). The Virtual Corporation. Harper Collins Publisher.

Gordon, J. D. (1988): Developing Retirement Facilities. New York: John Wiley and Sons, Inc.

Grapman, J. Brad & Roberr Otteman (1997). Employee Preferences for Various Compensation and Fringe Benefit Options, New York: Macmillian Publishing Co. Inc..

Hammer, M. and Champy, J. (1993). Reengineering the Corporation. New York: Harper Business.

Hancock, B. L. (1982). School Social Work, New Jersey: Prentice-Hall, Inc. Harper Business.

Harris, B. M. & Hill, J. (1982). *The DeTEK handbook*. National Educational Laboratory Publishers, Inc.

Herr, E. L., & Cramer, S. H. (1983). "Career guidance and counseling through the life span: Systematic approach." Boston: Little, Brown & Company. Holland, J. L., Gottfredson. G. D., & Nafziger, D. H.

Herriott, R. E., & Firestone, W. A., (1983). "Multisite Qualitative Policy Research: Optimizing Description and Generalizability", *Educational Researcher*, 12, 14-19.

Holland, J. L., Gottfredson. G. D., & Nafziger, D. H. (1985). "Making Vocational choices: A theory of vocational personalities and work environments." (2nd ed.). Englewood, NJ: Prentice-Hall.

Kramer, H. C., Berger, F., & Miller, G. (1974). "Student concerns and sources of College Student Personnel," 15, 389-393.

Loup, K. S., Garland, J. S., Ellett, C. D., & Rugutt, J. K. (1996). Ten years later: Findings from a republication of a study of teacher evaluation practices in our 100 largest school districts. *Journal of Personnel Evaluation in Education,* 10(3), 203-226.

McCloskey, E. & Egelson, P. (1993). Designing teacher evaluation system that support professional growth. Greensboro: University of North Carolina at Greensboro, *South Eastern Regional Vision for Education*.

McCormick, R. & James, M. (1983). *Curriculum evaluation in schools*. London: Croom Helm.

McLaughlin, M. W. (1990). Embracing Contraries: implementing and sustaining teacher evaluation. In J. Millman & L. Darling-Hammond (Eds), *The New Handbook of Teacher Evaluation*, 133-146. CA: Sage.

Milton, Charles R. (1982). *Human Behavior in Organization: The Three Levels of Behavior*. 台北：華泰文化公司。

Shinkfield, A. J. & Stufflebeam, D. L. (1995). *Teacher evaluation: Guide to effective practice*. Boston: Kluwer Academic Publishers.

Smither, Robert D., Houston, John M., & McIntire, Sandra D. (1996). *Organization Development: Strategies for Changing Environments*. Harper Collins College Publishers.

Stronge, J. H. (1995). Balacing individual and institutional goals in educational personal evaluation: A conceptual framework. *Studies in Educational Evaluation, 21,* 131-151.

Stufflebeam, D. L. & Sanders, J. R. (1990). Using the personnel evaluation standards to improve teacher evaluation. In J. Millman & L. Darling Hammond (Eds), *The New Handbook of Teacher Evaluation,* 416-428. CA: Sage.

Stufflebeam, D. L. & Shinkfield, A. J. (1995). *Systematic evaluation.* MA: Kluwer-Nijhoff.

Wragg, E. C. (1987). Teacher appraisal: *Practical guide.* London: Macmillian Education.

國家圖書館出版品預行編目

高等教育人事管理 / 葉至誠著. -- 一版. --
　臺北市：秀威資訊科技, 2007[民96]
　面；　公分. -- (社會科學類；
AF0058實踐大學數位出版合作系列)
　參考書目:面
　ISBN 978-986-6909-29-0(精裝)

　1. 高等教育 - 行政　2. 人事管理

525.6　　　　　　　　　　　95026200

實踐大學數位出版合作系列
社會科學類　　AF0058

高等教育人事管理

作　　　者	葉至誠
統籌策劃	葉立誠
文字編輯	王雯珊
視覺設計	賴怡勳
執行編輯	林世玲
圖文排版	張慧雯
數位轉譯	徐真玉　沈裕閔
圖書銷售	林怡君
網路服務	徐國晉
法律顧問	毛國樑律師
發 行 人	宋政坤
出版印製	秀威資訊科技股份有限公司
	台北市內湖區瑞光路583巷25號1樓
	電話：(02) 2657-9211
	傳真：(02) 2657-9106
	E-mail：service@showwe.com.tw
經 銷 商	紅螞蟻圖書有限公司
	台北市內湖區舊宗路二段121巷28、32號4樓
	電話：(02) 2795-3656
	傳真：(02) 2795-4100
	http://www.e-redant.com

2007 年 1 月
BOD 一版
定價：800 元

請尊重著作權
Copyright©2007 by Showwe Information Co.,Ltd.

讀 者 回 函 卡

感謝您購買本書，為提升服務品質，煩請填寫以下問卷，收到您的寶貴意見後，我們會仔細收藏記錄並回贈紀念品，謝謝！

1. 您購買的書名：＿＿＿＿＿＿＿＿＿＿＿＿＿＿＿＿＿＿＿＿＿

2. 您從何得知本書的消息？

　　□網路書店　□部落格　□資料庫搜尋　□書訊　□電子報　□書店

　　□平面媒體　□ 朋友推薦　□網站推薦 □其他＿＿＿＿＿＿

3. 您對本書的評價：(請填代號　1.非常滿意 2.滿意 3.尚可 4.再改進)

　　封面設計＿＿＿　版面編排＿＿＿　內容＿＿＿　文/譯筆＿＿＿　價格＿＿＿

4. 讀完書後您覺得：

　　□很有收獲　□有收獲　□收獲不多　□沒收獲

5. 您會推薦本書給朋友嗎？

　　□會　□不會，為什麼？＿＿＿＿＿＿＿＿＿＿＿＿＿＿＿＿

6. 其他寶貴的意見：＿＿＿＿＿＿＿＿＿＿＿＿＿＿＿＿＿＿＿＿

＿＿＿＿＿＿＿＿＿＿＿＿＿＿＿＿＿＿＿＿＿＿＿＿＿＿＿＿＿＿

＿＿＿＿＿＿＿＿＿＿＿＿＿＿＿＿＿＿＿＿＿＿＿＿＿＿＿＿＿＿

＿＿＿＿＿＿＿＿＿＿＿＿＿＿＿＿＿＿＿＿＿＿＿＿＿＿＿＿＿＿

讀者基本資料

姓名：＿＿＿＿＿＿＿＿＿＿　年齡：＿＿＿＿　性別：□女 □男

聯絡電話：＿＿＿＿＿＿＿＿　E-mail：＿＿＿＿＿＿＿＿＿＿

地址：＿＿＿＿＿＿＿＿＿＿＿＿＿＿＿＿＿＿＿＿＿＿＿＿＿＿

學歷：□高中(含)以下　　□高中　　□專科學校　　□大學

　　　□研究所(含)以上 □其他＿＿＿＿＿＿＿

職業：□製造業 □金融業 □資訊業 □軍警 □傳播業 □自由業

　　　□服務業 □公務員 □教職　□學生 □其他＿＿＿＿＿

請貼
郵票

To：114

台北市內湖區瑞光路 583 巷 25 號 1 樓

秀威資訊科技股份有限公司　　　收

寄件人姓名：

寄件人地址：□□□

(請沿線對摺寄回,謝謝!)

秀威與 BOD

BOD（Books On Demand）是數位出版的大趨勢，秀威資訊率先運用 POD 數位印刷設備來生產書籍，並提供作者全程數位出版服務，致使書籍產銷零庫存，知識傳承不絕版，目前已開闢以下書系：

一、BOD 學術著作—專業論述的閱讀延伸
二、BOD 個人著作—分享生命的心路歷程
三、BOD 旅遊著作—個人深度旅遊文學創作
四、BOD 大陸學者—大陸專業學者學術出版
五、POD 獨家經銷—數位產製的代發行書籍

BOD 秀威網路書店：www.showwe.com.tw
政府出版品網路書店：www.govbooks.com.tw

永不絕版的故事‧自己寫‧永不休止的音符‧自己唱